同花顺

炒股实战

从入门到精通

财富增值版

龙马金融研究中心 编著

人民邮电出版社

北京

图书在版编目（CIP）数据

同花顺炒股实战从入门到精通：财富增值版 / 龙马金融研究中心编著. -- 北京：人民邮电出版社，2018.6（2020.5重印）
ISBN 978-7-115-42736-6

Ⅰ．①同⋯ Ⅱ．①龙⋯ Ⅲ．①股票投资－基本知识 Ⅳ．①F830.91

中国版本图书馆CIP数据核字(2018)第070788号

内 容 提 要

本书以实例为主线，系统地介绍了股票投资的基础知识，以及同花顺炒股软件的使用方法和操作技巧。

全书分为5篇，共35章内容。第1篇【入门篇】介绍了新股民入市的必备常识、股票的基础知识、影响股价波动的主要因素、沪港通、融资融券以及股指期货等；第2篇【技术篇】介绍了股市分析的主要手段和作用、宏观基本面分析、单K线分析、多K线组合形态识别、移动平均线分析、趋势线分析、常用的技术指标以及如何通过成交量透视股票走势等；第3篇【实战篇】介绍了K线实战技法、短线买卖技法、低买高卖技法、选牛股技法、捕捉黑马股技法、涨停板技法、逃顶技法、跟随主力技法、高手炒股常胜技法以及牛市投资技法等；第4篇【秘技篇】介绍了看盘10招、超短线10招、慢牛收益10招以及巴菲特炒股10招等；第5篇【软件篇】介绍了同花顺的基础知识、如何使用同花顺分析看盘、分时走势看盘分析、智能预警、智能选股、同花顺的控制中心、公式和函数的应用、电脑/手机/平板电脑协同炒股的方法以及网上炒股安全防护方法等。本书配套视频教程及海量扩展学习资源，读者扫描二维码即可随时进行学习。

本书适合广大股票投资爱好者学习使用，也可以作为大专院校相关专业或股票投资培训班的教材或辅导用书。

◆ 编　著　龙马金融研究中心
责任编辑　张　翼
责任印制　马振武

◆ 人民邮电出版社出版发行　北京市丰台区成寿寺路11号
邮编　100164　电子邮件　315@ptpress.com.cn
网址　http://www.ptpress.com.cn
北京天宇星印刷厂印刷

◆ 开本：787×1092　1/16
印张：38
字数：950千字　　　2018年6月第1版
印数：10 501－13 000册　　2020年5月北京第9次印刷

定价：99.00元

读者服务热线：(010)81055410　印装质量热线：(010)81055316
反盗版热线：(010)81055315
广告经营许可证：京东工商广登字20170147号

每一次牛市都会吸引大量新股民涌入，在"乱花渐欲迷人眼"的股海中历经了沉浮之后，他们有的满载而归，而更多的则付出了巨大的代价。对于普通股民来讲，要想真正盈利，并进而将股票作为一种长期的投资方式，不仅需要扎实的基础知识，更要掌握相关的软件操作方法和股市实战技能。为了满足广大读者的学习需求，我们邀请了多位证券投资专家和高级股票分析师，共同参与了本书的策划和写作过程，希望能够以高效的方式，帮助新股民快速掌握相关知识和投资技巧，并引导投资者理性决策，从而避免损失、实现盈利。

▶ 本书内容

本书是一本股票投资大全，主要面向零基础读者，系统地介绍股票的基础知识、软件的操作方法以及实战技能。全书在讲解过程中使用了大量真实案例，帮助读者通过实际案例掌握知识点的运用，既打牢了基础，又兼顾了实际操作，还总结了大量高手秘技，从而满足不同程度读者的学习需求。

▶ 本书特色

- **通俗易懂，快速上手**

本书面向股票投资的零基础读者，由浅入深地介绍了股票知识及其实际运用，帮助读者透彻理解，并实现触类旁通。

- **讲解细致，面向实战**

本书将知识点融入大量真实案例中，既涵盖宏观层面的分析，又兼顾微观层面的操作，完全摆脱枯燥的说教，读者在学习阶段即可体验到炒股实战状态。

- **双色排版，图文并茂**

本书采用双色排版，重点难点更加突出、直观。在具体操作上，配备大量图片进行说明，一目了然，简单高效。

- **视频教程，扩展学习**

本书配套视频教程是对书中知识点的深入讲解和补充，而每章最后的"高手秘技"，更进一步总结了大量炒股实战技巧，为读者提供了实用的高级操作方法。

▶ 视频教程学习方法

为了方便读者学习，本书配备大量视频教程。读者通过手机扫描书中的二维码，即可随时观看视频教程。

▶ 扩展学习资源下载方法

除视频教程外，本书还额外免费赠送了大量学习资料。读者使用手机上的微信、QQ等软件扫描二维码，关注公众号后，发送"42736"，即可获得相应的资源下载链接和提取码。将下载链接复制粘贴到任何浏览器中并访问下载页面，即可通过提取码下载本书的扩展学习资源。

▶ 全书电子学习资源

赠送资源01	6小时炒股实战从入门到精通（财富增值版）视频教程
赠送资源02	100招炒股实战秘技电子书及同步视频教程
赠送资源03	15小时电脑操作视频教程
赠送资源04	100页PPT版股票投资必修课
赠送资源05	73条新股民常见疑难问题解答电子书
赠送资源06	手机电脑炒股必备安全常识电子书
赠送资源07	24个股票基本技术指标详解电子书
赠送资源08	10个股票实战技术指标详解电子书
赠送资源09	190个电脑炒股盈利秘技电子书
赠送资源10	同花顺快捷键操作指南电子书
赠送资源11	同花顺手机炒股教程电子书
赠送资源12	同花顺炒股软件指标电子书
赠送资源13	股票代码速查手册电子书
赠送资源14	基金投资入门及盈利秘技电子书
赠送资源15	期货投资入门及盈利秘技电子书
赠送资源16	龙马高新教育APP安装包

▶ 创作团队

本书由龙马金融研究中心策划，孔长征任主编，左琨、赵源源任副主编。参与内容编写的人员有周奎奎、张田田、黄月、韩鸿雪、岳福丽等。由于作者水平有限，书中疏漏之处在所难免，敬请广大读者不吝指正。读者在阅读本书时有任何意见或建议，请发送邮件至zhangyi@ptpress.com.cn。

编者
2018年3月8日

PART 1 入门篇

1 新股民入市必备常识

1.1 入市前的准备 3
    1.1.1 对股票建立基本认识 3
    1.1.2 炒股是如何赚钱的 3
    1.1.3 炒股是如何赔钱的 4
    1.1.4 股票交易的时间 5
    1.1.5 股票交易的场所 6
    1.1.6 炒股工具——电脑 6
    1.1.7 炒股工具——智能手机 8
    1.1.8 炒股工具——股票分析和交易软件 9
    1.1.9 网络 12

1.2 办理开户手续 14
    1.2.1 选择券商 14
    1.2.2 开户需要准备的材料 15
    1.2.3 营业厅和网上营业厅开户 15
    1.2.4 手机开户 17
    1.2.5 银行卡及资金安全 18

1.3 股票交易流程——办理委托 18
    1.3.1 股票买卖的委托程序 19
    1.3.2 股票买卖委托的内容 19
    1.3.3 股票买卖的委托手段和方式 21
    1.3.4 为什么委托价和成交价不一致 21
    1.3.5 集合竞价成交 21

1.4 风险较小的炒股方式——打新股 22
    1.4.1 新股的发行方式 22
    1.4.2 新股申购的注意事项 22
    1.4.3 新股申购的流程 23

1.5 购买创业板股票 24
    1.5.1 开通创业板业务 24
    1.5.2 购买创业板股票 24

1.6 炒股手续费详解 25
    1.6.1 炒股需要支付的费用 25
    1.6.2 如何获取低佣金 25

  1.6.3 低佣金不是唯一 26
1.7 转户与销户 26
  1.7.1 证券转户流程及注意事项 26
  1.7.2 证券销户 27
高手秘技 28
  技巧1 提高新股中签率的妙招 28
  技巧2 把股票做成T+0交易的方法 28

2

股票的基础知识

2.1 为什么购买股票 30
2.2 认识股票 30
  2.2.1 什么是股票 30
  2.2.2 股票的特征和作用 31
2.3 股票常见分类 32
  2.3.1 按票面形态分类 32
  2.3.2 按投资主体分类 34
  2.3.3 按上市地点分类 34
  2.3.4 按性质分类 34
  2.3.5 ST股和*ST股 35
  2.3.6 股票常见代码意义 36
2.4 股票市场与股票发行 37
  2.4.1 了解股票市场 37
  2.4.2 证券机构 37
  2.4.3 股份公司为什么要发行股票 37
  2.4.4 股票上市对投资者有什么好处 ... 38
  2.4.5 股票的发行与上市 38
  2.4.6 股票发行价与溢价发行 39
  2.4.7 买壳上市和借壳上市 39
  2.4.8 中概股回归 40
  2.4.9 股票的价格与价值 40
2.5 股票与债券、储蓄和基金有何
  不同 41
  2.5.1 股票与债券的区别 41
  2.5.2 股票与储蓄的区别 42
  2.5.3 股票与基金的区别 42
2.6 股票交易的单位 43
  2.6.1 最小报价单位 43
  2.6.2 最小交易单位 43
2.7 股票指数 43
  2.7.1 什么是股票指数 44
  2.7.2 上证指数 44

  2.7.3 深证指数 44
  2.7.4 上证180指数 45
  2.7.5 上证50指数 45
  2.7.6 沪深300指数 46
  2.7.7 创业板指数 46
  2.7.8 中小板指数 46
  2.7.9 恒生指数 46
  2.7.10 其他主要指数 47
2.8 股票的常见风险 47
  2.8.1 购买力风险 47
  2.8.2 宏观经济风险 47
  2.8.3 政策风险 47
  2.8.4 市场风险 48
  2.8.5 利率风险 48
2.9 常见的股票术语 48
  2.9.1 利空、利多 48
  2.9.2 洗盘、做多、做空 48
  2.9.3 庄家、主力 49
  2.9.4 集合竞价、连续竞价 49
  2.9.5 分红、配股 49
  2.9.6 除权、除息、填权、贴权 49
  2.9.7 股权登记日 50
  2.9.8 市盈率、市净率 51
  2.9.9 一级市场、二级市场 51
  2.9.10 基本面、技术面 51
  2.9.11 牛市、熊市 52
  2.9.12 涨停板、跌停板 53
高手秘技 53
  技巧1 投资者如何参与集合竞价 53
  技巧2 沪深股票型基金的投资方法 54

3

影响股价波动的主要因素

3.1 宏观因素对股市的影响 56
  3.1.1 国家政策 56
  3.1.2 经济形势 61
3.2 分红、价值、市盈率对股票价格
  的影响 62
  3.2.1 每年财报分红对股价的影响 62
  3.2.2 企业本身价值对股价的影响 63
  3.2.3 股票市盈率对投资的影响 65
3.3 每年不同时间段对股市的影响 66

3.3.1 每年财报前后股市走向 66
3.3.2 各大节日对相关股票的影响 67
3.4 证监会新政对股市的影响 70
3.4.1 股票的供给 70
3.4.2 国家对股市的资金监管 71
3.5 媒体报道对股市的影响 71
3.5.1 官方媒体的社论导向 71
3.5.2 财经媒体对相关企业的报道 72
3.5.3 外围指数MSCI 73
3.6 机构和散户对股市的影响 74
3.6.1 机构对证券市场的影响 74
3.6.2 散户对证券市场的影响 75
高手秘技 76
技巧1 大股东减持对股票有哪些影响 76
技巧2 "两会"对证券市场有哪些影响 76

4 沪港通

4.1 认识沪港通 78
4.1.1 什么是沪港通 78
4.1.2 沪港通对A股的影响 79
4.1.3 沪港股票投资的相关差异 80
4.1.4 沪股通交易额度、交易对象 81
4.1.5 沪股通股票信息披露 82
4.2 港股通交易简介 82
4.2.1 港股通交易股票规则、对象 82
4.2.2 港股通股票信息披露 84
4.2.3 港股通股票的停牌、复牌和除牌 86
4.2.4 港股通投资的风险 88
4.3 港股通业务的开通与交易 89
4.3.1 港股通业务的开通资格 89

4.3.2 开通方法 90
4.3.3 选择券商和银行 93
4.3.4 港币的兑换 93
4.4 深港通的调研 94
高手秘技 95
技巧1 如何选港股 95
技巧2 如何结合A股投资H股 95

5 涨跌都能赚钱——融资融券及股指期货

5.1 股指期货与融资融券简介 98
5.1.1 什么是股指期货 98
5.1.2 股指期货的特点 98
5.1.3 股指期货的起源 100
5.1.4 股指期货的发展 100
5.2 融资融券简介 101
5.2.1 融资融券的发展历程 102
5.2.2 融资交易与融券交易 102
5.2.3 融资融券的开通资格及步骤 103
5.3 股指期货交易特点 103
5.3.1 双向交易 103
5.3.2 杠杆交易 105
5.4 指数的编制 106
5.4.1 指数简介 106
5.4.2 指数的编制步骤 106
5.5 国际著名股票市场价格指数 107
5.6 恶意做空 109
高手秘技 110
技巧1 利用股指期现套利 110
技巧2 融资融券买卖技巧 110

PART 2 技术篇

6 股市分析的主要手段和作用

6.1 股市常见的分析手段 113
6.1.1 宏观基本面分析 113

6.1.2 微观技术面分析.................114
6.2 分析手段的作用与意义.................115
6.3 宏观基本面分析.................116
6.3.1 宏观层面分析.................116
6.3.2 行业层面分析.................117
6.3.3 企业层面分析.................118
6.4 微观技术面分析.................119
6.4.1 K线分析.................119
6.4.2 移动平均线分析.................120
6.4.3 趋势线分析.................120
6.4.4 其他技术指标分析.................120
6.4.5 波浪理论分析.................121
高手秘技.................122
技巧1 "钓大鱼"不用天天看盘.................122
技巧2 操作理念和心态很重要.................122

7
宏观基本面分析

7.1 宏观层面的基本面分析.................124
7.1.1 经济政策.................124
7.1.2 经济指标.................125
7.1.3 经济周期.................127
7.1.4 其他因素.................128
7.2 行业层面的基本面分析.................130
7.2.1 行业特征.................130
7.2.2 行业市场空间.................132
7.2.3 行业环境.................132
7.3 企业层面的基本面分析.................133
7.3.1 客户和供应商.................134
7.3.2 竞争者和潜在竞争者.................134
7.3.3 管理层和战略.................135
7.3.4 企业经营状况.................135
7.4 基本面分析误区.................137
7.4.1 舆论误导.................137
7.4.2 简单类比.................137
7.4.3 以偏概全.................138
高手秘技.................138
技巧 如何高效读懂企业年报.................138

8
单K线分析

8.1 认识K线.................140
8.1.1 什么是K线.................140
8.1.2 什么是K线图.................140
8.1.3 K线图的作用.................141
8.1.4 K线图的分析技巧.................142
8.1.5 单根K线图的画法.................143
8.2 常见K线.................144
8.2.1 一字线.................144
8.2.2 光头光脚阳线、阴线.................145
8.2.3 T字线和倒T字线.................146
8.2.4 大阳线、大阴线.................147
8.2.5 十字星.................147
8.2.6 其他常见K线.................148
8.3 在股票软件中调出K线.................149
8.4 走势图界面的布局方式.................151
8.4.1 大盘分时图的布局方式.................151
8.4.2 个股分时图的布局方式.................152
8.5 如何解读K线中的信息.................153
8.5.1 K线图和分时图的相互作用.................153
8.5.2 分时图形成的K线图形态.................154
8.6 综合运用不同时间周期的K线.................155
8.6.1 实战：下影长、实体短的锤子线形态.................155
8.6.2 实战：快速下跌后的低点螺旋桨形态.................156
8.6.3 实战：长阴后的探底十字星形态....157
高手秘技.................157
技巧1 如何看待向上跳空缺口.................157
技巧2 谨慎看待日K线的见顶下跌.................158

9
多K线组合形态识别

9.1 见顶信号K线组合.................160
9.1.1 黄昏十字星.................160
9.1.2 黄昏之星.................161
9.1.3 淡友反攻.................161

9.1.4 乌云压顶 162
9.1.5 倾盆大雨 163
9.1.6 高位平顶 164
9.1.7 高位圆顶 164
9.1.8 高位塔顶 165
9.1.9 巨阴包阳 165
9.1.10 顶部双桨 166

9.2 见底信号K线组合 167
9.2.1 早晨十字星 167
9.2.2 早晨之星 168
9.2.3 好友反攻 168
9.2.4 曙光初现 169
9.2.5 旭日东升 170
9.2.6 低位平底 171
9.2.7 低位圆底 171
9.2.8 低位塔底 172
9.2.9 巨阳包阴 172
9.2.10 低位五档线 173

9.3 上升形态K线组合 174
9.3.1 红三兵 174
9.3.2 高位盘旋 175
9.3.3 连续跳高 175
9.3.4 五阳上阵 176

9.4 下降形态K线组合 176
9.4.1 黑三兵 177
9.4.2 五阴连天 177
9.4.3 低档排列 178
9.4.4 三级跳水 178

9.5 其他形态K线组合 179
9.5.1 巨阳孕阴 179
9.5.2 势不可挡 180
9.5.3 无力回天 181

高手秘技 181
技巧1 投资者在应用K线分析时应该注意的问题 181
技巧2 反转形态需要注意的两点 182

10

移动平均线分析

10.1 移动平均线概述 184
10.1.1 移动平均线对炒股的意义 184
10.1.2 移动平均线的计算原理 185

10.2 牛市常见的移动平均线 186
10.2.1 多均线匀速上升 186
10.2.2 均线黄金交叉 187
10.2.3 均线多头排列 187
10.2.4 均线黏合向上发散 188

10.3 熊市常见的移动平均线 189
10.3.1 多均线匀速下降 189
10.3.2 均线死亡交叉 190
10.3.3 均线空头排列 190
10.3.4 均线黏合向下发散 191

10.4 股价K线与移动平均线相交的形态 192
10.4.1 股价与均线黄金交叉 192
10.4.2 股价获得均线支撑 193
10.4.3 股价与均线死亡交叉 194
10.4.4 股价受制于均线压力 194

10.5 移动平均线的使用技巧 195
10.5.1 银山谷 195
10.5.2 金山谷 196
10.5.3 死亡谷 197
10.5.4 蛟龙出海 197
10.5.5 断头铡刀 198

高手秘技 199
技巧1 利用5日均线买卖法做波段 199
技巧2 利用10周均线判断股价走势 200

11

趋势线分析

11.1 趋势线的意义 202

11.2 趋势线的常见形态 203
11.2.1 上升趋势线 203
11.2.2 下降趋势线 205
11.2.3 压力线 206
11.2.4 支撑线 206

11.3 趋势线的绘制 207
11.3.1 趋势线的绘制方式 207
11.3.2 黄金分割线的绘制方法 209
11.3.3 头肩型 210
11.3.4 M头W底 211
11.3.5 通道线 212
11.3.6 波段线 212

高手秘技 214

| 技巧1 | 趋势线的有效突破确认方法 | 214 |
| 技巧2 | 根据大盘不同趋势选择股票 | 214 |

12 熟练掌握常用的技术指标

12.1 常用指标 216
12.1.1 乖离率指标（BIAS）............216
12.1.2 布林通道线指标（BOLL）............217
12.1.3 威廉超买超卖指标（WR）............218
12.1.4 相对强弱指标（RSI）............219
12.1.5 成交量比率（VR）............220
12.1.6 人气指数心理线（PSY）............221

12.2 指数平滑异同移动平均线（MACD）............221
12.2.1 MACD形态............222
12.2.2 MACD黄金交叉............222
12.2.3 MACD死亡交叉............223
12.2.4 MACD将死未死............224
12.2.5 MACD将金未金............224
12.2.6 MACD上穿0轴............225
12.2.7 MACD下穿0轴............226
12.2.8 MACD背离............227

12.3 随机指标（KDJ）............228
12.3.1 KDJ取值............229
12.3.2 KDJ黄金交叉............229
12.3.3 KDJ死亡交叉............230
12.3.4 KDJ双重黄金交叉............231

12.4 趋向指标（DMI）............232
12.4.1 ADX曲线............232
12.4.2 高位ADX与ADXR交叉............232

12.5 牛市中常见指标的展现............233

高手秘技............234
| 技巧1 | 用指标探寻真底的方法 | 234 |
| 技巧2 | 灵活掌握MACD指标 | 234 |

13 通过成交量透视股票走势

13.1 成交量对炒股的意义............236
13.1.1 什么是成交量............236
13.1.2 成交量的意义............238

13.2 成交量的特征............239
13.2.1 上升行情中的成交量形态............239
13.2.2 下降行情中的成交量形态............242

13.3 成交量与股价............243

13.4 成交量的常用指标............243
13.4.1 换手率............243
13.4.2 委比............244
13.4.3 量比............245
13.4.4 外盘和内盘............245
13.4.5 总手和现手............246

13.5 成交量与持仓量............247

13.6 成交量时段分析............247
13.6.1 开盘分析............248
13.6.2 盘中分析............249
13.6.3 盘尾分析............251
13.6.4 盘后分析............252

13.7 逐笔成交量分析............252

高手秘技............254
| 技巧1 | 单独放巨量的含义及投资策略 | 254 |
| 技巧2 | 温和放量的含义与投资策略 | 254 |

PART 3 实战篇

14 K线最新实战技法

14.1 K线技术指标............257
14.1.1 K线技术指标简介............257

14.1.2 技术指标的交叉、低位和高位 257
14.1.3 技术指标背离 258
14.2 K线组合实战 259
14.2.1 实战：红三兵实战应用 259
14.2.2 实战：白三鹤实战应用 260
14.2.3 实战：包容组合实战应用 261
14.2.4 实战：孕育组合实战应用 262
14.2.5 实战：孤岛组合实战应用 263
14.2.6 实战：黑三鸦实战应用 264
14.2.7 实战：黑三兵实战应用 265
14.2.8 实战：下降三部曲实战应用 266
14.3 其他经典K线组合实战 267
14.3.1 实战：黄昏之星实战应用 267
14.3.2 实战：早晨之星实战应用 269
14.3.3 实战：乌云压顶实战应用 270
高手秘技 272
技巧1 早晨之星的变形使用 272
技巧2 早晨之星的几种抄底模式 273

15
短线买卖技法

15.1 短线买卖原则 276
15.1.1 跟消息或大趋势（大盘走势）...... 276
15.1.2 快进快出 276
15.1.3 分批买卖 278
15.1.4 买卖要注意强势龙头原则 279
15.1.5 把握题材股、消息股原则 279
15.2 短线买入决策 280
15.2.1 实战：分批买入法 280
15.2.2 实战：突破买入法 281
15.2.3 预设目标位买入法 283
15.2.4 阶段底部买入法 284
15.2.5 实战：敢于追涨停板 285
15.2.6 牛市中不要放弃冷门股 286
15.3 短线卖出决策 286
15.3.1 必须要卖的几种情况 287
15.3.2 卖点时机的选择与把握 288
高手秘技 291
技巧1 看盘做短线的妙法 291
技巧2 短线高手常用哪些技术指标 291

16
低买高卖技法

16.1 低买技巧 296
16.1.1 低买的基本原则 296
16.1.2 底部的种类和特征 298
16.1.3 短线低买策略 300
16.1.4 中长线低买策略 301
16.1.5 低买的禁忌 303
16.2 高卖方法 304
16.2.1 高卖的基本原则 304
16.2.2 顶部的种类和特征 304
16.2.3 短线高卖策略 305
16.2.4 中长线高卖策略 305
高手秘技 306
技巧1 通过低买高卖实现T+0交易 306
技巧2 资金量不足时怎么实现T+0交易 308

17
选牛股技法

17.1 常见的几种选股方法 310
17.1.1 通过基本面选股 310
17.1.2 通过技术面选股 311
17.1.3 通过消息面选股 311
17.1.4 通过条件选股 311
17.2 基本面选股 311
17.2.1 利用【F10】选股 311
17.2.2 利用财务数据选股 313
17.3 技术面选股 314
17.3.1 利用MACD金叉选股 315
17.3.2 利用BOLL线下轨选股 316
17.3.3 利用多技术指标共振选股 317
17.4 消息面选股 318
17.4.1 市场消息面偏暖 318
17.4.2 行业符合市场预期 318
17.4.3 政策扶持力度加大 318
高手秘技 319
技巧1 增强举牌股票的关注度 319
技巧2 跟随营业部买股票 320

18

捕捉黑马股技法

18.1 黑马股的几个常见特征 322
- 18.1.1 底部形态明显 322
- 18.1.2 技术形态有强实底部 323
- 18.1.3 走势较强 323
- 18.1.4 有题材热点 324
- 18.1.5 换手率较高 324

18.2 选择黑马股的几个要点 325
- 18.2.1 选择黑马股需要注意的几个方面 325
- 18.2.2 从国家政策导向中寻找黑马股 326
- 18.2.3 从市场热点中寻找黑马股 326
- 18.2.4 从量价角度寻找黑马股 327
- 18.2.5 从W（双重）底部中寻找黑马股 328
- 18.2.6 从股东数量变化中寻找黑马股 328

18.3 利用MACD技术选黑马股 329
18.4 实战：只选择上升趋势中的股票（日、周、月线）..................... 330
18.5 实战：选择45°角向上运行的股票（可能大涨）..................... 331
18.6 实战：选择连续涨停的股票并在第一时间介入 332
- 18.6.1 底部涨停第一时间介入 332
- 18.6.2 多日涨停后第一次回调时介入 333

高手秘技 334
- 技巧1 从业绩中寻找黑马股 334
- 技巧2 从基本面中寻找黑马股 335

19

涨停板技法

19.1 辨识涨停板股票特征 338
- 19.1.1 强势分时图的典型特征 338
- 19.1.2 弱势分时图的典型特征 340
- 19.1.3 涨停盘口的强弱特征 341

19.2 封板特征，抓住才能赚大钱 344
- 19.2.1 一字封板 344
- 19.2.2 实战：两波、三波封板 345
- 19.2.3 实战：天量封板 346
- 19.2.4 实战：多次午后启动封板 347
- 19.2.5 实战：午后企稳封板 349
- 19.2.6 实战：稳步向上封板 350

19.3 涨停板买进手法 351
- 19.3.1 实战：提前埋单，在封板前快速切入 351
- 19.3.2 实战：把握位置，后市才能赚得更多 352
- 19.3.3 实战：盘中异动抢涨停 353
- 19.3.4 实战：已经两个涨停板，追高买入需谨慎 354

高手秘技 356
- 技巧1 结合消息面捕捉涨停板 356
- 技巧2 抢涨停如何卖出收益最大 357

20

逃顶技法

20.1 通过消息面逃顶 360
- 20.1.1 2007年的"5·30"政策消息 360
- 20.1.2 重啤事件 360
- 20.1.3 重组失败 361

20.2 通过技术面分析逃顶 362
- 20.2.1 实战：单根K线识顶和逃顶 362
- 20.2.2 实战：K线组合识顶和逃顶 364
- 20.2.3 实战：顶部背离时逃顶 365
- 20.2.4 实战：巨量大阴时逃顶 367
- 20.2.5 实战：均线识顶和逃顶 367
- 20.2.6 实战：量梯跟进时逃顶 369

高手秘技 371
- 技巧1 双峰触天逃顶 371
- 技巧2 三峰顶天逃顶 372

21

跟随主力技法

21.1 识别主力盘口语言 376
21.2 试盘 378
- 21.2.1 常见的试盘方法 378
- 21.2.2 K线图识别 379

- 21.3 主力吸货技法 380
- 21.4 如何发现主力拉升 382
  - 21.4.1 选择拉升时机 382
  - 21.4.2 借利好盘中拉高 383
  - 21.4.3 放量对倒拉升 384
  - 21.4.4 震荡放量式拉高 385
  - 21.4.5 缩量后拉高 386
  - 21.4.6 缓步推高股价 387
- 21.5 主力的常见洗盘法 388
  - 21.5.1 横位洗盘 388
  - 21.5.2 短线暴跌洗盘 388
  - 21.5.3 盘中震仓 389
- 21.6 新时代主力的消息发布路线 ... 390
  - 21.6.1 通过大客户 390
  - 21.6.2 通过亲戚朋友 390
  - 21.6.3 通过各种媒体和股评家 ... 390
  - 21.6.4 通过微博、微信公众号、QQ群等自媒体 390
- 21.7 主力的常见出货法 391
  - 21.7.1 震荡出货 391
  - 21.7.2 拉高出货 392
  - 21.7.3 实战：涨停出货法 392
- 高手秘技 394
  - 技巧1 洗盘和出货的区别 394
  - 技巧2 该信消息吗 395

22 高手炒股常胜技法

- 22.1 高手炒股的几个技巧 398
  - 22.1.1 严格执行纪律 398
  - 22.1.2 不奢望最佳位置 399
  - 22.1.3 关注量能搭配 399
  - 22.1.4 关联股票建仓法 399
  - 22.1.5 适时空仓 400
  - 22.1.6 抓住暴跌机会 400
  - 22.1.7 保住胜利果实 401
- 22.2 高手炒股的四大绝招 401
  - 22.2.1 追强势股的绝招 401
  - 22.2.2 追超跌反弹的绝招 404
  - 22.2.3 发现技术指标的绝招 ... 404
  - 22.2.4 利用经典形态的绝招 ... 405
- 高手秘技 406
  - 技巧 如何参与集合竞价买卖 ... 406

23 牛市中的投资技法

- 23.1 牛市的主要特点 408
- 23.2 牛市中如何投资 408
  - 23.2.1 选择优异行业 409
  - 23.2.2 选择领头企业 410
  - 23.2.3 买入好价格 411
  - 23.2.4 抓住牛股 411
  - 23.2.5 敢于重仓 411
  - 23.2.6 抓住板块轮动技巧 412
  - 23.2.7 不做牛市最后买单人 ... 413
- 高手秘技 414
  - 技巧1 冷静，在牛市中也要适度分散投资 414
  - 技巧2 别让小牛变大熊 414

PART 4
秘技篇

24 看盘10招

- 24.1 第一招 高开高走看盘口 419

24.2 第二招　高开低走看盘口 420
24.3 第三招　低开低走看盘口 421
24.4 第四招　低开高走看盘口 422
24.5 第五招　尾盘拉升看盘口 423
24.6 第六招　尾盘跳水看盘口 424
24.7 第七招　尾盘止涨看盘口 425
24.8 第八招　尾盘止跌看盘口 426
24.9 第九招　盘中上行看盘口 427
24.10 第十招　盘中下行看盘口 428

25

超短线10招

25.1 第一招　旱地拔葱 430
25.2 第二招　小阳放量滞涨 431
25.3 第三招　轻舟过重山 432
25.4 第四招　超跌抢反弹 433
25.5 第五招　空头承接覆盖 434
25.6 第六招　假阴线 435
25.7 第七招　扭转乾坤 436
25.8 第八招　火箭冲天 438
25.9 第九招　穿越分水岭 439
25.10 第十招　堆量走高 441

26

慢牛收益10招

26.1 第一招　长线选股看月线 444
26.2 第二招　月线止盈投资策略 445
26.3 第三招　根据月线抢反弹 446
26.4 第四招　根据周线买牛股 447
26.5 第五招　周线止盈 448
26.6 第六招　朝阳行业优先选 448
26.7 第七招　财务报表选长牛股 450
26.8 第八招　大胆投资重组股 451
26.9 第九招　冷门股票潜力大 452
26.10 第十招　绩优蓝筹不放过 453

27

巴菲特炒股10招

27.1 第一招　注重企业 456
27.2 第二招　安全至上 456
27.3 第三招　知己知彼 457
27.4 第四招　注重业务 457
27.5 第五招　业绩出众 458
27.6 第六招　注重管理层 458
27.7 第七招　市场原则 458
27.8 第八招　理智投资 459
27.9 第九招　集中投资 459
27.10 第十招　长期投资 459

PART 5 软件篇

28

同花顺快速上手

28.1 认识同花顺 463
28.2 同花顺软件的安装与界面 463
  28.2.1 下载同花顺 463

28.2.2 安装同花顺 465
28.2.3 同花顺界面 466
28.3 同花顺的基本操作 471
28.3.1 键盘精灵 471
28.3.2 快捷键操作 472
28.3.3 功能树 472
28.4 同花顺手机炒股 473
28.4.1 同花顺手机炒股的特点 473
28.4.2 享受特有功能和服务 474
28.5 同花顺常用功能 474
28.5.1 成交明细速查 474
28.5.2 价量分布功能 475
28.5.3 实战：个股全景图功能 476
28.5.4 实战：两股对比功能 479
28.5.5 多窗口看盘 480
高手秘技 481
`技巧1` 如何隐藏同花顺系统 481
`技巧2` 火焰山看筹码分布 482

29

使用同花顺分析看盘

29.1 盘口含义 484
29.2 K线图 486
29.3 同花顺主界面看盘 487
29.3.1 市场行情报价 488
29.3.2 K线走势 489
29.4 同花顺的分析菜单 493
29.4.1 个股资料 493
29.4.2 超级盘口 495
29.4.3 多周期图 496
29.4.4 历史成交 498
29.5 模拟炒股 499
高手秘技 502
`技巧1` 分时同列和K线同列对比 502
`技巧2` 两股对比与大盘对照 504

30

分时走势看盘分析

30.1 认识分时图 506

30.1.1 分时图的类别与构成要素
　　　 详解 506
30.1.2 分时图的操作 507
30.1.3 成交量背后的含义 510
30.1.4 集合竞价揭示当天走势 512
30.2 分时买入信号 513
30.2.1 双线向上 514
30.2.2 双线分离 514
30.2.3 均价线支撑 514
30.2.4 向上突破平台 515
30.2.5 分时双平底 516
30.2.6 分时头肩底 517
30.2.7 分时多重底 518
30.2.8 V字尖底 519
30.2.9 突破前高 519
30.2.10 上穿收盘线 519
30.3 分时卖出信号 520
30.3.1 双线向下 520
30.3.2 双线相对 520
30.3.3 均线压力 520
30.3.4 跌破平台 521
30.3.5 开盘急涨 522
30.3.6 分时双平顶 522
30.3.7 对称上涨 523
30.3.8 分时头肩顶 524
高手秘技 525
`技巧1` 查看历史上某天的分时图 525
`技巧2` 动态观察历史分时图 526

31

智能预警和智能选股

31.1 智能预警 528
31.1.1 股票预警 528
31.1.2 鹰眼盯盘 529
31.1.3 短线精灵 530
31.2 智能选股 531
31.2.1 问财选股 531
31.2.2 形态选股 532
31.2.3 选股平台选股 533
高手秘技 535
`技巧1` 副屏显示 535
`技巧2` 如何快速选出优质个股 535

32

同花顺的控制中心

32.1 控制中心相关设置 538
- 32.1.1 工具栏设置 538
- 32.1.2 画线工具设置 539
- 32.1.3 自选股板块设置 541

32.2 数据的下载及管理 543
- 32.2.1 数据下载 543
- 32.2.2 数据维护 545
- 32.2.3 数据导入 546
- 32.2.4 数据导出 546

32.3 其他设置 547
- 32.3.1 同步自定义设置 547
- 32.3.2 大字报价设置 548
- 32.3.3 跑马灯设置 548
- 32.3.4 系统设置 549

高手秘技 551
- 技巧1 测量涨跌幅度 551
- 技巧2 如何查看主力大单 552

33

公式和函数的应用

33.1 同花顺公式管理 554
33.2 公式编写规则 555
- 33.2.1 公式的构成 556
- 33.2.2 公式的运算符 556
- 33.2.3 数据引用 557

33.3 函数简介 558
- 33.3.1 行情函数 558
- 33.3.2 大盘函数 559
- 33.3.3 时间函数 559
- 33.3.4 引用函数 559
- 33.3.5 算术函数 561
- 33.3.6 指标函数 562
- 33.3.7 财务函数 563

33.4 公式应用实战 564

高手秘技 565
- 技巧1 股市日记 565
- 技巧2 股市备忘录 567

34

电脑、手机和平板电脑协同炒股

34.1 常用炒股APP简介 570
34.2 APP注册与登录 572
- 34.2.1 下载与安装APP 572
- 34.2.2 注册与登录 573
- 34.2.3 盘面信息和自选股 573

34.3 模拟交易 575
34.4 手机炒股的注意事项 576

高手秘技 577
- 技巧1 同花顺手机炒股支持的券商有哪些 577
- 技巧2 同花顺手机炒股短信预警功能 577

35

网上炒股安全防护

35.1 网上炒股存在安全隐患 580
35.2 常见的盗号手段 580
35.3 网上炒股的安全防范措施 582
- 35.3.1 电脑的安全防护设置 582
- 35.3.2 使用杀毒软件 585

35.4 使用网络账号保险箱 589
35.5 手机炒股注意事项 590

高手秘技 591
- 技巧 安全模式下彻底杀毒 591

PART 1

入门篇

1 新股民入市必备常识

本章引语

知己知彼，百战不殆；不知彼而知己，一胜一负；不知彼，不知己，每战必殆。

——《孙子兵法》

在战争中既了解敌人，又了解自己，百战都不会失败；不了解敌人而只了解自己，胜败的可能性各半；既不了解敌人，又不了解自己，那只有每战必败的份儿了。投资股票也是如此，如果投资者两眼一抹黑，就很可能会投资失败。

本章要点

★ 炒股是如何赚钱的
★ 炒股是如何赔钱的
★ 股票交易的流程

1.1 入市前的准备

想让股市成为自己的"摇钱树",投资者就必须首先了解股市的"习性"。本章就来介绍股民入市前必知必会的基础知识。

1.1.1 对股票建立基本认识

听说周围的朋友、同事又在股市中赚了一大笔,任何人的心中都多少会泛起一丝波澜。股票市场作为一个高风险与高收益并存的市场,投资者若想推开市场大门,就必须先做一些炒股前的准备工作。

投资者首先需要了解的就是最基础的证券和交易知识。其实投资股票很简单,就如同投资者日常购物一样。购物购买的是实物等产品或服务,而投资股票购买的则是股权,是一种虚拟资产。与购物不同的是,购物一般用于消费,而投资股票则可以从中获取利润,当然也有可能会亏损。所以,投资者要对投资的股票有一定的认识。

- 股票是一种股权。
- 股票交易有固定的交易场所,在我国内地主要是上海证券交易所和深圳证券交易所。
- 投资者需要通过证券公司才可以买卖股票。
- 股票要在规定的时间才可以买卖。每周有固定的交易时间,在交易时间之外,投资者均不可以买卖股票。
- 股票买卖的单位有限制,单笔买卖必须是一手的整数倍,一手等于100股。最少可以购买100股。

上述只是最简单的证券基础知识,有助于投资者对股票建立最基本的认识。相关的证券知识与交易知识还有许多,在后面的章节我们将进行更详细的介绍。

1.1.2 炒股是如何赚钱的

常言道"无利不起早",投资者进入股市主要是获取收益,那么炒股究竟是如何使投资者赚钱的呢?主要有以下三方面。

1. 分红获取利润

上市公司赚钱时,会根据投资者所持有的股份,分配利润给投资者,这就是股利分红,主要分红方式有现金和股票份额两种。但如果该公司没有赚钱,投资者是不会获得股利分红的。

例如,李明买入1000股万科A,在持有该股票一段时间之后,万科A宣布除息[1],李明就可以获得相应的分红利润。

2. 依靠股差获取利润

在投资股票的过程中,投资者主要依靠股差获取利润。当投资者所投资的某只股票的需求量大于供给量时,股票的价格就会上涨,这时就能低买高卖,赚取买入和卖出股价间

---

[1] 除息:是指上市公司对每年的盈利给投资者分派现金红利。

的差额，实现收益。

例如，王珊出资2万元买入8000股某只股票，买入价格为2.5元，之后该股票一度拉升至3.6元，那么王珊卖出后获利多少呢？如果不计交易费用，通过股差获益=8000×（3.6-2.5）=8800（元）。

3. 投资股指期货获取利润

资金实力较雄厚的投资者在投资股票获取利润的同时还可以投资股指期货。股指期货简称期指，是指以股价指数为标的物的标准化期货合约，双方约定好在规定的时间按照事先确定的股价指数的大小，进行标的指数的买卖。我国的股指期货主要指沪深300股指期货。

股指期货的投资方式有别于股票，投资者在买卖股指期货时，不仅可以先买入再卖出，还可以先卖出股指期货再买入。前者被称为多头开仓，后者被称为空头开仓。由于股指期货交易所需资金量很大，所以基本上只有机构投资者和一些资金雄厚的投资人参与。

例如，A机构认为未来上证指数要下跌，于是在股指期货5000点时卖出股指80张合约。当股指下跌至4000点时，再买入80张股指期货合约，盈利2400万元。计算公式为：（5000-4000）×300×80=2400（万元）（股指期货IF合约每变动一个点位为300元）。

1.1.3 炒股是如何赔钱的

既然可以通过炒股赚钱，也一定会有人炒股赔钱。股市上有句谚语"十人炒股，一赚两平七赔"。这也就说明，有更多的投资者在股票市场上是赔钱的。为什么会出现炒股赔钱的情况呢？主要由于以下几点造成的。

1. 成也股差败也股差

许多未曾涉股的投资者在周围人的影响下也步入了股市的殿堂。于是"一入股市深似海，从此节操是路人"。看着周围人都在大牛市中挣得盆满钵满，新手在未经历过系统学习和模拟盘操练的基础上就一头扎入股市中，想不赔钱都难。新人入市，最喜欢追涨杀跌。

例如，李兰看到中国电建一直上涨，从7元一直涨至16.5元，她认为该股很有前途还会再涨，于是在18元时终于按捺不住，投资9000元买进500股。结果万万没想到，该股票最高冲到19.9元之后一路狂跌，李兰实在是承受不了了，最终以14元的价格卖出中国电建，最终亏损2000元，亏损比例为22%。结果，李兰卖出中国电建之后，该股股价反弹至17元，这就是典型的追涨杀跌。

2. 频繁操作，提高交易成本

有些投资者妄想能够把握住股市中每一次上涨的机会，希望利润能够最大化，结果天天交易，甚至每天多次买卖。结果越频繁操作越亏损。交易频繁容易亏损是因为频繁操作容易迷失方向，难以长期保持理性的心态对待资本市场。而且频繁的买卖所付出的交易成本过高，结果到最后沦为纳税大户和券商[2]的打工仔。

2　券商就是指证券公司。

3. 股票种类过多，杂乱无章操作

许多投资者认为鸡蛋不应该都放入同一个篮子里，于是在刚入市的时候喜欢买许多只（10只以上）股票，并且在每一只股票上所投入的资金并不多。由于买入的股票数量太多太杂，导致投资者无法潜心研究一只股票，从而难以做到精心管理。在行情震荡上扬的时候，容易出现一半涨一半跌、无利可图的结果。当遇到大盘猛跌时，个股纷纷跟随大盘脚步猛跌，此时投资者在卖股票时就会顾此失彼，导致利润回吐甚至亏损。

4. 放大杠杆，融资炒股

有些投资者把股票市场当成"提款机"，每日做着发财梦，不管是牛市、熊市还是震荡市，都想方设法融资、贷款炒股。由于贷款需要还本付息，并且扩大融资比例，风险被放大，所以心理承受压力过大，特别容易被很小的震荡所影响，从而导致追涨杀跌。

例如，张亮自有本金50万元，在证券公司开通融资融券[3]业务之后，本金50万元买成平安银行，然后用这50万元的股票做抵押，融资60万元，再次买入平安银行。如果平安银行股价上涨10%，张亮将获利11万元，相对于其本金来说一下盈利22%，赚钱效应一下被放大1.1倍。相反，若股价下跌10%，将亏损11万元，亏损比例占其原有资金的22%。若股价下跌至45%时，张亮将血本无归。

> **提示** ▶ 切忌用生活开支费用、养老钱、贷款资金炒股。

1.1.4 股票交易的时间

股票交易时间主要涉及两个方面，即交易日和每个交易日的交易时间。

1. 交易日

股票交易日是指能够进行股票交易的日期。交易日通常在工作日，而国家法定的节假日和周末，股市都休市不交易。例如，2015年端午节假期是2015年6月20日至2015年6月22日，因此股市休市三天。

2. 每日交易时间

通常情况下，每个交易日的交易时间分为以下几个时段。

上海证券交易所交易时段

时间段	交易时段	投资者可以进行的操作
9:15—9:20	集合竞价[4]时间	可以进行申报，也可以撤单
9:20—9:25	集合竞价时间	可以进行申报，不能撤单

---

3 融资融券是指投资者向具有融资融券业务资格的证券公司提供担保物，借入资金买入证券（融资交易）或借入证券并卖出（融券交易）的行为。

4 集合竞价就是在当天还没有开盘之前，你可根据前一天的收盘价和对当日股价的预测来输入股票价格，在集合竞价时间里输入计算机主机的所有下单，按照价格优先和时间优先的原则计算出最大成交量的价格，这个价格就是集合竞价的成交价格，而这个过程被称为集合竞价。

续表

时间段	交易时段	投资者可以进行的操作
9:25—9:30	集合竞价时间	既不能申报也不能撤单
9:27	集合竞价产生开盘价	既不能申报也不能撤单
9:30—11:30	上午连续竞价阶段	可以进行竞价申报，也可以撤单
13:00—15:00	下午连续竞价阶段	可以进行竞价申报，也可以撤单

深圳证券交易所交易时段

时间段	交易时段	投资者可以进行的操作
9:15—9:20	集合竞价时间	可以进行申报，也可以撤单
9:20—9:25	集合竞价时间	可以进行申报，不能撤单
9:25—9:30	集合竞价时间	既不能申报也不能撤单
9:27	集合竞价产生开盘价	既不能申报也不能撤单
9:30—11:30	上午连续竞价阶段	可以进行竞价申报，也可以撤单
13:00—14:57	下午连续竞价阶段	可以进行竞价申报，也可以撤单
14:57—15:00	收盘集合竞价时间	不可以进行竞价交易的撤单

1.1.5 股票交易的场所

股票交易场所是依据国家有关法律，经政府证券主管机关批准设立的集中进行股票交易的有形场所。我国的股票证券交易所，主要有上海证券交易所、深圳证券交易所、香港证券交易所和台湾证券交易所。下面主要介绍前三个证券交易所。

上海证券交易所创立于 1990 年 11 月 26 日，同年 12 月 19 日开始正式营业。一大批国民经济支柱企业、重点企业、基础行业企业和高新科技企业通过在上海证券交易所上市，既筹集了发展资金，又转换了经营机制。许多权重蓝筹股[5]都在上海证券交易所上市，股票代码均以 600 开头。

深圳证券交易所成立于 1990 年 12 月 1 日。2004 年 5 月，中小企业板正式推出；2006 年 1 月，中关村科技园区非上市公司股份报价转让开始试点；2009 年 10 月，创业板正式启动。深圳证券交易所全力支持中国中小企业发展，推进自主创新国家战略实施。深圳市场的小盘股居多，股票代码均以 00 开头，创业板以 300 开头。

香港证券交易所一般指"港交所"，全称"香港交易及结算所有限公司"（英文简称"HKEx"），成立于 1866 年，是全球一大主要交易所集团，也是一家在香港上市的控股公司，旗下包括多个营运交易所。2014 年 11 月 17 日，沪港通的开通让内地投资者也能够敲开港股的大门。

1.1.6 炒股工具——电脑

网上炒股与柜台交易、电话委托的炒股方式相比，具有很大的优势，只要有电脑和网

---

[5] 蓝筹股是指稳定的现金股利政策对公司现金流管理有较高的要求，通常指那些经营业绩较好，具有稳定且较高的现金股利支付的公司股票。蓝筹股多指长期稳定增长的、大型的、传统工业股及金融股。

络即可买卖股票，而电脑则成为必不可少的工具。本节将介绍台式电脑和笔记本电脑的相关知识。

1. 台式电脑

股市中的行情瞬息万变，几秒就可能让投资者错失绝佳买卖点。如果此时电脑出现问题，就可能会承受一定的损失，因此投资者对电脑的配置要有一定的要求。除了硬件外，在软件方面也要有一定的标准，投资者要尽量选择当下较为普遍的操作系统。为了能够保障个人信息安全，投资者还应该给电脑安装合适的杀毒软件。除此之外，炒股需要长时间盯着电脑屏幕，选择一款优质的显示器，对眼睛也是一种极大的保护。对于台式电脑的硬件配置，这里给投资者一些建议。

- 显示器：最好选择品质好、对眼睛刺激小的 LED 显示器。
- CPU：炒股软件对 CPU 的占用不大，因此对 CPU 的规格要求不高，现在的双核 CPU、四核 CPU 都可以使用，投资者可按照自己的需要配置。
- 主板：建议投资者选择稳定性强的主板。
- 内存：由于股票市场的行情瞬息万变，因此对于时间要求十分严格，建议投资者选择 2GB 或以上的内存。
- 电源：为了提高电脑的稳定性，建议投资者选择高品质的电源，而超专业的投资者则可以选择使用双电源。
- 键盘鼠标：建议投资者选择反应灵敏的感光鼠标和知名品牌的键盘。

如果有一定的经济基础，则电脑的配置越高越好。因为投资股票不是游戏，只有做好充分的准备，才有打赢胜仗的可能。

2. 笔记本电脑

笔记本电脑与台式机差别不是特别大，一般情况下，同样配置的笔记本电脑，其运行速度要慢于台式机。不过笔记本电脑具有便携性的特点，投资者可以在任何有网络的地点查看股市的行情，把握股市最新动态。

网上炒股不要求笔记本电脑配置过高，但在稳定性和散热设计方面有特殊的要求，具体的配置要求如下。

（1）由于投资者要连续看盘，连续使用的时间较长，因此笔记本电脑的散热性要好。

（2）由于要关注众多的股票信息，建议投资者选择屏幕较大的笔记本，而不要选择很小的迷你本。屏幕越大，对行情的查看越清晰，有助于投资者把握行情。

（3）由于投资者可能在没有电源的地方使用笔记本，所以笔记本的续航能力要强。最好在不插电的情况下可以保证运行 5 小时以上。

鉴于以上几点，这里为投资者推荐几款适合网上炒股的笔记本电脑以做参考。

- 惠普 ProBook 350 G2（M5T77PA）。

这是一款典型的商务机型，配置为：第五代智能英特尔酷睿 i7 处理器、最高睿频 3000MHz、屏幕 15.6 英寸、CPU 主频为 2.4GHz、四线程双核心、性能级独立显卡、显存容量 2GB、4 芯锂电池、整机重量 2.3kg。

- 戴尔（DELL）Ins14L-1528B。

该款笔记本电脑的配置为：第五代智能英特尔酷睿 i7 处理器、最高睿频 3000MHz、屏幕 14 英寸、CPU 主频为 2.4GHz、四线程双核心、入门级独立显卡 + 集成显卡、显存容量 4GB、4 芯锂电池、整机重量 2kg。

- 联想（Lenovo）G410AT 14.0。

该款笔记本电脑的配置为：第五代智能英特尔酷睿 i5 处理器、最高睿频 2700MHz、屏幕 15.6 英寸、CPU 主频为 2.2GHz、四线程双核心、性能级独立显卡、显存容量 2GB、6 芯锂电池、整机重量 2.5kg。

1.1.7 炒股工具——智能手机

随着信息技术与互联网技术的不断发展，智能手机与人们的日常生活已经紧密联系在一起，手机炒股这种方式也越来越受到股民的欢迎。虽然电话委托和网上交易已经为股民完成交易提供了许多便利，但是这两种终端的固定性导致其在操作上具有很大的局限性。

而手机炒股则不同，只要在网络覆盖的范围内，并且手机下载了相关券商的行情交易客户端，就能够随时随地登录客户端查看行情、做交易，在便捷性方面手机可谓更胜一筹。除此之外，与高额的宽带费用和电话费相比，手机炒股的交易成本也较低。

投资者若想要用智能手机炒股，首先需要一台配置合适的手机。可以是 iOS 操作系统的智能手机，或者安卓操作系统的智能手机，也可以是 Windows Phone 操作系统的智能手机。这三者相较而言，笔者更推荐前两种操作系统的手机。不同品牌、不同型号的手机，在运行速度与兼容性等方面各不相同。建议投资者结合自身情况，尽量选择内存大、配置高、支持 4G 网络的高端智能手机。例如，iPhone 6 系列、iPhone 6 Plus 系列、iPhone 5s 系列、iPhone 5c 系列和三星手机的 Galaxy S6 系列、Galaxy S5 系列、Galaxy S4 系列等。除了上述推荐的一些高端智能手机型号之外，小米、联想、华为、中兴的一些高配机型也可以选择。

1.1.8 炒股工具——股票分析和交易软件

除了电脑和手机之外，投资者还需要选择一款合适的股票分析软件。通常情况下，证券公司会为在本公司开户的投资者提供股票分析和交易软件。同时，网络上也有许多免费软件，投资者可以根据自己的需要下载和使用。下面简单介绍目前市面上较普及的几款软件。

1. 同花顺

同花顺是一个功能强大的信息和交易平台，它具有行情交易快、数据全、性能优的特点，深受股民欢迎，可以提供行情显示、行情分析和行情交易等功能。该软件还有许多特色板块：经典指标自定义，让股民自由选择，自主定义；模拟炒股，让股民学习高手操作，演练实战技巧；加入揭秘主力买卖指标，为股民降低股市风险。

同花顺软件免费提供独家个股资金流向、主力增仓数据，其全新上线的数据中心、研报中心两大平台精选财经信息。同花顺股票软件基础功能正在稳步提高，信息越来越准，行情越来越快，功能越来越全。

进入同花顺软件界面，最新动态信息及分析等都能在菜单栏中找到；工具栏的实用工具可以帮助投资者进行决策分析；自应用是股民根据自己的操作习惯自行添加的应用；分时图和行情报价可以显示个股以及大盘的最新进展情况。

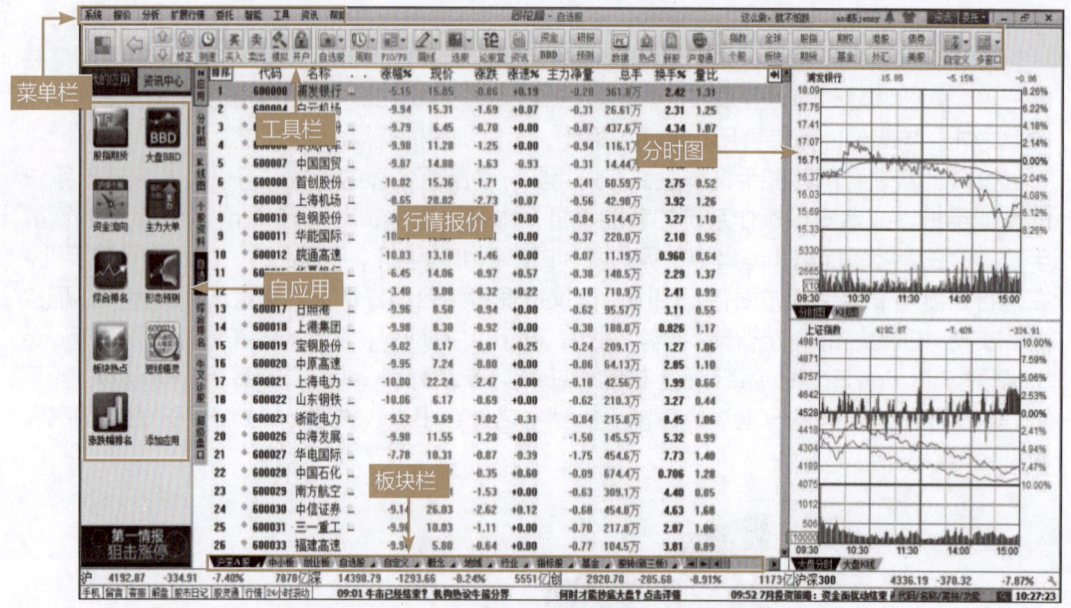

同花顺还有手机金融服务,支持 iPhone 手机炒股、安卓手机炒股、iPad 炒股等,覆盖苹果、三星、小米、华为、中兴等主流机型。下图为同花顺手机客户端主界面。

2. 通达信

通达信软件是证券公司广泛使用的炒股软件,集合了各类证券分析软件的优点,功能强大,操作方便,界面清晰。通达信软件能够展示实时和全面的股指行情以及及时的信息,为投资者了解股市、熟悉市场规则提供了一个完善的互助平台。此外,它为投资者建立金融理念、培养投资策略提供了优化的环境,可以帮助新股民尽快成为炒股达人。

打开通达信软件后,投资者看到的是行情报价界面。在不同的板块下,界面中间显示出不同股票的最新行情,边角是各类实时财经信息和便捷小工具。

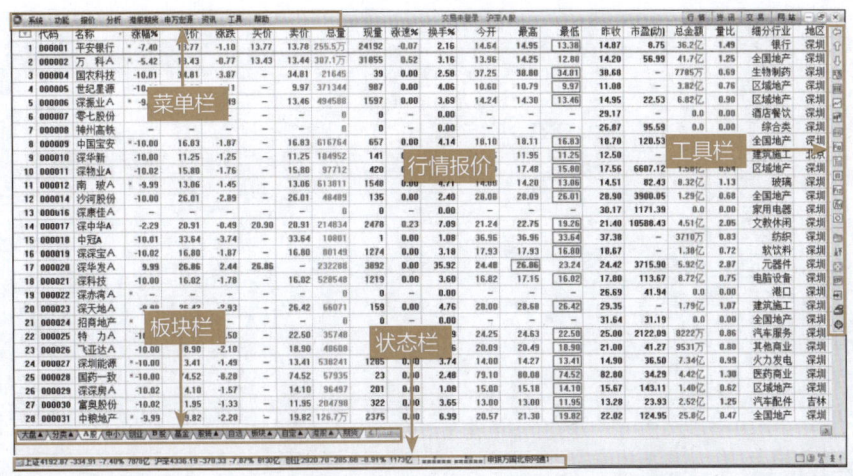

通达信手机客户端拥有强大的技术分析工具、完整的基本面数据、开放的接口和智能化操作以及个性化功能，是一套用来进行行情显示、行情分析并同时进行信息即时接收的证券信息平台。通达信手机版的行情交易系统，功能完善，操作简单，不仅支持日常交易、融资融券交易，还支持开放式基金的认购、申购、赎回。下图为通达信手机客户端主界面。

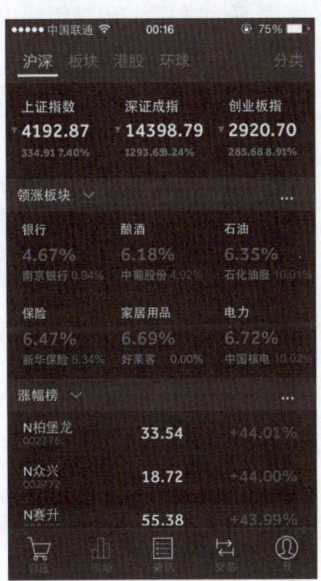

3. 大智慧

大智慧软件是一款设计精细的操盘软件，界面风格及操作均符合用户使用习惯。该软件版本系统稳定，操作便捷，支持股指期货行情；支持沪、深 Level2 十档行情，透视交易细节；独创 DDE 决策选股分析系统，BS 点买卖决策平台，为投资者提供参考。它具有详尽的机构研究报告和券商晨会纪要，大智慧资深专家每日发布黄金内参报告，确保其信息更全更细。

大智慧软件界面主要由菜单栏、板块栏、大盘指数、自选股、行情信息等几个部分构成。

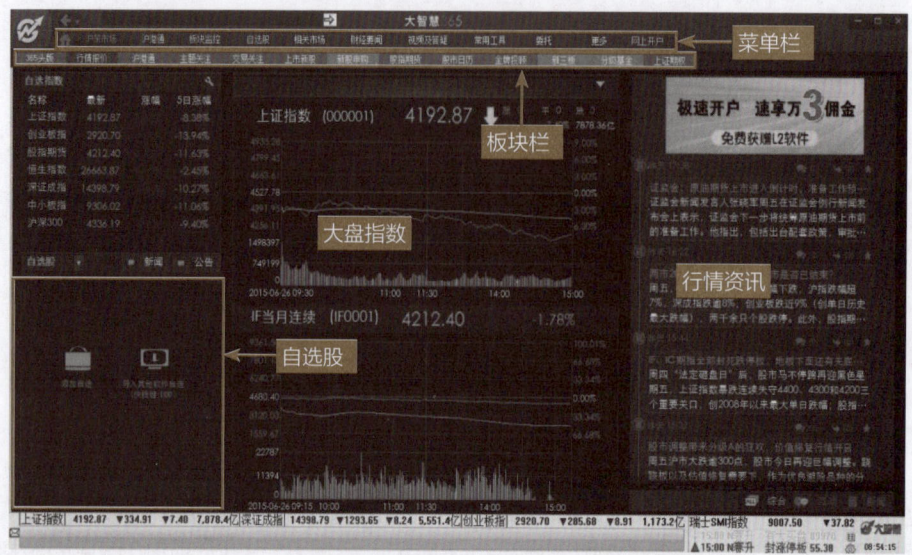

与同花顺和通达信一样,大智慧软件也有手机版。大智慧手机版是针对手机 PPC 的操作习惯独立设计、开发而成,其界面表现形式、用户操作习惯性与大智慧互联网版非常相似,用户无须花费过多的时间就能很好地掌握大智慧手机 PPC 版的操作,下图为大智慧手机客户端主界面。

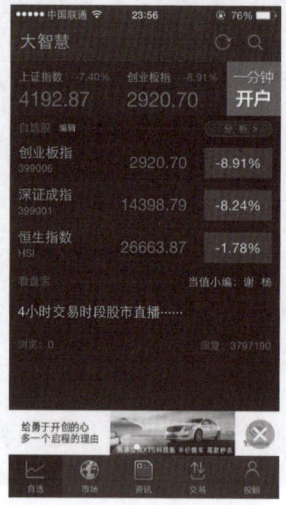

1.1.9 网络

1. 开通 4G 网络

"巧妇难为无米之炊",想要用手机炒股,除了智能手机,还要开通移动网络。投资者可以选择去移动、联通、电信营业厅柜台,或者拨打客服电话开通手机上网业务。除此之外,还可以登录网上营业厅,自助在线开通该业务。下图为中国联通网上自助开通服务的界面。

由于 4G 网络能够快速传输数据、音频、视频和图像，比目前的家用宽带网速快 25 倍，并能够满足几乎所有用户对于无线网络服务的要求，所以建议投资者使用 4G 制式的手机。投资者也可以在网上营业厅预约更换 4G 手机 SIM 卡。

2. 网络双线，有备无患

由于电脑显示屏幕较大，可查看信息更全面，所以投资者在办公地点或者家庭环境一般更喜欢使用电脑查看行情或进行交易。但是一旦投资者在使用电脑终端进行交易时，有线网络突然中断，就会给投资者带来许多不便。不用担心，只要手机有上网流量，投资者可以用手机登录同一款行情交易软件客户端同步查看自选股信息。

下图以同花顺软件为例，左图是手机登录同花顺客户端显示的自选股，右图是电脑登录同花顺客户端显示的自选股，只要使用同一账号登录同花顺软件客户端，所查看的自选股信息都是相同的。该功能为投资者看盘与交易提供了许多方便。

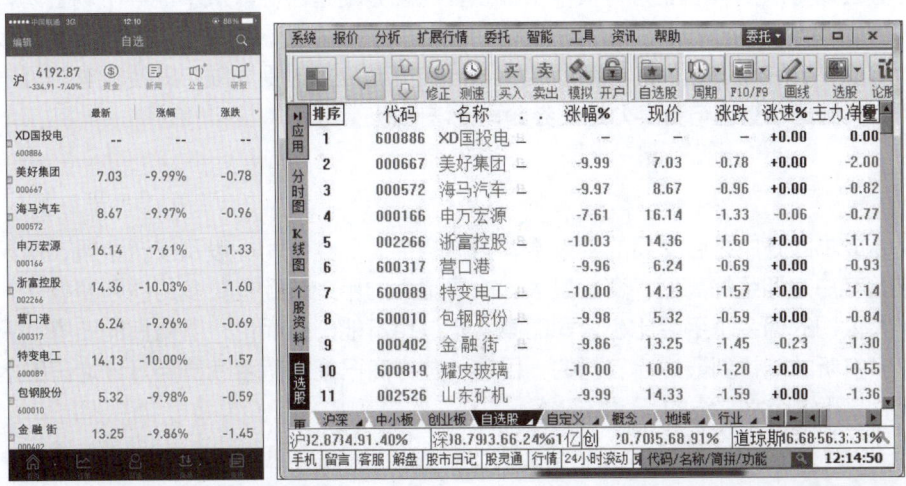

除了手机登录股票行情软件客户端可以让投资者查看行情之外，投资者还可以打开手机设置菜单，选择个人热点，开通 WLAN 热点。笔记本电脑可以连接手机热点，使用手机流量登录网络继续查看行情。也可以选择去营业厅购买无线上网卡，以备不时之需。

1.2 办理开户手续

去哪里开户,这是投资者首先需要知道的问题。选择一个好的证券公司开户,不仅可以得到良好的个性化服务,也可以节省交易成本,增加投资收益。本节为投资者就如何选择券商、开户需要准备的资料、手机开户等问题进行一一解答。

1.2.1 选择券商

现在证券公司数量繁多,面对众多的证券公司,投资者究竟该如何选择呢?下面就为投资者介绍在选择证券公司时应当考虑的几大问题。

1. 公司规模

投资者一般难以直接判断证券公司的规模,但是可以从证券公司营业网点的多少、员工的人数等方面协助判断。如果考虑开户的证券公司是上市公司,则可以从股本的规模、财务指标大致看出其规模与实力。规模越大的证券公司,一般服务越专业、全面。

2. 服务质量

有一些证券公司对客户的售后服务几乎为零,客户开户之后,几乎不会主动去和客户联系,不能帮助客户解决投资中常见的问题,投资者不要选择这样的券商开户。一般可以从券商经纪人团队规模、股民学校、平日的资讯推送等方面来大致判断一家券商的后续服务能力。

3. 业务是否多样化

证券公司可以提供的业务有多种多样,要注意券商是否可以从事证券市场上所有的交易品种,如A股、创业板、ST风险警示板、股指期货、融资融券、个股期权、新三板、特别转让等交易。注册资金少的券商所能够开展的交易业务很受局限,即使能够开展一些特殊业务,其服务质量也与有实力的证券公司无法比拟。

4. 交易成本

交易成本即开户之后交易的手续费,俗称佣金。证券公司一般是按资金量、交易量等数据来给客户定佣金的高低,资金量大、交易量大的用户就拥有更多的谈判资格。一般情况下,大公司的佣金水平会比小公司略高,不过也不能一概而论,所谓货比三家,只有多问问,多打听才能找到最适合自己的。目前一些券商已经放宽手续费至万分之三的水平甚至更低,高于这个水平线的,可以忽略。

5. 资讯推送

服务好的证券公司会在每个交易日开盘之前就前一天收盘后的资讯进行收集整理与分析。例如,即将发行的新股都有哪些、央行的降息降准信息等。

6. 营业部位置

证券公司营业部是证券公司组织架构的一部分，投资者想要开户需要到营业部进行办理。对于营业部的选择要看个人的情况，通常可以就近选择营业部。找营业部地址很简单，先在券商的官网上查询营业部，然后进入单个营业部页面中，一般会有详细地址和交通方式等介绍。

> **提示** ▶ 投资者需要注意证券公司的交易平台是否流畅，之前曾出现过一些券商的交易系统崩溃导致投资者无法交易的事件，因此投资者有必要提前了解该方面的信息。

1.2.2 开户需要准备的材料

依据开户的主体不同，投资者可分为个人投资者和机构投资者，二者在开户时所应准备的材料有所不同。

1. 个人投资者

个人投资者需要携带本人有效身份证（年满18周岁）以及银行卡，到相关的证券营业厅登记机构办理开户手续。

2. 机构投资者

机构投资者需要携带的材料较多，具体如下。
（1）年检过的营业执照副本原件和加盖公章的复印件(2份)。
（2）法人组织机构代码证副本原件和加盖公章的复印件(2份)。
（3）法人代表及经办人身份证原件和加盖公章的正反面复印件（2份）。
（4）税务登记证副本原件和加盖公章的复印件（国税、地税各1份；如已经两证合一，则出示合并的税务登记证即可）。
（5）公章、法人人名章、财务章（如客户不能将上述三项印鉴带出，则需按要求将全部资料填写完整并加盖印鉴；但是对于新开股东卡，客户必须携带公章，新开股东卡复印件上需要加盖公章）。
（6）关于控股股东或实际控制人的证明材料1份，最好是填写附表，同时附公司章程或会计师事务所出具的验资证明中涉及的关于股东出资比例的内容的复印件（如果出具附件实在有困难，就以附表为准）。
（7）股东卡原件及复印件，复印件需加盖公章（如客户无股东卡，需填写《机构注册申请表》，并交900元现金办理；如客户已有股东卡，则无须填写《机构注册申请表》）。
（8）开户许可证和加盖公章的复印件。

1.2.3 营业厅和网上营业厅开户

1. 营业厅开户

自2015年4月3日起，允许投资者一人开设多个证券账户，投资者可以在多家证券公司开设账户，每个账户指定一家证券公司。所以新老客户均可以去心仪的证券公司开设证券账户。老客户若已经开通融资融券交易账户，需要先撤销已开通的融资融券交易账户，再去其他家证券公司开户。

个人投资者去营业厅办理A股开户流程如下。

（1）选择一家证券公司。

（2）持本人身份证和银行卡去证券公司的业务网点办理开户手续。

（3）开设相应的证券账户卡（或称股东卡）。

（4）填写开户申请书，签署《证券交易委托代理协议书》，开设资金账户。

（5）如要开通网上交易，还需填写《网上委托协议书》，并签署《风险揭示书》。

（6）到银行卡所在的银行，出示《交易结算资金银行存管协议书》，办理资金的第三方存管。

具体开户流程如下图所示。

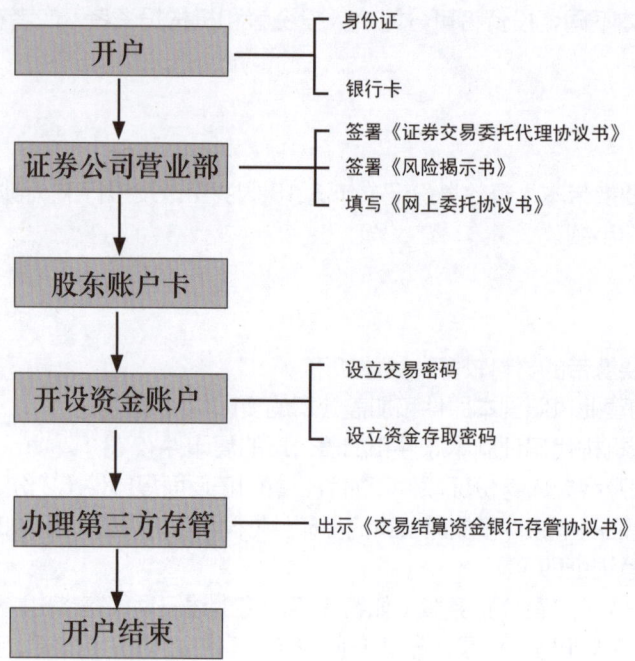

2. 网上营业厅开户

现在各大证券公司都支持网上开户业务，投资者足不出户就可以开启证券账户，这为投资者带来了不少便利。网上开户不局限在证券公司的营业部，也不局限在交易所交易时间，在任何地点都能开户。

虽然不用去营业网点办理开户，但是实际上网上开户还是有很多细节需要注意，投资者在登录网上营业厅自助办理开户时也会碰到很多问题。首先要注意的是，网上开户有一定的条件限制。例如，休眠激活、休眠注销重开这种情况，网上是不能办理的。另外，开通创业板权限，网上也是不能办理的。

投资者若想通过网上营业厅开户，则需要先准备开户所需的材料，包括中华人民共和国第二代居民身份证（年满18岁）、银行借记卡（之前未开通过三方存管）以及手机、带摄像头和耳麦的电脑等。以下是通过网上营业厅自助开户的流程。

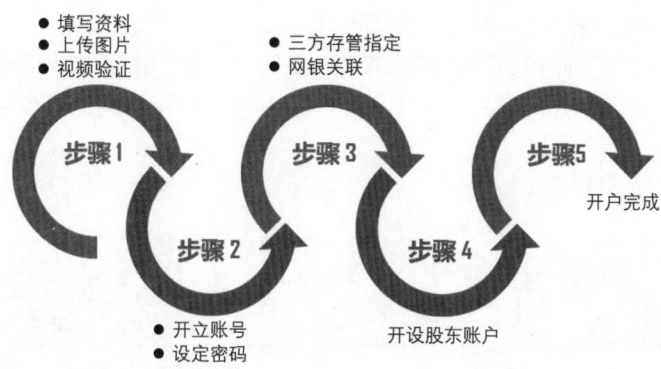

1.2.4 手机开户

伴随着智能手机的普及，越来越多的证券公司开始开发手机证券开户 APP。投资者若想采用手机客户端开户，需要先准备开户所需的材料，包括中华人民共和国第二代居民身份证（年满 18 岁）、银行借记卡（之前未开通过三方存管）和带摄像头的智能手机。

下面以申万宏源手机开户为例，简单介绍一下手机开户的流程。

（1）用手机助手或者 APP Store 搜索"申万宏源手机开户"，找到对应的应用程序，选择下载。

（2）打开客户端，选择界面最下面正中间的【我要炒股】按钮。然后填写手机号，等待接收验证码。

（3）上传身份证图片，核对身份证信息。注意身份证号码一定多检查几遍，以免出现纰漏。

（4）视频验证。视频验证时最重要的是保持网络畅通，最好是连接 Wi-Fi 进行，环境不要太暗，否则视频验证工作人员看不清投资者。

（5）验证完毕选择下载数字证书，这里需要设置一个数字证书密码，两次输入要一致。

（6）签署开户协议，选择开户营业部，投资者可以根据自己所在的城市和区域选择相应的营业部。

（7）在进行完风险测评并签署风险揭示后，设置三方存管，选择一家银行作为三方存管银行，输入银行卡密码和银行存留手机号即可。

特别方便的一点是，如果没有完整足够的时间开户，零星的碎片时间也可以进行手机开户，只要重新登录手机开户客户端，输入上一次的验证手机号码进行校验，就可以回到上次开户环节。

手机开户流程如下图所示。

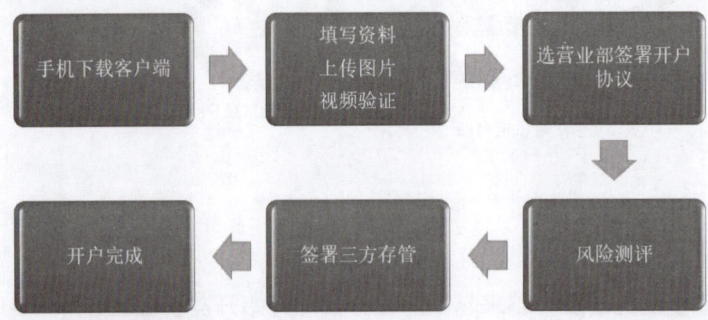

1.2.5 银行卡及资金安全

投资者在投资股票时不可以直接用银行借记卡内的资金购买股票，而是需要将银行借记卡与资金账户关联之后，先把资金从银行卡划转至资金账户内，然后再利用资金账户内的钱买股票。

1. 什么是第三方存管

"第三方存管"是指证券公司客户证券交易结算资金交由银行存管，由存管银行按照法律、法规的要求，负责客户资金的存取与资金交收，证券交易操作保持不变。

2. 第三方存管的办理

原来办理第三方存管手续需要投资者本人先在营业部开具《客户交易结算资金银行存管协议书》，然后拿着《客户交易结算资金银行存管协议书》和身份证去银行进行现场签约。现在，如果是用手机开户，则直接通过手机客户端开通三方存管，无须投资者再去银行办理。投资者也可以登录想签约的银行网上营业厅，自助办理三方存管的签约。若网上办理或者手机办理有误填、漏填情况发生，再去营业部开具《客户交易结算资金银行存管协议书》，然后去银行进行现场签约。

> **提示** ▶ 银行进行现场签约的时间为每个交易日的 9:00—15:00。在此时间之外不予办理，投资者去银行办理时要掌握好时间。

1.3 股票交易流程——办理委托

投资者开户完毕之后，即可参与上海A股与深圳A股的交易，这需要按照沪深两市的交易规则进行委托申报。

1.3.1 股票买卖的委托程序

投资者开户完成的第二日就可以进行股票买卖。投资者买卖的委托程序分为委托受理、委托执行和委托撤销三步。

1. 委托受理

证券公司在收到客户委托之后，首先将对投资者的身份、委托内容、委托卖出的证券数量以及委托买入的资金余额进行审查。经查验符合要求之后，才能接受委托。

2. 委托执行

证券公司接受客户买卖证券的委托之后，应当根据委托的证券名称、买卖数量、出价方式、价格幅度等，按照证券交易所的交易规则代理买卖证券。买卖成交之后，应当按照规定制作买卖成交报告单交付客户。

3. 委托撤销

在委托成交之前，投资者有权变更和撤销委托。一旦证券营业部申报竞价成交，买卖就已经成立，成交部分不得撤销。客户可以直接将撤单信息通过电脑或手机终端输入证券交易所交易系统，办理撤单。对客户撤销的委托，证券公司必须及时将冻结的资金或证券解冻。

1.3.2 股票买卖委托的内容

股票买卖委托的内容主要包含基本委托内容和上海、深圳证券交易所证券买卖申报价格的规定两部分。

1. 基本委托内容

投资者买卖股票时，向证券公司下达的委托指令主要包括：证券账号、日期、品种、买入卖出方向、委托数量、委托价格、时间、股票名称、股票代码。下图为股票买入和卖出的主要界面。

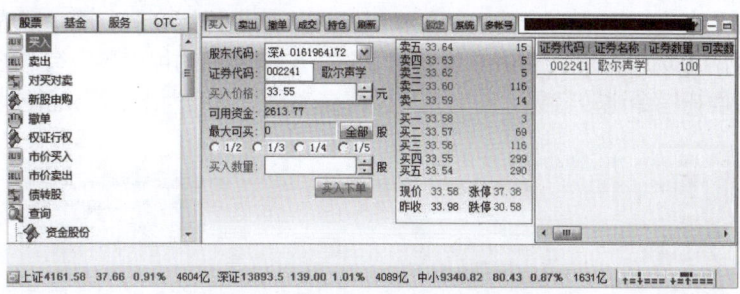

打开交易界面后，单击左侧功能列表中的【买入】选项，在右侧窗口将显示买入的界面，如图所示，在其中输入买入的证券代码，系统自动根据账户中的资金计算出最大可买入数量。投资者输入买入数量和买入价格后，单击【买入下单】按钮即可。

单击左侧功能列表中的【卖出】选项，在右侧窗口将显示卖出的界面，如下图所示。

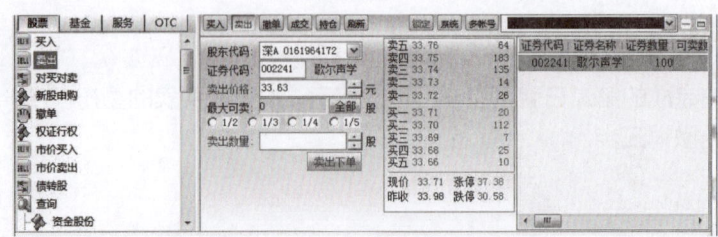

依据《上海证券交易所交易规则》和《深圳证券交易所交易规则》，两家证券交易所通过竞价交易的证券买卖申报数量和单笔申报最大数量见下表。

证券交易所竞价交易的证券买卖申报数量

交易内容	上海证券交易所	深圳证券交易所
买入股票、基金、权证	100 股或其整数倍	100 股或其整数倍
卖出股票、基金、权证	余额不足 100 股的部分应一次性申报卖出	余额不足 100 股的部分应一次性申报卖出
买入债券	1 手或其整数倍	10 张或其整数倍
卖出债券	1 手或其整数倍	余额不足 10 张部分应当一次性申报卖出
债券质押式回购交易	100 手或其整数倍	10 张或其整数倍
债券买断式回购交易	1000 手或其整数倍	

证券交易所竞价交易的单笔申报最大数量

交易内容	上海证券交易所	深圳证券交易所
股票、基金、权证交易	不超过 100 万股	不超过 100 万股
债券交易	不超过 1 万手	不超过 10 万张
债券质押式回购交易	不超过 1 万手	不超过 10 万张
债券买断式回购交易	不超过 5 万手	

2. 上海、深圳证券交易所证券买卖申报价格的规定

从委托价格限制形式来看，可将委托分为市价委托和限价委托。

市价委托是指客户向证券公司发出买卖某种证券的委托指令时，要求证券公司按照证券交易所当时的市场价格进行买进或者卖出证券。市价委托的优点是没有价格上的限制，证券公司执行委托指令比较容易，成交迅速且成交率高。下图为市价买入的交易界面。

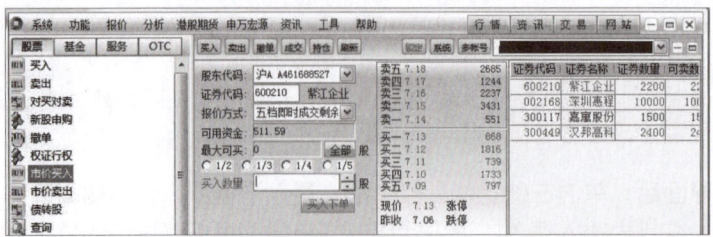

限价委托是指客户要求证券公司在执行委托指令时，必须按限定的价格或比限定价格更有利的价格买卖证券，即以限定价格或更低的价格买入，以限定价格或更高的价格卖出。限价委托的优点是证券可以以客户的预期价格或更有利的价格成交，有利于客户实现预期

投资计划。但是，采用限价委托时，必须等市价与限价一致时才可以成交。而且，当市价委托和限价委托同时出现时，市价委托优先成交。因此，客户在采用限价委托时有申报不能成交的可能，也许会错失很好的成交机会。

1.3.3 股票买卖的委托手段和方式

投资者在买卖股票时，要进行下单委托，可以根据证券商所提供的设备条件，采用不同的委托方式报单，如下图所示。

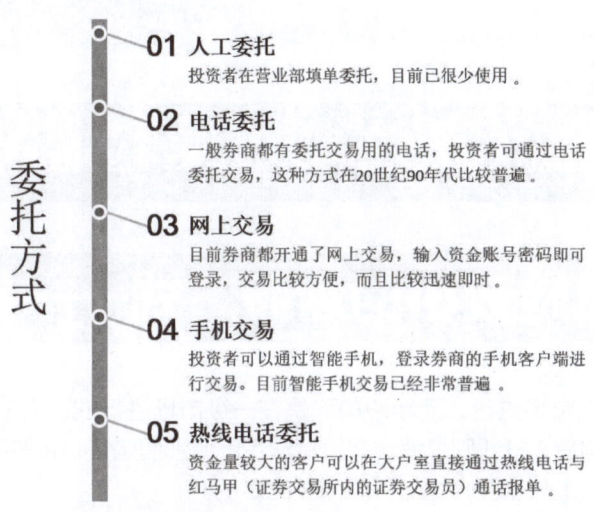

1.3.4 为什么委托价和成交价不一致

沪深证券交易所目前采用两种竞价方式：集合竞价和连续竞价。投资者在 9:30—11:30、13:00—15:00 之间的买卖申报都属于连续竞价。连续竞价时，交易系统对每一笔买卖委托进行自动撮合，成交价格的原则如下。

（1）买入价与卖出价相同，该价格就为成交价格。

例如：李三以 10.5 元卖出中国远洋 200 股，王丽以 10.5 元买入 200 股，最终成交价格为 10.5 元成交 200 股。

（2）买入申报价格高于即时揭示的最低卖出申报价格的，以即时揭示的最低卖出申报价格为成交价格。

例如：李兰以 18 元价格（最低卖出价）卖出中国人寿 1500 股，张琪以 18.5 元买入 1500 股，最终成交价格为 18 元成交 1500 股。

（3）卖出申报价格低于即时揭示的最高买入申报价格的，以即时揭示的最高买入申报价格为成交价格。

例如：张强以 15.5 元卖出平安银行 500 股，丽丽以 15.7 元（最高买入价）买入 500 股，最终成交价格为 15.7 元成交 500 股。

1.3.5 集合竞价成交

集合竞价是指在交易日没有开盘之前，投资者根据对当日股市的预测进行委托买入，在集合竞价时间内录入电脑主机的所有下单将按照价格优先和时间优先的原则计算出最大成交量的价格,这个价格就是集合竞价的成交价格,而这个过程被称为集合竞价。

集合竞价确定成交价的原则,如下图所示。

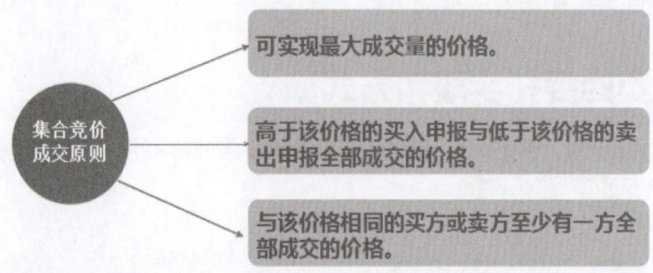

提示 ▶ 集合竞价未能成交的委托并不会被废除,而是直接进入竞价阶段。

1.4 风险较小的炒股方式——打新股

股票交易在二级市场进行,而新股申购是在一级市场进行的。通俗来讲,就像消费者一般从经销商那里购货,打新则是消费者直接从生产商那里购货。省去了中间环节和成本,自然风险小收益高。本节主要介绍与新股相关的知识。

1.4.1 新股的发行方式

股份公司发行新股常用的方式有网上申购和网下发行。网上申购是通过证券交易所的交易平台进行,投资者可以比照常规 A 股交易的方法进行操作;网下发行一般针对法人投资者。

1.4.2 新股申购的注意事项

个人投资者在进行申购时,需注意以下事项。

(1)投资者必须持有非限售 A 股股份市值 1 万元以上和足额的资金,才能参与新股网上申购,而且沪、深两个市场市值不能合并计算,沪、深证券账户只能申购本市场新股,并需在申购前存入足额申购资金。

(2)计算证券市值是指 T-2 日(T 日为申购日,下同)日终投资者持有的(包括主板、中小板和创业板)非限售 A 股股份市值,包括融资融券客户信用证券账户的市值和证券公司转融通担保证券明细账户的市值,不包括 B 股股份、ETF、基金、债券或其他限售 A 股股份的市值。投资者持有多个证券账户的,将合并计算账户市值。

(3)投资者参与网上公开发行股票的申购,以该投资者的第一笔申购为有效申购,一个投资者只能用一个证券账户进行一次申购,其余申购将被系统自动撤销。新股一经申报,不得撤单。同一天有多只股票发行的,该可申购市值额度对投资者申购每一只股票均适用。

(4)所持股票 T-2 日市值确定后,可以在 T-1 日或 T 日将 T-2 日持有的市值卖出,资金可用于 T 日申购新股。

1.4.3 新股申购的流程

1. 证券账户准备

通过证券公司开立证券账户，申购上交所股票需要有上交所证券账户，并做好指定交易，申购深交所股票需要有深交所账户。

2. 新股申购资金及市值准备

自 2015 年开始实行新股申购新规，与以往申购新股不同，新规定按市值申购。投资者持有的市值指 T-2 日前 20 个交易日（含 T-2 日）的日均持有市值。根据投资者持有的股票市值，持有市值 1 万元以上股票的投资者才能参与新股申购（两市都需要满足此要求）。按上海市场每 1 万元市值配一个申购单位的原则计算投资者可申购额度，市值不足 1 万元部分不计算可申购额度。深圳市场每 5000 元市值配一个申购单位（一个申购单位为 500 股）的原则计算投资者可申购额度，不足 5000 元的部分不计入申购额度。同一天有多只股票发行的，该可申购市值额度对投资者申购每一只股票均适用。

投资者可以在资金的新股申购一栏查看沪深市场的申购配额。

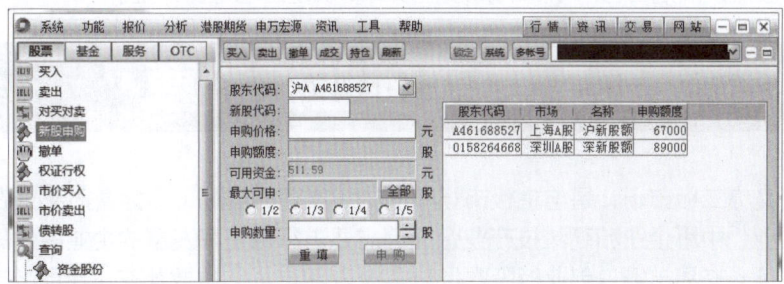

新股申购的流程主要包括以下几步。

申购时间：

沪市申购时间为 9:30—11:30，13:00—15:00；深市申购时间为 9:15—11:30，13:00—15:00。

操作流程：

（1）申购步骤。

在证券账户上操作，下单方式与买入股票相同，单击【买入】选项，在证券代码栏中填入"申购代码"，填写买入数量，数量必须为 1000 股（或 500 股）的整数倍。然后，单击【买入下单】按钮。下单后，到当日委托里看一下，如果有刚才的下单记录，则这笔申购就完成了。申购后，相当的申购金额就会冻结，要到 T+3 日资金才会解冻。如果中签了，比如中了 500 股，这 500 股的发行价所对应的金额就转成股票显示在持仓里了，其他金额则回到投资者的资金账户中。

（2）申购结果查询。

①投资者申购（T日）。

申购当日（T日）按《发行公告》和申购办法等规定进行申购。

②资金冻结、验资及配号（T+1日）。

申购日后的第一天（T+1日），由结算公司将申购资金冻结。16:00前，申购资金需全部到位，结算公司配合交易所指定的具备资格的会计师事务所对申购资金进行验资，并由会计师事务所出具验资报告，交易所以实际到位资金作为有效申购进行配号（即16:00后按相关规定进行验资、确认有效申购和配号）。

③摇号抽签、中签处理（T+2日）。

申购日后的第二天（T+2日），公布确定的发行价格和中签率，并按相关规定进行摇号抽签、中签处理。

④资金解冻（T+3日）。

申购日后的第三天（T+3日）公布中签结果，并按相关规定进行资金解冻和新股认购款划付。一是投资者根据T+3日得到的配号，查询证监会指定报刊上由主承销商刊登的中签号码，如果自己配号的后几位与中签号码相同，则为中签，不同则表示未中。每一个中签号码可以认购1000股或500股新股。二是直接查询自己账户内的解冻后资金是否有减少或者查询股份余额是否有所申购的新股，以此来确定自己是否中签。

1.5 购买创业板股票

创业板又称二板市场，是与主板市场不同的一类证券市场，专为暂时无法在主板上市的创业型企业、中小企业和高科技产业企业等需要进行融资和发展的企业提供融资途径和成长空间的证券交易市场。创业板股票是对主板A股市场的重要补充，在证券市场也有着重要的位置。投资者如果想在牛市当中跑赢大盘，有必要介入一只创业板的股票。

1.5.1 开通创业板业务

投资者想要买卖创业板的股票首先要开通创业板业务。投资者在开立证券账户和资金账户之后就可以选择开通创业板业务。创业板业务要求投资者必须本人携带身份证去证券公司营业部现场办理。投资者在新开资金账户的当日即可办理创业板业务。

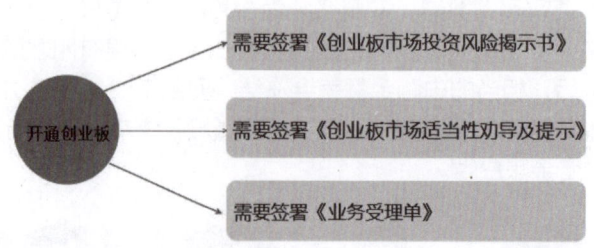

1.5.2 购买创业板股票

具有两年以上交易经验的客户在签署创业板业务两天之后才可以买卖创业板股票，不具备两年以上股票交易经验的投资者在签署创业板业务5天之后才可以买卖创业板股票。具体交易方式与上证A股并无区别。创业板股票的代码均以300开头。创业板股票的买卖流程与主板市场的股票买卖流程一致，在此不再做详细介绍。

1.6 炒股手续费详解

天下没有免费的午餐，天下也没有免费的市场，投资者在进行股票买卖交易的时候并不是免费的，需要支付一定的交易费用。本节将为投资者介绍股票交易费用的相关知识，以便于投资者准确认识交易成本。

1.6.1 炒股需要支付的费用

投资者在买卖证券时需要支付各种费用和税收，这些费用按收取机构可分为券商费用、交易场所费用和国家税收。目前，投资者在沪深两市买卖A股、基金、债券需要缴纳的各项费用有开户费、印花税、交易佣金、转户费用等。

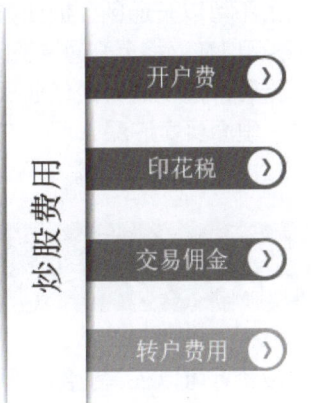

投资者去券商开户时需要缴纳一定的开户费用。自2014年10月8日起，A股开户费从90元下调至40元。甚至有些券商为了抢占市场，为投资者免去开户费用。

印花税是投资者在委托成交之后支付给税收部门的费用，印花税是单边收取的费用。目前沪深两市印花税税率均按1‰收取。债券和基金均免交此项费用。

佣金是投资者在委托买卖证券成交后所支付给券商的费用。佣金是双边收取的，买方和卖方都需要支付。单笔交易佣金5元起，超过5元按照交易金额的比例收取。

在办理转户时，投资者需要去原开户券商办理深圳市场股票转托管业务和上海市场撤销指定业务。其中深圳市场股票转托管业务需要收取托管费40元。

例如，小张买卖股票的时候单笔交易额达到4万元，佣金比例为0.3‰，印花税比例为1‰，则小张需要支付12元的佣金交易费用和40元的印花税。之后小张卖出1万元的股票，由于交易佣金按比例计算单笔不满5元，交易费用则按5元收取，由于印花税是单边征收，所以不需要再交印花税。

1.6.2 如何获取低佣金

在所有的股票交易费用中，佣金占据交易费用相当大的比例，并且只有佣金是可以和证券公司商谈的。对于短线交易的投资者，获取低佣金有助于降低其交易成本，少花冤枉钱。

其实，想要取得低佣金并不难，投资者可以采用以下方式。

1. 与证券经纪人谈判

证券公司的佣金是按照投资者的交易量收取的，资金量大的投资者和资金量小但交易活跃的投资者均可以和自己的证券经纪人就佣金的费率进行商谈。

● 资金量大的投资者。资金在 50 万元以上就属于证券公司的大客户，证券公司对大客户门槛会有所下降，投资者可以找自己的证券经纪人要求其降低佣金比例。证券公司一般会为大客户开具 0.25‰的佣金费率。

● 资金不大但是短线交易频繁的投资者。该类投资者给证券公司提供的手续费贡献甚至可能超过资金量大的投资者。因此此类交易者也可以和自己的证券经纪人谈判，证券公司一般会要求该类客户保证每月的交易量，在此交易量之上可以按较低的费率收取佣金。

2. 从网络上自助开低佣金证券账户

经常使用股票软件或者经常查看财经网站和股票贴吧的投资者，可以在网络上、手机炒股软件上发现一些低佣金开户的广告，也可以自助在网络上开通低佣金费率的证券账户。

1.6.3 低佣金不是唯一

值得投资者注意的是，不仅要看佣金费率高低，也要综合考虑券商的服务实力。如果投资者是在网上开通的低佣金证券账户，那么只可以在该账户买卖上证 A 股和深证 A 股。由于创业板需要投资者到营业部现场办理，所以网络上不可以开通创业板业务，投资者也就无法取得买卖创业板股票的资格。此外，投资者也不可以在网络上开通融资融券业务。

综上所述，建议投资者在当地的证券公司开立证券账户的同时开通创业板业务，然后在网络上开通一个低佣金费率证券账户，在低佣金账户里面买卖沪深 A 股，在当地证券公司开通证券账户买卖创业板股票。

1.7 转户与销户

投资者如果想要换一家券商或者不想再进行股票投资，可以去营业部办理转户与销户手续。

1.7.1 证券转户流程及注意事项

投资者在交易一段时间之后，如果认为自己所签订的券商实力不够强、服务不够好，可以选择去其他证券公司新开户或者转户。如果投资者之前没有开通过融资融券账户，可以直接携带身份证和一张未曾签订三方存管协议的银行卡去其他证券公司新开证券账户；如果投资者已经在原证券公司开立融资融券账户，则需要先撤销融资融券账户，再办理转户手续。具体的转户流程和须知如下。

1. 个人投资者 A 股证券转户需携带的资料

（1）证券账户本人的中华人民共和国居民身份证原件。
（2）证券账户卡原件。如果丢失可以到原券商处补办。

2. 个人投资者 A 股证券转户流程

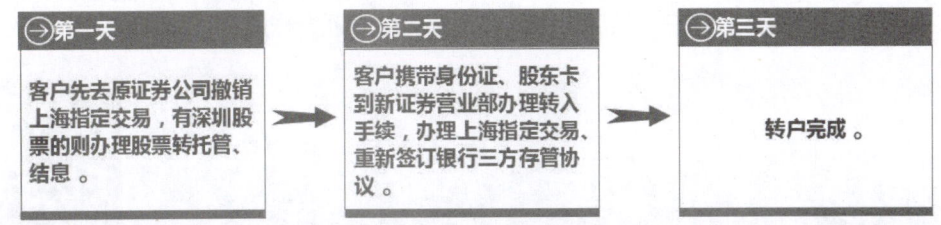

> **提示** ▶ 投资者办理转户的时间必须是周一至周五 9:00—15:00。

3. 个人投资者 A 股证券转户须知

（1）证券转户第一天当日不能有以下操作。
① 当日有股票成交。
② 当日委托过（有撤销也不行）。
③ 证券账户有负数未解决。
④ 处于新股认购期内。
⑤ 当日有银证转账。
⑥ 国债回购交易中。
（2）深圳股票转托管操作需要注意以下事项。
① 深市 A 股当日买入的或停牌的可以办理转托管，深市 B 股当日买入的需 T+3 日才可以办理转托管。
② 深市新股申购中签但未上市的不可办理转托管。
③ 转托管股票 T+1 日转入客户账户。
④ 深圳 B 股转托管境内居民个人所购 B 股不得向境外转托管。
⑤ B 股配股权证不允许办理转托管。

4. 证券转户流程微调

证券转户客户先去新营业部办理开户，再去原证券营业部办理转户，该转户流程同样有效，手续相同只需待原证券营业部撤销上海指定交易后，由新证券营业部在系统内加进上海指定交易即可。

1.7.2 证券销户

投资者证券销户必须由本人携带身份证、银行卡、股东卡（股东卡丢失可补打印）在交易时间内去原来开户的券商营业部办理，投资者领取并填写《销户申请表》即可。关于证券销户，投资者应注意以下几点。
（1）销户当天不能有股票交易。
（2）销户前一天把除股票外的现金转到银行。
（3）如果投资者销户是为了去新券商开户，则一般不建议投资者去营业部办理销户，股票账户不用放着即可,两年就会被休眠,对投资者不会造成什么影响。如果投资者销户是为了注销融资融券账户之后去新券商开户,则首先需要在原券商办理融资融券账户销户,7日之后再办理证券账户销户,然后才可以去新券商新开证券账户。

高手秘技

技巧 1 提高新股中签率的妙招

申购新股的收益相当诱人,下面介绍一些提高中签率的技巧和方法。

(1)刚开盘或收盘时下单申购的中签概率小,10:30—11:30 和 13:00—14:00 时段的申购中签概率高。

(2)资金充足的情况下,选准一只,并全仓进行申购,可以提高中签率。

(3)选择大盘或冷门股,盘子大的股票,发行量大,客观上中签的机会就越大。

(4)几只新股接连发行,选择靠后发行的机会大。

投资者可以登录财经网站,查看新股频道获取新股的资讯。例如金融界网站的新股频道,该频道网页包括新股申购、财经日历、新股公告、再融资一览、IPO 观察站等。

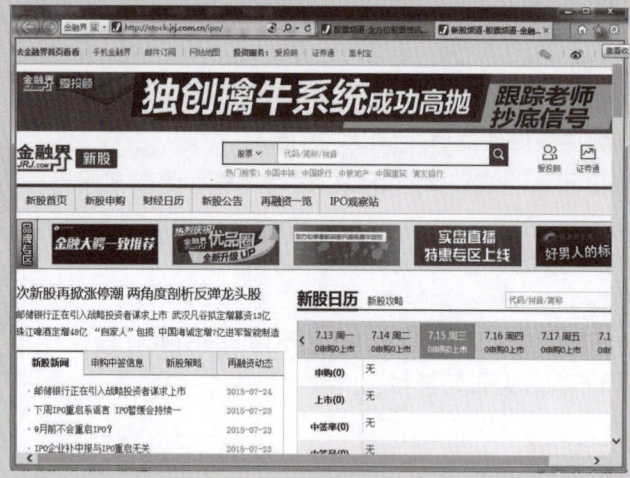

技巧 2 把股票做成 T+0 交易的方法

所有股票都遵循"T+1"交易制度,也就是当天买入股票之后,第二个交易日才可以卖出。那投资者一定要问,如何才可以打破这种交易制度,让其变成"T+0"的交易模式?

首先,投资者必须对于选中的股票留有底仓,也就是事先已经持有某只股票,同时手中有一部分用于继续购买股票的资金。

其次,投资者根据对这只股票走势的判断,在交易日,高位卖出原来所持有的股票,然后待股价下跌时再买进。或者先趁股价下跌时用手里的闲置资金买进,然后等股价拉升时卖出。

这样就完成了当日既买又卖的交易行为。在股价波动剧烈的时候,投资者做"T+0"交易甚至可能当日赚 10% 以上。

2 股票的基础知识

本章引语

千里之行,始于足下。

——《道德经》

想要在资本市场实现理想,就要从眼前打基础的小事做起。基础不打牢,地动又山摇,理想再美好也终将会化作泡影。不盈利事小,引火烧身的结局才令人悲伤。为了降低入市风险,投资者首先要了解股票的基础知识。

本章要点

★ 股票的交易单位
★ 股票常见风险
★ 常见股票术语

2.1 为什么购买股票

随着生活质量的提高,广大民众的腰包也渐渐鼓了起来。善于理财的投资者会考虑如何更好地利用这些暂时不用的闲置资金。不同的人有不同的投资方式,有些人喜欢把这些资金买成不动产,有些人喜欢把这些资金用来买黄金,有些人喜欢把这些资金买成银行理财产品,还有一些人会把这些资金用来投资股票市场。

究竟为什么会有人把闲置资金买成股票?买股票的好处又有哪些?

从本质上来讲,买某只股票就是把钱投资到某一公司,当该公司的股东。与购买债券及银行储蓄存款相比较,这是一种高风险行为,但与之相随的是给人们带来更大的收益。所以一些投资者,正是看中了高收益,才会踏进证券市场的大门。

具体来讲,买股票的好处主要有以下几点。

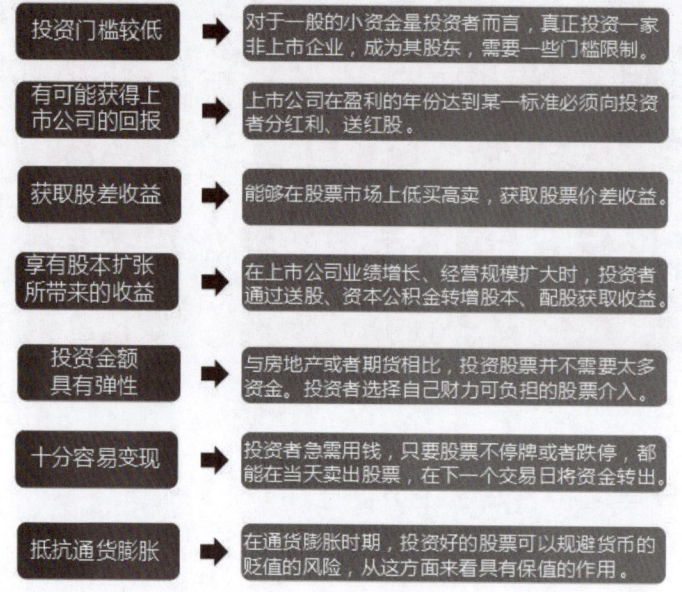

2.2 认识股票

投资股票并不是一件简单的事情,股市并不是所有投资者的"提款机"。投资者首先要了解什么是股票及股票的特征有哪些,真正明白股票的含义、本质和属性。

2.2.1 什么是股票

股票是股份公司发行的所有权凭证,是股份公司为筹集资金而发行给各个股东作为持股凭证并借以取得股息和红利的一种有价证券。每股股票都代表股东对企业拥有一个基本单位的所有权。股东有权按公司章程从公司领取股息和分享公司的经营红利。

股票作为一种所有权证书，最初是采取纸面印刷方式的，如上海的老八股[1]。时至今日，随着电子技术与信息技术的发展与应用，电子化股票应运而生。电子化股票没有纸面凭证，而是将有关事项存储于电脑中心，股东只持有一个股东账户卡，通过电脑终端可查到持有的股票品种和数量，这种电子化股票又称为无纸化股票。目前，上海证券交易所和深圳证券交易所上市的股票均采取这种方式。

在证券市场中，发行股票的公司根据不同投资主体的投资需求，发行不同种类的股票。人们通常所说的股票是指在上海、深圳证券交易所挂牌交易的 A 股，这些 A 股也可称为流通股、社会公众股、普通股。除此之外，还有 B 股[2]。

2.2.2 股票的特征和作用

股票主要具有以下特征。

（1）不可偿还性。股票是一种无偿还期限的有价证券，投资者一旦认购了股票之后，就不能再要求退股，只能到二级市场卖给第三者。股票的转让只意味着公司股东的改变，并不减少公司资本。而其股价在转让时受到公司收益、公司前景、市场供求关系、经济形势等多种因素的影响。所以说，投资股票是有一定风险的。

（2）参与性。股东有权出席股东大会，选举公司董事会，参与公司重大决策。股票持有者的投资意志和享有的经济利益，通常是通过行使股东参与权来实现的。股东参与公司决策的权利大小，取决于其所持有的股份的多少。从实践看，只要股东持有的股票数量达到左右决策结果所需的实际多数时，就能掌握公司的决策控制权。

例如，某上市公司一共 1 亿股，流通盘[3]7000 万股，张华持有该股票 6000 万股，则张华持该公司 60% 的股份，属于绝对控股，并且是第一大股东。在召开股东大会时，张华具有该公司决策的控制权。

（3）收益性。股东可以凭其持有的股票，从公司领取股息或红利，从而获取投资的收益。至于股息或红利的多少，则取决于该公司的盈利水平和公司的盈利分配政策。股票的收益性，还表现在投资者通过低价买入和高价卖出获得价差收入。

以格力电器公司股票为例。如果在 2008 年 10 月投资 241 元买入该公司股票 100 股，到 2015 年 6 月 30 日便能以 63.9 元的市场价格卖出 100 股，赚取超过 26 倍的利润。在通货膨胀时，股价会随着公司资产价格上升而上涨，从而避免资产贬值。因此，股票被视为在高通货膨胀时期优先选择的投资对象。

（4）流通性。股票的流通性是指股票在不同投资者之间的可交易性。流通性通常以可流通的股票数量、股票成交量及股价对交易量的敏感程度来衡量。可流通股数越多，成交量越大，价格对成交量越不敏感，股票的流通性就越好，反之就越差。

（5）价格波动性和风险性。作为证券市场上的交易对象，股票与商品一样，有自己的市场行情和市场价格。股票价格会受到诸多因素的影响，如公司经营状况、供求关系、银行利率、大众心理等。所以股价波动有很大的不确定性，也正是这种不确定性，有可能会使股票投资者遭受损失。价格波动的不确定性越大，投资风险也越大。因此，股票是一种高风险的金融产品。

---

1 上海老八股是指最早在上海证券交易所上市交易的八只股票。

2 B 股的正式名称是人民币特种股票。B 股是以美元或者港元计价，面向境外投资者发行，但在中国境内上市的股票。现在 B 股的投资主体已经放开，国内的公民也可以开通 B 股账户。

3 股份公司发行股票总股本中，分流通股和非流通股。流通盘是指股票能在二级市场进行交易的流通量，投资者在股票市场也只能买卖流通盘股票，描述单位为万股。

例如，白酒行业在我国一直属于高利润行业，但是在 2012 年 11 月，行业中很有名气的酒鬼酒被爆"塑化剂事件"，一时间白酒板块出现跌停潮，机构纷纷抛售股票，即使是贵州茅台这样的企业，也于 11 月 19 日跌停。之后的一年多时间，白酒行业迎来了一波熊市大跌行情。如果投资者不合时机地买入了白酒行业的股票，就会导致严重损失。以贵州茅台为例，该股从 2012 年 11 月 19 日的开盘价 166.39 元跌至 2014 年 1 月 10 日的阶段性 最低点 83.77 元。

对于发行者而言，股票的作用主要有以下四点。

（1）股票是筹集资金的有效手段。

股票最基本的作用就是筹集资金。上市的股份制公司可以通过发行流通股，在二级市场进行流通，进而可以将短期资金通过股票转让的形式衔接为长期资金，为企业的进一步发展提供所需的资金。没有上市的股份制公司也可以发行股票，投资者可以在证券市场之外的场外交易市场（例如银行、证券公司等）对该公司的股票进行认购。这些股份制公司发行股票的主要目的也是为企业进一步发展筹集所需的资金。

（2）通过发行股票来分散投资风险。

无论是哪一类型的企业，都会有经营风险存在。尤其是一些高新技术产业，由于产品的技术工艺尚未成熟和稳定，市场前景不明朗，在企业经营过程中，其风险就更大。这些前景难以预测的企业，当发起人不愿承担所面临的所有风险时，就会想方设法地让他人与之共担风险。发行股票组建股份制公司就是分散投资风险的好办法。即使投资失败，各个股东所承受的损失也就非常有限。

（3）通过发行股票来实现创业资本的增值。

在证券市场上，股票的发行价应当与企业的经营业绩相联系。当一家业绩优良的企业发行股票时，其发行价都要高出其每股净资产许多，若碰到二级市场的火爆行情，其溢价往往能达到每股净资产的 2～3 倍或者更多。而股票的溢价发行又使股份公司发起人的创业资本得到增值。例如，2015 年 3 月 24 日上市的暴风科技（300431），上市开始交易之后 29 个交易日均"一字涨停"，公司股价上翻 20 倍，持有该公司股票的原始股东资产也就上翻 20 倍。

（4）通过股票的发行与上市，来宣传公司形象。

在牛市行情中，有更多的人参与到股票投资当中。此时，股市就成为舆论的一个热点，各大媒体每天都会实时报道股市信息，无形之中也就提高了上市公司的知名度，起到了免费的广告宣传作用。

2.3 股票常见分类

股票按其票面形态、投资主体、上市地点、性质的不同，分类也有所不同。投资者应当区别不同种类的股票，选择适合自己的投资策略组合。

2.3.1 按票面形态分类

股票按票面形态进行分类，可分为记名股、无记名股、面值股和无面值股。

1. 记名股

记名股在发行时，票面上记载有股东的姓名，并记载于公司的股东名册上。记名股票的特点是，除持有者和其正式的委托代理人或合法继承人、受赠人外，任何人都不能行使其股权。此外，记名股票不能任意转让，转让时，既要将受让人的姓名、住址分别记载于股票票面，还要在公司的股东名册上办理过户手续，否则转让不能生效。这种股票有安全、不怕遗失等优点，但是转让手续烦琐。记名股若需要私自转让（例如继承和赠予等），必须在转让行为发生后马上办理过户手续。

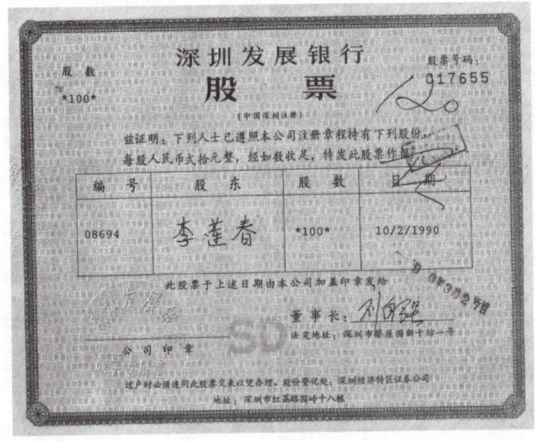

2. 无记名股

无记名股在发行时，在股票上不记载股东的姓名。持有者可自行转让股票，任何人一旦持有便可享有股东的权利，无须再通过其他方式证明自己的股东资格。这种股票转让手续简便，但也应该通过证券市场的合法交易实现转让。

3. 面值股

有票面金额股票，简称金额股票或面额股票，是指在股票票面上记载一定的金额，如每股人民币 100 元、200 元等。金额股票给股票定了一个票面价值，这样就可以很容易地确定每一股份在该股份公司中所占的比例。

4. 无面值股

无面值股也称比例股票或无面额股票。股票发行时无票面价值记载，仅表明每股占资本总额的比例。其价值随公司财产的增减而增减。因此，这种股票的内在价值总是处于变动状态。这种股票最大的优点就是避免了公司实际资产与票面资产的背离，因为股票的面值往往是徒有虚名，人们关心的不是股票面值，而是股票价格。发行这种股票对公司管理、财务核算、法律责任等方面要求极高，因此只有在美国比较流行，而不少国家根本不允许发行。

2.3.2 按投资主体分类

我国上市公司的股份可以分为国有股、法人股和社会公众股。

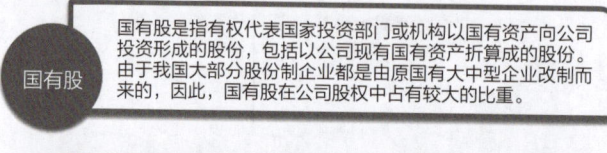

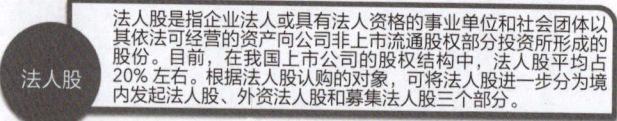

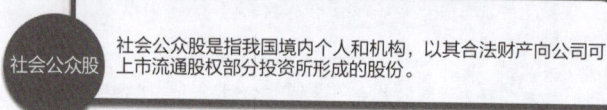

2.3.3 按上市地点分类

按照上市地点分类，国内外的股票可分为以下几类。

股票种类	基本信息	投资主体
A股	人民币普通股票，由我国境内的公司发行，供境内机构、组织或个人（不含港、澳、台投资者）以人民币认购和交易的普通股股票	年满18周岁的个人投资者、国内的机构投资者、中国证监会规定的其他投资人
B股	人民币特种股票，以人民币标明面值，以外币认购和买卖，在境内（上海、深圳）证券交易所上市交易	外国的自然人、法人和其他组织，我国香港、澳门、台湾地区的自然人、法人和其他组织，定居在国外的中国公民，中国证监会规定的其他投资人
H股	注册地在内地、上市地在香港的外资股	中国机构投资者、国际资本投资者可以投资H股
N股	在美国纽约（New York）的证券交易所上市的外资股票	境外投资者、国内投资者
S股	在新加坡（Singapore）证券交易所上市的股票	境外投资者、国内投资者
L股	在伦敦（London）证券交易所上市的股票	境外投资者、国内投资者

2.3.4 按性质分类

1. 优先股

优先股是股份制公司发行的、在分配红利和剩余财产时比普通股具有优先权的股份，是与"普通股"概念相对而言的。优先股是无期限的有权凭证，优先股的股东一般不能在中途向公司要求退股。

优先股主要有以下几点主要特征。

01 优先股通常预先定明股息收益率。由于优先股股息率事先固定，所以优先股的股息一般不会根据公司经营情况而增减，而且一般也不能参与公司的分红，但优先股可以先于普通股获得股息。对公司来说，由于股息固定而不影响公司的利润分配。

02 优先股的权利范围较小。优先股股东一般没有选举权与被选举权，对股份公司的重大经营无投票权，但在某些情况下可以享有投票权。

03 如果公司股东大会需要讨论与优先股有关的索偿权，即优先股的索偿权先于普通股，而次于债权人。

2. 普通股

普通股是随着企业利润变动而变动的一种股份，是股份公司资本构成中最普通、最基本的股份之一，是股份企业资金的基础部分。

普通股的投资收益（股息和分红）在购买时不进行约定，而是事后根据股票发行公司的经营业绩来确定。公司的经营业绩好，普通股的收益就高；反之，若经营业绩差，普通股的收益就低。普通股是股份公司资本构成中最重要、最基本的股份，也是风险最大的一种股份，但又是股票中最基本、最常见的一种。在我国证券交易所上市的股票都是普通股。

3. 后配股

后配股是在利益或利息分红及剩余财产分配时比普通股处于劣势的股票，一般是在普通股分配之后，对剩余利益进行再分配。如果公司盈利巨大并且后配股的发行数量很有限，则后配股的股东可以获取很高的收益。公司发行后配股，一般所筹措的资金不能立即产生收益，因此投资者的范围会受限制。

后配股一般在下列情况下发行。

> 公司为筹措扩充设备资金而发行新股票时，为了不减少对旧股的分红，在新设备正式投用前，将新股票作后配股发行。

> 企业兼并时，为调整合并比例，向被兼并企业的股东交付一部分后配股。

> 在有政府投资的公司里，私人持有的股票股息达到一定水平之前，把政府持有的股票作为后配股。

2.3.5 ST 股和 *ST 股

ST(Special Treatment) 股，即"特别处理"股。该政策针对的对象是出现财务状况或其他状况异常的上市公司。1998 年 4 月 22 日，沪深交易所宣布，对财务状况或其他状况出现异常的上市公司股票交易进行特别处理，由于是"特别处理"，所以在简称前冠以"ST"，因此这类股票称为 ST 股。如果某一只股票的名字加上 ST，就是给股民一个警告，该股票存在投资风险，但这种股票风险大收益也大。

*ST 意味着该股票有退市风险，需要警惕。如果上市公司向证监会递交的财务报表显示连续 3 年亏损，就有退市的风险。投资者在投资此类股票时需要特别谨慎。该类股票有退市的风险，但即使退市也并非意味着不可以交易，投资者可以到证券公司进行柜台交易。

2015 年 1 月 31 日，上交所在《风险警示板办法》（以下简称《办法》）中增加了参与退市整理期股票交易的投资者适当性的内容。《办法》规定，个人投资者参与退市整理股票交易的，应当具备 2 年以上的股票交易经历，并且以本人名义开立的证券账户和资金账户内的资产（不含通过融资融券交易融入的证券和资金）在人民币 50 万元以上。不符合以上规定的个人投资者，仅可卖出已持有的退市整理股票，但不得买入。

深交所则规定，要求参与退市整理期股票买入交易的投资者必须具备两年以上交易经验和人民币 50 万元以上的证券资产规模。

> **提示** ▶ 长期看 ST 股票的波动率比市场基准的波动率要低；ST 股票在牛市初期及牛市末期能够跑赢市场基准，中途会交替上升；在熊市初期能跑赢大盘，但是在长期熊市中，ST 股票会大幅跑输市场基准。因此可以结合市场特征进行投资，在牛市初期和末期可以持有 ST 股票，在熊市初期可以在对冲市场风险的基础上持有 ST 股票，而长期熊市则不要投资 ST 股票。

2.3.6 股票常见代码意义

用数字表示的股票代码有不同的含义。股票代码除了区分各种股票，也有其潜在的意义，例如 600*** 是上交所上市的股票代码，6006** 是最早上市的股票。一个公司的股票代码跟车牌号差不多，能够显示出这个公司的实力以及知名度。

根据上交所"证券编码实施方案"，股票代码采用 6 位数编制方法，前 3 位数用于区别证券品种，具体如下表所示。

代码	股票品种
001×××	国债现货
110×××、120×××	企业债券
129×××、100×××	可转换债券
201×××	国债回购
310×××	国债期货
500×××、550×××	基金
700×××	配股
710×××	转配股
701×××	转配股再配股
720×××	红利
730×××	沪市新股申购
735×××	新基金申购
737×××	沪市新股配售
080×××	深市新股配售
900×××	沪市 B 股
200×××	深市 B 股
600×××、601×××、603×××	沪市 A 股
000×××、002×××、300×××	深市 A 股、深市新股申购
002×××	深市中小板股票

续表

代码	股票品种
300×××	深市创业板股票
580×××	沪市权证
031×××	深市权证
150×××	股票型指数基金

2.4 股票市场与股票发行

投资者一般熟知的股票交易市场实际上是股票流通的二级市场,而股票的发行市场被称为一级市场。投资者想要认购新股或者买卖股票必须在股票市场进行。

2.4.1 了解股票市场

股票市场是指已经发行的股票转让、买卖和流通的场所,包括交易所市场和场外交易市场两大类。由于它是建立在发行市场基础上的,因此又称作二级市场。股票市场的结构和交易活动比发行市场(一级市场)更为复杂,其作用和影响力也更大。

股票市场最早起源于荷兰的阿姆斯特丹,1602年荷兰人在阿姆斯特河大桥上对东印度公司股票进行交易。后来在美国成立了史上第一家正规的股票市场。股票市场是一个国家或地区经济和金融活动的晴雨表,一国的经济处于良好态势发展,股票市场也是一派生机盎然的景象,一旦股票市场走弱,实体经济也必定受其牵连。

2.4.2 证券机构

证券机构是指依法设立的、从事证券服务业务的法人机构。在我国,证券机构主要包括证券交易所、证券公司、证券业协会、证券登记结算机构、证券监督管理机构等。

证券交易所	是依据国家有关法律,经政府证券主管机关批准设立的集中进行证券交易的有形场所。证券交易所本身不持有证券,也不参与证券的买卖。我国目前有四个证券交易所:上海证券交易所、深圳证券交易所、香港证券交易所和台湾证券交易所。
证券公司	既是为投资者提供代理证券买卖的中介服务机构,也是依法成立的经营证券业务的有限责任公司或股份有限公司。证券公司在证券交易活动中发挥着重要的作用。有些证券公司除了提供代理证券买卖的中介服务,还是市场上的机构投资者。
证券业协会	既是证券业的自律性组织,也是不以营利为目的的社会团体法人。
证券登记结算机构	是为证券交易提供集中登记、存管和结算服务,不以营利为目的的法人。我国的证券登记结算机构是中国登记结算有限责任公司,该公司在上海和深圳各设一个分公司,分别为投资上海证券交易所和深圳证券交易所上市证券的投资者提供结算服务。
证券监督管理机构	既是国家行政管理机构,也是由国家或政府组建的对证券市场实施监管管理的主管机构。我国的证券监管机构是中华人民共和国证券监督管理委员会及其派出机构。

2.4.3 股份公司为什么要发行股票

股份公司如果需要资金为公司谋发展,有两种融资途径:一种是向银行或他人借贷,这属于间接融资;另一种是发行股票吸引投资者直接投资股票,这属于直接融资。对国家来说,投资者进行直接投资更为有利,因为这样既可以由整个社会来承担投资的风险,国家又能从中得到税收。此外发行股票能够起到筹集资金的作用,一方面,可以将社会公众手中闲置零散资金集中起来发挥作用,如用在国家鼓励发展的行业上去;另一方面,股份制公司更能从集资中得到好处,因为不管股东持有多少股票,只能将其转让,而不能退股,这样通过发行股票募集到的资金就成为公司的资本,而不受股东的影响。此外,发行股票使企业获得的是直接投资,降低了融资成本。

上市的股份公司通过发行股票把企业、大股东、小股东紧密联结在一起,股份公司要向全体股东负责,并且要受到社会和全体股民的监督。这样有助于促进上市公司加强经营管理,提高企业效益。因为企业的效益越好,股票的价格就越高,对投资者的吸引力也越大。

股份公司发行股票为闲置的资金找到了一条投资途径,它把人们手中零散的资金都集中起来,整合成有效的生产资金,让闲置的资金也有用武之地,在提高资金使用率的同时也推动了社会生产力的发展。从其他发达经济体的经验来看,股份制公司是市场经济的重要组成部分。虽然现在世界上各个发达国家的公司和企业各有特色,但是大型的企业基本上都采用股份制的模式。我国若想在社会主义市场经济的道路上走得更长久,发展股份制是必经之路。

2.4.4 股票上市对投资者有什么好处

股票上市不仅有利于企业本身,也对投资者有许多好处。具体的有利因素主要有以下几点。

(1)股票的流通性较好。股票的流通性越好,投资者的购买意愿就越强。如果股份公司的股票没有上市,知晓该公司的投资者就很有限,该公司的股票流通性将受到局限,不利于通过买卖该公司股票获取股差收益。

(2)增强了公司信息的透明度。有利于投资者获取上市公司的经营及财务方面的信息,了解公司的真实状况,从而有助于投资者做出正确的投资决策。

(3)成交价格更透明。上市股票的买卖,需经买卖双方的"讨价还价",只有在买进与卖出报价基本一致时方能成交,所以证券交易所里的成交价格远比场外市场里的成交价格更加公平合理。

(4)有助于投资者了解趋势信息。目前,投资者可以通过网络直接查询股票的即时信息,及时获取上市公司的公告,这为投资提供了决策参考的依据。

(5)交易成本透明。证券交易所对经纪人所收取的佣金有统一的标准。投资者和证券经纪人可以谈判,降低其交易成本。

2.4.5 股票的发行与上市

股票发行是指符合条件的发行人以筹资或实施股利分配为目的,按照法定的程序,向投资者、原股东发行股份或无偿提供股份的行为。股票在上市发行前,上市公司与股票的代理发行证券商签订代理发行合同,确定股票发行的方式,明确各方面的责任。股票代理发行的方式按发行承担的风险不同,一般分为包销发行方式和代销发行方式两种。

| 包销发行 | → | 是由代理股票发行的证券商一次性将上市公司所新发行的全部或部分股票承购下来,并垫支相当股票发行价格的全部资本。 |
| 代销发行 | → | 是由上市公司自己发行,中间只委托证券公司代为推销,证券公司代销证券只向上市公司收取一定的代理手续费。 |

股票上市是指已经发行的股票经证券交易所批准后，在交易所公开挂牌交易的法律行为。股票上市是连接股票发行和股票交易的"桥梁"。在我国，股票公开发行后即获得上市资格。上市后，公司将能获得巨额资金投资，有利于公司研发新产品，拓展新业务。新的股票上市规则主要对信息披露和停牌制度等进行了修改，增强了信息披露的透明性，是一个很大的进步，尤其是重大事件要求公司细化、持续披露，有利于普通投资者了解公司的最新信息，抵消部分信息不对称的影响。

2.4.6 股票发行价与溢价发行

股票发行价格是股票发行时所使用的价格，也是投资者认购股票时所支付的价格。它与股票面额可以是一致的，也可以是不一致的，通常由发行公司根据股票面额、股市行情及其他有关因素决定。股票的发行价格主要有平价发行、溢价发行、折价发行、时价发行等。本节将主要介绍平价发行与溢价发行。

1. 平价发行

平价发行亦称面额发行或等价发行，是指股份公司在发行股票筹措资本时，直接以每股的票面金额作为发行价格。例如股票面额为 20 元或 100 元，则代表每股发行价格也为 20 元或 100 元。这种发行价格对发行公司而言，其所得资本与公司股本是一致的。

采用平价发行的优点是：股票发行时价格不受市场波动的影响；发行费用较低；股票容易推销，发行公司能够稳妥地筹集到资金。平价发行的缺点则主要是缺乏市场弹性，不能针对市场的股票价格波动水平，及时、合理地确定股票发行价格，从而使那些信誉高、经营业绩好、股票容易销售的发行公司，无法以自身优势获得发行的溢价收益。平价发行一般在股票初次发行或在股东内部分摊增资的情况下采用。

2. 溢价发行

溢价发行是指股份公司在发行股票时以高于股票面额的价格发行。例如，某股票面额为 10 元，发行价格为 50 元。溢价发行是一种对发行公司十分有利的发行价格形式。它能够让发行公司在发行股票的过程中获得一笔创业利润，使所筹资本高于公司股本。目前，许多国家新上市的股票一般都是采用溢价发行的价格形式，发行公司所获得的溢价收入列入资本公积金。

2.4.7 买壳上市和借壳上市

买壳上市	是指非上市公司购买一家上市公司一定比例的股权来取得上市的地位，然后注入自己有关业务及资产，实现间接上市的目的。一般而言，买壳上市是民营企业的较佳选择。
借壳上市	是指一家私人公司通过把资产注入一家市值较低的已上市公司，得到该公司一定程度的控股权，利用其上市公司地位，使母公司的资产得以上市。通常该壳公司会被改名。

2.4.8 中概股回归

概念股是与业绩股相对而言的。业绩股需要有良好的业绩支撑。概念股则是依靠某一种题材（如资产重组概念、智慧城市概念等）支撑价格。

中国概念股就是外资因为看好中国经济成长而对所有在海外上市的中国股票的总称。中国概念股是相对于海外市场来说的，同一个公司可以在不同的股票市场分别上市，所以，某些中国概念股公司也可能在国内同时上市。

在2015年之前，由于中国证券监督管理委员会对上市公司各项硬性规定，许多高科技股份公司达不到证监会的要求，又为了满足融资需求，这些企业只得选择到国外市场进行上市。例如，许多互联网企业纷纷选择去美国纳斯达克证券交易所上市。对于互联网企业来讲，虽然美国发行证券对公司业绩没有硬性要求，流程简单，但是去美国上市也有其不良之处。在美国上市的公司估值一般较低，因为中国和海外的互联网公司商业模式无法完全对比，所以中国概念股公司都觉得自己的估值被低估，无法享受到国内的资本市场红利。外加盈率低、融资规模小、监管严格等因素，许多在国外上市的企业也在纷纷考虑回归国内市场。

自2015年年初以来，互联网公司受到了我国政府的高度重视，政府提出了"互联网＋"的国家战略并且制定了实施方案，政府希望依靠互联网来提升传统产业的效率，期待"能源互联网"和"工业互联网"这些概念能够逐渐落地，最终通过"大数据""云计算"这些技术发挥更大的对于传统行业的改造作用。因此提出鼓励没有盈利的互联网公司在境内上市，这使得回归中国资本市场成为一个时髦的选择。

2.4.9 股票的价格与价值

从政治经济学原理可知，任何商品的价格都要围绕其价值上下波动。股票也不例外，但是股票又不同于普通的商品，股票的价格还反映投资者对其的预期。

1. 股票价值

由于股票是虚拟资本的一种形式，因此它本身并没有价值。股票仅是一个拥有某种所有权的凭证。股票能够有价，主要有两方面的原因：一方面是因为持有股票的股东可以行使股东权利，参加股东大会并且对股份公司的经营决策施加影响；另一方面投资者享有参与分红派息的权利，可以从中获得相应的经济利益。综上所述，股票的价值主要取决于公司本身的盈利能力和未来发展的前景。上市公司盈利能力越强，相应的股票价值就越高；上市公司盈利能力越差，相应的股票价值就越低。如果公司发展前景非常好，不断开发新市场，研发新产品，投资规模不断扩大，效益不断提高，就能够不断分红，那么股票自身的价值就越高，反之则越低。

2. 股票价格

虽然股票本身不具有价值，但它可以当作商品买卖，并且有一定的价格。股票价格又称为股票行市，是指股票在证券市场上买卖的价格。股票价格主要分为理论价格与市场价格。股票的理论价格，就是为获得股息、红利收入的请求权而付出的代价，是股息资本化的表现。股票的市场价格即股票在股票市场上买卖的价格。股票的理论价格并不等于股票的市场价格，二者之间有相当大的差距。股票的理论价格为预测股票市场价格的变动趋势提供了重要的依据,这也是股票市场价格形成的一个基础性因素。

2.5 股票与债券、储蓄和基金有何不同

我国的金融市场为个人投资者提供了银行存款、债券和股票等多种理财方式。这些投资理财方式各有优劣,投资者可以结合自身的需求选择相应的理财方式。

2.5.1 股票与债券的区别

债券是一种有价证券,是社会各类经济主体为筹集资金而向债券投资者出具的、承诺按一定利率定期支付利息的、到期偿还本金的债权债务凭证,包括票面价值、到期期限、票面利率、发行者名称 4 个要素。债券具有偿还性、流动性、安全性和收益性 4 种特性。

股票和债券虽然都是有价证券,都可以作为筹资的手段和投资工具,但两者却有明显的区别,如下表所示。

主要区别	股票	债券
发行主体不同	股票只能是股份制企业才可以发行	无论是国家、地方公共团体还是企业,都可以发行债券
收益稳定性不同	股票一般在购买之前不定股息率,股息收入随股份公司的盈利情况变动而变动	债券在购买之前,利率已定,到期就可以获得固定利息,与发行债券的公司经营获利与否无关
保本能力不同	股票本金一旦交给公司,就不能再收回。公司一旦破产,要结合公司剩余资产清查状况,投资者的资金有可能难以赎回	债券到期可连本带利都收回,如同放贷款一样
经济利益关系不同	股票表示的是对公司的所有权	债券表示的只是对公司的一种债权
权属关系不同	股票持有者,有权直接或间接参与公司的经营管理	债券持有者无权过问公司的经营管理
风险性不同	股票不仅是投资对象,更是金融市场上的主要投资对象,其交易转让的周转率高,市场价格变动幅度大,可以暴涨暴跌,风险很大	债券只是一般的投资对象,交易转让的周转率与股票相比很低

2.5.2 股票与储蓄的区别

股票与储蓄存款这两种行为在形式上均表现为,货币所有人将一定的资金交付给股份公司或银行机构,并获取相应的利益。但两者在本质上是不同的,具体如下表所示。

主要区别	股票	存款
性质不同	股票是以资本信用为基础,体现股份公司与股票投资者之间围绕股票投资行为而形成的权利与义务关系	存款是一种银行信用,建立的是银行与储蓄者之间的借贷性债权债务关系
持有者法律地位和权利不同	股票持有者处于股份公司股东的地位,依法有权参与股份公司的经营决策,并对股份公司的经营风险承担相应的责任	存款人的存款行为相当于向银行贷款,处于银行债权人的地位,其债权的内容仅限于定期收回本金和获取利息,不能参与债务人的经营管理活动,对其经营状况也不负任何责任
投资增值的效果不同	股票是持有者向股份公司的直接投资,投资者的投资收益来自于股份公司根据盈利情况派发的股息红利	存款是通过实现货币的储蓄职能来获取货币的增值部分,即存款利息。这一回报率是银行事先约定的,是固定的,不受银行经营状况的影响
存续时间与转让条件不同	股票是无期的,只要股票发行公司存在,股东不能要求退股以收回本金,但可以进行买卖和转让	储蓄存款一般是固定期限的,存款到期时存款人收回本金和利息。普通的储蓄存款不能转让,大额可转让储蓄存单除外
风险不同	股票投资行为是一种风险性较高的投资方式,其投资回报率可能很高,但高回报率伴随的必然是高风险	银行作为整个国民经济的重要金融支柱,其地位一般说来是稳固的,很少会衰落到破产的地步。存款人存款后也不必像买入股票后那样要经常性地投入精力去关注它的变动

2.5.3 股票与基金的区别

从广义上说,基金是指为了某种目的而设立的具有一定数量的资金。主要包括信托投资基金、公积金、保险基金、退休基金及各种基金会的基金。人们平常所说的基金主要是指证券投资基金。投资基金是一种信托投资方式,它集中了投资者众多分散资金而交由专门的投资者管理机构进行范围广泛的投资与管理以获取资金增值,投资者按出资比例分享收益并承担风险。

许多刚入市的投资者对基金和股票二者之间的认识不够充分,有些甚至认为购买股票和购买基金是一回事,其实二者之间是不同的,如下表所示。

主要区别	股票	基金
反映的经济关系不同	股票反映的是所有权关系,投资者在购买该公司的股票之后就成为其股东	基金反映的是信托关系,投资者在购买基金之后,只是成为其受益人,并没有股东的角色
所筹集的资金使用方式不同	股票属于直接投资工具,筹集的资金主要投向实业	基金属于间接投资工具,其筹集的资金主要投向有价证券等金融工具
投资收益与风险水平不同	股票的直接收益取决于发行公司的经营效益,不确定性强,风险较大,属于高风险高收益的投资品种	基金主要投资于有价证券,其收益可能高于债券,投资风险可能小于股票,是一种风险相对适中、收益相对稳健的投资品种

2.6 股票交易的单位

不同股票市场的股票交易规则也不同，我国A股市场对股票交易的最小单位及最小报价单位都有明确的规定，投资者要按照规定进行交易。

2.6.1 最小报价单位

最小报价单位是指证券买卖申报价格的最小变动单位。沪深两市的价格最小变动单位如下表所示。

上海证券交易所各品种价格变动最小单位

品种	上海证券交易所
A股、债券、债券买断式回购交易	0.01 元人民币
基金、权证	0.001 元人民币
B股	0.001 美元
债券质押式回购交易	0.005 元人民币

深圳证券交易所各品种价格变动最小单位

品种	深圳证券交易所
A股	0.01 元人民币
基金、债券、债券质押式回购交易	0.001 元人民币
B股	0.01 港元

例如，A股票现价5.01元，李菲想要马上买入A股票，可以提高一个申报价格，以5.02元提交申报买入。按照价格优先原则，如果没有价位比李菲的价格更高的申报，将优先成交李菲的申报。

2.6.2 最小交易单位

沪深两市股票买卖申报最小交易单位均为一手，一手即为100股。账户因为送股等原因而出现不到100股的零散股数，可以一次卖出。但是在买入时只可以按手数委托。

如果下单时遇到对方卖出股票不够买入数，如某投资者A下单买入300股，卖出方B因某些原因多出30股而一次卖出230股，若无其他报价时，投资者A就买入成交230股，另外70股没有成交。当然，这只属于个别案例。

2.7 股票指数

世界各国的股票市场除了有股票的价格走势外，也会根据所有股票或者具有代表性的股票编制不同的股票指数。股票指数反映的是某一市场或者某一类股票的整体趋势。投资者在进行投资股票的时候，可以结合股票指数的走势，调整相应的投资策略。

2.7.1 什么是股票指数

股票指数即股票价格指数，是描述股票市场总的价格水平变化的指标。它是选取有代表性的一组股票，把它们的价格进行加权平均，通过一定计算得到的。不同指数选取的股票和计算方法是不同的。

2.7.2 上证指数

在我国，上证指数是最重要的指数之一。上海证券综合指数简称"上证综指"，其样本股是全部在上海证券交易所上市的股票，包括 A 股和 B 股，它反映了上海证券交易所市场总体的波动情况。上证指数本身不可以交易，但是上证指数是中国股市大趋势的晴雨表，对于投资者而言意义重大。

上证综合指数等以样本股的发行股本数为权数进行加权计算，计算公式为：报告期指数 =（报告期成分股的总市值/基期）× 基期指数。其中，总市值 = Σ（股价 × 发行股数）。成分股中的 B 股在计算上证 B 股指数时，价格采用美元计算。成分股中的 B 股在计算其他指数时，价格按适用汇率（中国外汇交易中心每周最后一个交易日的人民币兑美元的中间价）折算成人民币。

上证指数的指数代码为"000001"，投资者也可以使用快捷键，从键盘输入数字"03"，然后就可以快速查看上证指数的行情走势。

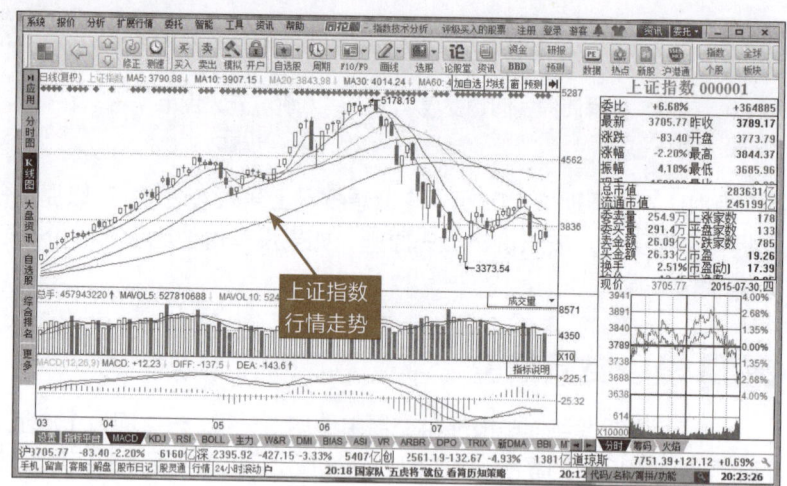

2.7.3 深证指数

深证指数是指由深圳证券交易所编制的股票指数，该股票指数的计算方法基本与上证指数相同，其样本为所有在深圳证券交易所挂牌上市的股票，权数为股票的总股本。由于以所有挂牌的上市公司为样本，其代表性非常广泛，与深圳股市的行情同步发布，是股民和专业人员研判深圳股市股票价格变化趋势必不可少的参考依据。

深证指数包括深证成指、深证 A 指、深证 B 指、深证综合指数，如下图所示。

对投资者最具有参考价值的一般为深证成指,其指数代码为"399001"。投资者也可以从键盘输入"04",使用快捷键快速查找到深证成指查看行情。

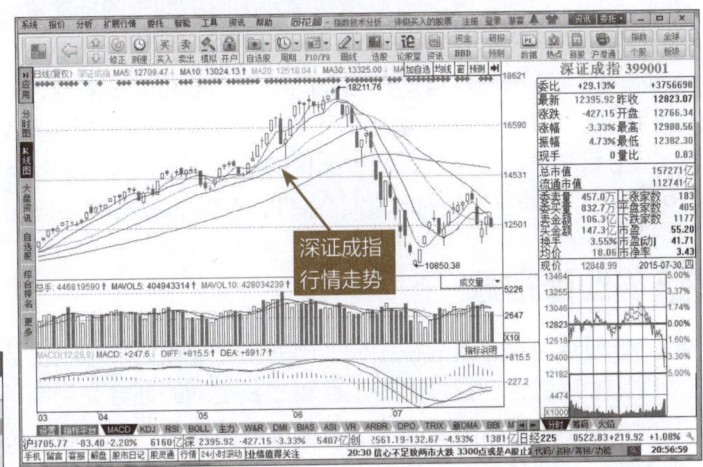

除此之外,深证 A 指的指数代码为"399107",深证 B 指的指数代码为"399108",深证综合指数的指数代码为"399106"。

2.7.4 上证 180 指数

上证 180 指数(又称上证成分指数)是上海证券交易所对原上证 30 指数进行调整并更名而成的,其样本股是在所有 A 股股票中抽取最具市场代表性的 180 种样本股票,自 2002 年 7 月 1 日起正式发布。作为上证指数系列核心的上证 180 指数的编制方案,其目的在于建立一个反映上海证券市场的概貌和运行状况、具有可操作性和投资性、能够作为投资评价尺度及金融衍生产品基础的基准指数。

上证 180 指数与通常计算的上证综指之间的最大区别在于,它属于成分指数而不是综合指数。成分指数是根据科学客观的选样方法挑选出的样本股形成的指数,所以能更准确地认识和评价市场。而综合指数包含了市场上所有的股票,在反映市场状况上就存在不少缺陷。例如,目前上证综指采用全市场平均市盈率标准,将不少业绩差、规模小、股价过高的股票包含进来,导致较高的市盈率。上证 180 指数的推出,将有利于推出指数化投资,引导投资者理性投资,并促进市场对"蓝筹股"的关注。

投资者可以通过键盘输入指数代码"000010"或者首字母缩写"SZ180",快速查找到上证 180 指数来查看行情。

2.7.5 上证 50 指数

上证 50 指数是根据科学客观的方法,挑选上海证券市场规模大、流动性好的最具代表性的50只股票组成样本股，以综合反映上海证券市场最具市场影响力的一批优质大盘企业的整体状况。上证50可以作为价值蓝筹股的代名词，是反映主流机构持仓的风向标。上证50指数代码为"000016"。

2.7.6 沪深300指数

沪深300指数由沪深证券交易所于2005年4月8日联合发布，反映沪深300指数编制目标和运行状况，并能够作为投资业绩的评价标准，为指数化投资和指数衍生产品创新提供基础条件。目前，沪深300指数是我国股指期货的标的物，这也就意味着股指期货的走势紧紧跟随沪深300指数走势。

虽然沪深两个市场各自均有独立的综合指数和成分指数，并且这些指数在投资者中有较高的认同度，但市场缺乏反映沪深市场整体走势的跨市场指数。因此沪深300指数的推出切合了市场需求，适应了投资者结构的变化，为市场增加了一项用于观察市场走势的指标，也进一步为市场产品创新提供了条件。沪深300指数代码为"399300"。

2.7.7 创业板指数

创业板是专为暂时无法在主板上市的创业型企业、中小企业和高科技产业企业等需要进行融资和发展的企业提供融资途径和成长空间的证券交易市场，是对主板市场的重要补充。在创业板市场上市的公司大多从事高科技业务，具有较高的成长性，往往成立时间较短，规模较小，业绩也不突出，但有很大的成长空间。可以说，创业板是一个门槛低、风险大、监管严格的股票市场，但也是一个孵化科技型、成长型企业的摇篮。

创业板指数，也称为"加权平均指数"，就是以起始日为一个基准点，按照创业板所有股票的流通市值，一个一个计算当天的股价，再加权平均，与开板之日的"基准点"比较。创业板指数是整个创业板股票的风向标，投资者可以结合创业板指数判断其中的个股趋势行情。创业板指数代码为"399006"。

2.7.8 中小板指数

中小板块即中小企业板，是指流通盘大约1亿元以下的创业板块，是相对于主板市场而言的。有些企业的条件达不到主板市场的要求，所以只能在中小板市场上市。采用中小板企业的股票进行编制的成分指数就是中小板指。

中小板指全称为中小企业板指数，其初始成分股由前100只上市股票构成，此后需要对入围的股票进行排序选出成分股。中小板指委托深圳证券信息有限公司编制、维护和管理，由深圳证券交易所发布，其指数代码为"399005"。

创业板指数、深证成指、中小板指数共同构成反映深交所上市股票运行情况的核心指数。

2.7.9 恒生指数

恒生指数是香港股市价格的重要指标，该指数由香港恒生银行全资附属的恒生指数服务有限公司编制，是以香港股票市场中的50家上市股票为成分股样本，以其发行量为权数的加权平均股价指数，是反映香港股市价幅趋势最有影响的一种股价指数。恒生指数由恒生银行下属恒生指数有限公司负责计算并按季检讨，公布成分股调整。

2.7.10 其他主要指数

（1）日经指数。是由日本经济新闻社编制公布的反映日本东京证券交易所股票价格变动的股票价格平均指数。该指数的前身为1950年9月开始编制的"东证修正平均股价"。1975年5月1日，日本经济新闻社向美国道琼斯公司买进商标，采用修正的美国道琼斯公司股票价格平均数的计算方式编制。

（2）纳斯达克综合指数。是反映纳斯达克证券市场行情变化的股票价格平均指数，基本指数为100。纳斯达克的上市公司涵盖所有新技术行业，包括软件和计算机、电信、生物技术、零售和批发贸易等。主要由美国的数百家发展最快的先进技术、电信和生物公司组成，包括微软、英特尔、美国在线、雅虎这些家喻户晓的高科技公司，因而成为美国"新经济"的代名词。

（3）道琼斯指数。是世界上历史悠久的股票指数，它的全称为股价平均指数。通常人们所说的道琼斯指数是指道琼斯指数四组中的第一组道琼斯工业平均指数。如果说纳斯达克指数反映的是美国的高科技、高成长性股票的综合指数，那么道琼斯工业指数反映的是美国股票市场上工业构成的发展情况。

2.8 股票的常见风险

股市风险是指投资者买入股票后在预定的时间内不能以高于买入价的价格将股票卖出，这将导致浮动亏损，如果以低于买入价的现价卖出股票，将会造成实际损失。股市的风险主要分为两类：系统性风险和非系统性风险。本节主要介绍系统性风险。

2.8.1 购买力风险

由物价的变化导致资金实际购买力的不确定性，称为购买力风险，或通货膨胀风险。一般理论认为，轻微通货膨胀会刺激投资需求的增长，从而带动股市的活跃；当通货膨胀超过一定比例时，由于未来的投资回报将大幅减少，货币的购买力下降，也就是投资的实际收益下降，将给投资人带来损失。

2.8.2 宏观经济风险

宏观经济风险主要是宏观经济因素的变化、经济政策变化、经济的周期性波动以及国际经济因素的变化给股票投资者可能带来的意外收益或损失。宏观经济因素的变动会给证券市场的运作以及股份制企业的经营带来重大影响。例如经济体制的转轨、企业制度的改革、加入世界贸易组织、人民币的自由兑换等。

2.8.3 政策风险

经济政策和管理措施可能会造成股票收益的损失，这在新兴股市中表现得尤为突出。如财税政策的变化，可以影响到公司的利润；股市的交易政策变化，也可以直接影响到股票的价格。此外还有一些看似无关的政策，如房改政策，也可能会影响到股票市场的资金供求关系。

2.8.4 市场风险

市场风险是股票投资活动中最普通、最常见的风险之一，是由股票价格的涨落直接引起的。尤其在新兴市场上，造成股市波动的因素更为复杂，价格波动大，市场风险也大。

2.8.5 利率风险

在股票市场上，股票的交易价格是按市场价格进行，而不是按其票面价值进行交易的。市场价格的变化也随时受市场利率水平的影响。当利率向上调整时，股票的相对投资价值将会下降，从而导致整个股价下滑。

2.9 常见的股票术语

2.9.1 利空、利多

利空是指能够促使股价下跌的信息，如股票上市公司经营业绩恶化、银行紧缩、银行利率调高、经济衰退、通货膨胀、天灾人祸等，以及其他政治、经济、军事、外交等方面促使股价下跌的不利消息。

利多又叫利好，是指刺激股价上涨的信息，如股票上市公司经营业绩好转、银行利率降低、社会资金充足、银行信贷资金放宽、市场繁荣等，以及其他政治、经济、军事、外交等方面对股价上涨有利的信息。利多消息大部分是来自于公司内部，如营业收入创新高、接获某大订单等。

2.9.2 洗盘、做多、做空

洗盘是常见的股市术语。洗盘可以出现在主力任何一个区域内，基本目的无非是为了清理市场多余的浮动筹码，抬高市场整体持仓成本。主力为达到炒作目的，会尽量让途中低价买进、意志不坚的散户抛出股票，以减轻上涨压力，同时让持股者的平均价位升高，以利于达到牟取暴利的目的。

做多是股票、外汇或期货等金融市场术语，即看好股票、外汇或期货等未来的上涨前景而买入持有等待上涨获利。做多就是做多头，多头对市场判断是上涨，就会立即买入股票，所以做多就是买入股票、外汇或期货等。

做空又称空头，既是一种股票、期货等的投资术语，也是股票、期货等市场的一种操作模式。与多头相对，理论上是先借货卖出，再买进归还。做空是指预期未来行情下跌，将手中股票按目前价格卖出，待行情跌后买进，获取差价利润。其交易行为特点为先卖后买。实际上有点像商业中的赊货交易模式。这种模式在价格下跌的波段中能够获利，就是先在高位借货进来卖出，等跌了之后再买进归还。例如预计某一股票未来会跌，就在当期价位高时将此股票（实际交易是买入看跌的合约）卖出，再到股价跌到一定程度时买进，以现价还给卖方，产生的差价就是利润。

2.9.3 庄家、主力

庄家，指能影响金融证券市场行情的大户投资者。庄家通常会占有50%以上的发行量，但有时庄家控量不一定达到50%，看各品种而定，一般10%至30%即可控盘。庄家通常是持有大量流通股的股东，庄家操作某股票时可以影响甚至控制它在二级场的股价。庄家和散户是一个相对概念。

主力，是指主要的力量，一般也指股票中的庄家。形容市场上或一只股票里有一个或多个操纵价格的人或机构，以引导市场或股价向某个方向运行。一般股票主力和股市庄家有很大的相似性。

2.9.4 集合竞价、连续竞价

集合竞价是指在股票每个交易日 9:15—9:25，由投资者按照自己所能接受的心理价格自由的进行买卖申请。

连续竞价，是指对申报的每一笔买卖委托，由电脑交易系统按照以下两种情况产生成交价：最高买进申报与最低卖出申报相同，则该价格即为成交价格；买入申报高于卖出申报时，申报在先的价格即为成交价格。

2.9.5 分红、配股

分红是股份公司在盈利时每年按股票份额的一定比例支付给投资者的红利，是上市公司对股东的投资回报。分红前需要按规定提取法定公积金、公益金等项目。通常股东得到分红后会继续投资该企业达到复利的目的。

配股是上市公司向原股东发行新股、筹集资金的行为。按照惯例，公司配股时新股的认购权按照原有股权比例在原股东之间分配，即原股东拥有优先认购权。

2.9.6 除权、除息、填权、贴权

除权指的是股票的发行公司依一定比例分配股票给股东，作为股票股利，会增加公司的总股数。例如，配股比率为20/100，表示原持有100股的股东，在除权后，股东持有股数会增加为120股。此时，公司总股数膨胀了20%。除权的股票会在除权当日暂时更改股票名称，改为"XR××"。

除了股票股利之外，发行公司也可分配"现金股利"给股东，此时则称为除息。当上市公司宣布上年度分红派息方案并获董事会及证监会批准后，即可确定股权登记日。在股权登记日交易（包括股权登记日）后手中仍持有这种股票的投资者均有享受分红派息的权力。除息的股票会在除息当日暂时更改股票名称，改为"DR××"。

在除权除息后的一段时间里，如果多数人对该股看好，该只股票交易市价高于除权（除息）基准价，这种行情称为填权。例如，互联网B（150195）在2015年3月23日至5月27日，短短两个月的时间已经将原来的除权缺口完全填满。

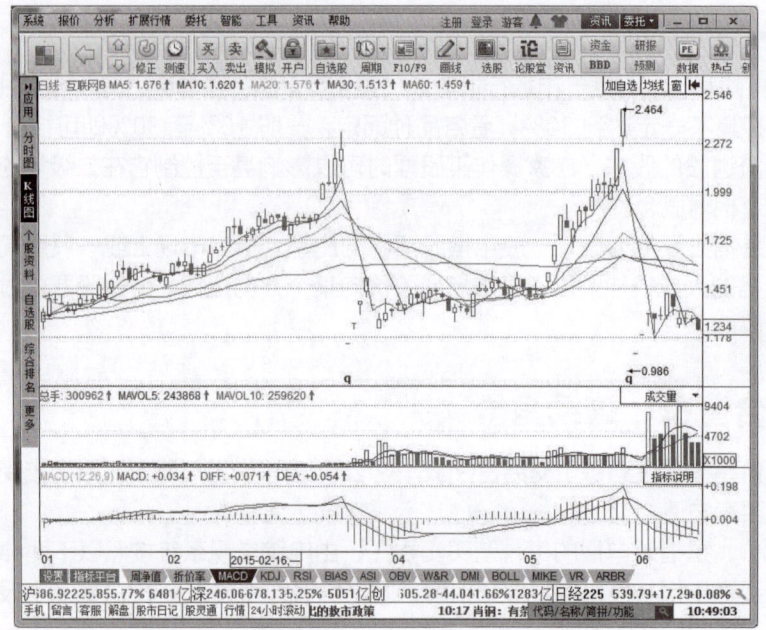

  贴权是指在除权除息后的一段时间里，交易市价低于除权（除息）基准价，即股价比除权除息日的收盘价有所下降。例如，天玑科技（300245）在2015年5月28日至7月3日之间的行情，该公司股票在除权之后一路下跌，属于明显的贴权行情。

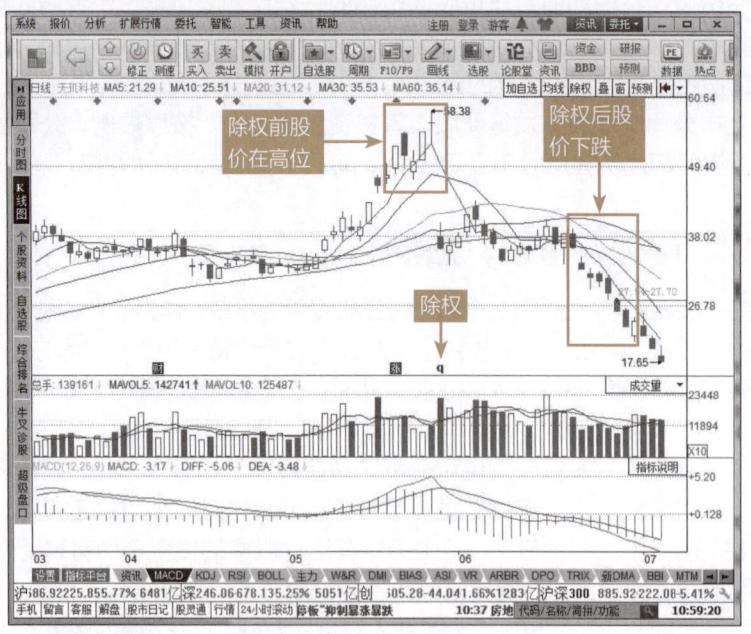

2.9.7 股权登记日

  上市公司在送股、派息、配股或召开股东大会的时候，需要定出某一天，界定哪些主体可以参加分红、参与配股或具有投票权利，定出的这一天就是股权登记日。也就是说，在股权登记日这一天收盘时仍持有或买进该公司的股票的投资者，是可以享有此次分红或参与此次配股或参加此次股东大会的股东，这部分股东名册由证券登记公司统计在案，届时将所应送的红股、现金红利或者配股权划到这部分股东的账上。

打开同花顺软件的【资讯】➤【股票】➤【操盘必读】菜单命令，即可查询即将除权除息的股票信息，如下图所示。

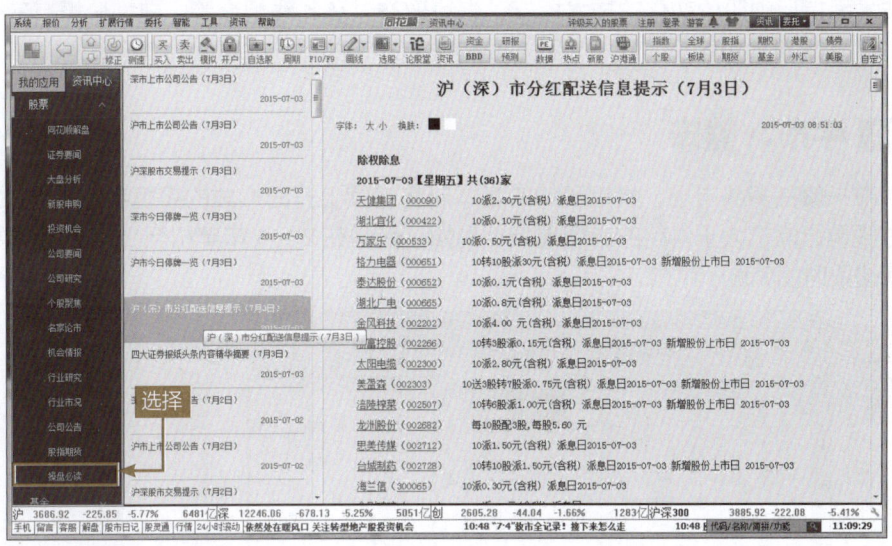

2.9.8 市盈率、市净率

市盈率是某种股票每股市价与每股盈利的比率。市场广泛谈及的市盈率通常指的是静态市盈率，通常用来作为比较不同价格的股票是否被高估或者低估的指标。用市盈率衡量一家公司股票的质地时，并非总是准确的。一般认为，如果一家公司股票的市盈率过高，那么该股票的价格具有泡沫，价值被高估。当一家公司增长迅速以及未来的业绩增长非常看好时，利用市盈率比较不同股票的投资价值时，这些股票必须属于同一个行业，因为此时公司的每股收益比较接近，相互比较才有效。

市净率指的是每股股价与每股净资产的比率。市净率可用于投资分析，一般来说市净率较低的股票，投资价值较高；相反，则投资价值较低。但在判断投资价值时，还要考虑当时的市场环境以及公司的经营情况、盈利能力等因素。

2.9.9 一级市场、二级市场

在金融市场方面的一级市场是筹集资金的公司或政府机构将其新发行的股票和债券等证券销售给最初购买者的金融市场。对于证券市场来讲，一级市场是证券发行的市场，销售证券的收入属于发行该证券的股份公司。

二级市场又称为证券交易市场、次级市场，是指对已经发行的证券进行买卖、转让和流通的市场。在二级市场上销售证券的收入属于出售证券的投资者，而不属于发行该证券的公司。

2.9.10 基本面、技术面

基本面分析是指对宏观经济、行业以及上市公司基本情况等各种指标进行的综合性分析，包括对公司经营理念策略、公司报表等的分析。它包括宏观经济运行态势和上市公司基本情况。宏观经济运行态势反映出上市公司整体经营业绩，也为上市公司进一步的发展确定了背景，因此宏观经济与上市公司及相应的股票价格有密切的关系。上市公司的基本面包括财务状况、盈利状况、市场占有率、经营管理体制、股东构成、人才构成等各个方面。

技术面指反映股价变化的技术指标、走势形态以及 K 线组合等。技术分析有三个前提假设：① 市场行为包容一切信息；② 价格变化有一定的趋势或规律；③ 历史会重演。

2.9.11 牛市、熊市

牛市一般指多头市场，是指股价的基本趋势持续上升时形成的投机者不断买进股票、需求大于供给的市场现象。例如，我国在 2006 年年初至 2007 年年底这段时间就属于牛市。

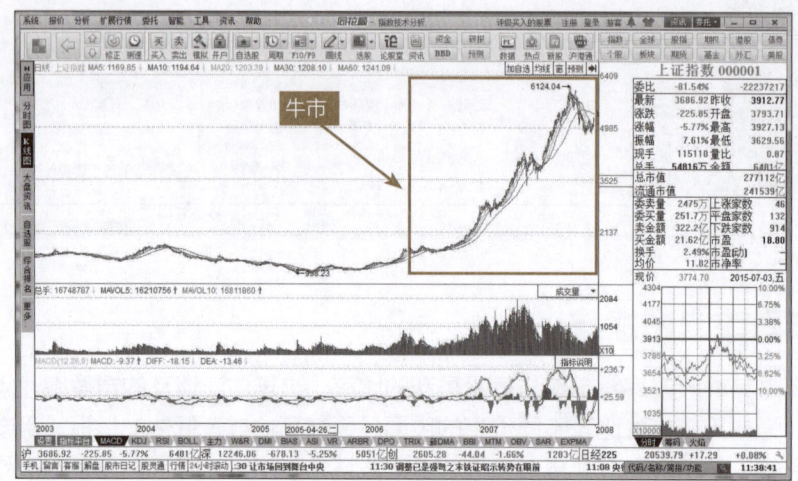

熊市一般指空头市场，证券市场总体的运行趋势向下，其间虽有反弹，但一波却比一波低，属于价格持续走低的市场。部分投资人开始恐慌，纷纷卖出手中持股，都保持空仓观望。此时，空方在市场中是占主导地位的，看好后市的氛围严重不足。在这样的市场中，绝大多数人是亏损的，所以说在熊市市场中的操作尤其困难。我国在 2007 年年底至 2008 年年底这段时间就属于熊市。

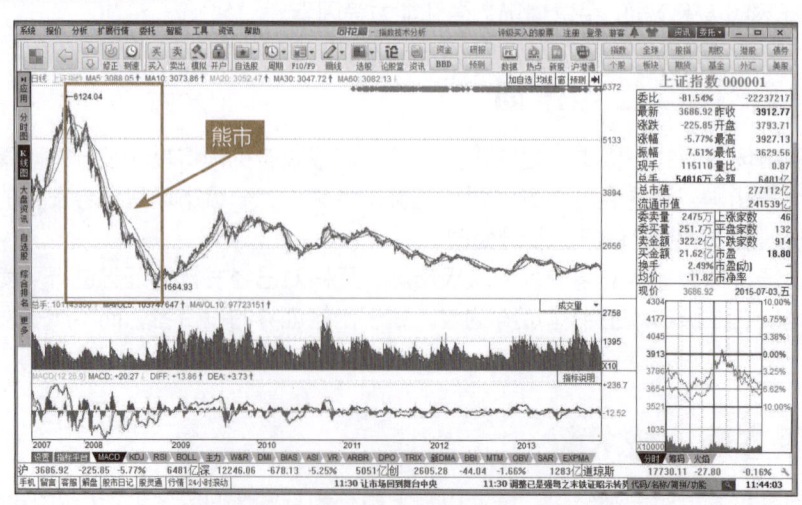

2.9.12 涨停板、跌停板

目前，我国的证券市场实行涨跌停板限制制度，普通 A 股、B 股、ETF 基金、LOF 基金等均有上涨和下跌的限制。

涨停板是指证券市场中交易当天股价的最高限度。涨停板时的股价叫涨停板价。我国证券市场的涨跌幅以 10% 为限，当日涨幅达到 10% 则称为涨停板。ST 类股的涨跌幅设定为 5%，上涨达到 5% 即为涨停板。达到涨停板后，股票当日价格停止上涨，但非停止交易。

涨停板又分为一般的涨停和"一字涨停"。一般涨停是指开盘价不是涨停价格，经过一天的交易，在收盘之前涨至涨停板价。"一字涨停"是开市即封涨停的股票，势头较猛，只要当天涨停板不被打开，第二日仍然有上冲动力。下图为兰石重装（603169）2014 年 10 月至 12 月的行情。该股票在上市之后就一路"一字涨停"。

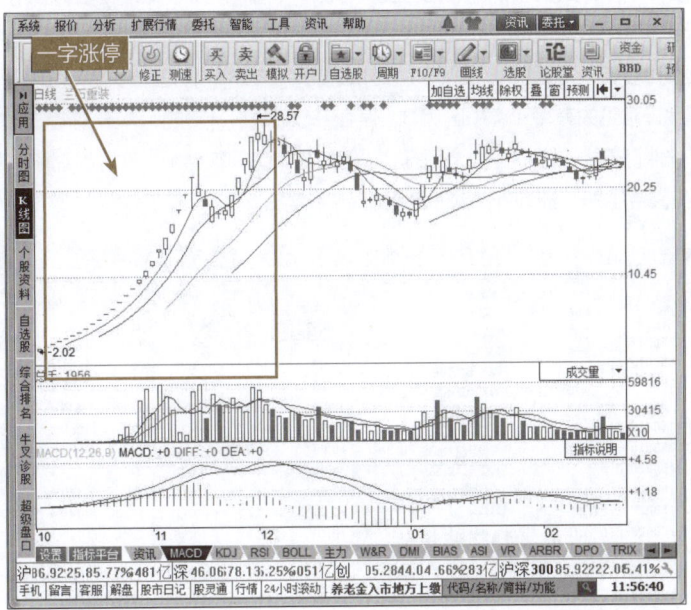

跌停板是与涨停板相对的概念，是指股价在一天中相对前一日收盘价的最大跌幅，我国目前规定当日最大跌幅为 10%。ST 和 *ST 当日最大跌幅为 5%。与涨停板相似，跌停板也有普通跌停和"一字跌停"之分。

技巧 1 投资者如何参与集合竞价

由于 9:15—9:20 这五分钟属于开放式集合竞价，允许撤销委托买进和委托卖出的申报，因此投资者看到的成交量有可能是虚假的。有些主力会在 9:15—9:30 撤单，然后把筹码成功地卖给投资者。因此投资者一旦发现主力有撤单行为，一定马上也跟着撤单。

如果投资者想要抢涨停板，9:20—9:25 这五分钟很重要。虽然此时投资者可以委托买卖，但是这五分钟撤单是无效的，买进委托都是真实的。投资者可以通过键盘输入"61"查看上海 A 股涨幅排名，输入"63"查看深圳 A 股涨幅排名。

投资者在 9:25—9:30 这五分钟可以委托买卖，也可以撤单，只是这五分钟主机不处理，如果投资者对自己手中股票的成交卖出有把握，资金在 9:25 就可以使用。投资者此时可以调仓换股，在 9:26 买进另一只看好的股票。

技巧 2 沪深股票型基金的投资方法

股票型基金与其他类型的基金相比波动幅度最大。如果基金投资的股票组合中有几只股票涨停，则该基金往往也会冲击涨停。当然，如果该基金投资的股票组合中有几只股票跌停，该基金往往也会跌停。因此，该类型的基金具有放大收益与亏损的功能。因此在牛市初期买入股票型基金，可以跑赢大盘，而在熊市当中则要远离。

如果投资者对某一个板块非常看好却不知道如何在该板块中选出牛股，可以买入该板块的股票型基金。常见的有军工 B、医药 B、信息 B、证券 B、新能源车 B 等。投资者可以通过股票分析软件查看相应的沪深股票型基金。例如在同花顺软件中，单击【拓展行情】>【基金】>【沪深基金】即可查询到沪深股票型基金的信息。

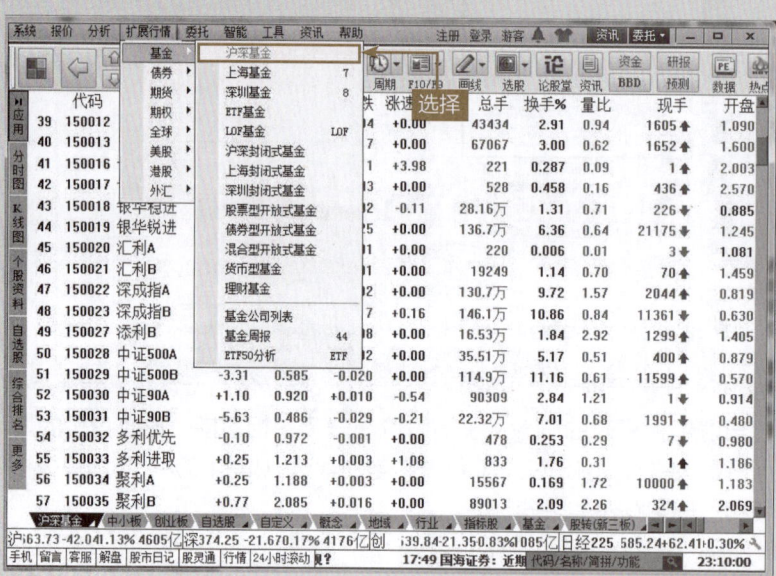

3 影响股价波动的主要因素

本章引语

一切诸果，皆从因起。

——《华严经》

股市上涨还是下跌都有原因。从表面上看，证券市场上供求双方的博弈影响股票的走势；从宏观角度分析，国家政策对股市的影响最为直接。当然，国家政策并非引导股市走向的唯一因素，除此之外，股市还受到国内外经济环境、行业所处经济周期的阶段、证监会相关新政策、媒体的社论观点、机构和普通投资者的偏好等因素的影响。

本章要点

★ 宏观因素对股市的影响
★ 分红、价值、市盈率对股票价格的影响
★ 媒体报道对股市的影响

3.1 宏观因素对股市的影响

对于股市走向的分析，投资者首先要从国际层面、国家层面等宏观视角对经济形势有个最初的大致判断。在对经济大环境有预判之后，再对个股进行筛选。

3.1.1 国家政策

国家政策主要包括财政政策、货币政策、产业政策等。投资者必须对国家政策动向保持关注，才能捕捉到市场热点。在了解国家政策影响的同时，关注国家政策变化，就能及时规避政策风险，捕捉到大的投资机会。

1. 国家政策直接对股市的影响

我国从计划经济体制转变为市场经济体制并非一蹴而就，而是需要经历一段漫长的发展过程。虽然部分传统行业现在都已经由市场进行自发调节，但是国家依然把控着关乎国计民生的关键行业。因此从宏观层面来看，国家的宏观经济政策对于某些行业甚至整个资本市场都会产生影响。

我国的资本市场起步较晚，发展不够成熟，导致市场上投机的氛围较为浓厚，为了避免资本市场出现大起大落，尤其是让中小投资者可以逐步建立起成熟的投资理念，国家相关部委也会从政策方面对股市的暴涨暴跌进行相关调控。

例如，在2015年7月A股由于前期的不理智上涨，导致中小板、创业板和某些主板股票的估值过高，有些个股泡沫过于严重，市盈率甚至高达几百倍。因此在阶段性调整的时候，触及了场外伞形信托和配资公司的风险警示位，继而引发踩踏事件。由于股价继续下跌将可能会引发整个金融系统的系统性风险，所以我国当机立断，开展救市措施。证监会于2015年7月8日晚间发布公告称，从即日起6个月内，上市公司控股股东和持股5%以上股东（以下并称"大股东"）及董事、监事、高级管理人员不得通过二级市场减持本公司股份。上市公司大股东及董事、监事、高级管理人员违反上述规定减持本公司股份的，中国证监会将给予严肃处理。此举有效地约束了大股东和高管的套现行为，减轻了市场的抛压，提升了小股东的持股信心。沪指在3日内从3373.54点快速反弹至最高4030.19点。

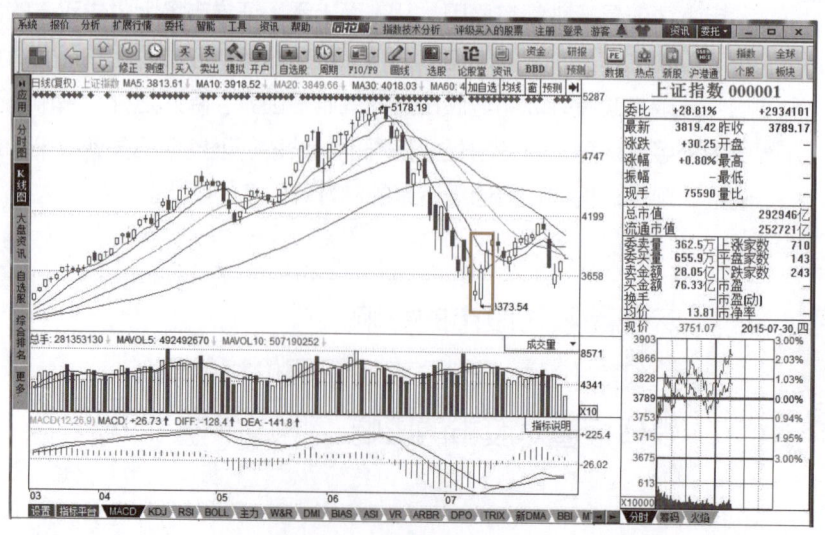

> **提 示** ▶ 国家政策针对股市的变动一般都会带来股市的变动，如果有迹象显示国家可能出台利空的政策，就应该早早规避，空仓等待机会，绝不要抱侥幸心理；对国家出台的利好，如果引起股市快速波动，并且伴随量能的放大，可以做短线，实现收益最大化。

2. 货币政策对股市的影响

货币政策是央行调控宏观经济的基本手段之一。由于社会总供给和总需求的平衡与货币供给总量及货币需求总量的平衡密切相关，因此宏观经济调控的重点一定会立足于货币供给量。

货币政策对股票价格的影响为大众所周知。紧缩的货币政策会减少社会上的货币供给总量，不利于经济发展，不利于证券市场的活跃，增加了企业的成本负担，并减少了市场中的活跃资金总量，对股票价格上涨很不利。与之相反，宽松的货币政策会扩大社会上货币供给总量，对经济发展和证券市场交易有着积极影响，企业融资成本相对降低，同时也为市场提供了相对充裕的资金，为市场行情的开展提供了充足的"弹药"。除此之外，货币政策对人们的心理影响非常大，这种影响对股市的涨跌又将产生极大的推动作用。

例如，2015年2月5日起央行下调金融机构人民币存款准备金率0.5个百分点。同年4月央行第二次降准。各类存款类金融机构人民币存款准备金率下调1个百分点。下图为上证指数2015年2月至4月的走势，从图中可以看到，在宽松的货币政策下，股指维持着持续上涨的态势。

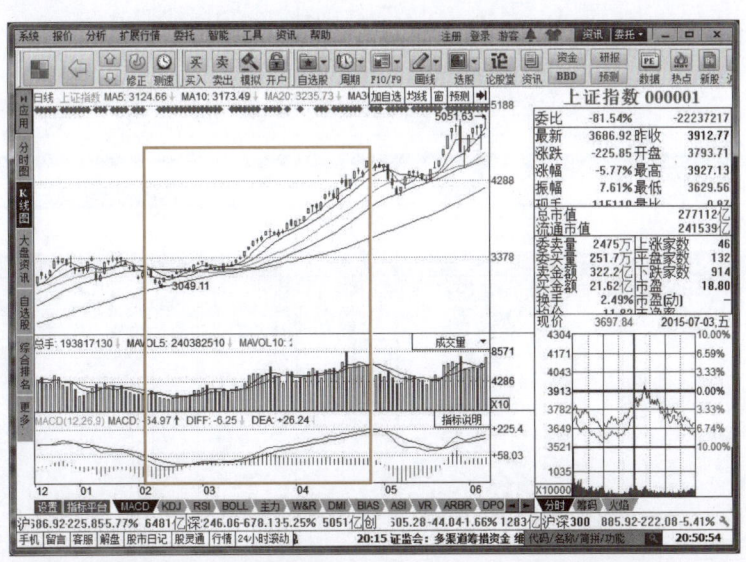

> **提 示** ▶ 货币政策也有长短之分，长期的货币政策主要和国家长期发展目标对应，短期的货币政策则以调节利率、稳定物价为目标。央行可以通过发行国债、调整存款准备金等方式对货币总量加以调整，以达到长期调整的经济目标。

3. 财政政策对股市的影响

财政政策是政府调节宏观经济的另一有效手段。财政政策对股市影响也很大，其主要通过税收影响股市。一般来讲，税负越重，企业用于发展生产和发放股利的盈余资金就越少，相应的股民用于购买股票的闲置资金也越少。因而提高税率会打击投资者投资股票的热情，股民积极性下降，股票指数也会下跌。反之，宽松的财政政策也会引导股价的上扬。

例如，在 2006 年至 2007 年这一大波牛市行情中，上证指数从 1600 多点上涨至 4544 点时，股市已经积存了太多泡沫，广大投资者却无视指数的过快上涨所积累的风险，依然沉浸其中。财政部为了控制市场过度狂热，于 2007 年 5 月 30 日出台提高印花税政策，印花税从原来的 0.1% 提高至 0.3%，提高交易成本，给广大投资者当头一棒，结果股市迅速降温，许多个股甚至出现了连续四五个跌停板。仅仅 4 个交易日，大盘指数从 4545.58 点下跌至最低 3404 点附近，下跌幅度达 25%，有些个股下跌幅度甚至超过 50%。下图分别为上证指数和京东方 A 的"5·30"行情走势。

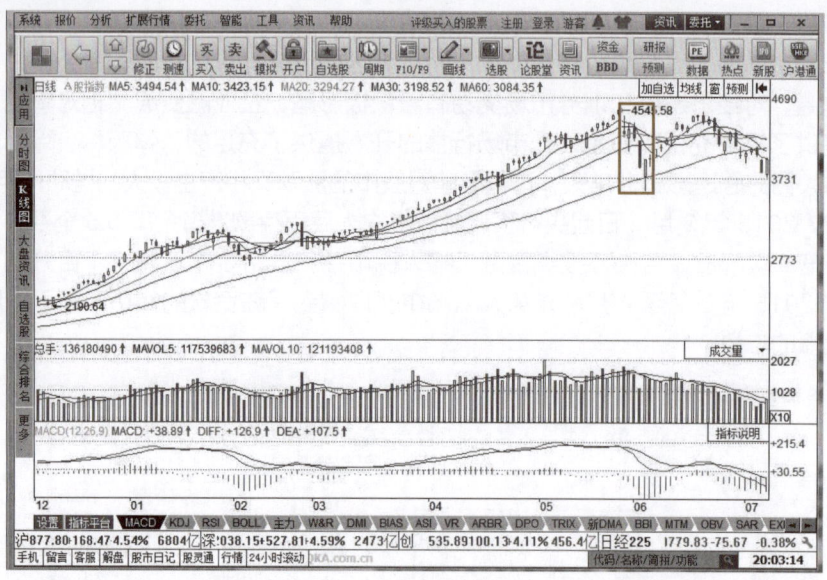

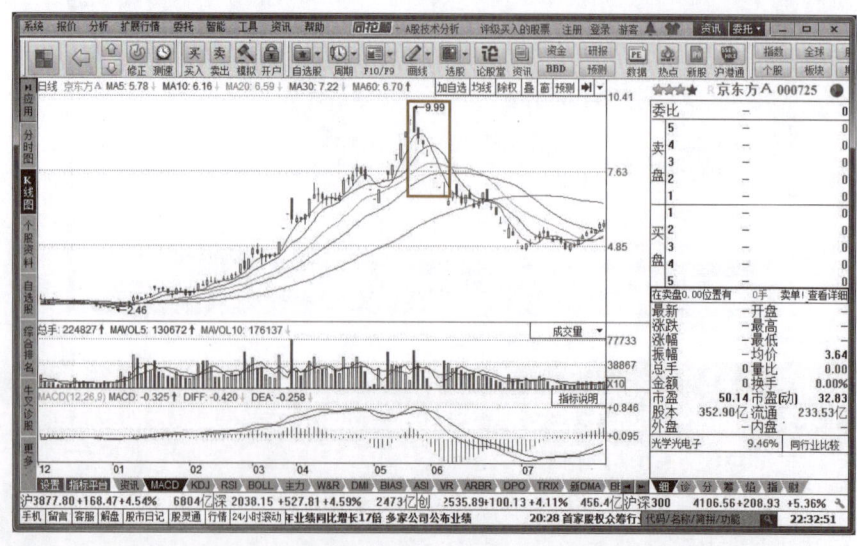

4. 国家外汇政策对股市的影响

外汇行情与股票价格也有着密切的联系。如果一国政府实行货币升值的基本方针，股价就会上涨；反之，货币贬值，股价就随之下跌。虽然本币贬值有利于促进出口贸易，拉动实体经济增长，但一旦中长期贬值预期形成，本国投资的报酬率增长又不足以弥补本币贬值带来的损失，就会引发国内资金外逃，从而直接导致股市资金不足，引发股价下跌。

中国人民银行从2005年7月21日起，开始实行有管理的浮动汇率制度。人民币汇率不再盯住单一美元，而是形成更富弹性的人民币汇率机制。自我国实行浮动汇率以来，人民币对美元的走势一直走强，从1美元兑换8.11元人民币到2007年兑换7.3046元人民币，大家普遍预期人民币将不断升值。随之而来的是，国外热钱大量涌入中国，给市场带来了大量的资金。这些资金一方面进入了房地产、楼市等基础投资项目，另一方面也不排除进入了国内股市，推动了行情的发展。下图所示是上证指数2005年到2007年年底的行情，可见在实行了有管理的浮动汇率制之后，人民币走强，股市也受其影响上涨。

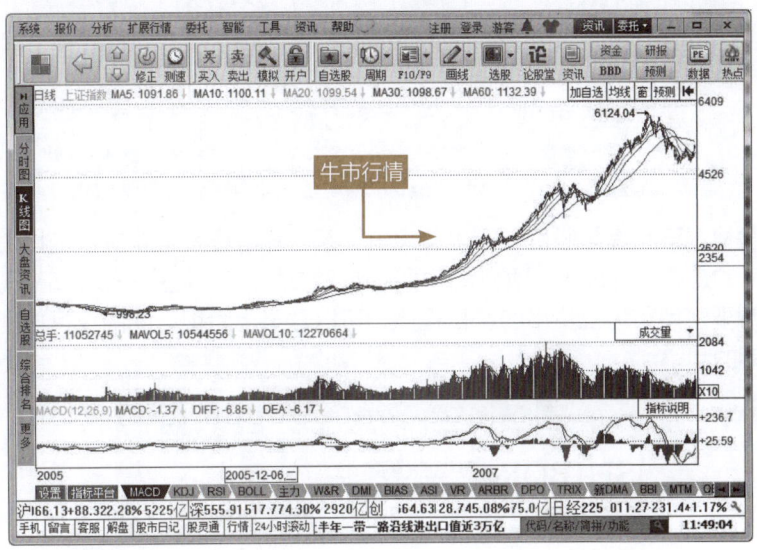

5. 国家利率政策对股市的影响

利率的变动对股市行情的影响最直接也最迅速。通常当利率下降时，除银行股之外的股票价格会上涨。反之，利率上升时，股票的价格就会下跌。

为什么利率的升降与股价的变化会呈上述负相关关系呢？主要有以下三个方面的原因。

（1）我国上市公司平均资产负债率较高，利率上升将直接增加公司的运营成本，并且利率上升还会使公司难以获得必需的资金。由此一来，公司就不得不削减生产规模，而生产规模的缩小又势必会减少公司的未来利润。因此，股票价格就会下降。反之，利率下降时股票价格就会上涨。

（2）利率上升时，投资者据以评估股票投资价值的折现率也会上升，股票价值因此会下降，从而导致股票价格相应下降。反之，利率下降时，股票价格就会上升。

（3）利率上升时，一部分资金从股市转向银行储蓄和债券，从而会减少市场上的股票需求，使股票价格出现下跌。反之，利率下降时，储蓄的获利能力降低，一部分资金就可能回到股市中来，从而扩大对股票的需求，使股票价格上涨。

例如，中国人民银行决定自 2014 年 11 月 22 日起下调金融机构人民币贷款和存款基准利率。金融机构一年期贷款基准利率下调 0.4 个百分点至 5.6%；一年期存款基准利率下调 0.25 个百分点至 2.75%。此次降息是 2014 年度首次降息，股市对央行的降息行为有明显的反应，上证指数从公布该降息消息时的 2495 点一路上扬至阶段性高点 3406 点。行情 K 线图如下图所示。

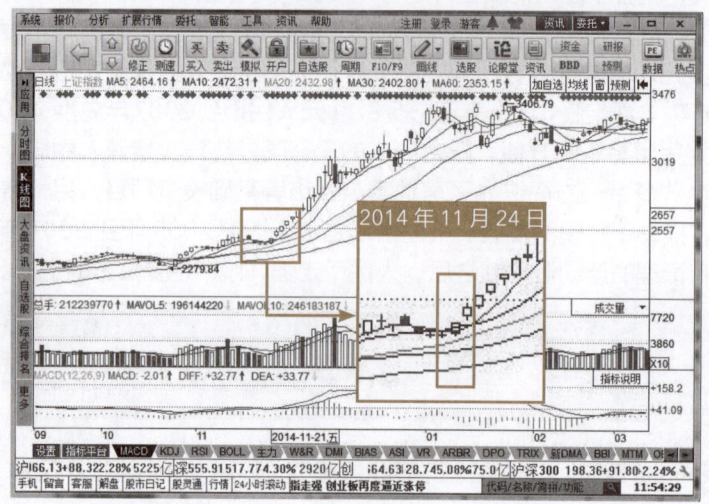

既然一般情况下利率与股价运行呈负相关关系，那么投资者就应该密切关注利率的升降，并对利率的走向进行必要的预测，以便在利率变动之前，抢先一步制定股票买卖决策。如果投资者想要了解市场上货币的宽松程度，可以登录上海银行间同业拆放利率网站，查看短期和长期的利率。

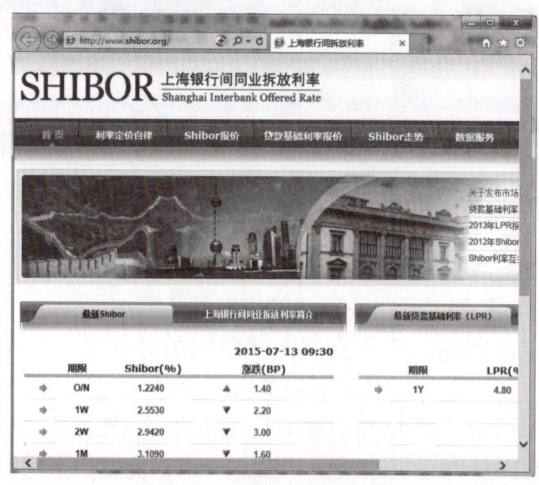

> **提示** ▶ 对股市影响较大的国家机构主要有国务院以及财政部、中国人民银行、中国证券监督管理委员会、国家发展和改革委员会、工业和信息化部、商务部、国务院国有资产监督管理委员会。投资者平时可以多关注这些机构的网站，了解最新政策消息。

3.1.2 经济形势

证券市场的波动总是与国家经济形势的变化联系在一起的，证券市场素来有宏观经济晴雨表之称。甚至可以说，证券市场长期趋势是由宏观经济发展状况决定的，其他因素可以暂时改变证券市场的中期和短期走势，但改变不了其长期走势。所谓长期走势，就是指股票价格受经济形势的影响，以及股份公司的经营能力、盈利状况、产业结构变化等稳定的、渐变的因素决定而形成的发展趋势，这是一种相对长期的变化趋势。如果大势是趋于上升的股票价格，虽然遇到临时不利因素也会下降一点，但不久就又会恢复上升，保持其总体的上升态势。

从这个意义上说，分析证券市场时有必要了解各种宏观经济数据，以助于对证券市场未来大方向走势的研判。这些宏观经济数据甚至成为了解股票走势不可或缺的一部分。主要的宏观经济数据有 GDP、CPI、PPI、PMI 等。

以 GDP 对股市的影响为例，投资者可以看到，基本上股市和 GDP 的增长率呈现正相关关系。也就是说，当 GDP 增长率高的时候，股市往往处于牛市，当 GDP 增长率回落的时候，股市也会回落。

中国国内生产总值 GDP 与增长率一览见下表。

年份 / 年	GDP / 亿元	增长率 /%
2006	216314.43	12.68
2007	265810.31	14.16
2008	314045.43	9.63
2009	340902.81	9.21
2010	401512.80	10.45
2011	473104.05	9.3
2012	519470.1	7.65
2013	568845	7.67
2014	636463	7.4

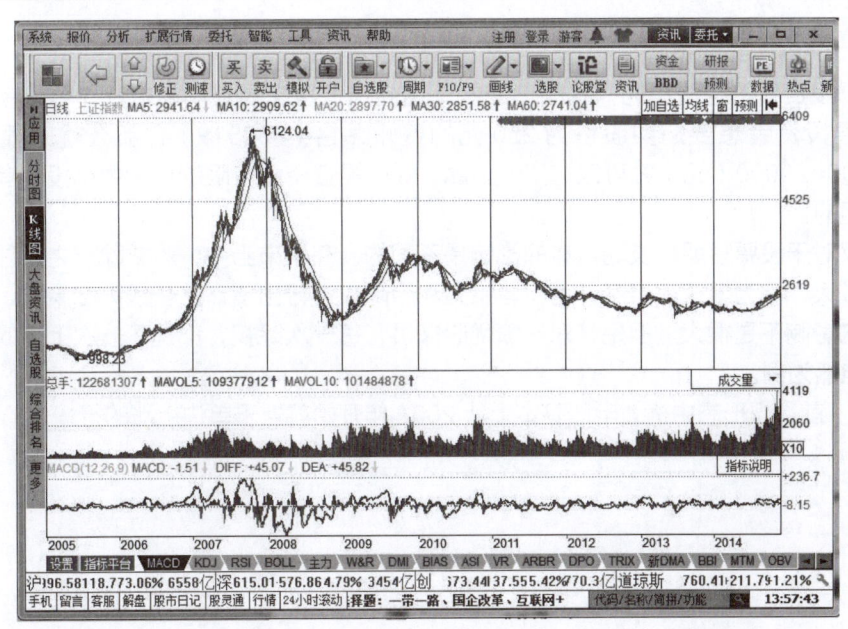

3.2 分红、价值、市盈率对股票价格的影响

如果说宏观经济环境对大盘有较大影响,那么对于个股来说,除了受宏观的国家政策和经济形势的影响之外,还受到企业本身的业绩影响。分红、企业价值、市盈率等财务指标均会影响个股的走势。

3.2.1 每年财报分红对股价的影响

上市公司每年都要公布年报,如果公布的年报盈利大幅增长,则企业会有分红计划。上市公司最常见的分红方式为股票股息分红和现金股息分红。

股票股息的分派从本质上讲对上市公司及股东并没有什么区别。例如,一家上市公司共有1亿股本,净资产4亿元,净利润8000万元,则每股净资产是4元,每股收益是0.8元,净资产收益率是20%。假设公司进行10送10的分红,则目前状况是总股本2亿股,净资产4亿元,年净利润8000万元,每股净资产是2元,每股收益为0.4元,净资产收益率是20%。这就相当于,原来上市公司有100元的钞票,现在变成了两张50元的钞票。

股票股息的分派对上市公司并没有什么影响,但对二级市场的股价还是有一定影响的。主要取决于以下两个因素。

1. 投资者心理因素

由于股票进行除权之后,股价会按比例下降,这让原本很贵的股票变得便宜。原本60元的股票,10送10之后变成了30元,有些投资者就会考虑购买。

2. 投资者购买力因素

由于投资者的构成不同,我国沪深股市均规定每次交易最小单位是1手,就是100股。如果投资者想要购买股价为250元的贵州茅台(600519),那么就必须至少有250×100=25000(元)才可以购买。因此,对于投资资金有限的广大中小投资者来说,是买不起的。

除权对于股票短期和长期走势的影响是不同的。在牛市当中,股票除权之后往往上涨的概率较大,称为填权。当然,也有些主力利用除权进行出货。从长线角度来看,除权对于股价的影响不是很大。但是,对于绩优股来讲,每一次除权,都是下一次上涨的低点。以格力电器为例。

(1)前复权形态中格力电器基本上从2006年开始就处于单边上涨的行情。

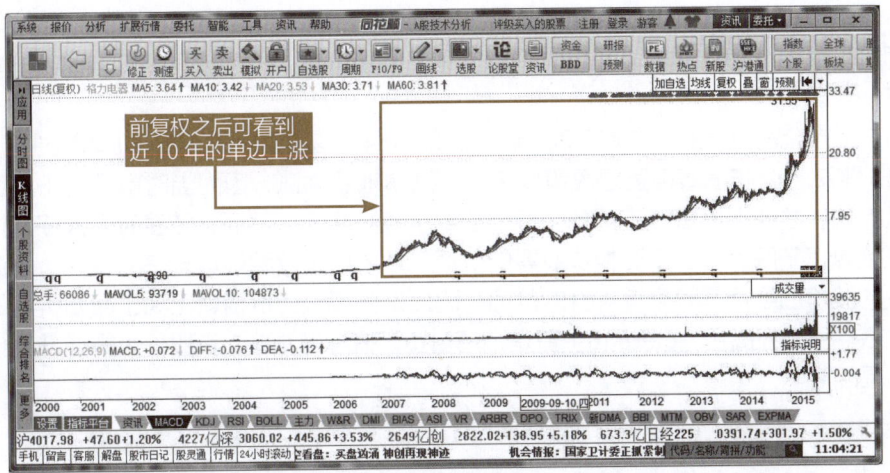

（2）除权形态中的格力电器每一次除权基本是下一轮上涨的低点。图中字母"q"就表示除权除息。

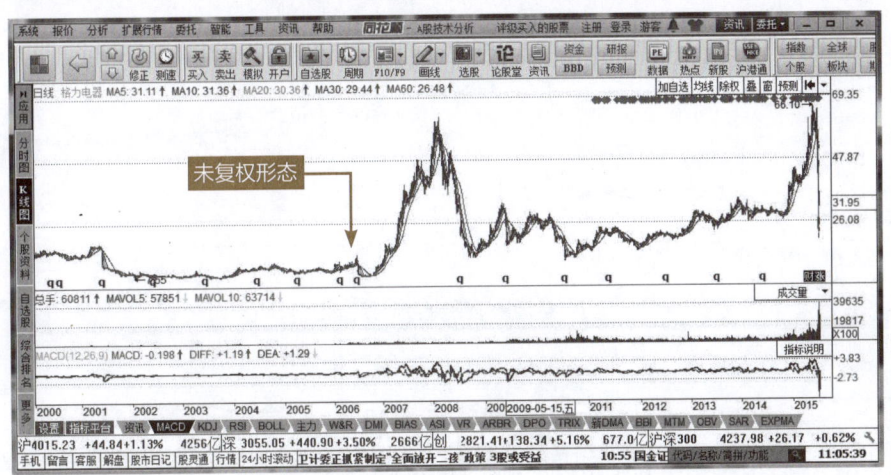

每到年底，各大公司开始纷纷发布自己的年报，其中有些公司本年财务报表巨幅盈利，将会对这些盈利进行现金股息分红。

由于大家更加认可的是按照市盈率对股票进行定价，而现金分红尽管降低了公司的净资产，但是对于每股净收益则没有任何影响。因此，一般进行现金分红的走势也都是填权走势。因为分红的比例都不会很大，所以除息的缺口一般也不会很大，基本不存在可套利的空间。对于上市公司而言，现金分红并不是越多越好。

企业的生命周期可以分为导入期、成长期、成熟期和衰退期四种。在不同的生命周期中，公司对现金的需求也是不同的。公司在导入期和成长期的阶段需要大量的投资，例如购买生产线、增建厂房等。此时，上市公司不应该大比例分派现金，而在成熟期现金流较稳定的时候可以依据企业的发展方向，选择是否进行派现。当企业进入衰退期后，企业如果没有较好的项目进行投资，则应把现金分派给股东，由股东自行选择。

3.2.2 企业本身价值对股价的影响

大家对股票的价格都有一定的认识，但是上市企业本身的价值比较难以直观地了解。

企业本身的价值有账面价值、内在价值等。最常见的是采用 PE、PB 估值的方法来判断上市公司的价值。从理论上说，股票价格应该等于股票价值，但是股票的价格往往与其价值波动不一致。

由于上市公司自身的未来有不确定性，因此造成了其股票在资本市场上阶段性的波动。自 2013 年 7 月公布上海自贸区政策以来，上海本地股大涨，因为当时市场过于追逐上海自贸区板块，才使得投资者不论什么价格都敢于疯狂买入。然而，随着时间推移，投资者渐渐开始真正了解上海自贸区板块股票的价值，才明白太过看好其未来的发展。上海自贸区板块的股价已经远远偏离其本身的价值，因此这些股票的价格就出现了回归价值的泡沫破灭之旅。例如外高桥（600648）曾是上海自贸区概念的龙头，在股价大幅翻升 5 倍之后出现大幅回落。

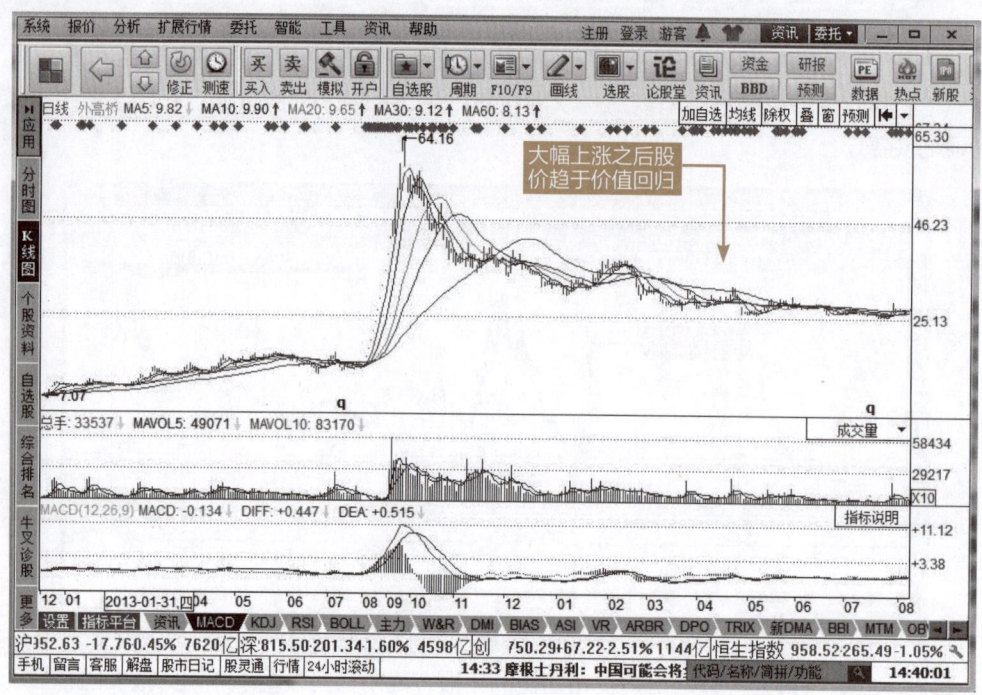

投资者不禁要问，那公司自身价值高的股票和炒作概念的股票能不能区分开？答案是肯定的，投资者可以通过多种方式区分出业绩优良的股票。首先，投资者可以搜索各个行业、各个领域的龙头企业，尤其是具有品牌效应的绩优股。例如，贵州茅台、格力电器、云南白药、双汇发展、宇通客车等知名企业。其次，参考一下上市公司的市盈率，如果市盈率过高，则不适合长期投资。最后，在上证指数处于阶段性调整时，考虑上市公司的技术走势是否抗跌。如果抗跌，则往往是上市公司有业绩支撑。题材股在股市大跌行情中往往站不住脚而一泻千里，而绩优股则表现得特别坚挺。以 2015 年 6 月中旬至 7 月上旬的大调整为例，上证指数从 5178 点一路下跌至最低 3373.54 点，18 个交易日，跌幅高达 34.8%。而贵州茅台（600519）在大盘最高点 6 月 18 日最高股价为 272 元，到大盘最低点的前一天跌至最低价 219.75 元，跌幅 19.2%。并且贵州茅台基本处于箱体震荡而不是单边下跌走势，这充分体现了绩优股抗跌的优点。

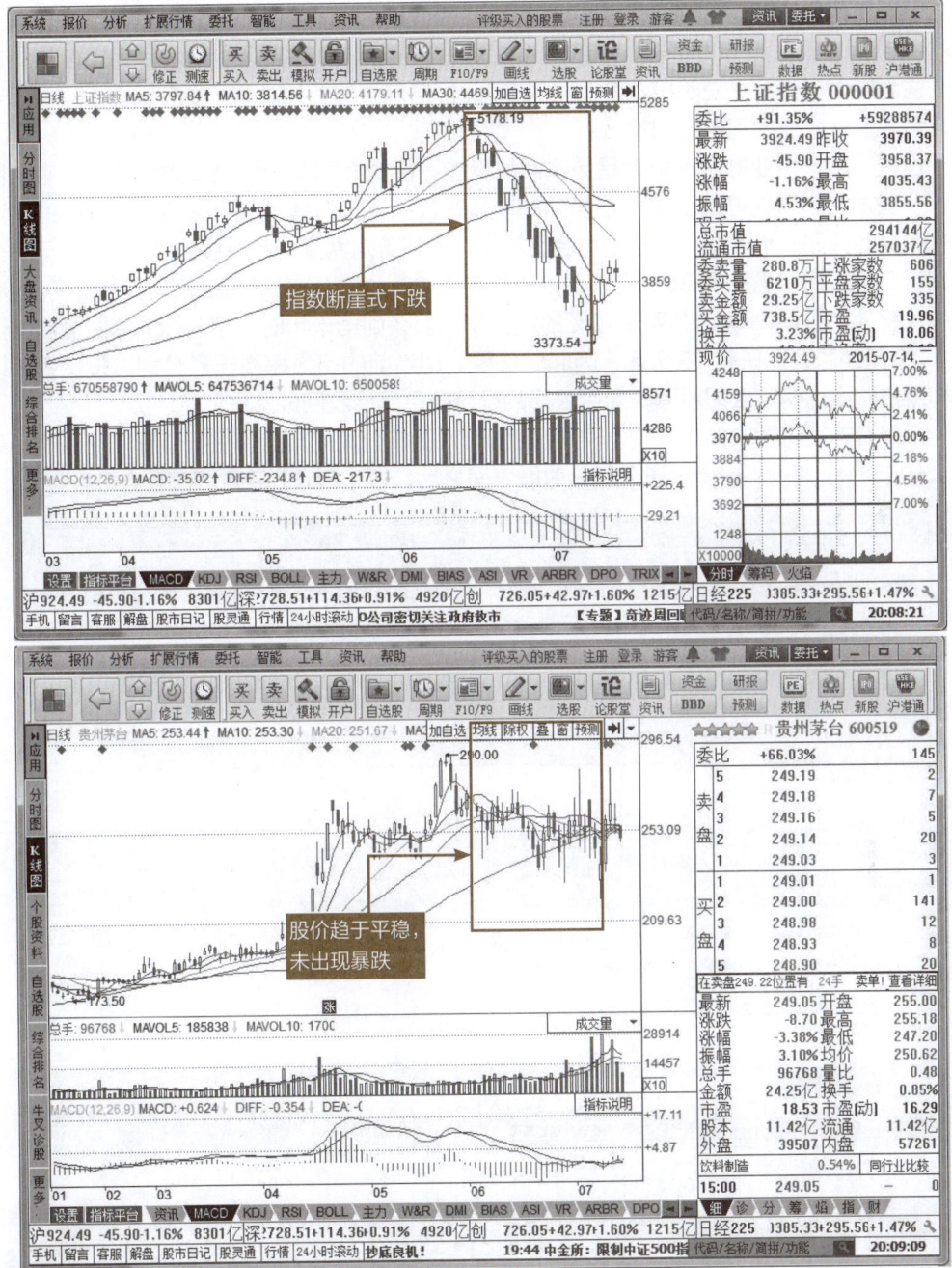

3.2.3 股票市盈率对投资的影响

市盈率又称为本益比,是衡量股价高低和企业盈利能力的一个重要指标。具体来讲,市盈率反映了每股盈利不变和所得股息没有进行再投资的情况下,经过多少年投资者可以通过股息全部收回。用公式计算为:市盈率＝普通股每股市场价格÷普通股每年每股盈利。

一般来说,某只股票的市盈率越低,说明投资回收期越短,投资风险就越小,股票投资价值越大;反之,则说明投资回收期越长,投资风险就越大,股票投资价值越小。

例如，股价同为 100 元的两只股票，其每股收益分别为 10 元和 2 元，则其市盈率分别是 100/10=10（倍）和 100/2=50（倍），也就是说，与当前的实际价格水平相差 5 倍。若企业盈利能力不变，这说明投资者以同样 50 元价格购买的两种股票，要分别在 10 年和 50 年以后才能从企业盈利中收回投资。

但是，由于企业的盈利能力是会不断改变的，投资者购买股票更看重企业的未来。因此，一些发展前景很好的公司即使当前的市盈率较高，投资者也愿意去购买。预期的利润增长率高的公司，其股票的市盈率也会比较高。例如，对两家上年每股盈利同为 10 元的公司来讲，甲公司市盈率是 30，乙公司的市盈率为 20。如果甲公司今后每年保持 20% 的利润增长率，乙公司每年只能保持 10% 的增长率，那么到第十年时，甲公司的每股盈利将达到 61.9 元，乙公司只有 25.9 元，因此尽管甲公司当前的市盈率高于乙公司，投资者若以同样价格购买这两家公司股票，对甲公司的投资能更早地收回成本。

投资者在同花顺软件中，按【F10】键即可对上市公司的市盈率进行查看。仍以贵州茅台（600519）为例，投资者进入其分时图界面之后，按【F10】键即可查看公司资料。

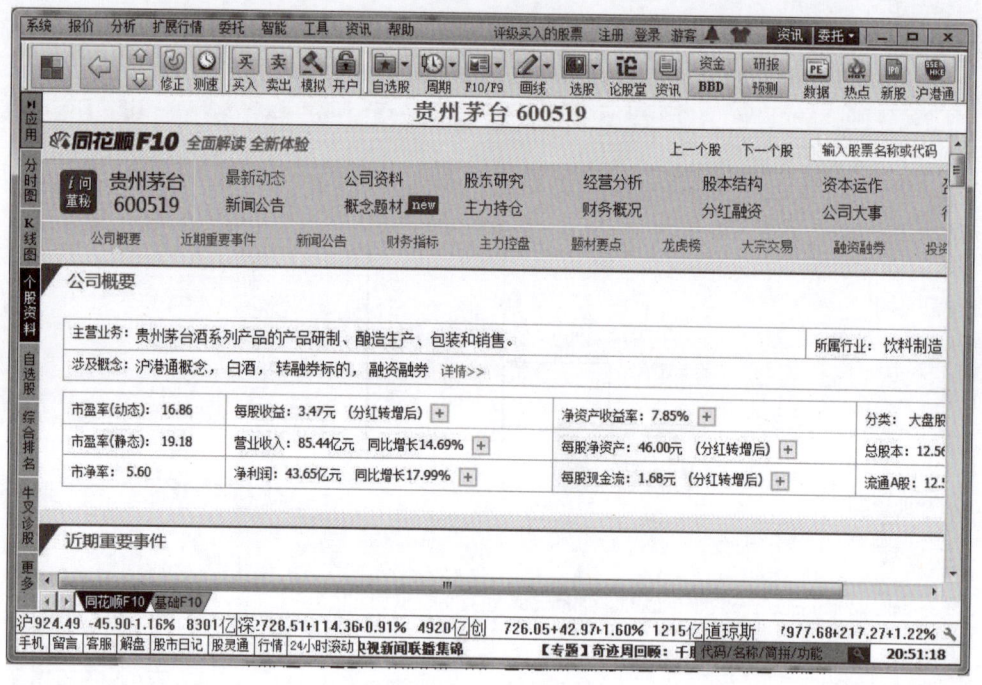

3.3 每年不同时间段对股市的影响

上市公司股票走势除了受到国家政策、经济形势等因素影响外，在不同的时间段，还会受到诸如年报或者节假日等影响。投资者有必要对年报行情和节假日行情有一定的认识。

3.3.1 每年财报前后股市走向

上市公司每年一季度必须公布上一年度的财务报表。如果当年的各项财务指标好于上一年度的财务指标，股价就会上涨。一般运营正常的情况下，企业的效益会一年比一年好。

所以出现了一个规律，在上市公司公布财务报表之前，投资者因预期上市公司会有好的表现而买入股票，供求关系导致股价有一定的上涨空间。时间段一般为当年的12月底至第二年三四月份。投资者根据上市公司披露的公司财务报表作为概念来买卖股票，这就是所谓的年报行情。

当然，并非所有年报预增的公司都会得到市场的追捧而股价上涨。年报披露前有预披露，如果预披露的年报经营业绩有大幅度增长，此时股价可能会被炒作，等到正式年报披露的时候，股价已经涨到天上，这时会出现盈利盘兑现，引发股价下跌。一般爆炒的概念是业绩大幅度上升，或者预期有高分红高送配，因此投资者需要辨别利润增长的原因。最好的利润增长的原因是其原有主营业务的销售额增长，在提高技术含量的同时降低成本，从而扩大毛利率。其他因素也会引起利润的急剧变化，例如，出让资产、股权改变引发的会计记账的变化等。因此投资者还需要注意年报中的其他项目变化，例如投资利润、主营业务利润、政府补贴、负债率等。投资者可以在巨潮资讯网（证监会指定信息披露网站）对所有上市公司的年报季报信息进行查询。

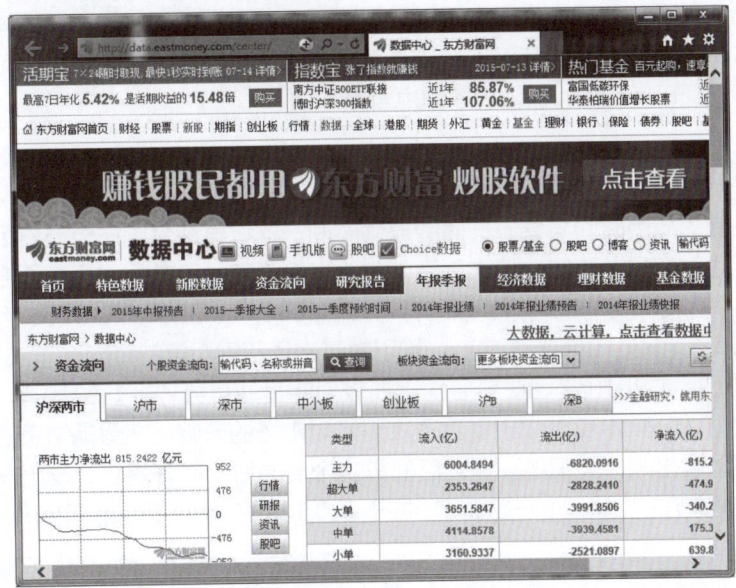

3.3.2 各大节日对相关股票的影响

除了年报外，节日对行情也有特殊的影响，如每年的春节、国庆节、元旦和其他假日等。我国每年休市时间最长的假期就是春节，因此春节对于我国证券市场的影响也最大，其次是国庆节和元旦。

1. 春节对股市的影响

根据江恩理论，在所有假日因素的影响中，最应当注意圣诞节前后的市场变化，市场经常会在它前后发生变盘。而这一理论套用在中国证券市场，就是中国的股票往往会在春节前后发生变盘。因为年关将至，投资者对持股过年还是持币过年看法不一，因此容易发生变化。据统计，自1999年后，春节因素对于股市影响的确非常大，多次产生了重要的市场拐点。

年份	时间	走势变化
1999年春节	2月9日—3月1日	中期趋势转折
2000年春节	1月28日—2月14日	中期趋势转折
2001年春节	1月19日—2月5日	短期趋势转折
2002年春节	2月8日—2月25日	短期趋势转折
2004年春节	1月16日—1月29日	短期趋势转折
2007年春节	2月16日—2月22日	短期趋势转折
2008年春节	2月5日—2月18日	短期趋势反弹
2009年春节	1月23日—2月2日	短期趋势加速
2010年春节	2月12日—2月22日	短期趋势回调
2011年春节	1月25日—2月16日	短期趋势回调
2012年春节	2月1日—2月28日	短期趋势回调
2013年春节	2月18日—2月28日	中期趋势转折
2014年春节	1月27日—2月9日	短期趋势回调

通过对历史数据的观察，投资者不难发现每年春节前两个交易日和节后两个交易日是春节因素爆发的时间窗口期。在这4天内，市场往往会出现较大幅度的上涨或下跌，进而有可能进一步改变市场趋势，值得大家重点留意。

2. 国庆节对股市的影响

国庆小长假的放假时间与春节长假的放假时间一样，再结合国庆节节日因素，因此其对市场的影响也是有目共睹的，仅次于春节对股市的影响。不过相对春节而言，国庆节对于市场的影响多为短期趋势的转折。由统计可知，2000年、2003年、2005年、2006年、2008年、2009年和2010年的国庆节，均引发了市场不同程度的转折。

例如，上证指数2010年国庆前后均出现较为明显的趋势转折。2010年9月29日，上证收盘指数为2734.81点，由于受到国庆因素对市场的影响，在假期结束的第一个交易日就放量上涨，收出一根大阳线。在之后的第二个交易日又高开高走，收出一根跳空缺口的长阳线。股票走势发生转变，一路高歌，并于2010年11月11日，涨至最高3338.01点。

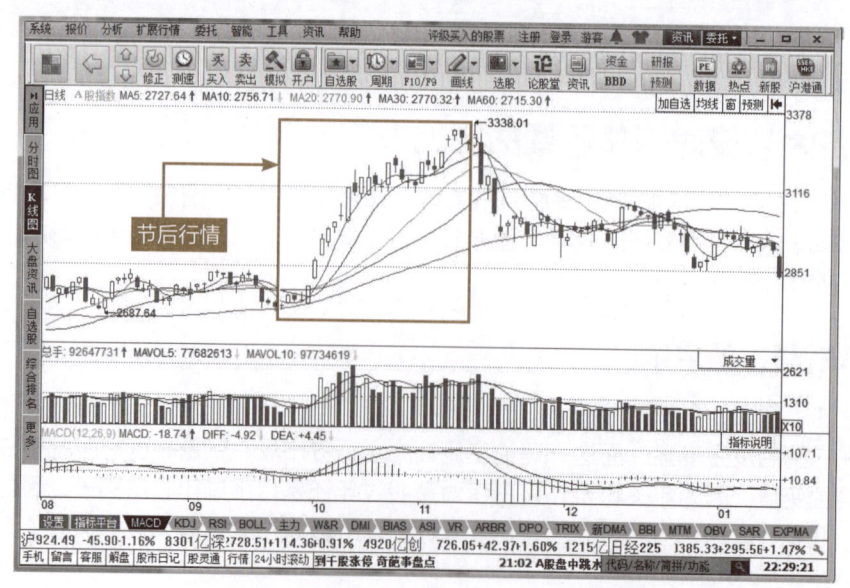

3. 元旦对股市的影响

每年的 12 月份均是各大银行争夺资金的月份。对于银行来讲，央行经常会在 12 月份检查储备金是否充足，而银行对员工也要进行年末考核。为了完成吸储任务，各大银行会使出各种手段与市场抢夺资金。因此元旦作为阳历新年的开始，对市场的影响也不容小觑，见下表。

年份	走势变化
2002 年	短期趋势转折
2003 年	中期趋势转折
2007 年	短期趋势转折
2008 年	长期趋势转折
2009 年	中期趋势转折
2010 年	短期趋势转折
2011 年	短期趋势转折
2012 年	短期趋势回调
2014 年	短期趋势转折

例如，上证指数 2008 年元旦之后出现较为明显的牛转熊趋势转折。2008 年 1 月 14 日，上证指数收盘价为 5497.9 点，由于受到元旦因素对市场的影响，再加上前期投资者对市场的疯狂追逐，市场存在大量的泡沫。因此在元旦后，股票走势发生转变。1 月 21 日的大阴线彻底刺穿 60 日均线，从此开始了为期长达 10 个月的大熊市，于 2008 年 10 月 28 日，下跌至最低点 1664.93 点。

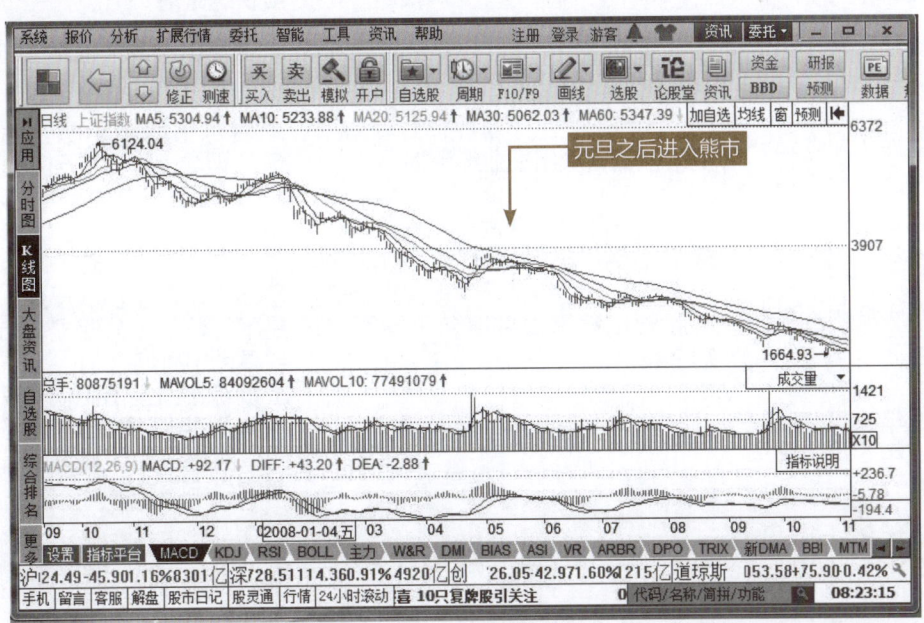

除春节、国庆、元旦这些传统假日以外，其他节假日也会出现市场的转折点。例如劳动节前后也极容易成为市场的转折点。五一前后出现拐点的年份，分别有 2000 年、2002 年、2003 年、2006 年、2008 年和 2009 年。此外，2015 年端午节也是牛转熊的拐点。投资者可以在同花顺等股票软件中进行查看，发现其中的规律。

3.4 证监会新政对股市的影响

证监会全称中国证券监督管理委员会,是证券市场和期货市场的监管部门。因此,证监会的发声对中国的资本市场有着不容小觑的影响。证监会调控市场的手段多种多样,例如,增发新股、对券商两融进行调控、对场外配资业务的清查等。

3.4.1 股票的供给

证监会对市场进行调控最重要的手段之一就是发行新股。新股发行上市又称为首次公开募股(英文缩写为IPO),是指一家企业或公司(股份有限公司)第一次将它的股份向公众出售,增加股票的供给量。因此IPO会分流股市资金,加大股市供给。因为市场上的资金只有那么多,如果股票数量变多,平摊在每一只股票上的资金就相应要减少,因此短期内对股市造成利空已是确定无疑。不过从长期的角度来看,增加新鲜血液,让更多优质公司上市,对股市长久健康发展是有利的,对于上市公司的发展也十分有利。

所以,在资本市场低迷的时候,证监会一般会让新股发行放慢甚至是暂停。一旦股市活跃,新股发行就会加快,所以新股发行的节奏跟市场的阶段和环境有很大关系。我国历史上IPO暂停又开启大概有9次,具体时间、背景以及市场的表现如下表所示。

时间	背景	市场表现
1994年7月21日—1994年12月7日	指数出现最惨烈的暴跌	大盘没有应声上涨,而是一度快速跌落
1995年1月19日—1995年6月9日	市场上的资金大多集中在国债期货上,而股市因为缺乏资金则延续了1994年末尾的消沉	一度走出一波大幅度上涨行情,其后,市场重现弱势
1995年7月5日—1996年1月3日	上市公司首次出现业绩亏损	先后走出两波小幅上涨行情,但之后一路下滑直至1996年年初
2001年7月31日—2001年11月2日	国务院五部委联合发布《减持国有股筹集社会保障资金管理暂行办法》	短短四个月跌去了700多点,跌幅超过三成
2004年8月26日—2005年1月23日	中国证监会发布了《关于首次公开发行股票试行询价制度若干问题的通知》	虽然也出现了多次反弹,但是下降趋势十分明显,市场再度创出新低
2005年5月25日—2006年6月2日	启动股权分置改革试点工作	上证综指跌至历史低点998点,而当空窗期进入尾声时,股指开始大幅度回升,新的牛市随之来临
2008年9月16日—2009年7月10日	受金融危机影响全球股市齐下跌	疯狂一路下行之后,市场一度走出很大的一波反弹行情
2012年11月16日—2013年12月	连续3年成为主要经济体表现最差市场,监管层开展了号称"史上最严"的IPO公司财务大检查	指数在创出所谓的1949点的"解放底"后,开始为期两个月的反弹
2015年7月—2015年11月	市场波动较大,临时暂停IPO上市	股份从2015年6月的5000点一路下跌至当年8月的2850点

3.4.2 国家对股市的资金监管

证监会除了对上市公司新股发行进行强而有力的监督管理外,对于市场上的资金也有严格的监督管理措施。证监会对股市的资金监管主要有两个方面:一方面是对国内资金进行监管;另一方面是对国外资金进行监管。

证监会对国内资金进行监管,主要包括对券商融资融券开通资格的限定、融资融券担保品比例的调控、上市公司高管减持股票的限定、公募基金的审批与资金限定、私募基金的资金管理等。这些强有力的资金监管有助于调控证券市场行情的过度上涨和过度下跌。在有效地维护证券市场秩序的同时,也保障了投资者的合法权益。

证监会监管国外资金有助于保证我国金融市场的安全和稳定。证监会对国外资金的监管,主要包括对QFII、沪股通以及外资对基金公司的持股比例等进行监管。QFII(境外机构投资者机制)是指合格的境外投资者制度,是有限度地引进外资、开放资本市场的过渡性制度。证监会对其限制的内容主要有资格条件、投资登记、投资额度、投资方向、投资范围、资金的汇入和汇出限制等。沪股通是指香港或国外投资者通过香港联交所证券交易服务公司,向上交所进行申报,买卖规定范围内的上海市场的股票。目前沪股通的总额度为 3000 亿元人民币,每日额度为 130 亿元人民币。

3.5 媒体报道对股市的影响

在信息化的时代里,财经媒体既是财经类信息的传递者,又是公司负面新闻的揭露者。在现实生活中,社会大众也主要是通过各种媒体获取相关信息,新闻媒体特别是财经媒体已经成为投资者获取财经信息的主要渠道,因此媒体对投资者的决策有着重要的引导作用。

3.5.1 官方媒体的社论导向

官方媒体承担着传达政府决策的重要职能。因此,股票市场对其所发出的声音十分敏感。虽然它们和其他媒体一样,也会发布日常的新闻报道,但是在股票市场上,却经常出现将权威媒体的日常新闻报道当作重大事件做出过度解读的情况。之所以会出现这种现象,与股票市场的发展有直接的关系。

中国的股票市场自诞生之日起,就在政府政策的高度支配之下,利用官方媒体传达政府声音,便自然而然地成为这种"政策市"的一个特色。这种特色一直延续至今。例如,2015 年 1 月 5 日,官方媒体称 2015 年的股市令人充满期待。在发文之时,上证指数位于 3369.28 点,发文后的两个月,A 股市场进入上升通道的调整阶段。调整结束之后,开始新一轮令人期待的上涨行情。随着成交量稳步增长,上证指数也稳步拉升至 4500 点。

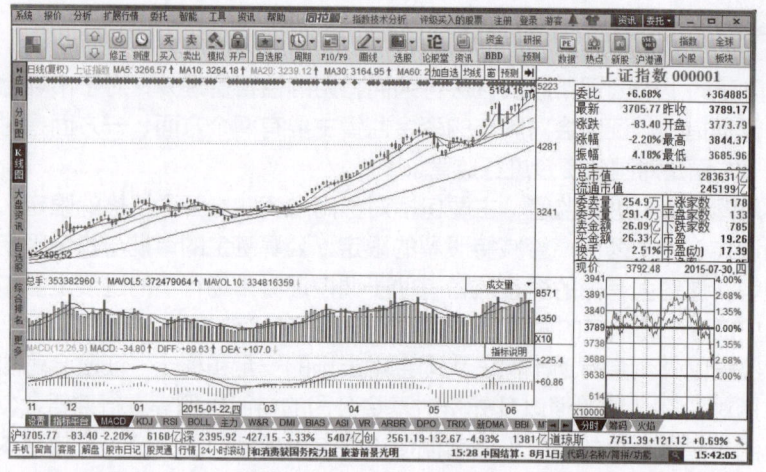

2015年4月21日,官方媒体再次发表文章,称4000点才是A股牛市的开端。此后A股经历短时间调整之后,从4000点一路上扬,最高涨至5178点。

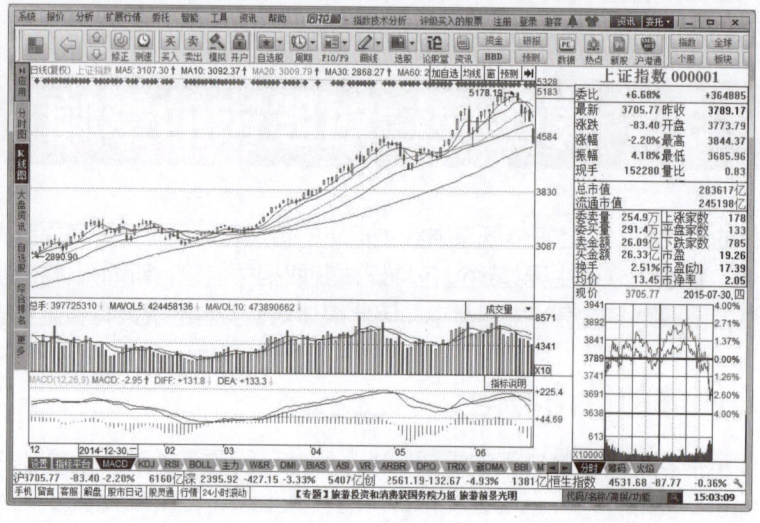

上述两个例子都充分地说明了官方媒体的报道对沪深股市的影响。虽然随着股市市场化程度的加深,政策市的色彩正在褪去,但是市场仍然习惯于将它们发表的报道、评论当作投资的重要信号,做出过度解读。

3.5.2 财经媒体对相关企业的报道

2012年11月19日,21世纪网发表《致命危机:酒鬼酒塑化剂超标260%》,披露酒鬼酒"塑化剂超标"问题。酒鬼酒是我国高端酒品牌,被曝由上海天祥质量技术服务有限公司查出塑化剂超标2.6倍。针对此事,酒鬼酒公司却认为检测不够权威,甚至怀疑被检测的酒是否出自酒鬼酒公司。然而在二次公开检测中,湖南省质检局根据卫生厅标准检测出酒鬼酒塑化剂确实超标。11月20日,中酒协宣称国内所有企业的白酒都含有塑化剂,再一次引起了轩然大波,把舆论推上了制高点。中国白酒行业受此事件影响,没有停牌的白酒类上市公司遭遇资金打压,2012年11月20日早盘白酒股大跌之后,午后再度暴跌。

下图为酒鬼酒(000799)塑化剂事件之后的走势,先是断崖式连续跌停,然后是为期近两年的熊市行情。

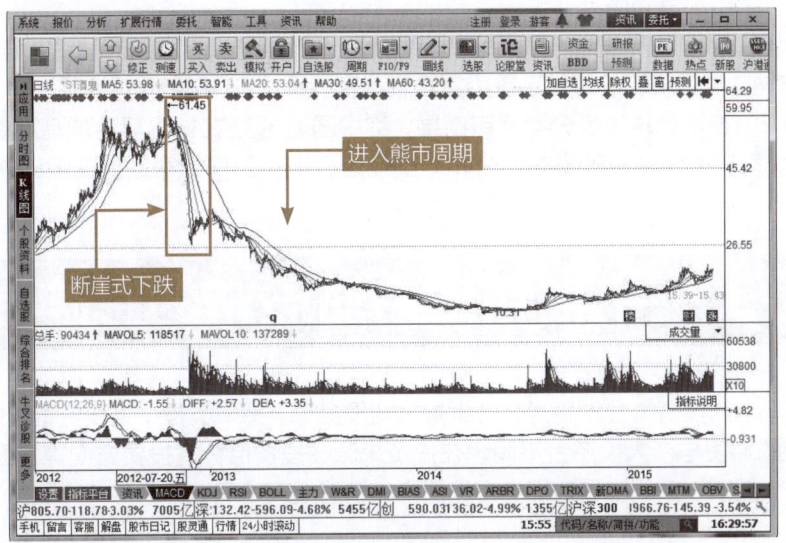

即使是白酒行业的老大贵州茅台，也没能顶住压力，在 2012 年 11 月 19 日当日跌幅就达 4.61%，之后开始了为期两年的熊市行情。

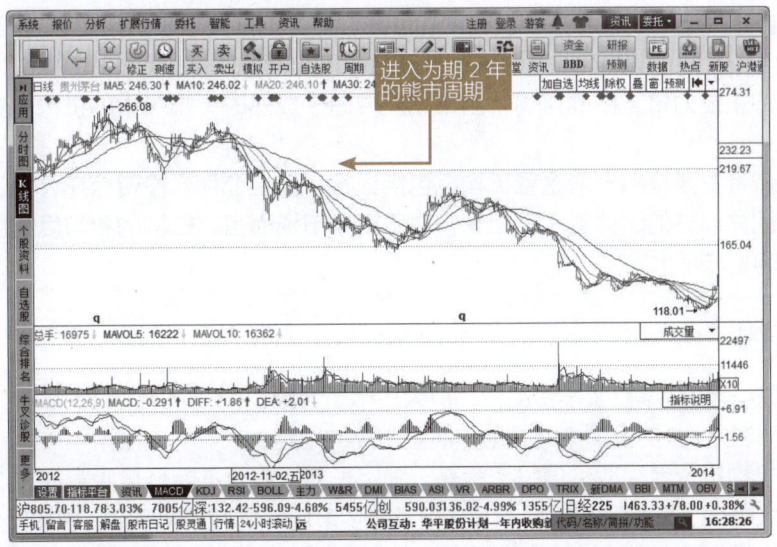

由此可见，财经媒体的报道，也会对股市中某一行业的股票产生极大的冲击。虽然对大盘指数影响并不那么大，但是这种影响也不容小觑。除了上述酒鬼酒事件，还有"三鹿奶粉"事件曝光引发的国内食品板块普跌的现象。

3.5.3 外围指数 MSCI

美国明晟公司（Morgan Stanley Capital International，MSCI）是美国著名指数编制公司，也是一家股权、固定资产、对冲基金、股票市场指数的供应商，编制了多种指数。其推出的 MSCI 指数广为投资人参考，全球的投资专业人士，包括投资组合经理、经纪交易商、交易所、投资顾问、学者及金融媒体均会使用 MSCI 指数。MSCI 指数是全球投资组合经理采用最多的投资标的。根据美林盖洛普调查显示，约三分之二的欧洲大陆基金经理使用 MSCI 为指数供货商服务。

由于中国对海外投资者进入我国金融市场施行 QFII 和 RQFII 配额制度还有较多限制，所以 A 股被纳入世界主流的指数系统仍需跨越一定障碍。2015 年 6 月 9 日，MSCI 公司在日内瓦公布 2015 年全球市场分类评审结果，称中国 A 股处在纳入其全球基准指数的轨道上。MSCI 公司在声明中明确宣布，将和中国证监会组建工作组帮助处理阻碍 A 股纳入的遗留问题。

3.6 机构和散户对股市的影响

证券市场上的投资者分为两类：一类是机构投资者；另一类是个人投资者，俗称散户。机构投资者的性质与个人投资者不同，在投资来源、投资目标、投资方向等方面都与个人投资者有很大差别，因此二者对证券市场的影响也有很大不同。

3.6.1 机构对证券市场的影响

在证券市场发展初期，市场参与者主要是个人投资者。然而自 20 世纪 70 年代以来，西方各国证券市场出现了证券投资机构化的趋势。有关统计数据表明，在 20 世纪，机构投资者市场份额 20 世纪 70 年代为 30%，20 世纪 90 年代初发展到 70%，机构投资者已成为证券市场的主要力量。由此可见，当市场发展趋于成熟时，市场中的机构投资者应当占大多数。

机构投资者主要是指一些金融机构，包括银行、保险公司、投资信托公司、信用合作社、国家或团体设立的退休基金等组织。对于证券市场而言，机构的参与度增加对证券市场产生的影响是非常大的。

1. 正面影响

（1）机构投资者丰富了投资品种，扩大了市场容量。

（2）机构投资者的投资策略有助于股票市场的稳定。

大部分机构投资者采取价值投资策略，采用长期持股、不断低价吸筹的方法获利。这种方法在很大程度上降低了交易成本，并且避免了市场价格的短期波动，着眼于长期投资。此外，机构投资者还会以成长型的股票作为其主要投资目标，借助于机构自身的判定标准，评估上市公司的成长潜力，从而挖掘并长期持有能够获利的成长型股票。

（3）机构投资者参与申购占优势。

机构投资者拥有积聚社会个人投资者闲置资金的优势。因此，当机构投资者投资于新股申购时，可以大大提高中签率，从而可以使整个机构获得一定的稳定收益，降低了风险。

（4）机构投资者积极参与上市公司治理，提高上市公司质量。

2. 负面影响

（1）机构投资者的羊群行为。

由于信息不对称，机构投资者比个人投资者占据明显的信息优势，因此也在证券市场占据主导地位，引导股票走势。相反，个人投资者就处于信息劣势，面临投资风险高并且投资收益小的风险。

由于信息不对称，机构投资者也许会发生基于声誉的羊群行为。机构分析师的预测是否反映其真实观点或者仅仅模仿他人，这对于委托人而言都是未知的。如果机构分析师的预测与他人不同，一旦预测出现错误，这将严重损害其职业声誉。即使预测正确，其声誉也不会增加，因为委托人会将其归于侥幸成功。如果机构分析师和他人在相同时间以相同的投资决策发生错误，声誉不会因此受到影响。因为委托人会将此错误归于事态发展的不可预见，与分析师判断能力无关。因此机构投资者会出现羊群行为。

（2）机构投资者的短视行为。

并非所有的机构投资者的策略组合都是长线策略，其中不乏专门做短线套利的机构投资者，这些投资机构一旦短线获利就会抛出手中的筹码。机构投资者的资金量很大，因此会给市场带来不小的抛压。此外，一只股票中会有若干个机构参与者，持有同一股票的机构参与者之间存在竞争压力，如果短线出货，机构之间会竞相出货。

（3）机构投资者的流动性压力为市场增加了不稳定性。

当市场出现特殊情况时，如爆发金融危机、重大利好公布或机构投资者的资金链出现问题时，机构投资者都会竞相卖出或买入股票，或者频繁更换股票，此时也会导致证券市场价格的不连续性和"雪崩效应"。

机构投资者与个人投资者相比还是更具有优势的，主要有以下几个方面。

（1）机构投资者具有专业化投资管理模式。

机构投资者资金实力较为雄厚，在对上市公司进行信息搜集分析与研究等方面都配备有专门部门，由证券投资专家对投资决策运作和投资理财方式进行管理。现在我国国内的证券公司，绝大部分有自己的证券研究所。个人投资者绝大部分投入的资金量较小，并且缺乏足够的时间去搜集信息、分析行情、判断走势，也缺少足够的资料数据去分析上市公司经营情况，容易受股票市场波动的影响，追涨杀跌。因此，从理论上讲，机构投资者的投资行为相对理性，投资规模相对较大，投资周期相对较长，从而有利于证券市场的健康稳定发展。

（2）机构投资者的投资组合策略更稳定。

由于证券市场的风险较高，并且机构投资者的入市资金比个人投资者多，因此其承受的风险就较大。为了尽可能地规避非系统性风险，机构投资者会设计投资组合策略，并按照策略执行。个人投资者由于资金较少，很难进行投资组合，因此其要面临的非系统性风险也较大，承担的风险也较高。

（3）机构投资者的投资行为更规范。

机构投资者是具有独立法人身份的经济实体，因此会有相应的监管部门对其进行监管，机构投资者的投资行为也更为规范。既遵守了证券交易的"公开、公平、公正"原则，又维护了市场的相对稳定。此外，机构投资者可以通过自律管理，从各个方面规范自己的投资行为。对于个人投资者而言，监管机构一般不进行监管，因此投资者的投资行为相对更为自由，但也更不规范。

3.6.2 散户对证券市场的影响

个人投资者有一个通俗的名字叫散户，因其资金量散、思想散而得名。与机构投资者不同，由于个人投资者资金小，难以形成规模效应，不能有效左右股价，加上散户具有贪婪、恐惧和后悔等弱点，使得个人投资者的投资行动散乱不一，难以形成规模。因此散户的资金对整个证券市场而言，影响不大。

金融市场较发达地区的主要股票市场的交易所和券商的数据表明，散户在股市的平均投资业绩明显低于大市表现。整个盘面处于下跌态势当中，散户往往亏损最多，一批又一批的散户割肉离场。事实上，由于资本市场的发展阶段和监管制度不完全一致，各国的散户们在资本市场中的表现也都不尽如人意。在很大程度上，都是源于散户对自己的投资能力缺乏正确的认识，对于股票市场行情规律缺乏起码的了解。

但值得指出的是，散户在市场中的重要地位，并不局限于他们自己的投资回报，更是直接影响到了市场监管层推进"公正、公开、公平"原则的进度。股票市场是自由度较高的市场，允许不同资金规模的投资者参与，这其中也不乏散户的身影。而监管层主要是保证所有的参与者在同一市场按照相同的规则进行交易。在股票市场，机构投资者和散户之间的博弈，从某种程度上讲，更像是大学生与小学生一起参加数学竞赛。其实，当只有大学生之间进行比赛，才可以保障比赛结果的公正性。

只有当股票市场中没有散户存在，机构投资者之间短兵相接，才能够真正地维持资本市场的价格。届时，机构投资者将会要求上市公司的信息披露更加透明化，减小由信息不对称所带来的股价波动。这时的股票市场没有了散户的踪影，机构投资者也不再有较强的动机操纵股价，或者散布传言欺骗散户。其实散户并没有真正地离开股票市场，而是将资金交给具有竞争力的机构投资者代为投资。只有这样，才可以避免成为机构投资者眼中的"鱼肉"。这样，股票市场也将更加公平与健康。

高手秘技

技巧 1　大股东减持对股票有哪些影响

其实股票市场中最大的"主力"不是机构投资者，更不是个人投资者，而是以很低的成本获取非流通股的大小股东。这些非流通的股票在经过规定的时间之后可以解禁，转化为可流通的股票。但是大股东并不能一下子把股票全部卖光，而是在规定的时间，最多减持多少股票，分批减持。当大股东减持股票的时候，股价就面临抛压，因此可能会引起股价下跌。

一般情况下，这些非流通股可以减持之后，大股东不会马上减持，而是等股价上涨到一定的高度之后再抛出手中的股票。一般在非流通股解禁之前，上市公司必须要公告。投资者在获取上市公司股东要减持股票的消息之后就应当对所持有的股票保持警惕，一旦发现股价上涨乏力，投资者应马上卖出。

技巧 2　"两会"对证券市场有哪些影响

"两会"并不是一个特定的机构名称，而是对"中华人民共和国全国人民代表大会"和"中国人民政治协商会议"的统称。"两会"期间可能出台一些政策，因此"两会"期间会有一些板块领涨，并带领大盘上行。多数情况下，从"两会"之前到"两会"结束这段时间，大盘会上涨15%~25%。投资者在这段时间，要留心收集"两会"热点讨论的议题，这些议题往往是市场炒作的热点。

4 沪港通

本章引语

一切事物的趋于完善,都是来自适当的改革。

——[法]巴尔扎克

沪港通这座中国内地资本市场与香港地区资本市场之间的桥梁,让上海股票市场和香港股票市场之间首次实现了互联互通。

本章要点

★ 港股通交易股票规则、对象
★ 港股通投资的风险
★ 沪港通业务的开通资格

4.1 认识沪港通

2007年版的港股直通车其实就是沪港通的前世。2007年中央提出"港股直通车"计划，但是因为内地的投资者在"港股直通车"计划宣布的第二天大批地涌入开户，令央行担忧内地投资者没有足够的风险意识，再加之美国次贷危机爆发导致全球金融海啸，"港股直通车"计划被迫放弃。之后一直有落实港股直通车的传言，终于在2015年11月17日，连接两地的沪港通业务开通了。

4.1.1 什么是沪港通

沪港通是指两地投资者委托上海证券交易所（以下简称"上交所"）会员或者香港联交所（以下简称"联交所"）参与者，通过上交所或者联交所在对方所在地设立的证券交易服务公司，买卖规定范围内的对方交易所上市股票。中国内地登记结算公司是香港投资者的结算参与人，香港中央结算有限公司是内地投资者的结算参与人，为沪港通提供相应的结算服务。沪港通包括沪股通和港股通两部分。

沪港通的开放给我国内地的股票市场带来的意义非凡，它是我国内地资本市场对外开放的重要内容，一方面有利于加强香港与内地资本市场的联系，另一方面有助于推动资本市场双向开放，具有诸多的积极意义。

沪港通对我国内地证券市场的意义	有助于增强两地资本市场实力	沪港通的开通有利于通过全新的合作机制增强我国资本市场的综合实力，深化两地资本市场交流合作，扩大两地投资者的投资渠道，进一步提升在国际市场上的竞争力。
	有利于提升上海和香港的金融中心地位	沪港通的开通有助于提高上海及香港两地市场对国际投资者的吸引力，有利于改善上海市场的投资者结构，进一步推进上海国际金融中心建设。与此同时，有利于香港发展成为内地投资者重要的境外投资市场，巩固和提升香港国际金融中心地位。
	助力推动人民币国际化	有利于推动人民币国际化。沪港通业务既方便内地投资者直接使用人民币投资香港股票市场，也可增加境外人民币资金的投资渠道，便于人民币在两地的有序流动。

作为中国逐步开放资本市场的关键一步，沪港通主要有以下5个特点。

1. 跨境结算

沪港通业务充分借鉴了市场互联互通的国际经验，采用较为成熟的订单路由技术和跨境结算安排，为投资者提供便捷、高效的证券交易服务。

2. 双向开放

沪港通业务实行双向开放，内地投资者可以通过港股通买卖规定范围内联交所上市的股票，香港投资者则可通过沪股通买卖规定范围内上交所上市的股票。

3. 双向人民币交收制度

沪港通业务实行双向人民币交收制度，内地投资者买卖以港币报价的港股通股票并以人民币交收，香港投资者买卖沪股通股票以人民币报价和交易。

4. 额度管控

在试点初期，沪港通实行额度控制，即内地投资者买入港股通股票有总额度和每日额度限制，香港投资者买入沪股通股票也有总额度和每日额度限制。

5. 股票有限

两地投资者通过沪港通可以买卖对方市场规定范围内的股票。

4.1.2 沪港通对 A 股的影响

沪港通的开通对港资的数额有限制，每日的 130 亿元限额与内地 A 股市场每天上千亿元的成交金额无法媲美，但是港资参与到上海资本市场对 A 股会有一定的影响。这些影响主要体现在以下几个方面。

1. 资金流向 A 股市场更加明显

自从沪港通开通以来，A+H 股板块出现持续的 A 涨 H 跌格局，资金在沪港通正式启动前调仓迹象明显，海外投资者对 A 股的兴趣大于内地投资者对港股的兴趣，资金流向 A 股市场会较明显，沪港通对 A 股的正面影响要大于对港股的正面影响。

2. 海外投资者对 A 股的兴趣更强烈

上海与香港证券交易所在对欧美、中东等地的全球路演发现，海外机构对沪港通兴趣强烈。海外投资者对 A 股的兴趣更强烈的理由：首先是 A 股更能代表中国经济，而且估值更便宜。其次，欲参与沪股通交易的资金更多。最后，海外投资者衡量个股的标准与内地不一样。

3. 有助于树立投资者价值投资的理念

沪港通带给 A 股增量资金的背后，是一些具有国际背景的机构投资者。作为成熟市场的投资者，他们具有较合理的投资理念，尤其偏好优质蓝筹股。成熟的国际机构投资者的加入，将改变 A 股炒作之风，有助于重塑 A 股市场健康的投资理念。

总之，沪港通有助于健全证券市场机制，引入新的市场活力与理念，形成一个长期的制度安排，逐步实现中国资本市场的双向开放。伴随沪港通这一创新制度的推出，未来中国资本市场的改革无疑将加速前行。

4.1.3 沪港股票投资的相关差异

香港的股票市场与上海A股市场在制度和规则等方面存在一定的差异，内地的投资者在参与港股通投资之前，需要仔细了解下列差异，否则可能会面临诸多的风险。

1. 沪港两地交易时间的差异

联交所的交易时间与A股市场有所不同，周一至周五为交易日，在交易日的9:00—9:30为开市前时段，9:30—12:00为上午持续交易时段，13:00—16:00为下午持续交易时段。需要投资者注意的是，在圣诞、新年、农历新年前夕，仅有半天交易。因此，港股通的投资者对此要特别留意，避免因忽视了两地交易时间差异而可能错失的投资机会。

2. 涨跌停板制度的差异

在A股市场，设有涨跌停板制度，因此，在每一个交易日内，股票价格的涨跌波动是在规定范围内的。在联交所市场，则不实行涨跌停板制度，因而股价波动可能相对更加剧烈，投资者应当充分注意到港股在价格剧烈波动时可能面临巨大损失的风险。

3. 回转交易制度的差异

在内地A股市场，实行T+1交易制度（交易所买卖基金等少数产品除外），也就是说，投资者当天买入的股票，在第二天才能卖出。与此不同，联交所市场实行T+0回转交易制度，即投资者当天买入的股票可以当天卖出，因此，投资者可以在一个交易日内对同一只股票进行多次买卖交易。对于沪港两地市场的这方面差异，投资者有必要充分了解。

4. 股票交收制度的差异

在A股市场，结算周期一般为T+1日，也就是当天卖出的股票，投资者在第二天就可以收到款项。与此不同，香港市场证券结算与经纪商之间的结算周期为T+2日，即投资者卖出股票后，至少需要2天才能收到此款项。此外，投资者在买入股票前应预先全数付款，在卖出股票前也必须有足额股份托管于有关股票经纪商。对于此项差异，投资者在参与港股通投资前，应当先向证券公司了解有关港股通股票收付和资金结算安排的相关事宜，做好流动资金管理。

5. 整手股数的差异

在上海A股市场，每手交易单位统一为100股。但是，在联交所，上市公司可以自行设立不同数量的每手股票交易单位，对此并没有统一的规定。港股通投资者要特别留意，避免在不了解相关规则的基础上因交易单位错误而导致损失放大。

6. 股票报价显示颜色的差异

在内地 A 股市场，红色代表股价上涨，绿色代表股价下跌；与此不同，在联交所市场，股价上涨，报价屏幕上显示的颜色为绿色，股价下跌则为红色。对此，参与港股通的投资者还需特别留意，切记不同行情报价颜色显示的含义，规避因对此的误解而做出错误决定，并遭受损失。

7. 股票报价价位的差异

在香港联交所市场，不同港股股票的报价价位依据股价而定。股价越高，报价价位越大，投资者应了解联交所《交易所规则》规定的价位表，避免申报价格因不符合规定无法成交。

8. 停牌制度的差异

香港联交所规定，在交易所认为所要求的停牌理由合理而且必要时，上市公司方可采取停牌措施。此外，不同于内地 A 股市场的停牌制度，联交所对停牌的具体时长并没有量化规定，只是确定了"尽量缩短停牌时间"的原则，对此，港股通投资者要随时关注联交所及上市公司的相关公告，避免错失复牌后的投资机会。

9. 退市制度的差异

沪港两地股票市场均有退市制度。在 A 股市场，存在根据上市公司的财务状况在证券简称前加入 ST 及 *ST 等标记以警示投资者风险。但是，在香港联交所市场，没有风险警示板，联交所采用非量化的退市标准且在上市公司退市过程中拥有相对较大的主导权。这使得联交所上市公司的退市情形较 A 股市场相对复杂。港股通投资者应予以关注。

此外，香港市场在发行、上市、信息披露等方面的规则与内地市场存在的差异，敬请投资者仔细阅读联交所《交易规则》《上市规则》等有关规定，降低因对相关规则不了解造成的投资风险。

4.1.4 沪股通交易额度、交易对象

沪股通是指投资者委托联交所参与者，通过联交所证券交易服务公司，向上交所进行申报，买卖规定范围内的上交所上市股票。

1. 沪股通交易额度控制

沪港通业务实行总额度控制和每日额度控制，并对香港投资者投资上交所市场的单向总额度实施管理。在试点初期沪股通的总额度为 3000 亿元人民币，每日额度为 130 亿元人民币。

2. 沪股通交易对象

试点初期，沪股通股票范围包括上证 180 指数、上证 380 指数成分股以及同时在上交所和联交所上市的发行人的沪股，其中 B 股暂不纳入，被实施风险警示板的沪股也暂不纳入。截至 2014 年 4 月 10 日，可纳入沪股通股票范围的股票共有 568 只。

4.1.5 沪股通股票信息披露

沪港通的试点中规定，当持 A 股股权 5% 以上的股东或实际控制人，其持有股份或控制公司情况出现较大变化时，上市公司需就此进行公告和报告，拥有的权益需合并计算。若香港投资者通过沪股通使自身持股量上升达到信息披露要求时，应依循法规履行报告及披露义务。

4.2 港股通交易简介

港股通是指投资者委托上交所会员，通过上交所证券交易服务公司，向联交所进行申报，买卖规定范围内的联交所上市股票。港股通的总额度为 2500 亿元人民币，每日额度为 105 亿元人民币。

4.2.1 港股通交易股票规则、对象

1. 港股通交易规则

投资者买卖港股的交易时间应遵守联交所规定，具体的交易时间以及交易规则如下表所示。

时段	时间	交易规则
集合竞价时段	9:00—9:15	接受港股通投资者的竞价限价盘订单
对盘前时段	9:15—9:20	只接受竞价盘
对盘时段	9:20—9:28	投资者不得在交易系统内输入、更改以及取消买卖盘；已经存在的买卖盘会以买卖盘类别、价格及时间等优先次序对盘，在此时段确定每一只证券的最终开盘价
暂停时段	9:28—9:30	不能将买卖盘传递至联交所交易系统
连续竞价阶段	9:30—12:00 13:00—16:00	接受港股通投资者的增强现价盘订单
撤单时段	9:00—9:15 9:30—12:00 12:30—16:00	投资者可以在此时间段进行撤单

2. 港股通的交易对象

（1）港股通股票池中没有风险警示标记。

投资者在参与港股通交易时需留意，联交所交易股票一般而言并没有如内地市场在证券代号前加入标记（例如，ST及*ST）以警示风险的做法。如果投资者想要了解某上市公司股票的风险，那么可以通过登录联交所"披露易"网站的方式查询相关公告。

有关上市公司的财务状况，投资者可以在"披露易"网站，通过查询上市公司发布的业绩公告及财务报告的方式了解。另外，根据《上市规则》规定，上市公司有关公告/报告需载于其网站至少5年。

有关上市公司以往是否被交易所公开披露或谴责，该上市公司是否已进入除牌程序的信息，投资者可以通过"披露易"网站内的"上市公司公告"—"进阶搜寻"的"标题类别"中选择"监管者发出的公告及消息"，翻查相关记录。

有关已停牌上市公司的每月报告，投资者可以登录"披露易"网站，在"发行人相关资料"栏目中查阅"有关长时间停牌公司之报告"，具体了解停牌3个月或以上的上市公司的每月报告。

（2）内地投资者买卖港股通股票持股比例限制。

现行香港特别行政区法例通常没有对单一投资者持股比例限制的相关规定，但是个别上市公司章程可能对投资者的持股比例限制有要求，因此，内地投资者参与港股通交易时，还应留意并遵从相关规定。

（3）投资者持有港股通股票超过一定比例需要披露。

根据香港特别行政区《证券及期货条例》规定，首次持有上市法团5%或以上任何类别带有投票权的股份（香港上市法团可发行不带有投票权的股份）的个人及法团（该主体被界定为上市法团的大股东）必须披露以下相关信息。

① 在该上市法团持有的带投票权的股份的权益及淡仓（即空头头寸）。

② 所持有上市法团的股本衍生工具，包括大股东持有、沽出或发行的股本衍生工具，以及大股东行使、转让或不行使该衍生工具之下的权利，该权利可能导致股份会被交付持有人或由持有人交付他人。

③ 下列有关大股东权益及淡仓的变动。

a. 持股量的百分率数字上升或下降，导致大股东的权益跨越某个处于5%以上的百分率整数。例如，大股东的权益由5.8%增至6.3%时，跨越6%时需要披露其权益变动。

b. 大股东持有需申报的权益，而该股份权益的性质有所改变。

c. 大股东持有需申报的权益，以及在披露期间持有或不再持有超过1%的淡仓。

d. 大股东持有需申报的权益，而淡仓的百分率数字上升或下降，导致大股东的淡仓跨越了某个处于1%以上的百分率整数。

具体申报的时间为，大股东在知悉上述事件的当日起3个营业日内。在购买股份时，大股东通常应在订立有关购买股份的合约后3个营业日内送交通知存档；售卖股份后，大股东通常需要在结算日后3个营业日内送交通知存档。但是,《证券及期货条例》并未禁止该大股东在该3日内买卖有关上市发行人的股份。

以上只能扼要地说明香港《证券及期货条例》的相关规定,无法详尽表述所有情形,因此,个别案例需视情形而定。

（4）大股东豁免申报其权益的情形。

在规定的情形下,大股东也可以豁免申报其新的权益。也就是说,尽管大股东取得股份权益或不再持有股份权益,以及其权益的百分率水平因跨越某个百分率水平,但是在满足相应情形规定时,无须申报其新的权益。例如,大股东权益的百分率水平等于或低于其在"最后一次具报"时所申报的百分率水平;以及其在"最后一次具报"时所申报的权益的百分率数字与它自那时起的所有时间内的权益的百分率水平之间的差别,少于有关的上市法团属同一类别的已发行股本的0.5%时无须申报其新的权益。

> **提示** ▶ 投资者买卖港股通股票禁止裸卖空。
> 投资者买卖港股通股票,当日买入的股票经确认成交后,在交收前可以卖出。
> 投资者买卖港股通股票不得参与香港市场的对盘系统外交易(类似于大宗交易)。

4.2.2 港股通股票信息披露

作为港股通的投资者,必须知道港股通股票信息披露的相关问题。

1. 投资者获取港股通股票披露信息的途径

沪港通业务不改变现有沪港两地市场监管架构和市场运行模式。其中,港股通股票的相关信息披露,直接适用联交所上市公司信息披露的相关规定。

内地投资者既可以通过登录联交所"披露易"网站获取上市公司披露的信息,也可以通过上市公司自设的网站等途径获取。至于上市公司自设的网站的网址,投资者可以通过查阅联交所网站的"网上联系"栏目获取。

2. 查阅港股通股票以往发布的信息披露文件的方法

联交所上市公司信息披露的文件包括以下几类:公告及通告,通函,财务报表/环境、社会及管治资料,月报表等。通常,联交所上市公司在发布年报前,会预先披露全年业绩公告(属于公告及通告的一类)。其中,投资者较为关注的公司主要经营状况、财务数据均会在全年业绩公告中有所体现。

具体而言,投资者查询上市公司公告的方式有以下几种。

（1）从"披露易"网站内"上市公司公告"一栏内选择"进阶搜寻"查询上市公司的公告。具体操作时,投资者可在"现有上市证券"栏内输入股份代号或股份名称(繁体字或英文），在"标题类别"中选择"公告及通告"及"财务资料"，以查看该公司的董事会会议召开日期、业绩公告内容、股息分派详情等。

（2）在"披露易"网站上，从"发行人相关资料"栏目下的"董事会会议通知"及"证券持有人享有的权益（股息及其他）"查阅近期公司发布的有关资料。

（3）登录联交所网站，在"中国证券市场网页"栏目下的"上市公司"中搜寻上市公司曾发布的公告和派息记录等。

下面就以中信银行为例介绍如何在披露易网站查询港股的财务数据以及公告。

1 打开同花顺软件，单击菜单栏中的【拓展行情】➤【港股】➤【AH股列表】。

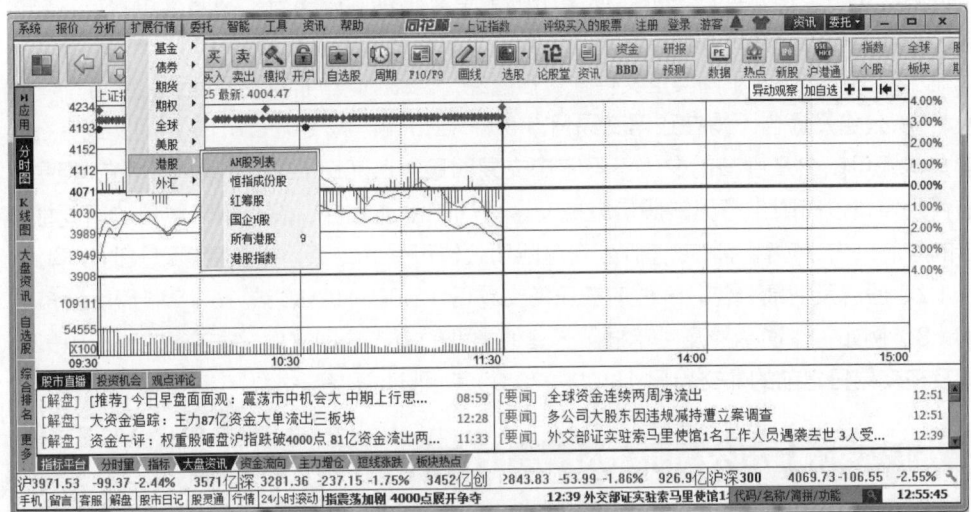

2 进入AH股列表界面之后，向下翻页查询到中信银行的港股代码"00998"。

3　打开披露易网站,单击【进阶搜寻】选项,进入进阶搜寻页面。输入中信银行港股代码"00998",然后单击【搜寻】按钮。

4　进入搜索结果页面,此时搜索出来的是该公司自申请上市至查询日止所有需披露的信息,包括年报、半年报、业绩公告、重大事项声明等。查询结果是按照时间排序的,最新的披露事项排列在最前面。

3. 港股通股票最新信息及公告刊登在"披露易"网站的时间

根据规定,上市公司应当通过联交所电子呈交系统"披露易"网站发布公告。该系统的操作时间为每个交易日 6:00—23:00,以及交易日之前的非交易日 18:00—20:00。

提示投资者关注,不同类型文件在"披露易"网站刊登的时间不尽相同。

(1)公告及通告不得在正常交易日 8:30—12:00 或 12:30—16:15 期间,或者在圣诞节前夕、元旦前夕及春节前夕(不设午市交易时段)8:30—12:00 的期间刊登。但是,海外监管公告、没有附带意见的股价或成交量异动的澄清公告、没有附带意见的新闻报道或报告的澄清公告、短暂停牌或停牌公告这四项公告不受此约束,投资者可以及时了解。

(2)股息及业绩公告,一般应在正常交易日 12:00—12:30 或 16:15 收盘后公布。

(3)例如,"通函"及"年报"等其他类型的上市公司文件,在交易日 6:00—23:00 期间及在交易日之前的非交易日 18:00—20:00 期间随时刊登。

4. 查阅联交所上市公司股东及董事的名单

如果投资者想查询联交所上市公司的股东名单,那么分两种情况:一是持有该上市公司股票的投资者可以免费查询存放于公司股份过户处的股东名册;二是未持有该公司股票的投资者在向股份过户处缴付费用后,也可以查询该股东名册。

对于董事名单,投资者不仅可以在上市公司的年报或最近刊登的公告或通函中查看,也可到"披露易"网站上"发行人相关资料"下的"董事名单"栏目下载,或者按照股份代号、上市公司名称或董事名单查找。

4.2.3 港股通股票的停牌、复牌和除牌

投资者除了要了解交易港股通相关的交易规则、信息披露之外,还需要对港股通股票的停牌、复牌和除牌有一定的认识。

(1)港股通股票是否会在交易时段内因为股价波动暂停交易?

尽管联交所市场没有涨跌停板制度,但仍有一套关于股价及成交量波动的市场监察机制。

如果联交所通过市场监察察觉到上市发行人的股价或成交量出现异常波动,或媒体刊登了可能影响上市公司股价或交易的报道,或者市场出现了相关传闻,那么为了维持市场

的公平有序，联交所会联系上市公司。上市公司必须立即对此做出回应，并履行《上市规则》中规定的持续披露义务，及时公布避免其股票出现虚假的相关资料，或者根据《证券及期货条例》第 XIVA 部条款规定应当予以披露的任何内幕消息，并确保这些资料能够公平发布。上市公司如果不知道有任何事宜或者发展会导致或者可能导致其股价或成交量出现异常波动，那么应当尽快通过"披露易"及其网站刊发公告说明情况。上市公司及时刊发了有关公告，则无须短暂停牌或停牌。

如果情况需要，例如发现或怀疑有关股价或成交量的异动是由于泄露了某些根据《证券及期货条例》第 XIVA 部条款规定应予披露的内幕消息所致，那么上市公司应当立即公布相关资料或者根据《证券及期货条例》第 XIVA 部条款需披露的任何内幕消息。否则，上市公司股票可能被联交所短暂停牌或停牌，待公告发出后再恢复交易。

有关上市公司"股价或成交量异动"，是指一家上市公司的股价及（或）成交量出现了没有明显原因的异常表现。例如，大市下跌，但公司股价却大幅上涨，或者成交量突然大幅增加。至于股价或成交量的波动幅度是否属于"异常"，则由联交所参照有关股票的过往表现，或该股票所属行业的其他股票的表现，以及大市的整体情况等做出判断。

（2）联交所会主动将上市公司股票停牌或除牌吗？

联交所在其认为适当的情况及条件下可能会指令上市公司的股票短暂停牌、停牌或除牌。具体情况如：发行人（即上市公司）未能遵守《上市规则》的规定，且情况严重；发行人股票的公众持股量不足；发行人进行的业务活动或拥有的资产不足以保持其证券继续上市；发行人或其业务不再适宜上市。

对于主板上市公司而言，如果其停牌已经持续很长一段时间，但未采取足够行动以争取公司股票复牌，那么可能会导致除牌，即公司股票被摘牌。

其一，联交所可以根据主板《上市规则》第 17 项应用指引规定的程序将出现严重财务困难及/或未能维持足够业务运作下长期停牌的主板公司除牌。如果该上市公司的证券已停牌 6 个月或以上且又未能符合有关主板《上市规则》的规定，那么联交所将决定该公司是否需要进入除牌程序的第二阶段。进入该阶段的上市公司将有 6 个月的时间向联交所提交可行的复牌建议。如果上市公司未能在限期内提交可行的复牌建议，那么将会进入除牌程序的第三阶段。进入第三阶段除牌程序后，上市公司将有最后 6 个月向联交所提交可行的复牌建议。若发行人在该阶段届满时仍未能提交可行的复牌建议，上市公司的上市地位将会被取消，即被除牌。

其二，如果公司涉及被监管机构调查、存在会计失当、未能刊发财务业绩或内部监控严重不足等情形，以至于根据《上市规则》规定而停牌的，那么为维持市场公平有序及信息公开，该上市公司也将被停牌。

其三，联交所还可以根据主板《上市规则》第 6.10 条规定将主板公司除牌。诸如，联交所认为该主板公司或其业务不再适合上市，那么联交所将刊登公告，公布该公司的名称，并列出限期，以便该公司在限期内对导致其不适合上市的事项做出补救。

例如，除主板《上市规则》第 21 章所界定的"投资公司"及主要或仅从事证券经纪业务的上市公司，无论是主板公司或创业板公司，如果公司全部或大部分的资产为现金或短期证券，那么联交所将视为其不适合上市并将其停牌。在停牌期间，如果该公司经营有一项适合上市的业务，那么可向联交所申请复牌。联交所会将其复牌申请视为新申请人提出的上市申请处理。如果在此情形下公司停牌持续超过 12 个月，或者在任何联交所认为有需要的其他情况下，联交所都有权取消该公司的上市资格。

（3）港股通股票停牌后，复牌流程是怎样的？

根据联交所《上市规则》规定，上市公司股票应当尽可能持续交易，因此，暂停交易只是处理潜在及实际出现的市场特殊情况的手段，即使必须停牌，那么停牌的时间也应尽可能缩短。

如果公司被联交所停牌，那么上市公司应向市场发出简短公告解释停牌的原因，以增加市场透明度。联交所也会在停牌期间与上市公司保持持续联络，并要求上市公司在股票复牌前发出公告。

具体的复牌程序将视情况而定，联交所保留附加其认为适当的条件的权力。一般情况下，当上市发行人发出适当的公告后，或当初要求其短暂停牌或停牌的具体理由不再适用时，联交所会让公司复牌；在其他情况下，短暂停牌或停牌将持续至发行人符合所有有关复牌的规定为止。

（4）联交所上市公司发布澄清公告后，其股票是否立即恢复交易？

联交所上市公司在公布了避免其股票出现虚假市场的任何资料或内幕消息之后，可在接下来的交易时段开始时恢复交易。相关公告应具备充足资料，以使得有关股票在公平及市场已广泛知晓相关信息的情况下恢复交易。

（5）投资者如何处理已停牌联交所上市公司的股票？

公司股票被联交所短暂停牌或停牌后，在停牌期间，投资者暂时不能再买卖。如果投资者持有该股票，那么应当密切留意上市公司通过"披露易"网站发布的最新公告，了解公司股票恢复交易的信息。如果主板及创业板上市公司已经被停牌 3 个月或以上，那么投资者可以通过"披露易"网站，在"发行人相关资料"栏目内查阅"有关长时间停牌公司之报告"，了解该上市公司的每月报告。

4.2.4 港股通投资的风险

对于内地投资者来说，即使十分了解港股通的交易规则等内容，依然要树立风险意识。除了投资者已经熟知的股价价差风险之外，还有许多其他要关注的风险类型。内地投资者投资香港市场可能面临如下几种主要风险。

1. 市场联动风险

由于香港市场外汇资金可以自由流动，海外资金流动与港股价格之间表现出高度关联性，因此，投资者在参与港股市场交易时受全球宏观经济和货币政策变动导致的系统风险相对较大。

2. 无涨跌幅限制的股价波动风险

由于港股市场实行 T+0 交易机制，且不设涨跌幅限制，加之香港市场结构性产品和衍生品种类相对丰富，因此，香港市场个股的股价受到意外事件驱动的影响而表现出股价波动的幅度相对 A 股更为剧烈。

3. 个股的流动性风险

在香港市场，部分中小市值股票成交量相对较少，流动性较为缺乏，投资者持有此类股票，可能缺乏交易对手方，因此面临小量抛盘甚至导致股价大幅下降的风险。

除了上述港股通投资风险之外，投资者还需要注意以下事项。

（1）订单类型。

在试点初期，港股通投资者在联交所开市前时段仅能输入竞价限价盘，在持续交易时段仅能以增强现价盘进行买卖。

（2）额度控制。

试点初期，港股通总额度为 2500 亿元人民币，每日额度为 105 亿元人民币。注意，额度统计口径为买卖相抵后的净流量。内地投资者应当充分了解因港股通额度控制可能造成的买单交易无法及时执行，从而遭受损失的风险。

（3）交易日。

香港与内地 A 股市场的交易日并不完全一致。沪港通在沪港两地均为交易日且能够满足结算安排时开通，投资者在参与港股通交易时需要充分了解。

（4）货币兑换。

作为港股通标的的联交所上市公司股票以港币报价，以人民币交收。因为港股通相关结算换汇处理在交易日日终而不是交易日日间进行，所以投资者需要关注由不同交易时间结算造成的汇率风险。

（5）投资标的。

投资者可能面临因为标的证券被调出港股通标的的范围而无法继续买入的风险，以及由此可能遭受的经济损失。

4.3 港股通业务的开通与交易

由于沪港通对于内地的投资者而言，只能通过内地的券商交易平台开通港股通交易业务。本小节就针对港股通业务的开通资格，开通方法，选择券商、银行以及港币的兑换进行一一介绍。

4.3.1 港股通业务的开通资格

根据上海证券交易所要求，申请开通港股通业务需要具备以下条件。

（1）拥有沪市人民币普通股账户。

（2）机构投资者或者证券账户及资金账户资产合计不低于人民币 50 万元的个人投资者。

（3）熟悉香港证券市场相关规定，了解港股通交易的业务规则与流程。

（4）不存在严重不良诚信记录。

（5）不存在法律、行政法规、部门规章、规范性文件和业务规则规定的禁止或限制参与港股通股票交易的情形。

4.3.2 开通方法

港股通的开通方式主要有两种：一是通过券商的网上营业厅自助办理港股通业务；二是到原开户券商柜台现场办理港股通业务。

1. 临柜办理流程

投资者可携带有效身份证明文件及沪深股东卡（若有）至开户营业部临柜办理。本节着重介绍沪港通业务的网上自助办理流程。

2. 网上营业厅自助办理流程

（1）以申万宏源证券为例，投资者首先打开所在券商网上营业厅主页，输入资金账号和密码登录网上营业厅。

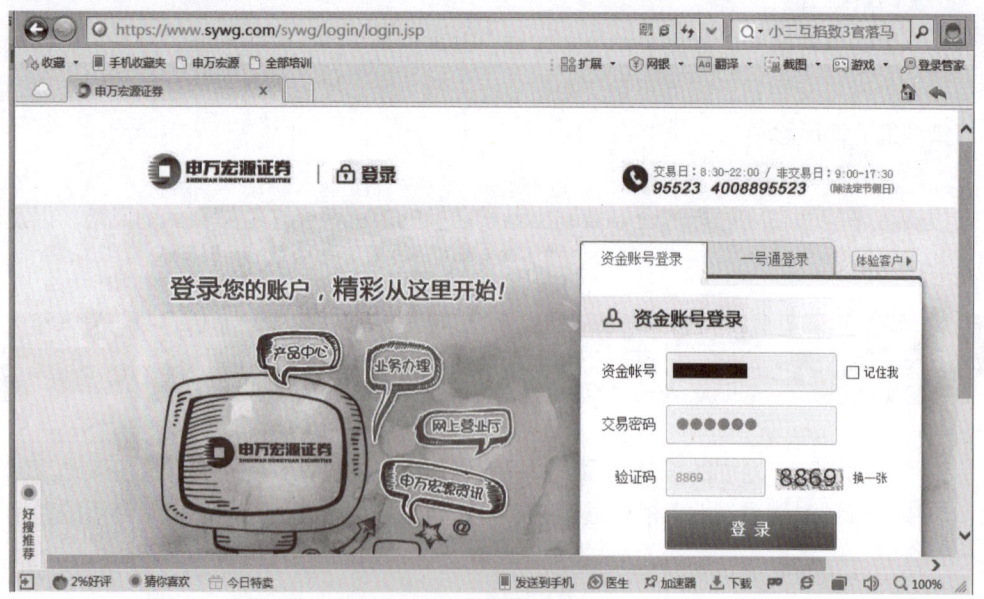

（2）单击【自助业务办理】选项进入自助业务办理中心页面。单击【全部业务栏】菜单栏内的【沪港通】选项，出现的页面如下图所示。

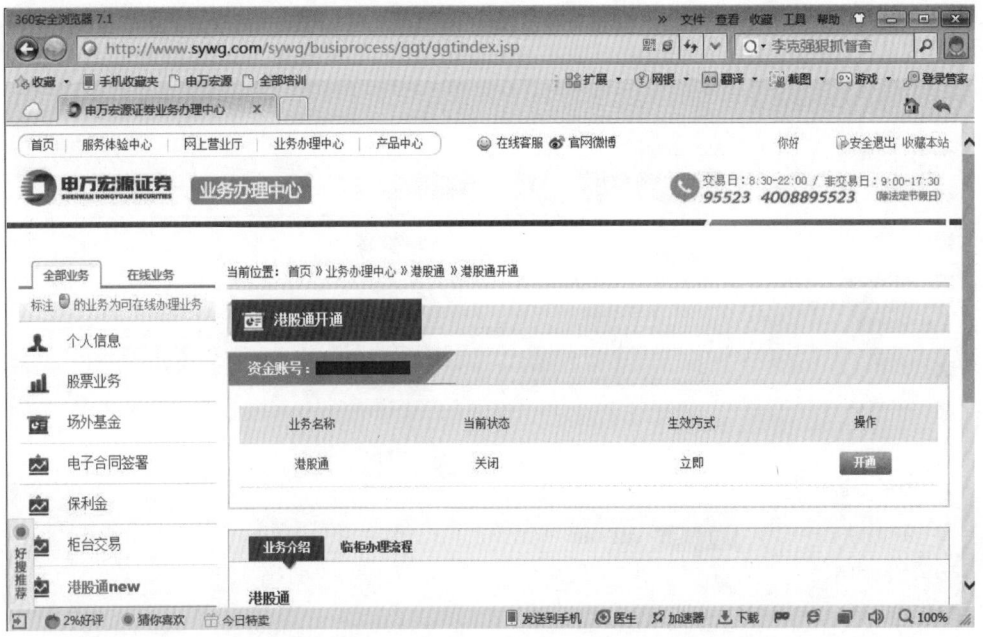

（3）单击黄色的【港股通开通】按钮，进入港股通开通页面。投资者首先要重新做风险承受能力测评。测评分数达到 60 分以上才可以开通港股通业务。

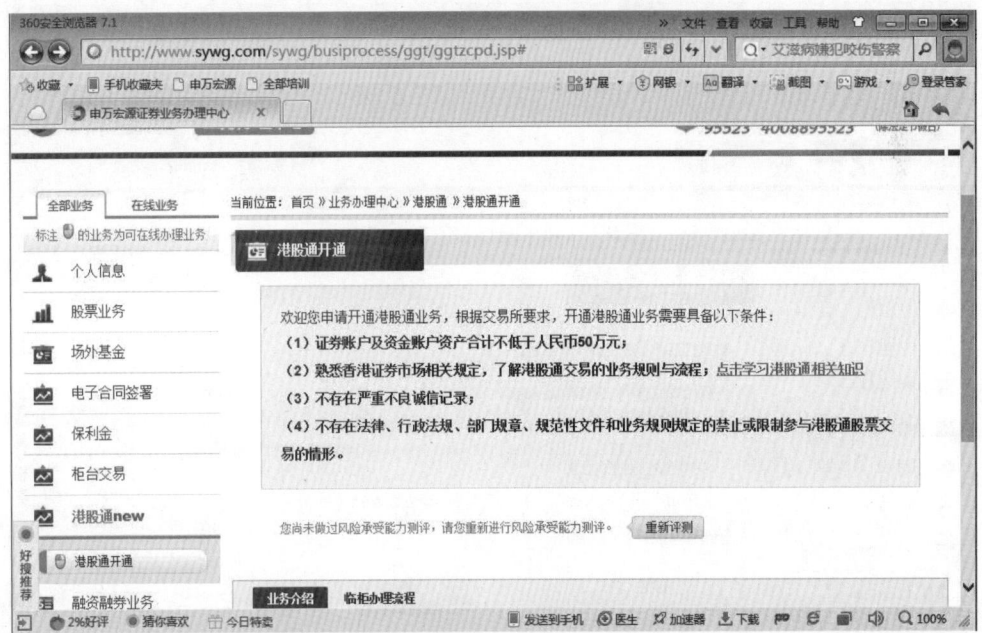

（4）风险承受能力测评通过之后投资者，还需进行港股通知识水平评估。评估结束后，投资者需要认真阅读《港股通委托协议》与《港股通交易风险揭示书》，阅读完毕之后在【我已阅读并同意以上所有协议】选项框打对勾，然后单击【确认】按钮。

4 沪港通　91

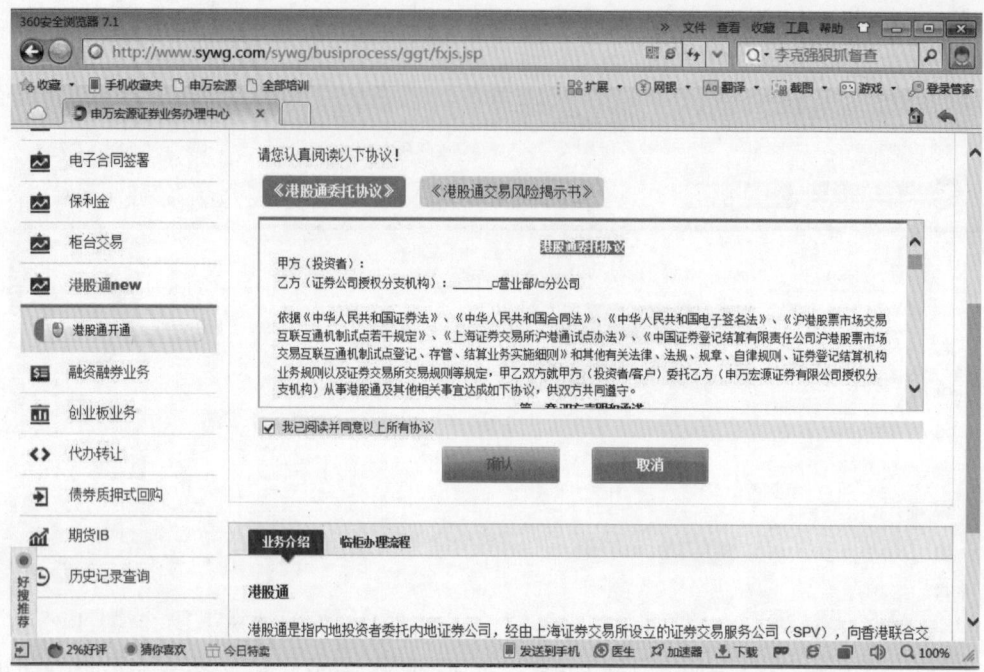

(5)页面自动跳转至已开通页面,单击【完成】按钮。

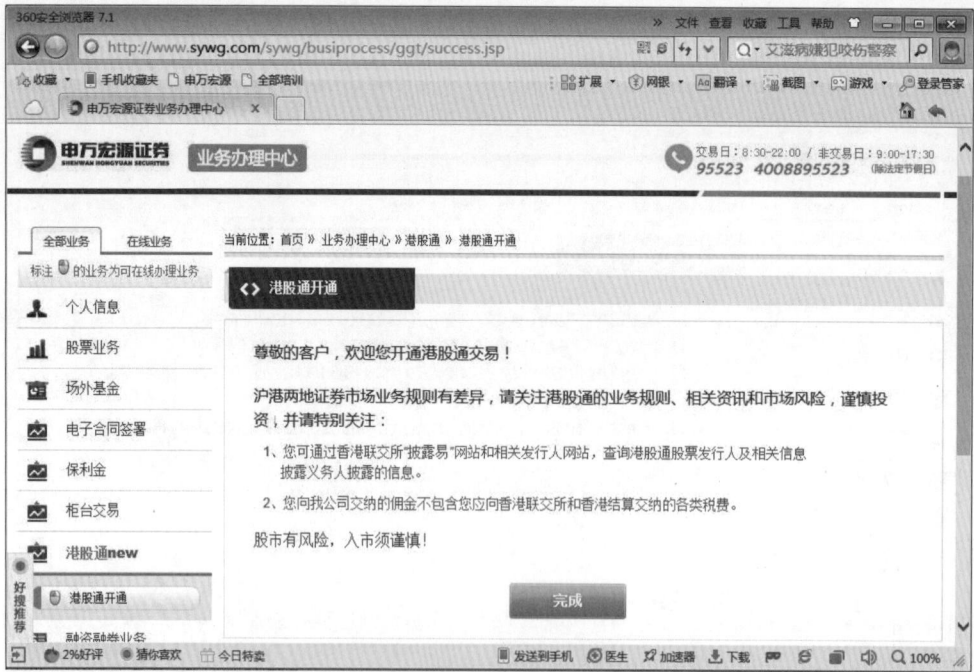

(6)查看自己的资金账户状态为港股通开通状态。

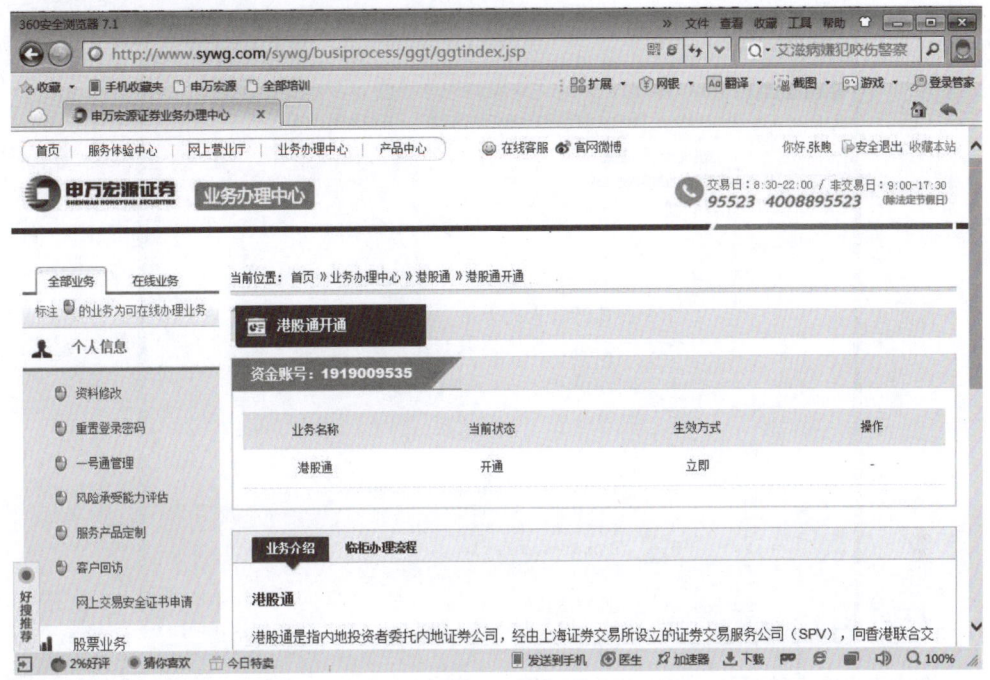

4.3.3 选择券商和银行

2014年11月17日,上交所网站公布了首批获得沪港通业务资格的券商,首批共有89家券商入围。银河证券、广发证券、国泰君安、申万宏源、方正证券、信达证券、华泰证券、中原证券等获批开通沪港通业务交易权限。投资者如果是在上述券商开立的人民币普通股账户,则可以直接开通港股通业务。相关的三方存管签约银行为普通股资金账户的签约银行,投资者不必二次签约。

4.3.4 港币的兑换

投资者在买进港股的时候,人民币均按照港币现汇的卖出价换算,卖出的时候,按照港币现汇的买入价换算。如此一来,买进卖出,除了交易成本,还有汇率转换成本。投资者不要轻视汇率买进和卖出价的价差,数额有时可达千分之三以上。因此,投资者想要做港股的短线交易成本太大,从买入A港股换到买入B港股的成本也过高。

投资者可以在百度网站搜索每日人民币兑港元的即时信息,或者登录财经类网站(和讯网、新浪财经等)对汇率进行实时查询。

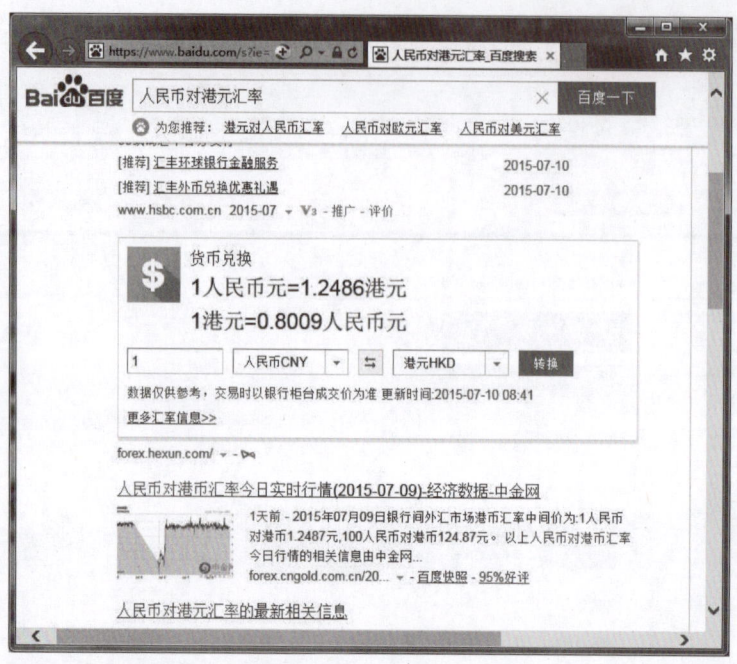

投资者若想要了解更多港股通相关知识,可登录上海证券交易所沪港通业务交易专区网站进一步了解。

4.4 深港通的调研

沪港通的实施与上海自贸区政策的落实,已逐步表明了中国资本市场开放的态度,紧接着,我国资本国际化的步伐也将继续加快,"深港通"将成为接下来中国证券市场开放的又一里程碑事件。

深港通是深港股票市场交易互联互通机制的简称,指深圳证券交易所和香港联合交易所有限公司建立技术连接,使内地和香港投资者可以通过当地证券公司或经纪商买卖规定范围内的对方交易所上市的股票。沪港通和"深港通"的有序推进给了外界一个明确的信号——中国资本市场将稳步推进对外开放。目前 A 股市场已经在国际化道路上小步前行。通过上海市场与香港市场之间的互联互通作为过渡,深圳市场与香港市场的互相开放将在不久的将来得以实现。未来还有望与其他市场加强沟通和合作,进一步拓宽国际合作渠道,预计未来 10~20 年 A 股将成为一个国际化的市场。

如果深港通正式启动,将对深圳市场和港股市场均产生深远的影响。主要表现在以下几个方面。

(1)在香港资金的刺激之下,深圳市场可能会迎来新一轮上涨行情。

(2)有助于深圳市场学习香港市场的各项制度,进一步完善本土市场的制度。

(3)前海深港合作区也许会成为连接深圳与香港之间的一体化的战略平台,深港通有可能将前海深港合作区作为先行试点。

（4）前期在沪港通开立之后，由于沪深两市资金流动有所不同，上证指数的上涨幅度超过了深成指的涨幅。若深港通开通，深市中小板、创业板可能迎来突破性的发展。

（5）香港市场中的某些稀缺的股票将会受益，而某些高估值的股票可能会受到一些负面的影响。

（6）香港市场是全球金融市场中估值很低的市场，而深圳的创业板市场在全球属于估值较高的市场，二者相差数倍。开通深港通有可能造成资金的单向流动，给港股带来影响。

技巧 1　如何选港股

港股市场是全球范围内估值较低的资本市场，与 A 股市场相比，港股的估值非常低。Wind 资讯统计显示，香港恒生指数目前市盈率只有 10.17 倍，A 股上证指数市盈率则已达 17.32 倍，恒指比上证指数便宜四成以上。

投资者一般遵循价值投资的策略投资港股。

首先，看上市公司是不是大公司，是否拥有较强的实力。港股投资者最看重公司的实力，公司越大越好，例如长和、中电控股等。

其次，看上市公司分红多不多，许多投资港股的投资者靠获取分红赚取盈利。因为港股股价波动不大，并且交易一次的费用比内地的交易费用高许多，所以有许多港股不适合做差价。

技巧 2　如何结合 A 股投资 H 股

众所周知，港股和 A 股联动性很高，A+H 股的联动性更加紧密。A+H 股是既作为 A 股在上海证券交易所或深圳证券交易所上市，又作为 H 股在香港联合交易所上市的股票。虽然 A+H 两地的股价走势不会完全一样，但是二者之间是高度相关的关系。投资者可以观察两者之间的变化，发现投资机会。

如果 A 股市场股价率先下跌，并且跌势有进一步扩大的态势，那么 H 股在未来的一段时间也会受牵连下跌；反之，A 股率先上涨，可能会带动 H 股上涨。以山东墨龙（002490）为例，A 股山东墨龙于 2015 年 6 月 16 日开始下跌，跌势首先持续 4 天，之后股价小幅反弹两天后再次一落千丈。而港股的山东墨龙（00568）在 2015 年 6 月 16 日并没有像 A 股一样大幅下跌，但是此后的走势受到 A 股大跌的影响，最终于 2015 年 6 月 26 日开始下跌。此时投资者如果关注了 A 股对于 H 股的影响，可以大胆做空山东墨龙，将会有不小的收益。

由此可见，投资者可以借助于 A+H 股之间的联动性更好地挖掘投资港股的机会。

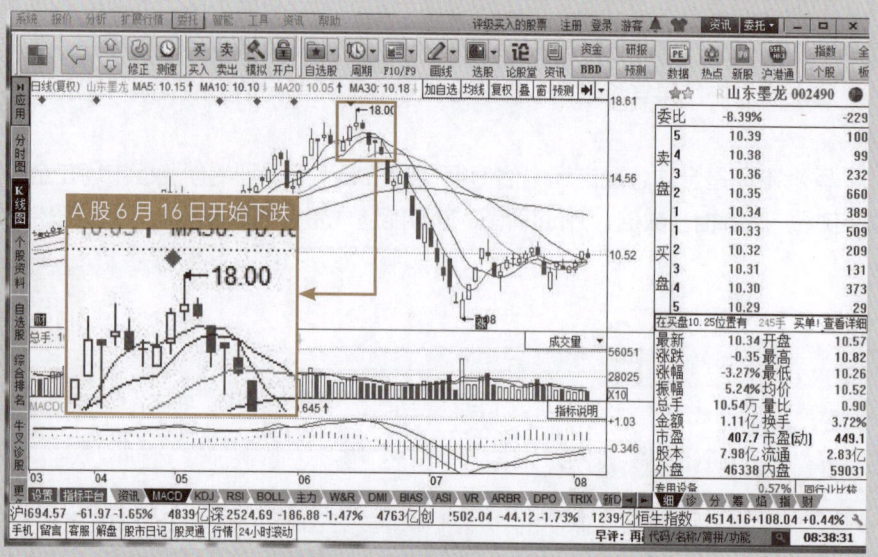

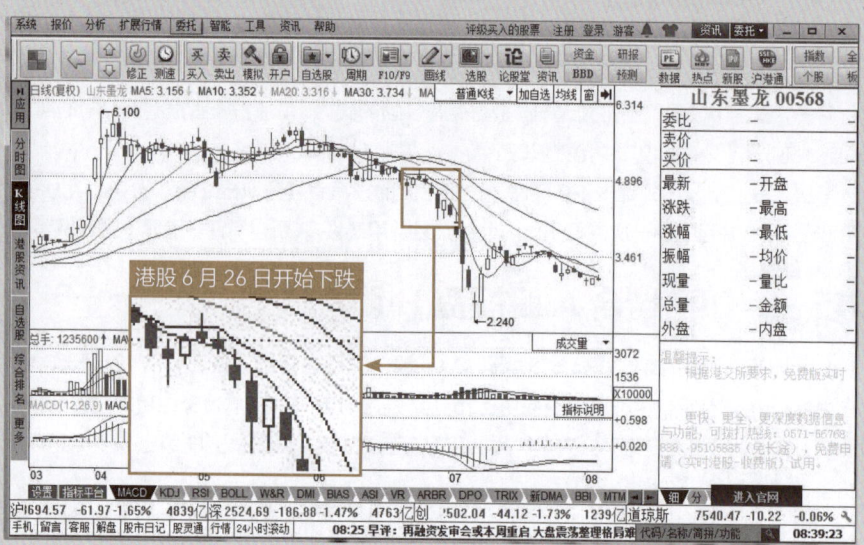

5 涨跌都能赚钱——融资融券及股指期货

本章引语

两条腿走路。

——周恩来

如果说资本市场中的风险投资是一个人在行走,股票市场是一条腿,融券交易与股指期货则是另一条腿。在 2010 年推出股指期货和融资融券之前,我国的股票市场一直没有做空工具,只有在牛市中,投资者才能够赚到钱。股指期货与融资融券的推出,填补了我国金融期货的空白,在健全了我国资本市场的功能与体系的同时,也为投资者在熊市提供了有利的做空产品,投资者在熊市当中也可以获取收益。

本章要点

★ 双向交易
★ 杠杆交易

5.1 股指期货与融资融券简介

股指期货是金融期货中产生最晚的期货品种，但也是目前全世界交易最活跃的期货品种。1982年2月，美国堪萨斯期货交易所上市了第一个股指期货品种——价值线综合指数期货，自此，股指期货日益受到各类投资者的重视，各地区纷纷推出股指期货品种。股指期货的交易规模迅速扩大，交易品种不断增多。目前，股指期货交易在全球范围内已成为所有期货交易品种中成交量第一的期货品种。

2010年4月16日，中国金融期货交易所（以下简称"中金所"）推出了沪深300股指期货合约，该股指期货的推出填补了我国金融期货的空白。随后在2015年4月16日，中金所又推出上证50、中证500股指期货合约，进一步健全了我国金融市场的功能与体系，提高了国民经济抗金融风险的能力。股指期货的推出在规避股价大幅波动给股票投资带来巨大风险的同时也保护了广大投资者的利益。

5.1.1 什么是股指期货

投资者若想了解股指期货的含义，首先要了解什么是期货。期货又称期货合约，是指由期货交易所统一制定的、规定在将来某一特定时间和地点交割一定数量标的物的标准化合约。期货合约的标的物就是所对应的现货，可以是某种商品（例如黄金、白银），也可以是某种金融工具（例如债券、外汇），还可以是某种金融指标（例如沪深300指数、上证50指数）。因此，期货可以大致分为两大类：商品期货与金融期货。

股指期货的全称是"股票价格指数期货"，又被称为"期指"，是指以股票市场的价格指数作为交易标的物的期货，是买卖双方根据事先的约定，同意在未来某一个特定的时间按照双方事先约定的股价进行股票指数交易的一种标准化协议。股指期货既具有股票性又具有期货性。其交易对象是股票指数，以股票指数的变动为标准，以现金进行结算，交易双方并不必须持有股票。

5.1.2 股指期货的特点

投资者在证券市场中所遇到的风险一般分为两类：一类是系统性风险；另一类是非系统性风险。系统性风险是指大多数股票价格波动引发的风险。非系统性风险是指单个股票价格波动的风险。通过投资策略组合，投资者可以买入多只风险不同的股票，较好地规避非系统性风险，但是并不能有效地规避系统性风险。也就是说，当投资者在遇到熊市行情时，将面临大多数股票下跌的风险。

为了规避上述的系统性风险，也就是市场的方向发生改变，投资者可以利用股指期货进行套期保值，即在股票市场买入做多的同时，在股指期货市场反向做空，以此来减少熊市大跌给自己带来的损失。例如，投资者在熊市持有股票，为了减少股票下跌所带来的损失，在股指期货市场做空单，如果股价下跌，虽然股票方面受损失，但是股指期货盈利，抵消股票上的损失。

由于股指期货同时具备股票性与期货性，所以股指期货主要具有以下几个特点。

（1）双向均可开仓。

在我国的证券市场上，所有的股票都可以先买入后卖出，只有部分股票可以进行融券业务，投资者可以先向所在的证券公司借股票卖出，然后再买入股票，还给证券公司，这种交易方式相当于期货里面的做空。在期货市场，股指期货遵循双向开仓的交易规则，投资者可以在预期未来股市总体趋势下跌时做空股指期货，在下跌行情中也能够赚钱，而不是被动地等待股市见底。

（2）期货合约有期限，不可无限期持有。

对于股票来讲，投资者在买入股票之后，如果想要做长线投资，可以一直持有股票不卖。但是股指期货与股票不同，股指期货都有固定的合约到期日，到期就要求投资者清仓。如果投资者想要继续交易，则需要移仓（例如，如果做多，则卖出平仓本期合约，然后买入开仓下个月合约）。因此股指期货不可以像买股票一样，买入之后就不管不问了，必须注意合约交割日，并提前了结。股指期货的交割日期为每个月第三个星期五。

（3）交易成本比股票交易成本低。

2012年9月1日起，沪深300股指期货手续费标准调整为成交金额的万分之零点二五。假如投资者开一张股指期货的多单，成交额为20万元，则需要花费20×0.25=5（元）交易费用。如果投资者想要买卖20万元的股票，按佣金比例万分之三计算为20×3=60（元）。因此，股指期货的交易成本比股票投资的交易成本低很多。

（4）交易标的的非实物性。

股指期货合约的交易对象是股票价格指数，目前我国的股指期货品种的标的股票指数为沪深300、上证50和中证500指数。虽然股票指数与股票有很强的关联，但并不是股票本身。如果投资者持有某公司股票，则投资者就是股东，可以行使股东的权利。但是持有股指期货的投资者，手中所持有的只是指数合约，投资者买卖的仅仅是数字的升降。一般而言，所有持股的股东都希望股价上涨，而空头期货合约的持有者则是期待股指的下挫。

（5）股指期货实行现金交割方式。

与商品期货在期货合约到期的时候会有一部分合约进行实物的交割的方式大大不同，股指期货在期货合约到期时只计算盈亏，投资者只需要多空都平仓。虽然股指期货合约是建立在股票市场上的金融衍生品，但股指期货实行现金交割的方式进行了结头寸。

（6）保证金制度，逐日盯市制度。

股指期货交易实行保证金制度，投资者在买卖期货合约时，不需要支付合约的全部资金，而只需要支付相应比例的保证金。逐日盯市制度是指在每日收市后，对所有未平仓的合约按照当日的结算价计算盈亏。如果投资者开仓方向与市场走势相反，则会亏损，缴纳的保证金一旦触发平仓线时，投资者的合约将面临被强平的风险，因此投资者必须及时补仓，缴纳补充保证金。

（7）流动性较高。

我国的股票市场实行T+1交易制度，也就是说，投资者当日如果买入股票，当日不可以卖出，因此股票当日的成交量绝对不可能超过其流通盘的总量。但是股指期货遵循期货市场的交易规则，实行T+0交易制度，也就是说，投资者在一个交易日内可以进行多次买入或者卖出操作。因此交易量可以无限放大，市场的流动性也因此很高。

股指期货交易与股票交易的主要区别如下表所示。

项目	股指期货交易	股票交易
交易对象	股指期货合约	股票
交易方式	保证金交易	全额交易（融资融券除外）
买卖顺序	双向交易	先买后卖

续表

项目	股指期货交易	股票交易
交易限制	当日开仓可以当日平仓	当日买入不可当日卖出
结算方式	当日无负债结算	无当日无负债结算
到期日	有，不能无限持有	发行股票的上市公司只要没有被摘牌，股票就可以永久交易下去，既可以短线投资，也可以长线投资
交易时间	普通交易日： 9:15—11:30 13:00—15:15 合约最后交易日： 9:15—11:30 13:00—15:00	9:30—11:30 13:00—15:00

5.1.3 股指期货的起源

20世纪70年代初，随着第二次世界大战的结束，国际形势发生急剧变化，布雷顿森林体系随之解体，固定汇率制被浮动汇率制所代替，利率管制等金融管制政策逐渐被取消。由于西方国家饱受石油危机的严重影响，经济发展的稳定性极差，汇率、利率频繁又剧烈地波动，导致股票市场价格大幅波动。因此投资者迫切需要一种能够有效规避风险，实现资产保值的金融工具。于是，金融期货应运而生。

1972年5月，芝加哥商业交易所（CME）设立了国际货币市场分部（IMM），首次推出了外汇期货合约。1975年10月，芝加哥期货交易所推出了"国民抵押协会债券"——史上第一个利率合约。1977年8月，"长期国债期货合约"在芝加哥期货交易所上市。在上述的金融期货产品相继问世之后，美国堪萨斯期货交易所（KCBT）推出了价值线综合指数合约，宣告了史上第一个股指期货合约品种的诞生。

在自此之后的3年时间里，投资者逐渐改变了以往投资股市的方式，在对股票组合进行投资的同时，在股指期货市场进行反向操作，进一步达到套期保值的目的，有效规避股票下跌所带来的风险。

5.1.4 股指期货的发展

随着股指期货市场的不断发展，由于其具有流动性强、交易成本低以及具有套期保值功能等优点，逐渐受到了投资者的关注，越来越多的投资者参与到投资股指期货当中，股指期货的功能在这一时期内逐步被民众接受并认同。鉴于美国股指期货交易发展呈良好态势，其他经济发达地区纷纷效仿，开发股指期货产品，形成了世界性的股指期货交易的热潮。新加坡、伦敦、香港、悉尼以及多伦多等地先后推出了股指期货金融产品。随着股指期货交易市场数量增加，越来越多的股票投资者加入了股指期货交易的行列，他们熟练地运用这一金融工具对冲风险和谋取价差。1986—1987年这段时期是股指期货高速发展时期，期货市场的特点得以完全体现。由于市场逐渐趋于成熟，因此无风险套利行为变得无利可图，但是更为复杂的动态交易模式逐渐崭露头角。

1987年10月19日，华尔街股市大崩溃。道琼斯指数暴跌508点，跌幅近25%，进一步引发全球性的股灾。1988年Bra街委员会在报告中明确指出股指期货的指数套利和组合保险是造成此轮股灾的元凶。股指期货的投资机构为了尽快清理掉所持有的股指期货头寸，在期货市场上大肆平仓股指期货合约。大量平仓行为导致股指期货贴水行情，即股指期货的价格明显低于现货市场对应的股票指数所对应的价格。由于股指期货与指数出现背离的现象，指数套利者利用期货与现货之间的基差进行指数套利（买进股指期货合约同时卖出相应股票），因此期货市场的价格下跌导致现货市场的价格进一步下跌，形成了恶性循环。1987年的股灾给美国的金融市场带来较大冲击，交易量因此大幅度减少，股指期货进入停滞阶段。此后，美国的学术界通过研究发现股指期货并不是导致1987年股灾的真正元凶。尽管如此，各地区的期货交易所和证券交易所为了防止股票市场价格的巨幅下跌，均采取了多项限制措施。

随着市场对股指期货的认识进一步完善，股指期货在20世纪90年代后出现一片繁荣的景象。全球主要股票市场繁荣催生大量的机构投资者，拥有雄厚资金实力的投资机构利用股指期货进行风险对冲和套利的需求明显增加，因此股指期货的交易规模不断增长，步入了快速发展的阶段。

我国证券市场起点较晚，1990年我国上海证券交易所与深圳证券交易所成立。直到2010年4月16日，上海的中金所才推出了我国证券交易史上第一个股指期货合约——沪深300股指期货合约，该股指期货的推出填补了我国股指期货的空白。沪深300指数主要是反映上证以及深证选入的300家业绩优良的上市公司股票总体趋势。该股指期货合约的推出，引起了金融界的广泛关注。2014年我国金融期货市场累计成交量为2.17亿手，累计成交额为164.01万亿元，一跃成为所有期货品种当中成交量最活跃的期货品种。

2015年4月16日，中金所又推出上证50、中证500股指期货合约，进一步健全了我国金融市场的功能与体系。上证50股指期货合约主要反映蓝筹股的整体走势，中证500股指期货主要反映中小板上市公司股票的整体走势。这两种股指期货的推出既丰富了我国股指期货的投资品种，为广大投资者提供了风险对冲的产品，又健全了股指期货市场的功能，提高了国民经济抗金融风险的能力。

5.2 融资融券简介

我国融资融券业务始于2010年3月31日，上海市场和深圳市场均可接受融资融券的申报。融资融券交易具体可分为融资交易与融券交易，融资交易是指投资者向具有融资融券业务资格的证券公司提供担保物（可以是资金也可以是所持有的股票），借入资金买入证券；融券交易是指向证券公司借入证券并卖出，然后再买进获利的行为，如下图所示。

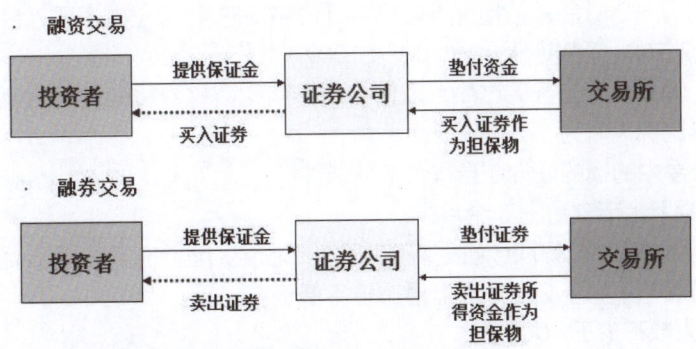

5.2.1 融资融券的发展历程

融资融券业务实施步骤如下图所示。

5.2.2 融资交易与融券交易

融资交易是指投资者向证券公司交纳一定的保证金，融入一定数量的资金买入股票的交易行为。投资者向证券公司提交的保证金可以是现金也可以是所持有的股票。投资者在开立信用账户之后，可以在授信额度内买入融资标的名单内的证券。如果融资买入的股票价格上涨，投资者盈利，只需高价卖出股票归还欠款。如果融资买入的股票价格下跌导致投资者亏损，这就需要投资者拿自己的资金来归还欠款。

融券交易是指投资者向证券公司交纳一定的保证金，融入一定数量的证券并卖出的交易行为。投资者融入的证券并不计入投资者的信用证券账户，而是在融券卖出成交当日结算时由证券公司代为支付，卖出证券所得资金除买券还券外不得作其他用途。如果投资者认为后市即将下跌，可以借入股票卖出，待股价下跌之后再买入还券，从中获利；或通过融券对冲已持有证券的下跌风险，以套期保值。

融资融券交易中的担保物是指投资者向证券公司借款买卖股票的抵押物和向证券公司借券的抵押物，担保物分别存放在客户信用交易担保证券账户和客户信用交易担保资金账户，作为对该客户融资融券所生债权的担保物。担保物维持比例是指客户担保物价值与其融资融券额度之间的比例。

计算公式：

维持担保比例 =（现金 + 信用证券账户内证券市值总和）/（融资买入金额 + 融券卖出证券数量 × 当前市价 + 利息及费用总和）× 100%

由于 2015 年上半年的行情过热，证监会对券商融资融券授信比例一直在收紧，我国目前的融资融券比例大概为 1∶1.1。

融资融券交易中的标的证券应当符合下列条件。

（1）在交易所上市交易满 3 个月。

（2）融资买入标的股票的流通股本不少于 1 亿股或流通市值不低于 5 亿元，融券卖出标的股票的流通股本不少于 2 亿股或流通市值不低于 8 亿元。

（3）股东人数不少于 4000 人。

（4）在过去3个月内没有出现下列情形之一。

① 日均换手率低于基准指数日均换手率的20%。

② 日均涨跌幅平均值与基准指数涨跌幅平均值的偏离值超过4%。

③ 波动幅度达到基准指数波动幅度的5倍以上。

④ 股票发行公司已完成股权分置改革。

⑤ 股票交易未被交易所实行特别处理。

⑥ 交易所规定的其他条件。

> **提示** ▶ 一般情况下，投资者融资买入较为容易，融券卖出要查看自己开通业务的券商的融券库中有没有标的证券，如果没有合适的标的证券，投资者是融不到券的。融券卖出的标的证券必须在交易所公布的标的证券范围内，同时也必须在证券公司自行确定的标的证券名单上。

5.2.3 融资融券的开通资格及步骤

目前，我国对投资者开通融资融券业务有明确的规范，具体的开通步骤以及资格审核如下。

（1）投资者应当去原普通账户所在地的证券公司开立信用账户。如果原证券公司不是证监会批准的具有融资融券业务的证券公司，则需要投资者去具有融资融券业务办理资质的证券公司先开通普通账户，交易满半年以上，再开通融资融券账户。

（2）交易者还必须具备以下条件：① 符合法律、法规以及中国证券登记结算有限责任公司有关业务规则之规定，能够开立证券账户。② 在公司开立普通账户18个月以上且无不良记录。③ 在公司开立的账户内资产价值达到一定规模（个人投资者账户资产价值50万元以上）。

（3）投资者需要提供身份证，然后进行融资融券知识测验，填写信用评估报告等材料，由券商综合确定投资者的信用额度。

（4）投资者需要与证券公司签订融资融券合同、风险揭示书等文件。

（5）投资者在开户营业部开立信用证券账户与信用资金账户。

（6）投资者去银行开通信用账户的三方存管业务，信用账户签订三方存管的银行卡可以和普通账户签订三方存管的银行卡保持一致，也可以更换投资者本人的其他银行卡。

5.3 股指期货交易特点

在5.1.2小节中简单介绍了股指期货的一些特点。作为期货品种的一类，股指期货与股票投资最大的区别是双向交易与杠杆交易。

5.3.1 双向交易

投资者若想要了解股指期货的交易规则，首先要对以下几个期货交易方面的概念有所了解。

1. 开仓

开仓是指交易者新买入或新卖出一定数量的期货合约。开仓分为买入开仓和卖出开仓，买入开仓是指投资者买入一定数量的期货合约，类似于买股票。卖出开仓是指投资者开空头合约，卖出一定数量的期货合约，属于先卖后买的交易方式，类似于股票市场中的融券。

2. 平仓

平仓是指期货交易者买入或者卖出与其所持期货合约的品种、数量及交割月份相同但交易方向相反的期货合约，了结期货交易的行为。简单地说，就是原先买入的就卖出，原先卖出的就买入。

3. 多头

多头是指投资者对所持有的期货合约看好，预计将来会涨，于是趁低价时买进期货合约，待其上涨至某一价位时再卖出，以获取差额收益。

4. 空头

空头是指虽然当前期货合约价位相对较高，但是投资者对所持合约前景不看好，预计将会下跌，于是趁相对高价时卖出期货合约，待其下降至某一价位时再买入，以获取差额收益。

下面通过具体的例子，进一步解释股指期货的盈利模式。

（1）通过做多股指期货盈利。

2015年2月底，沪深300股指期货价位是3500点，莉莉看多沪深300股指期货，认为该股指期货会超过4000点，于是在3500点选择买入一张IF1503股指期货合约（对于股指期货来讲，当月可以买之后几个月的合约，一般下一个月的股指交易量最大，因此流动性会比其他月份的合约流动性强）。待该合约在3月20日到期之时，价位已经上涨至3919点，莉莉选择平仓了结。由于股指期货上涨一个点位是300元，因此莉莉净盈利（3919 - 3500）×300×1=125700（元）。当然，如果莉莉认为期指还没有上涨到她认为的目标价位，也可以选择移仓，只需要卖出IF1503合约，再买入IF1504合约。

（2）通过做空股指期货盈利。

2015年6月中旬，沪深300股指期货价位达到5300点左右。莉莉认为沪深300股指期货涨幅过高，上涨动力不足，即将有一波下跌行情，于是在5300点选择卖出一张IF1506股指期货合约。结果该合约在6月15日开始下跌，仅仅四天，该合约就下跌至4598点，于是莉莉选择买平仓了结。莉莉此次做空净盈利（5300 - 4598）×300×1=210600（元）。如果莉莉认为期指还有持续下跌行情，她可以选择移仓，只需买入平仓IF1506合约，再卖出开仓IF1507合约。

投资者可以通过同花顺软件查看股指期货行情。具体步骤如下。

打开同花顺软件，在菜单栏中选择【扩展行情】➤【期货】➤【中金所】，如下图所示。

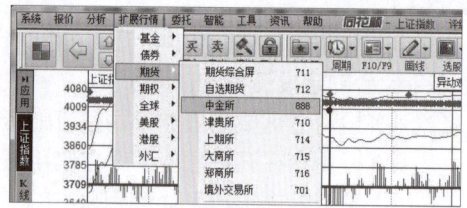

投资者可以看到中金所的全部期货合约。IF是沪深300指数合约，IH是上证50股指期货合约、IC是中证500股指期货合约。投资者可以根据需要双击合约进行行情查看。

以 IF1507 合约为例，双击合约进行行情查看，其他操作均与股票行情查看操作相同。分时图与 K 线图如下图所示。

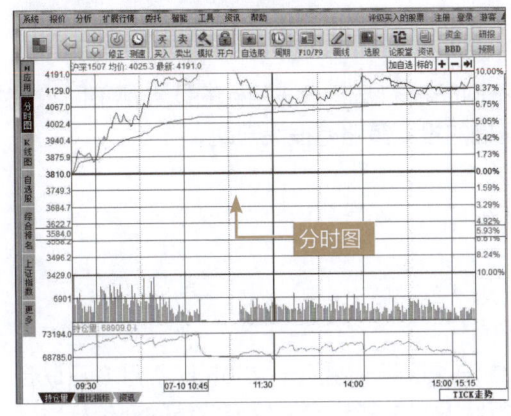
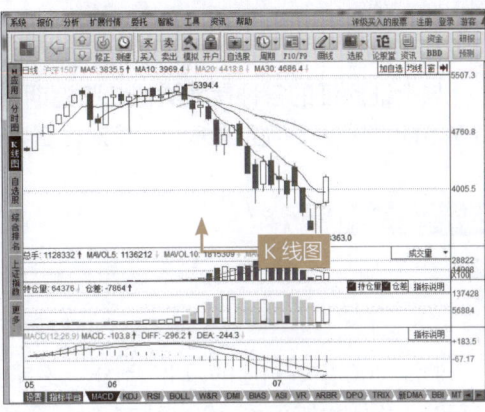

5.3.2 杠杆交易

股指期货同其他期货品种一样，遵循保证金制度。投资者在进行交易的时候，只需要支付合约面值的 15% 的保证金，即可买卖一张股指期货合约。例如，投资者买入 IF1506 合约，合约当时点位是 4972 点，股指期货变动一个点位的价格是 300 元。若投资者想要在此价位买入或者卖出一张 IF1506 合约，则需要投入 4972×300×15%=223740（元），而不是该合约本身的价格 1491600 元。223740 元就是期货合约的保证金，它是履行期货合约的财力保证。只有投资者交付了保证金之后，才能参与期货合约的买卖。

正是由于股指期货交易遵循保证金制度，投资者的盈亏与支付全部金额的交易相比具有放大效应。股指期货交易的保证金为 15%，相当于通过杠杆效应，将原有投入的资金放大至 6.7 倍。杠杆交易的特性决定了股指期货的风险性比股票更高。仍以上述例子为例，如果投资者在 4972 点买入 IF1506 合约，若合约上涨到 5717.8 点，则投资者所持有该合约的权益为 223740+（5717.8－4972）×300=447480（元）。合约仅仅上涨了 15%，但本金翻一倍。

当投资者的当日权益小于持仓保证金时，则意味着投资者的资金余额是负数，就是保证金不足。按照规定，期货公司会通知客户在下一个交易日开始之前将保证金补足，这被称为追加保证金。如果账户所有人未能在下一交易日将保证金补足，期货公司有权对投资者的账户内的合约实施部分或者全部强制平仓，直到存留的保证金符合期货交易所的规定范围。若投资者的保证金不仅全部亏掉甚至倒欠期货公司，则被称为爆仓。由于现在期货也实行涨跌板限制，所以一般不会发生爆仓。一旦发生爆仓，投资者则必须将亏损还给期货公司，否则将面临法律的追索。为了避免此现象的发生，投资者应当控制好仓位，切忌像投资股票一般满仓操作。

> **提 示** ▶ 投资者可以把杠杆交易变成无杠杆交易，这需要投资者有充足的保证金，降低开仓单量，客户风险保证在 20% 以内。

5.4 指数的编制

与上证深证的各种指数类似，股指期货的不同品种的编制方法和标的证券都不同。投资者若能掌握各个指数的编制，将对投资者做正确的投资策略有很大帮助。

5.4.1 指数简介

1. 沪深 300 指数

沪深 300 指数对应的是 IF 合约，该指数是由沪深证券交易所于 2005 年 4 月 8 日联合发布的，用于反映沪深 300 指数编制目标和运行状况，并能够作为投资业绩的评价标准，为指数化投资和指数衍生产品创新提供基础条件。

沪深 300 指数是一种成分股指数，是从沪深两个证券交易上市的所有股票中抽取具有市场代表性的 300 家上市公司的股票作为计算对象，并以调整股本为权重计算得出的加权股价指数，综合反映沪深证券上市股票的股价走势。该指数以 2004 年 12 月 31 日为基日，基点为 1000 点。

2. 上证 50 指数

上证 50 指数对应的是 IH 合约，它是根据科学客观的方法，挑选上海证券市场规模大、流动性好的最具代表性的 50 只股票组成样本股，以便综合反映上海证券市场最具市场影响力的一批龙头企业的整体状况。上证 50 指数自 2004 年 1 月 2 日起正式发布。其目标是建立一个成交活跃、规模较大、主要作为衍生金融工具基础的投资指数。

3. 中证 500 指数

中证 500 指数对应的是 IC 合约，其样本空间内股票是扣除沪深 300 指数样本股及最近一年日均总市值排名前 300 名的股票，剩余股票按照最近一年（新股为上市以来）的日均成交金额由高到低排名，剔除排名后 20% 的股票，然后将剩余股票按照日均总市值由高到低进行排名，选取排名在前 500 名的股票作为中证 500 指数样本股。中证 500 指数综合反映沪深证券市场内小市值公司的整体状况。

5.4.2 指数的编制步骤

沪深 300 指数对于股指期货最重要，本小节只介绍沪深 300 指数的编制步骤。

1. 指数计算

沪深 300 指数的选样方法：首先对样本空间股票在最近一年的日均成交额由高到低进行排名，剔除排名后 50% 的股票，然后对剩余股票按照日均总市值由高到低进行排名，选取排名在前 300 名的股票作为样本股。指数以调整股本为权重，采用派许加权综合价格指数公式进行计算。其中调整股本根据分级靠档方法获得。

原则上对指数中的成分股每半年调整一次，一般在 1 月初和 7 月初进行，提前两周公布调整方案。每次调整的比例不超过 10% 样本股设置缓冲区，排名在 240 名内的新样本优先进入，排名在 360 名之前的老样本优先保留。最近一次财务报告亏损的股票，原则上不进入新选样本，除非这只股票影响指数的代表性。

计算公式：

报告期指数 = 报告期成分股的调整市值 / 基日成分股的调整市值 × 1000

其中，调整市值 = ∑（市价 × 调整股本数），基日成分股的调整市值亦称为"除数"，调整股本数采用分级靠档的方法对成分股股本进行调整。

2. 指数编制技术

沪深 300 指数的编制采用缓冲区技术和分级靠档技术。缓冲区技术的采用使每次指数样本定期调整的幅度得到一定程度的控制，使指数能够保持良好的连续性。分级靠档技术的采用可以使样本中上市公司股本发生微小变动时保持用于指数计算的样本公司股本数的稳定，可以降低股本变动频繁带来跟踪投资成本，便于投资者跟踪投资。样本股调整幅度的降低可以减少投资者跟踪指数的成本。

3. 指数成分股介绍

沪深 300 指数成分股覆盖银行、钢铁、石油、电力、煤炭、水泥、家电、机械、纺织、食品、酿酒、化纤、有色金属、交通运输、电子器件、商业百货、生物制药、酒店旅游、房地产等数十个主要行业的龙头企业。排名在前 20 的成分股往往成为投资者关注的焦点，其与沪深 300 指数的走势相关性较强，然而这些权重股的排名并非一成不变，而是每天随着股票价格变化进行位置调整。

4. 成分股选取标准

（1）上市交易时间超过一个季度，除非该股票上市以来日均 A 股总市值在全部沪深 A 股中排名前 30 位。

（2）非 ST、*ST 股票，非暂停上市股票。

（3）公司经营状况良好，最近一年无重大违法违规事件、财务报告无重大问题。

（4）股票价格无明显异常波动或市场操纵。

（5）剔除其他经专家认定不能进入指数的股票。

5.5 国际著名股票市场价格指数

目前，在全球范围影响较大的具有代表性的股票价格指数主要有以下几种。

1. 道·琼斯股价指数

该指数是世界上最早并且最有影响力的股票价格指数，由美国道·琼斯公司的创始人查尔斯·亨利·道开始编制，属于算术平均股价指数。该指数是以 65 家公司股票（工业股 30 家，运输股 20 家，公用事业股 15 家）为编制对象的股价综合平均数。以 1928 年 10 月 1 日为基期，基期指数为 100 点。道·琼斯指数不但在美国受到普遍重视，而且世界各国都十分重视该指数。在某种程度上，该指数已被看作反映美国政治、经济、社会状况的指示器和风向标。

2. 金融时报指数

金融时报指数（又称富时指数）是英国最具权威性的股价指数。由英国伦敦证券交易所编制，并在《金融时报》上公布。根据样本股票的种数，金融时报指数分别有30种股票指数、100种股票指数及500种股票指数三种指数。期货伦敦金融时报100指数是英国最具代表性的股价指数。该指数自1984年1月3日起编制并公布，指数基值定为1000点，挑选100家具有代表性的大蓝筹公司股票，被形象地称为反映英国经济的"晴雨表"。

3. 日经225股价指数

日经225股价指数是《日本经济新闻社》编制并公布以反映日本股票市场价格变动的股价指数。该指数以在东京证券交易所第一市场上市的225种股票为样本股，包括制造业、金融业、运输业等行业。该指数从1950年9月开始编制，以1950年平均股价176.21元为基数。由于该指数编制时间很早，因此具有较好的可比性，也因此成为反映和分析日本股票市场价格长期变动趋势的常用指标。

4. 恒生指数

恒生指数是香港地区最有代表性和影响最大的指数，由香港恒生银行于1969年11月24日起编制并公布的用来系统反映香港地区股票市场行情变动的股票指数。该指数的成分股最初由在中国香港上市的较有代表性的33家公司的股票构成，其中金融业4家，公用事业6家，地产业9家，其他商业14家。恒生指数最初以1964年7月31日为基期，基期指数为100点。后因为技术原因改为以1984年1月13日为基期，基数定为975.47点，采用加权平均法计算。

恒生指数现已成为反映香港政治、经济和社会状况的主要风向标，现在恒生指数成分股已增至50只。

5. NASDAQ 综合指数

纳斯达克是英文缩写NASDAQ的音译名，全称是美国全国证券交易商协会自动报价系统。它建于1971年，是世界上第一个电子化证券市场。纳斯达克的发展与美国高技术产业的成长是相辅相成的，被奉为美国新经济的摇篮。NASDAQ综合指数是以在NASDAQ市场上市的、所有本国和外国的上市公司的普通股为基础计算的。该指数按每个公司的市场价值来设权重，这意味着每个公司对指数的影响是由其市场价值所决定的。市场价格是所有已公开发行的股票在每个交易日的卖出价的总和。该指数是在1971年2月5日启用的，基准点为100点。

6. 标准·普尔500指数

标准•普尔500指数是美国标准·普尔公司编制的，通常被简称为S&P指数。标准•普尔公司是世界著名的分析咨询机构，早在20世纪20年代就开始编制股票指数。于1957年调整之后，样本股增大至500种。其中包括425种工业股票、15种铁路股票和60种公用事业股票。从1976年7月1日开始，其成分股改由400种工业股票、20种运输业股票、40种公用事业股票和40种金融业股票组成。它以1941年至1942年为基期，基期指数定为10，采用加权平均法进行计算，以股票上市量为权数，按基期进行加权计算。与道•琼斯工业平均股票指数相比，标准•普尔500指数具有采样面广、代表性强、精确度高、连续性好等特点，被普遍认为是一种理想的股票指数期货合约的标的。

投资者如果想查看上述指数的行情走势，可以通过同花顺软件查看国际著名股票市场价格指数行情，具体步骤如下。

1 打开同花顺软件,在菜单栏中选中【扩展行情】>【全球】>【全球重要指数】,如下图所示。

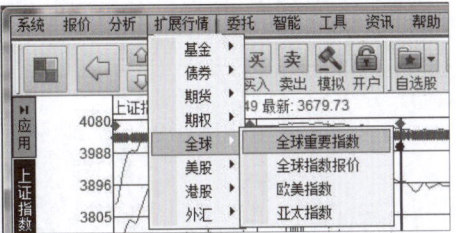

2 投资者可以看到东京日经225指数、香港恒生指数、道•琼斯工业平均指数、纳斯达克综合指数等。投资者可以根据需要股票指数名称进行行情查看。

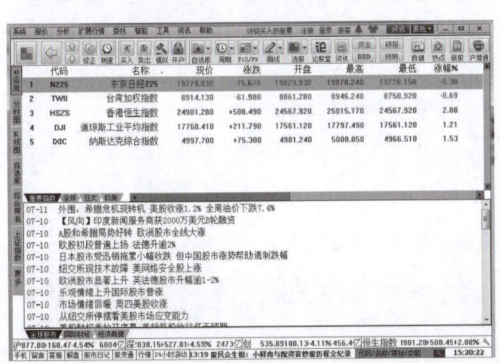

3 投资者还可以在菜单栏中选中【扩展行情】>【全球】>【欧美指数】查看欧美各国的股票价格指数,如下图所示。

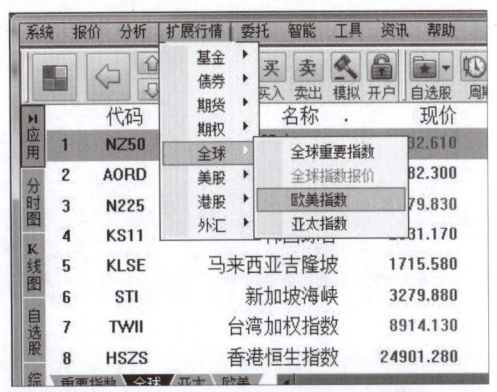

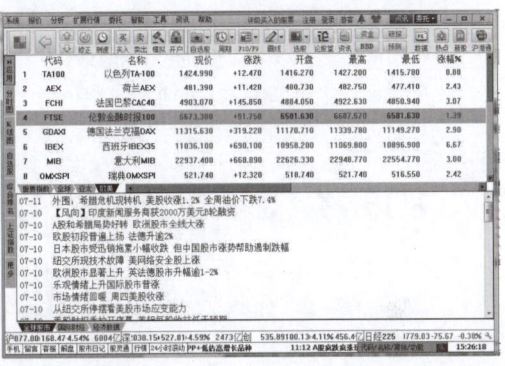

5.6 恶意做空

　　2015年6月16日至2015年7月8日这段时间,A股面临中国股市有史以来非理性的下跌。连续几个交易日出现千股跌停的局面,五成以上股票跌幅超过50%。为了避免股价下跌给上市公司的日常经营带来更大的冲击,许多上市公司纷纷申请停牌,出现了A股市场千股停牌的奇怪现象。此轮下跌会出现这样恶劣的局面,其中一个重要的原因,就是有心怀不轨的人恶意做空中国股市。所谓恶意做空,就是指跨期现市场操纵。因为股指期货的下跌会影响股票市场,所以股指期货的空头在高位大肆积累空头头寸之后,在A股市场抛售股票引发股市下跌,进而带动股指期货下跌,此时空头就可以获利。这种操作手法就是国际上对冲基金的一般做法,传导机制如下图所示。

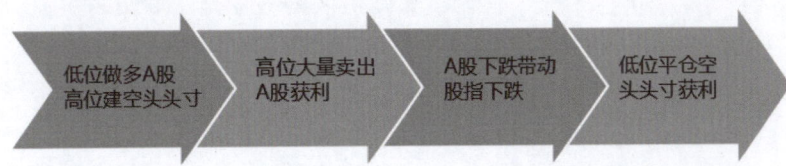

由于A股出现的非理性下跌有可能会引发系统性金融风险，因此我国十分重视此轮的股灾，相继推出了救市的策略。2015年7月9日，公安部会同证监会排查恶意卖空股票与股指的线索，这显示出监管部门要出重拳打击违法违规的恶意做空行为。终于A股市场在2015年7月9日止跌回升，强劲反弹了四天之后进入修整阶段。在这强劲反弹的四天，股指期货市场的恶意做空者由于面临期货合约的上涨导致空单亏损的局面，纷纷平仓逃跑。

高手秘技

技巧 1　利用股指期现套利

虽然股指期货与现货市场的沪深300指数走势相关度较高，但是二者之间的走势不完全相同，因此投资者就可以从中进行套利。套利原理如下。

- 当股指期货合约的实际价格大于现货市场相关指数对应价格的时候，投资卖出股指期货合约，买入指数中的成分股组合，从中获得无风险的套利收益。
- 当股指期货合约的实际价格小于现货市场相关指数对应价格的时候，投资买入股指期货合约，卖出指数中的成分股组合，从中获得无风险的套利收益。

技巧 2　融资融券买卖技巧

由于融资融券交易有标的证券的限制，因此投资者在进行两融交易时必须在标的证券范围中选择股票。如果投资者想要投资非标的证券，是不可以融资买入的。其实，通过以下的方法，投资者可以变相地通过融资买入非标的证券。

假设现在账户有资产100万元（满仓股票），申请的信用总额度也是100万元，这时投资者看中某只非标的证券，想融资买入，又不愿卖出手头现有的股票。通过以下操作，可获取50万元的融资买入额度。

第一步：融券卖出价值50万元的标的证券，融券负债50万元。

第二步：融资买入相同数量的同一标的证券，融资负债50万元。

第三步：将融资买入的标的证券以现券还券的方式偿还融券负债，账户显示总负债50万元，融券卖出资金50万元解冻。

第四步：融券解冻的50万元资金就可以用于当日以普通买入的方式买入非标的证券。

计算方式：

T日，客户股票账户担保资产100万元，可取现金50万元（融券卖出资金），此时维持担保比例=[100万元（担保资产）+50万元（现金）]/50万元（负债）=300%，由于担保比例大于300%部分资金可取，此时客户可以转出的资金为0万元，但是客户可以用50万元买入非标的证券。

PART 2

技术篇

6 股市分析的主要手段和作用

本章引语

夫未战而庙算胜者,得算多也;未战而庙算不胜者,得算少也。多算胜,少算不胜,而况于无算乎!

——《孙子兵法》

兴兵作战之前,首先要周密地分析、比较、谋划,估算形势的有利与不利,制定相应的作战策略,这样取胜的可能性就大。所以,投资者要在股票市场中立于不败之地,恰当的分析是必不可少的。

本章要点

★ 宏观基本面分析
★ 微观技术面分析

股票市场千变万化，要在如此错综复杂的市场中立于不败之地，草率行事肯定不行，投资者需要有客观的头脑和冷静的分析。众所周知，巴菲特通过价值分析成为万人敬仰的"股神"；索罗斯通过投机分析成为万众瞩目的"金融大鳄"。所以，要想成为炒股高手，得先学会分析。

6.1 股市常见的分析手段

目前，市场上比较流行的分析方法一共有2种：宏观基本面分析法和微观技术面分析法。其中基本面分析法主要是基于对股票所属公司投资价值的分析，从而决定股票的买进卖出；而技术面分析法主要是基于对股价的变化轨迹，用数学和逻辑学的方法对股价的运动趋势进行分析，从而捕捉买卖信号，把握买卖时机。

宏观基本面分析法和微观技术面分析法主要区别有以下2点。

（1）宏观基本面分析法着重于对整体经济水平以及上市公司的发展状况、行业最新发展动态等因素进行分析，以此来研究股票的价值，衡量股价的高低。而微观技术面分析则是透过K线或技术指标的记录，研究市场过去和现在的变化情况，以推断股票未来价格的变动趋势。

（2）宏观基本面分析的目的是为了判断股票现行股价的交易价格是否合理并给出相应的发展空间，而微观技术面分析主要是预测短期内股价涨跌的可能。通过基本分析，投资者可以了解应购买哪些股票，而技术分析则让投资者把握具体购买的时机，如下图所示。

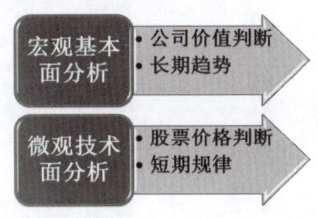

6.1.1 宏观基本面分析

宏观基本面分析是指从影响股价变动的内在因素出发，分析研究影响上市公司及股市运行的各种内、外部的因素，预测股价变动的一般趋势。通过股价的基本分析，投资者可以了解公司环境和核心竞争力，从而在最合适的时间操作，获得最大收益。

通常情况，股票的实际价值和交易价格不会非常一致，而是交易价格围绕实际价值上下波动。如果受到某种不利因素影响，使一家上市公司的股票价格严重偏低，背离价值很远，投资者就会争相购买该公司股票，使得价格上升，接近价值。相反，如果某只股票价格过高，严重偏离价值，投资者必然会竞相出手，进而拉低股价，使其接近价值。在这个过程中，由于投资者的心理和群体效应等因素，稍有不慎就会造成巨大泡沫或者大规模踩踏，给国民经济带来消极影响。

通俗来讲，宏观基本面分析要为投资者解决的问题，就是买哪个板块或买某个板块中哪个企业股票的问题。

例如，随着我国经济发展方式的转变和人们环保意识的逐步增强，小明看好环保板块，决定投资进入。但此板块的上市公司数量很多，不容易选择，小明又通过查阅上市公司的财务报表等信息，认为某家公司前景广阔，最终小明花 10000 元买入该公司股票。

以同花顺软件为例，介绍如何实现上述分析的步骤。

1 打开同花顺软件，进入主界面，单击页面下方的【行业】选项卡，进入行业分类界面。

3 页面显示出该行业的所有上市公司。面对如此多的上市公司，投资者要进一步决策，必须仔细分析行业中各企业的具体情况，然后再做出投资决策。

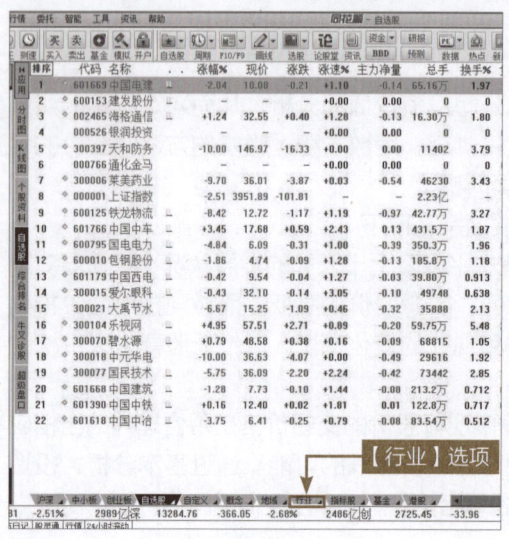

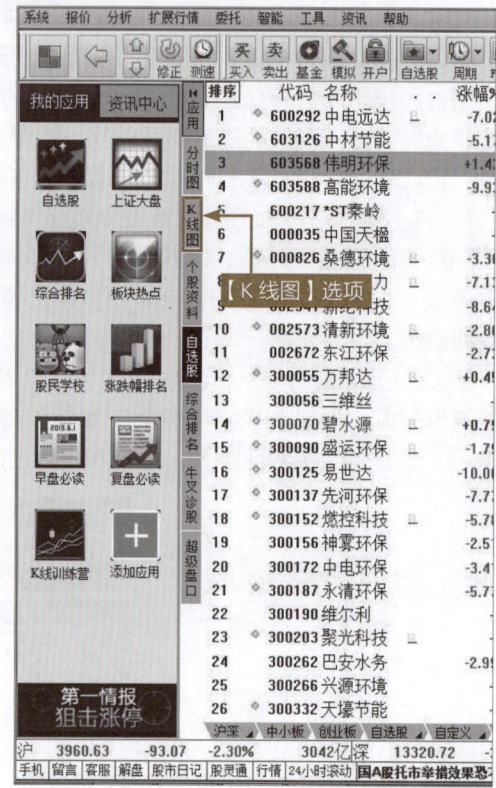

2 单击【环保工程】菜单项。

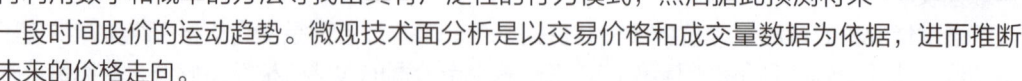

6.1.2 微观技术面分析

微观技术面分析是利用K线来描述个股或整个市场的股票指数变动轨迹，再利用数学和概率的方法寻找出具有广泛性的行为模式，然后据此预测将来一段时间股价的运动趋势。微观技术面分析是以交易价格和成交量数据为依据，进而推断未来的价格走向。

通俗来讲，微观技术面分析就是撇开宏观基本面分析的因素，只从价格与成交量或成交额这个角度分析。其实，微观技术面分析要为投资者解决的问题，就是什么时间以什么样的价格购买股票的问题。

例如，小明本想在 2015 年 5 月 5 日买中国中车的股票，可通过观察价格趋势，他觉得股价要进一步下跌，于是当天选择观望。果然，股价大幅下跌。6 月 29 日，该股股价下跌到 16.69 元，他认为时机到了，当天买入 10000 元股票。

以同花顺软件为例，介绍整个过程的步骤。

1　进入同花顺软件主界面，在键盘精灵里输入中国中车的拼音首字母"ZGZC"，然后按【Enter】键。

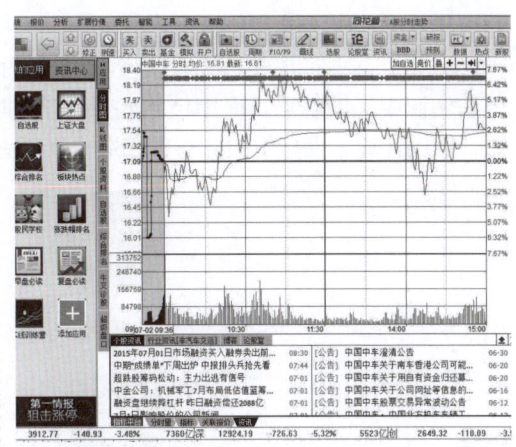

2　双击"中国中车"，进入分时图界面，单击分时图上【K线图】选项卡，进入中国中车的【K线图】。

3　下图所示为中国中车的日K线走势图。

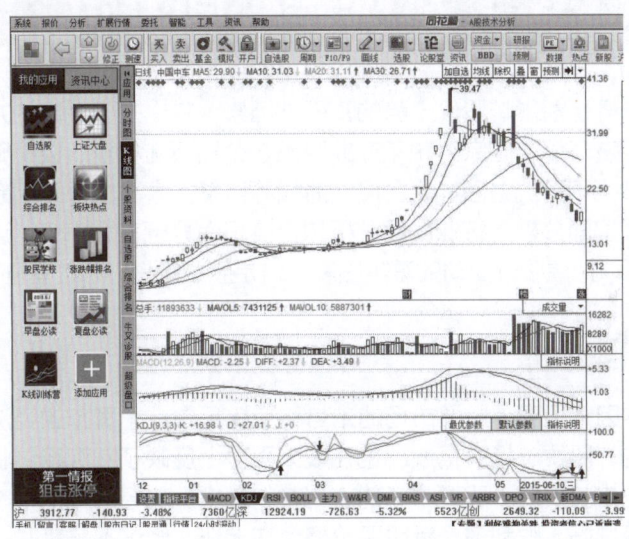

6.2 分析手段的作用与意义

通过宏观基本面分析，具体来说就是指对宏观经济基本面、公司主要经营业务、公司所处行业、同行业竞争水平和公司内部管理水平甚至说管理层的品格等诸多方面的分析，投资者透彻了解经济和政治形势，进而判断出股票市场未来走势。当然，数据在这里充当了最大的分析依据，但往往不能以数据来做最终的投资决策，投资者要通过对数据的提炼和加工，最终得出可靠的结论。

通过微观技术面分析，投资者可以发现多空双方一轮征战过后留下来的直接有力证据，提高对后市预测的准确性，进而找到最佳的买点和卖点，获取最高的收益。但是，技术面分析主要是从线路趋势的整体形态、股价缺口、支撑线和阻力线等方面进行分析，它是一种纯粹的数学推导，其发出的各种买卖信号一般都是必要条件而不是充分条件，所以投资者在实际操作中不能盲目照搬。

实际上,大多数成功的股票投资者是把两种分析方法结合起来加以运用。用基本面分析法估计中长期趋势,而用技术面分析法判断短期走势和确定买卖的时机。这样能取长补短,互相补充,使分析更加有效和准确。两者关系见下图。

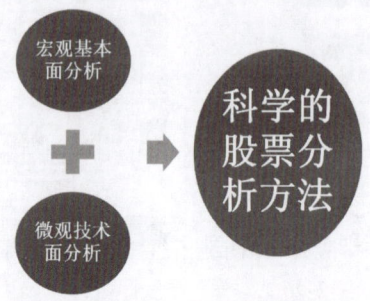

6.3 宏观基本面分析

宏观基本面分析是指影响股价走势的基础性因素,其中主要考虑的方面有国内外政治力量、国家整体经济环境、国家财税和产业政策、公司所在行业、公司财务状况、商品供需关系、投机因素、不可抗力因素(台风、海啸等自然灾害)和心理因素等。宏观基本面分析主要包括宏观层面分析、行业层面分析和企业层面分析三大部分。通过对宏观基本面的分析,投资者可以把握股价变动的基本因素,这是股票投资分析的基础。

6.3.1 宏观层面分析

从长期和根本因素上看,股票市场的走势和变化是由一个国家的经济发展水平和经济景气状况所决定的,股票市场价格波动也在很大程度上反映了宏观经济状况的变化。从国内外证券市场历史走势发现,股票市场的变化方向基本上与经济周期相吻合。在经济繁荣时期,企业经营状况好,盈利多,其股票价格也在上涨。经济不景气时,企业收入减少,利润下降,也将导致其股票价格不断下跌。但是股票市场的走势与经济周期在时间上并不是完全一致的,通常,股票市场的变化要有一定的超前,因此股市价格被称作是宏观经济的晴雨表。

宏观经济因素通常有利率、汇率、通货膨胀率、失业率等,除此之外,能够对股市产生影响的还有政策因素、社会因素、文化因素和国内外重大事件等。由于中国资本市场成立较晚,因此各种机制和配套设施发展还不够完善,受宏观因素的影响相对比较突出,有些人称中国股市为政策市。

> **提示** ▶ 投资者应该对"新闻联播"保持应有的关注,时刻把握国家最新、最权威的政策和产业信息,寻找投资机会。

例如,中国人民银行决定,自 2015 年 3 月 1 日起下调金融机构人民币贷款和存款基准利率。金融机构一年期贷款基准利率下调 0.25 个百分点至 5.35%;一年期存款基准利率下调 0.25 个百分点至 2.5%，同时结合推进利率市场化改革，将金融机构存款利率浮动区间的上限由存款基准利率的 1.2 倍调整为 1.3 倍；其他各档次存贷款基准利率及个人住房公积金存贷款利率相应调整。利率的下调为资本市场又注入大批流动性，以此为发端，上证指数开启了新一轮的上涨模式。

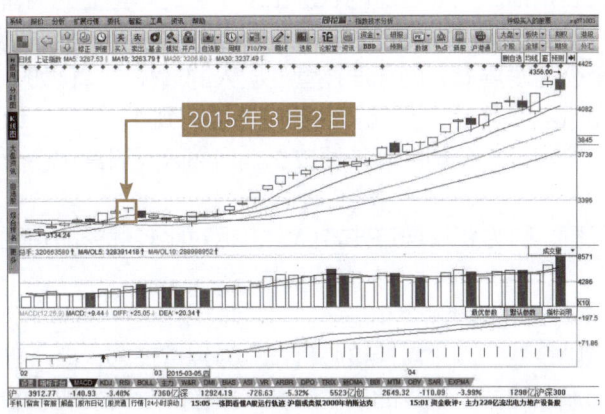

6.3.2 行业层面分析

行业是指从事国民经济中同性质的生产或其他经济社会活动的经营单位和个体等组成的组织结构体系，如农业、保险业、汽车业等。为了便于投资者查找，同花顺软件把上市公司所处的行业进行了分类，如下图所示。

> **提示** ▶ 为了便于投资者决策分析，同花顺软件还根据上市公司所在地域和上市公司所包含的概念对所有企业进行了分类。

不同的行业有不同特征，国家的产业政策也会不同，自然各个行业的发展前景也不尽相同。朝阳行业前景光明，对投资者吸引力大；夕阳产业前景欠佳，投资收益相应要低。战略性产业，国家产业政策和经济政策自然会扶植；而落后产业和产能过剩行业，国家也会逐步提升改造或淘汰。因此，投资者做决策之前，要对行业状况进行分析。

例如，2015 年 3 月 28 日，国家发展改革委、外交部、商务部联合发布了《推动共建丝绸之路经济带和 21 世纪海上丝绸之路的愿景与行动》。在"一带一路"战略的引领下，基建行业备受关注。所以，基建行业个股在 2015 年上半年的表现不俗。

6.3.3 企业层面分析

企业层面分析主要是指从企业自身的状况出发，通过对企业的经营状况、财务状况和管理状况三大方面的仔细分析，判断企业未来的发展走势，进而为股票投资提供依据。

通常，衡量一个公司发展潜力的标准是营业收入的增长率。例如，某家上市公司的去年的营业收入是 5 亿元，今年是 7 亿元，明年可能增加到 10 亿元，给投资者传递出该公司处于蓬勃发展的一个状态。公司能够快速成长，自然公司股票也会一路上涨，投资者就会竞相买入。

通常来讲，在经营、财务和管理这些方面做得相对比较优秀的企业，通常都是投资者的理想投资标的。

例如，成立于 1991 年的珠海格力电器股份有限公司，是一家集研发、生产、销售、服务于一体的国际化家电企业，以"掌握核心科技"为经营理念，以"打造百年企业"为发展目标，凭借卓越的产品品质、领先的技术研发、独特的营销模式引领中国制造，旗下拥有格力、TOSOT、晶弘三大品牌，涵括格力家用空调、中央空调、空气能热水器、TOSOT 生活电器、晶弘冰箱等几大品类家电产品。2012 年格力电器实现营业总收入 1001.10 亿元，成为中国首家超过千亿的家电上市公司；2015 年 4 月 27 日，格力电器发布 2014 年业绩报告。报告显示，公司 2014 年实现营业总收入 1400.05 亿元，同比增长 16.63%；归属于上市公司股东的净利润为 141.55 亿元，同比增长 30.22%，继续保持稳健的发展态势。有优秀的企业作为后盾，股票格力电器也是备受投资者瞩目。

下图为格力电器 2015 年 3 月至 6 月的日 K 线走势图。从图中可明显看出，该股股价一直处于上升态势。

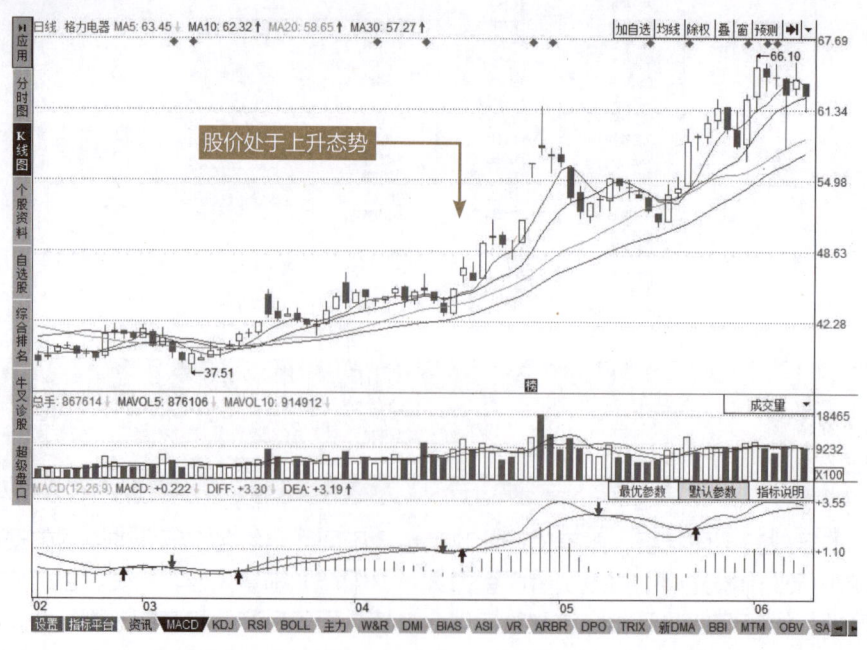

6.4 微观技术面分析

通俗地说,微观技术面分析最主要的是看 K 线图和各种趋势图。通过对股票的价格、成交量和成交时间的分析,以此推测股价下一步的变动方向,而技术面分析的最终目的是确定股票的走势以及当前走势是否发生转变。投资者根据技术面分析提供的信号,买进卖出以赚取差价。

每个人都是独一无二的个体,有着别人没有的特征,但是人本质的一些东西确实相差无几。例如,对于价格的反应,一个地区或国家的人基本上会产生相近的反应,这种现象称为群体效应,客观存在,无法避免。微观技术面分析通过研究大多数人对价格的心理承受力和反应,来推断整个股票的价格走势。但人的心理变化是非常复杂的,社会上的很多事情不可能简单地重复出现。所以说炒股是门艺术,不是科学。但投资者如果能够抓住这种群体效应,充分利用,就可能拥有更高的收益率。

6.4.1 K 线分析

记录股市价格变动的图形有很多,其中最重要也是最常用的就是 K 线图。K 线是由一个交易日内的开盘价、收盘价、最高价和最低价绘制而成的。

K 线是多空双方博弈的结果,投资者可以从单根 K 线中找到资金博弈的踪迹,进而发现主力资金的动向,为后续操作提供依据。如果单根 K 线提供的线索有限,投资者还可以把几根或多根 K 线结合起来分析,这样可信度会更高。

例如,新农开发 2015 年 5 月 19 日至 22 日收盘价分别为 14.3 元、14.79 元、15.1 元、15.29 元,从下图中能清晰地看到该股正处在上升趋势当中,投资者可以买入该股票。

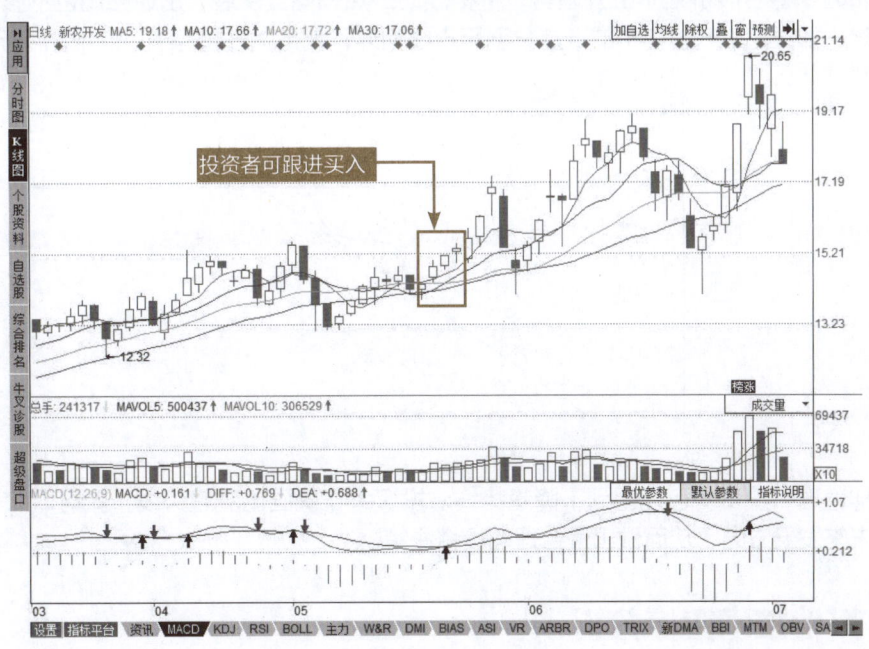

6.4.2 移动平均线分析

股价有涨有跌，K线有红有绿，多样的变化使刚入市的投资者感到迷茫。而移动平均线是一定时间周期内收盘价的平均值，可有效地熨平股价的过度起伏，使走势变得清晰。因此，投资者要想更好地把握市场趋势，移动平均线分析必不可少。

移动平均线的作用主要有以下3点。

（1）移动平均线反映当前市场的平均成本。

例如20日均线代表了20日内买进者的平均成本，60日均线代表了60日内买进者的平均成本。

（2）移动平均线揭示股价运动方向。

移动平均线表示了上升趋势或者下降趋势。通常判断的方法是：移动平均线向下，表明趋势看跌；移动平均线向上，表明趋势看涨。短期移动平均线反映的是短期趋势的好坏，中期移动平均线反映的是中期趋势的好坏，长期移动平均线反映的是长期趋势的好坏。

（3）移动平均线有助涨助跌作用。

在股票价格变化过程中，K线变化非常迅速，而移动平均线的变化则相对迟缓，通常都会在原有趋势的基础上再持续一段时间。所以，K线运行到移动平均线附近时，会受到均线的支撑或阻力作用。

6.4.3 趋势线分析

趋势线反映的是股票价格的移动趋势。股票的价格不可能永远朝一个方向移动，有涨必有跌，通常是以一种波浪的形式移动的。它是用来预测后面价格走势的，投资者根据趋势线的信号，结合自己的判断，反转价位操作，即可在延期市场中赚取利润。

趋势线是用画线的方法将低点或高点相连，利用发生过的事例，推测次日走向的一种图形分析方法。若股价处于上升趋势，价格波动必然是向上发展，出现回调也不影响其总体的趋势，如果把上升趋势中的低点分别用直线相连，就是上升趋势线，如下图所示。

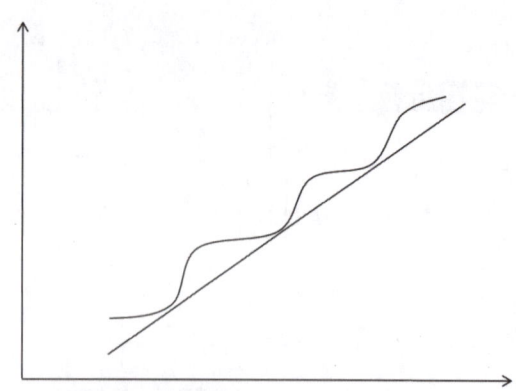

同样道理，投资者可以得到下降趋势线。投资者正确画出了趋势线，就可以大体了解股价的未来发展方向，从而做出最合理的投资决策。

6.4.4 其他技术指标分析

除了均线指标之外，从不同的角度对K线进行分析，能够得到其他技术指标，这些指标主要有：指数平滑异同移动平均线（MACD）、随机指标（KDJ）、趋向指标（DMI）、相对强弱对比指标（RSI）等。

在此对指标进行具体分类，如下图所示。

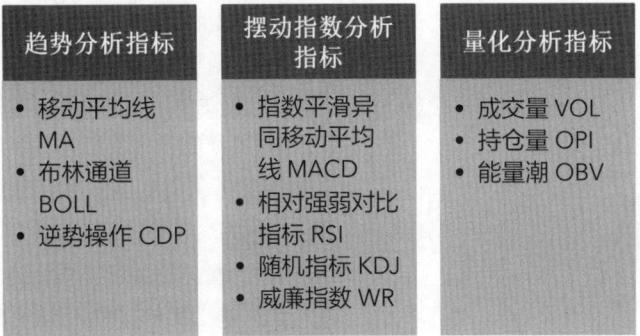

由于后面章节会详细介绍，这里不再赘述。投资者在实际操作过程中，要综合运用这些指标系统，为决策提供广泛且充分的依据。

6.4.5 波浪理论分析

投资者都希望能预测未来，波浪理论正是这样一种价格趋势分析工具，它根据周期循环的波动规律来分析和预测价格的未来走势。波浪理论的创始人——美国技术分析大师R.N. 艾略特（1871—1948）在长期研究道琼斯工业平均指数的走势图后，于 20 世纪 30 年代创立了波浪理论。投资者仔细观察记录着股价波动信息的 K 线图，会发现它们有节奏、有规律地起伏涨落、周而复始，如同大海的波浪一样。

一个完整的波动周期，即完成所谓从牛市到熊市的全过程，包括一个上升周期和一个下跌周期。如下图所示，上升周期由五浪构成，用 1、2、3、4、5 表示，其中 1、3、5 浪上涨，2、4 浪下跌；下跌周期由三浪构成，用 a、b、c 表示，其中 a、c 浪下跌，b 浪上升。与主要运动方向（即所在周期指明的大方向）相同的波浪称为推动浪，与主要运动方向相反的波浪称为调整浪。也就是说，在上升周期中，因为主趋势向上，那么 1、3、5 浪为推动浪，2、4 浪为调整浪，是对上涨的调整；在下降周期中，因为主趋势向下，那么 a、c 浪为推动浪，b 浪为调整浪，是对下跌的调整，通常称为反弹。

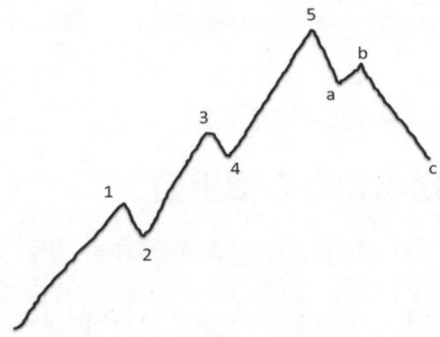

波浪理论的主要特征之一就是它的通用性。因为股票的价格运动是在公众广泛参与的自由市场之中，市场交易记录完整，与市场相关的信息全面丰富，因此特别适于检验和论证波浪理论，所以它是诸多股票技术分析理论中被运用最多的。但不可否认，它也是非常难以被真正理解和掌握的。

最后,为了便于投资者理顺思路,对本章内容进行总结,见下图。

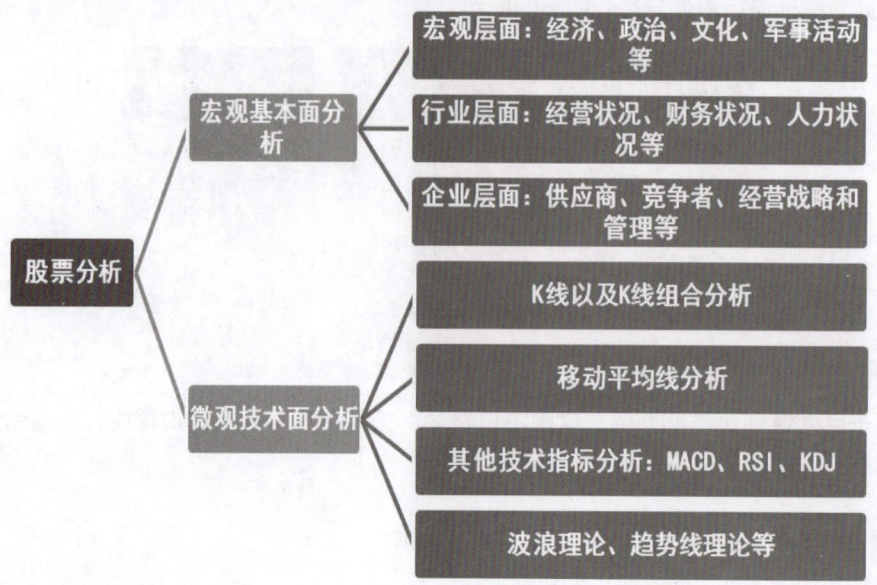

高手秘技

技巧 1 "钓大鱼"不用天天看盘

宏观基本面分析法是对长期趋势的分析判断,对于那些长期操作的投资者,以及没有时间盯盘的特殊投资者,具有非常重要的作用。基本面分析看重的是股票的内在价值,实际上投资的是股票背后的企业。投资者通过这种方法选中股票,除了一小部分价格因素外,更主要的是对公司发展前景有良好的预期。股票价格每天都会变化,但一个成熟的公司想短期内改变方向是不容易的。所以,投资者要做的就是耐心等待,完全可以不理睬公司股票价格每天的波动,真正地"运筹帷幄之中,决胜千里之外"。

技巧 2 操作理念和心态很重要

技术面分析具有客观性和精确性,能够为投资者提供非常具体、清晰的决策依据。但技术面分析毕竟仅仅是一门分析工具,也会有其不足之处。更为重要的是,工具本身并无优劣,起决定作用的是使用工具的人。如果抛开经济形势、心理、市场特性这些因素,单纯追求技术面分析,往往会事与愿违。所以,面对纷繁复杂的市场,面对股民时刻都在变化的心理预期,投资者首先应该要有一个良好的心态,看淡盈亏。在此基础上,保持一个良好的操作习惯,才能真正地笑傲股市。

7 宏观基本面分析

本章引语

投资的目标是寻找那些未来 20 年具有持续竞争优势而且价格上具有安全边际的优秀公司。

——巴菲特

价值投资是股神巴菲特一直奉行的,而价值投资的基础就是对公司的基本面分析。他也曾说过,如果不能根据公司基本面分析进行估值,就根本不会关注这家公司。所以,要成为一名优秀的投资者,基本面分析至关重要。

本章要点

★ 宏观经济形势分析
★ 行业环境分析
★ 企业价值分析

7.1 宏观层面的基本面分析

宏观基本面对股市的整体走势能够产生很大影响,其中主要的影响因素有经济因素、政治因素和国内外重大事件等。说到底,股市最终是为经济发展服务的。因此,本节重点对经济因素进行详细介绍。

7.1.1 经济政策

股市是社会经济的一个重要组成部分,必然受国家经济政策的影响。经济政策是国家经济发展意志和目标的集中体现。国家都看好的事情,普通股民没有什么理由不看好。

因此,投资者要想炒股成功,就需要深入理解国家经济政策的取向,密切关注国家经济政策的出台,抓住机遇,选择具有发展前景的行业,把握好的投资时机和投资产品。

例如,2015年政府工作报告中首次出现"互联网+"概念,报告中提出要"制定'互联网+'行动计划,推动移动互联网、云计算、大数据、物联网等与现代制造业结合,促进电子商务、工业互联网和互联网金融健康发展,引导互联网企业拓展国际市场"。显然,国家要通过互联网来促进经济转型和升级。这就是国家的经济政策,反映在股市上,就是"互联网+"概念受到资金持续追捧,"互联网+"企业的股价稳步上升。

目前的交易软件里基本上都带有资讯板块,投资者可充分利用该功能。以同花顺软件为例,介绍具体操作步骤。

1 打开同花顺软件,进入其主界面。单击【我的应用】选项卡下面的【早盘必读】图标。

3 单击【资讯】按钮,进入资讯页面,如下图所示。

2 下图所示为【早盘必读】界面。

投资者也可以浏览《中国证券报》的中证网，该网站汇集了最新的经济政策信息。如下图所示。

由《上海证券报》主办的中国证券网也可用于了解最新的国家经济政策。如下图所示。

提示 ▶ 投资者还可以关注《证券日报》，它是中国证监会指定披露上市公司信息报纸、中国保监会指定披露保险信息报纸、中国银监会指定披露信托信息报纸、四大产权交易所指定产权信息披露报纸。

7.1.2 经济指标

投资者在新闻中常常会接触到一些经济指标，如国内生产总值、物价指数、外贸形势等。这些指标由国家统计局定期公布，对判断宏观经济形势具有重要作用。

1. 国内生产总值（GDP）与经济增长率

国内生产总值（GDP）是指在一定时期（一般按年统计），在一国领土范围内生产的产品和劳务的总值。这些产品和劳务的界定以在一国领土范围内生产为标准。

例如，中国的制造企业在俄罗斯设厂，其生产产品的产值不计入我国的GDP；但是，俄罗斯公司在中国设厂，它的产值计入我国当年的GDP。

经济增长速度，反映一定时期一个国家或地区经济发展水平的变化程度。2015年我国的一句流行口号"保七"，指的就是力争2015年经济增长速度达到7%。

在宏观经济分析中，GDP指标举足轻重。当国内生产总值连续、稳定的增长，经济发展势头良好时，首先是企业盈利水平不断上升，提高了股票的内在价值；同时，经济增长带来了人们生活水平的改善和收入的提高，增加了投资者对股票的需求。所以，股票价格开始慢慢上涨，形成牛市。

相反，当国内生产总值持续下跌，经济发展动力不足时，企业自身的盈利能力下降，股票的内在价值有所降低；而人们收入的增速缓慢，投资者就会减少对股票的需求。两个因素共同作用，造成股价慢慢下跌，股市走熊。

2. 利率

利率是影响股市的最为敏感的因素之一。通俗来说，利率就是货币的价格。自然，货币供给多了，利率会降低；货币供给少了，利率则升高。那么，反过来我们可以这样简单认为，如果某个时刻利率下降了，说明货币供给多了，流动性相对宽松，而这么多的钱来买股票，必定会把股价抬上去。所以，利率下降，股市走高；反之，利率提高，股市走低。所以，大部分投资者把央行降息降准当成重大利好。

3. 汇率

汇率又称汇价，是一国货币兑换另一国货币的比率。汇率对股价的影响分为短期影响和长期影响。从短期分析，汇率对股市的影响主要表现在国际热钱的流入和流出上，其基本过程如下图所示。

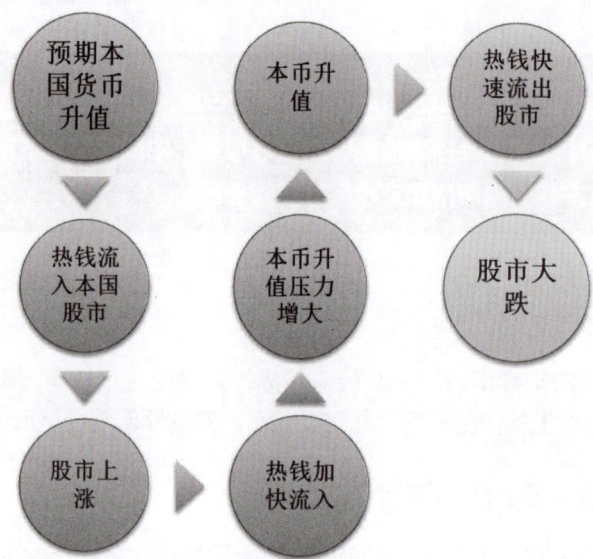

从图中可以看出，热钱的快进快出会对本国的股市造成剧烈影响，使股价短期内大起大落，让股市成为投机豪赌的场所。从长远分析，这种变动破坏了股市融资、定价和资产配置的基本功能，使股市不能很好地为实体经济服务，必然会对上市公司产生诸多不利影响，甚至危及整个证券市场和国家经济的健康发展。

4. 通货膨胀（CPI）

通货膨胀是因纸币超发，货币供给大于货币实际需求，导致货币贬值，进而引起一段时间内物价持续而普遍上涨的现象。通货膨胀实质就是货币超发。

> **提示** ▶ CPI 是居民消费价格指数（Consumer Price Index）的英文缩写。居民消费价格指数，是一个反映居民家庭一般所购买的消费商品和服务价格水平变动情况的宏观经济指标。

有关通货膨胀对股市的影响，是仁者见仁，智者见智。其实，通货膨胀对股市的影响有两个方面，分别是对股价的影响和对股市发展的影响。这里介绍一下通货膨胀对股价的影响。

通货膨胀在初期对股价起推动作用，主要表现如下。

（1）通货膨胀初期，货币供应量有所增大，个人、企业也会掌握较多的货币资金。投资者如果看好股市或者预测股市盈利非常乐观，这些多余的资金就会流入股市。买的人多了，股票的价格就会上涨。

（2）随着货币供应量的增大，市场产品的价格也会上涨，而通常情况下投资品的价格上涨更快。这样，以生产投资品为主的上市公司，其账面盈利将会大幅提升。因此，股民看好这些上市公司的前景，纷纷买入股票，从而促使股价上涨。

不过，持续的通货膨胀会使股价下跌，主要表现如下。

（1）当通货膨胀趋于高峰时，将会造成经济秩序的混乱、消费者抱怨、各阶层不满等现象。这时，决策者采取措施抑制通货膨胀。个人、企业手中的货币资金减少，导致资金流出股市，从而股价下跌。

（2）持续的通货膨胀会使市场产品的价格持续上涨，造成实际生产成本的大幅上升，物资供应紧张，导致一些上市公司账面盈利减少，股民相应地不看好其前景。再加上严重的通货膨胀，投资者的信心降低，纷纷退出股市，导致股价下跌。

总结来说，短期温和的通货膨胀会促使股价上涨，长期恶性的通货膨胀最终会导致股价下跌。

同花顺软件当中对指标的分析集中在【数据】板块。下面介绍具体操作步骤。

1 打开同花顺软件，进入其主界面。单击【数据】按钮，在弹出的快捷菜单中选择【宏观数据】菜单项。

2 如下图所示，【宏观数据】中包括重要数据、居民消费、工业生产、信贷收支、金融市场等几方面的数据信息，投资者可以根据自己的特殊需求，查看不同的数据类型。

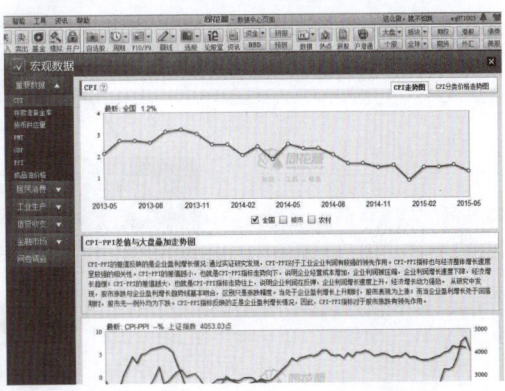

7.1.3 经济周期

宏观经济变动，呈现复苏期、高峰期、衰退期和谷底期反复循环的周期性波动。

1. 复苏期

否极泰来，经济已经处在底部无法再低，只能转头向上。随着经济形势的好转，消费需求逐步增加，企业投资增加，产品生产、销售、利润都稳步上升，呈现出蓬勃发展的预期。

这一阶段，投资者纷纷开始大举抄底，无人问津的股市开始复苏。

2. 高峰期

经过前期的复苏，经济发展步入正常轨道，生产、投资、消费都快速提高，企业利润稳步上升，投资者看好的预期不变，所以该时期股票市场活跃，形成牛市。

3. 衰退期

盛极而衰，这是客观规律，股票市场也不例外。高峰期的持续上涨，使企业本身的潜能基本上得到充分挖掘，股价处在相对高位，如果没有新的经济增长点，回调在所难免。此时，投资者获利出货的心态更加迫切，市场稍有风吹草动，就会纷纷出货。买入动力不足，卖出压力增大，股价开始下跌。

4. 谷底期

经济发展速度迅速下降，甚至出现倒退，整个经济生活被阴霾笼罩。企业产能萎缩，出现大面积亏损，甚至倒闭。消费需求严重不足，缺乏促使经济上涨的动力因素，企业和投资者情绪普遍悲观。此时，股票市场一跌再跌，投资者争相出货，又进一步加剧了市场的下跌。

"选股不如选时"。根据经济循环周期，投资者最佳的获利时间是从经济开始复苏到高峰期，在衰退期、谷底期，投资者应该以保本不亏损为主。此外，不同行业的股票在整个经济周期中的表现大不相同。通常情况下，基建类、制造类企业在复苏期间表现比较强势，而消费类、公共事业类企业则在高峰期开始发力。投资者在具体操作时，要特别注意不同企业的投资组合。

综上所述，在经济周期的不同阶段，投资者应该有不同的投资策略，如下图所示。

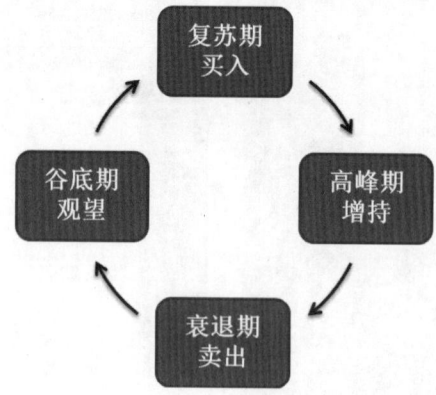

7.1.4 其他因素

股票市场价格的波动，除受经济、社会和技术因素影响外，还受政治因素的影响。通常，政治因素对股价是系统、全面的影响。

政治因素主要是指国内外的政治形势变化，例如政局的动荡、国家领导人的更迭以及国家或地区间的战争、冲突等。这些因素，特别是其中的政局突变和战争爆发，会对股市造成巨大的影响。

投资者能够经常遇到的是国家经济政策和方针措施的调整。这么重要的外部环境发生变化,自然上市公司的经营环境、经营方向以及战略也需要跟着改变,股价将必然会受到影响。

具体来说,能够对股价产生影响的政治因素包括以下几点。

1. 战争

战争是政治的集中体现,因而对股市的影响最大。例如,2015年由于乌克兰东部危机,俄罗斯有可能卷入冲突,导致俄罗斯股价大幅跳水。目前我国的周边环境相对稳定,发生大规模战争的可能性比较小,投资者可以安心进行投资。

2. 国际重大政治活动

随着世界政治多极化、经济一体化进程的加快,以及现代通信技术的飞速发展,国际上重大政治事件对一国股市的影响越来越大。例如,2015年7月希腊可能退出欧盟的风波,不仅使欧洲股市下挫,甚至波及我国股市。

3. 重大战略和政策

国家重大社会经济发展战略的选择和重大政策的出台实施,会对股市产生重要影响。例如,2015年国家提出"一带一路"战略后,上证指数便开启了连续上涨模式。

> **提 示** ▶ 投资者还需要考虑自然灾害(如台风、海啸、地震等)对经济和股市的影响。

总体来说,宏观经济分析的因素可以用下图表示。

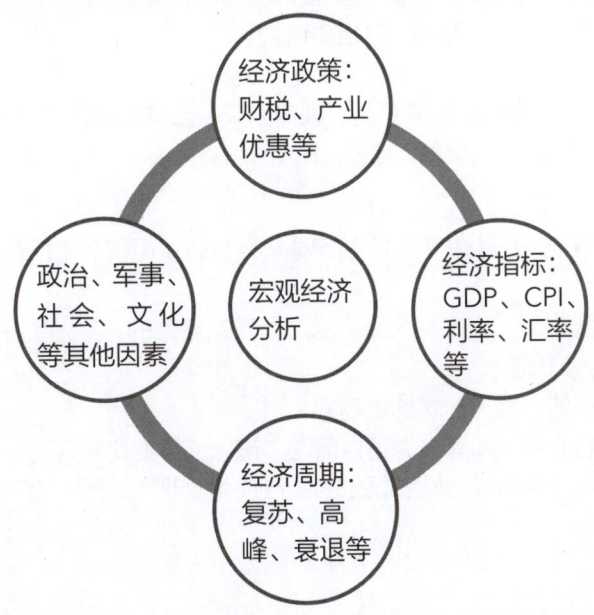

7.2 行业层面的基本面分析

行业分析是指运用多种分析工具对行业经济的运行状况、产品生产、销售、消费、技术、行业竞争力、市场竞争格局、行业政策等行业要素进行深入分析，进而发现行业运行的内在经济规律，从而预测未来行业的发展趋势。行业分析是介于宏观经济与微观经济分析之间的中观层次的分析，是发现和掌握行业运行规律的必经之路，是行业内企业发展的大脑，对指导行业内企业的经营规划和发展具有决定性的意义。

7.2.1 行业特征

行业的经济结构不同，变动规律不同，其盈利水平的高低及经营的稳定状况也不同。这是投资者在进行行业分析时要着重考虑的因素。

根据不同的特征，行业有很多种分类情况。根据行业竞争结构的不同，行业基本上可分为四种市场类型：完全竞争、垄断竞争、寡头垄断、完全垄断。

> **提示** ▶ 行业的竞争结构主要包括该行业中企业的数量、产品的性质、价格的制定等因素。

1. 完全竞争型

完全竞争型是指一个行业中有众多的生产者，他们以相同的方式向市场提供同质产品。其主要特点如下。

（1）企业只能是价格的接受者，不能够影响产品的价格。
（2）所有企业向市场提供的产品都是同质的、无差别的。
（3）生产者众多，所有资源都可以自由流动。
（4）市场信息完全透明，可随意进入或退出此行业。

完全竞争型行业的条件要求比较苛刻，现实中只有部分农产品生产行业比较接近。

2. 垄断竞争型

垄断竞争型是指行业中有许多企业生产同一类产品，但相互之间是有差别的。其主要特点如下。

（1）生产同一类产品，但不同企业产品之间是有差别的，其差别主要表现在质量、商标、尺寸、售后服务等方面。
（2）企业对产品的价格有一定的影响力。
（3）由于生产者众多，所有资源可以流动，进入该行业比较容易。

现实经济结构中，大部分行业是属于此类行业，例如服装行业、家电行业等。

3. 寡头垄断型

寡头垄断是指一个行业中少数几家大企业（称为"寡头"），它们控制了整个行业当中绝大部分产品的生产和销售。其主要特点如下。

（1）企业数量不多，而且彼此之间相互联系。每个企业的战略选择和变动都会给其他企业造成影响。

（2）企业对产品的价格具有很高的控制力。

（3）由于企业数量有限，所以进入该行业十分困难。

寡头垄断在现实中是普遍存在的，例如汽车产业和石化产业等。

4. 完全垄断型

完全垄断型是指一个行业中只有一家企业，全部的产品需求都由这一家企业提供。完全垄断根据主体的不同，可分为政府垄断和私人垄断两种类型。完全垄断型的特点如下。

（1）一个行业仅有一家企业，其他企业根本无法进入该行业。

（2）产品没有替代性，所以企业能够完全控制产品的价格，是产品价格的制定者。

在现实经济生活中，公用事业（如铁路、煤气、自来水和邮电通信等），某些资本、技术高度密集型行业，以及稀有金属矿藏的开采等行业属于这种完全垄断的市场类型。

对不同类型的行业，投资者应当采取不同的投资策略。对于完全竞争型，由于行业中的企业同质化较严重，很难形成自己的核心竞争力，投资者应以短线波段投资为主；对于垄断竞争型，由于行业中的企业存在一定的差异性，投资者应选择具有核心竞争力的企业，进行中长线操作；对于寡头垄断型，由于行业中企业数目不多，核心竞争力各不相同，投资者在选择标的后，应进行长线操作；对于完全垄断型，由于企业的核心竞争力是政府赋予的，投资者应密切关注政策变化进行操作，具体如下图所示。

完全竞争型	垄断竞争型	寡头垄断型	完全垄断型
• 企业同质化较严重，很难形成核心竞争力，投资者应以短线波段投资为主	• 企业存在差异性，投资者应选择具有核心竞争力的企业，进行中长线操作	• 企业数目不多，核心竞争力各不相同，选择标的后，投资者应进行长线操作	• 企业的核心竞争力是政府赋予的，投资者应密切关注政策变化进行操作

根据行业与国民经济总体周期变动关系的密切程度，可以将行业分为以下3类。

（1）发展型行业。发展型行业主要是指通过技术的突破和产品的研发，推出全新的产品引领消费需求的增长；或者通过不同的组合模式和全新的服务方法，使产品销售出现大幅增长。此类行业的投资回报率会非常高。投资者要想把握此类行业，除了具备丰富的知识和经验外，更要具备敏锐的眼光，能够及时捕捉到这些新生的投资机会。

（2）周期型行业。周期型行业与经济周期存在密切的关系。当经济处在上升阶段时，该类行业迅猛发展，股票价格随之上涨；而一旦经济出现下滑态势，该类行业的生存环境马上恶化，股票价格应声下跌。投资者要把握经济周期，适时投资该类行业。

（3）稳定型行业。此类行业主要是指那些消费需求相对固定的行业，不会随着经济周期的波动而产生剧烈的波动，例如食品行业等。通常情况下，由于此类行业变化不大，因此股票价格相对稳定，在经济处于下行空间时，此类股票成为保值的标的。

行业的分类有千万种，这里不再赘述。总之，投资者只有对行业进行全面、彻底的分析，才能更加清晰地了解某个行业的发展状况，以及它所处的行业生命周期的位置，并据此做出正确的投资决策。

7.2.2 行业市场空间

行业市场空间是指行业总的需求量,是一国经济长期增长的第一因素。市场空间是经济发展的客观原动力。有市场空间,可以拉动企业投资和经济发展;没有市场空间,仅仅靠企业自身的力量来推动经济增量,很有可能导致经济失调的巨大风险,自然经济发展质量不高。所以,一般来说,市场空间大的行业潜力巨大,市场空间小的行业潜力稍弱。

例如,改革开放之后,中国经济能够迅速地发展,潜力巨大的市场需求是一个功不可没的因素。正是看到这一点,外资才源源不断地进入,开发中国市场。

通常情况下,企业会通过以下两个方面扩张市场空间。

(1)科技创新。科技创新,一方面可以显著提高产品的使用价值,满足消费者更多样化、个性化的需求;另一方面更能大幅降低产品的生产成本,从而对消费者产生强大的吸引力。最终,通过科技创新,企业达到市场扩容的目的。

(2)走出去。本地区、本国家市场都是有一定限度的,最终都会趋于饱和。此时,一部分企业如果能走出本地区、本国家,去探索外部的市场,那么行业的市场容量就会大幅提升。

赢得市场空间,就能获取更好的发展。所以,这两个方面做得比较好的企业,其投资价值也就比较高。

7.2.3 行业环境

任何一个行业都有其生命周期。行业的生命周期指行业从出现到完全退出社会经济活动所经历的时间。行业的生命周期主要包括三个阶段:开创期、扩张期、停滞期。

1. 开创期

一个行业的开创期,往往是技术革新时期,由于前景光明,吸引了很多公司进入该行业,投入到新技术新产品的创新和研发中。经过一段时间的竞争,一些公司的产品被消费者所接受,逐渐占领和控制了市场,而更多的公司则是在竞争过程中被淘汰。此时,该行业处于成长阶段,技术进步非常迅速,利润极为可观,风险也最大,所以行业内公司的股价往往会出现大起大落的现象。

2. 扩张期

这一时期,少数大公司已基本上控制了该行业。这几家大公司经过创业阶段的资本积累和技术上的不断改进,已经取得了雄厚的财力和较高的经济效益,技术更新在平缓发展。公司利润提高,主要取决于公司经济规模的扩大和平稳增长,这一时期公司股价基本上是处于上升的态势。投资者如能在公司扩张期的适当价位入市,则其收益会随着公司效益的增长而上升。

3. 停滞期

由于市场开始趋向饱和,行业的生产规模开始受阻,甚至会出现收缩和衰退。但这一时期该行业内部的各家公司并未放弃竞争,因而利润出现了下降的趋势。所以在停滞期,该行业的股票行情表现平淡或出现下跌，有些行业甚至因为产品过时而遭淘汰，投资者应在此时不失时机地售出股票，并将资金投向成长型的企业或公司。

同花顺软件当中的【板块热点】是查看热点行业信息的一个板块。投资者可以在热门板块中挑选理想的个股。

1 单击【我的应用】选项卡下面的【板块热点】图标，进入当天的热点板块界面。

2 如下图所示，医疗器械服务板块当天跌幅最小。下面是该板块中的个股在当天的涨跌情况，按照涨幅由大到小依次排列。双击"迦南科技"，进入该股的分时图界面。

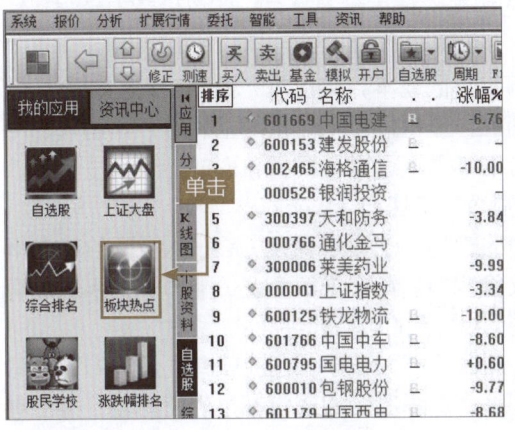

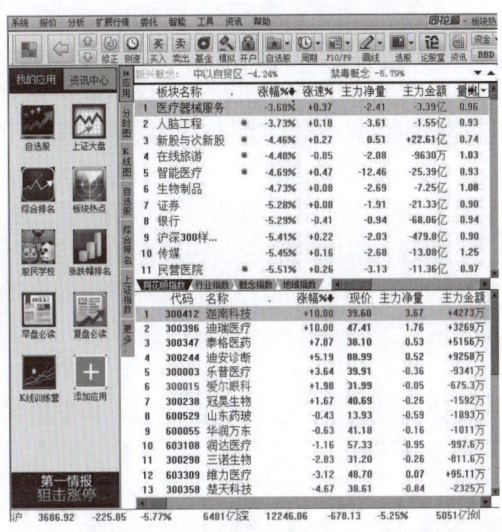

3 如下图所示，该股开盘时低开高走，中途虽有一次下降，但很快止跌拉升，最终在上午收盘时拉至涨停。下午盘中虽有打开，但最后仍以涨停收盘，表现相当强势。

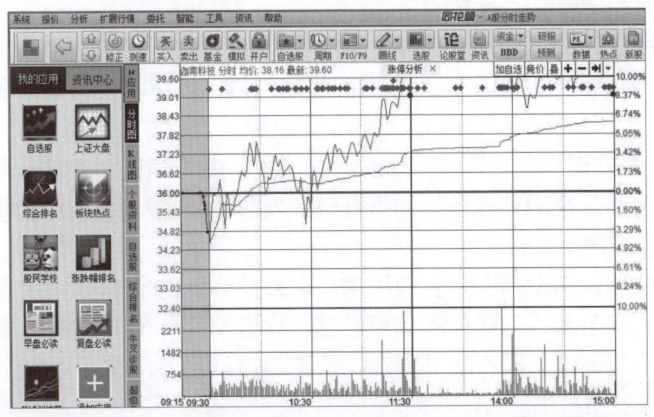

7.3 企业层面的基本面分析

通过分析公司的经营、财务等因素，投资者可以更确切地把握公司目前的运营状况，并对公司未来发展做出判断和预测，然后做出相应的投资决策。

7.3.1 客户和供应商

客户对企业的影响,主要表现在对产品的压价和要求企业提供更高的产品或服务质量的能力,通常称作客户的议价能力。影响客户议价能力的主要因素有以下三个方面。

(1)客户的数量。客户数量越多,单个客户的议价能力越弱;客户数量越少,单个客户的议价能力就越强。

(2)客户购买产品的数量。客户购买的产品数量占据企业销量的比例越大,议价能力越强;反之,议价能力越弱。

(3)企业产品的可替代程度。企业产品的可替代程度越高,客户的议价能力越强;反之,客户的议价能力越弱。

例如,在进货方面,沃尔玛采取中央采购制降低成本,实行统一进货。特别的是,沃尔玛一般将其在全球范围内销售的高知名度商品,如可口可乐、索尼相机等一年销售的商品一次性签订采购合同,由于数量巨大,其价格优惠远远高于同行,形成他人无法比拟的优势。所以,沃尔玛能够连续多年稳居零售业冠军的宝座。

同理,供应商对企业的盈利和产品竞争力的影响,主要表现在提高投入要素价格与降低单位价值质量的能力,通常称作供应商的议价能力。影响供应商议价能力的因素主要有供应商数量、供应商提供量所占份额,以及其提供要素的可替代性。

总之,对于一家企业来说,客户和供应商的议价能力不强,企业就有更强的市场主导权,进而就有能力获得比其他企业更丰厚的回报。这样的企业通常都是优质企业,投资者可适当关注。

7.3.2 竞争者和潜在竞争者

一山难容二虎。为了获取有限的生产资料和客户资源,同行业的生产企业之间必然存在相当激烈的竞争。这些竞争通常表现为价格战、广告战、营销战等。通常来说,影响行业竞争激烈程度的因素有以下方面。

(1)竞争者的数量。整个行业中竞争者数量越多,竞争就越激烈,这是生存法则。

(2)进入行业的门槛高低。进入行业的门槛越低,就意味着将会有更多的竞争者加入进来;门槛越高,就形成了一个天然过滤器,滤过那些有想法但无条件的潜在竞争者。

(3)行业的发展程度。如果行业处在初创阶段,由于存在太多未知因素,竞争者数量不会太多,基本上不存在同业竞争;而行业进入发展阶段时,局外人纷纷加入进来分得一杯羹,竞争自然会加剧。

潜在竞争者是指目前没有介入,但将来有可能会介入的非本行业企业。通常,企业比较重视本行业中的竞争者,对他们的信息掌握得比较全面,而对那些可能跨行业的潜在竞争者关注不够。但是,这些跨行业的潜在竞争者不仅能影响原来行业中企业的经营,甚至能够给原行业带来致命打击。

例如,苏宁和国美是两家大型的家电卖场,其经营业务几乎完全重叠,所以这两家企业都会密切注意对方的最新动态,而对局外人缺乏关注。为了获得更多的市场份额,两家企业大打价格战,曾经多次成为社会的热点话题。就在不经意间,电子商务迅猛发展,淘宝的线上购物模式彻底颠覆了这两家企业的竞争格局,短时间内迅速占领了大部分市场份额,倒逼着两家企业纷纷改变营销模式。

总之，对于一家企业来说，竞争者和潜在竞争者的能力不强或数量很少，企业就有更强的市场主导权，进而就有能力获得比其他企业更丰厚的回报。这样的企业通常都是优质企业，投资者可适当关注。

7.3.3 管理层和战略

战略观念，是指管理主体在管理实践中从全局和长远出发，对管理客体和管理过程进行总体谋划的管理观念体系。管理主体是否确立战略观念，有无进行战略思考和研究的能力，是导致管理者素质与才能差异的重要原因。因此，一个优秀的管理者，必须始终坚持从全局、长远看问题，树立牢固的战略观念，亲自研究发展战略问题，使战术服从于战略，近期服从于未来。必须指出的是，强调从战略角度看问题，并不是不干实事，恰恰是为了求得全面均衡发展，使各种短期措施与长远目标有机地衔接起来。

例如，苹果公司成立三年就上市，公司发展很顺利。然而好景不长，不久后却因乔布斯与公司董事会意见不一，被董事会挤出公司管理层。接下来因产品开发思路不能适应投资者的需求，苹果的业绩逐步走向下坡路。1996 年乔布斯重返苹果时，苹果已经濒临破产了。受命于危难之际的乔布斯开始大刀阔斧的改革，先是与以前的宿敌微软结成战略联盟，进行交叉授权。然后他凭借当年修习美术课的功底和对消费者心理的洞察，带领苹果推出了炫目的 iMac 电脑——半透明的外观、发光的鼠标、丰富的色彩、标新立异的构思和出色的工业设计使得 iMac 和随后的 iMac 二代、iBook 等产品获得了一系列最佳称号，成为时尚的代名词。直至现在，苹果产品都代表着主流的设计理念，成为竞争者争相效仿的对象。

一位优秀的企业家给企业带来的发展潜力是无限的。从某种角度来说，投资者投资企业，实际上是在对企业家以及他的企业发展战略进行投资。因此，充分了解企业的管理层和企业战略，能够使投资者做出最明智的决策。

7.3.4 企业经营状况

企业经营状况分析，主要是指以企业公开的财务报表和其他相关资料为依据，然后搜集各种与公司决策相关的信息，并对其加以分析的方法。通常包括以下几个方面。

1. 盈利能力

盈利能力（也称收益能力）是指企业获取利润的能力，也称为企业的资金或资本增值能力，通常表现为一定时期内企业收益数额的多少及其水平的高低。盈利能力指标主要包括营业利润率、成本费用利润率、盈余现金保障倍数、总资产报酬率、净资产收益率和资本收益率等 6 项。实务中，上市公司经常采用每股收益、每股股利、市盈率、每股净资产等指标评价其获利能力。反映企业盈利能力的指标很多，通常使用的主要有销售净利率、销售毛利率、资产净利率、净值报酬率等。

2. 偿债能力

偿债能力是指企业用其资产偿还长期债务与短期债务的能力。企业有无支付现金的能力和偿还债务的能力，是企业能否健康生存和发展的关键。企业偿债能力是反映企业财务状况和经营能力的重要标志。偿债能力是企业偿还到期债务的承受能力或保证程度，包括偿还短期债务和长期债务的能力。企业偿债能力，静态地讲，就是用企业资产清偿企业债务的能力；动态地讲，就是用企业资产和经营过程创造的收益偿还债务的能力。

3. 营运能力

营运能力是指企业的经营运行能力，即企业运用各项资产以赚取利润的能力。企业营运能力的财务分析比率包括存货周转率、应收账款周转率、营业周期、流动资产周转率和总资产周转率等。这些比率揭示了企业资金运营周转的情况，反映了企业对经济资源管理、运用的效率高低。企业资金周转越快，流动性越高，企业的偿债能力就越强，资产获取利润的速度就越快。

同花顺软件为投资者提供了各种分析企业的功能，帮助投资者进行分析。

其中的【基本资料】板块列出了该股票的各项最基本财务数据，帮助投资者更方便、直接地了解整个公司的财务状况。下面以中国中车为例进行说明。

1 打开同花顺软件，进入其主页面。单击页面右下角的搜索框，出现同花顺软件键盘精灵。

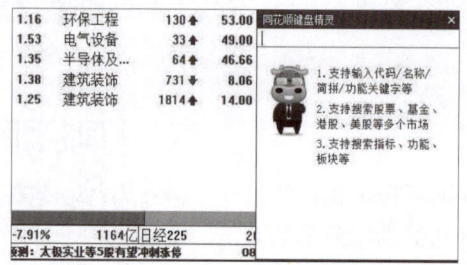

2 用键盘输入"ZGZC"，按【Enter】键确认，进入中国中车的分时图界面。

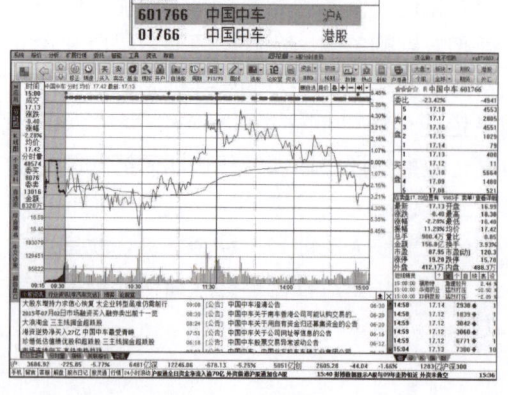

3 用键盘输入"11"，然后按【Enter】键确认，进入中国中车的【基本资料】页面。如下图所示，该页面包括股本结构、股权状况、资产状况、盈利能力、成长能力、偿债能力和现金保障共7个部分。

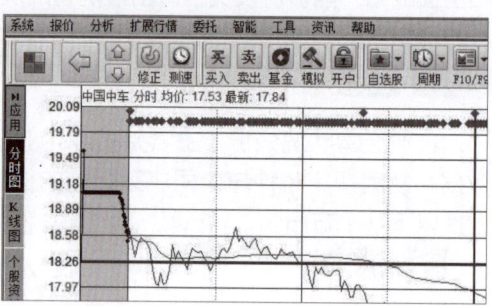

其中的【个股资料】板块罗列了企业最新的各种经营、财务状况，为投资者掌握实时信息提供了重要途径。下面仍以中国中车为例进行说明。

1 打开同花顺软件，进入中国中车的分时图。单击图中所示的【个股资料】选项卡，进入中国中车的最新资料界面。

2 如下图所示，投资者可以查到公司的经营状况、股本结构、资本运作、盈利预测等能够对投资决策产生重大影响的信息。

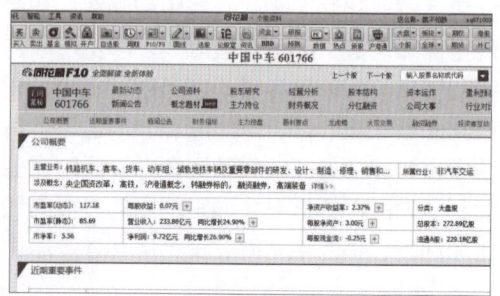

下图为【财务指标】页面窗口。

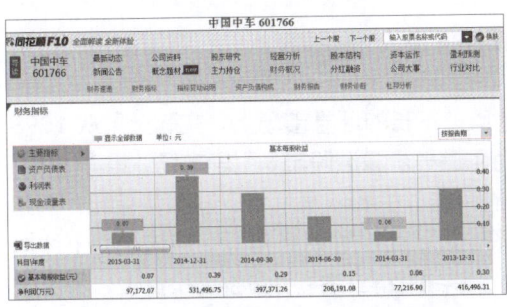

下图为【资产负债表】页面窗口。

下图为【指标变动说明】页面窗口。

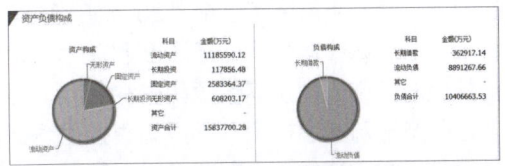

7.4 基本面分析误区

基本面分析法是市场分析方法中最科学实用的方法之一，但很多投资者不能真正理解基本面分析的应用条件和应用环境，盲目崇尚基本面分析，最终有可能陷入基本面分析的误区。

7.4.1 舆论误导

舆论误导主要指主力或者机构利用信息传播手段，故意吹捧某一个行业或形势，使投资者盲目跟风进入。

股市过快上涨时，投资者情绪通常会过分高涨，完全忽略市场风险的一面。这个问题在市场上由来已久。其实，之所以会出现此类问题，除投资者本身有一定的错误之外，舆论宣传也不能完全脱离干系。因为在上涨的过程中，舆论一般会侧重报道那些利好因素，以此来吸引更多的投资者加入，而更多新资金的投入会引来更加猛烈的报道，如此这般循环往复。更有甚者，主力利用投资者这种跟风的特性，通过舆论造势，进而达到建仓、出货的目的，收获暴利。

例如，2008年世界金融危机爆发后，媒体报道说对中国影响不大，中国只要扩大内需就能解决问题，因此A股市场可以说是"一枝独秀"。为了避免打击投资者的信心，舆论也有意无意地对A股市场存在的问题视而不见，甚至反过来宣称大小非已不是问题，还是一涨遮百丑，给投资者打气。由于上述偏差，投资者获取了错误的市场信息，以为又歌舞升平了，于是盲目乐观起来，当暴跌突然来临时便被打了个措手不及。这是给投资者一个提醒，不应盲目跟风，应该形成自主的价值判断。

7.4.2 简单类比

简单类比主要是指没有逻辑的分析和对比，片面地认为热门行业的公司股价普遍比较高，那么那些价格偏低的股票肯定存在补涨的机会，于是大举买入。

股票不应简单类比，这个领域某只股票涨，不表明其他股票也会涨。公司内部管理水平、产品结构、市场以及客户群体都存在差异，甚至管理层的意愿也会影响股价，如有的管理层只是想利用股票来套现，并没有真正的经营企业，这样的公司，其目的不外乎就是让散户来接盘。

7.4.3 以偏概全

以偏概全主要体现在发现企业有优点,就把企业当成优质投资标的;把财务指标分析当成企业的整个价值分析。

通过财务数据来评估股票价值,在我们这个历史不长的证券市场上,实际上是从1996年开始的。1996年年初,市场逐渐活跃起来,为了进一步激活股市,引导市场注重"绩优"的理念,深交所曾搞了一个"20家绩优公司"的评选,主要依据就是一些财务指标,例如每股收益、每股净资产、净资产收益率、负债率、流动比率等财务指标。应该说,上述指标都是对上市公司及其价值研究的结果。但是,如果把这些结果用到股票投资上,却会发现这些方法对股票投资几乎没有直接用途。例如,按照上述方法选出的公司且不论能否保证今后仍然"绩优",即便可以,由于没有和股价直接联系,无从判断是否被市场高估或低估,所以这些结果对投资就没有直接作用。当然,上述研究可能纯粹是就公司的某一方面研究而言的,并非是针对具体选股,但在证券市场上,这些结果很容易被人理解为"价值评估"。

在此要特别提醒投资者,公司的财务数据是为了更加科学地反映公司某一方面的特质,决不表示财务数据就是公司的实际价值。因为,企业很多的内在价值是无法通过数据表现的。所以,投资者在判断一个企业是否具有投资价值时,财务数据是很重要的方面,但不是全部。如果想更加全面地了解一个企业,投资者需要了解报表以外的其他综合信息,这样才不会被财务数据蒙蔽双眼。因为,个别企业为了获得投资者的青睐,会通过财务造假的方法来骗取投资。

投资者需要做的是,综合运用多种财务指标,多种层面分析,尽可能了解公司的全部资料,在此基础上做出综合判断,才能有效避免损失,取得相对合理的投资收益。

技巧 如何高效读懂企业年报

查看企业的年报,投资者需重点关注财务报告、会计资料和业务资料、董事会报告三大部分。

财务报告由审计报告、资产负债表、损益表、现金流量表等组成。这些信息是企业日常经营活动的记录形式,充分了解这些,不仅能有效提高阅读年报的效率,也能让投资者对企业有更深层次的认识。

会计资料和业务资料主要给投资者提供盈利能力、偿债能力、经营能力等技术指标数据,让投资者对企业的竞争力有直观感受,并最终有效地指导投资行为。

董事会报告能够透露出公司的战略布局或战略谋划,使投资者对公司未来发展有更加清楚的认识。

8 单K线分析

本章引语

以目而视,得形之粗者也;以智而视,得形之微者也。
——刘禹锡《天论中》

用眼睛去看事物,只能看到事物粗略的概貌;以智慧去看事物,才能看到事物的细小精微之处,看到事物的本质。投资者炒股时,不仅要注意K线的形状,更应该分析K线背后的买卖信息,这样才能科学地预测股价的未来趋势,把握合理的买卖时机。

本章要点

★ 常见K线分析
★ 分时图

K线，作为一种记录价格的工具，在股票市场和期货市场被广泛采用。因此，投资者要入市炒股，第一步就要先认识K线。

8.1 认识K线

K线其实很简单，一点都不神秘。日用消费品的价格会变动，通常用价格变动表去反映。同样，股市股价每天都不一样，有涨有跌，而K线反映的就是股票价格的历史变动情况。

8.1.1 什么是K线

K线又称日本线、阴阳线、棒线等。K线起源于日本18世纪德川幕府时代（1603—1867）的米市交易，用来计算米价每天的涨跌。因其标画方法具有独到之处，人们把它引入股票市场价格走势的分析中。经过300多年的发展，现在已经广泛应用于股票、期货、外汇、期权等证券市场。

K线是技术分析的一种工具，在日本早期的米市用于记录开市价、收市价、最高价及最低价，阳烛代表当日升市，阴烛代表跌市。由于用这种方法绘制出来的图表形状颇似一根根蜡烛，加上这些蜡烛有黑白之分，因而也叫阴阳线图表。

如下图所示，开盘价和收盘价之间是K线的实体。K线实体的上下方有一条竖线，上方的是上影线，表示当天股价曾达到过的最高价；下方的是下影线，表示当天股价曾达到的最低价。如果收盘价高于开盘价，K线就用红色或者空心显示，称为阳线；反之，收盘价低于开盘价，K线用绿色或实心显示，称为阴线。

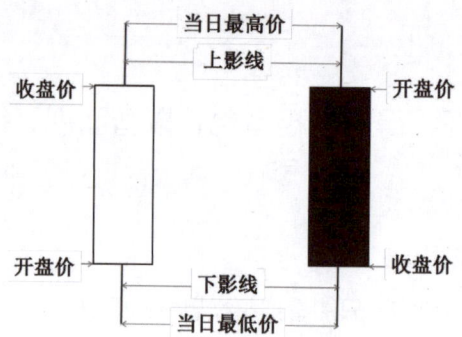

8.1.2 什么是K线图

股市的K线图包含四个数据，即开盘价、最高价、最低价、收盘价，所有的K线都围绕这四个数据展开，来反映大势的状况和价格信息。把单个K线连续不间断地放在一张图上，就是K线图。

根据形态的不同，K线可以分为光头光脚K线、大阳或大阴K线、十字星K线、螺旋桨K线、T型K线、锤子K线、一字K线等，后面会详细介绍。

根据时间周期的不同，K线图可以分为1分钟K线图、5分钟K线图、15分钟K线图、30分钟K线图、60分钟K线图、日K线图、周K线图、月K线图等。其中的周K线、月K线为长期K线图，其他都为短期K线图。每一种K线的使用范围是不同的，投资者根据操盘时间的不同，可以选择不同的K线进行参考。下面对同一只股票的月K线图、周K线图和日K图线进行介绍。

> **提示** ▶ 同样的K线组合，月线的可信度最大，周线其次，最后是日线。因此，投资者通过日K线预测后市时，最好配合周线和月线进行分析。

月K线图是以本月第一个交易日的开盘价为开盘价，本月最后一个交易日的收盘价为收盘价，最高和最低价分别是本月的最高价和最低价。月K线图全面、清晰地反映了股票中长期的走势情况，投资者据此可以把握该股的长期走势，对长期投资进行分析。下图为大禹节水（300021）的月K线图。

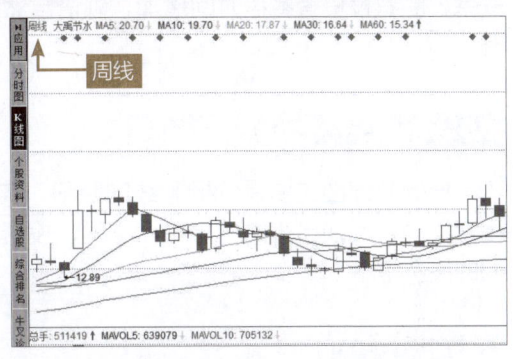

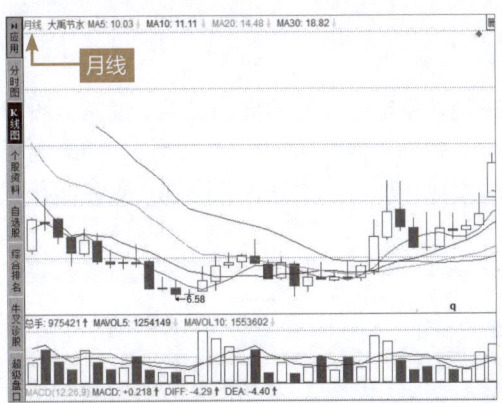

日K线图是以当天的开盘价为开盘价，当天的收盘价为收盘价，最高和最低价分别是当天的最高价和最低价。日K线图准确、客观地反映了股票短期的变动情况，投资者据此可以把握该股的短期变化趋势，对短期投资进行分析。下图为大禹节水（300021）的日K线图。

周K线图是以本周一的开盘价为开盘价，本周五的收盘价为收盘价，最高和最低价分别是本周的最高价和最低价。周K线图准确、客观地反映了股票中期的走势情况，投资者据此可以把握该股的中期走势，对中期投资进行分析。下图为大禹节水（300021）的周K线图。

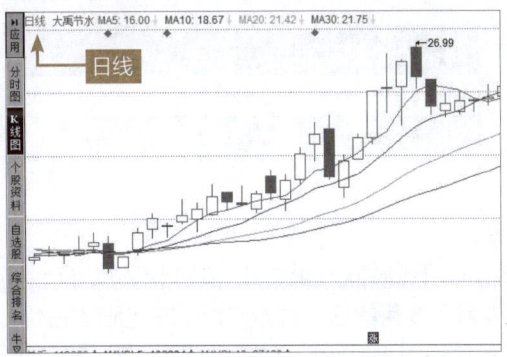

8.1.3 K线图的作用

K线图最基本的作用就是寻找"买卖点"。K线图可以把每日或某一周期的市况表现完全记录下来，展现某些蛛丝马迹。因为股价经过一段时间的盘档后，在图上即形成一种特殊区域或形态，不同的形态显示出不同意义。投资者可以从这些形态的变化中摸索出一些有规律的东西，进而指导投资决策。

通常情况下，判断股市大体趋势，投资者需要关注长期K线图，如周K线图和月K线图。如果周K线图和月K线图处在相对较高的位置时，表明股价已经处在相对高位，下跌风险比较大。因此，投资者要注意控制仓位，重仓时尽早出货，轻仓时观望为主。如果周K线图和月 K 线图处在相对较低的位置时，表明股价相对较低，继续下探风险较小，此时投资者可以适时买入股票。当投资者想要买入股票时，可以通过短期 K 线图找到最适合的买点介入，这样就能使利润最大化。卖出股票的道理是一样的。

投资者虽然面对的是同样的 K 线图，但由于投资者本身的阅历和思维分析方法不同，从其中得到的领悟各有不同。要想提高分析 K 线的能力，必须长期认真观察，主动积极思考。对于别人的投资技巧和经验，初学者不要盲目迷信，要"辩证"地看，暂时不懂也没关系。随着投资者看盘时间增加，领悟自然会越来越到位，投资判断的准确率也会大幅提升。

8.1.4 K 线图的分析技巧

分析 K 线图主要是分析 K 线的阴阳、实体的大小以及影线的长短。这些因素不同，反映出来的信息也就不同，投资者也应该根据不同的信息采取不同的投资策略。

1. 看阴阳

股票的阴阳就是涨跌，由市场的供求关系决定，是多空双方博弈的结果。通常，股票的涨跌都具有一定的趋势，就像高速行驶的汽车不会马上停或转向一样。所以，如果出现大量阳线，说明多方占优，通常会沿着上涨趋势上行；反之，出现大量阴线，则会沿着下跌趋势下跌。投资者应该顺势而为。

1 打开同花顺软件，输入中国西电的股票代码"601179"，按【Enter】键确认。

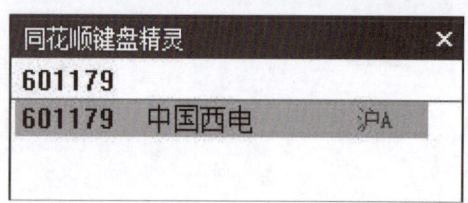

2 下图为中国西电（601179）2015年4月至5月的日 K 线走势图。左边阳线占优，股价处于上升阶段；右边阴线占优，股价处于下跌阶段。但是股价在上升阶段会出现阴线，同样下跌阶段也会出现阳线，这些都是股价涨跌波动回调的正常现象。只要出现的这些阴线和阳线数量很少，成交量不大，就不会改变股价原来的走势。不过，当股价处于顶部或底部的时候，投资者需要特别注意，这时候出现不一样的 K 线，可能是股价开始反转的信号。

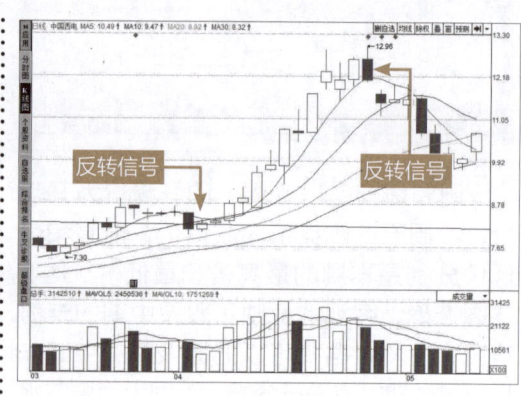

2. 看实体

实体大小可以更精确地表现出多空双方的力量对比，是股价变动的动力。K 线实体越大，显示出多方或空方当天占据的优势越大，紧接着股价上涨或下跌的概率相应越高。而实体越小，显示出多空双方基本上势均力敌，紧接着股价的走势就很不明显。总结来说，阳线实体的大小与上涨的动力成正比，阴线实体的大小与下跌的动力也成正比。

1　打开同花顺软件，输入国民技术的股票代码"300077"，按【Enter】键确认。

2　下图为国民技术（300077）2015年4月至5月的日K线走势图。如图所示，出现大实体阴线之后，股价开始接连下跌。当出现大实体阳线，股价开始企稳，并转向开始进入上升通道，达到新的高度。

乏动力。投资者可利用这些识顶逃顶，识底逃底。

> **提示** ▶ 主力出货不可能做到无影无踪，如果一只股票前期已经大涨，突然出现带长上影线的K线，成交量放大，很可能是主力出货所留下来的痕迹，投资者此时应该谨慎操作。

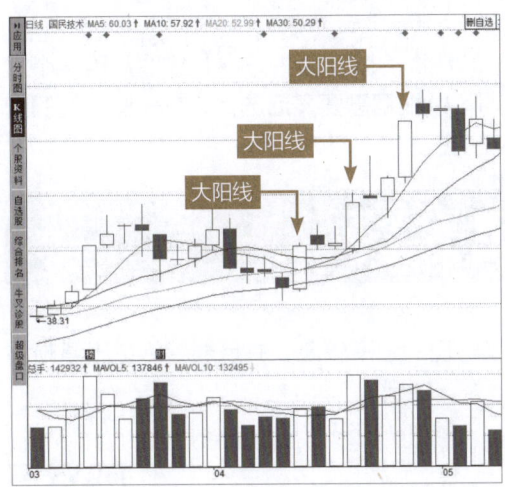

1　打开同花顺软件，输入中国中冶的股票代码"601618"，按【Enter】键确认。

2　下图为中国中冶（601618）2015年5月至6月的日K线走势图。如图所示，在五月初，股价已经经历一波上涨，此时接连三天出现长上影线，说明阶段顶部形成，突破起来相当困难，可能会进入短期调整态势。连跌几天过后，K线图中出现了接连几天的下影线，表明股价调整基本结束，新一轮上涨马上开启。

3. 看影线

K线的影线是股价发转的一个强烈信号。之所以会出现长影线，是因为前方的阻力较大。不管K线是阳是阴，K线上一个方向的影线越长，越不利于股价朝这个方向变动，即上影线越长，说明空方阻力较大，多方不能有效突破，股价继续向上的可能性就相当渺小；下影线越长，说明多方阻力较大，空方不能形成有效突破，股价继续向下将缺

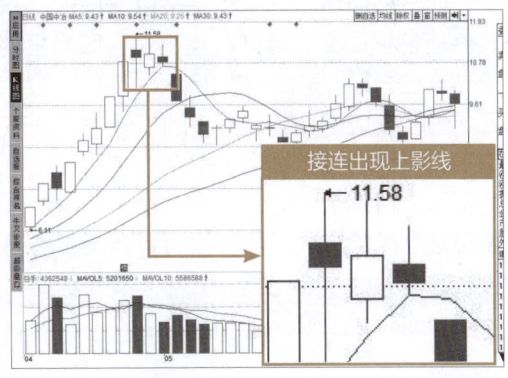

8.1.5 单根K线图的画法

K线图由每个分析周期的开盘价、最高价、最低价和收盘价绘制而成。以绘制日K线为例，首先确定开盘和收盘的价格，它们之间的部分画成矩形实体。如果收盘价格高于开盘价格，则K线被称为阳线，用空心或红色的实体表示。反之称为阴线，用实心或绿色实体表示。但涉及欧美股票及外汇市场的投资者应该注意：在这些市场上，通常用绿色代表阳线，红色代表阴线，和国内习惯刚好相反。用较细的线将最高价和最低价分别与实体连接。最高价和实体之间的线称为上影线，最低价和实体间的线称为下影线。

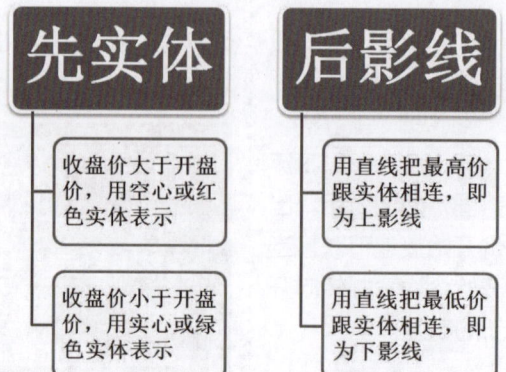

用同样的方法，如果用1分钟价格数据来绘K线图，就称为1分钟K线图。用1个月的数据绘制K线图，就称为月K线图。绘图周期可以根据需要灵活选择，在一些专业的图表软件中还可以看到2分钟、3分钟等周期的K线图。

8.2 常见K线

K线存在各种各样的类型，其中有部分K线出现的频率较高，并且能够传递出清晰的信号。本节对常见的K线进行介绍。

8.2.1 一字线

如下图所示，一字线是指以涨停板或跌停板开盘，全天始终在涨停板或跌停板价格成交，直到收盘为止，即当日的开盘价、收盘价、最低价、最高价粘连在一起，形成一字形状。

一字线应该受到投资者的格外关注。在上涨初期出现一字线，投资者应该积极跟进，第一个交易日没有跟进，第二个交易日还可以继续跟进。因为一字线通常表明该股上涨动力很强，持续上涨的可能性非常大。但是，如果已经连续出现了多个一字线，股价上涨幅度过高、风险较大，建议投资者就不要继续跟进，规避短期风险。下跌初期出现一字线，投资者应果断平仓出货，第一天没有卖掉，第二天接着出货。如果连续出现多个下跌的一字线，此时可以等反弹再出货。

1 打开同花顺软件，输入中国中车的股票代码"601766"，按【Enter】键确认。

2　下图为中国中车（601766）2015年4月的日K线走势图。如图所示，中国中车出现两个一字线之后连续打开两天，投资者可以果断介入，之后中国中车又连续出现多个涨停。

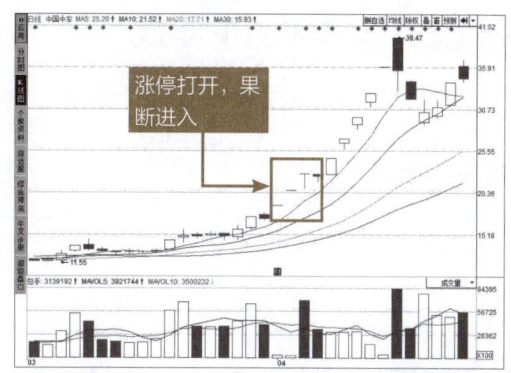

8.2.2 光头光脚阳线、阴线

如下图所示，光头光脚阳线是指开盘价为当日最低价，收盘价为当日最高价；光头光脚阴线是指开盘价为当日最高价，收盘价为当日最低价。所以，严格意义上的光头光脚阳线、阴线都没有上、下影线。有时，如果影线很短，也可以认为没有影线，近似看作光头光脚的阳线、阴线。通常，把当日涨幅在1.5%以内的定义为小阳、小阴线，涨幅在1.5%～5%之间的定义为中阳、中阴线，涨幅大于5%的定义为大阳、大阴线。

光头光脚的中大阳线、阴线具有极强的信号作用。如果股价处在底部，此时出现光头光脚的中、大阳线，这是逐步企稳、准备拉升的典型表现，如果再加上成交量的配合，反转行情将是大概率事件。如果在横盘整理期间出现中、大阳线，很可能是主力进行突破的明确信号，后市看涨，投资者可果断跟进。如果位于顶部出现中、大阳线，投资者应该保持谨慎，尽早落袋为安。相反，中、大阴线出现在顶部是下跌开始，出现在横盘期间是突破下行，出现在底部则可能要触底反弹。

1　打开同花顺软件，输入海格通信的股票代码"002465"，按【Enter】键确认。

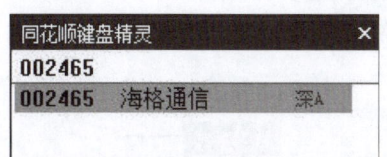

2　右图为海格通信（002465）2015年6月份的日K线走势图。如图所示，光脚大阳线出现在顶部区域，预示着反转信号。光脚阴线出现在下跌过程中，后市继续看跌。

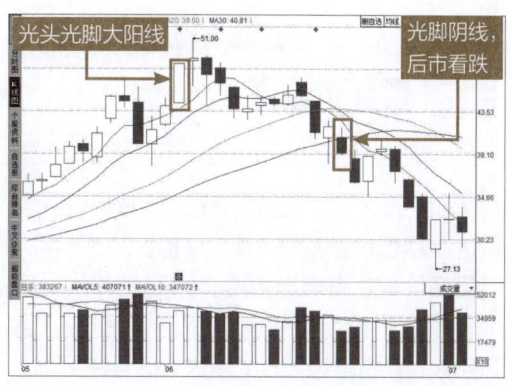

8.2.3 T字线和倒T字线

如下图所示，T字线是指当日开盘价、收盘价、最高价相同，K线上只留下影线，如果有上影线，也是很短。T字线信号强弱与下影线成正比，下影线越长，则信号越强。

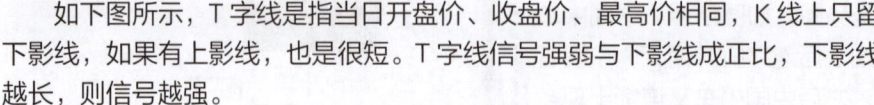

T字线出现的位置不同，所表示的意义也不一样。T字线在股价大幅上涨之后出现，通常意味着股价基本见顶；T字线在股价大幅下跌之后出现，通常意味着股价基本见底；T字线在股价上涨过程中出现，通常是继续上涨的信号；T字线在股价下跌过程中出现，通常是继续下跌的信号。投资者要根据具体的K线位置和相关信息进行综合判断。

1 打开同花顺软件，输入中元华电的股票代码"300018"，按【Enter】键确认。

2 下图是中元华电（300018）2015年4月至5月的日K线图。如图所示，该股在上升途中出现了两次T字线，第二个交易日都出现向上跳空，这是上升途中的T字线。投资者可果断介入。

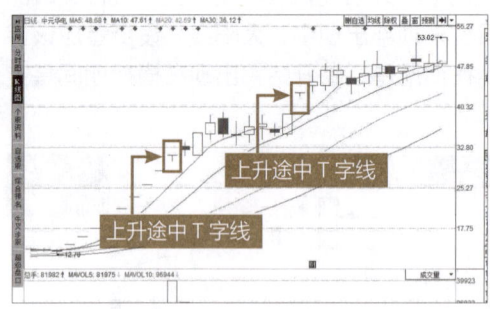

如下图所示，倒T字线是指开盘价、收盘价、最低价粘连在一起，成为"一"字，但最高价与之有相当距离，因而在K线上留下一根上影线，构成倒"T"字状图形。倒T字线上影线越长，力度越大，信号越可靠。

在上升趋势中出现倒T字线，通常称为"上档倒T字线"或"下跌转折线"，因为开盘时股价趁着上涨趋势继续走高，但是，在空方的打压下，股价逐步被打回原形，表明多方力量衰竭，上涨动力不足。此时，投资者应该以轻仓或观望为主。如果在一轮下跌趋势的末期出现倒T字线，通常视为买入信号。如果在上涨途中出现，继续看涨；在下跌途中出现，继续看跌。

1 打开同花顺软件，输入钢研高纳的股票代码"300034"，按【Enter】键确认。

2 下图为钢研高纳（300034）2015年4月至5月的日K线走势图。如图所示，该股在横盘调整时期出现了倒T字线，不会改变股价的走势。

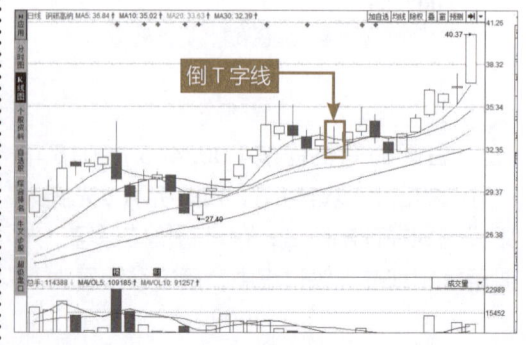

8.2.4 大阳线、大阴线

如下图所示，大阳线是指最高价与收盘价相同（或略高于收盘价），最低价与开盘价一样（或略低于开盘价），上下没有影线或影线很短。大阴线是指最高价与开盘价相同（或略高于开盘价），最低价与收盘价一样（或略低于收盘价），上下没有影线或影线很短。

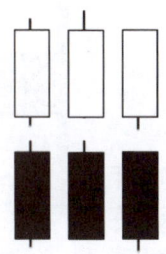

从多空力量角度分析，大阳线表明从开盘到收盘，多方始终占据着优势，基本上没有给空方任何机会。这是一种强势的信号，也表现出投资者跟进热情高涨。但是，大阳线出现的位置不同，对未来股价的走势判断也会不同。如果出现在长期横盘或底部，毫无疑问这是上涨信号，投资者可果断买入，等待上涨；如果出现在上涨过程中，这是涨势的强化，投资者可继续持有；如果出现在股价大幅上涨之后，这可能是主力为了更好地出货，故意拉高，投资者最好还是尽早落袋为安。大阴线则刚好与大阳线相反。

1 打开同花顺软件，输入铁龙物流的股票代码"600125"，按【Enter】键确认。

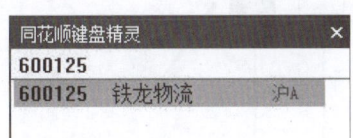

2 下图为铁龙物流（600125）2015年6月的日K线走势图。如图所示，左边阳线分别表示了上涨和见顶信号，右边的阴线表示了继续下跌的信号。

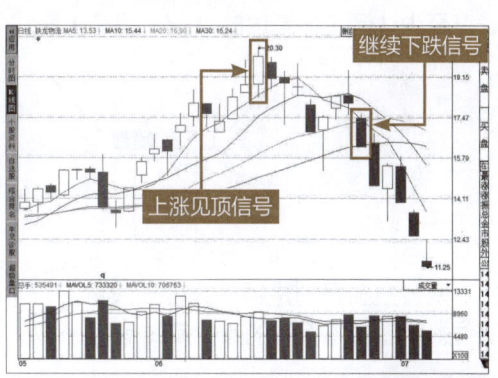

8.2.5 十字星

如下图所示，十字星是指开盘价和收盘价相同，没有K线实体，只有上下影线。上影线长，表示空方力量占优。下影线长，表示多方力量占优。

十字星表现的是多空双方力量基本平衡的状态。分析十字星，主要不是区分阴阳，而是分析十字星出现的位置。通常情况下，在股价高位或大幅上涨过后出现十字星，是见顶信号，行情反转下跌的可能性较大；在股价低位或大幅下跌过后出现十字星，是见底信号，行情反转上升的可能性较大；在涨势、跌势或横盘过程中出现十字星，基本上不能改变原有的走势，继续维持原来趋势发展。总体来说，十字星往往预示着市场到了一个转折点，投资者需密切关注，及时调整操盘的策略，做好应变的准备。

1 打开同花顺软件，输入中国中铁的股票代码"601390"，按【Enter】键确认。的十字星不改变走势。

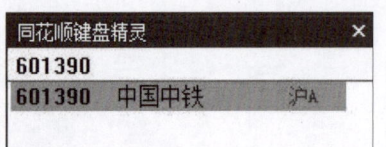

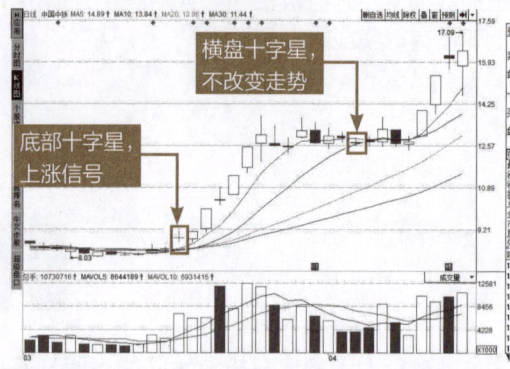

2 下图是中国中铁（601390）2015年3月至4月的日K线走势图。如图所示，底部十字星表示开始上涨，上涨途中和横盘时

8.2.6 其他常见K线

除了以上几个常见的单根K线形状外，K线还有其他一些特殊形状。

1. 锤子线和上吊线

如下图所示，锤子线和上吊线的共同特征是实体位于整个价格区间的上端，下影线的长度至少达到实体高度的2倍，没有上影线，或上影线长度极短。

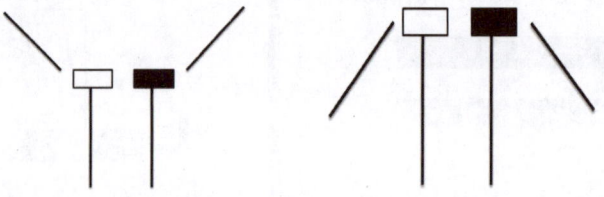

两者主要区别是锤子线位于股价下行阶段的低位，而上吊线则是位于股价上行阶段的高位。两者都是很强的股价反转信号。

2. 倒锤子线和射击之星

如下图所示，倒锤子线和射击之星的共同特征是实体位于整个价格区间的底部，上影线的长度至少达到实体高度的2倍，没有下影线，或下影线长度极短。

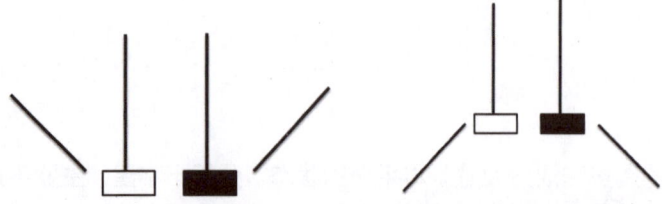

两者主要区别是倒锤子线位于股价下行阶段的低位，而射击之星则是位于股价上行阶段的高位。两者都是很强的股价反转信号。

3. 螺旋桨

如下图所示，螺旋桨是指K线实体较小，上下影较长。

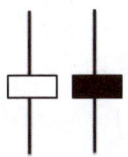

8.3 在股票软件中调出K线

以同花顺软件和上证指数为例，详细介绍如何调出K线以及K线的具体指标。

1 打开同花顺软件，进入其主界面。用键盘输入"SZZS"，按【Enter】键确认后进入上证指数的分时图界面。

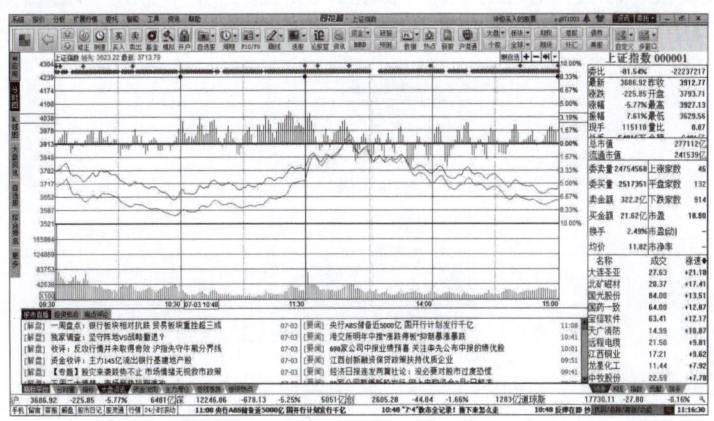

2 在大盘分时图中，单击左侧【K线图】选项卡，或者双击鼠标左键，或者按【F5】键或【Enter】键，都可进入大盘K线图界面。在K线图界面，按【F8】键可以切换不换同周期的K线图。

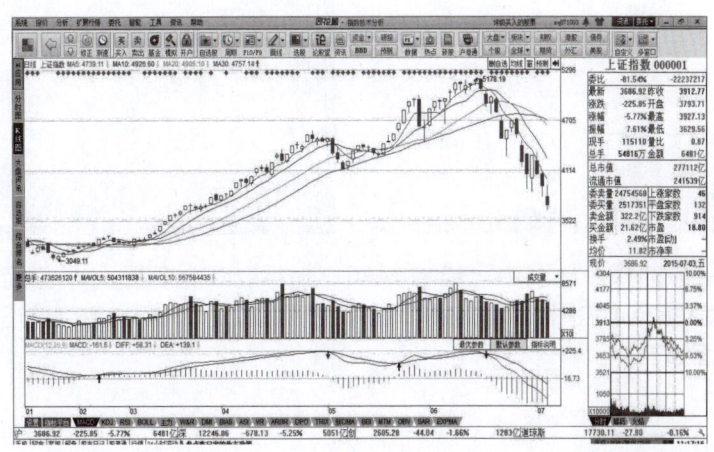

下面对大盘 K 线各模块的功能进行简单说明。

（1）信息地雷。显示K线对应时期的重要信息，单击每一信息地雷图标都可以进入【历史信息】界面。

（2）均线。均线代码为"MA"，MA5 表示为 5 日均线，依次类推。单击右上角的【均线】选项卡，可以对均线进行设置，界面如下。

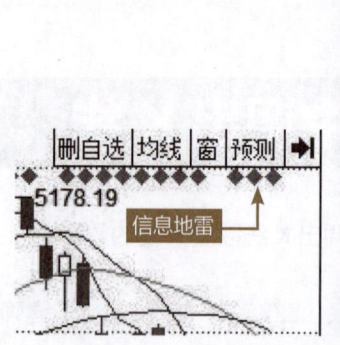
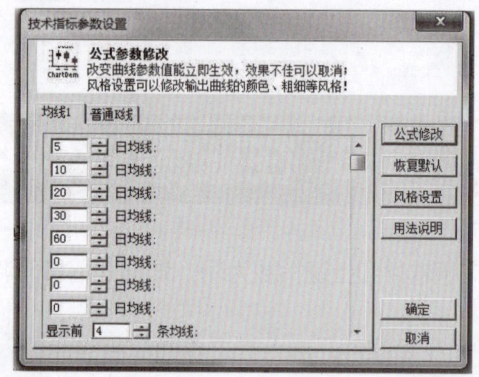

（3）成交量柱。以柱形条显示每个周期内成交量的变化情况，单击右侧【成交量】，在弹出的下拉菜单列表中，可以选择【金额】、【换手率】、【内盘】、【外盘】等信息。

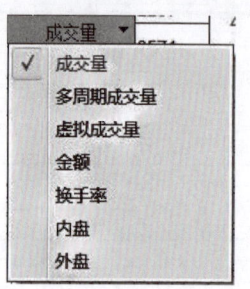

双击成交量标题栏的任一位置，进入成交量设置的对话框，界面如下。

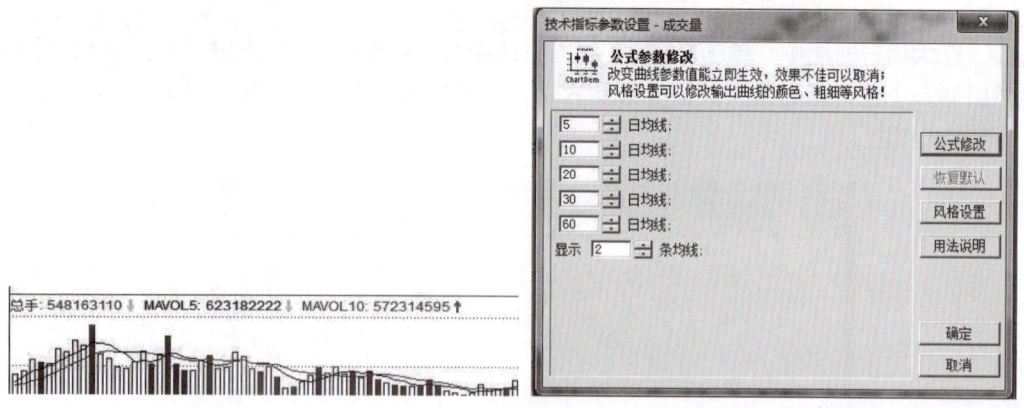

（4）多指标选择。从图中可查看 MACD 指标、KDL 指标、RSI 指标、ASI 指标、OBV 指标等众多指标走势图。单击右侧【指标说明】选项卡，可以查到该指标详细情况和使用说明，界面如下。

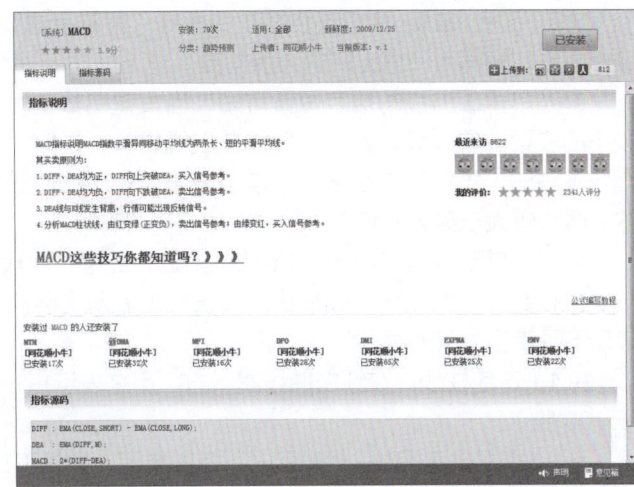

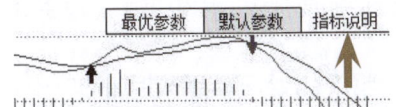

（5）行情统计。显示市场中涨跌、涨幅、现手、总手、委买量、委买量等行情信息。

（6）选择信息。包含【分时】、【筹码】、【火焰】三个功能。具体界面如下。

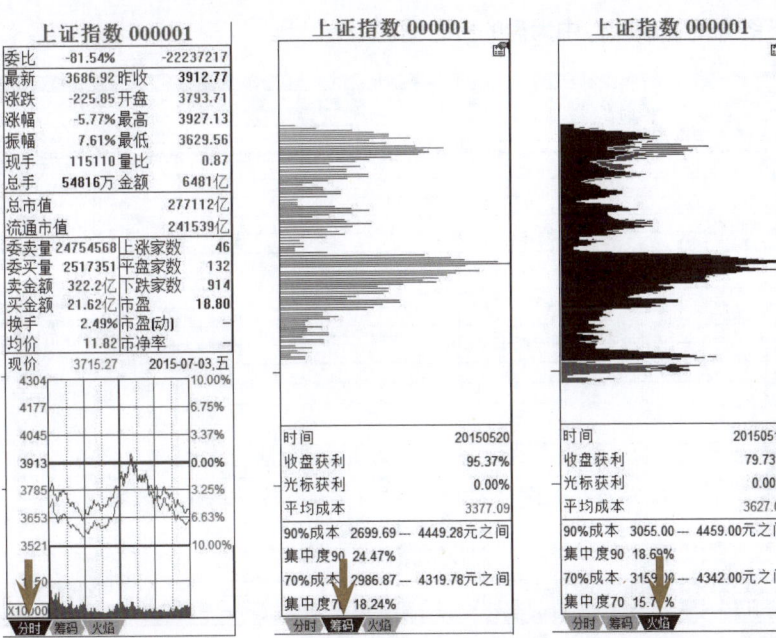

8.4 走势图界面的布局方式

分时图是指大盘和个股的动态实时走势图。在实际操作中，分时图的地位非常重要，是把握多空力量转换和主力意图的根本所在。

8.4.1 大盘分时图的布局方式

（1）白色曲线。表示大盘加权指数，即证交所每日公布媒体常说的大盘实际指数。

（2）黄色曲线。大盘不含加权的指标，即不考虑股票盘子的大小，而将所有股票对指数影响看作相同而计算出来的大盘指数。

参考白黄二曲线的相互位置可知：当大盘指数上涨时，黄线在白线之上，表示流通盘较小的股票涨幅较大；反之，黄线在白线之下，说明盘小的股票涨幅落后大盘股。当大盘指数下跌时，黄线在白线之上，表示流通盘较小的股票跌幅小于盘大的股票；反之，盘小的股票跌幅大于盘大的股票。

（3）红绿柱线。在黄白两条曲线附近有红绿柱状线，是反映大盘即时所有股票的买盘与卖盘在数量上的比率。红柱线的增长减短表示上涨买盘力量的增减；绿柱线的增长缩短表示下跌卖盘力度的强弱。

（4）黄色柱线。在红白曲线图下方，用来表示每一分钟的成交量，单位是手（每手等于100股）。

（5）委买委卖手数。代表即时所有股票买入委托下三档和卖出上三档手数相加的总和。

（6）委比数值。是委买委卖手数之差与之和的比值。当委比数值为正值大的时候，表示买方力量较强股指上涨的概率大；当委比数值为负值的时候，表示卖方的力量较强股指下跌的概率大。

（7）下图为同花顺软件中大盘的分时图。

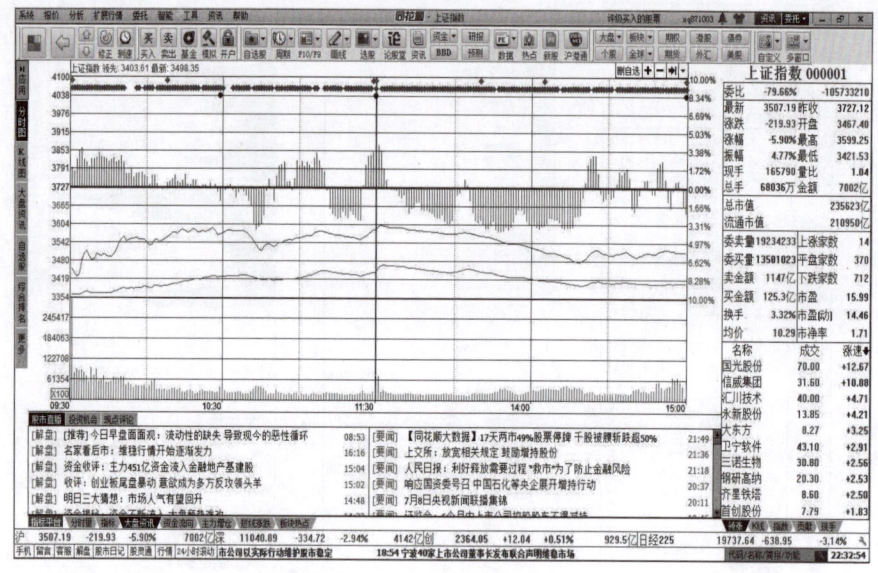

8.4.2 个股分时图的布局方式

（1）白色曲线。表示该种股票即时成交的价格。

（2）黄色曲线。表示该种股票即时成交的平均价格，即当天成交总金额除以成交总股数。

（3）黄色柱线。在红白曲线图下方，用来表示每一分钟的成交量。

（4）成交明细。在盘面的右下方为成交明细显示，显示动态每笔成交的价格和手数。

（5）外盘内盘。外盘又称主动性买盘，即成交价在卖出挂单价的累积成交量；内盘又称主动性卖盘，即成交价在买入挂单价的累积成交量。外盘反映买方的意愿，内盘反映卖方的意愿。

（6）下图为同花顺软件中的个股的分时图，以中国中车为例。

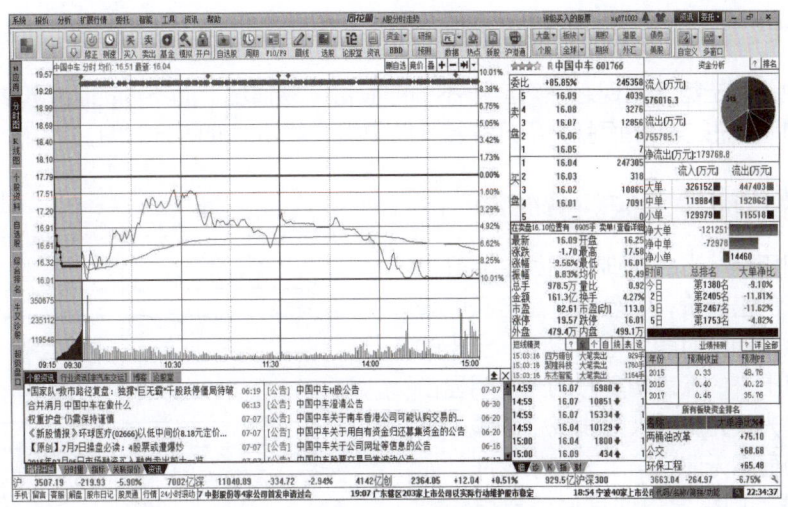

8.5 如何解读 K 线中的信息

表面上，K 线只是记录了当天的交易信息；实际上，K 线当中还隐藏了主力的买卖信息。投资者研究 K 线，重点就是要把握主力的意图。

8.5.1 K 线图和分时图的相互作用

股票分析过程中经常要看 K 线，K 线能够直观地表现出股价走势，这是 K 线真正的价值所在。但 K 线也具有一定的不确定性，是因为 K 线是由四个股价的不同组合所决定和形成的，即开盘价、最低价、最高价和收盘价。这四个价格的不同组合就形成了不同的 K 线，很显然仅通过四个价位就完全、真实地表现出全天的运行状态，确实有些不太现实，因此就更不能完全准确地表现主力的操作计划和目的。也就是说，主力完全可以通过操控这四个价位做出它想要的 K 线形态，这就是 K 线的不确定性。

在分析股票的时候，最该重视的是分时图走势，只有分时图走势才能够完全地记录股价走势，只有分时图走势才能完全地体现出主力的操作计划和目的。主力的操作动作必然要通过分时图走势体现出来。从这个意义上来说，分时图走势具有更高的确定性和准确性，那么我们在实战分析过程中要看分时而不是 K 线。

无论是分时图走势还是 K 线形态，形态产生必然有一定的原因，每一种形态都有其形成的原因，都能体现出主力的操作计划和目的，这才是分析股票的真正意义所在。只有我们理解了分时图走势和 K 线形态背后的含义，我们才能真正地把握它，形式不重要，内容才重要。

K 线相对于分时走势来说，具有相当的不确定性，那么分时走势则比较完全地反映出股价走势，而主力的操作计划和目的也是通过交易来完成的，所以分时走势能够反映出主力操作的计划和目的。而主力操作计划和目的是我们操作的重要的基础，所以分析股票时，首先就要分析分时走势和分时走势形成的原因，以及所体现出的主力的操作计划和目的，然后结合相关的 K 线形态做进一步的确认。如果二者能相辅相成、相得益彰，那么投资者分析的准确性将大幅提高。

8.5.2 分时图形成的 K 线图形态

每一种分时走势的出现必然对应于不同的股价交易情况，而不同的股价交易情况能体现出不同的 K 线形态。下面就介绍几种特殊的单根 K 线所对应的分时图。

1. 光头光脚阳线对应的分时图

如下图所示，光头光脚的阳线说明开盘价就是全天的最低价，收盘价就是全天的最高价。从该股的分时图上可以看出，全天的股价是一直上升的，表明多方的力量明显占优。如果是光头光脚的大阳线或中阳线，那么多方实力显露无遗，第二天继续看涨；如果是小阳线，则需要根据其他信息再进行判断。

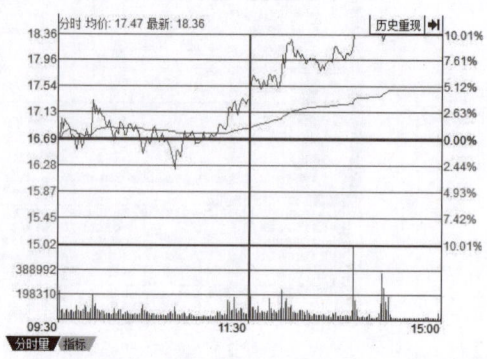

2. 带下影线的大阳线对应的分时图

如下图所示，该股的分时图表现的是有下影线的大阳线。首先，从开盘到收盘，股价基本上涨 10%，属于大阳线。其次，上午的一段时间，股价跌破了当天的开盘价，随后又涨了上去，所以，最低价低于当天的开盘价，是下影线。再次，从分时图可以看出下影线比较短。这种带短下影线的大阳线表明当天空方势力很强，后市看涨。

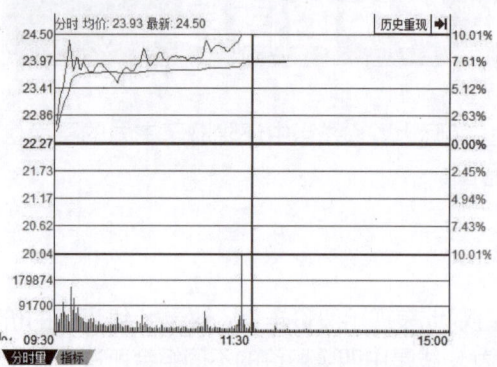

3. T 字线对应的分时图

如下图所示，该股当天以涨停板开盘。一段时间过后，涨停板打开，股价下跌，在此之后股价一直震荡。临近收盘，股价再次被拉上涨停。所以开盘价和收盘价相同，最低价低于开盘价 7%，属于典型的 T 字线。这表明多方的实力占优，但空方已经具备一定的反击能力。

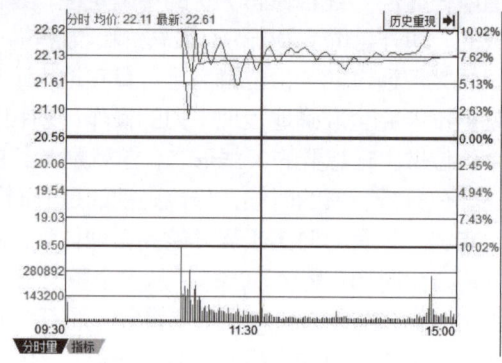

4. 十字星对应的分时图

如下图所示，该股当天跳空低开，并继续下探。随后股价开始急速拉升，不但回到开盘价，连之前的缺口快速填补。达到最高点之后，股价开始震荡下行，收盘在开盘价的位置。这是典型的十字星 K 线，开盘价和收盘价相等，有上下影线。这表明多空双方博弈激烈，势均力敌。

大部分是处在开盘价的下面，没有超过开盘价，说明没有上影线。另外，下跌幅度比较大，表明下影线的长度远大于 K 线的实体。这是典型的锤子线的形态。具体反映的信号要结合其他指标进行综合分析。

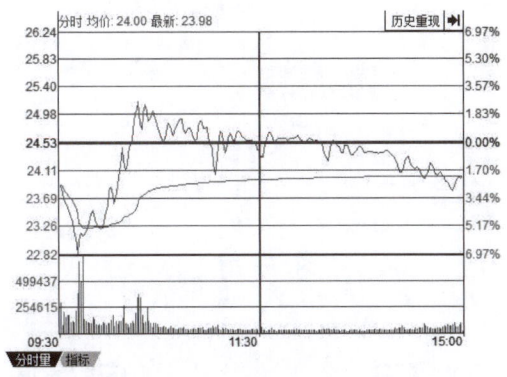

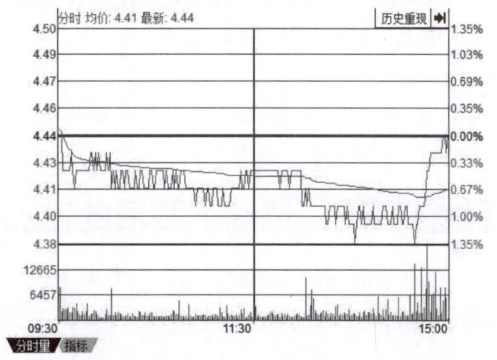

5. 锤子线对应的分时图

如下图所示，该股的开盘价略大于收盘价，这说明此阴线的实体较小。而当天股价

8.6 综合运用不同时间周期的 K 线

下面通过一些具体案例的分析，介绍整个 K 线分析的过程。

8.6.1 实战：下影长、实体短的锤子线形态

如下图所示，锤子线是实体位于整个价格区间的上端，下影线的长度至少达到实体高度的 2 倍，没有上影线，即使有上影线，其长度也是极短的。下影长、实体短的锤子线通常出现在阶段顶部，投资者如果能熟练掌握就能够利用该形态识顶和逃顶，避免损失。

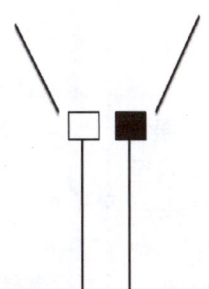

具体操作步骤如下。

1 打开同花顺软件，输入中国中冶的股票代码"601618"，按【Enter】键确认。

2 进入中国中冶的日K线走势图。通过缩放，可以看到中国中冶 2015 年 5 月的日K线走势图。如下图所示，中国中冶的股价经过一轮上涨之后，阶段高点基本已经形成，此时出现了高位的锤子线，这是行情反转的一个信号，投资者应尽早出货。

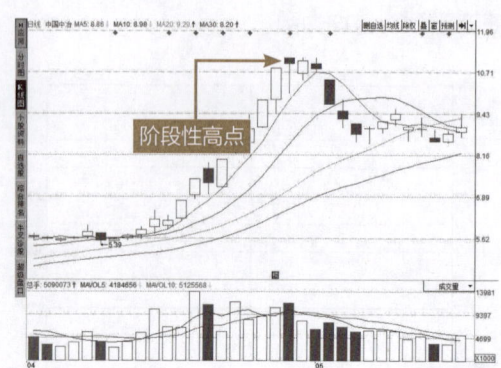

8.6.2 实战：快速下跌后的低点螺旋桨形态

如下图所示，螺旋桨是指K线实体较小，上下影较长的一种K线图形态，低位螺旋桨往往代表了行情即将反转。

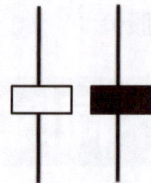

螺旋桨通常是多空双方互相拉锯、不分伯仲时的一种特殊形态，该形态是很好的行情反战信号，投资者应该熟练掌握。

具体操作步骤如下。

1 打开同花顺软件，输入国民技术的股票代码"300077"，按【Enter】键确认。

2 进入国民技术的日K线走势图。通过缩放，可以看到国民技术 2014 年 12 月至 2015 年 1 月的日K线走势图。如下图所示，国民技术接连迎来 5 根阴线，最后还是一根大阴线，此时主力基本上已经完成了出货，

然后出现"螺旋桨"，该K线是反转的信号。投资者可以及时买入，待股价上涨之后卖出，即可获取丰厚回报。

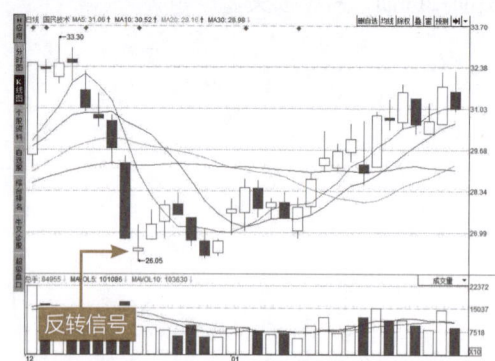

8.6.3 实战：长阴后的探底十字星形态

如下图所示，长期探底后的十字星代表了股市多空力量平衡，特别是长阴后出现下影线较长，表示多方力量占优，行情即将反转。

十字星是具有很强反转信号的K线形态。通常来讲，大幅下跌过后出现十字星，多半是行情反转的开始，投资者应格外关注。

1 打开同花顺软件，输入爱尔眼科的股票代码"300015"，按【Enter】键确认。

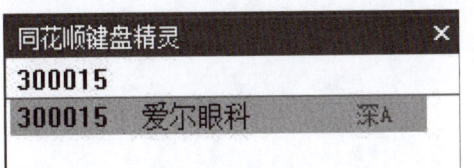

2 进入爱尔眼科的日K线走势图。通过缩放，可以看到爱尔眼科2014年11月至2014年12月的日K线走势图。如下图所示，经过两周左右的横盘，主力准备抬高拉升。主力先拉起一根大阳线，造成马上就要上涨的假象，诱导散户跟进，然后迅速下调，拉出大阴线，造成下跌的态势，以此来洗出意志不坚定的投资者。一切就绪，出现探底十字星，最后开始真正拉升。

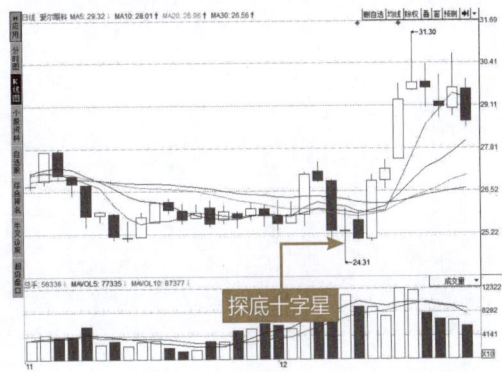

高手秘技

技巧 1 如何看待向上跳空缺口

通常情况下，向上跳空缺口的产生是主力资金大规模集中造成的。因此，向上突破缺口的出现就意味着多方资金大规模积聚，那么新一轮的上涨即将开始。判断该形态时，投资者需要注意两个因素。

（1）缺口位置。如果处在低位，很可能是上涨信号；如果处在上涨途中，继续看涨；如果出现在顶部，可能是主力拉高出货，后市看跌。

（2）成交量。如果低位向上跳空缺口的产生，伴随成交量的明显放大，可以确信此为上涨信号。

技巧 2　谨慎看待日K线的见顶下跌

多数投资者都有这样的经历——分析日K线图，感觉股价已经开始见顶下跌，于是赶紧卖出，但没过多久股价就调转枪头，迅速拉升，创出新高。究其原因，自然是被日K线中的"假顶部"所迷惑。因为日K线期限相对较短，主力常常创造假K线欺骗投资者，而在期限长的周K线上，出现骗线的概率就大大减少。所以，投资者在卖出时，眼光应放长远，等到周K线筑顶之后再操作。

9 多K线组合形态识别

本章引语

善弈者谋势，不善弈者谋子。善谋势者必成大事。

——孙武

善于下棋的人注重整个局势，不善于下棋的人只看到单个棋子的得失，而善于注重从整个局势考虑问题的人一定会成就一番大事业。投资者在买股票时，除关注单根K线外，更应该关注多根K线所构成的组合形态，进而发现变动趋势，顺势而为。

本章要点

★ 顶部K线组合
★ 底部K线组合
★ 上升形态和下降形态

单一的K线代表的是多空双方一天之内战斗结果，不足以反映连续的市场变化，多条K线的组合图谱才可能更详尽地表述多空双方一段时间内"势"的转化。研究K线组合图谱的目的，就是通过观察多空势力强弱盛衰的变化，感受双方势的转化，才能顺势而为，才能果断抄底、选中牛股、安全逃顶。

9.1 见顶信号K线组合

K线组合多种多样，不同的组合反映出不同的信号，常见的有见顶信号、见底信号、上升信号等。在股市里，如果没有抓住卖出股票的机会，最后有可能会亏钱。因此，掌握见顶信号的K线图很重要，投资者要熟练掌握，活学活用，从而成为识顶和逃顶的高手。本节将详尽介绍见顶信号。

9.1.1 黄昏十字星

黄昏十字星是重要的见顶信号。
黄昏十字星的标准图形如下图所示。

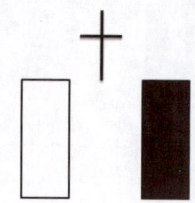

- 黄昏十字星的主要特征：① 出现在涨势中。② 由3根K线组成，第一根K线为阳线，第二根为十字星，第三根为跳空阴线。③ 第三根阴线的实体深入到第一根K线的内部。
- 黄昏十字星的指示信号：股价已经见顶或离顶部不远，股价可能会反转，由强转弱，后市看跌。投资者应尽早出货或轻仓。
- 注意事项：① 黄昏十字星中的阴线和阳线不一定是光头光脚的阴线和阳线，带上、下影线亦可。② 十字星的数目也可以为两个或多个。

1 在同花顺软件当中输入中国电建的股票代码"601669"或汉语拼音首字母"ZGDJ"，单击【Enter】键，进入中国电建的日K线走势图。

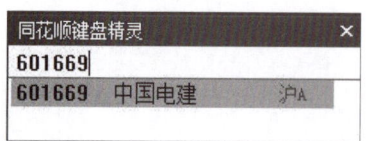

2 通过缩放，可以看到中国电建2014年3月至4月的日K线走势图。经过前期的上涨，中国电建的股价处在相对高位。此时出现黄昏十字星的K线组合，表明股价见顶，行情要反转，投资者应尽早出货，避免损失。

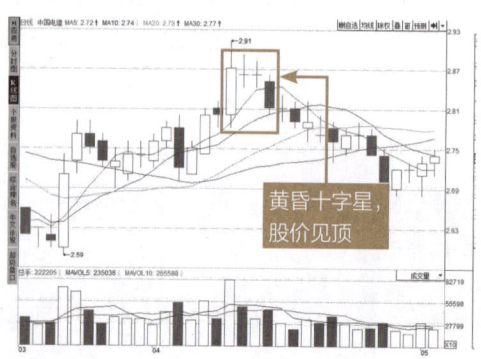

9.1.2 黄昏之星

黄昏之星的标准图形如下图所示。

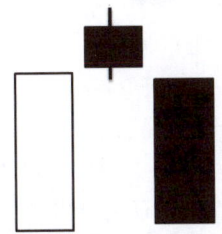

- 黄昏之星的主要特征：① 出现在涨势中。② 由 3 根 K 线组成，第一根 K 线为阳线，第二根为小阳线或小阴线，第三根为跳空阴线。③ 第三根阴线的实体深入到第一根 K 线的内部。
- 黄昏之星的指示信号：股价已经见顶或离顶部不远，股价可能会反转，由强转弱，后市看跌。投资者应尽早出货或轻仓。
- 注意事项：① 黄昏之星中的阴线和阳线不一定是光头光脚的阴线和阳线，带上、下影线亦可。② 小阴、小阳线的数量不限于一个。③ 见顶信号不如黄昏十字星强。

> **提示** ▶ 把三天的成交量加在一起就可计算出换手率。换手率越高，主力出货的可能性就越大。

1 在同花顺软件中输入中国中冶的股票代码"601618"或汉语拼音首字母"ZGZY"，单击【Enter】键，进入中国中冶的日 K 线走势图。

2 通过缩放，可以看到中国中冶 2015 年 5 月至 7 月的日 K 线走势图。经过前期的上涨，中国中冶的股价达到 10 元，已翻不止一倍。此时出现 2 组黄昏之星的 K 线组合，更加确信股价见顶，行情要反转，投资者应尽早出货，避免损失。

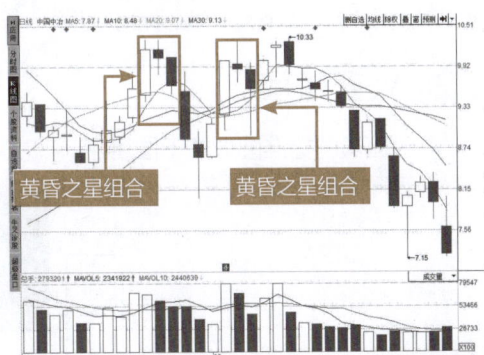

9.1.3 淡友反攻

淡友反攻的标准图形如下图所示。

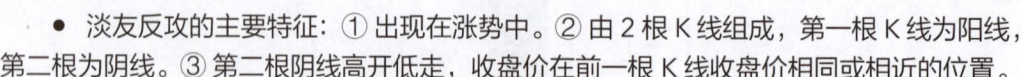

- 淡友反攻的主要特征：① 出现在涨势中。② 由 2 根 K 线组成，第一根 K 线为阳线，第二根为阴线。③ 第二根阴线高开低走，收盘价在前一根 K 线收盘价相同或相近的位置。
- 淡友反攻的指示信号：股价已经见顶或离顶部不远，股价随时会反转，由涨转跌，后市看跌。投资者应尽早出货或轻仓。
- 注意事项：淡友反攻中的阴线和阳线不一定要是光头光脚的阴线和阳线，带上、下影线亦可。

1 在同花顺软件中输入浦发银行的股票代码"600000"或汉语拼音首字母"PFYH"，单击【Enter】键，进入浦发银行的日 K 线走势图。

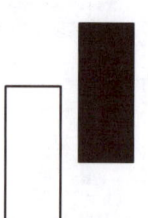

2 通过缩放，可以看到浦发银行 2015 年 3 月至 5 月的日 K 线走势图。经过一轮的拉升，浦发银行的股价处在相对高位。此时出现淡友反攻的 K 线组合，表明股价见顶，行情要反转，投资者应尽早出货，避免损失。

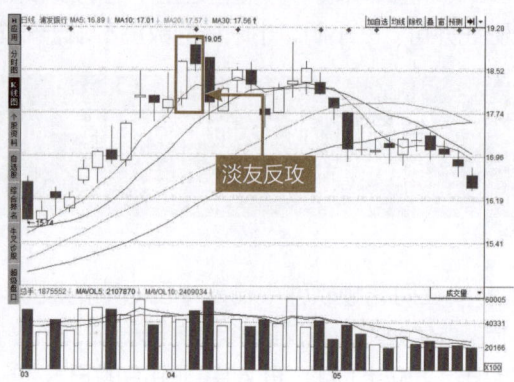

9.1.4 乌云压顶

乌云压顶的标准图形如下图所示。

- 乌云压顶的主要特征：① 出现在涨势中。② 由 2 根 K 线组成，第一根 K 线为阳线，第二根为阴线。③ 第二根阴线高开低走，收盘价深入第一根阳线的内部。
- 乌云压顶的指示信号：股价已经见顶或离顶部不远，股价随时会反转，由涨转跌，后市看跌。投资者应尽早出货或轻仓。
- 注意事项：① 乌云压顶中的阴线和阳线不一定要是光头光脚的阴线和阳线，带上、下影线亦可。② 反转信号强度大于淡友反攻。

1 在同花顺软件当中输入中国中铁的股票代码"601390"或汉语拼音首字母"ZGZT",单击【Enter】键,进入中国中铁的日K线走势图。

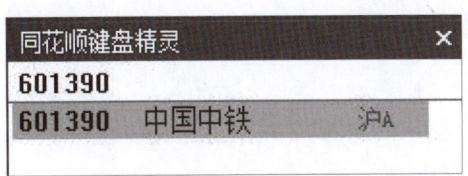

2 通过缩放,可以看到中国中铁2015年5月至7月的日K线走势图。经过前期的上涨,中国中铁的股价处在相对高位。此时出现乌云压顶的K线组合,表明股价见顶,行情要反转,投资者应尽早出货,避免损失。

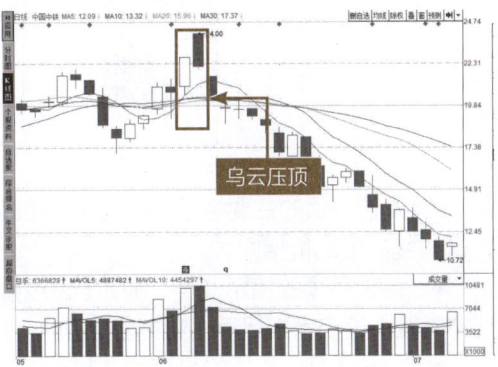

9.1.5 倾盆大雨

倾盆大雨的标准图形如下图所示。

- 倾盆大雨的主要特征:① 出现在涨势中。② 由2根K线组成,第一根K线为阳线,第二根为阴线。③ 第二根阴线低开低走,收盘价低于第一根阳线的开盘价。
- 倾盆大雨的指示信号:股价已经见顶或离顶部不远,股价随时会反转,由涨转跌,后市看跌。投资者应尽早出货或轻仓。
- 注意事项:① 倾盆大雨中的阴线和阳线不一定要是光头光脚的阴线和阳线,带上、下影线亦可。② 阴线收盘价离阳线开盘价越远,信号越强。③ 反转信号强度大于淡友反攻和乌云压顶。

1 在同花顺软件中输入中国建筑的股票代码"601668"或汉语拼音首字母"ZGJZ",单击【Enter】键,进入中国建筑的日K线走势图。

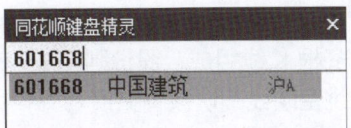

2 通过缩放,可以看到中国建筑2014年9月至10月的日K线走势图。经过前期的上涨,中国建筑的股价处在相对高位。此时出现倾盆大雨的K线组合,表明股价见顶,行情要反转,投资者应尽早出货,避免损失。

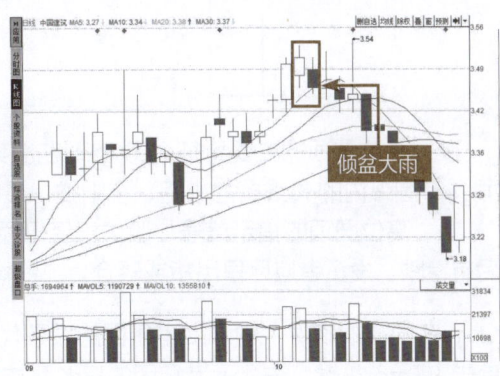

9.1.6 高位平顶

高位平顶的标准图形如下图所示。

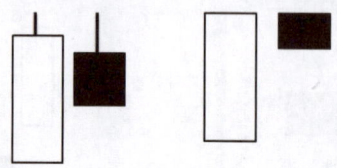

- 高位平顶的主要特征：① 出现在涨势中。② 由 2 根或 2 根以上的 K 线组成。③ 这几根 K 线的最高价相同。
- 高位平顶的指示信号：股价已经见顶或离顶部不远，股价可能会反转，由强转弱，后市看跌。投资者应尽早出货或轻仓。
- 注意事项：K 线的最高价非常接近或近似相等亦可。

1 在同花顺软件当中输入碧水源的股票代码"300070"或汉语拼音首字母"BSY"，单击【Enter】键，进入碧水源的日 K 线走势图。

平顶的 K 线组合，表明股价见顶，行情要反转，投资者尽早出货，避免损失。

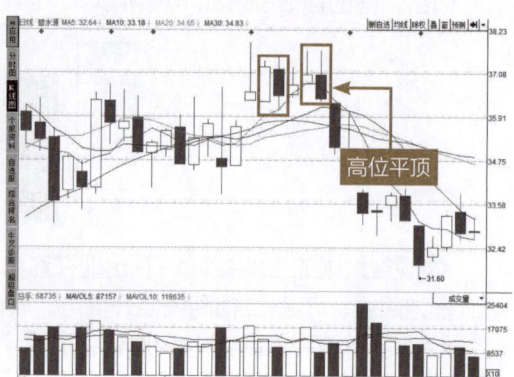

2 通过缩放，可以看到碧水源 2014 年 3 月至 4 月的日 K 线走势图。经过前期的上涨，碧水源的股价处在相对高位。此时出现高位

9.1.7 高位圆顶

高位圆顶的标准图形如下图所示。

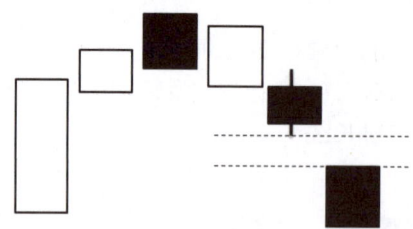

- 高位圆顶的主要特征：① 出现在涨势中。② 多根 K 线组成，股价则构成一个圆弧顶。③ 圆弧内的 K 线多为小阴、小阳线，最终以一根跳空阴线确认该圆弧顶。
- 高位圆顶的指示信号：股价已经见顶或离顶部不远，股价可能会反转，由强转弱，后市看跌。投资者应尽早出货或轻仓。

1 在同花顺软件中输入上港集团的股票代码"600018"或汉语拼音首字母"SGJT"，单击【Enter】键，进入上港集团的日 K 线走势图。

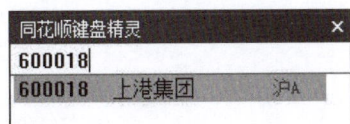
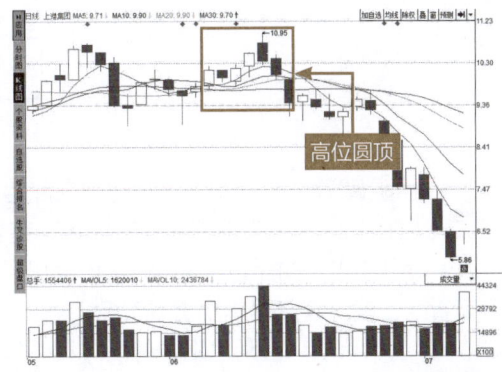

2　通过缩放，可以看到上港集团2015年5月至7月的日K线走势图。经过前期的上涨，上港集团的股价处在相对高位。此时出现高位圆顶的K线组合，表明股价见顶，行情要反转，投资者应尽早出货，避免损失。

9.1.8 高位塔顶

高位塔顶的标准图形如下图所示。

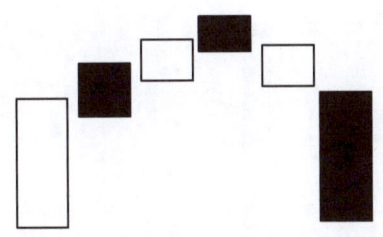

- 高位塔顶的主要特征：① 出现在涨势中。② 由多根K线组成。③ 第一根阳线为大阳线或中阳线，后面跟着几根小阴、小阳线，最后以一根大阴线或中阴线确立形态。
- 高位塔顶的指示信号：股价已经见顶或离顶部不远，股价可能会反转，由强转弱，后市看跌。投资者应尽早出货或轻仓。

1　在同花顺软件中输入上海机场的股票代码"600009"或汉语拼音首字母"SHJC"，单击【Enter】键，进入上海机场的日K线走势图。

2　通过缩放，可以看到上海机场2015年5月至7月的日K线走势图。经过前期的上涨，上海机场的股价处在相对高位。此时出现高位塔顶的K线组合，表明股价见顶，行情要反转，投资者应尽早出货，避免损失。

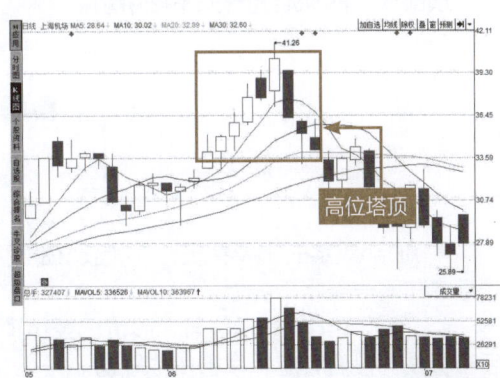

9.1.9 巨阴包阳

巨阴包阳的标准图形如下图所示。

- 巨阴包阳的主要特征：① 出现在涨势中。② 由 2 根 K 线组成，第一根 K 线为阳线，第二根为阴线。③ 第二根阴线高开低走，完全把第一根阳线的实体包裹在内。
- 巨阴包阳的指示信号：股价已经见顶或离顶部不远，股价随时会反转，由涨转跌，后市看跌。投资者应尽早出货或轻仓。
- 注意事项：巨阴包阳中的阴线和阳线不一定要是光头光脚的阴线和阳线，带上、下影线亦可。

1 在同花顺软件当中输入碧水源的股票代码"300070"或汉语拼音首字母"BSY"，单击【Enter】键，进入碧水源的日 K 线走势图。

包阳的 K 线组合，表明股价见顶，行情要反转，投资者应尽早出货，避免损失。

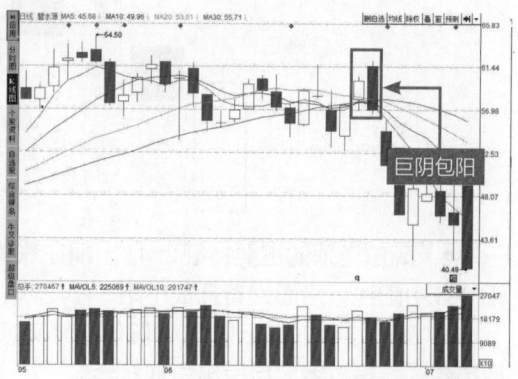

2 通过缩放，可以看到碧水源 2015 年 5 月至 7 月的日 K 线走势图。经过一轮的拉升，碧水源的股价处在相对高位。此时出现巨阴

9.1.10 顶部双桨

顶部双桨的标准图形如下图所示。

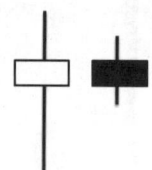

- 顶部双桨的主要特征：① 出现在涨势中。② 由 2 根螺旋桨 K 线组成，且这 2 根 K 线基本在同一条水平线上。
- 顶部双桨的指示信号：股价已经见顶或离顶部不远，股价随时会反转，由涨转跌，后市看跌。投资者应尽早出货或轻仓。
- 注意事项：顶部双桨中的螺旋线可全是阴线，也可全是阳线。

1 在同花顺软件当中输入皖维高新的股票代码"600063"或汉语拼音首字母"WWGX"，单击【Enter】键，进入皖维高新的日 K 线走势图。

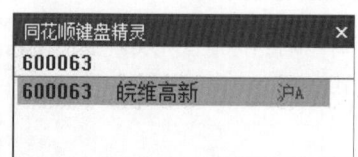

2 通过缩放，可以看到皖维高新 2015 年 5 月至 7 月的日 K 线走势图。经过一轮的拉升，皖维高新的股价处在相对高位。此时出现顶部双桨的 K 线组合，表明股价见顶，行情要反转，投资者应尽早出货，避免损失。

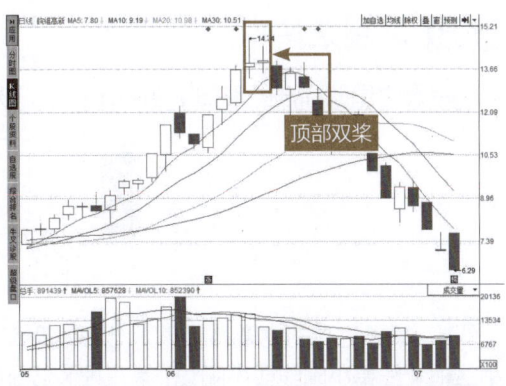

9.2 见底信号 K 线组合

投资者把握股票的底部信号相当重要，应熟练掌握，灵活运用，从而为接下来的操作占得先机。

9.2.1 早晨十字星

早晨十字星的标准图形如下图所示。

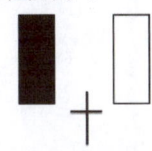

- 早晨十字星的主要特征：① 出现在跌势中。② 由 3 根 K 线组成，第一根 K 线是阴线，第二根 K 线是十字星，第三根 K 线是阳线。③ 阳线的收盘价深入到阴线的实体内部。
- 早晨十字星的指示信号：股价已经见底或离底顶部不远，股价随时会反转，由跌转涨，后市看涨。投资者可果断进入。
- 注意事项：早晨十字星中的阳线和阴线不一定非是光头光脚的阳线和阴线，带上、下影线亦可。

1 在同花顺软件当中输入红日药业的股票代码"300026"或汉语拼音首字母"HRYY"，单击【Enter】键，进入红日药业的日 K 线走势图。

此时出现早晨十字星的 K 线组合，表明股价见底，行情要反转，投资者可适时做多，抓住这一轮上涨行情。

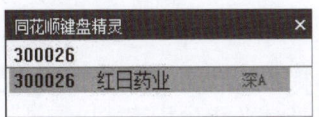

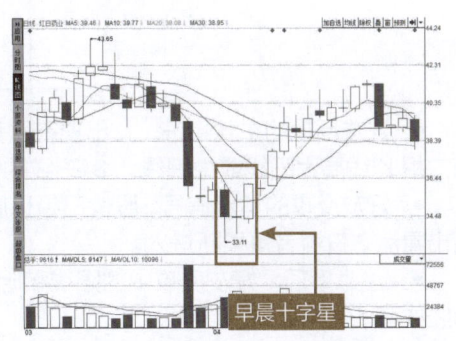

2 通过缩放，可以看到红日药业 2014 年 4 月至 5 月的日 K 线走势图。经过一段时间的下跌，红日药业的股价处在相对底部。

9 多 K 线组合形态识别

9.2.2 早晨之星

早晨之星的标准图形如下图所示。

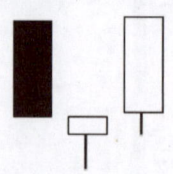

- 早晨之星的主要特征：① 出现在跌势中。② 由 3 根 K 线组成，第一根 K 线是阴线，第二根 K 线是小阴线或小阳线，第三根 K 线是阳线。③ 阳线的收盘价深入到阴线的实体内部。
- 早晨之星的指示信号：股价已经见底或离底顶部不远，股价随时会反转，由跌转涨，后市看涨。投资者可果断进入。
- 注意事项：① 早晨之星中的阳线和阴线不一定非是光头光脚的阳线和阴线，带上、下影线亦可。② 见底信号不及早晨十字星强烈。

1 在同花顺软件当中输入浦发银行的股票代码"600000"或汉语拼音首字母"PFYH"，单击【Enter】键，进入浦发银行的日 K 线走势图。

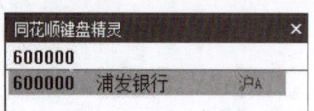

2 通过缩放，可以看到浦发银行 2015 年 3 月至 4 月的日 K 线走势图。经过一段时间的下跌，浦发银行的股价处在相对底部。此时出现早晨之星的 K 线组合，表明股价见底，行情要反转，投资者要适时做多，抓住这一轮上涨行情。

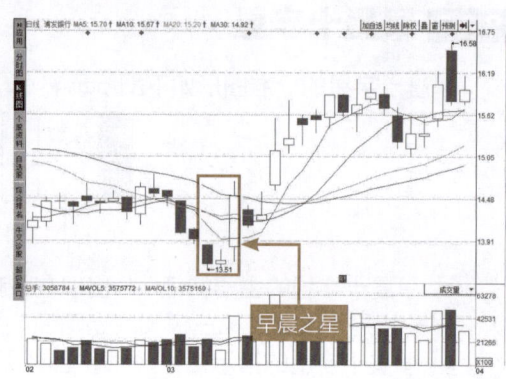

9.2.3 好友反攻

好友反攻的标准图形如下图所示。

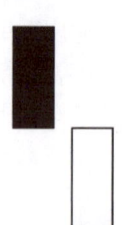

- 好友反攻的主要特征：① 出现在跌势中。② 由 2 根 K 线组成，第一根 K 线是大阴线，第二根 K 线是大阳线或中阳线。③ 阳线的收盘价和接近阴线收盘价相同或接近。
- 好友反攻的指示信号：股价已经见底或离底顶部不远，股价随时会反转，由跌转涨，后市看涨。投资者可果断进入。
- 注意事项：好友反攻中的阳线和阴线不一定非是光头光脚的阳线和阴线，带上、下影线亦可。

1 在同花顺软件当中输入金亚科技的股票代码"300028"或汉语拼音首字母"JYKJ",单击【Enter】键,进入金亚科技的日K线走势图。

此时出现好友反攻的K线组合,表明股价见底,行情要反转,投资者应适时做多,抓住这一轮上涨行情。

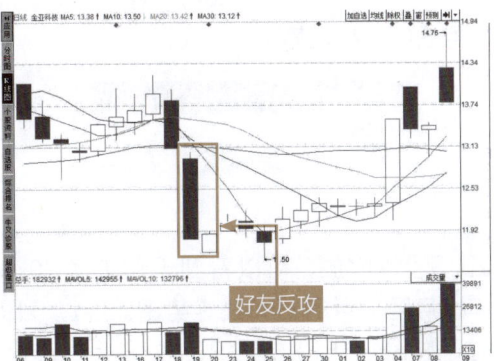

2 通过缩放,可以看到金亚科技2014年6月至7月的日K线走势图。经过一段时间的下跌,金亚科技的股价处在相对底部。

9.2.4 曙光初现

曙光初现的标准图形如下图所示。

- 曙光初现的主要特征:①出现在跌势中。②由2根K线组成,第一根K线是大阴线,第二根K线是大阳线或中阳线。③阳线的收盘价深入到阴线实体内部。
- 曙光初现的指示信号:股价已经见底或离底顶部不远,股价随时会反转,由跌转涨,后市看涨。投资者可果断进入。
- 注意事项:曙光初现中的阳线和阴线不一定非是光头光脚的阳线和阴线,带上、下影线亦可。

> **提示** ▶ 运用"曙光初现"K线组合形态选股时,必须注意3个要点。
> (1)量能的变化情况,伴随这种K线组合形态出现的同时出现缩量,表示股价已经筑底成功。
> (2)股价所处的环境位置很重要,如果个股涨幅过大时,出现"曙光初现"K线组合形态,则有骗线的可能性。
> (3)出现"曙光初现"K线组合形态后,如果股价立即展开上升行情,则力度往往并不大。相反,出现"曙光初现"后,股价有一个短暂的蓄势整理过程的,往往会爆发强劲的个股行情。

9 多K线组合形态识别 | 169

1 在同花顺软件当中输入天和防务的股票代码"300397"或汉语拼音首字母"THFW",单击【Enter】键,进入天和防务的日K线走势图。

2 通过缩放,可以看到天和防务2015年1月至2月的日K线走势图。经过一段时间的下跌,天和防务的股价处在相对底部。

此时出现曙光初现的K线组合,表明股价见底,行情要反转,投资者要适时做多,抓住这一轮上涨行情。

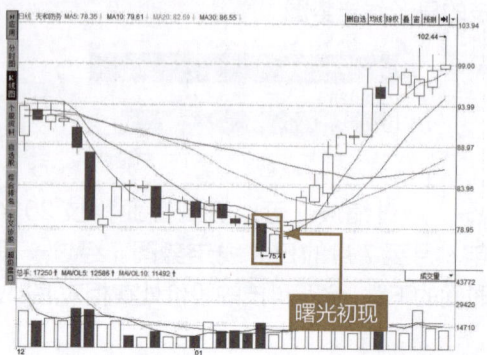

9.2.5 旭日东升

旭日东升的标准图形如下图所示。

- 旭日东升的主要特征:① 出现在跌势中。② 由2根K线组成,第一根K线是大阴线,第二根K线是大阳线或中阳线。③ 阳线的开盘价深入到阴线实体内部,阳线的收盘价则超过阴线的开盘价。
- 旭日东升的指示信号:股价已经见底或离底顶部不远,股价随时会反转,由跌转涨,后市看涨。投资者可果断进入。
- 注意事项:① 旭日东升中的阳线和阴线不一定非是光头光脚的阳线和阴线,带上、下影线亦可。② 阳线的收盘价超过阴线开盘价越多,反转信号越强烈。

1 在同花顺软件当中输入华测检测的股票代码"300012"或汉语拼音首字母"HCJC",单击【Enter】键,进入华测检测的日K线走势图。

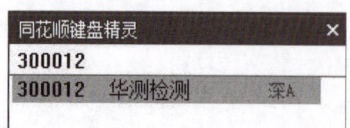

2 通过缩放,可以看到华测检测2015年1月至2月的日K线走势图。经过一段时间的下跌,华测检测的股价处在相对底部。

此时出现旭日东升的K线组合,表明股价见底,行情要反转,投资者要适时做多,抓住这一轮上涨行情。

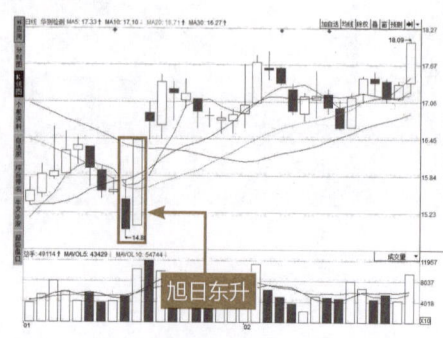

9.2.6 低位平底

低位平底的标准图形如下图所示。

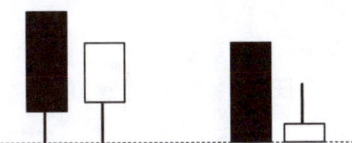

- 低位平底的主要特征：① 出现在跌势中。② 由 2 根或 2 根以上的 K 线组成。③ 这些 K 线的最低价相同或相近。
- 低位平底的指示信号：股价已经见底或离底部不远，股价可能会反转，由跌转涨，后市看涨。投资者可果断进入。

1 在同花顺软件当中输入中元华电的股票代码"300018"或汉语拼音首字母"ZYHD"，单击【Enter】键，进入中元华电的日 K 线走势图。

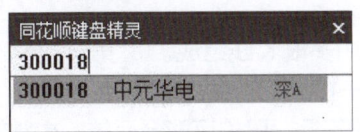

2 通过缩放，可以看到中元华电 2014 年 10 月至 12 月的日 K 线走势图。经过一段时间的下跌，中元华电的股价处在相对底部。此时出现低位平底的 K 线组合，表明股价见底，行情要反转，投资者要适时做多，抓住这一轮上涨行情。

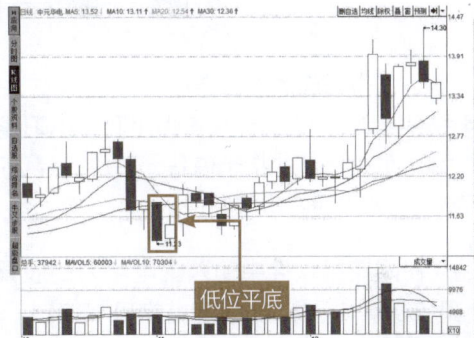

9.2.7 低位圆底

低位圆底的标准图形如下图所示。

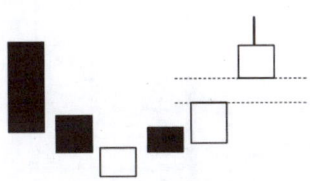

- 低位圆底的主要特征：① 出现在跌势中。② 由多根 K 线组成，股价构成一个圆弧。③ 最后一根 K 线跳空上行，最终确立圆弧底。
- 低位圆底的指示信号：股价已经见底或离底部不远，股价可能会反转，由跌转涨，后市看涨。投资者可果断进入。

1 在同花顺软件当中输入大禹节水的股票代码"300021"或汉语拼音首字母"DYJS"，单击【Enter】键，进入大禹节水的日 K 线走势图。

2 通过缩放，可以看到大禹节水 2015 年 2 月至 3 月的日 K 线走势图。经过一段时间的下跌，大禹节水的股价处在相对底部。此时出现低位圆底的 K 线组合，表明股价见底，行情要反转，投资者要适时做多，抓住这一轮上涨行情。

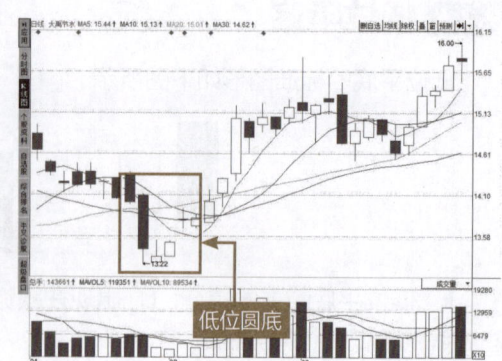

9.2.8 低位塔底

低位塔底的标准图形如下图所示。

- 低位塔底的主要特征：① 出现在跌势中。② 由多根 K 线组成。③ 第一根 K 线是大阴线或中阴线，之后连续多根小阴、小阳线，最后以一根大阳线确立塔底。
- 低位塔底的指示信号：股价已经见底或离底部不远，股价可能会反转，由跌转涨，后市看涨。投资者可果断进入。

1 在同花顺软件中输入国电电力的股票代码"600795"或汉语拼音首字母"GDDL"，单击【Enter】键，进入国电电力的日 K 线走势图。

2 通过缩放，可以看到国电电力 2014 年 10 月至 11 月的日 K 线走势图。经过一段时间的下跌，国电电力的股价处在相对底部。此时出现低位塔底的 K 线组合，表明股价见底，行情要反转，投资者应适时做多，抓住这一轮上涨行情。

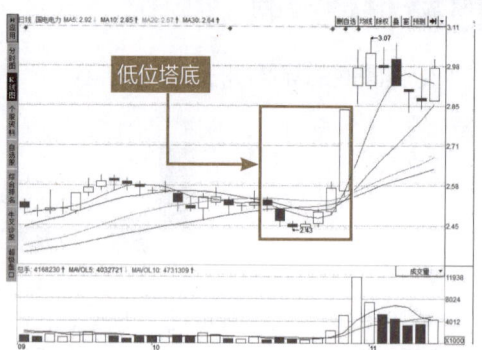

9.2.9 巨阳包阴

巨阳包阴的标准图形如下图所示。

- 巨阳包阴的主要特征：① 出现在跌势中。② 由 2 根 K 线组成，第一根 K 线是阴线，第二根 K 线是大阳线或中阳线。③ 阳线的开盘价低于阴线的收盘价，阳线的收盘价高于阴线的开盘价，把整根阴线包裹在阳线实体内部。
- 巨阳包阴的指示信号：股价已经见底或离底顶部不远，股价随时会反转，由跌转涨，后市看涨。投资者可果断进入。
- 注意事项：① 巨阳包阴中的阳线和阴线不一定非是光头光脚的阳线和阴线，带上、下影线亦可。② 阳线的收盘价超过阴线开盘价越多，反转信号越强烈。

1　在同花顺软件当中输入通化金马的股票代码"000766"或汉语拼音首字母"THJM"，单击【Enter】键，进入通化金马的日 K 线走势图。

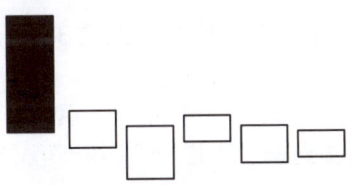

2　通过缩放，可以看到通化金马 2014 年 12 月至 2015 年 2 月的日 K 线走势图。经过一段时间的下跌，通化金马的股价处在相对底部。此时出现巨阳包阴的 K 线组合，表明股价见底，行情要反转，投资者要适时做多，抓住这一轮上涨行情。

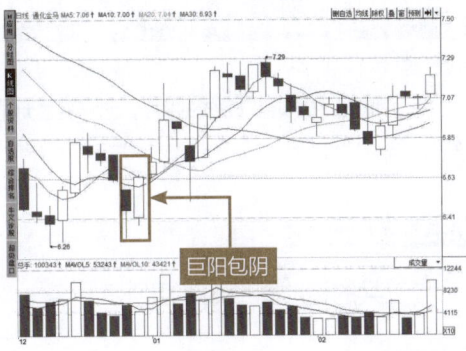

9.2.10 低位五档线

低位五档线的标准图形如下图所示。

- 低位五档线的主要特征：① 出现在跌势中。② 由多根 K 线组成，第一根为阴线，后面紧接多根小阳线或小阴线。③ 小阳、小阴线基本上处在第一根阴线收盘价的位置。
- 低位五档线的指示信号：股价已经见底或离底顶部不远，股价随时会反转，由跌转涨，后市看涨。投资者可果断进入。

1　在同花顺软件中输入同花顺的股票代码"300033"或汉语拼音首字母"THS"，单击【Enter】键，进入同花顺的日 K 线走势图。

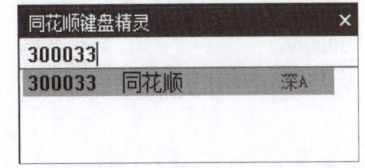

2 通过缩放，可以看到同花顺 2014 年 12 月至 2015 年 2 月的日 K 线走势图。经过一段时间的下跌，同花顺的股价处在相对底部。此时出现低位五档线的 K 线组合，表明股价见底，行情要反转，投资者要适时做多，抓住这一轮上涨行情。

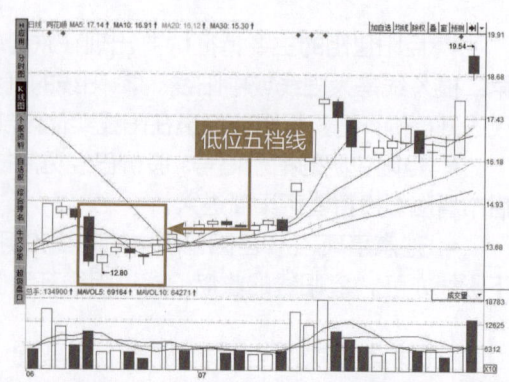

9.3 上升形态 K 线组合

除了底部和顶部 K 线组合，还有上升和下降 K 线组合。本节将详细介绍上升形态中的 K 线组合。

9.3.1 红三兵

红三兵的标准图形如下图所示。

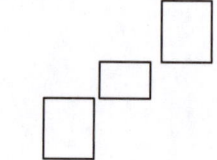

- 红三兵的主要特征：① 出现在底部或涨势中。② 由 3 根阳线组成，三根阳线的收盘价节节升高。
- 红三兵的指示信号：大盘将维持上涨态势或开始上涨，后市看涨。投资者可适时进入。
- 注意事项：阳线不一定要是光头光脚，带上、下影线亦可。

1 在同花顺软件当中输入探路者的股票代码"300005"或汉语拼音首字母"TLZ"，单击【Enter】键，进入探路者的日 K 线走势图。

出现红三兵的 K 线组合，表明股价见底，行情要反转，投资者要适时做多，抓住这一轮上涨行情。

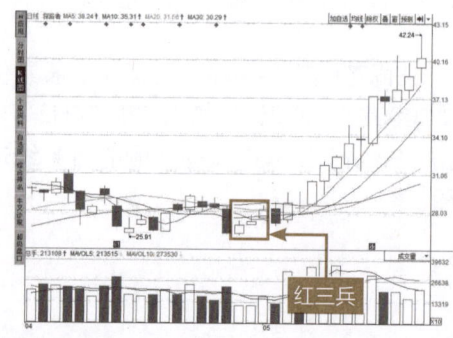

2 通过缩放，可以看到探路者 2015 年 4 月至 5 月的日 K 线走势图。经过一段时间的下跌，探路者的股价处在相对底部。此时

9.3.2 高位盘旋

高位盘旋的标准图形如下图所示。

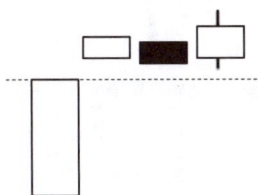

- 高位盘旋的主要特征：① 出现在上涨初期或中期。② 由多根K线组成，先是一根大阳线，紧接着数根小阳、小阴线。③ 小阳、小阴线最低价高于大阳线收盘价。
- 高位盘旋的指示信号：大盘将开始上涨或保持涨势不变，后市持续看涨。投资者可适时进入。

1 在同花顺软件当中输入南风股份的股票代码"300004"或汉语拼音首字母"NFGF"，单击【Enter】键，进入南风股份的日K线走势图。

2 通过缩放，可以看到南风股份2015年4月至5月的日K线走势图。经过一段时间的下跌，南风股份的股价处在相对低位，且透露出一点涨势，此时出现高位盘旋的K线组合，表明行情要强化，投资者要适时做多，抓住这一轮上涨行情。

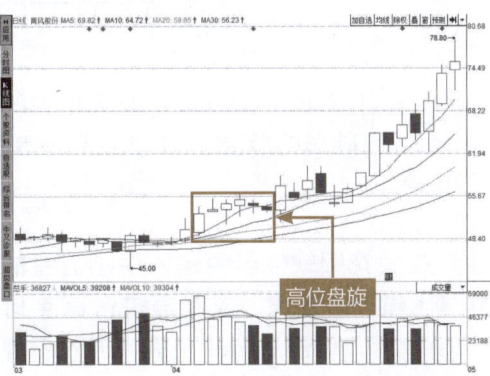

9.3.3 连续跳高

连续跳高的标准图形如下图所示。

- 连续跳高的主要特征：① 出现在跌势中。② 由多根阳线组成，每根阳线都是跳空高开。
- 连续跳高的指示信号：大盘将开始上涨或保持涨势不变，后市持续看涨。投资者可适时进入。

1 在同花顺软件当中输入特变电工的股票代码"600089"或汉语拼音首字母"TBDG"，单击【Enter】键，进入特变电工的日K线走势图。

2 通过缩放,可以看到特变电工 2015 年 1 月至 3 月的日 K 线走势图。经过一段时间的下跌,特变电工的股价处在相对低位,且透露出一点涨势,此时出现连续跳高的 K 线组合,表明行情要强化,投资者要适时做多,抓住这一轮上涨行情。

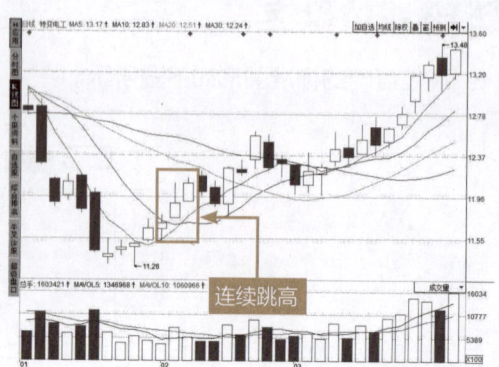

9.3.4 五阳上阵

五阳上阵的标准图形如下图所示。

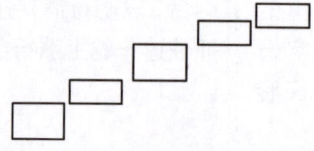

- 五阳上阵的主要特征:① 出现在跌势中。② 由多根阳线组成,每根阳线都是跳空高开。
- 五阳上阵的指示信号:大盘将开始上涨或保持涨势不变,后市持续看涨。投资者可适时进入。

1 在同花顺软件当中输入中国卫星的股票代码"600118"或汉语拼音首字母"ZGWX",单击【Enter】键,进入中国卫星的日 K 线走势图。

2 通过缩放,可以看到中国卫星 2015 年 3 月至 4 月的日 K 线走势图。经过一段时间的下跌,中国卫星的股价处在相对低位,且透露出一点涨势,此时出现五阳上阵的 K 线组合,表明行情要强化,投资者要适时做多,抓住这一轮上涨行情。

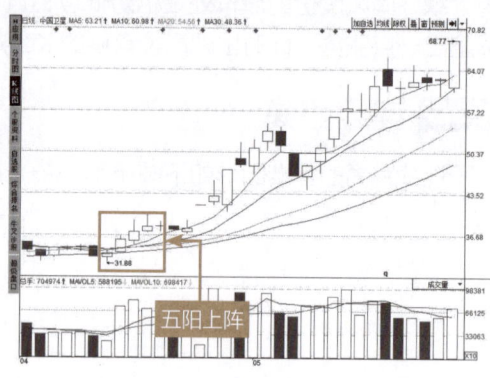

9.4 下降形态 K 线组合

熟练把握上升形态,投资者能够找到合适卖点,这只是第一步。把握下降形态,果断在高点卖出,投资者才能最终获取最高收益。本节将介绍下降形态的 K 线组合。

9.4.1 黑三兵

黑三兵的标准图形如下图所示。

- 黑三兵的主要特征：① 出现在涨势。② 由 3 根阴线组成，每根阴线的收盘价都节节下降。
- 黑三兵的指示信号：股价已经见顶，股价可能会由强转弱，后市看跌。投资者应尽早出货或轻仓。
- 注意事项：黑三兵中的阴线不一定要是光头光脚的阴线，带上、下影线亦可。

1 在同花顺软件当中输入皖通高速的股票代码"600012"或汉语拼音首字母"WTGS"，单击【Enter】键，进入皖通高速的日 K 线走势图。

2 通过缩放，可以看到皖通高速 2015 年 6 月至 7 月的日 K 线走势图。经过前期的上涨，皖通高速的股价处在相对高位。此时出现黑三兵的 K 线组合，表明股价见顶，行情要反转，投资者应尽早出货，避免损失。

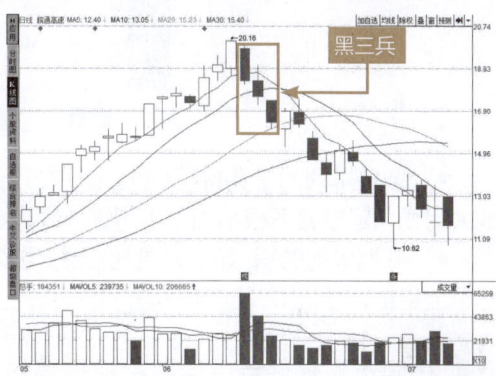

9.4.2 五阴连天

五阴连天的标准图形如下图所示。

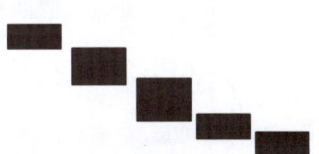

- 五阴连天的主要特征 ① 出现在顶部。② 由 3 根阴线组成，每根阴线的收盘价都节节下降。
- 五阴连天的指示信号：股价已经见顶，股价可能会由强转弱，后市看跌。投资者应尽早出货或轻仓。
- 注意事项：五阴连天中的阴线不一定要是光头光脚的阴线，带上、下影线亦可。

1 在同花顺软件当中输入上海电力的股票代码"600021"或汉语拼音首字母"SHDL"，单击【Enter】键，进入上海电力的日 K 线走势图。

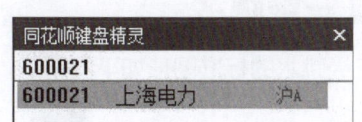

2 通过缩放，可以看到上海电力 2015 年 6 月至 7 月的日 K 线走势图。经过前期的上涨，上海电力的股价处在相对高位。此时出现五阴连天的 K 线组合，表明股价见顶，行情要反转，投资者应尽早出货，避免损失。

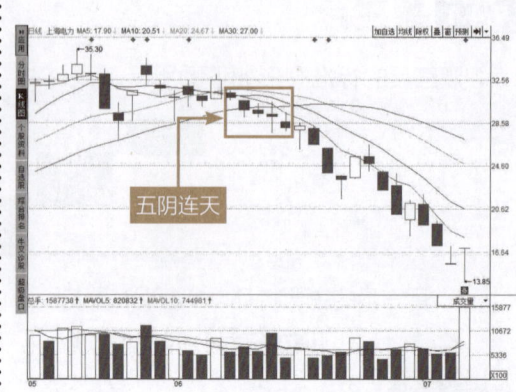

9.4.3 低档排列

低档排列的标准图形如下图所示。

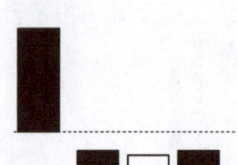

- 低档排列的主要特征：① 出现在顶部。② 由多根阴线组成，第一根 K 线为中阴线或大阴线，紧接着多根小阳、小阴线。③ 小阳、小阴线的最高价都低于阴线的最低价。
- 低档排列的指示信号：股价已经见顶，股价可能会由强转弱，后市看跌。投资者应尽早出货或轻仓。

1 在同花顺软件当中输入中视传媒的股票代码"600088"或汉语拼音首字母"ZSCM"，单击【Enter】键，进入中视传媒的日 K 线走势图。

2 通过缩放，可以看到中视传媒 2015 年 6 月至 7 月的日 K 线走势图。经过前期的上涨，中视传媒的股价处在相对高位。此时出现低档排列的 K 线组合，表明股价见顶，行情要反转，投资者应尽早出货，避免损失。

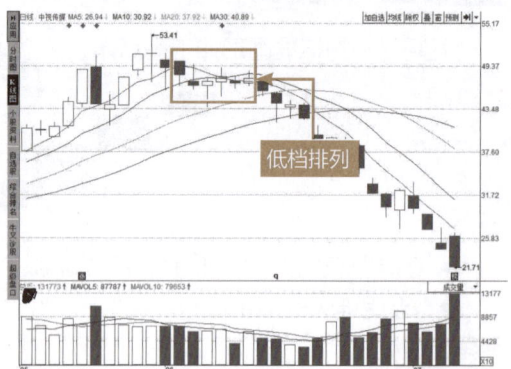

9.4.4 三级跳水

三级跳水的标准图形如下图所示。

- 三级跳水的主要特征：① 出现在顶部。② 由 3 根阴线组成，第一根阴线跳空高开，其他两根阴线跳空低开。
- 三级跳水的指示信号：股价已经见顶，股价可能会由强转弱，后市看跌。投资者应尽早出货或轻仓。

1 在同花顺软件当中输入中国联通的股票代码"600050"或汉语拼音首字母"ZGLT"，单击【Enter】键，进入中国联通的日 K 线走势图。

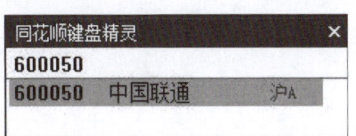

2 通过缩放，可以看到中国联通 2015 年 6 月至 7 月的日 K 线走势图。经过前期的上涨，中国联通的股价处在相对高位。此时出现三级跳水的 K 线组合，表明股价见顶，行情要反转，投资者应尽早出货，避免损失。

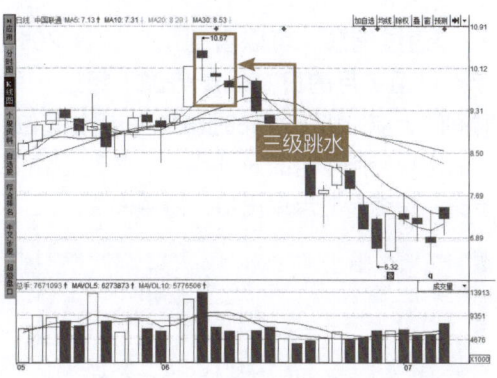

9.5 其他形态 K 线组合

投资者对主要的顶部、底部及上升和下降形态有所了解之后，本节介绍几种其他的 K 线组合。

9.5.1 巨阳孕阴

巨阳孕阴的标准图形如下图所示。

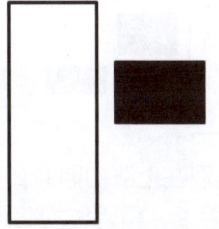

- 巨阳孕阴的主要特征：① 出现在涨势或顶部。② 由 2 根 K 线组成，第一根为大阳线或中阳线，第二根为阴线，且阴线完全在阳线的实体内部。
- 巨阳孕阴的指示信号：如果在顶部，表明处在顶部或顶部不远，投资者应尽早出货；如果在上涨过程中，表明维持涨势不变，投资者可适时跟进。
- 注意事项：① 投资者要结合其他信息，确定巨阳孕阴所处的位置。② 带上、下影线的 K 线亦可。

1 在同花顺软件当中输入山东钢铁的股票代码"600022"或汉语拼音首字母"SDGT",单击【Enter】键,进入山东钢铁的日K线走势图。

2 通过缩放,可以看到山东钢铁2015年6月至7月的日K线走势图。经过一段时间的上涨,山东钢铁的股价处在相对高位,此时出现巨阳孕阴的K线组合,表明行情要反转,投资者应尽早出货,避免损失。

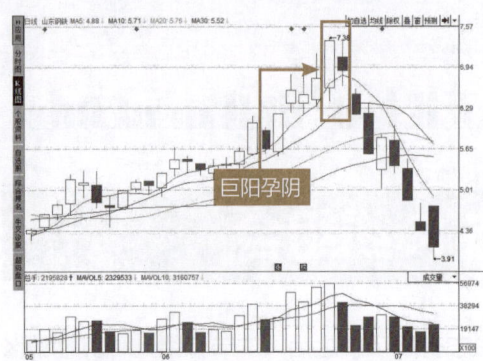

3 再来看宏图高科2015年2月至4月的日K线走势图。经过上涨初期的拉升,宏图高科的股价开始有起色,此时出现巨阳孕阴的K线组合,表明行情得到强化,后市看涨,投资者可适时跟进,抓住这一路上涨行情。

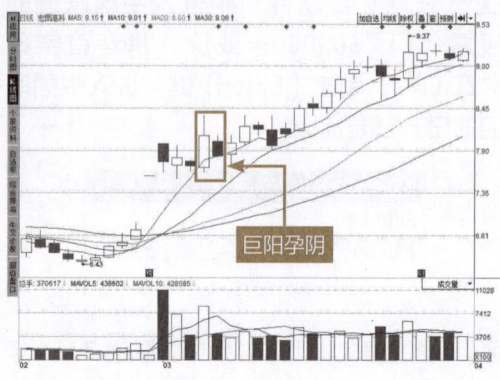

9.5.2 势不可挡

势不可挡的标准图形如下图所示。

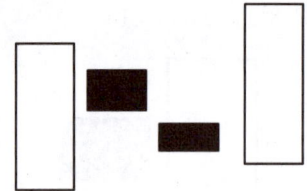

- 势不可挡的主要特征:① 出现在上涨初期。② 由多根K线组成。③ 第一根K线是大阳线或中阳线,之后连续多根小阴线,但阴线均在阳线的实体之内,最后以一根大阳线确立形态。

- 势不可挡的指示信号:股价上涨态势得到加强,后市看涨。投资者可果断进入。

1 在同花顺软件当中输入永新股份的股票代码"002014"或汉语拼音首字母"YYGF",单击【Enter】键,进入永新股份的日K线走势图。

2　通过缩放，可以看到永新股份2015年3月至4月的日K线走势图。经过初期的上涨，永新股份的股价刚刚起步。此时出现势不可挡的K线组合，表明行情得到加强，投资者尽量适时做多，抓住这一轮上涨行情。

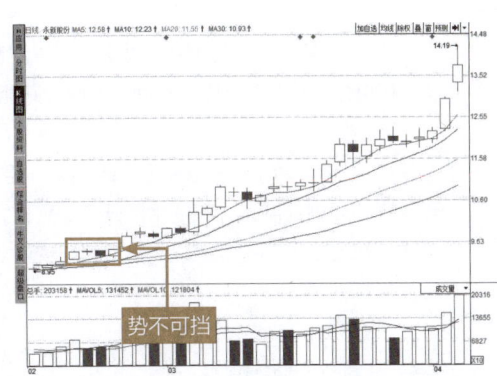

9.5.3　无力回天

无力回天的标准图形如下图所示。

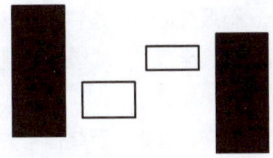

- 无力回天的主要特征：① 出现在跌势中。② 由多根K线组成。③ 第一根K线是大阴线或中阴线，之后连续多根小阳线，但阳线均在阴线的实体之内，最后以一根大阴线确立形态。
- 无力回天的指示信号：股价下跌态势得到加强，后市看跌。投资者可果断出货。

1　在同花顺软件当中输入包钢股份的股票代码"600010"或汉语拼音首字母"BGGF"，单击【Enter】键，进入包钢股份的日K线走势图。

此时出现无力回天的K线组合，表明行情得到加强，投资者应尽早出货，减少损失。

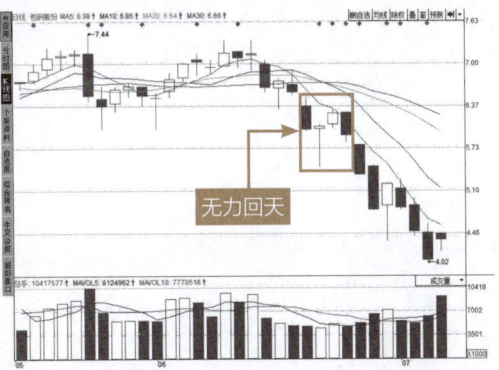

2　通过缩放，可以看到包钢股份2015年6月至7月的日K线走势图。经过前期的高点，包钢股份的股价处在下跌态势中。

高手秘技

技巧1　投资者在应用K线分析时应该注意的问题

投资者在应用K线的时候要注意以下两点。

（1）使用其他方法配合K线分析。投资者单纯依靠K线分析来做决策，着实有些鲁莽。K线仅包含价格信息，比较片面，因此最好能结合趋势信息、指标信息和基本面分析，进行综合判断。

（2）活学活用，融会变通。经典K线组合是经验的总结，不是必然的结论，实际运用过程中，要因地制宜，不能生搬硬套。另外，实际走势中完全符合标准的K线组合很少，基本上都是变形形态。所以，投资者研究K线组合时，要重其意，轻其招，这样才能抓住投资机会。

技巧 2 反转形态需要注意的两点

反转形态是指股价从顶部开始下跌或从底部开始上涨的形态。其主要包括头肩底（顶）、三重底（顶）、双底（顶）、V形反转以及圆弧底（顶）等几种方式。研究反转形态，投资者需注意以下两点。

（1）当原有的趋势线被第一次有效突破时，投资者应该明白，原有趋势要发生变化，而不是行情一定发生反转。至于趋势是完全反转，或横盘调整，再或只是减轻原有趋势强度，投资者要结合其他信息和指标进行判断。

（2）反转形态发生时，伴随着成交量放大，反转信号的可靠性增强。兵马未动，粮草先行。在股市中，成交量很多时候不光起到粮草的作用，更能起到稳定军心的作用。

10 移动平均线分析

本章引语

让趋势成为你的朋友。

——彼得·林奇

在实际操作中,经验丰富的投资大师通常都会看大势做股,在一个趋势的运行初期,及时准确地介入,从而达到顺着趋势交易的目的。移动平均线,作为一项反映趋势的重要指标,投资者应该给予重点关注。

本章要点

★ 牛市中的均线
★ 熊市中的均线
★ 均线的交叉形态

移动平均线理论是当今应用最普遍的技术指标之一，它能帮助交易者确认现有趋势、判断将出现的趋势、即将反转的趋势。本章将详细介绍移动平均线。

10.1 移动平均线概述

股价有涨有跌，K线有红有绿，无端的变化使刚入市的投资者感到迷茫。而移动平均线是一定时间周期内收盘价的平均值，可有效地熨平股价过度的起伏，使走势变得清晰。因此，投资者要想消除疑云，更好地把握市场趋势，移动平均线分析必不可少。

10.1.1 移动平均线对炒股的意义

移动平均线（Moving Average，英文缩写为MA），通常简称均线。它是将某一时间周期内的收盘价之和除以该周期。比如日均线MA5就是把5日内的收盘价之和除以5。移动平均线是由美国投资专家格兰威尔在20世纪中期提出来的，是目前应用最普遍的指标之一，能够帮助投资者判断局势，把握趋势，进而做出最有利的决策。

移动平均线通常有5日均线、10日均线、30日均线、60日均线、120日均线和250日均线等。其中，把5日均线和10日均线称为短期均线，适用于短线操作；30日均线和60日均线称为中期均线，适用于中线操作；而120日均线和250日均线称为长期均线，适用于长线操作。

> **提示** ▶ 年线（250日均线）应用技巧
> 假如K线在年线之上且保持上行态势，表明股价高于这250日内的平均成本，资金处于盈利状态，行情继续看涨，此时处在牛市阶段；若年线保持下行态势，且K线在年线之下，说明处在熊市阶段。因此，年线又被称为牛熊线。

通常情况下，股票每天的价格不停地波动，而大多数微小的波动仅仅是一个重要的趋势的小插曲，如果过分看重这些小波动，反而容易忽略主要的趋势。因此，分析股价走势应有更广阔的眼光，采用移动平均线的方式，着眼于价格变动的大趋势。之所以移动平均线能够分析价格走势，是因为它具有以下基本特征。

（1）趋势特征。移动平均线能够反映股价的基本趋势，并且近似地表现出这个价格趋势。

（2）稳重特征。移动平均线是一个周期内的平均值，因此不会像日K线那样变化剧烈，而是表现得相对平稳，即上升的时候稳步上升，下降的时候平稳下降，改变上升或下降趋势相对来说不容易。

（3）安全特征。此特征也可以称为滞后特征。移动平均线改变方向不容易，不能第一时间反映出股价的最新动态，只有等形势明确之后，均线才会转向。所以，在得到一定安全保证的同时，也带来一定的滞后。股价刚开始回落时，移动平均线是向上的，只有等到显著回落时，移动平均线才转向下。

（4）助涨特征。此特征也可以称为支撑特征。当股价从下向上穿过移动平均线时，移动平均线开始向上移动，可以看成是多方的支撑线。而当股价跌回到移动平均线的位置时，自然会产生支撑力量。

（5）助跌特征。此特征也可以称为阻力特征。当股价从上向下穿过移动平均线时，移动平均线开始向下移动，可以看成是空方的阻力线。而当股价上涨到移动平均线的位置时，自然会产生阻力力量。

正是因为以上这些特征，使移动平均线的分析对炒股起到重要作用。投资者根据移动平均线反映的信息，确定合适的买入和卖出时机，获得高额的投资回报。

10.1.2 移动平均线的计算原理

根据平均值计算方法的不同，移动平均线可以分为算数移动平均线、加权移动平均线和指数平滑移动平均线。下面对这三种移动平均线做简单介绍。

1. 算术移动平均线

所谓移动平均，首先是算术平均数，如 1 到 10 十个数字，其平均数便是 5.5；而移动则意味着这十个数字的变动。假如第一组是 1 到 10，第二组变动成 2 到 11，第三组又变为 3 到 12，那么，这三组平均数各不相同。而这些不同的平均数的集合，便统称为移动平均数。

计算公式：MA(n) = (C1+C2+…+Cn)/n

2. 加权移动平均线

加权的原因是基于移动平均线中，收盘价对未来价格波动的影响最大，因此赋予它较大的权值。加权方式分为 4 种：

（1）末日加权移动平均线。

计算公式：MA(n) = (C1+C2+…+Cn×2)/(n+1)

（2）线性加权移动平均线。

计算公式：MA(n) = (C1×1+C2×2+…+Cn×n)/(1+2+…+n)

（3）梯型加权移动平均线。

计算方法（以 5 日为例）：

[（第 1 日收盘价+第 2 日收盘价）×1+（第 2 日收盘价+第 3 日收盘价）×2+（第 3 日收盘价+第 4 日收盘价）×3+（第 4 日收盘价+第 5 日收盘价）×4]/（2×1+2×2+2×3+2×4）即为第 5 日的阶梯加权移动平均线

（4）平方系数加权移动平均线。

计算公式（以 5 日为例）：

MA=[（第 1 日收盘价×1×1）+（第 2 日收盘价×2×2）+（第 3 日收盘价×3×3）+（第 4 日收盘价×4×4）+（第 5 日收盘价×5×5）]/（1×1+2×2+3×3+4×4+5×5）

3. 指数平滑移动平均线

普通的移动平均线存在滞后性，即一旦股价脱离均线差值扩大，平均线是不会立刻显示的。指数平滑移动平均线（EMA）就是为了减少类似的缺点才发展出来的。

以 5 日指数平滑移动平均线为例，计算方式是：首先以算术移动平均线计算出第一移动平均线，第二个移动平均线为：（第 6 日收盘价×1/5）+（前一日移动平均线×4/5）。

计算公式：

EMA=C6×1/5+EMA5×4/5

10.2 牛市常见的移动平均线

牛市是所有投资者都向往的，能够发现牛市的蛛丝马迹也是投资者梦寐以求的。本节介绍牛市中移动平均线通常具有的主要形态。

10.2.1 多均线匀速上升

多均线匀速上升是牛市中均线常见的形态。
多均线匀速上升的标准图形如下图所示。

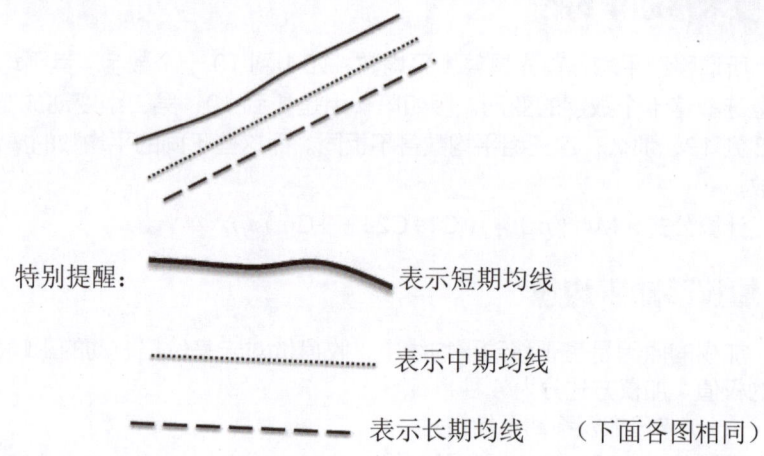

- 多均线匀速上升的主要特征：①出现在涨势中。②短期、中期、长期均线基本上平行地沿着一定的坡度向上移动。
- 多均线匀速上升的指示信号：标准的做多信号，后市看涨。投资者只要发现该股之前没有过分上涨，可果断买入。
- 注意事项：①通常短期均线近似即可，要求相对较低。②上升的坡度越小，上升的势头越大。

1 在同花顺软件当中输入中国中冶的股票代码"601618"或汉语拼音首字母"ZGZY"，单击【Enter】键，进入中国中冶的日K线走势图。

2 通过缩放，可以看到中国中冶2015年3月至4月的日K线走势图。经过一段时间的横盘，中国中冶的股价开始向上爬升，此时出现了多均线匀速上升的走势，成交量明显放大，后市上涨已是大概率事件。同时

可以看出上涨的坡度相当平缓，那么该股票后市的上涨势头相对较大。此轮匀速上涨过后，该股果然迎来一波加速上涨态势。

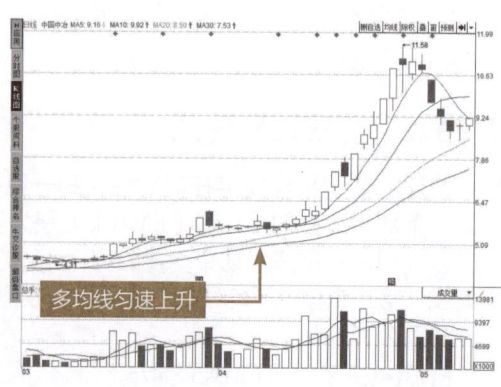

10.2.2 均线黄金交叉

均线黄金交叉是牛市中均线常见的形态。
均线黄金交叉的标准图形如下图所示。

- 均线黄金交叉的主要特征：① 出现在上涨初期。② 一根周期较短的均线由下往上穿过周期较长的均线，且周期较长的均线在向上移动。
- 均线黄金交叉的指示信号：见底信号，后市看涨。如果出现在股价大跌之后，投资者可果断介入。中长线投资者可在周 K 或月 K 线上根据此信号买入。
- 注意事项：两条均线交叉的角度越大，上涨动力越强。

1 在同花顺软件当中输入乐视网的股票代码"300104"或汉语拼音首字母"LSW"，单击【Enter】键，进入乐视网的日 K 线走势图。

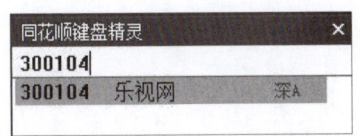

2 通过缩放，可以看到乐视网 2014 年 12 月至 2015 年 1 月的日 K 线走势图。经过一段时间的下调，乐视网的股价开始向上爬升，此时出现了密集的均线黄金交叉走势，成交量有所放大，后市上涨已是大概率事件。

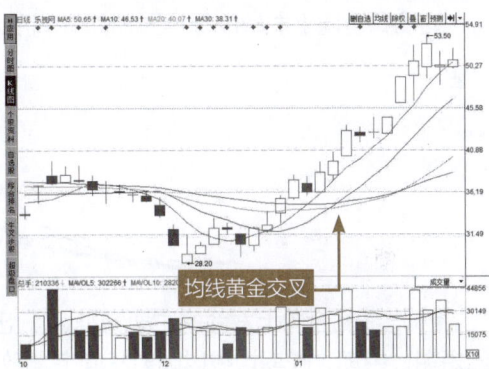

10.2.3 均线多头排列

均线多头排列的标准图形如下图所示。

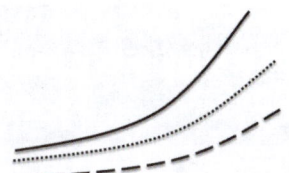

- 均线多头排列的主要特征：① 出现在涨势中。② 短期、中期、长期均线按照从上到下的顺序依次排开，即短期均线在上，中期均线在中，长期均线在下。③ 所有均线呈上升态势。
- 均线多头排列的指示信号：标准的做多信号，后市看涨。如果处在多头排列的期初和期中，投资者可果断做多；如果处在后期，投资者应谨慎交易。

1 在同花顺软件当中输入中国中车的股票代码"601766"或汉语拼音首字母"ZGZC",单击【Enter】键,进入中国中车的日 K 线走势图。

2 通过缩放,可以看到中国中车 2015 年 3 月至 4 月的日 K 线走势图。经过一段时间的横盘,中国中车的股价开始向上爬升,此时出现了均线多头排列的走势,均线由拧在一起渐渐清晰地分开,成交量明显放大,后市上涨已是大概率事件。此轮过后,又经过短暂的平整,中国中车股价开始强力拉升,连续走出多个涨停板。

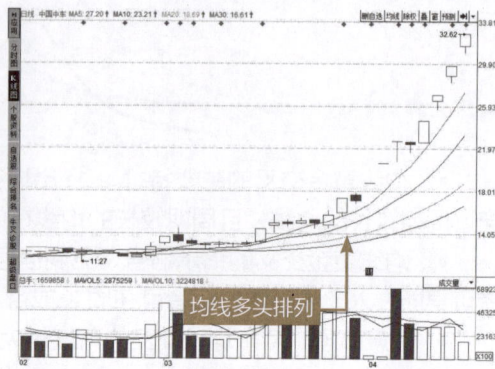

10.2.4 均线黏合向上发散

均线黏合向上发散的标准图形如下图所示。

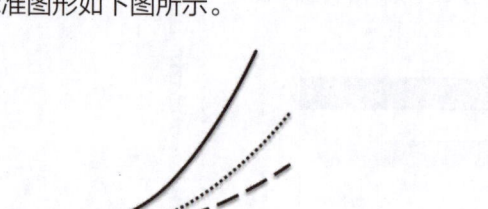

- 均线黏合向上发散的主要特征:① 出现在下跌后横盘末期或小幅上涨后横盘末期。② 短期、中期、长期均线以喷射状向上发散,发散前几乎黏合在一起。
- 均线黏合向上发散的指示信号:标准的做多信号,后市看涨。投资者此时可果断介入。
- 注意事项:① 黏合时间越长,向上发散的力度越大。② 向上发散的同时如果成交量明显放大,上升信号更加可靠。

> **提示** ▶ 假如股价快速上扬、均线发散后相距过大,此时回落的风险加大,均线有重新接近的趋势,投资者不宜追高。

1 在同花顺软件当中输入铁龙物流的股票代码"600125"或汉语拼音首字母"TLWL",单击【Enter】键,进入铁龙物流的日 K 线走势图。

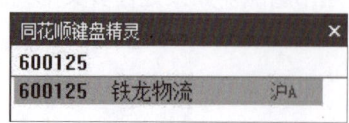

2 通过缩放,可以看到铁龙物流 2015 年 3 月至 4 月的日 K 线走势图。经过一段时间的横盘,铁龙物流的股价开始向上爬升,几根均线已经基本上重合在一起。此时出现了均线黏合向上发散的走势,成交量明显放大,后市上涨已是大概率事件。

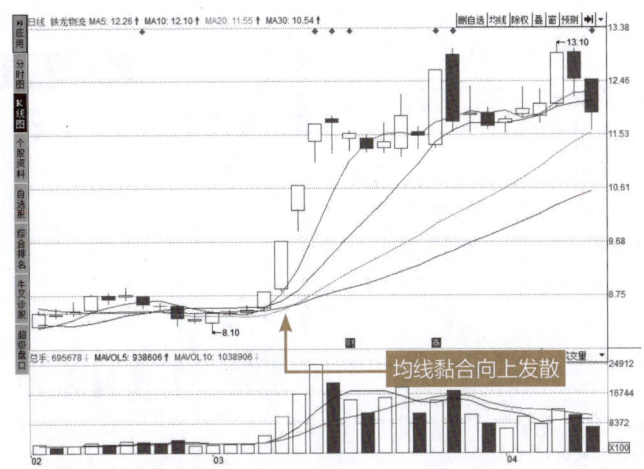

10.3 熊市常见的移动平均线

熊市是指总体的运行趋势是向下的,其间虽有反弹,但一波却比一波低,股票价格逐步走低的市场。大部分投资人开始恐慌,纷纷卖出手中持股,保持空仓观望。此时,空方在市场中是占主导地位的,做多(看好后市)氛围严重不足,一般也称为空头市场。下面介绍熊市中常见的移动平均线。

10.3.1 多均线匀速下降

多均线匀速下降的标准图形如下图所示。

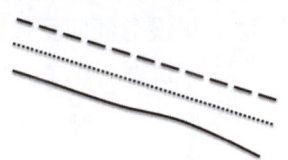

- 多均线匀速下降的主要特征:① 出现在跌势中。② 短期、中期、长期均线基本上平行地沿着一定的坡度向下移动。
- 多均线匀速下降的指示信号:标准的做空信号,后市看跌。投资者应该及时出货,只要股价没有大幅下跌,最好选择持币观望。
- 注意事项:① 通常短期均线近似即可,要求相对较低。② 下降的坡度越小,下降的势头越大。

1 在同花顺软件当中输入中国中冶的股票代码"601618"或汉语拼音首字母"ZGZY",单击【Enter】键,进入中国中冶的日K线走势图。

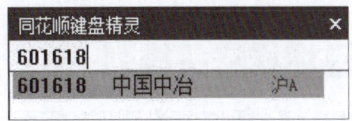

2 通过缩放，可以看到中国中冶 2015 年 6 月至 7 月的日 K 线走势图。经过一段时间的上涨，中国中冶的股价处在相对高位，并且显示出向下的趋势。此时出现了多均线匀速下降的走势，阴线的数量明显增多，后市下跌已是大概率事件。从图上可以看出，股价从最高的 10.33 元一直跌到最低的 5.15 元，已经腰斩。

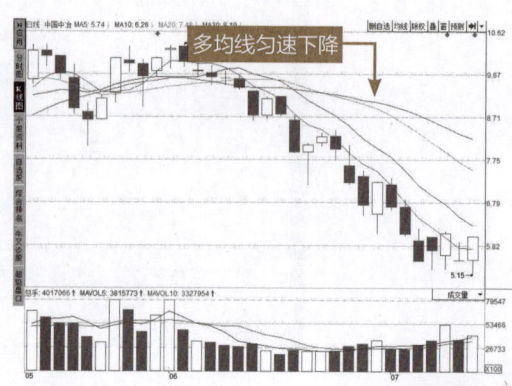

10.3.2 均线死亡交叉

均线死亡交叉的标准图形如下图所示。

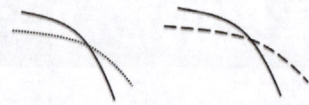

- 均线死亡交叉的主要特征：① 出现在下跌初期。② 一根周期较短的均线由上而下穿过周期较长的均线，且周期较长的均线在向下移动。
- 均线死亡交叉的指示信号：见顶信号，后市看跌。如果出现在股价大幅上涨之后，投资者可果断出货。中长线投资者可在周 K 或月 K 线上根据此信号卖出。
- 注意事项：两条均线交叉的角度越大，下跌势头越猛。

1 在同花顺软件当中输入包钢股份的股票代码"600010"或汉语拼音首字母"BGGF"，单击【Enter】键，进入包钢股份的日 K 线走势图。

2 通过缩放，可以看到包钢股份 2015 年 6 月至 7 月的日 K 线走势图。经过一段时间的上涨，包钢股份的股价处在相对高位，此时出现了密集的均线死亡交叉走势，并且前期已经出现了一个巨阴线下穿 4 根均线的断头铡刀形态，两个形态相互印证，表明后市下跌已是大概率事件。在此之后，该股股价没有任何反弹，直线下跌至 3.92 元，跌幅接近 50%。

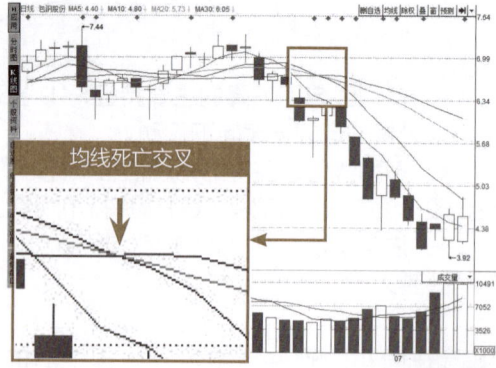

10.3.3 均线空头排列

均线空头排列的标准图形如下图所示。

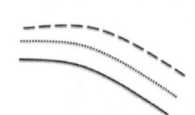

- 均线空头排列的主要特征：① 出现在跌势中。② 长期、中期、短期均线按照从上到下的顺序依次排开，即长期均线在上，中期均线在中，短期均线在下。③ 所有均线呈下跌态势。
- 均线空头排列的指示信号：标准的做空信号，后市看跌。如果处在空头排列的期初和期中，投资者可果断出货；如果处在后期，投资者可轻仓买入。

1 在同花顺软件当中输入中国中车的股票代码"601766"或汉语拼音首字母"ZGZC"，单击【Enter】键，进入中国中车的日 K 线走势图。

2 通过缩放，可以看到中国中车 2015 年 6 月至 7 月的日 K 线走势图。经过一段时间的高位横盘，中国中车的股价便显出下跌趋势，此时出现了均线空头排列的走势，

成交量明显放大，后市下跌已是大概率事件。此轮下跌，中车最高跌幅达 60%。

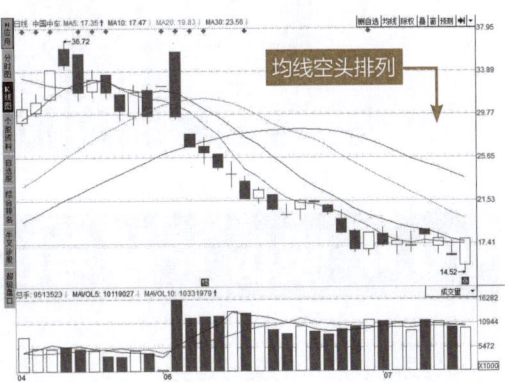

10.3.4 均线黏合向下发散

均线黏合向下发散的标准图形如下图所示。

- 均线黏合向下发散的主要特征：① 出现在上涨后横盘末期或小幅下跌后横盘末期。② 短期、中期、长期均线以喷射状向下发散，发散前几乎黏合在一起。
- 均线黏合向下发散的指示信号：标准的做空信号，后市看跌。投资者此时尽早出货，避免损失。
- 注意事项：① 黏合时间越长，向下发散的力度越大。② 向下发散的同时，如果成交量明显放大，下降信号更加可靠。

1 在同花顺软件当中输入国电电力的股票代码"600795"或汉语拼音首字母"GDDL"，单击【Enter】键，进入国电电力的日 K 线走势图。

2 通过缩放，可以看到国电电力 2015 年 6 月至 7 月的日 K 线走势图。经过一段时间的横盘整理，国电电力的股价开始向下调整，多根均线已经基本上重合在一起。此时出现了均线黏合向下发散的走势，成交量有所放大，后市下跌已是大概率事件。短短一个星期，股价即被腰斩。

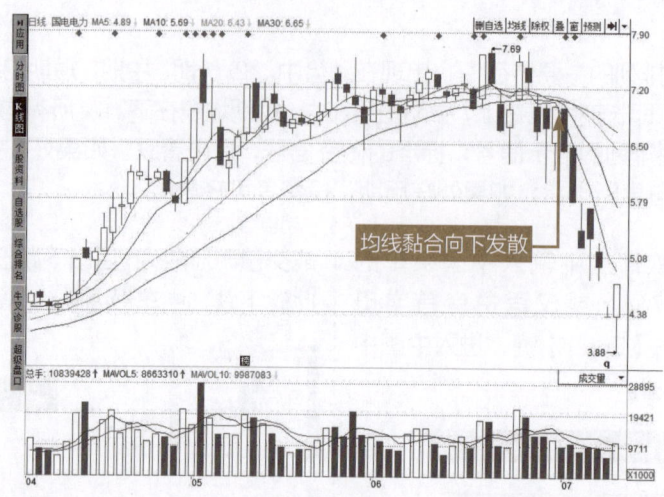

10.4 股价K线与移动平均线相交的形态

K线代表股价的实时走势，移动平均线代表股价的历史趋势，因此，当两者出现相交时，通常能够显示出重要的信息，投资者应保持关注。

10.4.1 股价与均线黄金交叉

股价与均线黄金交叉的标准图形如下图所示。

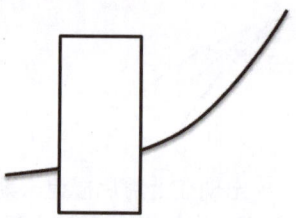

- 股价与均线黄金交叉的主要特征：① 阳线由下而上穿过移动平均线。② 如果移动平均线向上，信号强烈；如果移动平均线向下，信号较弱。
- 股价与均线黄金交叉的指示信号：如果在底部，通常为看涨信号；如果在上升或下降途中，通常不改变走势；如果在顶部，通常继续看涨的可能性不大。投资者应相机抉择。
- 注意事项：① 阳线实体越大，上涨信号越强。② 穿过的均线越多，上涨信号越强。③ 如果成交量跟着放大，信号可信度越强。

1 在同花顺软件当中输入中元华电的股票代码"300018"或汉语拼音首字母"ZYHD"，单击【Enter】键，进入中元华电的日K线走势图。

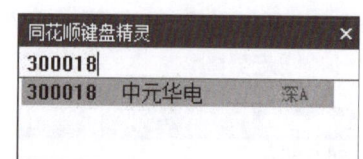

2 通过缩放，可以看到中元华电 2014 年 6 月至 7 月的日 K 线走势图。1 号看涨是因为穿过 2 根均线，且成交量有所增加；2 号看涨是因为出现大跌之后，且穿过 3 根均线；3 号看涨是因为阳线实体大，且成交量成倍增加，比较真实可靠；4 号看涨是因为成交量明显放大，但同时投资者应注意该 K 线出现长上影线，表明上涨阻力较大，谨慎为好；5 号看跌是因为短期均线已经向下，且此时成交量缩小，表明多方力量不足，投资者尽早出货。

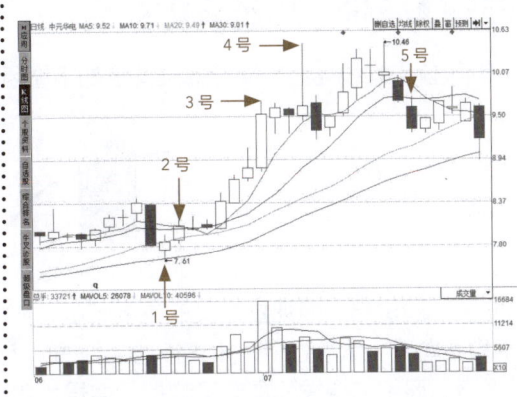

10.4.2 股价获得均线支撑

股价获得均线支撑的标准图形如下图所示。

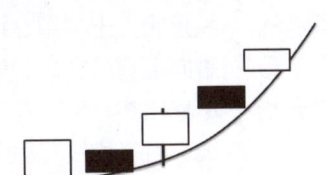

- 股价获得均线支撑的主要特征：① 出现在涨势中。② 股价 K 线在 5 日均线或 10 日均线附近得到强有力支撑，很难跌破均线。
- 股价获得均线支撑的指示信号：标准的做多信号，后市看涨。投资者只要发现该股之前没有过分上涨，可果断买入。

1 在同花顺软件当中输入莱美药业的股票代码"300006"或汉语拼音首字母"LMYY"，单击【Enter】键，进入莱美药业的日 K 线走势图。

可以看到阴线不仅数目少，而且量也不大，可以确定这是看涨信号。随着大阳线和成交量的突然放大，该形态得到确认，进入新一轮上涨态势。

2 通过缩放，可以看到莱美药业 2015 年 3 月至 4 月的日 K 线走势图。经过一段时间的横盘，莱美药业的股价开始向上爬升，此时出现了股价获得均线支撑的走势，K 线在 10 日均线的位置得到强有力支撑，同时

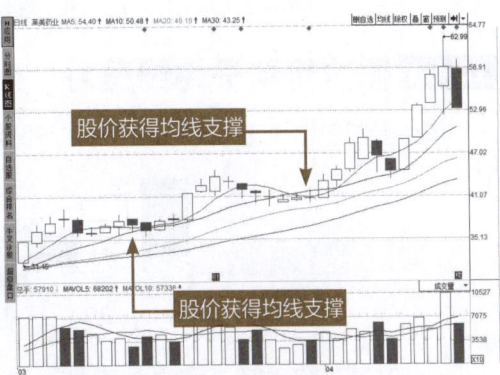

10.4.3 股价与均线死亡交叉

股价与均线死亡交叉的标准图形如下图所示。

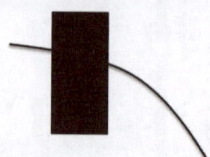

- 股价与均线死亡交叉的主要特征：① 阴线由上而下穿过移动平均线。② 如果移动平均线向下，信号强烈；如果移动平均线向上，信号较弱。
- 股价与均线死亡交叉的指示信号：如果在顶部，通常为看跌信号；如果在上升或下降途中，通常不改变走势；如果在底部，通常继续看跌的可能性不大。投资者应相机抉择。
- 注意事项：① 阴线实体越大，下跌信号越强。② 穿过的均线越多，下跌信号越强。③ 如果成交量跟着放大，信号可信度越强。

1 在同花顺软件当中输入中元华电的股票代码"300018"或汉语拼音首字母"ZYHD"，单击【Enter】键，进入中元华电的日 K 线走势图。

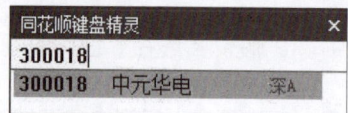

2 通过缩放，可以看到中元华电 2015 年 5 月至 7 月的日 K 线走势图。1 号看跌是因为伴随着死叉，成交量有所增加；2 号看涨是因为穿过 3 根均线，且 2 根短期均线已经向下；3 号观望是因为股价已经连续下跌两天，并且穿过的均线是向上移动；4 号看跌是因为十字星、螺旋线的出现表明股价很难向上有所突破，处在阶段高点，投资者应尽早出货；5 号看跌是因为同时穿过 4 根均线，且各均线已呈下跌之势，投资者应马上出货，避免损失。

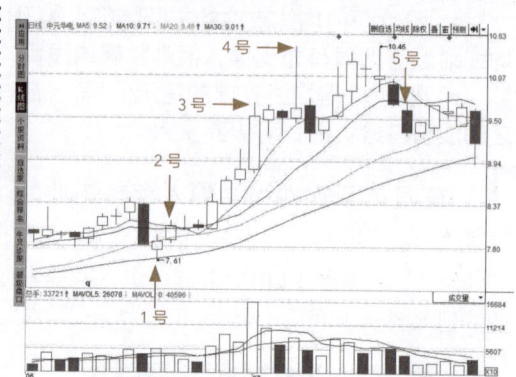

10.4.4 股价受制于均线压力

股价受制于均线压力的标准图形如下图所示。

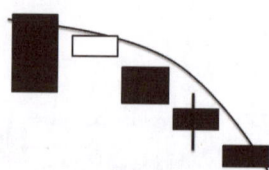

- 股价受制于均线压力的主要特征：① 出现在跌势中。② 股价 K 线在 5 日均线或 10 日均线附近受到强有力阻拦，很难突破均线。
- 股价受制于均线压力的指示信号：标准的做空信号，后市看跌。投资者应尽早出货，避免损失。

1 在同花顺软件当中输入莱美药业的股票代码"300006"或汉语拼音首字母"LMYY",单击【Enter】键,进入莱美药业的日K线走势图。

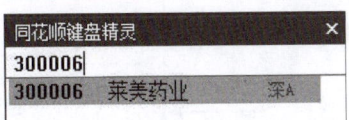

2 通过缩放,可以看到莱美药业2015年6月至7月的日K线走势图。经过一段时间的上涨,莱美药业的股价处在相对高位。从股价跌破5日均线以后,该股在接连几天的时间内始终没有回到5日均线之上,表现出股价受制于均线压力的走势,同时可以看到阳线不仅数目少,而且量也不大,可以确定这是看跌信号,后市继续下跌已是大概率事件。

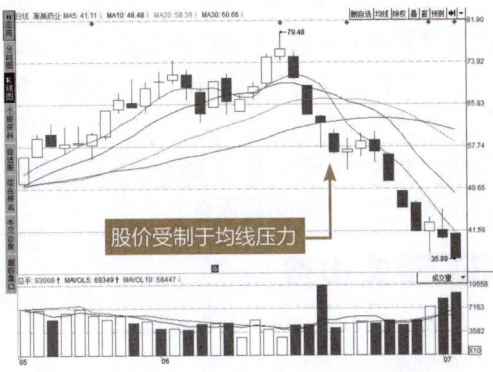

10.5 移动平均线的使用技巧

移动平均线有短期均线、中期均线和长期均线3种,代表不同时间段股票的价格趋势。均线相互交叉,很可能会透露出股价走势将要反转的信息,因此,投资者应该多留意均线之间的交叉情况。

10.5.1 银山谷

银山谷的标准图形如下图所示。

- 银山谷的主要特征:① 出现在涨势初期。② 由3根移动平均线交叉组成,形成一个尖头向上的不规则三角形。
- 银山谷的指示信号:标准的见底信号,后市看涨。激进型投资者可以把此信号作为买点,稳健型投资者可以选择继续观望,等走势明朗之后再介入。
- 注意事项:如果伴有成交量的放大,信号可信度更强。

1 在同花顺软件当中输入九阳股份的股票代码"002242"或汉语拼音首字母"JYGF",单击【Enter】键,进入九阳股份的日K线走势图。

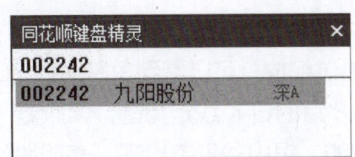

2 通过缩放，可以看到九阳股份2014年11月至12月的日K线走势图。在大阴线过后，股价开始在阴线底部横盘，接连几天的K线都出现了长下影线，表明股价下跌态势得到有效缓解，行情可能发生反转。此时出现了银山谷的走势，与前几日相比，阳线成交量明显放大，阴线成交量缩小，可以确认此为转势信号，后市上涨已是大概率事件，激进型投资者可果断介入。

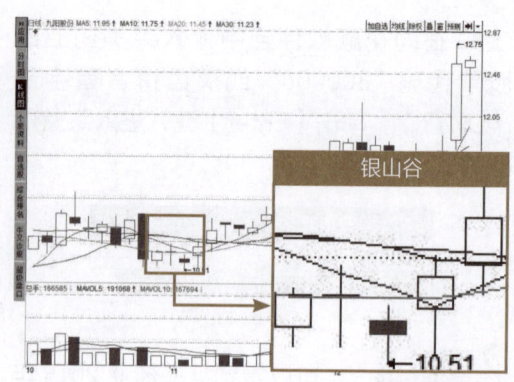

10.5.2 金山谷

金山谷的标准图形如下图所示。

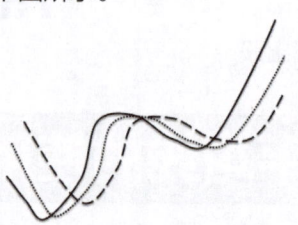

- 金山谷的主要特征：① 出现在银山谷之后。② 由3根移动平均线交叉组成，形成一个尖头向上的不规则三角形，和银山谷构成方式相同。③ 金山谷可以处在银山谷相近的位置，也可以高于银山谷。
- 金山谷的指示信号：标准的买进信号，后市看涨。稳健型投资者可以此为买进点。
- 注意事项：① 金山谷与银山谷相隔时间越长，所处位置越高，股价日后的上涨潜力越大。② 如果伴有成交量的放大，信号可信度更强。

1 在同花顺软件当中输入鱼跃医疗的股票代码"002223"或汉语拼音首字母"YYYL"，单击【Enter】键，进入鱼跃医疗的日K线走势图。

2 通过缩放，可以看到鱼跃医疗2014年7月至8月的日K线走势图。紧跟着1根放量大阳线，银山谷形态出现，表明股价开始上涨。不过主力没有马上大幅拉升，而是欲扬先抑，先拉升部分之后迅速回调，洗出意志不坚定的投资者。完成此轮操作之后，马上又出现放量大阳线，走出金山谷形态，可确认此为上涨信号，后市看涨已是大概率事件，稳健型投资者可果断介入。

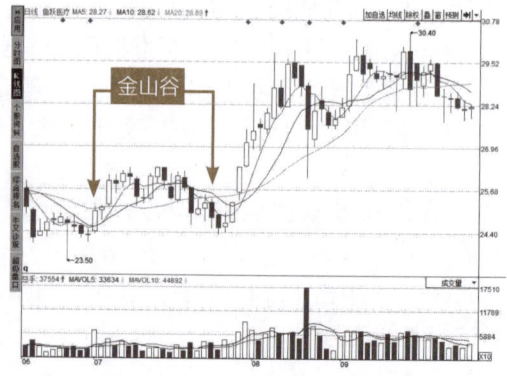

10.5.3 死亡谷

死亡谷的标准图形如下图所示。

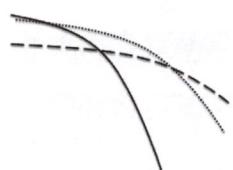

- 死亡谷的主要特征：① 出现在跌势初期。② 由 3 根移动平均线交叉组成，形成一个尖头向下的不规则三角形。
- 死亡谷的指示信号：标准的见顶信号，后市看跌。在股价大幅上升过后出现此信号，投资者要尽快离场。
- 注意事项：卖出信号强于死亡交叉。

1 在同花顺软件当中输入国民技术的股票代码"300077"或汉语拼音首字母"GMJS"，单击【Enter】键，进入国民技术的日 K 线走势图。

2 通过缩放，可以看到国民技术 2015 年 6 月至 7 月的日 K 线走势图。在连续 4 根阴线之后，股价进入横盘阶段，此时出现了死亡谷的走势，配合连续 2 个顶部十字星，表明股价处在相对高位，投资者应尽快出货。该走势之后，马上向下跳空低开，5 日均线成为股价的有力阻力线，股价直线下跌 65%。

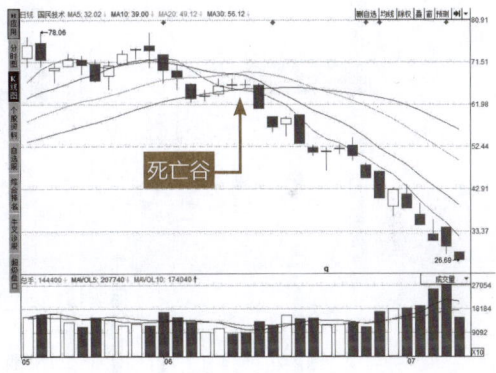

10.5.4 蛟龙出海

蛟龙出海的标准图形如下图所示。

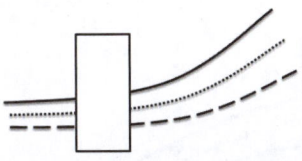

- 蛟龙出海的主要特征：① 出现在下跌后期或低位横盘后期。② 由 1 根大阳线拔地而起，把短期、中期、长期均线全部穿过，且收盘价在均线之上。
- 蛟龙出海的指示信号：标准的反转信号，后市看涨。激进型投资者可以把此信号作为买点，稳健型投资者可以选择继续观望，等走势明朗之后再介入。
- 注意事项：① 阳线实体越长，信号越可靠。② 成交量同步放大，可信度较强；成交量没有放大，可信度较差。

1 在同花顺软件当中输入国民技术的股票代码"300077"或汉语拼音首字母"GMJS",单击【Enter】键,进入国民技术的日 K 线走势图。

2 通过缩放,可以看到国民技术 2015 年 4 月至 5 月的日 K 线走势图。经过横盘调整,股价已经下探到 30 日均线附近,阶段底部已经形成。此时出现了蛟龙出海的走势,从下往上,一举突破 4 根均线,而成交量没有明显放大,激进型投资者可此时跟进。两个交易日之后,1 根放量大阳线使蛟龙出海的形态得到最终确认,上涨趋势已经明朗,稳健型投资者可积极做多。

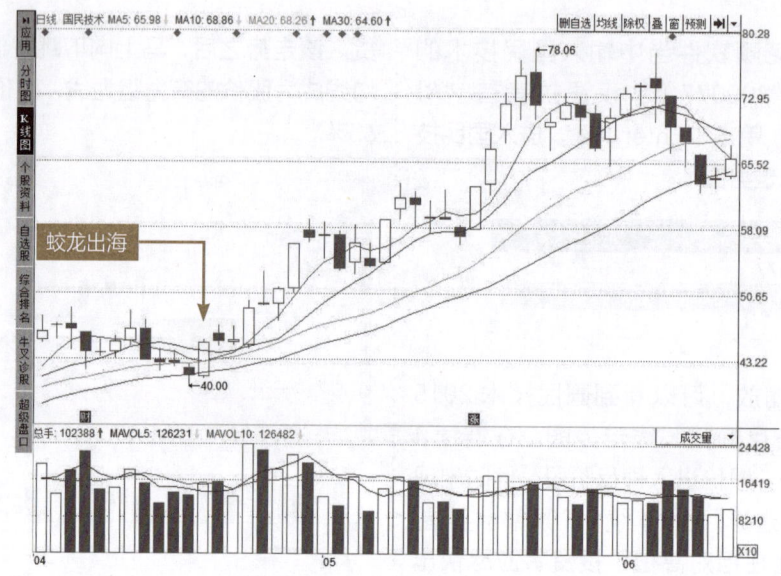

10.5.5 断头铡刀

断头铡刀的标准图形如下图所示。

- 断头铡刀的主要特征:① 出现在上涨后期或高位横盘后期。② 由 1 根大阴线从天而降,把短期、中期、长期均线全部切断,且收盘价在均线之下。
- 断头铡刀的指示信号:标准的反转信号,后市看跌。投资者遇见此信号,应尽早出货,不要再继续做多。

● 注意事项：① 阴线实体越长，信号越可靠。② 成交量同步放大，可信度较强；成交量没有放大，可信度较差。

1 在同花顺软件当中输入包钢股份的股票代码"600010"或汉语拼音首字母"BGGF"，单击【Enter】键，进入包钢股份的日K线走势图。

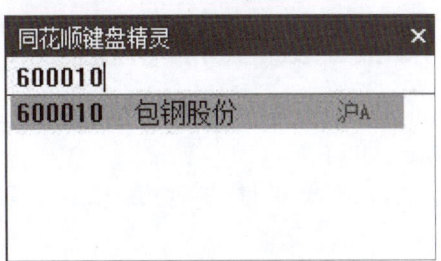

2 通过缩放，可以看到包钢股份2015年6月至7月的日K线走势图。经过一轮上涨，该股股价已处在相对高位，接连两个十字星的出现可以证明。此时出现了断头铡刀的走势，从上向下，一举突破4根均线，同时伴随着成交量的放大，此为行情反转信号无疑。后市虽有反弹，但大势已去。从股价再次跌破5日均线起，5日均线成为股价的有力阻拦线，始终不能突破，最终股价暴跌40%。

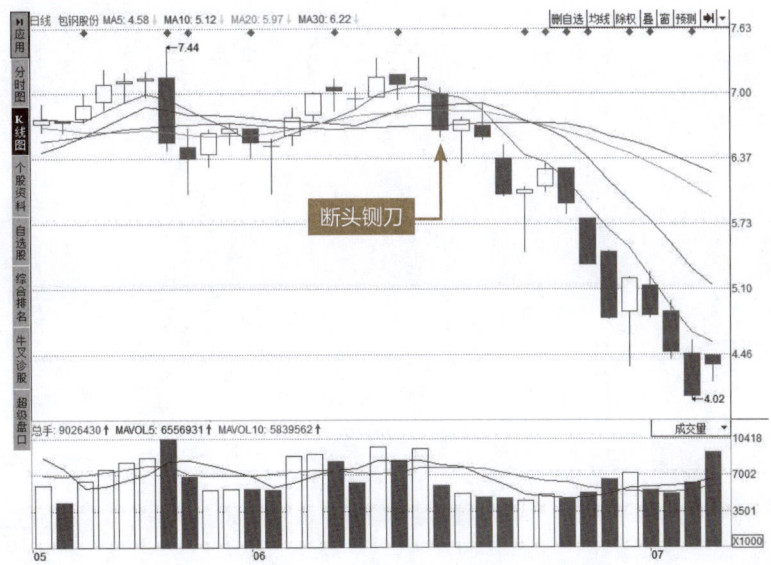

高手秘技

技巧 1 利用5日均线买卖法做波段

通常，如果股价距离5日均线太远，即高于5日均线太多或低于5日均线太多，股价都会有向5日均线靠拢的趋势，投资者可以利用这种特性，做波段的短期操作。如果股价高于 5 日均线太多，可先卖出，等股价回归到 5 日均线附近时再买入；如果股价低于 5 日均线太多，可先买入，等股价接近 5 日均线时卖出。当然，每只股票的偏离程度都会有所不同。一般情况下，如果股价偏离 5 日均线达到 7%~15%，则属于较远，投资者可果断抓住短线机会。

技巧 2 利用 10 周均线判断股价走势

在实际操作中，当股价有效突破或跌破 10 周均线时，都是上升或下跌趋势打破的开始。投资者在具体运用时，需要注意以下两点。

（1）所处位置。当股价在相对低位突破 10 周均线，或在相对高位跌破 10 周均线时，转势信号有效性较强。

（2）突破幅度。当股价突破和跌破 10 周均线时，要有 3% 的幅度，最好是光头光脚 K 线，这样有效性较强。

11 趋势线分析

本章引语

故善战人之势，如转圆石于千仞之山者，势也。
——《孙子兵法》

所以，善于指挥作战的将军，就如转动圆形巨石，从几百丈高的山顶滚下，这就是所谓的势。股市投资跟行军作战并无两样，投资者也应像带兵打仗的将军一样，善于分析形势，更要把握趋势，这样才能立于不败之地。

本章要点

★ 趋势线的常见形态
★ 趋势线的绘制

趋势线通常是被投资者用来判断中长期个股的。画出趋势线，投资者能够更清楚地分析当前趋势，是上升还是下降，进而为之后的买卖做充分准备。本章主要介绍趋势线的基本概念、基本形态和基本画法。

11.1 趋势线的意义

大盘和个股的中长期走势可大致分为三种：上升趋势、下跌趋势和次级趋势。在一个价格运动当中，如果其波峰和波谷都相应高于前一个波峰和波谷，那么就称为上涨趋势；相反，如果其包含的波峰和波谷都低于前一个波峰和波谷，那么就称为下跌趋势；如果后面的波峰与波谷都基本与前面的波峰和波谷持平，那么称为震荡趋势，或者横盘趋势，或者无趋势。投资者可以借助趋势线对大盘或者个股的走势进行分析。

下图为上证指数（000001）在 2015 年 1 月至 6 月期间的走势图，从图中可以看出，股价一直沿上升趋势线，呈单边上升态势。

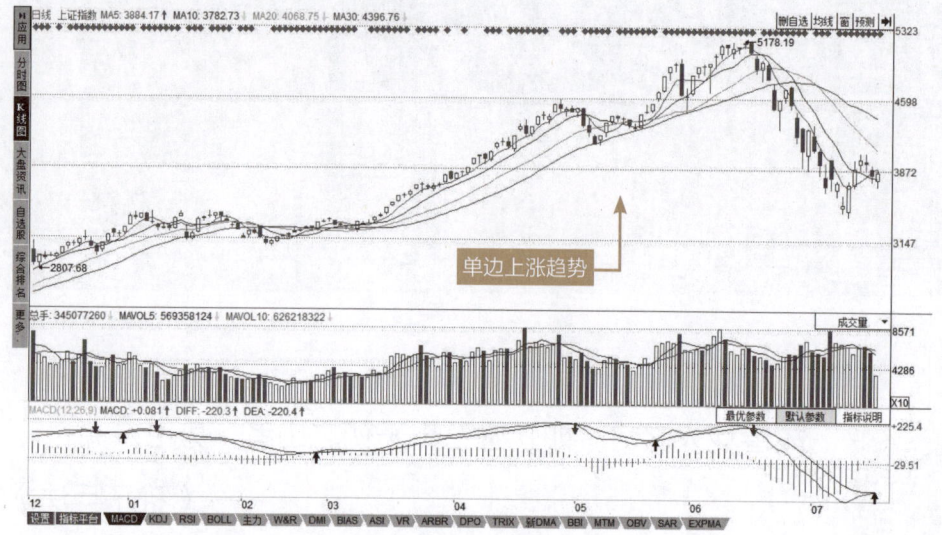

通常来说，趋势形成之后不会轻易被改变。例如，一旦下跌趋势形成，股价会跟着下跌；同样，股价也会跟着上涨趋势上涨。所以，理性的投资者要顺势而为，才能获取丰厚回报，逆势而为的成功率一般都不高。

"一把尺子闯天下"可以用来形容趋势线的重要作用，通常这种作用主要通过以下几个方面表现出来。

（1）对股价变动起约束作用。上升趋势线一旦形成，就成为多方的一条防线，该线对股价有支撑作用，即股价回调至该线时，应该就像皮球撞到墙上一样，立即弹起。所以上升趋势线又被称为支撑线。类似的下降趋势线一旦形成，它就成为空方的阻力，股价反弹到该线时会遭到有效阻击，重归跌势。所以下降趋势线又称为压力线。

趋势线的支撑压力作用可以互相转化。上升趋势线一旦被有效击穿，它就由原来的支撑线变为压力线，股价将很难再顶穿该线。同样，下降趋势线一旦被有效顶破，它就由原来的压力线变为支撑线，股价遇该线将回弹。

1. 打开同花顺软件，输入国电电力的股票代码"600795"，按【Enter】键确认。

2. 如下图所示，国电电力（600795）在 2015 年 1 月至 3 月期间，股价大幅下跌，始终不能突破趋势线的压制。

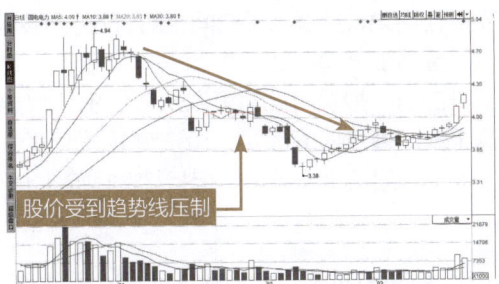

（2）对趋势演化起追踪作用。因为每条趋势线都有一个角度，从角度的变化中，投资者可以清楚地看出趋势变化的特征。通常股价的上升可分成三个阶段，即初升段、主升段、末升段。趋势线在这三个阶段会形成不同的角度，即启动角度、加速角度、减速角度。一般情况下，启动角度和减速角度都较小，行情在主升段较猛烈，因而加速角度大。但是，如果启动角度和加速角度都较小，通常在末升段会出现拉升行情，即减速角度较大。

（3）趋势线一旦被突破，说明趋势可能朝相反方向发展。越是重要、有效的趋势线被突破，其转势信号越强烈。

11.2 趋势线的常见形态

不同的分类标准，趋势线有不同的类别。根据时间长短分类，趋势线又可分为长期趋势线（连接各长期波动点）、中期趋势线（连接各中期波动点）和短期趋势线（连接各短期波动点）。根据位置信息分类，趋势线分为上升趋势线、下降趋势线和横盘趋势线。本节介绍上升和下降趋势线。

11.2.1 上升趋势线

上升趋势线是具有代表意义的两低点连接而成的一条向上直线，体现出整个股价向上运动的趋势。上升趋势线一旦形成，表示做多力量已经就绪，准备拉升，投资者可适时进入，获取丰厚回报。

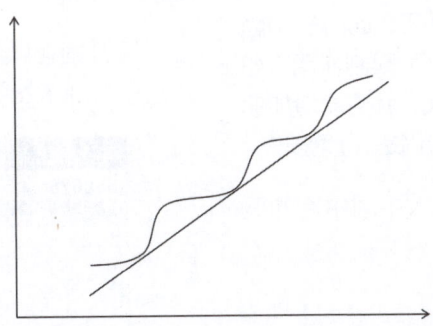

上升趋势线可以分为普通上升趋势线、快速上升趋势线、慢速上升趋势线、上升趋势线被有效突破和新的上升趋势线。

趋势线通常都有一定的倾斜角度。倾斜角度越大，表明短时间内股价上升幅度大，但其支撑作用小，持续上涨时间不长；倾斜角度越小，表明短时间内股价上升幅度小，但其支撑作用大，持续上涨时间相对较长。另外，上升趋势线被触及的次数越多，可靠性越强。

普通上升趋势线是指倾斜角度既不太大，也不太小，属于中间情况。它体现出股价呈上升态势，投资者此时可以从容进出。快速上升趋势线倾斜角度很大，说明短期内股价快速上升，持续时间很短，投资者要果断买进和卖出。慢速上升趋势线倾斜角度很小，说明短时间内股价上涨不多，但持续时间会很长，投资者此时应该进行中长线投资。

1 打开同花顺软件，输入中国中冶的股票代码"601618"，按【Enter】键确认。

2 下图所示为中国中冶（601618）2015年2月至6月期间的走势图，2月至4月中旬是慢速上涨趋势线，角度比较平坦；4月中旬过后变成快速上涨趋势线，角度陡峭，短时间内股价大幅提升。

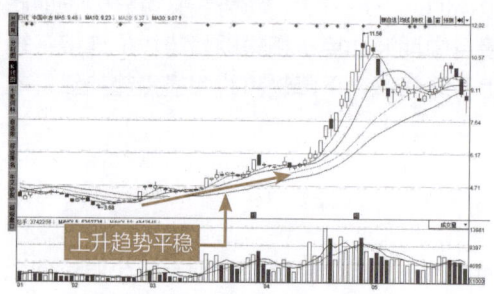

上升趋势线被有效突破是指在上升过程中，股价突破了原有的趋势线，且下跌幅度达到3%以上，时间超过3天，此时表明趋势线的支撑作用失效，转化为限制作用。如果此时有成交量的突然放大，就更能增加信息的可信度，投资者应尽早出货，避免损失。

1 打开同花顺软件，输入中国中冶的股票代码"601618"，按【Enter】键确认。

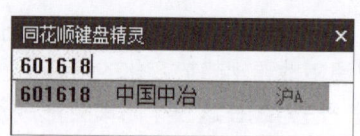

2 下图所示为中国中冶（601618）2015年4月至7月期间的走势图，6月15日上升趋势线被有效突破，投资者此时应该尽早出货。

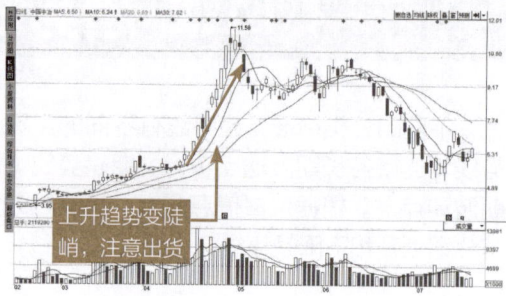

新的上升趋势线是指在上涨过程中，股价虽然出现了下跌，但经过短暂的调整之后，股价又出现一轮新的上涨。此时，投资者应该放弃原有的上升趋势线，重新绘制新的上升趋势线。

1 打开同花顺软件，输入申达股份的股票代码"600626"，按【Enter】键确认。

2 下图是申达股份（600626）2015年2月至7月期间的走势图，原有的上升趋势线被突破后，股价没有反转下跌，而是经过一轮调整，多头重新发力，继续上攻。此时，投资者要沿用新的上升趋势线。

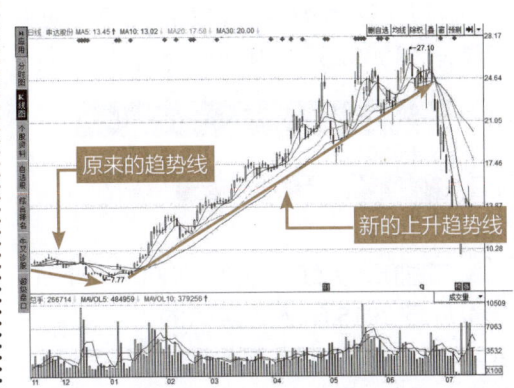

11.2.2 下降趋势线

下降趋势线是具有代表意义的两高点连接而成的一条向下直线，体现出整个股价向下运动的趋势。下降趋势线一旦形成，表示做空力量已经就绪，多方力量偏弱，投资者应及时清仓离场，避免被深度套牢。

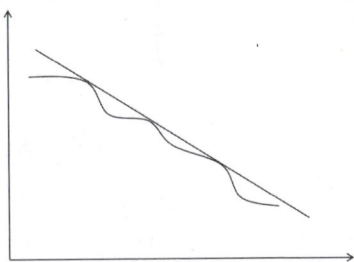

下降趋势线可以分为普通下降趋势线、快速下降趋势线、慢速下降趋势线、下降趋势线被有效突破和新的下降趋势线。

跟上升趋势线类似，下降趋势线同样有倾斜角度。倾斜角度越大，表明短时间内股价下降幅度大，但其限制作用小，持续下跌时间不长；倾斜角度越小，表明短时间内股价下降幅度小，但其限制作用大，持续下跌时间相对较长。另外，下降趋势线被触及的次数越多，可靠性越强。

> **提示** ▶ 支撑线和压力线是可以相互转化的。当股价从上向下突破一条趋势线后，原有的上升趋势线将可能转变为一条压力线；而当股价从下向上突破一条压力线后，原有的下降趋势线也将可能转变为支撑线。

普通下降趋势线是指倾斜角度既不太大，也不太小，属于中间情况。它体现出股价呈下降态势，投资者此时应尽早出货。快速下降趋势线倾斜角度很大，说明短期内股价快速下降，持续时间很短，投资者要果断买进和卖出。慢速下降趋势线倾斜角度很小，说明短时间内股价下降不多，但持续时间会很长，投资者此时应该进行中长线投资。

下降趋势线被有效突破是指在下降过程中，股价突破了原有的趋势线，且上涨幅度达到3%以上，时间超过3天，此时表明趋势线的限制作用失效，转化为支撑作用。如果此时有成交量的突然放大，就更能增加信息的可信度，投资者应果断进入。

1 打开同花顺软件,输入红日药业的股票代码"300026",按【Enter】键确认。

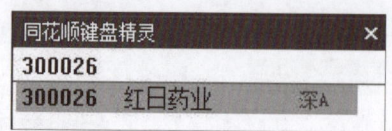

2 下图所示为红日药业(300026)2014年1月至2015年7月期间的走势图,在2015年1月8日股价有效突破下降趋势线,投资者可先观望,之后进行做多操作。

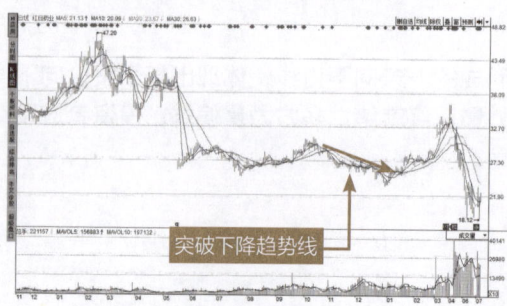

新的下降趋势线是指在下跌过程中,股价虽然出现了上涨,但经过短暂的调整之后,股价又出现一轮新的下跌。此时,投资者应该放弃原有的下降趋势线,重新绘制新的下降趋势线。

1 打开同花顺软件,输入大禹节水的股票代码"300021",按【Enter】键确认。

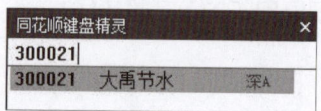

2 下图所示为大禹节水(300021)2014年5月至2015年3月期间的走势图,原有的下降趋势线被突破后,不是行情的反转,而是继续下跌,市场还处在空头的控制之中。仅仅短时间回调之后,空方马上展开第二轮的下跌,投资者尽早撤出。

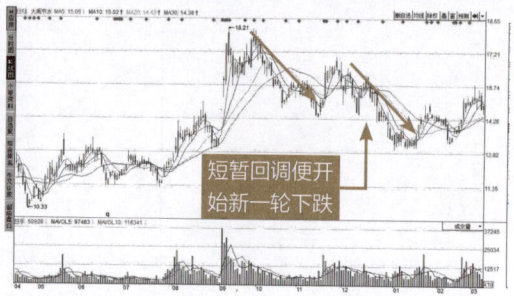

11.2.3 压力线

当股价上涨达到一定价位时,继续上涨会受到阻力并使股价回落。在K线图中,在每个波峰的最高点处画一条切线,即为压力线。压力线对股价具有压制的作用,一旦股价难以突破,则会拐头向下。投资者如果没能尽早出货,将会遭受损失。

下面以包钢股份为例,分析压力线对股价的影响。

1 打开同花顺软件,输入包钢股份股票代码"600010"或拼音首字母"BGGF",按【Enter】键确认。

2 通过缩放找到该股2015年4月至2015年7月期间的走势图。利用【画线】绘制出压力线。如下图所示,压力线对股价起到压制作用,到了该位置,股价即开始回调。

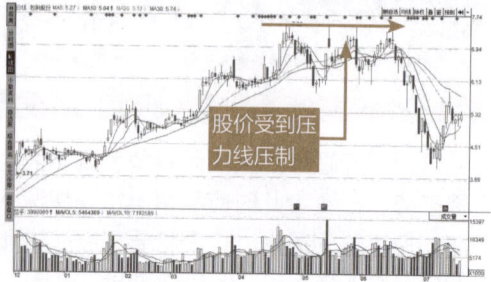

11.2.4 支撑线

在股价连续下跌达到一定价位时,股价继续下跌受阻并且止跌回升。在K线图中,在每个波谷的最低点处画一条切线,即为支撑线,支撑线对股价具有支撑的作用。

> **提示** ▶ 判断重要的支撑和压力位置需要考虑的因素。
> （1）股价在该区域停留的时间。
> （2）股价在该区域时伴随的成交量大小。
> （3）该区域离现在股价的远近程度。
> （4）习惯数值（如整数位置、黄金分割位置）具有重要的支撑和压力意义。

下面以同济科技为例，分析支撑线对股价的影响。

1 打开同花顺软件，输入同济科技的股票代码"600846"或拼音首字母"TJKJ"，按【Enter】键确认。

2 通过缩放，找到该股 2014 年 9 月至 2015 年 4 月期间的走势图。利用【画线】工具绘制出支撑线。如右图所示，该支撑线起着重要支撑作用，股价接近支撑线，就反弹上升。投资者此时可在接近支撑线的位置大胆买入，等待上涨。

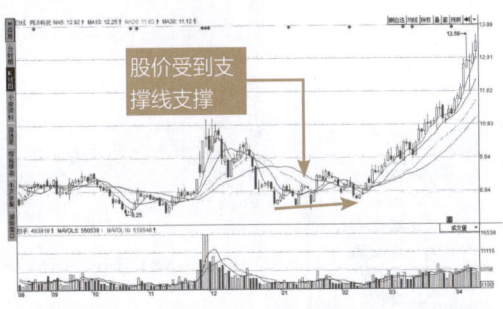

11.3 趋势线的绘制

在 K 线分析中，趋势线很重要，本节将介绍如何在炒股软件当中画出准确的趋势线。

11.3.1 趋势线的绘制方式

上升趋势线是两个波谷底点的连线，可以连接底点，使尽可能多的底点都处于同一条直线上。下降趋势线是两个波峰顶点的连线，可以连接顶点，使尽可能多的顶点都处在同一条直线上。横盘趋势线，可以将顶点和底点分别以直线连接，形成震荡区间。

下面以同花顺软件为例，介绍具体绘制趋势线的操作步骤。

1 打开同花顺软件，输入中国建筑股票代码 601668 或拼音首字母"ZGJZ"，按【Enter】键确认。

2 双击进入中国建筑【K 线图】界面，选择期间为 2015 年 1 月至 7 月。在工具栏当中单击【画线】按钮。

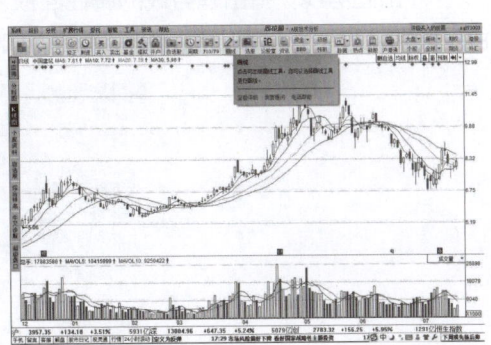

3 弹出【画线/设置】对话框，用户可利用里面的工具绘制线段、直线和矩形等。

4 单击【画线工具】面板斜线下拉按钮，在下拉菜单中单击【线段】选项，单击确定直线的起点，然后拖曳鼠标，在终点处单击，即可成功绘制趋势线。

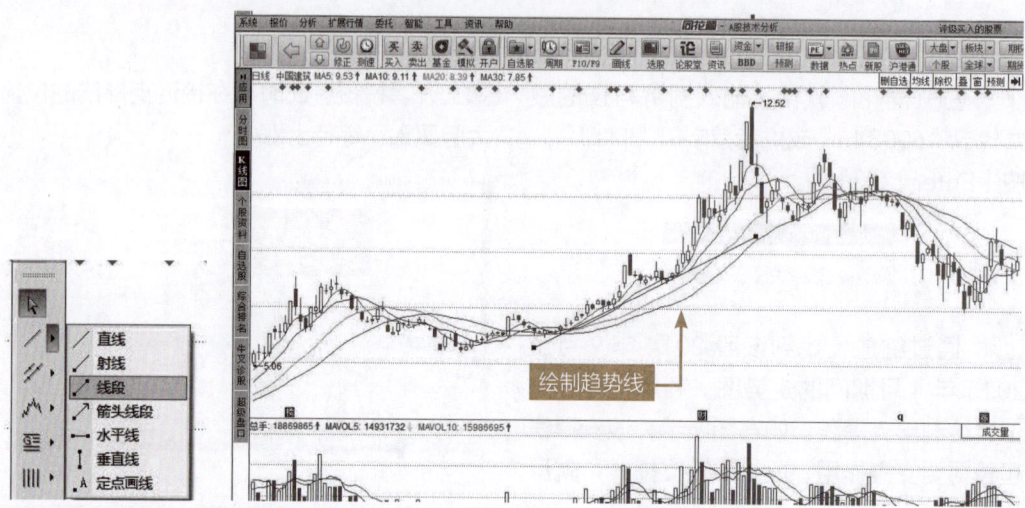

5 通过键盘的上下方向键，可放大 K 线图，然后单击趋势线的端点，鼠标指针变成笔状，可精确控制趋势线的位置。

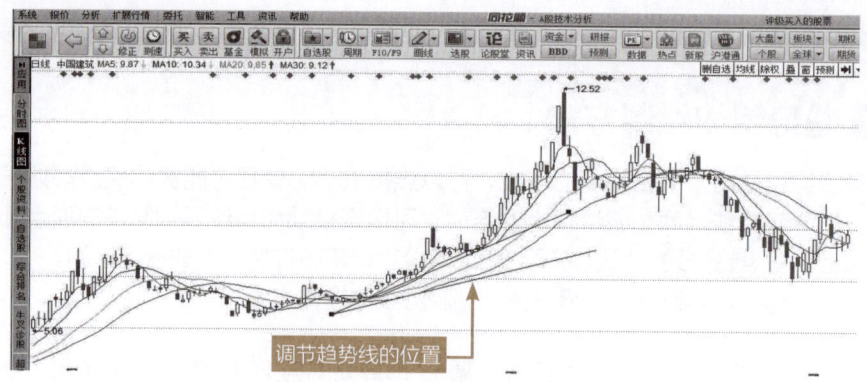

6 双击趋势线，弹出趋势线的属性面板，可以设计趋势线的颜色、名称、粗细等。把颜色设置为红色，把粗细设置为中，然后单击【确定】按钮。

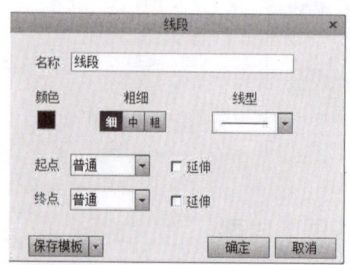

7 设置完成后，趋势线被成功修改。

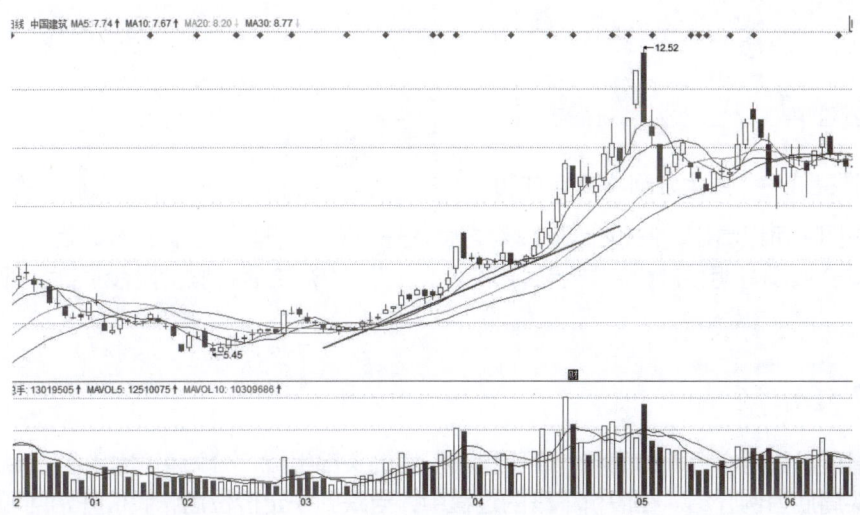

11.3.2 黄金分割线的绘制方法

黄金分割是一个古老的数学方法，有着各种神奇的作用和魔力，数学上至今还没有明确的解释，只是发现它屡屡在实际中发挥意想不到的作用。本节主要以黄金分割 A 为例。画黄金分割 A 的第一步是记住若干个特殊的数字：1.191、1.382、1.5、1.618。这些数字中 1.191、1.382 最为重要，意味着股价极容易在上涨 19.1% 和 38.2% 处面临压力，或是在下跌 19.1% 和 38.2% 处面临支撑。可见，黄金分割 A 是一种以绝对数为基准点的画线方式。

以中国建筑（601688）为例，介绍具体操作步骤。

1 进入该股的 K 线图，时间区间为 2015 年 4 月至 5 月。单击【画线工具】黄金分割线下拉按钮，在下拉菜单中单击【黄金分割A】选项。

2 在该股 3 月 30 日的收盘价（图中标注）上单击，确定黄金分割 A 的基准点，然后水平向右拖曳鼠标，在终点处单击，即可成功绘制黄金分割 A。

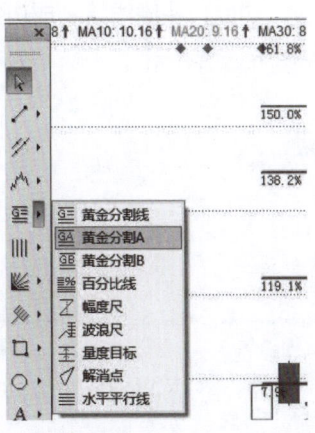

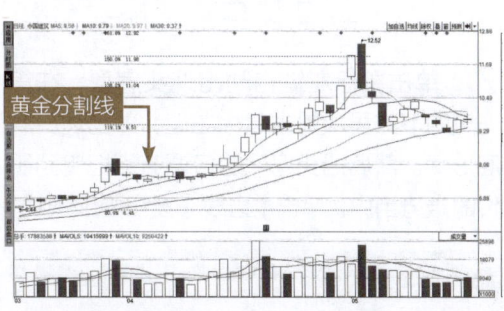

3 双击黄金分割线，弹出属性面板，可以设计黄金分割线的颜色、名称、粗细等。例如，把颜色设置为红色，粗细设置为中，然后单击【确定】按钮。

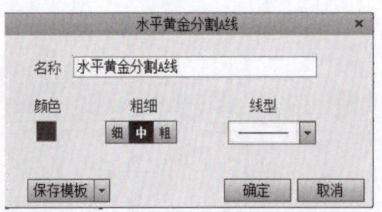
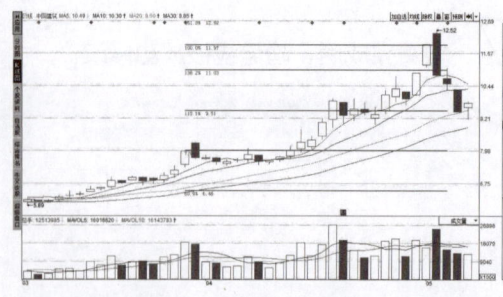

4 设置完成后,黄金分割 A 绘制成功。

从右图中可以看出,股价上涨 19% 之后,开始横盘整理;上涨 38% 之后,股价跳空向上,成交量没有明显放大,显示后劲不足;上涨 50% 之后,股价阶段顶部出现,开始下跌。

11.3.3 头肩型

头肩型是由两个相近的肩与一个明显高于肩的头部组成,分为头肩顶和头肩底两种。这里以头肩底为例介绍。在股价下跌的过程中,当跌到一定价位后,股价开始回调,上涨到某一价位后,股价继续下跌,直到创出新低;下跌到某一位置时,股价又开始反弹,并反弹到前期高点附近,之后再调整回落,回落的低点一般高于左肩的低点,然后开始反转。

以中国中冶(601618)为例,介绍具体操作步骤。

1 进入该股的 K 线图,时间区间为 2014 年 1 月至 5 月。单击【画线工具】波浪线下拉按钮,在下拉菜单中单击【头肩底】选项。

3 双击所画的线,弹出属性面板,可以设置线型的名称、颜色、粗细等。例如,把颜色设置成红色,粗细设置成中,然后单击【确定】按钮。

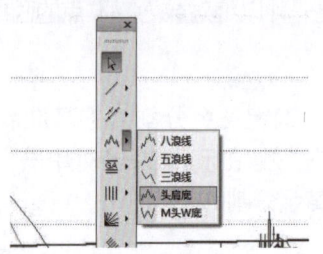

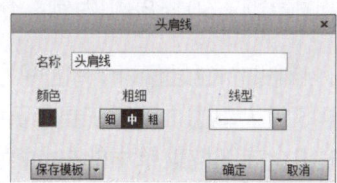

2 单击鼠标左键自动出现头肩型,在第一点的下方再次单击鼠标左键,即出现头肩底形状。然后把头肩底的各调节点拖曳到股价的走势当中。单击【直线】按钮画出颈线。

4 设置成功后,头肩线绘制成功。

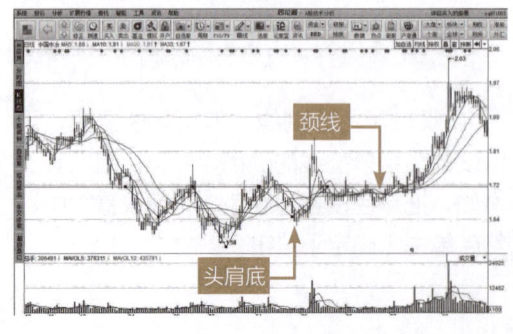

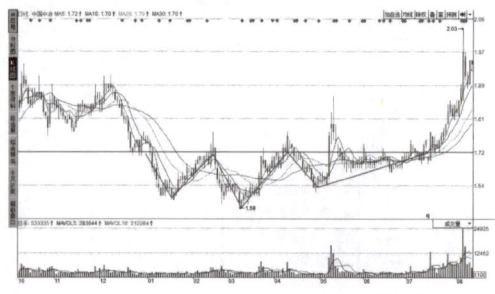

11.3.4 M头W底

M头W底是K线图中常见的反转形态之一，具有很高的实战意义。本节以M头为例介绍。M头由两个较为相近的高点构成，其形状类似于英文字母"M"，因而得名。在连续上升过程中，当股价上涨至某一价格水平，股价开始掉头回落；下跌至某一位置时，股价再度反弹上行，反弹至前高附近之后再第二次下跌，并跌破第一次回落的低点，之后股价大跌几乎成为定局。

以华兰生物（002007）为例，介绍具体操作步骤。

1 进入该股的K线图，时间区间为2015年5月至7月。单击【画线工具】波浪线下拉按钮，在下拉菜单中单击【M头W底】选项。

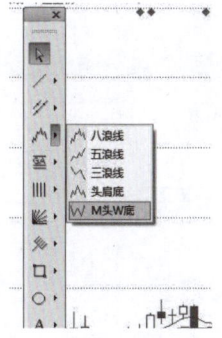

2 单击鼠标左键自动出现线型，在第一点的上方再次单击鼠标左键，即出现M头形状。然后把M头的各调节点拖曳到股价的走势当中。

3 双击所画的线，弹出属性面板，可以设置线型的名称、颜色、粗细等。例如，把颜色设置成红色，粗细设置成中，然后单击【确定】按钮。

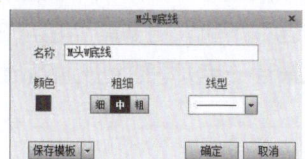

4 设置成功后，头肩线绘制成功。

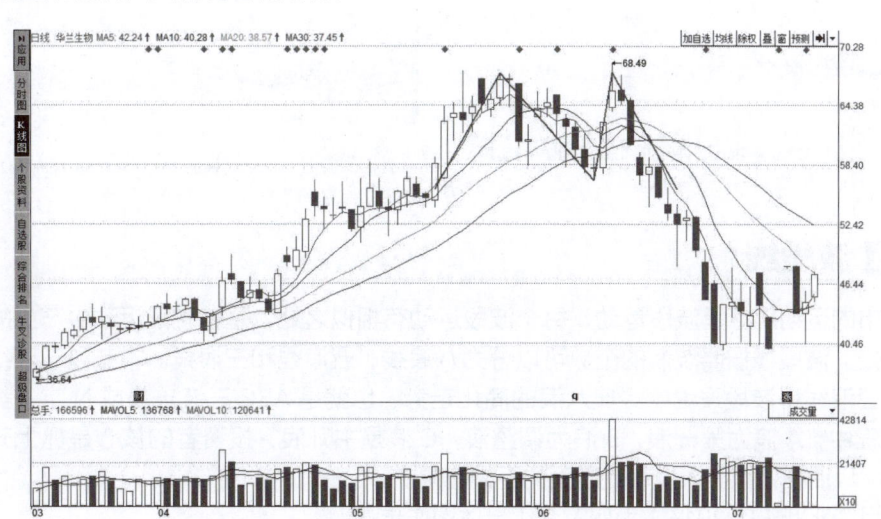

11 趋势线分析　211

11.3.5 通道线

通道线是在趋势线的基础上发展而来，分为上升通道和下降通道。本节以上升通道为例介绍。一般来讲，当某只股票处于上升趋势中，将其K线图中2个明显低点连成一条直线，并向上平行移动，直到与一个高点相切为止，这就是上升通道。进入上升通道，表明多头力量比较强大，下轨道成为强的支撑位。上升通道出现跌破下轨的情况则意味着上升趋势结束的可能较大。上升通道出现放量向上突破时，则往往意味着头部即将来临，这是因为此前在上升通道中已经累计一定获利盘，一旦向上突破，反而缺乏进一步涨升的动力。

以中航机电（002013）为例，介绍具体操作步骤。

1 进入该股的K线图，时间区间为2015年1月至5月。单击【画线工具】平行线下拉按钮，在下拉菜单中单击【上升通道】选项。

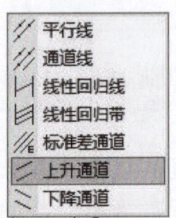

2 用鼠标左键在2月10日的收盘价处单击，沿着该股走势寻找第二个低点，使更多的低点包含在下轨，更多高点包含在上轨，然后确认最后一点，同时上升通道随即形成。

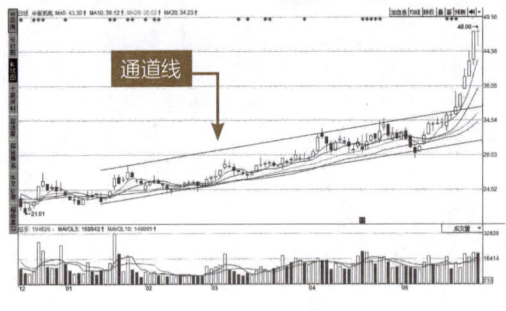

3 双击所画的线，弹出属性面板，可以设置线型的名称、颜色、粗细等。例如，把颜色设置成红色，粗细设置成中，然后单击【确定】按钮。

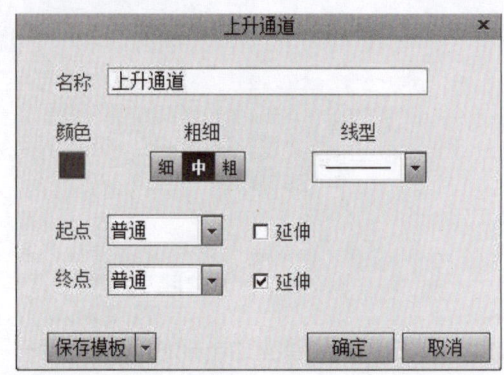

4 设置成功后，上升通道绘制成功。

11.3.6 波段线

股市的运动规律是波段运动，每个波段运动有相似之处，是在波段运动中产生的，有借鉴之处。波段线按照波浪的个数可以分为八浪线、五浪线和三浪线。本节以三浪线为例介绍。三浪线是波段理论中经典八浪的简化走势，也就是ABC三波走势或N字走势，在上升过程中，A浪为第一浪，B浪为调整浪，C浪是主升浪，投资者的核心是抓上升初期的反弹，以此在低点买入，享受后面的更大涨幅。

以世荣兆业（002016）为例，介绍具体操作步骤。

1 进入该股的 K 线图，时间区间为 2015 年 5 月至 7 月。单击【画线工具】波浪线下拉按钮，在下拉菜单中单击【三浪线】选项。

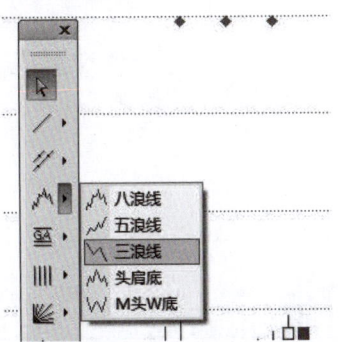

2 用鼠标左键在 5 月 8 日的低点处单击，在该点之上单击鼠标左键，形成三浪线。调节三浪线的节点，使其契合股价走势。

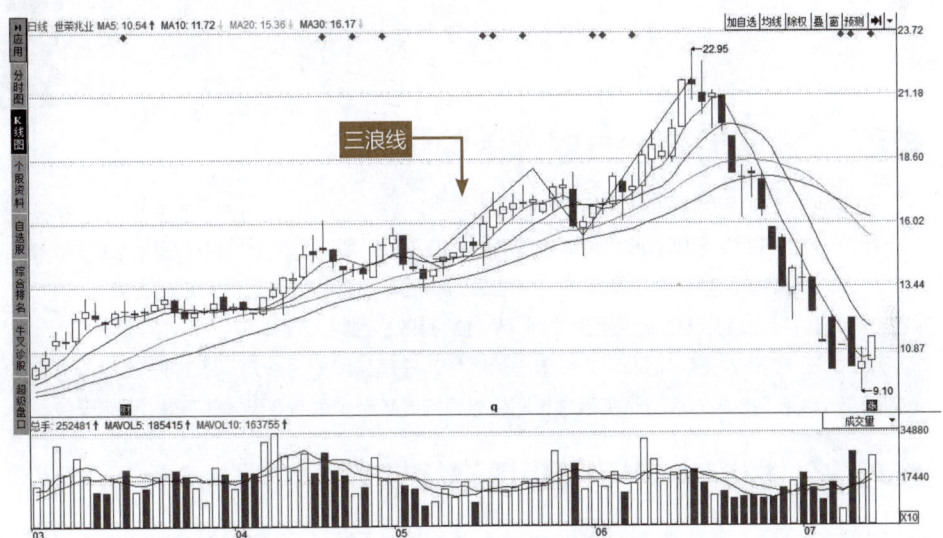

3 双击所画的线，弹出属性面板，可以设置线型的名称、颜色、粗细等。例如，把颜色设置成红色，粗细设置成中，然后单击【确定】按钮。

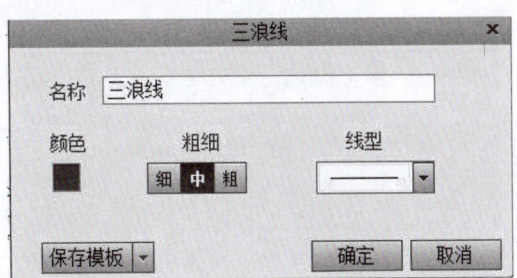

4 设置成功后，波段线绘制成功。

11 **趋势线分析**

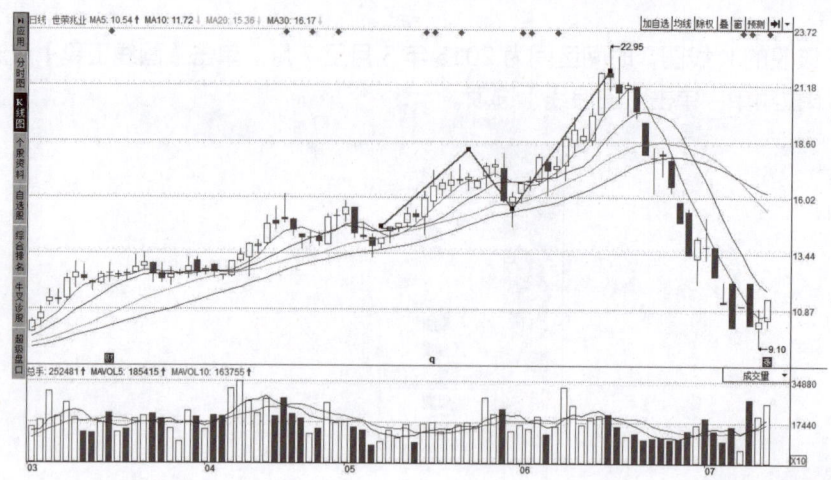

高手秘技

技巧 1　趋势线的有效突破确认方法

在实战中,投资者需要把握以下 3 个原则。

（1）收盘价突破原则。收盘价突破趋势线比交易日内最高、最低价突破趋势线重要。

（2）3% 突破原则。通常情况下,突破趋势线后,离趋势线越远,突破越有效。该原则要求收盘价突破趋势线的幅度至少达到 3% 才算有效,否则无效。

（3）三天原则。通常情况下,突破趋势线后,在趋势线的另一方停留的时间越长,突破越有效。该原则是要求收盘价突破中长期趋势线的天数至少达到 3 天才算有效,否则无效。

技巧 2　根据大盘不同趋势选择股票

大盘呈现出不同的变动趋势,各种股票的活跃程度也不同,以下是几种常见的对应原则。

（1）波段急跌——指标股（如银行、石油股等）。

（2）调整尾声——超跌股。

（3）牛市确立——高价股。

（4）休整时期——题材股。

（5）报表时期——"双高"股（高净值、高分红）。

12 熟练掌握常用的技术指标

本章引语

当那些好的企业突然受困于市场逆转、股价不合理的下跌,这就是大好的投资机会来临了。

——巴菲特

巴菲特之所以能成为股神,靠的是对市场敏锐的把握和积极的行动。面对浩瀚的市场,如何才能正确地分析市场走势?而技术指标正是对市场某一特征的精确反映,投资者掌握了技术指标,就掌握了打开市场大门的金钥匙。

本章要点

★ 指数平滑异同移动平均线(MACD)
★ 随机指标(KDJ)
★ 趋向指标(DMI)

技术指标是对股市中的价和量依据一定的数学关系，得出各种技术图形，用以对市场的走势做出分析和判断。同花顺软件中预设了很多技术指标，如大趋势型指标、超买超卖指标、趋势型指标等。投资者要想在股市中游刃有余，需要全面掌握分析指标，除了均线和趋势线指标外，还需要掌握布林通道线指标（BOLL）、乖离率指标（BIAS）、随机指标（KDJ）和指数平滑异同移动平均线指标（MACD）等技术指标。本章将对常见的技术指标进行详细的介绍。

12.1 常用指标

技术指标分析是目前股票分析中比较常见的一种方法，一切以数据来论证股票趋向、买卖等。技术指标实际上是对股市中价格和成交量的不同反映，有利于投资者对股票信息的把握，在此基础上，按照一定的算法即可计算出技术指标。

常见的技术指标有布林通道线指标、乖离率指标、随机指标、指数平滑异同移动平均线指标和威廉超买超卖指标等。在同花顺软件中，用户选择【工具】选项卡中的【公式管理】菜单命令，即可打开【公式管理】对话框，其中包含了很多常用的固定参数指标。同时，用户也可以根据自己的需要，修改指标的具体参数。

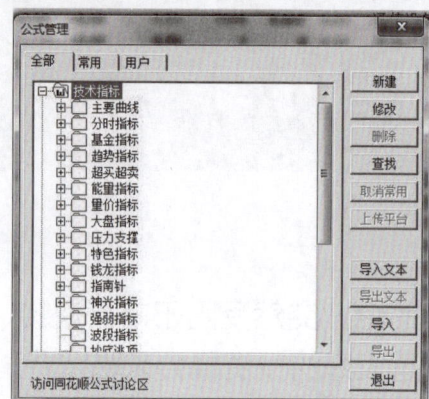

投资者通过对股票技术指标的分析可以更深入地了解股票的走势，判断某只股票未来的趋势，为自己的投资做好充分的准备。

12.1.1 乖离率指标（BIAS）

乖离率是指股价与平均移动线之间的偏离程度，以百分比的形式表示股价与平均移动线之间的差距。如果股价在均线之上，则为正值；如果股价在均线之下，则为负值。利好利空的刺激，造成股价出现暴涨暴跌。因为均线可以代表平均持仓成本，股价离均线太远，就会随时有短期反转的可能，乖离率的绝对值越大，股价向均线靠近的可能性就越大。

投资者可以根据乖离率绝对值大小作为买卖依据。当股价在下方远离移动平均线时，可适当买进；当股价在上方远离移动平均线时，可考虑卖出。乖离率的计算公式具体如下。

BIAS=(当日收盘价 − N 日内移动平均价)/ N 日内移动平均价 ×100%

例如，5 日乖离率 =（当日收盘价 − 5 日内移动平均价）/5 日内移动平均价 ×100%

公式中的 N 按照选定的移动平均线日数确定，一般为 5 或 10。当股价在移动平均线之上时，称为正乖离率，反之为负乖离率；股价与移动平均线重合，乖离率为零。正乖离率超过一定数值时，显示短期内多头获利较大，获利回吐的可能性也大，释放卖出信号；负乖离率超过一定的数值时，说明空头回补的可能性较大，释放买入信号。

> **提 示** ▶ 在涨势中，如果 BIAS 的高点越来越低，显示出市场上投资者追高的意愿越来越弱，卖压越来越重，股价有反转向下的趋势。

下面举例说明如何使用乖离率指标。

1 打开同花顺软件，输入红日药业的股票代码"300026"，按【Enter】键确认。

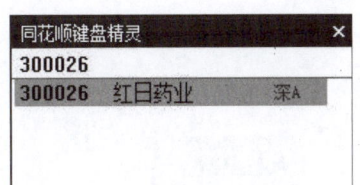

2 输入乖离率指标"BIAS"，按【Enter】键确认，或直接单击指标选项中的【BIAS】。

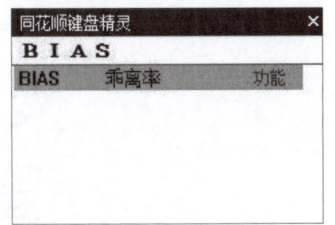

3 2014 年 12 月至 2015 年 1 月期间，负乖离率超过一定数值，说明空头回补的可能性比较大。12 月 30 日，BIAS 线达到最低点。31 日，BIAS 指标也发出买入信号，投资者可适时介入。

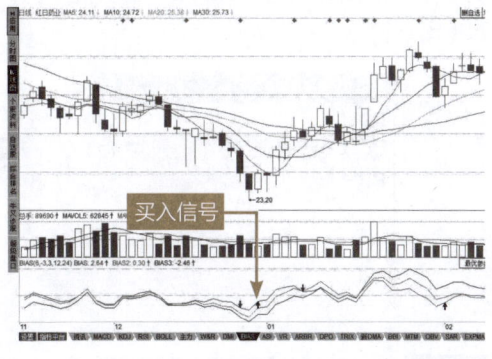

12.1.2 布林通道线指标（BOLL）

BOLL 指标，即布林线指标，是根据统计学中的标准差原理设计出来的技术指标。一般而言，股价的运动总是围绕某一价值中枢（如均线、成本线等）在一定的范围内变动，布林线指标正是基于这一"变动范围"上，引进了"股价通道"的概念，认为股价通道的宽窄随着股价波动幅度的大小而变化，而且股价通道又具有变异性，它会随着股价的变化而自动调整。

BOLL 指标由三条曲线组成，分别是上轨线、中轨线和下轨线。其中中轨线是股价的移动平均线，而上轨和下轨分别用当前的移动平均线值加上和减去 2 倍的标准差得出。

投资者在使用布林通道线指标时，需要注意以下几点。

（1）股价在中轨上方运行时属于安全状态，短线可持有观望；股价自下而上突破上轨线时，短线要格外小心股价下跌。

（2）股价在中轨下方运行时属于危险状态，短线应趁反弹中轨时离场；股价自上而下突破下轨线时，短线可择机进入，等待上涨。

（3）股价自下而上突破上轨线后，回探中轨线时不跌破中轨线，显示后市看涨，可持股或加仓。

（4）股价自下而上突破下轨线后，反弹中轨线时不站回中轨线以上，则后市看跌，要卖出。

（5）通道突然呈急剧变窄收拢形状时，显示股价方向将会发生重大转折，这时应结合其他指数进行行情判断。

下面举例说明如何使用布林通道线指标。

1 打开同花顺软件，输入东信和平的股票代码"002017"，按【Enter】键确认。

2 输入布林通道线指标"BOLL"，按【Enter】键确认，或直接单击指标选项中的【BOLL】。

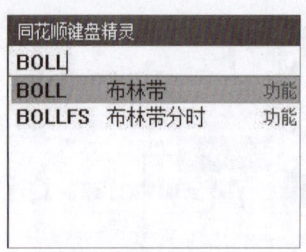

3 在 2015 年 5 月底，股价已经在上轨线的上方运动，下跌的风险比较大，布林通道呈高位收缩态势。同时高位出现多根阴线，且成交量有所放大。投资者应尽早出货，避免被深度套牢。

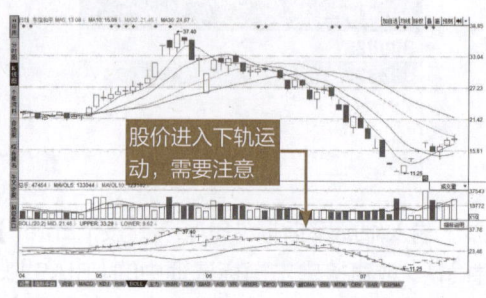

12.1.3 威廉超买超卖指标（WR）

威廉超买超卖指标是一个震荡指标，主要用于研究股价的波动，通过分析股价波动变化中的峰与谷决定买卖时机。利用震荡点来反映市场的超买超卖现象，可以预测循期内的高点与低点，从而显示出有效的买卖信号，是用来分析市场短期行情走势的技术指标。

WR 指标的计算主要是利用分析周期内的最高价、最低价及周期结束的收盘价三者之间的关系展开的。以威廉指标为例，其计算公式为：WR=（$H_n - C$）÷（$H_n - L_n$）×100。

- n 是交易者设定的交易期间（常为 30 日）。
- C 第 n 日的最新收盘价。
- H_n 是过去 n 日内的最高价（如 30 日的最高价）。
- L_n 是过去 n 日内的最低价（如 30 日的最低价）。

投资者在运用威廉超买超卖指标时，需要注意以下几点。

（1）当 WR 高于 80，即处于超卖状态，行情即将见底，应当考虑买进。

（2）当 WR 低于 20，即处于超买状态，行情即将见顶，应当考虑卖出。

（3）在 WR 进入高位后，一般要回头，如果股价继续上升，就产生了背离，是卖出信号。

（4）在 WR 进入低位后，一般要反弹，如果股价继续下降，就产生了背离。

（5）WR 连续几次撞顶（底），局部形成双重或多重顶（底），是卖出（买进）的信号。同时，使用过程中应该注意与其他技术指标相互配合。

下面举例说明如何使用威廉超买超卖指标。

1 打开同花顺软件，输入苏宁云商的股票代码"002024"，按【Enter】键确认。

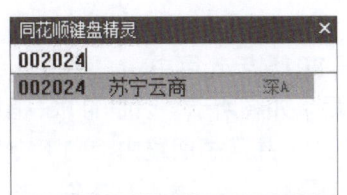

2 输入威廉超买超卖指标"W&R"，按【Enter】键确认，或直接单击指标选项中的【W&R】。

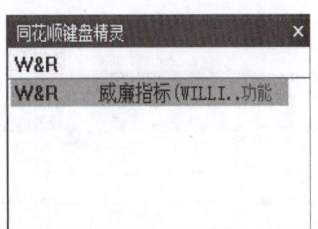

3 在 2015 年 4 月中旬，如图标记所示，WR 数值接近 100，高于标准的 80，说明股价处于超卖状态，同时经过这么长时间的横盘，表明股价基本上已经见底，反弹行情可以期待，投资者可以果断介入。

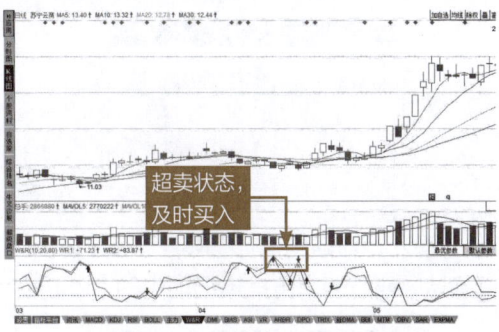

12.1.4 相对强弱指标（RSI）

相对强弱指标 RSI 是根据股票市场上供求关系平衡的原理，通过比较一段时期内单个股票价格涨跌的幅度或整个市场指数涨跌的大小来分析判断市场上多空双方买卖力量的强弱程度，从而判断未来市场走势的一种技术指标。

相对强弱指标 RSI 是一定时期内市场的涨幅与涨幅加上跌幅的比值。它是买卖双方力量在数量和图形上的体现，投资者可根据其所反映的行情变动情况及轨迹来预测未来股价走势。

相对强弱指标 RSI 的计算公式为：

相对强弱指标（RSI）=（N 日内上涨总幅度平均值 / N 日内上涨总幅度和下跌总幅度平均值）×100%

投资者在运用相对强弱指标时需要注意以下几点。

（1）白色的短期 RSI 值在 20 以下，由下向上交叉黄色的长期 RSI 值时为买入信号。

（2）白色的短期 RSI 值在 80 以上，由上向下交叉黄色的长期 RSI 值时为卖出信号。

（3）短期 RSI 值由上向下突破 50，代表股价已经转弱。

（4）短期 RSI 值由下向上突破 50，代表股价已经转强。

> **提示** ▶ RSI 顶背离
> 当 RSI 处于高位，但在创出 RSI 近期新高后，反而形成一峰比一峰低的走势，而此时 K 线图上的股价却再次创出新高，形成一峰比一峰高的走势，这就是顶背离。顶背离现象一般是股价在高位即将反转的信号，表明股价短期内即将下跌，是卖出信号。RSI 底背离正好相反。

下面举例说明如何使用相对强弱指标。

1 打开同花顺软件，输入九洲电气的股票代码"300040"，按【Enter】键确认。

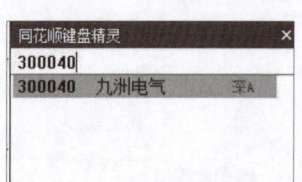

2 输入相对强弱指标"RSI"，按【Enter】键确认，或直接单击指标选项中的【RSI】。

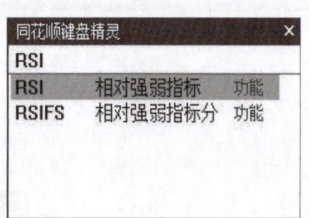

3 在 2015 年 6 月中旬，经过连续六个涨停之后，如图所示，该股的 RSI 指标已经超过了 80，并且短期线由上向下交叉长期线，后市看跌已经是大概率事件，投资者此时最好出货，避免损失。

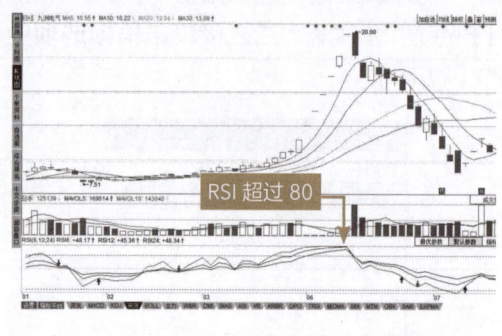

12.1.5 成交量比率（VR）

成交量比率是以研究股票量与价格之间的关系为手段的技术指标，其理论基础是"量价理论"和"反市场操作理论"。由于量先价行、量涨价增、量跌价缩、量价同步、量价背离等成交量的基本原则在市场上恒久不变，因此，观察上涨与下跌的成交量变化，可作为研判行情的依据。同时，当市场上人气开始凝聚，股价刚开始上涨和在上涨途中的时候，投资者应顺势操作；而当市场上人气极度旺盛或极度悲观，股价暴涨暴跌的时候，聪明的投资者应果断离场或进场。因此，反市场操作也是 VR 指标所显示的一项功能。

一般而言，低价区和高价区出现的买卖盘行为均可以通过成交量表现出来，因此，VR 指标又带有超买超卖的研判功能。同时，VR 指标是用上涨时期的量除以下跌时期的量，因此，VR 指标又带有一种相对强弱概念。

总之，VR 指标可以通过研判资金的供需及买卖气势的强弱、设定超买超卖的标准，为投资者确定合理、及时的买卖时机提供正确的参考。

投资者在运用成交量比例指标时需要注意以下几点。

（1）VR>350～400，或处在相对高位，代表股市资金大多数已投入市场，市场上已无多余资金可供垫高股价，终将造成股价因缺乏后续资金支持，而反转下跌。

（2）VR<40或处在相对低位，股价会获得更多资金的撑垫而反弹。

由于VR指标过于简单，投资者在运用VR指标时，最好与其他指标相结合，做综合判断。下面举例说明如何使用成交量比率指标。

1 打开同花顺软件，输入九洲电气的股票代码"300040"，按【Enter】键确认。

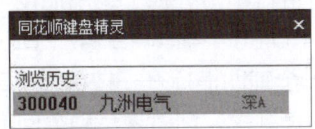

2 输入成交量比率"VR"，按【Enter】键确认，或直接单击指标选项中的【VR】选项。

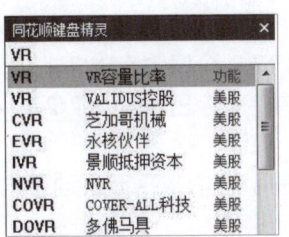

3 在2015年6月9日之后，VR指标已处在相对高位，并且随着连续不断的涨停，VR指标在高位横向移动，这表明该股已经处于爆炒状态，后续很难有持续的资金继续追捧。涨停打开之后，出现巨量大阴线，股价果断从高位开始跳水，短短几天股价近乎腰斩。

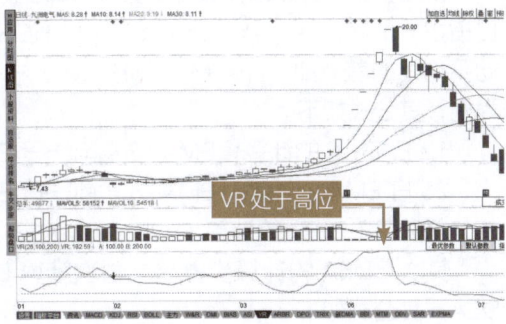

12.1.6 人气指数心理线（PSY）

人气指数心理线（PSY）指标是股市技术中一种中短期的研判指标，它主要是反映市场上投资者的心理的超买或超卖。它适用于判断大势，也可以用来研判个股行情。它对投资者的心理承受能力及市场上人气的兴衰有着比较重要的衡量作用，是股市技术分析中一种反映市场能量的辅助指标。

在股市技术分析软件上，PSY指标的一般研判标准主要是围绕PSY指标的取值情况、PSY值的超买超卖情况、PSY曲线的趋势性情况及PSY曲线的形态等方面进行分析的。

投资者在运用人气指数心理线时，应该注意以下几点。

（1）PSY指标的取值始终是处在0~100，0是PSY指标的下限极值，100是PSY指标的上限极值，50为多空双方的分界线。

（2）PSY值大于50为PSY指标的多方区域，说明N日内上涨的天数大于下跌的天数，多方占主导地位，投资者可持股待涨。

（3）PSY值小于50为PSY指标的空方区域，说明N日内上涨的天数小于下跌的天数，空方占主导地位，投资者宜持币观望。

（4）PSY值在50左右徘徊，则反映近期股票指数或股价上涨的天数与下跌的天数基本相等，多空力量维持平衡，投资者以观望为主。

12.2 指数平滑异同移动平均线（MACD）

指数平滑异同移动平均线，又称"平滑异同移动平均线"，英文简称"MACD"。

MACD 是利用快速移动平均线与慢速移动平均线之间的聚合与分离状况，对买进、卖出时机做出研判的技术指标。目前 MACD 在市场上非常流行，被得到广泛使用，也被证明为较有效的技术分析手段之一。

12.2.1 MACD形态

MACD 指标是基于均线的构造原理，对价格收盘价进行平滑处理（求出加权平均值）后的一种趋向类指标。它主要由两部分组成，即正负差（DIF）、异同平均数（DEA），其中，正负差是核心，DEA 是辅助。此外，MACD 还有一个辅助指标——柱状线（BAR）。在大多数技术分析软件中，低于 0 轴是绿色，高于 0 轴是红色，前者表示趋势向下，后者表示趋势向上，柱状线越长，趋势越强。

首先，DIF 的计算步骤是：分别计算出收市价 SHORT 日指数平滑移动平均线与 LONG 日指数平滑移动平均线，记为 EMA（SHORT）与 EMA（LONG）。求这两条指数平滑移动平均线的差，即 DIF=EMA（SHORT）－EMA（LONG）。以现在流行的参数 12 和 26 为例，其公式如下。

12 日 EMA 的计算：EMA12 = 前一日 EMA12×11/13 + 今日收盘 ×2/13

26 日 EMA 的计算：EMA26 = 前一日 EMA26×25/27 + 今日收盘 ×2/27

差离值（DIF）的计算： DIF = EMA12 － EMA26。

其次，DEA 的计算步骤是：再次计算 DIF 的 M 日的平均指数平滑移动平均线，记为 DEA，其公式如下。

今日 DEA =（前一日 DEA×8/10 + 今日 DIF×2/10）

最后，MACD=（DIF － DEA）×2，正值用红色柱表示，负值用绿色柱表示。

投资者在运用 MACD 指标时，需要注意以下几点。

（1）当 DIF 和 MACD 均大于 0 但向上移动时，一般表示为行情处于多头行情中，可以买入开仓或多头持仓。

（2）当 DIF 和 MACD 均小于 0 但向下移动时，一般表示为行情处于空头行情中，可以卖出开仓或观望。

（3）当 DIF 和 MACD 均大于 0 但向下移动时，一般表示为行情处于下跌阶段，可以卖出开仓和观望。

（4）当 DIF 和 MACD 均小于 0 但向上移动时，一般表示为行情即将上涨，可以买入开仓或多头持仓。

12.2.2 MACD黄金交叉

MACD 指标是股票技术分析中一个重要的技术指标，由两条曲线和一组红绿柱线组成。两条曲线中波动变化大的是 DIF 线，通常为白线或红线，相对平稳的是 DEA 线（MACD 线），通常为黄线。当 DIF 线上穿 DEA 线时，这种技术形态叫作 MACD 黄金交叉，通常为买入信号。

MACD 指标金叉根据出现位置的不同，代表着不同的市场含义。MACD 金叉出现在 0 轴上方或附近是强烈的买入信号，0 轴附近的金叉要优于 0 轴上方的，接近 0 轴说明涨势刚开始，股价将来有更大的上升空间，买入的风险相对小。0 轴下方的 MACD 金叉，表明多方力量暂时占上风，但是上涨行情还没有完全展开，此时介入会有一定的风险。如果

MACD 金叉出现的同时伴随着成交量的逐渐放大，代表着多方力量的增强，此时的看涨信号更可靠。

下面举例说明如何使用该指标。

1 打开同花顺软件，输入九洲电气的股票代码"300040"，按【Enter】键确认。

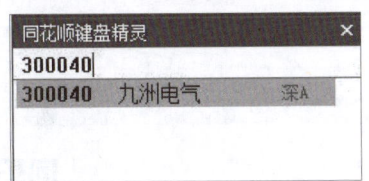

2 输入平滑异同移动平均线指标"MACD"，按【Enter】键确认，或直接单击指标选项中的【MACD】选项。

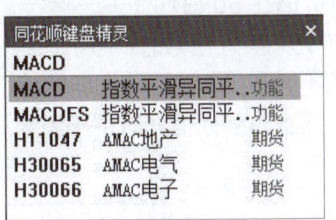

3 如图标注所示，在 2015 年 1 月中期，DIF 线由下向上穿过 DEA 线，出现黄金交叉形态，同时交叉低点位于 0 轴附近，绿色柱开始转变为红色柱，成交量也明显放大，更加确定这是上涨信号无疑，后市看涨，投资者可果断买入。

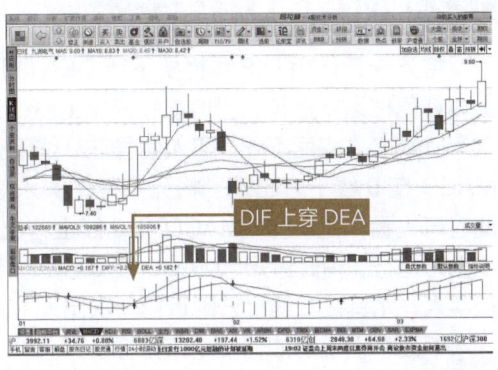

12.2.3 MACD 死亡交叉

死亡交叉，顾名思义是与黄金交叉相对。当 DIF 线下穿 DEA 线时，这种技术形态叫作 MACD 死亡交叉，通常为卖出信号。

MACD 指标死叉根据出现的位置不同，有着不同的市场含义。MACD 死叉出现在 0 轴上方的高位是强烈的卖出信号，在高位说明涨势已经见顶，股价很可能转势，股价将来有很大的下降空间，买入的风险大，最好卖出。0 轴下方或接近 0 轴的 MACD 死叉，表明空方力量暂时占上风，但是下跌行情还没有完全展开，此时介入会有一定的风险。如果 MACD 死叉出现的同时伴随着成交量的逐渐放大，代表着空方力量的增强，此时的看跌信号更可靠。

下面举例说明如何使用该指标。

1 打开同花顺软件，输入赛为智能的股票代码"300044"，按【Enter】键确认。

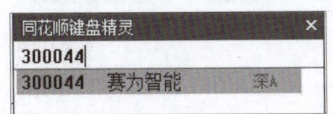

2 输入平滑异同移动平均线指标"MACD"，按【Enter】键确认，或直接单击指标选项中的【MACD】。

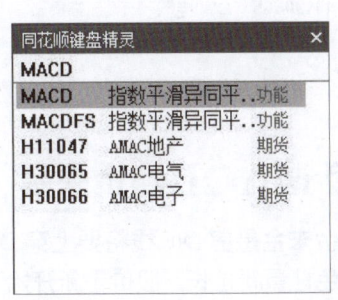

3 如图标注所示，在 2015 年 6 月至 7 月的走势中，MACD 线经过前期的高点，已经显示出下降的趋势，红色柱越来越小，逐步消失转为绿色柱。此时，出现了死亡交叉的形态，这是强烈的卖出信号，投资者应该抓住这难得的机会，果断出货。这之后，股价开始迅速下跌。

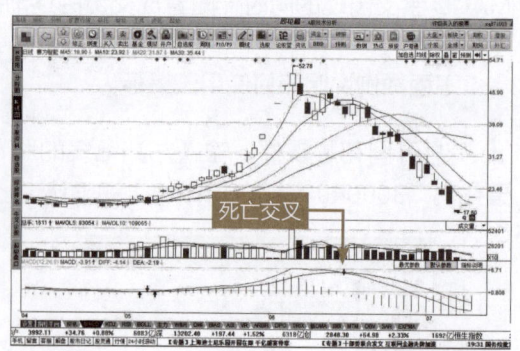

12.2.4 MACD将死未死

将死未死是指 DIF 线将要下穿 DEA 线形成死叉时，DIF 线开口突然转向上，红色柱重新拉长，股价重新开始上涨。通常该信号都是买入信号。

MACD "将死不死" 买入信号在 0 线下方出现与在 0 线上方出现是有不同市场意义的。MACD 在 0 线下方出现 "将死不死" 买入信号时，股价仍在 60 日均线下方运行，投资者此时可先看作是反弹；MACD 在 0 线上方出现 "将死不死" 买入信号时，股价已在 60 日均线上方运行，由此可知：MACD 在 0 线上方出现 "将死不死" 买入信号是强势的特征，可积极买入，尤其在 0 线上方附近第一次出现 MACD "将死不死" 买入信号时更应积极买入。

下面举例说明如何使用该指标。

1 打开同花顺软件，输入中国中铁的股票代码 "601390"，按【Enter】键确认。

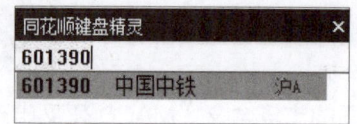

2 输入平滑异同移动平均线指标 "MACD"，按【Enter】键确认，或直接单击指标选项中的【MACD】。

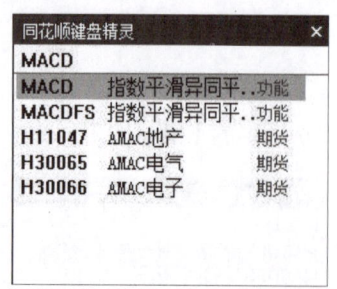

3 在 2015 年 3 月至 5 月的走势中，如图标记所示。4 月中期，该股已经经历了一轮上涨，DIF 线呈下降趋势，在即将于 DEA 线形成死叉时，该股突然爆发，连续上涨，逐渐变小的红色柱又慢慢变大，走出了将死未死的走势。同时成交量明显放大，后市看涨。

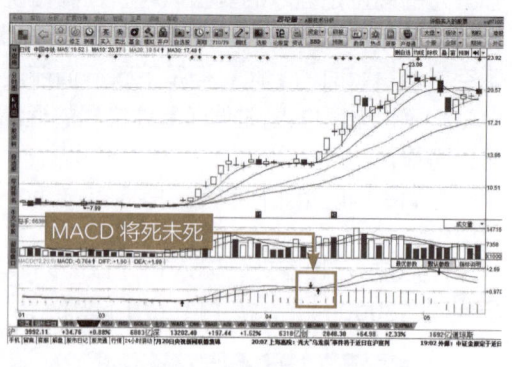

12.2.5 MACD将金未金

将金未金是指 DIF 线将要上穿 DEA 线形成金叉时，DIF 线开口突然转向下，绿色柱重新拉长，股价重新开始下跌。通常该信号都是卖出信号。

MACD "将金未金"卖出信号在0线下方出现与在0线上方出现是有不同市场意义的。MACD在0线下方出现"将金未金"卖出信号时，股价已在60日均线下方运行，由此可知：MACD在0线下方出现"将金未金"卖出信号是强势的特征，可积极卖出，尤其在0线下方附近第一次出现MACD"将金未金"卖出信号时更应积极卖出；MACD在0线上方出现"将金未金"卖出信号时，股价仍在60日均线上方运行，投资者此时可先看作是反弹，观望为主。

下面举例说明如何使用该指标。

1 打开同花顺软件，输入中国电建的股票代码"601669"，按【Enter】键确认。

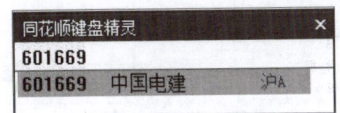

2 输入平滑异同移动平均线指标"MACD"，按【Enter】键确认，或直接单击指标选项中的【MACD】。

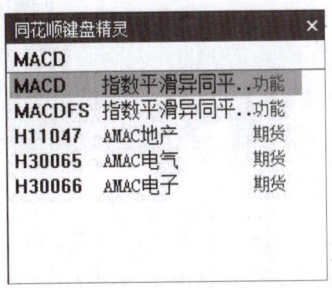

3 在2015年5月至7月的走势中，如图标记所示，5月中期，该股在经历前期大跌之后开始慢慢回升，DIF线呈上升趋势，在即将与DEA线形成金叉时，该股连续下挫，逐渐变小的绿色柱又慢慢变大，走出了将金未金的走势。一个星期之后，该股又一次出现了将金未金的走势，投资者此时应该果断出货，避免遭受重大损失。

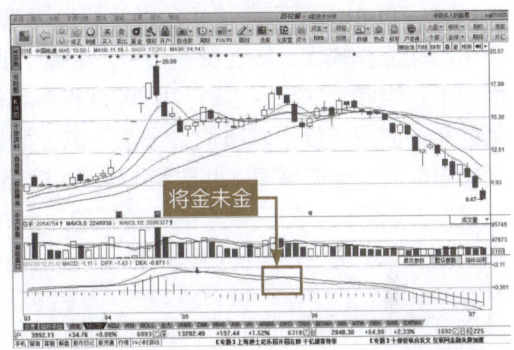

12.2.6 MACD 上穿 0 轴

股价前期大幅下跌后持续上涨，或者股价低位回调到位后再次上行，而此时指标由下而上穿过0轴，即MACD指标由负变正，说明多方力量逐渐强大并开始占据优势，预示股价在短期内将逐步走强，股市正由空转为多头，很可能股价将由跌转升后市看涨，进入上升行情中。若在上涨期间有成交量放大的配合，预示短线走势将更加强劲，短线投资者可在MACD穿过0轴的当日就积极买入，在成交量放量时再加码买入。此时短线投资者可积极做多。

下面举例说明如何使用该指标。

1 打开同花顺软件，输入锐奇股份的股票代码"300126"，按【Enter】键确认。

2 输入平滑异同移动平均线指标"MACD"，按【Enter】键确认，或直接单击指标选项中的【MACD】。

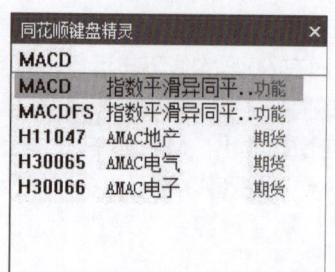

穿 DEA 线并且两线一起突破 0 轴。这是强烈的买入信号，投资者应该抓住这难得的机会，果断买进。这之后，股价开始一波上涨行情。

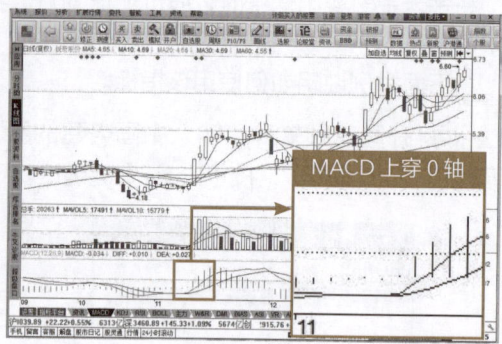

3　在 2013 年 7 月 22 日附近的走势中，如图标注所示。MACD 线经过前期的下跌走平，已经显示出下降无力止跌回升的态势，绿色柱越来越小，逐步消失转为红色柱。此时，出现了黄金交叉的形态，之后 DIF 线上

12.2.7 MACD 下穿 0 轴

MACD 由上而下穿过 0 轴说明股价由强转弱，是投资者卖出的好时机。股价前期涨幅较大，随时都有下跌的可能。此时 MACD 指标也开始在高位转而向下。当股价冲高回落时，MACD 指标也随之由上而下穿过 0 轴，说明股价已经经历了最强势的时段，接下来股价会逐渐下跌。股价短期内将进入下跌趋势。股价在高位反复震荡始终未突破前期高点，此时若 MACD 指标开始向下穿过 0 轴，多方已经无力拉升股价，这是股价走势变坏的信号，也是较好的卖出时机。

下面举例说明如何使用该指标。

1　打开同花顺软件，输入津滨发展的股票代码"000897"，按【Enter】键确认。

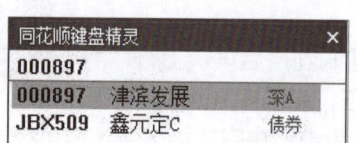

2　输入平滑异同移动平均线指标"MACD"，按【Enter】键确认，或直接单击指标选项中的【MACD】。

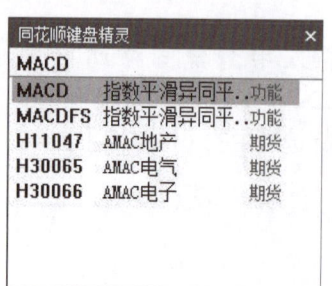

3　在 2015 年 6 月至 7 月的走势中，如图标注所示。MACD 线经过前期的高点，已经显示出下降的趋势，红色柱越来越小，逐步消失转为绿色柱。此时，出现了死亡交叉的形态，DIF 线下穿 DEA 线并且两线一起向下跌破 0 轴。当出现死叉形态投资者就应该至少减一半仓位，出现 MACD 下穿 0 轴更是强烈的卖出信号，投资者应该抓住机会，果断出货。在这之后，股价开始迅速下跌。

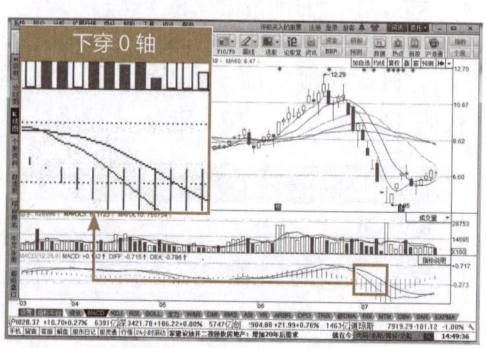

12.2.8 MACD 背离

MACD 指标是非常实用的一个技术指标，除了金叉、死叉等可以对股票走势进行判断，投资者还可以结合 MACD 的背离选到操作性比较强的个股。MACD 的背离分为两种，一种是顶背离，另一种是底背离，下面进行具体介绍。

1. 顶背离

当股价在 K 线图上的股票走势一峰比一峰高，股价一直在向上涨，而 MACD 指标图形上的由红柱构成的图形的走势一峰比一峰低，即当股价的高点比前一次的高点高、而 MACD 指标的高点比指标的前一次高点低，这叫顶背离现象。顶背离现象一般是股价在高位即将反转的信号，表明股价短期内即将下跌，是卖出股票的信号。下面举例说明如何使用该指标。

1 打开同花顺软件，输入潜能恒信的股票代码"300191"，按【Enter】键确认。

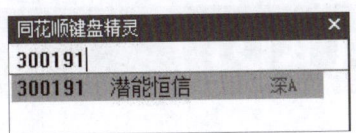

2 输入平滑异同移动平均线指标"MACD"，按【Enter】键确认，或直接单击指标选项中的【MACD】。

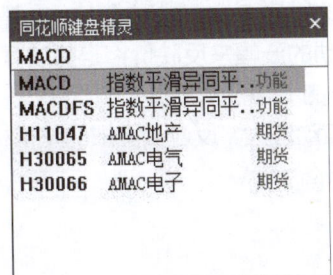

3 在 2013 年 10 月至 12 月的走势中，如图标注所示。当股价创出新一轮的高价，MACD 的两线并未超过前期的高点，此时表示上涨动能不足。具体表现为 DIF 线上穿 DEA 线金叉后见第一波上涨的高点，然后 DIF 线下穿 DEA 线出现死叉，MACD 出现绿色柱，之后绿色柱逐步减小。DIF 线再次上穿 DEA 线金叉后见第二波上涨的高点，此时，DIF 线和 DEA 并不像 K 线一样超过前期的高点，就出现了顶背离形态，这是强烈的卖出信号，投资者应该抓住这难得的机会，果断出货，适时止盈。在这之后，股价开始下跌，步入调整阶段。

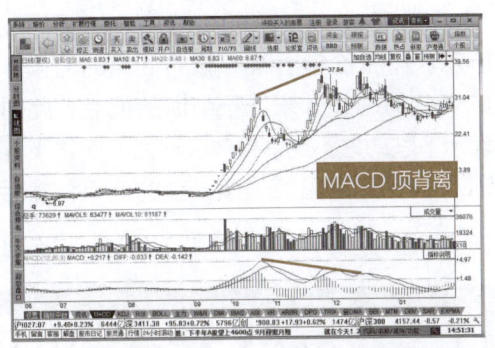

2. 底背离

底背离一般出现在股价的低位区，往往出现在一轮中长期的下跌行情的末期。当股价在下跌过程中出现一轮又一轮的新低时，MACD 指标图形在 0 轴以下反而呈现出一轮又一轮的上扬态势，即当股价的低点比前一次低点低，而指标的低点却比前一次的低点高，这叫底背离现象。底背离现象一般是预示股价在低位可能反转向上，是短期内止跌或者反弹向上的信号，也是短线投资者在短期买入股票的信号之一。

1 打开同花顺软件，输入中国平安的股票代码"601318"，按【Enter】键确认。

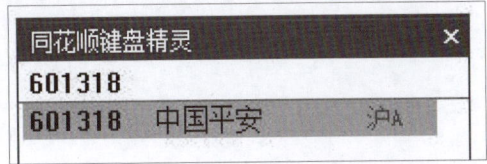

2 输入平滑异同移动平均线指标"MACD",按【Enter】键确认,或直接单击指标选项中的【MACD】。

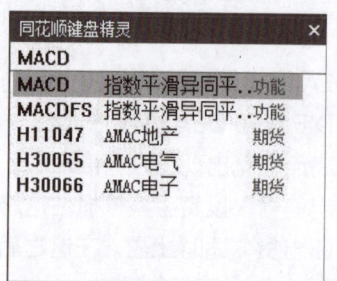

3 在2013年7月的走势中,如图标注所示。当股价创出新一轮的低点的时候,MACD的两线并未低于前期的低点,此时表示下跌动力不足。具体表现为DIF线下穿DEA线死叉后见第一波下跌的低点,然后

DIF线上穿DEA线出现金叉,MACD出现红色柱,之后红色柱逐步减小。DIF线再次下穿DEA线死叉后见第二波下跌的低点,此时,DIF线和DEA并不像K线一样低于前期的低点,就出现了底背离形态,这是强烈的买入信号,投资者可以伺机买进,果断吸货,适时建仓。

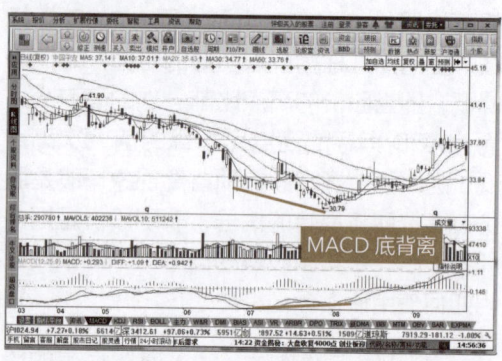

12.3 随机指标(KDJ)

KDJ指标称为随机指标,是一种相当实用的技术分析指标,它最先用于对期货市场的分析,后来被广泛地应用于股市的中短期趋势分析,是期货和股票市场上较为常用的分析工具。

随机指标KDJ是以最高价、最低价及收盘价为基本数据进行计算,得出的K值、D值和J值分别在指标的坐标上形成一个点,连接无数个这样的点位,就形成一个完整的、能反映价格波动趋势的KDJ指标。它主要是利用价格波动的波幅来反映价格走势的强弱和超买超卖现象,在价格尚未上升或下降之前发出买卖信号的一种技术工具。

KDJ指标由K、D、J三条指标曲线所组成。其中波动最大、反应最灵敏的是指标线J,其次是指标线K,指标线D最为平滑、反应最慢,如下图所示。

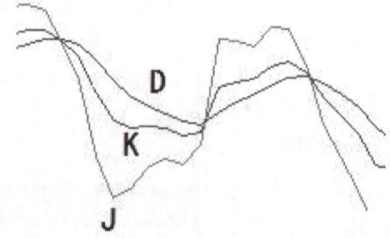

下面举例说明如何使用随机指标。

1 打开同花顺软件,输入红日药业的股票代码"300026",按【Enter】键确认。

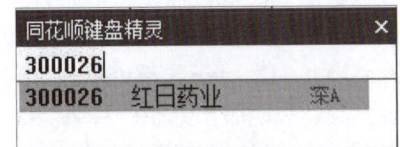

2 输入随机指标"KDJ",按【Enter】键确认,或直接单击指标选项中的【KDJ】。

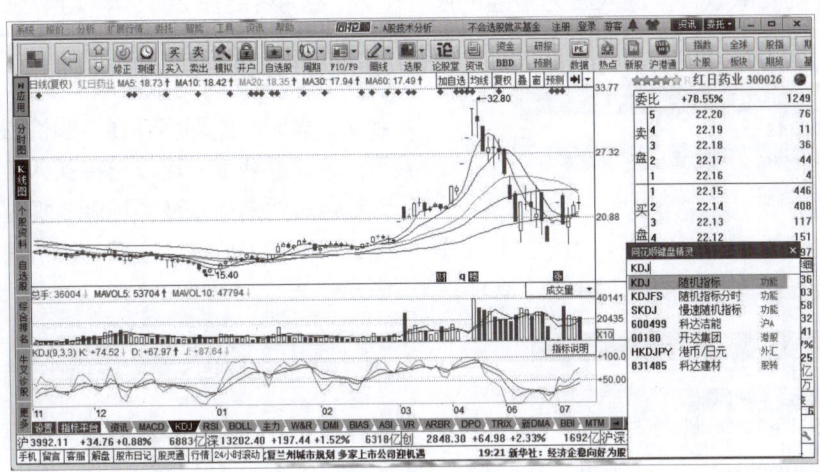

12.3.1 KDJ 取值

在 KDJ 指标中,K 值与 D 值永远介于 0 到 100 之间。J 值可以超过 100 和低于 0。但在分析软件上 KDJ 的研判范围都是 0~100。通常就敏感性而言,J 值最强,K 值次之,D 值最慢。而就安全性而言,J 值最差,K 值次之,D 值最稳。

根据 KDJ 的取值,可将其划分为几个区域,即超买区、超卖区和徘徊区。按一般划分标准,K、D、J 三值在 20 以下为超卖区,是买入信号;K、D、J 三值在 80 以上为超买区,是卖出信号;K、D、J 三值在 20~80 之间为徘徊区,宜观望。

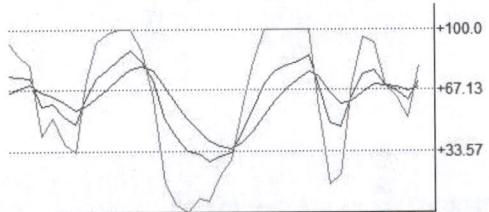

一般而言,当 K、D、J 三值在 50 附近时,表示多空双方力量均衡;当 K、D、J 三值都大于 50 时,表示多方力量占优;当 K、D、J 三值都小于 50 时,表示空方力量占优。

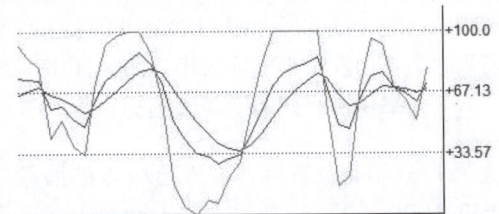

12.3.2 KDJ 黄金交叉

KDJ 曲线的黄金交叉分为两种形态:一种是金叉出现的位置比较低,是在超卖区的位置;另一种是黄金交叉位置较高,处于超买的位置。当股价经

过一段很长时间的低位盘整行情，并且 K、D、J 三线都处于 50 线以下时，一旦 J 线和 K 线几乎同时向上突破 D 线，表明股票即将转强，股价跌势已经结束，将止跌朝上，可以选择买入。当 K、D、J 三线都处于在 50 线附近偏上，此时 J 线和 K 线同时向上突破 D 线形成黄金金叉，表明股市处于一种强势之中，股价将再次上涨，可以加码买进股票或持股待涨。下面举例说明如何使用该指标。

1 打开同花顺软件，输入赛为智能的股票代码"300044"，按【Enter】键确认。

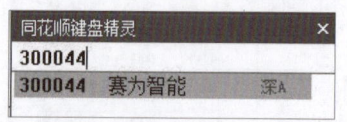

2 输入随机指标"KDJ"，按【Enter】键确认，或直接单击指标选项中的【KDJ】。

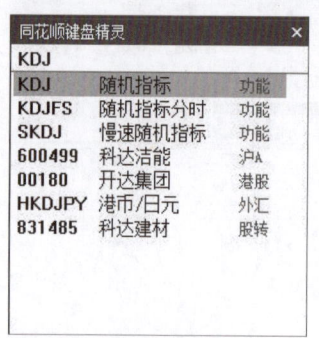

3 赛为智能在 2015 年 4 月 22 日附近的走势中，如图标注所示，KDJ 指标中的 J 线和 K 线几乎同时向上突破 D 线，出现 KDJ 金叉，表明股票即将转强，股价跌势已经结束，将止跌朝上，可以选择买入。投资者应该结合其他指标以及 K 线图，抓住这难得的机会果断买入。在此之后，股价开始一路上扬。

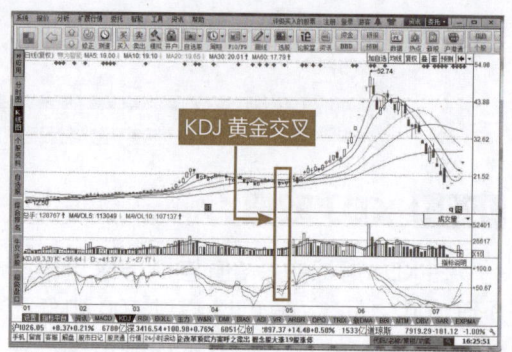

12.3.3 KDJ 死亡交叉

KDJ 在高位向下就形成了死亡交叉，即 J 线和 K 线几乎同时向下跌破 D 线。与黄金交叉一样，死亡交叉也有两种不同的表现形式。第一种情况是当股价经过一段很长时间的高位盘整行情，并且 K、D、J 三线都处于 50 线以上时，一旦 J 线和 K 线几乎同时向下跌破 D 线时，表示股市即将从强势转为弱势，股价将有下跌风险。第二种情况是当股价经过一段时间的下跌之后，而股价向上反弹动力缺乏，并且各条均线对股价形成较强的压力时，KDJ 曲线向上反弹无力，小于 50 再次选择向下，形成死亡交叉，表明股市将再次进入极度弱市，股价还将下跌，可以卖出股票或观望。

下面举例说明如何使用该指标。

1 打开同花顺软件，输入万科 A 的股票代码"000002"，按【Enter】键确认。

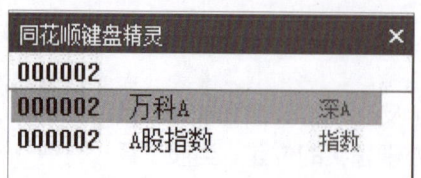

2 输入随机指标"KDJ"，按【Enter】键确认，或直接单击指标选项中的【KDJ】。

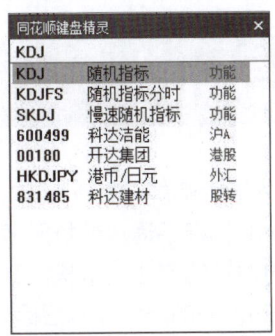

亡交叉，表明股价涨势已经结束，即将转弱，可能转头向下，投资者可以适时选择卖出止盈。如果结合其他指标以及K线图进行确认判断，会更加准确。

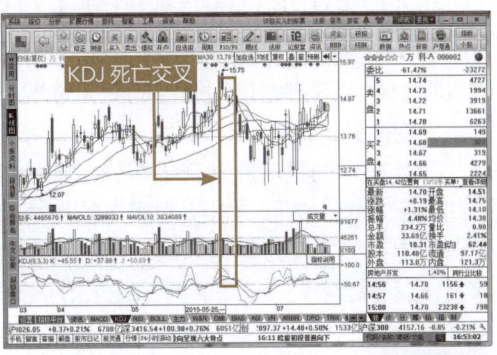

3　万科A在2015年6月11日附近的走势中，如图标注所示，KDJ指标中的J线和K线几乎同时向下跌破D线，出现KDJ死

12.3.4 KDJ 双重黄金交叉

KDJ双重黄金交叉一般是指先在弱势区出现黄金交叉，又在强势区出现黄金交叉。这种情况一般出现在股价前期处于较低的位置，当在弱势区KDJ出现黄金交叉，表明股票已经扭转趋势，摆脱前期的下降趋势或者震荡趋势，方向选择向上的概率较大。当股价强势拉升之后，横盘KDJ指标就会修整向下死亡交叉，这时虽然出现死亡交叉，但是K、D、J三线处于强势区域，股价稍微上扬，马上再次出现强势区域的黄金交叉。下面举例说明如何使用该指标。

1　以平安银行为例，打开同花顺软件，输入平安银行的股票代码"000001"，按【Enter】键确认。

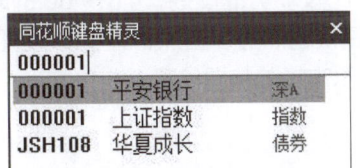

2　输入随机指标"KDJ"，按【Enter】键确认，或直接单击指标选项中的【KDJ】。

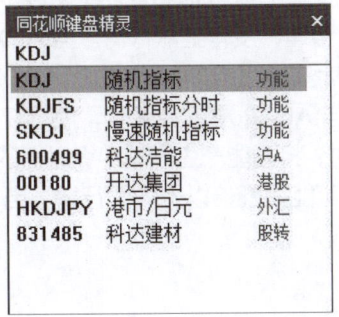

3　平安银行在2015年3月9日至2015年4月3日的走势中，如图标注所示，2015年3月9日平安银行在弱势区KDJ出现黄金交叉，表明股票已经扭转趋势，摆脱前期的下降趋势或者震荡趋势，方向选择向上的概率较大。之后股价强势拉升，横盘KDJ指标修整向下死亡交叉，这时虽然出现死亡交叉，但是K、D、J三线处于强势区域。在2015年4月3日股价上扬，出现强势区域的二次黄金交叉。

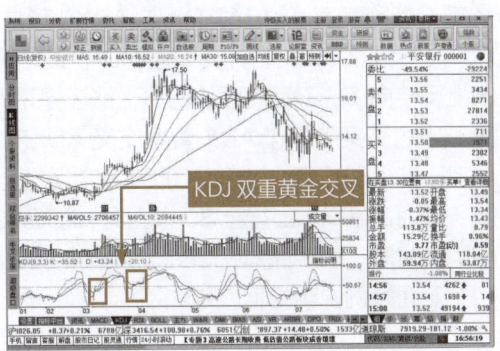

12.4 趋向指标（DMI）

DMI 指标又叫动向指标或趋向指标，是由美国技术分析大师威尔斯·威尔德（Wells Wilder）所创造的，是一种中长期股市技术分析方法。DMI 指标是通过分析股票价格在涨跌过程中买卖双方力量均衡点的变化情况，即多空双方的力量的变化受价格波动的影响而发生由均衡到失衡的循环过程，从而提供对趋势进行判断的依据的一种技术指标。

DMI 指标的基本原理在于寻找股票价格涨跌过程中，股价借以创新高或新低的功能，研判多空力量，进而寻求买卖双方的均衡点及股价在双方互动下波动的循环过程。在大多数指标中，绝大部分都是以每一日的收盘价的走势及涨跌幅的累计数来计算出不同的分析数据，其不足之处在于忽略了每一日的高低之间的波动幅度。比如某只股票的两日收盘价可能是一样的，但其中一天上下波动的幅度不大，而另一天股价的振幅却在 10% 以上，那么这两日的行情走势的分析意义决然不同，这点在其他大多数指标中很难表现出来。而 DMI 指标则是把每日的高低波动的幅度因素计算在内，从而更加准确地反映行情的走势及更好地预测行情未来的发展变化。

12.4.1 ADX 曲线

DMI 指标共有 +DI、−DI、ADX、ADXR 四条线，也是它的四个参数值，它分为多空指标 (+DI、−DI) 和趋向指标 (ADX、ADXR) 两组指标。

作为一个振荡器，ADX 曲线在 0 至 100 之间波动，数值小意味着大盘只在小幅度内进行微调，而数值大则意味着将会有剧烈的大盘震荡，这种震荡的趋向既可能是熊市也可能是牛市，本指数所考虑的重点只是数值越大振幅越大，反之亦然。一般将其整个数值范围分成 4 块，即低于 20、20 ~ 40、41 ~ 60 以及 60 以上。数值低于 20 时，价格只是在一个很小的范围内变化，20 ~ 40 的时候则意味着一个比较弱势的震荡，41 ~ 60 的时候这个震荡将相当激烈，当数值大于 60 时，这个震荡将是很剧烈的，当然，大于 60 这种情况是相当少见的。一般 ADX 于 50 以上向下转折时，表示市场趋势要终了。

12.4.2 高位 ADX 与 ADXR 交叉

DMI 趋向指标包括 ADX 和 ADXR，ADX 和 ADXR 是 +DI 和 −DI 的引导指标，同时也是判断股票行情的趋势指标。当 ADX 从上面下穿 ADXR 时，所形成的交叉点叫作死亡交叉（简称死叉）；当 ADX 与 ADXR 形成死叉时，股票上涨行情将终结。如果 ADX 和 ADXR 下行至 20 左右并交织波动时，说明股票将横盘整理，没有上涨行情。当 ADX 在 50 以上反转向下，不管股票价格是上涨还是下跌，都即将反转。当 ADX 从下面上穿 ADXR 时，所形成的交叉点叫作 ADX 黄金交叉 ADXR。当 ADX 与 ADXR 发生金叉时，预示着股票将出现一波上涨行情。当 ADX 的 ADXR 运行至 50 以上时，将可能产生一轮中级以上的行情。当 ADX 和 ADXR 上行至 80 以上时，那么市场将很有可能是翻倍以上的大行情。当 4 根线间距收窄时，表明股票行情处于盘整中，DMI 指标失真。

下面举例说明如何使用该指标。

1. 打开同花顺软件,输入赛为智能的股票代码"300044",按【Enter】键确认。

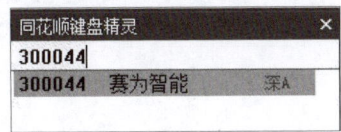

2. 输入趋向指标"DMI",按【Enter】键确认,或直接单击指标选项中的【DMI】。

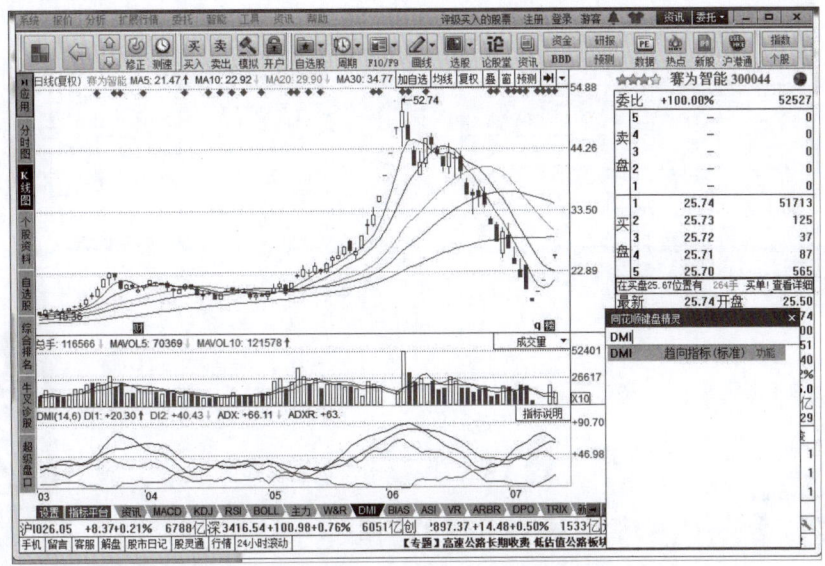

从图中可以看出,原来最下方的辅图成功调用 DIM 指标。投资者可以结合 DIM 指标的使用方法进行行情分析。DI1 上穿 DI2 线被称为 DMI 黄金交叉,市场开始步入上升趋势;DI1 下穿 DI2 线被称为 DMI 死亡交叉,市场将进入下降趋势。

12.5 牛市中常见指标的展现

前面已经为投资者介绍了若干个指标的应用,那么投资者也许会问,单纯地用一个指标对一只股票的判断是否精准?答案一定不是肯定的,单纯用一个指标对个股判断的准确率并不是十分高,要多种指标结合起来进行判断才会更加准确。那么投资者会问,牛市中常见的指标是什么样的形态?现在,笔者就为投资者进行牛市中指标的总结。

牛市中常见指标如下。
(1)均线多头排列。
(2)K 线在布林线中轨以上运行并且布林线轨道方向向上。
(3)KDJ 金叉并始终在 50 以上运行。
(4)MACD 金叉并且 DIF 和 DEA 始终在 0 轴以上运行。
(5)成交量不断放大。

以上证指数在 2014 年 7 月至 2015 年 6 月的行情为例,投资者可以清晰地看到,牛市行情所应当具备的特征就是上述所罗列的特征。投资者可以借鉴这些牛市特征,对个股进行筛选,一定可以选出牛股。

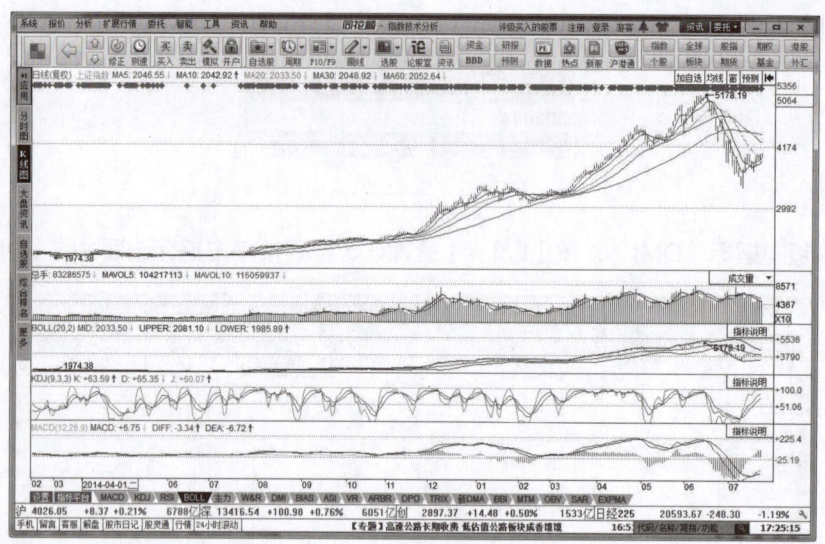

高手秘技

技巧 1 用指标探寻真底的方法

当 MACD 指标中 DIF 线在 0 轴以下运动时，DIF 线由下往上穿过 DEA 线形成金叉，但并未一路上升突破 0 轴，而是很快下行又与 DEA 线形成死叉。在此之后，如果 DIF 线和 DEA 线又在 0 轴以下形成金叉，且此时中长期均线也开始转头向上，这就表明底部形态即将完成，行情反转已是大概率事件。

技巧 2 灵活掌握 MACD 指标

投资者如果根据 MACD 指标进行操作，会发现当 MACD 指标发出买入信号时，股价已上升大半；MACD 指标发出卖出信号时，股价已大幅下跌。总之，MACD 指标存在严重的滞后性。

活用 MACD 指标，就是指根据颜色柱的长短变化进行操作。通常，当红色柱升到最高开始慢慢变短时，为卖出信号；当绿色柱升到最高开始慢慢变短时，为买入信号。

13 通过成交量透视股票走势

本章引语

一箭易折,十箭难断。

——《魏书》

证券市场中的竞价交易产生了股价,买方与卖方交易达成就产生了成交量。成交量越大,也就意味着市场的参与度越高。由此可见,股价与成交量之间的关系十分紧密,投资者可以透过成交量分辨股票走势的真实与虚假。成交量是投资者分析和判定市场行情时最重要的依据,也是应用其他技术指标时不可或缺的参考。

本章要点

★ 上升行情中的成交量形态
★ 下降行情中的成交量形态

13.1 成交量对炒股的意义

在利用技术对股票进行分析的时候，最基本的技术指标就是成交量。投资者可以透过成交量，看清股票所处的阶段和主力运作的意图，因此成交量对投资者来说意义重大。

13.1.1 什么是成交量

成交量（英文缩写为 VOL）是指单位时间内股票、基金、债券等交易成交的数量。一般当供不应求时，人们争相买进，成交量会随之放大；反之，供过于求，市场冷清无人，成交量势必萎缩。

在证券市场中，成交量分为两种形式：一种是成交股数；另一种是成交金额。成交股数是指个股某一交易日成交的股数之和。成交金额为该股票在某一交易日所有成交的金额。

1 打开同花顺软件，输入京东方 A 的股票代码"000725"，按【Enter】键确认。

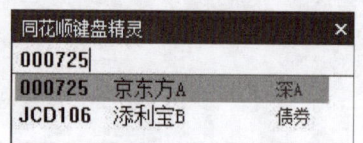

2 下图为京东方 A（000725）分时图。图中的每一根成交量柱分别代表每一分钟所产生的成交量，一个交易日有 240 分钟，因此应当有 240 根成交量柱。这些一分钟成交量柱排列在一起就是股票的成交量带。成交量大，成交量柱就长；成交量小，成交量柱就短。成交量柱为红色，表示在此时段股价上涨；成交量柱为绿色，表示在此时段股价下跌。单击鼠标左键可以在分时图中显示十字光标，十字光标竖线所指定的是该光标位置的这一分钟的股价和成交量，在分时图的左侧将显示该分钟的股价和分时成交量数据。

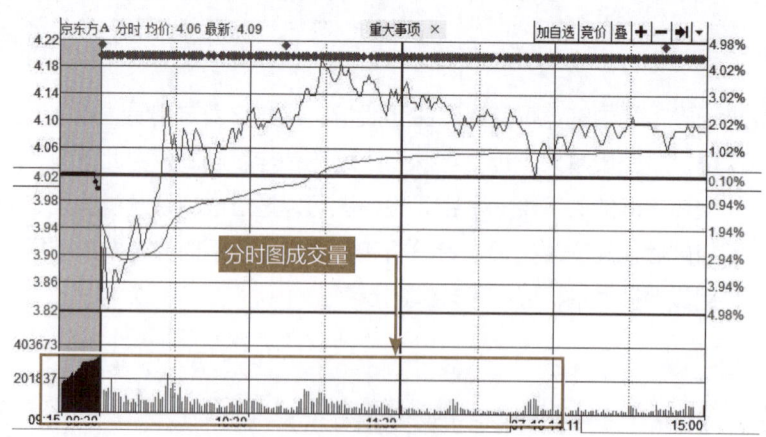

通过股票分析软件，投资者还可以查看 K 线图中的成交量指标。

1 打开同花顺软件，输入京东方 A 的股票代码"000725"，按【Enter】键确认，从分时图界面切换至 K 线图界面。

2 下图为京东方A（000725）的日K线图。K线图中的成交量指标图位于K线图下方。京东方A的日K线图中的每一根成交量柱分别代表每一个交易日所产生的成交量。如果投资者查看的是其他时间周期的K线图，则下方对应的成交量就是对应分析周期的成交量。与分时图一样，成交量越大，成交量柱就越长；成交量越小，成交量柱就越短。成交量柱为红色，表示在此时段股价上涨；成交量柱为绿色，表示在此时段股价下跌，量柱的颜色表示了股价是上涨还是下跌。值得注意的是，所有的K线图都有成交量均线。成交量均线也是非常重要的技术指标之一，其基本的运行规律是：成交量均线5日线上穿成交量均线10日线，股价上涨，成交量均线5日线下破成交量均线10日线，股价下跌。

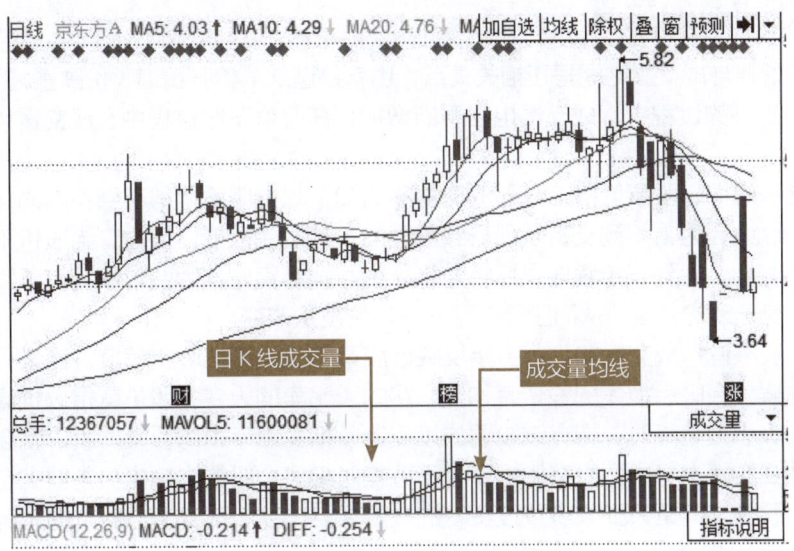

投资者如果想了解更详细的成交数据，可以查看成交明细。

1 打开同花顺软件，输入京东方A的股票代码"000725"，按【Enter】键确认。投资者进入个股界面后，在股票分析软件中按【F1】键，即可显示成交明细数据。

2 下图为京东方A（000725）在2015年7月16日的成交明细。图中现手一栏，红色字体并且旁边有向上的箭头表示以主动性买入价格成交，绿色字体并且旁边有向下的箭头表示以主动性卖出价成交。

13.1.2 成交量的意义

股票的价格与成交量之间呈正相关关系，也就是遵从"价升量增、价跌量减"的规律。在股价不断上升的过程中，成交量也在不断增加；在股价下跌过程中，成交量也在逐步减少。

根据这一规律，股票价格上升而成交量不增加，则说明股票得不到买方的认同，价格的上升趋势就会因为得不到支持从而导致股票的走势发生改变。反之，当股价下跌时，成交量往往会减小，达到一定程度之后将走平，这意味着卖方认为股价不再有下跌空间，多空此时已经有一定的分歧，从而股价下跌的趋势会发生改变。

对于个股来说，成交量的大小直接反映该股票对投资者的吸引程度。当某只股票吸引力很大的时候，会吸引很多的投资者购买，买的人比卖的人多，股价就得以推高；相反，当该股票的吸引力下降时，持有该股票的投资者争相卖出手中的股票，股价就会受到打压下跌。虽然在实际走势中，所有的投资者不可能对某只个股的未来走势判断完全一致，全看涨或者全看跌。但是只要大多数投资者的投资观点一致，成交量与股价的走势就会受上述规律的影响。

当然，并不是所有的成交量走势均符合上述规律，很多投资者对此都有错误的认识，成交量与股价二者之间也会有背离的情况发生。成交量的产生必然是既要有买入者，也要有对应的卖出者，任何一个价格都必须遵守这一规律。对于某一只股票，如果有某一个股价区间成交量出乎意料地放大，只能说明在此股价区间投资者的分歧较大。如果成交量很小，则说明大多数投资者对该股在此价格区间运行意见较为一致。

总的来说，成交量所代表的真实含义主要有以下几点。

（1）投资者通过成交量的变化可以分析出某只股票的人气。成交量越大，越能吸引投资者参与，参与的投资者人数增加之后，股票价格波动幅度可能会较大。

（2）投资者通过对成交量的变化分析，还可以发现个股的价格压力和支撑位。因为如果在某一价位成交量很大，说明该区域有较多的投资者在此价位购买了该股票，那么在此价位就有较大的压力或者较强的支撑。

（3）投资者可以通过对个股不同股价区间的成交量变化分析，判断趋势的可持续性。如果是趋势性上涨，随着股价的不断上涨，成交量也会稳步地上升，这说明看好该股票的投资者较多，股价上涨的途中一直有投资者加入。股价上涨的后期，成交量逐渐减少，说明敢于参与的投资者减少了很多。

13.2 成交量的特征

个股在行情走势的不同阶段,成交量指标有不同的特点,虽然上涨行情和下跌行情会有多种形态,但是投资者可以从中总结其规律,帮助自己从交易中盈利。

13.2.1 上升行情中的成交量形态

股价经过长期筑底之后,主力机构掌控了足够多的筹码,之后就会拉升股价。通常股价在上升行情中,极少会一下上涨到很高的位置,更多的是波段式上涨。而在不同的阶段,成交量也会有不同的特征。

1. 上涨初期阶段成交量特征

股价经过较长时间的筑底后,主力将开始拉升股价。尤其是在上涨的初期,根据个股流通盘大小和主力的操盘风格,股价的上涨和成交量的放量会有所不同。有的股票会缓慢拉升,成交量一般是温和放量;有的股票则是急速拉升,成交量也伴随着巨幅放量。

1 打开同花顺软件,输入山煤国际的股票代码"600546",按【Enter】键确认。

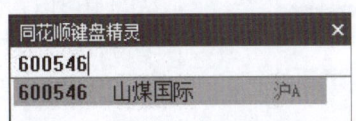

2 下图为山煤国际(600546)2014 年 3 月 21 日附近的日 K 线走势。经过前期的筑底,在 2014 年 3 月 21 日突然放量涨停,换手率达到 2.38%,成交量放出巨量,高达前期的 2.53 倍。经过一个半月,该股于 2014 年 5 月 8 日再次放量涨停,换手率达到 2.18%,并在随后两天大涨。2014 年 5 月 12 日该股再次涨停,同时换手率高达 4.78%,三日涨幅超过 22%。在此之后,股价开始逐渐回落,但每天的换手率比筑底阶段时的换手率高得多。

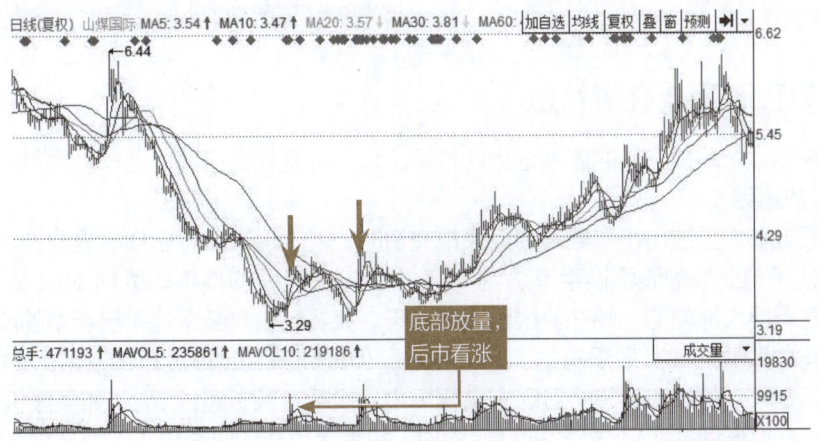

> **提示** ▶ 股价的上涨通常要分为几个波段，主力通过波段不断推高股价，并在波段中下跌洗盘，洗走意志不坚定的投资者，为主升浪做准备。这些波段中，每一波股价上涨时都需要成交量配合，都会有放量的过程，当股价上升一个台阶之后开始回落，这时候成交量也相应减小。

2. 主升浪行情中成交量特征

主升浪是股价在一轮行情中涨幅最大、上涨维持时间最长的行情，也是一轮行情中最重要的获利阶段，在波浪理论中将其称为第三浪。主升浪行情一般出现在大盘强势突破调整之后。

主升浪的股价呈单边上涨态势，均线形成多头排列。从成交量来分析，经过股价筑底时吸筹、上涨初期的洗盘，通常在主升浪阶段，主力手中的筹码已经足够多，实力强的主力甚至能达到完全控盘的效果。这时个人投资者手中的筹码已不多，主力拉升股价的压力较小。主力通过对敲等操作手段拉升股价，在主升浪阶段，成交量通常会保持在一个较高的水平，并呈现成交量平稳的态势。

1 打开同花顺软件，输入山煤国际的股票代码"600546"，按【Enter】键确认。

2 下图为山煤国际（600546）在2014年4月3日附近的K线图，从图中可以看到经过几个小波段的上涨之后，该股进入价跌量缩的阶段性调整，之后该股从2015年2月11日开始了主升浪行情。在主升浪阶段，

成交量与股价走势保持一致：股价上涨，成交量放大；股价下跌，成交量随之也缩减。从图中可以看出，在主升浪期间，成交量都维持在一个较高的水平，股价从4.61元一路被推高至11.14元。

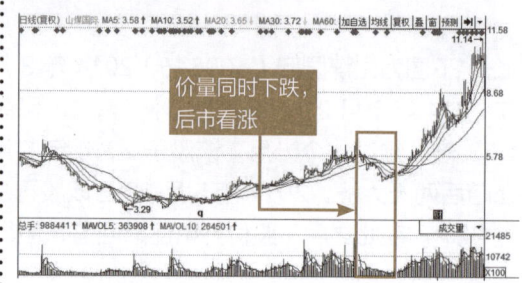

3. 股价见顶时期成交量特征

股价在见顶阶段成交量的表现分为两种情况：一种是放量见顶；另一种则是缩量见顶。
（1）放量见顶。

当个股或者大盘放出不同寻常的巨大成交量时，就出现了即将见顶的重要特征。其中，如果中小板和创业板的股票换手率达到30%以上，大盘股的换手率达到15%以上，并且前期股价已有巨大涨幅的，则在放出巨量的当天，就要当机立断迅速卖出手中的股票。

虽然有些股票的成交量没有达到上述标准，但成交量若是最近行情中最大的，也要将其视为"巨量"。例如，某只个股在一轮行情中，换手率从未超过5%，如果股价上涨到一定的高度，并且连续多次超过5%的换手率时，投资者也要加以警惕，因为从技术面分析，量和价之间有必然的联系。天量之后见天价的规律已经多次被市场验证。

1 打开同花顺软件，输入外高桥的股票代码"600648"，按【Enter】键确认。

2 下图为外高桥（600648）的日K线图，从图中可以看到该股从2013年8月30日开始连续11个交易日无量涨停，股价从13.16元一路高歌猛进至63.82元。投资者一定有疑问，为什么价涨量却极小？这是因为无量涨停卖单极少，大量的投资者想要买进却难以在涨停价买进，没有成交，造成成交量十分小。因此，在9月16日涨停打开的时候，成交量才恢复正常。值得注意的是，该股票在9月16日放出巨量，并且当日换手率高达7.21%。再加上当时在高位收出一根十字星线，此时投资者就应当警惕。随后的四天，股价继续上扬，但是成交量呈现减少的趋势，这说明已经没有那么多的投资者追逐该股了。果不其然，股价随后一路下跌。在下跌的过程中，主力一直在减仓，所以成交量并没有极度萎缩。

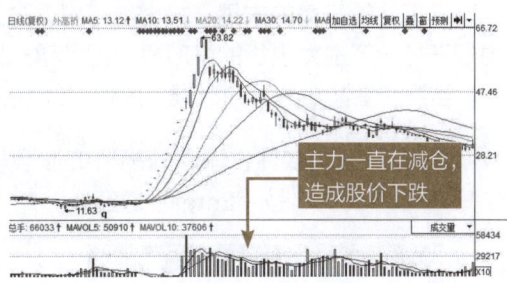

（2）缩量见顶。

缩量见顶是指当股价处于顶部时，成交量与主升浪时期相比，出现平量或者缩量，形成了成交量与价格背离的现象。由于前期主升浪已经有巨大涨幅，很多投资者已经处于狂热的非理性状态，认为只要买进该股票，就会有盈利，但是这种狂热的投资者数量会随着股价的飙升而越来越少。而此时持股的投资者看到前期股价的快速上涨，心理的期望值还很高，都认为行情还会延续，因此不会低价出售手中的股票。因此在这个阶段，成交量反而会减少。最具有代表意义的就是曾经有"中国神车"之称的中国中车。

1 打开同花顺软件，输入中国中车的股票代码"601766"，按【Enter】键确认。

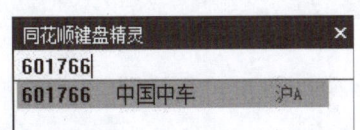

2 下图为中国中车（601766）的日K线图。该股由中国南车和中国北车重组而来，在2014年10月停牌之后于2014年12月31日复牌，复牌6个无量涨停。经过了这一轮上涨，该股进入上升通道的结构性调整阶段。之后于2015年3月开始了新一轮的上涨，股价迅速从13元拉升至最高39.47元，此时股价已经上涨到位，冲高回落之后开始震荡。在主升浪的初期，股价在上涨的时候，成交量也跟随放大。随着股价的持续走高，但成交量却不跟随增加，呈现量价背离的现象，顶部特征已经突显。直到2015年6月9日，该股从涨停到跌停，开始了牛转熊的走势，此后股价一路下跌。

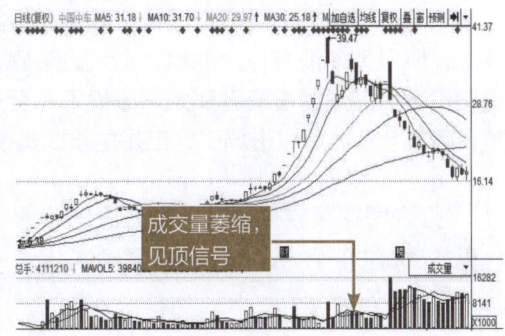

13.2.2 下降行情中的成交量形态

股价上涨需要成交量的配合，但是股价下跌的过程不一定需要成交量的配合，大部分的股票在股价下跌的过程中，成交量呈平稳的状态。如果是前期大幅上涨过的股票，则有可能会出现放量下跌的形态。因此，下降行情中的成交量形态又分为放量下跌和缩量下跌两种情形。

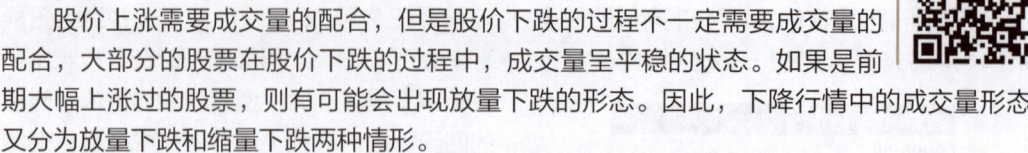

1. 放量下跌

当股票前期不是一波一波上涨行情，而是疯狂的暴涨行情，就容易引发放量下跌行情。因为前期主力已经高度控盘，许多看好该股的投资者根本买不进，当股价推升至十分高时，也接近了此轮行情的末尾，投资者可以买进了。此时，投资者依然沉浸在疯狂上涨的幻想中，于是给了主力出货的好时机，因此这一时段的成交量会放大，甚至大大高于建仓时的量。当投资者渐渐醒悟的时候，股价已经跌至半山腰了。

1 打开同花顺软件，输入外高桥的股票代码"600648"，按【Enter】键确认。

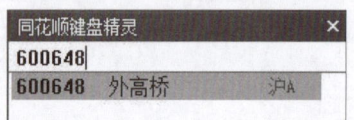

2 下图为外高桥（600648）的日K线图。从图中可以看到，自2013年8月30日开始，该股出现连续11个交易日无量涨停，由于这次的上涨不属于正常的上涨，而是一字涨停，符合上述的各项特征。因此，在下跌初期时成交量明显高于前期筑底和建仓及拉升时的成交量。

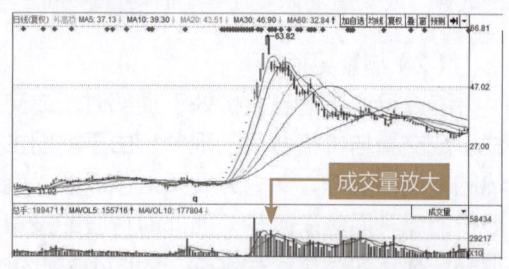

> **提示** ▶ 投资者需要注意，某只股票除权之后，股本扩大会导致成交量放大，但是成交金额不会有太大改变，此时成交量放大的含义就要大打折扣。

2. 缩量下跌

出现这种情况的主要原因是：由于股价下跌，持有股票的投资者仍想要高价卖出手中的股票，但是没有人愿意在股价下跌的时候跑去接盘，因此成交量会减少。由于下跌具有惯性，所以即使没有很大的量，也可以下跌，极小的单量就可以把价位砸低。当然，并不是股价下跌就没有投资者买入。股价下跌至一定程度，其风险就得到了一定的释放，有些投资者就会认为可以进场了。但是由于此类投资者较少，所以成交量也较小。

1 打开同花顺软件，输入歌力思的股票代码"603808"，按【Enter】键确认。

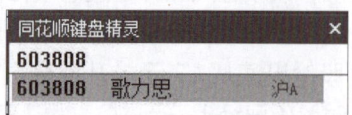

2 下图为歌力思（603808）的日 K 线图。由于该股属于次新股，从 2015 年 4 月 22 日到 2015 年 5 月 29 日期间已经完成三波上涨，股价从 27.34 元一路疯涨至 91.56 元，涨幅过大。于是投资者们都不看好该股票，股价开始下跌，在股价下跌的过程中，成交量与前期上涨阶段相比明显缩小。当股价跌到一定程度的时候，许多投资者认为该股下跌已经释放了大部分风险，于是有些投资者开始试探性地选择买入，股价探底回升。

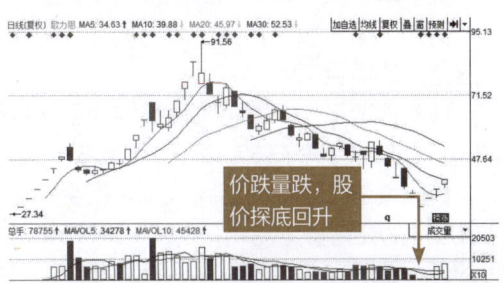

13.3 成交量与股价

　　成交量与股票的价格二者相辅相成、互相影响。成交量的变化过程就是投资者投资热情变化的过程。当某只股票人气旺盛的时候，其成交量也会随之增大，进而会吸引更多的投资者加入，这有助于股价的进一步攀升。当股价上涨到一定高度的时候，投资者的高处不胜寒心理，将导致交易欲望的减少，成交量也逐渐萎缩。股价与成交量经过一定时间的走平之后，股价后期上涨的概率较小，这时前期获利盘将纷纷套现，从而导致成交量放大，股价大跌，市场人气大减。股价经过一段时间下跌之后，投资者人心惶惶，抛盘四起，成交量的放大在此时成为人气进一步衰减的信号。当股价持续下跌，跌至一定程度之后，股民卖出的冲动将减少，这时成交量萎缩，股价将见底。

　　成交量与股价之间的关系一般分为两种情况。

　　（1）量价同向。

　　股价与成交量变化的方向一致。股价上升，成交量也同步上升，这是投资者看好之后走势的表现。反之，股价下跌，成交量随之下降，说明投资者对后市看好，不愿贱卖手中的筹码，转势反弹仍大有希望。

　　（2）量价背离。

　　股价与成交量变化呈反向的走势。股价上升而成交量不增或减少，这说明股价的涨势得不到投资者们的认可，没有更多的投资者加入其中，这种涨势就难以维持。反之，股价下跌，但是成交量增加，说明更多的投资者不看好后市，纷纷抛出手中的筹码，这是后市下跌的前兆。

　　因此，成交量是观察主力动向的有效途径，由于主力资金量巨大，他们的一切意图都会通过成交量来实现，成交量剧增，很可能是主力在大量买进或卖出。

13.4 成交量的常用指标

13.4.1 换手率

　　换手率又称为周转率，是指在一个交易日内市场中股票转手买卖的频率，是反映股票流通性强弱的指标之一，可以准确地反映出规定时间内成交量占其可流通股数的比例。

换手率的计算公式如下。

换手率 = 某一段时期内的成交量 / 发行总股数 ×100%

例如，某只股票在一个月内成交了 100 万股，而该股票的总股本为 1 亿股，则该股票在这个月的换手率为 1%。

通常情况下，多数个股每日的换手率维持在 1% ~ 2.5%（新股与次新股除外）。由于 70% 股票的换手率在 3% 以下，因此 3% 就成为一个分界。当一只股票的换手率在 3% ~ 7% 时，该股就进入了相对活跃状态。换手率达到 8% ~ 10% 时，则为强势股的表现，股价处于高度活跃当中。换手率在 11% ~ 15%，主力密切操作。换手率超过 15%，并且持续多日的话，此股也许会成为黑马股。

13.4.2 委比

委比是金融或证券实盘操作中衡量某一时段买卖盘相对强度的指标，委比的取值自 −100% 到 +100%，+100% 表示全部的委托均是买盘，涨停的股票的委比一般是 100%，而跌停是 −100%。委比为 0，意思是买入和卖出的数量相等。当委比值为正值，并且数值较大，说明市场买盘强劲；当委比值为负值，并且数值较大，说明市场抛盘较强。

委比的计算公式为如下。

委比 =（委买手数 − 委卖手数）/（委买手数 + 委卖手数）×100%

- 委买手数：所有个股委托买入上五档的总数量。
- 委卖手数：所有个股委托卖出下五档的总数量。

通常情况下，委比指标表明了投资者委托买入和委托卖出的意愿的差距，由于委比只是委托的数据，并不是成交的数据，因此不能反映股票交易活跃程度。只有成交量和换手率才能反映股票的活跃程度。同时需注意的是，投资者可以随时撤单，所以委比数值可以在短时间内出现较大的变化。

委买委卖的差值就是委差，这是投资者意愿的体现，委差在一定程度上反映了价格的发展方向。委差大于零，后市看涨的可能性就大；反之，后市下降的可能性大。不过主力制造的假象也会出现委差为正，看上去后市要涨，实则变盘的情况。

1 打开同花顺软件，输入浙江龙盛的股票代码"600352"，按【Enter】键确认。

2 投资者可以将想看的个股加入自选股，在自选股的菜单页面中可以查看委比的信息。下图所示为浙江龙盛（600352）在 2015 年 7 月 24 日收盘时的委比。

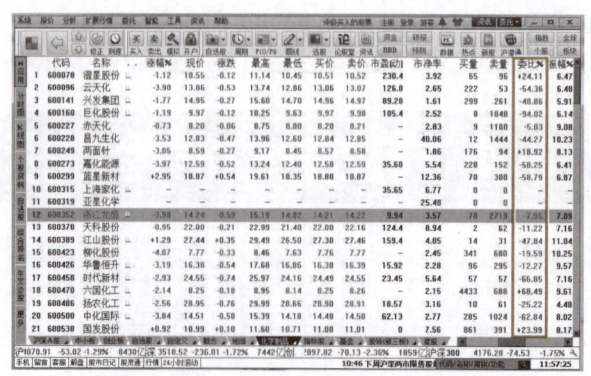

13.4.3 量比

量比是指股市开市后平均每分钟的成交量与过去 5 个交易日平均每分钟成交量之比，也是衡量相对成交量的重要指标之一。

计算公式如下。

量比 = 现成交总手数 / 现累计开市时间（分）/ 过去 5 日平均每分钟成交量

上述公式经过变换后如下。

量比 = 现成交总手 /[过去 5 日平均每分钟成交量 × 当日累计开市时间（分）]

在即时盘口分析中，股民使用较多的是走势图、成交量以及换手率等指标。但量比及量比指标也是一种比较好的工具。当股票出现在量比排行榜上时，一般都已有相当大的涨幅，盘中的最早起涨点多数已经错过。因此，从盘口的动态分析角度讲，单单考虑量比数值大小具有一定缺陷。量比的具体使用方法如下表所示。

量比倍数	放量水平	操作意义
0.8~1.5 倍	正常水平	股价可涨可跌，不具有操作参考价值
1.6~2.5 倍	温和放量	若股价处于缓慢上涨态势，则升势会延续，可继续持股；若股价下跌，则可认定跌势会延续，应考虑退出
2.6~5 倍	明显放量	若股价向上突破阻力或向下跌破支撑，则属于有效突破。向上突破可以买进，向下跌破可以卖出
5.1~10 倍	剧烈放量	若个股长期处于低位，突然出现剧烈放量向上突破，则后市将会有大涨幅。但是，如果前期已有巨大涨幅，则建议投资者采用防御策略
10.1~20 倍	异常放量	若个股在高位出现异常放量，则可以考虑反向操作
20 倍以上	极端放量	建议投资者针对此种情况，高位卖出，低位买进

> **提示** ▶ 有些个股经过大幅拉升之后，出现量比急剧放大，也是重要的头部特征。这种放量，换手率不大，但是量比大得惊人，有时能达到数十倍之多。正是因为换手率不大，所以才容易使股民产生麻痹心理，从而错失逃顶的机会。

打开股票分析软件，切换至 K 线图界面，即可看到位于界面右侧信息栏中的量比信息。

13.4.4 外盘和内盘

内盘和外盘是两个不同的概念。内盘是指以买入价格成交的数量，即卖方主动以不大于当前买一、买二、买三等价格下单卖出股票时成交的数量，用绿色显示。内盘的多少显示了空方急于卖出的数量大小。外盘是指以卖出价格成交的数量，即买方主动以高于或等于当前卖一、卖二、卖三等价格下单买入股票时成交的数量，用红色显示。外盘的多少显示了多方急于买入的数量大小。

内盘和外盘这两个数据大体可以用来判断买卖主动性的强弱。若外盘数量大于内盘，则表明买方主动性较强；若内盘数量大于外盘，则说明卖方主动性较强。

例如，甲下单6元买100股，乙下单6.01元卖300股，当然不会成交。6元就是买入价，6.01元就是卖出价。

这时，丙下单6.01元买200股，于是乙的股票中就有200股卖给丙了（还有100股没有卖出去）。这时候，成交价是6.01元，现手就是2手即200股，显示2，显示的颜色是红的。

还是上面的情况，如果丁下单6元卖200股，于是甲和丁就成交了，这时候成交价是6元，由于甲只买100股，所以成交了100股，现手是1，颜色是绿的。

因此，外盘就是主动去按照卖方的价格而成交的，在信息栏中字体为红色。内盘是主动迎合买方的价格而成交的，在信息栏中字体为绿色。投资者打开股票分析软件，切换至K线图界面，即可看到位于界面右侧信息栏中的内盘与外盘的信息。

13.4.5 总手和现手

现手是指个股的即时成交量，对于最近一笔成交量也称为现手，或者已经成交的最新一笔买卖的手数。在盘面的右下方为即时的每笔成交明细，红色字体和向上的箭头表示以买入价成交的每笔手数，绿色字体和向下箭头表示以卖出价成交的每笔手数。

总手即当日开始成交一直到即时的总成交手数，总手等于外盘加内盘的数量之和。通过收盘时的"总手"数量可判断当日成交的总股数。如收盘时出现"总手23.88万"，这就说明当日该股一共成交了23.88万手，即2388万股。

打开股票分析软件，切换至K线图界面，即可看到位于界面右侧信息栏中总手的信息。成交明细栏中的最新成交信息就是现手信息。

13.5 成交量与持仓量

持仓量是期货中的概念，股票中没有持仓的概念。持仓量是指投资者现在手中所持有的市值占投资总金额的比例。通过分析持仓量的变化，可以分析市场多空力量的大小、变化以及多空力量的更新状况，从而成为与股票投资不同的技术分析指标之一。在期货图形技术分析中，成交量和持仓量的相互配合十分重要。正确理解成交量和持仓量变化的关系，可以更准确地把握图形K线分析组合，有利于深入了解市场语言。

持仓变化	持仓变化	对市场产生的影响
成交量增加	持仓量增加	这种情况在期货走势中属于最常见的情况之一，多发生在单边行情的初始时期。此时的多空双方对后市的看法产生了严重分歧，因此形成市场中持仓量的剧增。由于多空双方的分歧，会导致股价的大幅波动，因此短线投资者将会有很好的获利机会。成交量的增加是由于从事短线交易的投资者资金的频繁进出，而持仓量的增加显示了多空双方资金的累积
成交量增加	持仓量减小	这种情况一般会发生在一段行情的中间过程，并且会伴随多杀多、空杀空的出现。由于行情有利于多空其中的一方，从而使相反一方纷纷出逃，持仓逐步减少。但价位的快速运动为短线炒作提供了良机，因而短线资金积极介入，成交并未减少，有时短线持仓的增加掩盖了长线资金的出局，造成持仓量减少的趋势并不明显。这种情况下，可能会伴有中期反弹行情，由于反弹的剧烈，往往给人一种转势的感觉，但原趋势仍将保持下去
成交量减小	持仓量增加	这种情况往往出现在大行情来临之前，此时在宏观经济环境因素和市场内部多空双方的共同作用下，价格在动态中达到了某种程度上的平衡。于是成交量减少，价格波动区间变窄，这种情况下短线交易者无利可图。但持仓量增加，说明多空双方看法分歧变大，看多者与看空者均增加，资金对抗进一步升级。由于分歧结果并未明朗，因而双方均互不让步，不断加仓并且无一方首先打破僵局，所以成交量减少，等待最后的突破。这种情况后续的走势将会十分凶猛，一般不会有假突破发生，行情一旦爆发，至少会有一波中级行情出现
成交量减少	持仓量减少	此种情况多发生在一波行情将要结束时，成交量和持仓量的同步收缩，说明多空双方或其中一方对后市失去信心，资金正逐步退场。这种情况如果持续发展，会为新资金介入提供有利的条件，成为变盘的前兆。由于成交量和持仓量都比较小，行情容易受外界因素影响，价位波动随意性很强，会给投资者造成不必要的损失

13.6 成交量时段分析

成交量在每一个交易日的不同时间段所表达的含义也有所不同，投资者可以通过对开盘、盘中、盘尾和盘后的成交量进行分析，更加清晰地了解主力对股票后期走势的真实意图。

13.6.1 开盘分析

在每一天的交易当中，投资者首先应该关注的是开盘前和开盘时的成交量变化，以及集合竞价所产生的开盘价。结合股票前期的走势，开盘时成交量的变化会有不同的含义。

（1）股价处于相对较低价位。

当个股处于相对较低价位时，如果开盘时段放出异量，并且股价上涨，则表示该股上涨突破的动能较足，当日上涨的概率较大，甚至有可能当日涨停。

1 打开同花顺软件，输入安硕信息的股票代码"300380"，按【Enter】键确认。

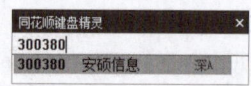

2 下图为安硕信息（300380）的日K线图和2015年2月3日的分时图走势。该股开盘半小时之内就放出异量，紧接着持续放量，在上午就封涨停。结合安硕信息日K线图走势，其在价格低位就表现如此强劲，说明主力资金充足，并已经开始准备推高股价，由此可以判断该股在未来会有持续的上涨行情。

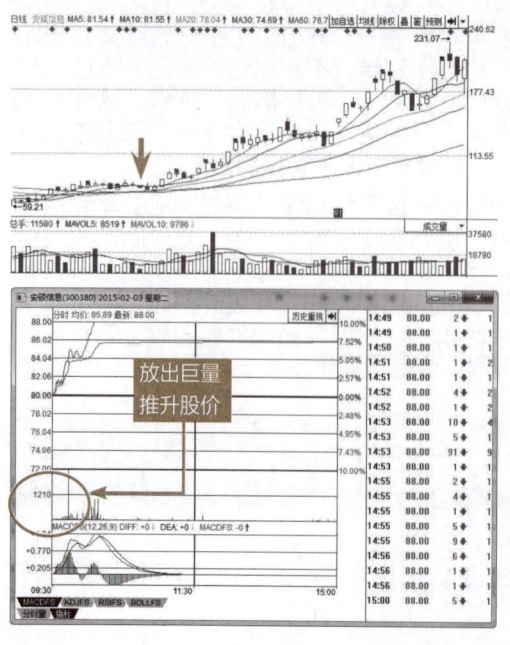

（2）价格处于相对较高价位。

当个股处于相对较高价位时，如果开盘时段放出大量，并且股价下跌，则主力多数认为该股上涨阻力较大，日后走势有牛转熊的可能，因此会引发主力的撤退。仍以安硕信息为例。

1 打开同花顺软件，输入安硕信息的股票代码"300380"，按【Enter】键确认。

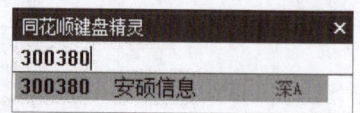

2 下图为安硕信息（300380）2015年5月22日的分时图。从分时图可以看出，该股票此时前复权后的价位已经达到200以上，股价估值过高。因此该股在除权除息的当天开盘就放量下跌，之后在10:00左右持续放量，助推股价急速下挫。虽然之后盘面有所回升，但是这已经预示着整体的趋势发生了逆转。

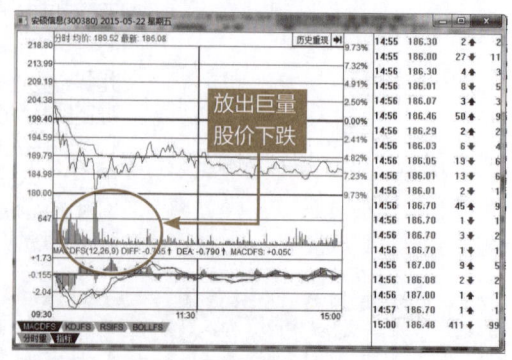

13.6.2 盘中分析

在 10:00 以后，股市进入多空双方搏杀阶段。除去开盘与收盘各半个小时，其余时间全为盘中交易。股价在盘中走势，无论是探底拉升、窄幅震荡或冲高回落，全部体现控盘主力的操作意图。盘中运行状态一般有以下几种常见情况。

1. 处于上涨趋势

个股如果开盘价与前一日收盘价持平，且开盘之后股价上涨，在上午的走势中冲高回调并且不跌破开盘价，股价重新选择向上的概率较大，这意味着主力做多坚决。投资者可以待第二波高点突破第一波高点时选择加仓买进。

1 打开同花顺软件，输入易事特的股票代码"300376"，按【Enter】键确认。

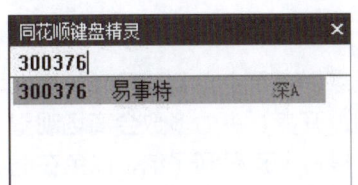

2 下图为易事特（300376）的日 K 线走势图和分时图，从其 2015 年 3 月 30 日的 K 线图可以看出，该股此时已经处于上升通道中，投资者此时的交易均属于右侧交易。再从其分时图可以看出，该股票开盘有量，说明主力资金充足，在盘中又放出异量，并且股价虽冲高回调，但是并没有跌破当日的开盘价，这说明主力已经控盘，并已经开始准备推高股价，由此可以判断该股在未来会有持续的上涨行情。

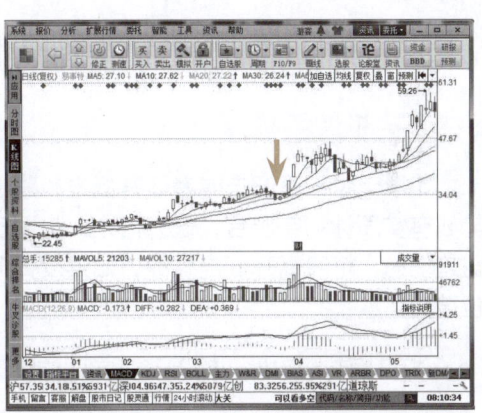

2. 处于箱体走势

个股处于箱体走势时，一般开盘走势有 4 种：高开低走、平开平走、低开平走、低开高走。由于箱体震荡走势没有明朗的趋势方向，而是处于箱体之中，因此股价稍微一涨就触及箱顶，如果个股盘中放大量上涨，就是逢高减仓的好机会，此时不要买入。在箱体阶段，不建议长线投资者进行买卖操作，短线投资者可以选择适当时机介入。

1 打开同花顺软件，输入京东方 A 的股票代码"000725"，按【Enter】键确认。

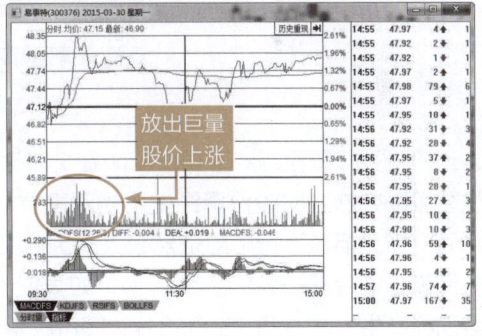

2 下图为京东方 A（000725）的日 K 线图和 2013 年 9 月 11 日的分时图。从日 K 线图判断，当时股价基本见底，并且处于低位震荡阶段，在 2013 年 9 月 10 日，该股已经盘中放量上涨，2013 年 9 月 11 日盘

中再次放量，盘中最高涨幅达 6.02%，然后股价回落。这时股价已经触碰了前期的阻力位，股价有回落的可能。结果在之后的第三个交易日，股价回归箱体内部。

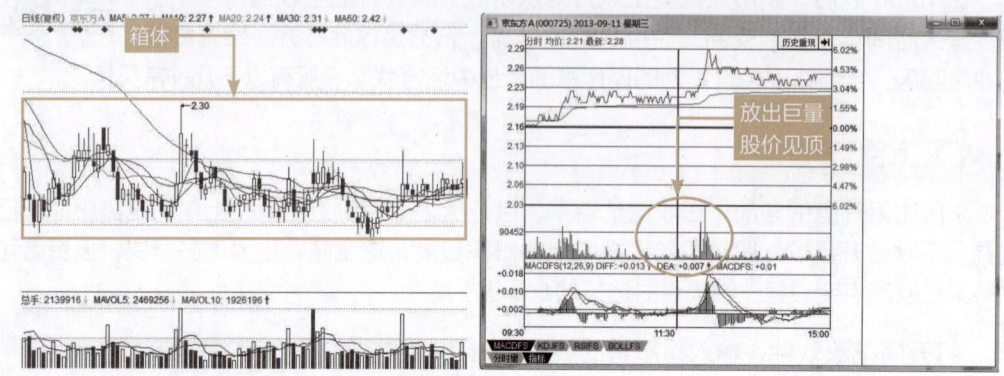

3. 处于下跌趋势

如果个股平开低走或者低开低走，跌破前一波低点，多是主力看淡后市行情。尤其弱势或有实质性利空出台，低开低走，盘中反弹无法超过开盘，主力多数会离场观望。当大盘趋弱时，个股高开低走翻绿，如果反弹无法翻红，投资者宜获利了结，以免在弱势中高位被套。

1 打开同花顺软件，输入开开实业的股票代码"600272"，按【Enter】键确认。

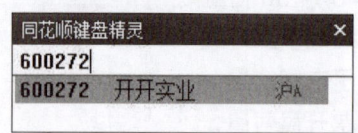

2 下图为开开实业（600272）在 2015 年 6 月 25 日的日 K 线图和分时图。结合其日 K 线图可以判断当时股价已经处于相对高位，开始上升回调，虽然有 30 日均线和 60 日均线作为支撑，但是下行风险依然较大。因此 2015 年 6 月 25 日的走势非常关键，如果股价强势反弹，则是新一轮的上涨行情；如果股价放量下跌，则打破前期的上升形态，牛转熊拐点已经产生。从 6 月 25 日的分时图可以看出，开盘平开，14:00 开始放异量下跌，并且股价开始逐渐回落。最终收盘收了一根中阴线，这预示着后市将继续走弱。

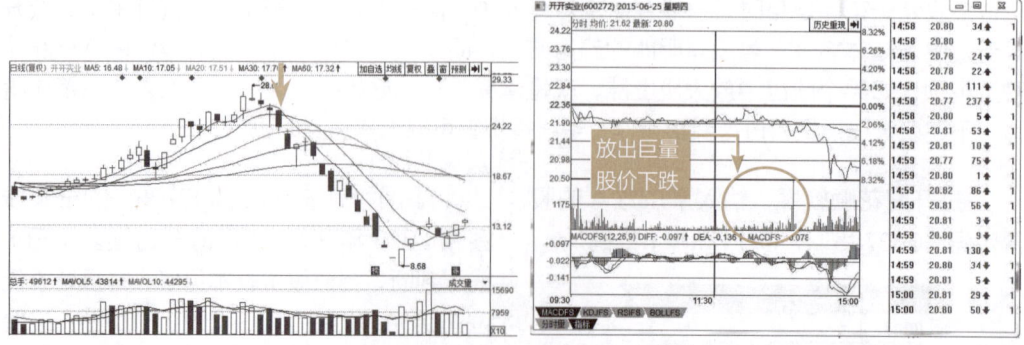

13.6.3 盘尾分析

盘尾分析是指以每天 14:30—15:00 的走势来判断后市走势。收盘前成交量与股价的变化走势有以下几种形态。

1. 尾市放量股价急升或止跌

如果个股在尾市放量，股价急拉或者止跌，说明主力已经开始发力，助推股价上涨。盘尾期间的成交量能够反映未来行情的走势。投资者可以依据尾市成交量与股价的变化关系，短线趁机介入，第二天选高点卖出，做一次短平快的短线差价交易。

1 打开同花顺软件，输入西藏药业的股票代码"600211"，按【Enter】键确认。

2 下图为西藏药业（600211）在 2014 年 2 月 7 日的日 K 线图和分时图。结合其日 K 线图可以判断当时股价经过箱体震荡，成功站上 60 日均线，并且当时的价格处于相对低位。2014 年 2 月 7 日开盘平开，从其分时图上可以看出，股价自开盘之后缓慢抬升，在下午开盘之后，股价开始随着成交量的放大，稳步抬高。由于成交量是持续的成交量带，说明此时该股票的成交已经开始活跃起来，因此后市上涨的概率较大。

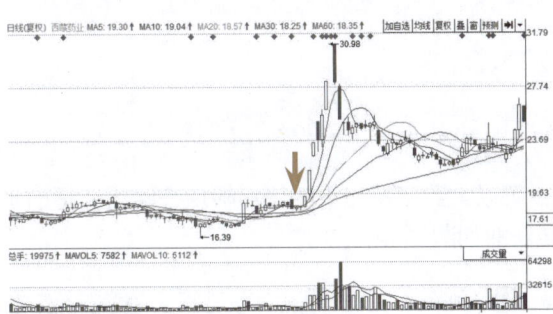 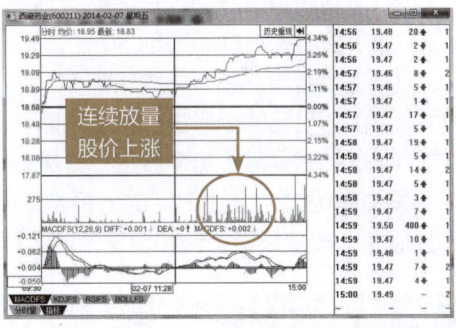

2. 尾市放量，股价下跌

如果股市开盘之后，个股股价处于平开平走的走势，但到了 14:30 后，成交量开始连续不断放大，并且股价开始下跌，表明股价已经站不稳，多头主力多数对后市看跌，所以不停地卖出手中的筹码，从而出现放量下跌的现象。

1 打开同花顺软件，输入新华传媒的股票代码"600825"，按【Enter】键确认。

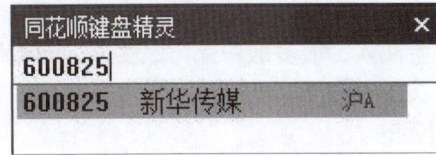

2 下图为新华传媒（600825）在 2015 年 6 月 25 日的日 K 线图和分时图。从其分时图上可以看出，股价自开盘之后一直围绕均线上下震荡。然而到了下午，股价开始缓慢下跌，随着成交量的不断放大，股价持续下挫，最终几乎是以跌停价收盘。说明此时该股已经打破了原有的单边上升趋势，因此后市看跌的概率较大。

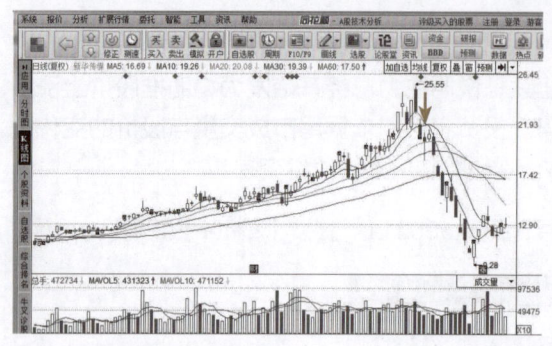
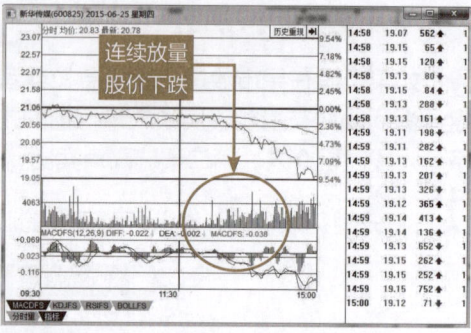

13.6.4 盘后分析

每日收盘之后，即可看到当日完整的日 K 线图，投资者可以结合当日的分时图、日线图以及成交量等指标，对股票的后市进行预判。做盘后分析有许多优点，可以不受行情瞬息万变的影响，而从容对个股及大势作出判断。

盘后分析的主要内容如下。
（1）查看每日涨幅、跌幅前 50 名。
（2）查看每日换手率前 50 名。
（3）查看周涨幅、周跌幅前 50 名。
（4）对自己的个股进行分析判断。
（5）针对异常走势个股进行分类。

投资者通过对上述内容的分析与研判，可以大致了解当下的热点板块在哪里，适时地切换股票，改变投资组合和投资策略，以便获取利润。

13.7 逐笔成交量分析

在分析成交明细表时，投资者需要特别注意大单成交。由于个人投资者并没有强大的资金实力，通常大单均为主力所为。因此，对逐笔成交量的分析，应当重点放在对大单的分析上。

通常对大单的定义并没有很明确的标准，有的股票分析软件认为 500 手以上就是大单，而有的软件可以对大单数量的标准进行设置，还有的软件是按照成交额来设置大单。

例如，农业银行（601288）股价为 3.89 元，买入 500 手需要 19.45 万元，中小投资者可以用不到 20 万元的资金买入，很多散户都可以买入；而贵州茅台（600519）的股价为 255.47 元，投资者如果买入 500 手，则需要 1277.35 万元，上千万元的资金，就不是普通中小投资者可以支付得起的。

因此，对于大单的定义，从成交量方面来进行判断要准确许多。通常可将单笔成交量大于 1000 手认定为大单。那么投资者可以通过以下几个方面对逐笔的大单成交量进行分析。

（1）连续性的大单成交就是主力机构所为，这通常表现为股价的稳步上升。

（2）如果某只股票在一段时间里大单成交非常密集，例如在一分钟之内成交好几笔大单，则一定是主力所为，说明主力机构在急于拉高出货，或者低价建仓。如果一天之内只有几笔大单成交，则说明该股当日可能没有主力机构操作。

1 打开同花顺软件，输入同花顺的股票代码"300033"，按【Enter】键确认。

2 下图为同花顺（300033）在 2015 年 7 月 8 日的分时图走势。从图中可以看到该股从 14:36 开始，陆续有大单进入，仅仅一分钟之内，连续成交两笔大单。仅这两笔大单就成交了 699 万元，一分钟之内成交了 772.5 万元。这只能是机构所为，说明机构已经开始进入并准备抬高股价。

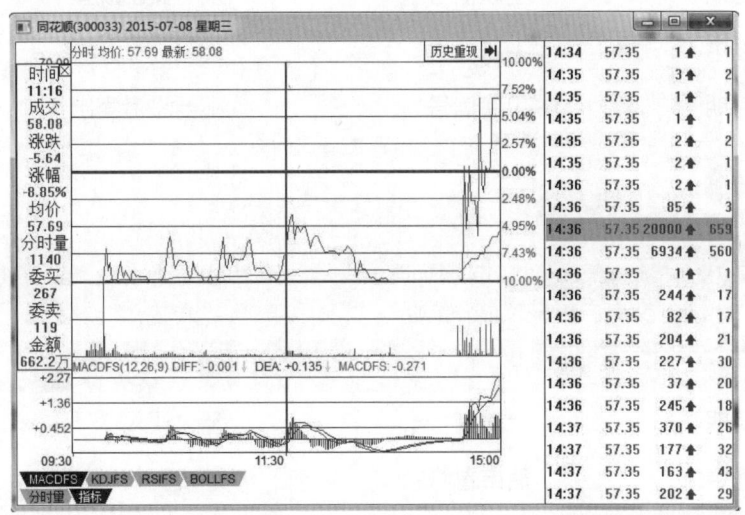

当某只股票处于底部，并且前期筑底时间比较充分，底部形态良好，一旦发现它的成交笔数在不断地扩大，并且股价小幅上涨，此时就是投资者买进的绝佳时期。当卖一的卖单数额很大，但是短时间内很快被几笔较大的买单所吞吃，或者卖方撤销了卖出委托，这时候投资者应当适时跟进。

如果股价前期经历了较长时间的大幅度上涨，在买一的位置有大单买进，但是有几笔较大的卖单连续抛出，这有可能是主力急于出货，这时投资者应紧跟主力卖出手中的股票，空仓观望。

高手秘技

技巧 1　单独放巨量的含义及投资策略

在短期内成交量突然放大,甚至成倍增长,在日K图中呈现一根高高的成交量柱线,投资者对此形态要引起关注。这既可能出现在涨势中,也可能出现在跌势中。在不同时期出现快速放量的成交图形时,投资者应采取不同的操作。

出现的位置	信号特征	投资者采取的策略
涨势初期	助涨信号	及时买入
涨势途中	方向不明	谨慎买入
涨势后期	见顶信号	不可盲目买入
跌势初期	助跌信号	及时卖出观望
跌势途中	下跌信号	观望
跌势后期	见底信号	不要恐慌卖出

技巧 2　温和放量的含义与投资策略

温和放量是指成交量在一个较长的期间逐渐放大,既可能出现在涨势中,也可能出现在跌势中。投资者应采取下表所示的操作策略。

出现的位置	信号特征	投资者采取的策略
涨势初期	上涨信号	及时买入
涨势途中	后市看涨	继续买入
涨势后期	转势信号	不可盲目买入
跌势初期	卖出信号	及时卖出观望
跌势途中	后市看跌信号	持币观望
跌势后期	转势信号	不要盲目杀跌

PART 3

实战篇

14 K线最新实战技法

本章引语

每个人都有足够的智力在股市赚钱,但不是每个人都有必要的耐力。如果你每遇到恐慌就想抛掉存货,你就应避开股市或股票基金。

——彼得·林奇

K线原理很简单,但使用起来并没有想象的那么容易。瞬息万变的股市,可能现在还一切趋势向好,但十分钟后就会转头直下,这就需要不仅单根K线玩得熟练,多根K线也要烂熟于心,而且还能和其他技术指标相互印证,从而提高准确率,扩大利润空间。

本章要点

★ K线技术指标
★ K线组合实战

14.1 K线技术指标

K线是技术分析中的重中之重,既是技术分析中的基础部分,又是散户操盘中非常重要的一环。K线技术指标相对于前面章节讲解的单K线图形,具有较强的实用性。多根K线组成的K线技术指标能很好地给投资者以相应的参考,从而实现多赚少亏的目的。

14.1.1 K线技术指标简介

所有引起股票价格波动的因素,包括股票供需量、交易市场上每个股民对未来的希望、担心、恐惧等,都集中反映在股票的价格和交易量上,如2015年6月18日到7月9日之间的大盘走势。

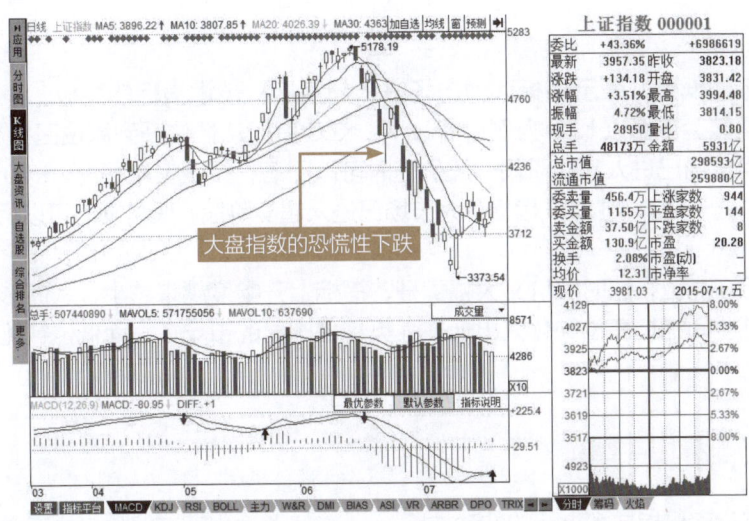

因此,投资市场在量价基础上,按照算法计算出相应的技术分析,也就是我们所说的"技术指标",从而在一定程度上反映股票以前的走势状况。系统通过对股票的相应数据,如开盘价、收盘价、最低价、最高价、成交量等数据进行处理,然后将分析得出的指标值通过一定的算法连接起来绘制成图形,从而为预测未来的股票走势提供信息。

技术指标分析常应用的法则主要包括指标背离、指标交叉、指标的高位和低位、指标的徘徊、指标的转折和指标的盲点。

14.1.2 技术指标的交叉、低位和高位

技术指标的交叉是指技术指标图形中的两条指标曲线发生了相交现象,交叉表明多空双方力量的对比发生了变化。技术指标的交叉可分为3类,分别是黄金交叉、死亡交叉、与0轴的交叉。

黄金交叉:是指上升中的短期指标曲线由下向上穿过上升中的长期指标曲线,预示着股价将继续上涨,行情看好。

死亡交叉:是指下降中的短期指标曲线由上向下穿过下降中的长期指标曲线,预示着股价将继续下跌,行情看跌。

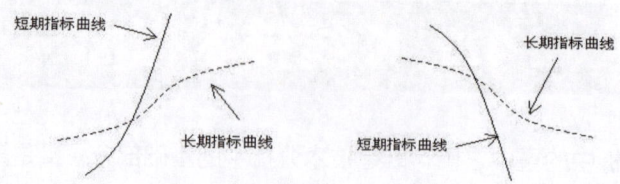

与 0 轴的交叉：技术指标曲线向上穿越 0 轴，表明技术指标认为空方市场开始转为多方市场，行情看多；技术指标曲线向下穿越 0 轴，表明技术指标认为多方市场开始转为空方市场，行情看空。与 0 轴交叉的图形如下图所示。

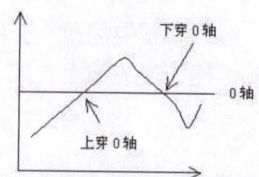

技术指标的低位，表示指标认为市场进入超卖区；技术指标的高位，表示指标认为市场进入超买区。下面以 KDJ 为例讲解一下。KDJ 指标从低位升到高位区并超过 80，则 KDJ 指标认为市场已进入超买阶段，股价随时可以回落，投资者应警惕。KDJ 指标从高位降到低位区并低于 20，则 KDJ 指标认为市场已进入超卖阶段，股价随时可以反弹，投资者应关注。

如果指标在高位，这时股价又大幅攀升，指标上升幅度越来越小，从而形成上升抛物线，即高位钝化。指标高位钝化只出现在强势特征明显的市场下，而低位钝化只出现在极度弱势的市场中。

14.1.3 技术指标背离

技术指标背离是指技术指标的波动与股价曲线的趋势方向不一致，即股价的变动没有得到指标的支持。指标背离可分 2 种，分别是顶背离和底背离。

顶背离出现在股价上涨后期，当股价的高点比前一次高点高时，指标的高点却比指标的前一次的高点低，这就预示着股价上涨不会长久，很可能马上就会下跌，是一个明显的见顶卖出信号。顶背离的图形如下图所示。

底背离出现在股价大幅下跌后，当股价的低点比前一次的低点低时，而指标的低点却比指标前一次的低点高，这就预示着股价不会再继续下跌了，很可能马上反转向上，是一个见底买进信号。底背离的图形如下图所示。

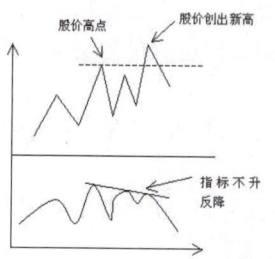

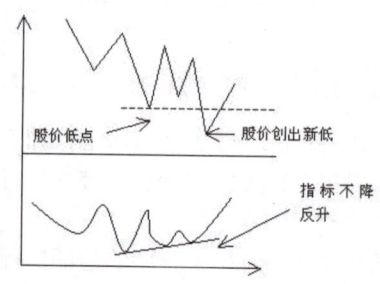

投资者在应用技术指标背离时，要注意以下几点。

（1）能够形成明显技术指标背离特征的指标有 MACD、WR、RSI、KDJ 等，其中 RSI 和 KDJ 的指标背离对行情判断成功率比较高。

（2）股价在高位时，通常出现一次顶背离，就可以确认见顶；而股价在低位时，可能需要出现几次底背离才能确认见底。

（3）当股价出现暴涨或暴跌的行情时，KDJ 指标很可能呈高位或低位钝化后，股价还在上涨或下跌，这时一旦出现背离特征，则有效性很高。将 KDJ 指标和 RSI 指标组合在一起判断股价走势，效果比较不错。

（4）要识别假背离现象，假背离往往具有以下特征。

某一时间周期背离，其他时间不背离，如日 K 线图背离，而周 K 线图和月 K 线图不背离。

没有进入指标高位区域就背离。技术指标在高于 80 或低于 20 背离，比较有效，在 20~80 之间出现的背离，可以不理会。

某一技术指标背离，而其他技术指标不背离。各种技术指标都是通过不同的算术方法计算得来，所以背离时间也不相同，其中 KDJ 最敏感，RSI 次之，MACK 则最弱。单一技术指标背离参考意义不大，如果有多个技术指标同时出现背离，则可靠性就比较高。

14.2 K 线组合实战

除了单根 K 线预示的走势外，多个 K 线组合呈现的结果更有说服力。

14.2.1 实战：红三兵实战应用

红三兵是股市中的一种形态，主要是指连续出现依次上升的三根阳线，形成一种 K 线组合。作为股市中很常见的 K 线组合，这种 K 线组合出现时，后势看涨的情况居多。

使用中红三兵如果发生在下降趋势中，一般是市场的强烈反转信号；如果股价在较长时间的横盘后出现红三兵的走势形态，并且伴随着成交量的逐渐放大，则是股票启动的前奏，可引起密切关注。

红三兵形态的特点如下。

（1）红三兵形态一般发生在市场的底部。

（2）价格突破一个重要阻力位，形成上升行情，拉出第一根阳线，然后继续发力拉出 2 根阳线。

（3）价格每一次拉升，一般以光头阳线收市，表明买盘意愿强劲。

（4）红三兵所连成的 3 根阳线实体部位一般等长。

股票价格在市场底部震荡，市场空头一般无力再做空让股价下跌，已处在超卖状态；观望股民认为对多方有利，而买入建仓。受此合力影响，形成 3 天连续上扬局面。红三兵意味着多方力量刚起步，随着力量的不断释放，将会形成真正的上涨。底部红三兵形态中的阳线涨幅不会太大，多以小、中阳线为主。由于该方法属于底部买入法，交易者应严格控制仓位和止损，与 KDJ 指标和 5 日均线结合使用效果会更好。

案例 红三兵技术形态买股票

1 登录同花顺软件，输入"SZZS"或"03"等快捷键，弹出同花顺键盘精灵。

2 按【Enter】键，进入上证指数的【K线图】界面。

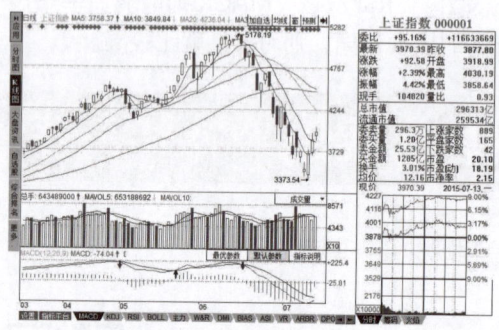

3 缩放显示上证指数在 2011 年 9 月 19 日至 2011 年 11 月 26 日之间的 K 线图，出现底部红三兵走势，主要股指放量收高。

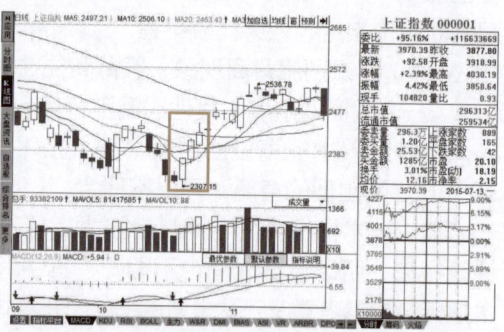

4 除了技术层面外，消息面上是央行暂停三年央票需求申报以及三部门联合发文刺激消费、隔夜大宗商品价格大涨等利好提振影响，让市场做多的热情备受鼓舞，沪指在确认 10 日均线支撑后强势震荡上行，成功收复了 30 日均线，为后市的上涨创造了良好的动力。

> **技巧** ▶ 红三兵出现后，第四根阴线回调时，股价到红三兵的第二根 K 线的中间部分时买入。

14.2.2 实战：白三鹤实战应用

通常所说的白三鹤组合，就是在股票 K 线在下降趋势中的连续三根阳线组合，连续跳空低开高走的 3 个小阳烛，低开高走并没有弥补跳空缺口。一般被认为是看涨反转信号，走势图如下。

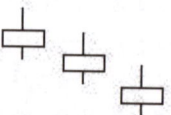

> **提示** ▶ 白三鹤和"红三兵"组合类似，不过该组合是其失败型。红三兵一般出现在股价高档区域，而白三鹤则出现在低档区行情中途。下跌途中连续出现这样三根阳线，具有一定的迷惑性，虽然是三根阳线，但并不能改变我们对后市看空的预期。

案例 白三鹤技术形态买股票

1　登录同花顺软件，输入"ZGYH"或"601988"等快捷键，弹出同花顺键盘精灵。

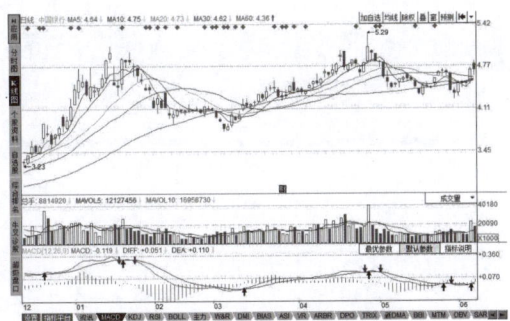

2　按【Enter】键，进入中国银行的【K线图】界面。

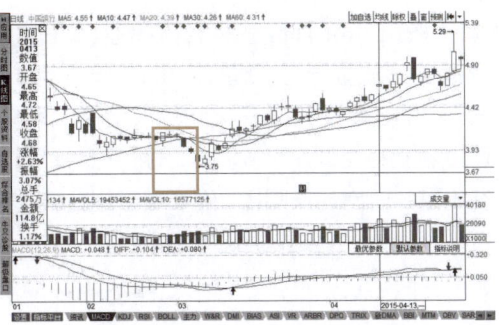

下跌动能减弱，即将上涨。

4　出现该走势后，该股第二天走出小阳线，随后开始一波上涨，从第二日3.82元介入计算到后期高点5.29元，涨幅接近40%。

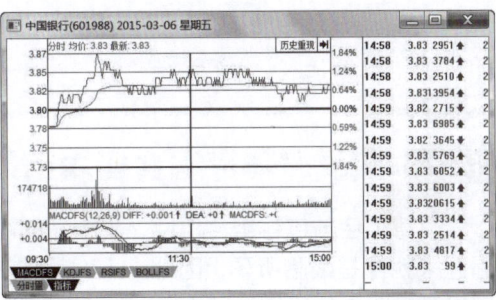

3　缩放显示该股票在2015年1月21日至2015年4月29日之间的K线图。在3月3日到5日出现了底部白三鹤走势，预示

14.2.3　实战：包容组合实战应用

包容组合即昨日的实体被今日的大实体包容起来，这种组合的走势看后面一个K线的阴阳即可，如果第二根K线是大阴线，预示后市看跌；如果第二根K线是阳线，预示后市看涨。今日的大实体将昨日的小实体完全包容，预示后市将沿大实体的方向发展。

案例 包容组合技术形态买股票

1　登录同花顺软件，输入"YNZY"或"002428"，弹出同花顺键盘精灵。

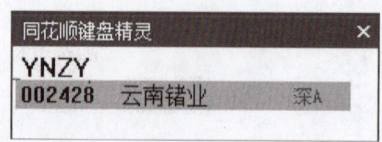

2 按【Enter】键,进入云南锗业【K 线图】界面。缩放显示该股票在 2015 年 2 月 11 日至 2015 年 7 月 3 日之间的 K 线图。用户可以看出在 2015 年 6 月 5 日跳空高开后,在 6 月 8 日出现长阴棒,确认包容组合信号,发现该信号后,建议用户尽快离场。

3 随后该股在该位置处震荡,开始下行,跌幅巨大。

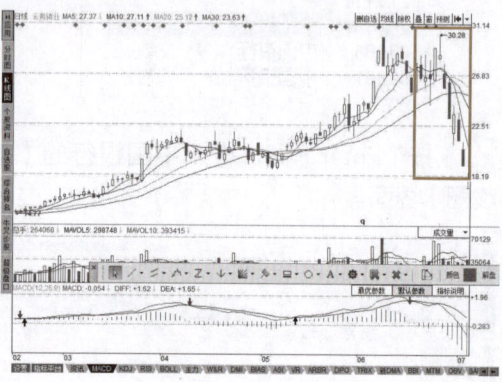

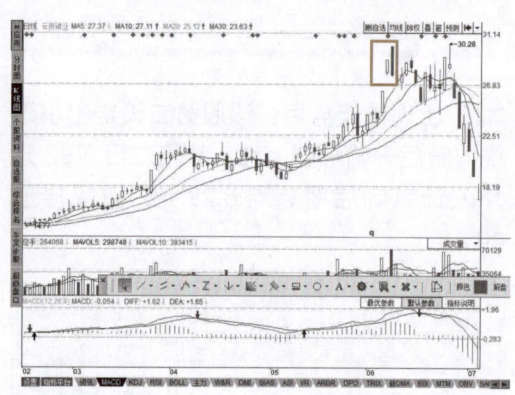

14.2.4 实战:孕育组合实战应用

孕育组合与包容组合相反,是今日的小实体被昨日的大实体包容起来,看起来就像是娘胎所孕,因此,人们就称其为"孕育组合"。这种孕育组合可以预测股市的后续发展方向——上涨或者是下跌,因此它的形态是非常神奇的。而它的预测结果又往往与母体的方向相同,即阳孕阴生阳,阴孕阳生阴。当阳孕阴生阳出现时,预示股价将会上涨,反之,预示股价将会下跌。

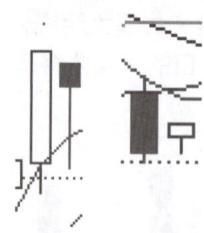

孕育线不论出现在相对高位、低位或是横盘中,都是一种多空僵持的局面,观察的点位就在于母线的高低点,跌破就容易造成追杀盘,突破就容易造成轧空盘。所以孕育线可视为一种横盘待变的走势,既然是待变的走势,随之而来的走势就决定了多空的走向,所以,只要看到这样的组合 K 线,就必须警觉。

出现孕育线,表示后面要有个方向选择,我们当然要特别注意。借此机会也可以加深我们对孕育线这种 K 线组合的认知与理解。

案例 孕育组合技术形态买股票

1 登录同花顺软件，输入"SYJC"或"000410"，弹出同花顺键盘精灵。

2 按【Enter】键，进入沈阳机床的【K线图】界面。缩放显示该股票在2015年1月5日至2015年8月7日之间的K线图。用户可以看出在2015年4月29日、4月30日出现孕育组合，其中前一日是大阳线，根据孕育组合特征，后市可期。

3 如果用户看到该组合时买入，可以看出后市最高涨幅接近30%。

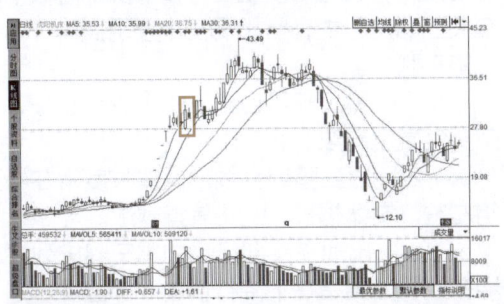

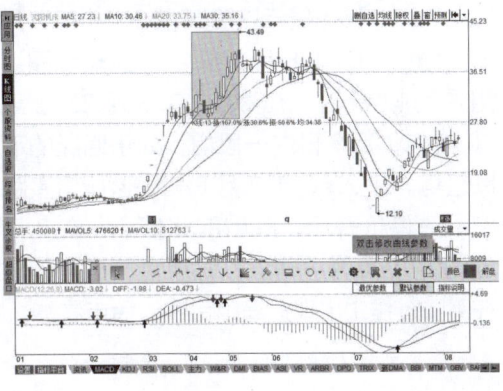

14.2.5 实战：孤岛组合实战应用

所谓孤岛组合形态，就是在某只股票股价上涨一段时间后，出现了一个跳空高开的阴线，它的形状就好像是一个孤岛一样，故得此名。从K线图中，虽然可以看出阴线的收盘价是高于昨日的，但是仍然给我们透露出非常重要的信息。它的出现，预示着高位抛压比较严重，空方力量强大，股价将会出现一波下跌趋势，投资者应该在此时及时离场，避免遭受损失。

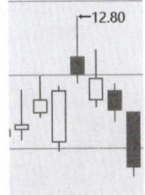

案例 孤岛组合技术形态买股票

1 登录同花顺软件，输入"GTXJ"或"601918"，弹出同花顺键盘精灵。

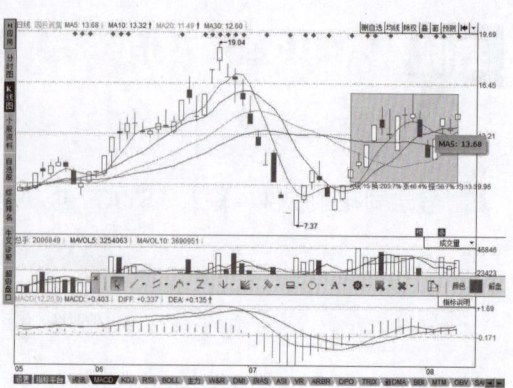

2 按【Enter】键,进入国投新集的【K线图】界面。缩放显示该股票在2015年2月27日至2015年8月7日之间的K线图。用户可以看出,在2015年6月25日至2015年7月9日这一段内,处于明显的下跌趋势。在2015年7月8日,该股直接跳空以跌停价开盘,跌破前期低点,在7月20日跳空高开,确认孤岛组合成立,因为在下降过程中出现孤岛组合线,后市看涨。

14.2.6 实战:黑三鸦实战应用

黑三鸦的标准图形是由三根实体短小的阴线组成,它通常发生在行情的头部阶段。在头部的走势中,常出现三个小阴实体,称"黑三鸦"。

(1)黑三鸦组合线形的上影线越长,空头气氛就越浓。

(2)黑三鸦组合线形实体长度常在中阴左右。实体越长,空头气氛越浓。

(3)出现在头部行情的黑三鸦排列才能有效,如果是在下降行情或底部出现,则没有指导意义。

黑三鸦在头部的实体不会很长,它是主力在头部派货所形成的。因为头部的派货空间有限,黑三鸦的实体不会很长,一般在中阴左右。

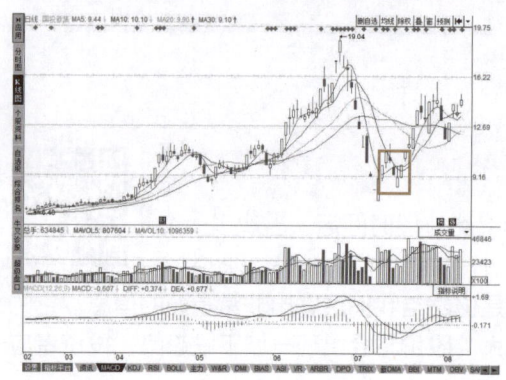

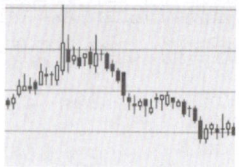

3 可以看出该股的后市走势,短短几日涨幅达45%以上。

案例 黑三鸦技术形态买卖股票

1 登录同花顺软件,输入"SXFJ"或"600809",弹出同花顺键盘精灵。

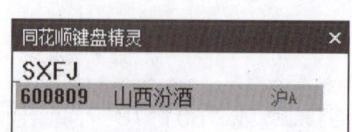

2 按【Enter】键，进入山西汾酒的【K 线图】界面。缩放显示该股票在 2007 年 9 月 3 日至 2008 年 2 月 21 日之间的 K 线图。用户可以看出，在创出新高后，震荡走势下，出现黑三鸦技术组合。

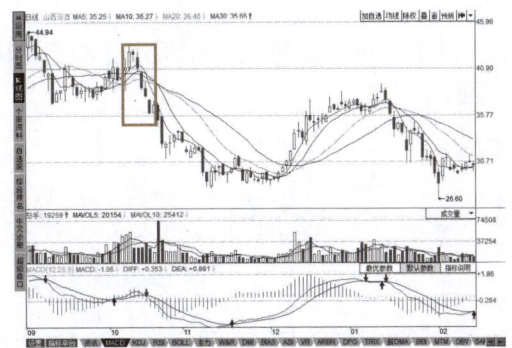

然后，该股一路走低，股价下跌超过 30%。

14.2.7 实战：黑三兵实战应用

黑三兵在有些技术分析中也被称为"三只乌鸦"，它和黑三鸦的区别是，它是在行情中的任意阶段都能出现，而黑三鸦主要在行情头部出现。

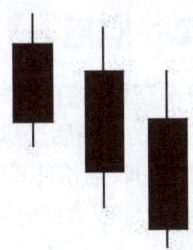

黑三兵特点如下。
（1）连续三根阴线实体大小相似。
（2）每日收盘价都向下跌，并创出前日新低。
（3）每日的开盘价，都在上日 K 线的实体之内；三天都是在接近每日的最低价位收盘。
（4）第一根阴线的实体部分，最好低于上日的最高价位。

黑三兵出现在高位或横盘震荡过程中，是股价即将破位下行的征兆，其体现的是空方步步为营，向下不断推进的结果。

但如果在下跌行情后期，当市场价格已有一段较大跌幅或连续急跌后出现，暗示空头经过连续宣泄之后或将迎来一波反弹。

案例 黑三兵技术形态逃顶

1 登录同花顺软件，输入"SQJT"或"600104"等快捷键，弹出同花顺键盘精灵。

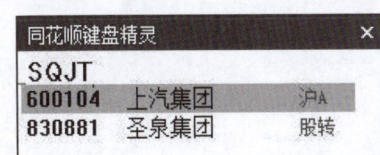

2 按【Enter】键，进入上汽集团的【K线图】界面。

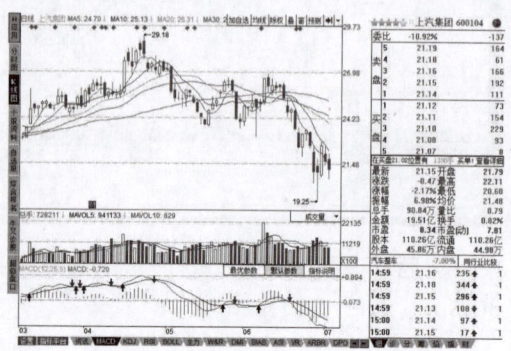

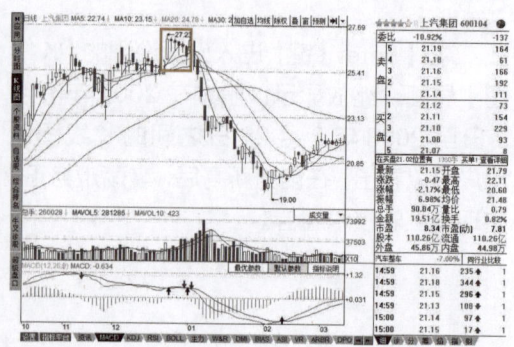

3 缩放显示该股票在2009年10月29日至2010年3月9日之间的K线图。

4 在创出短期高点27.23元时，K线图上出现了黑三兵技术特点，可以看到在顶部出现这种形态后，后续该股持续下跌，从出现该形态的最后一根阴线收盘价26.66元到最后一天20.47元收盘价，跌幅接近25%。假如你在期间买入，损失则更为惨重。

14.2.8 实战：下降三部曲实战应用

和上升三部曲相反，下降三部曲是在股价在下跌时出现的一种形态，包括5根K线，其中第一根实体较长的阴线，随后连续拉出了三根向上攀升的实体较为短小的阳线。但最后一根阳线的收盘价比前一根长阴线的开盘价低，之后紧接着又出现一根长阴线，把前面三根小阳线全部或大部分吞吃了。

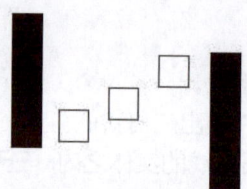

市场解读：下降三部曲的出现表明多方虽然想作反抗，但最后在空方打击下显得不堪一击。这表明股价还会进一步向下滑落。因此投资者见此K线图形后应顺势而为，降低手中的仓位。

案例 下降三部曲形态买卖股票

1 打开同花顺股票分析软件，查找"天奇股份"，或输入股票代码"002009"（汉语拼音"TQGF"），查看其日K线图。

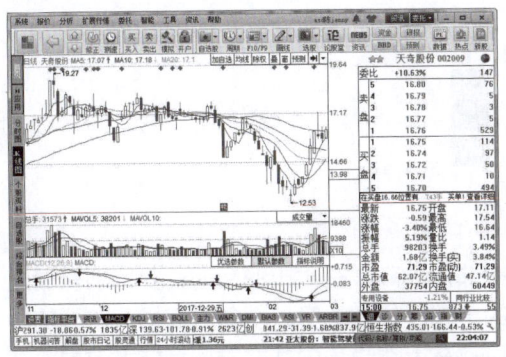

3　右移股票可以看出随后的一段走势图，从 41.45 元高点跌到 24.88 元低点，损失超过 40%。

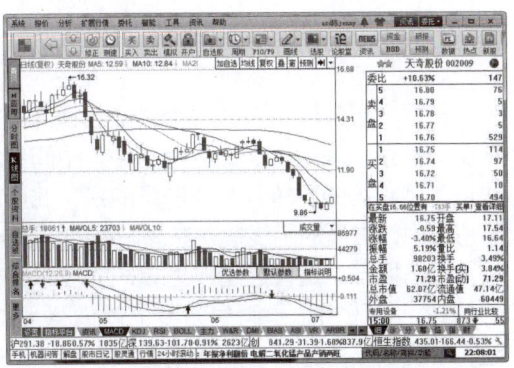

2　按【↓】键缩放显示天奇股份 2010 年 4 月 2 日到 2010 年 5 月 17 日的 K 线图。可以看出，在 2010 年 4 月 2 日到 2010 年 4 月 28 日之间，股价处于下降整理状态，且在 4 月 29 日走出一根大阴线，随后拉出 3 根阳线，但最高点均没有超过阴线的开盘价 39.31 元，并在第 5 日再次出现大跌，属于标准的下降三部曲形态。这时投资者不要被暂时的升势蒙蔽，认为会反弹，当出现第五根 K 线时就需要果断止损离场，否则会遭受更大的损失。

4　输入股票代码"600963"，缩放显示 2010 年 4 月 29 日到 2010 年 5 月 6 日在下降趋势中的下降三部曲，可以看出随后的股价走势。

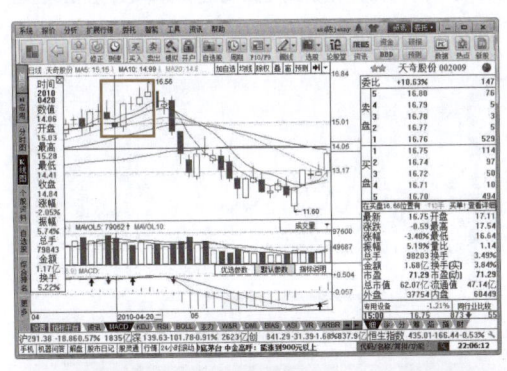

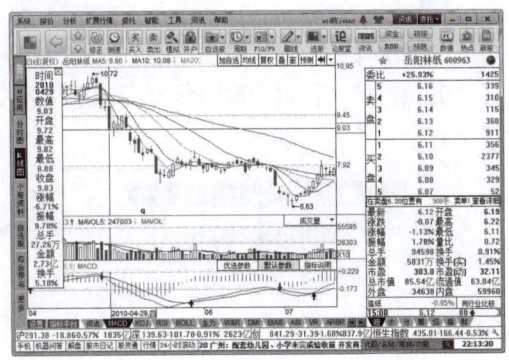

14.3　其他经典 K 线组合实战

除了以上的几种组合外，还有另外的几种组合也经常使用，简要说明如下。

14.3.1　实战：黄昏之星实战应用

黄昏之星是由 3 根 K 线组成：第一根 K 线一般是一根长阳线。第二根 K 线显示了第二天继续冲高但尾盘回落的上影线，实体部分短小，构成星的主体。第三根 K 线则出现突然大幅下跌，出现绿色实体柱，抹去了前两天大部分走势。黄昏之星图形的出现，通常预示着市场趋势短期内已经见顶，出现了较好的卖出时机。

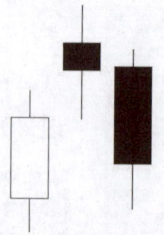

黄昏之星分析：该K线组合充当顶部的概率非常之高，在牛市的后期，要特别警惕这种反转信号。表明了在上涨趋势中，中间星线的出现是顶部的第一个危险信号，右面的阴线证明了趋势的反转，需要注意的是，此形态只有在上涨趋势中才能发挥其技术效力。在本形态中，右面的阴线插入左面阳线的程度越深，则顶部反转的程度越强烈。

技巧提示：黄昏之星作为单一的技术分析手法，在预测趋势头部分析中有其非常独到的地方，但股市总是瞬息万变。就像A股2015年的6月底的全部大跌出现的系统性风险，单纯的技术分析已经作用不大，所以没有几个人能很好地避开。更没有哪种方法能确保100%有效，如果能与其他各种分析方法综合使用，则效果会更好，这里包括各项技术指标、支撑线、波浪理论等。

案例　利用黄昏之星确立顶部

1 登录同花顺软件，输入"SZZS"或"03"或"000001"等快捷键，弹出同花顺键盘精灵。

2 按【Enter】键，进入上证指数分时走势界面，即沪市大盘的分时走势界面。单击【K线图】选项卡。

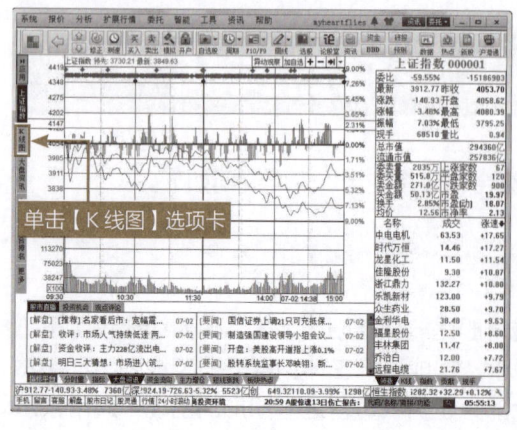

3 切换到K线图界面，按键盘中【↓】键缩放K线，然后在目标区域单击鼠标左键拖动一矩形框。

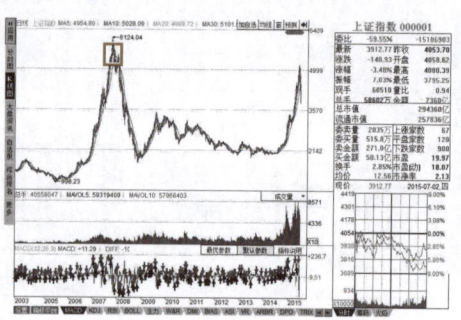

4 释放鼠标，在弹出的快捷菜单中选择【放大】选项。

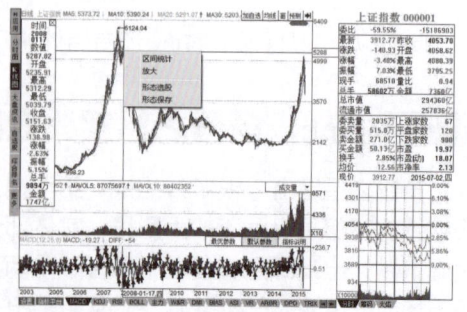

5 放大显示选择的矩形框内K线图界面，可以看出在上证指数创出最高点时出现经典的黄昏之星形态。用户看到这个形态时，就不应该再盲目乐观或追高，而是及时减仓或清仓观望。

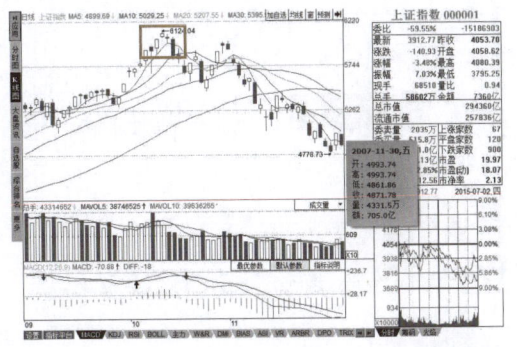

14.3.2 实战：早晨之星实战应用

早晨之星又称"黎明之星"或"希望之星"，预示前途光明，美好终将到来。而在股市里该形态则是由三根K线组成的，它是一种行情见底转势的形态，预示着行情下跌将要结束，股价上涨即将到来。如果该形态出现在下降趋势中应引起注意，因为此时趋势已发出比较明确的反转信号，是一个非常好的买入时机。

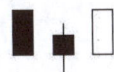

形态特征：

下降趋势中某一天出现一根抛压强劲的长阴实体，显示短期走势可能会仍然向下，跌势可能会继续。第二天出现一根向下跳空低开的十字形或锤形，且最高价可能低于第一天的最低价，与第一天的阴线之间产生一个缺口，显示跌幅及振幅已略有收缩，带来可能转好信号。第三天出现一根长阳实体，买盘强劲，显示市况已转好，逐步收复失地。

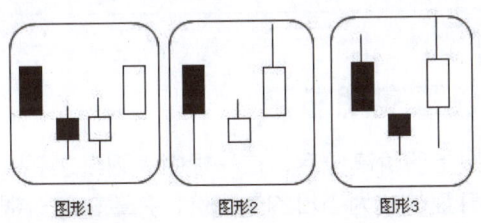

图形1   图形2   图形3

案例 利用早晨之星确立底部

1 登录同花顺软件，输入"GTDL"或"600886"快捷键，弹出同花顺键盘精灵。

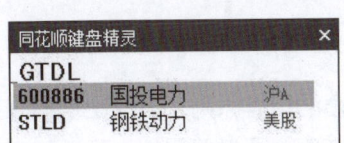

2 按【Enter】键，切换到国投电力的【K线图】界面，缩放显示2015年1月6日至2015年6月23日K线图。在2015年2月5日至2015年2月10日这几根K线中，出现早晨之星K线组合形态。

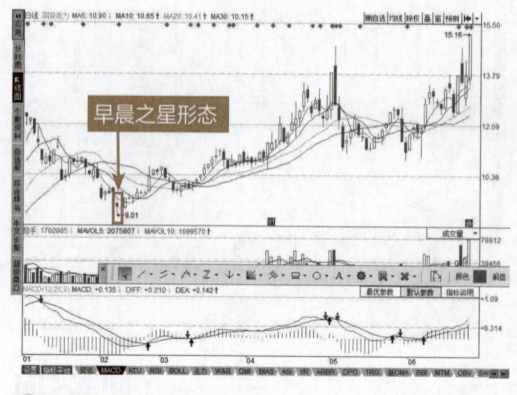
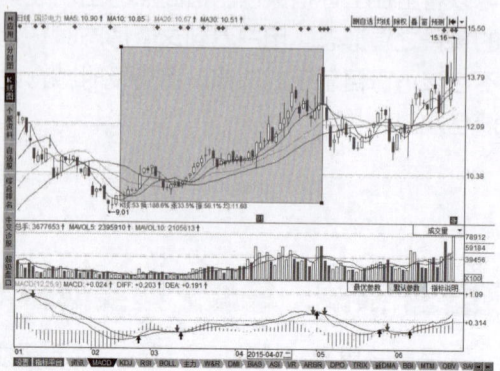

看到该形态时，建议及时买入，涨幅超过30%。

3 因为前期一直是下跌趋势，当用户看到该形态时，建议及时买入，涨幅超过30%。

4 利用早晨十字星或早晨之星不仅可以判断基金指数等的底部或阶段性底部的见底信号，还可以判断个股的底部或阶段性底部。下图所示为利用变相的早晨之星判断基金指数的底部。

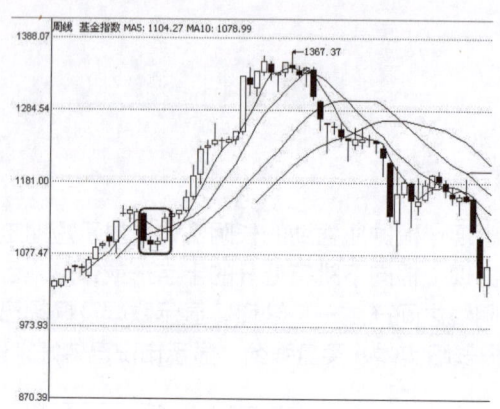

14.3.3 实战：乌云压顶实战应用

所谓"乌云压顶"，是指股价高位后，在一根中大阳线之后，突然出现一根高开低走的大阴线，开盘价成为当日的最高价，并罩在前一根阳线的头上。表明获利盘回吐筹码。

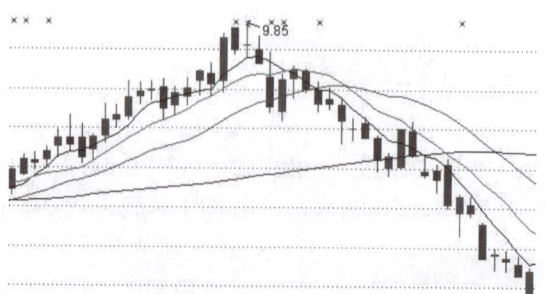

出现"乌云压顶"形态后，投资者一定要注意遵循的操作原则：高位出现时表现为强烈的卖出信号，建议用户立即清仓；也常出现在下降途中，与高位出现一样，是强烈卖出

信号。

下面以"乌云压顶，卖出要紧"形态为例，讲述此种形态下的具体操作技巧。

案例 利用"乌云压顶，卖出要紧"清仓

1. 打开同花顺软件，输入"QDJY"或"600229"快捷键，弹出同花顺键盘精灵。

2. 按【Enter】键，进入青岛碱业的【K线图】界面，缩放显示青岛碱业的2015年2月27日至2015年7月6日K线图。

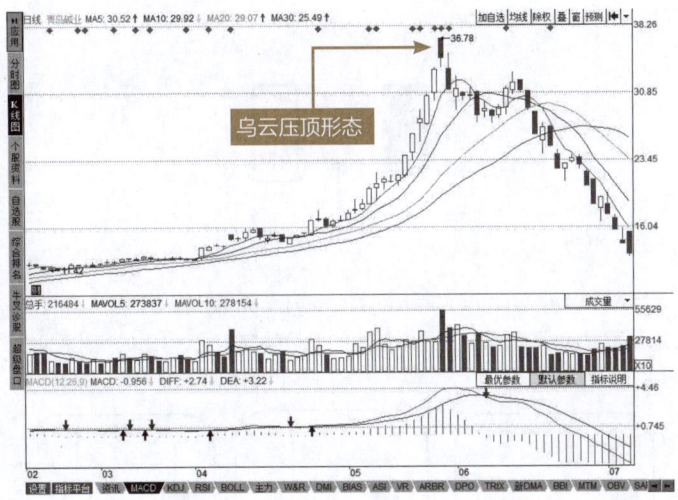

3. 该股在2015年5月28日出现乌云压顶形态，建议投资者看到该形态立即清仓。否则将遭受巨大损失，可以看出后市短短26个交易日，损失超过60%。

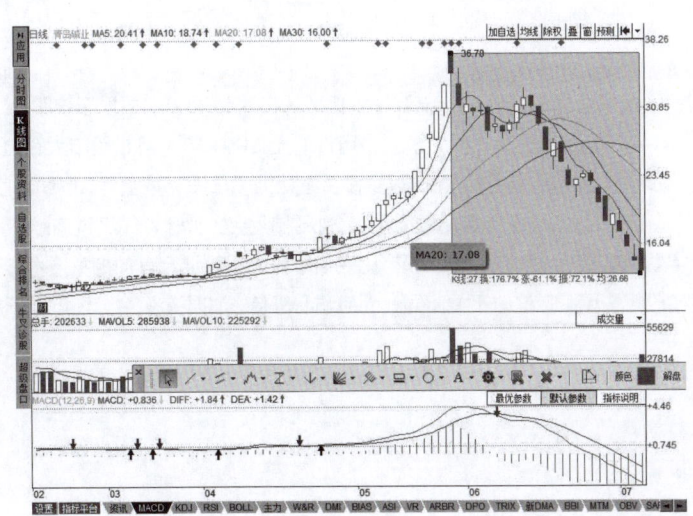

> **提示** ▶ 此形态在牛市中可高抛低吸。阴线可大可小，阴线越大代表卖出信号越强烈。如果此形态出现在下降的途中，也代表卖出信号。

高手秘技

技巧 1　早晨之星的变形使用

除了前面介绍的早晨之星外，还有早晨之星的简单变形，如最下面一根K线变成了十字形，就成了早晨十字星，又称希望十字星。出现在下跌趋势中，主要是由3根K线组成，第一根K线是阴线，第二根K线是十字星，第三根K线是阳线，并且第三根K线实体深入第一根K线实体之内，如下图所示。

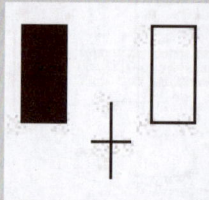

出现早晨十字星表明股价经过大幅度回落后，做空能量已经得到了大幅度的释放，股价无力再创新低，呈现见底回升态势，这是较明显的股价转向信号，常见的变化图形如下图所示。

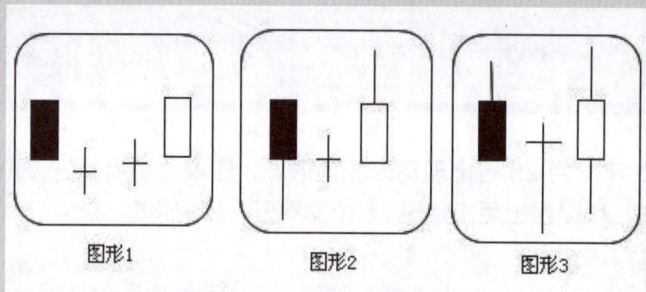

图形1　　　　图形2　　　　图形3

打开同花顺股票行情分析软件，查看基金指数的日K线图，缩放显示该股2010年12月24日至2011年4月1日K线图，从图中可以看出2011年1月是股市大跌之后的第1个见底信号，即早晨十字星。在这之前，很多投资者认为股市没有指望了，纷纷看空、做空，"割肉出局"。但是，如果投资者能懂得技术分析，就会发现日K线经过连续下跌后，出现了早晨十字星，这是一个比较明显的股市见底信号，如果再结合其他相关技术，就可以进一步确认股市已经快见底，这时不要出局，而应耐心等待，如果有资金，还可以不断地建仓或加仓。

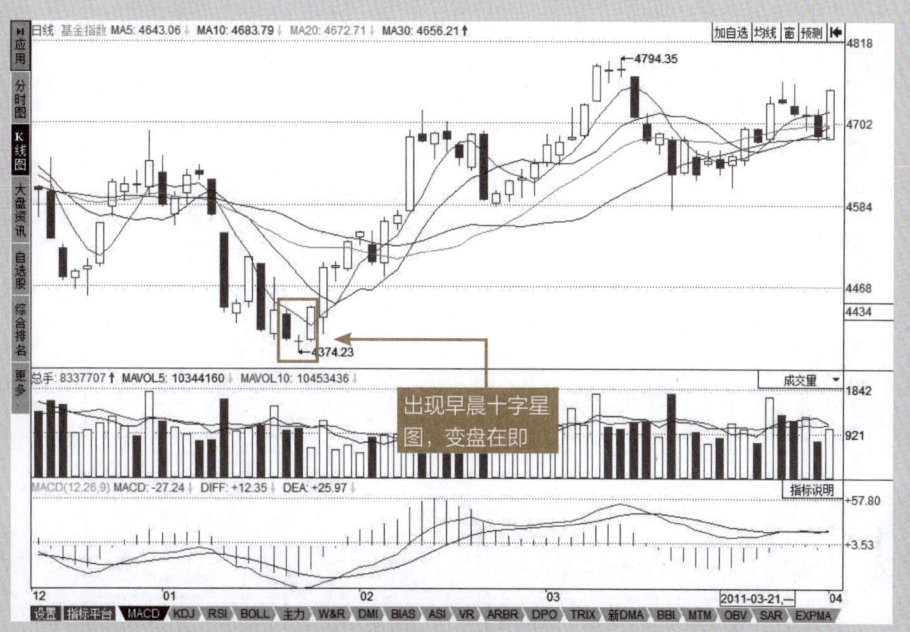

技巧 2 早晨之星的几种抄底模式

除了前面说明的早晨之星的模式外，还有几种常见的早晨之星的抄底模式使用，简要分析如下。

（1）价量模式。

当出现早晨之星时，同时要查看该股票的成交量是否同步缩小，即出现地量，如果是，那么对投资者来说，就是最好的抄底价格。

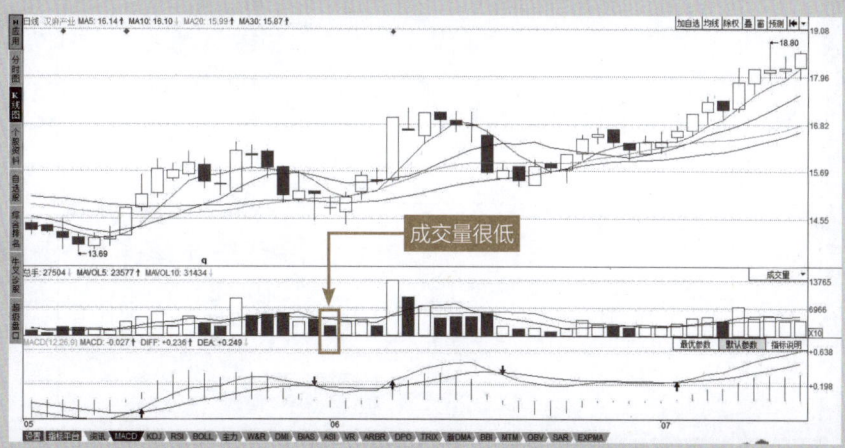

（2）趋势指标模式。

除了量价外，还可以用来分析它的指标，可以看到在出现早晨之星前就已出现了最低价。那么，在出现早晨之星后，会受到此趋势线支撑，后市下跌可能性减小，风险也降低。

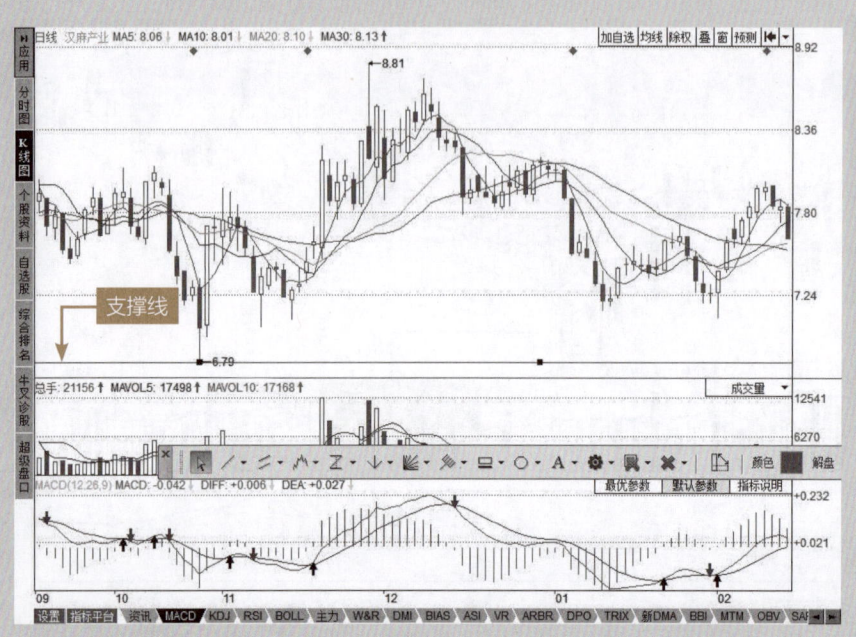

（3）震荡指标模式。

当K线出现早晨之星形态后，相应它的MACD指标也会发生变动，比如指标上升，更常见的是出现MACD金叉，趋势向上，加上量价配合，这样抄底成功的把握就增加了不少。

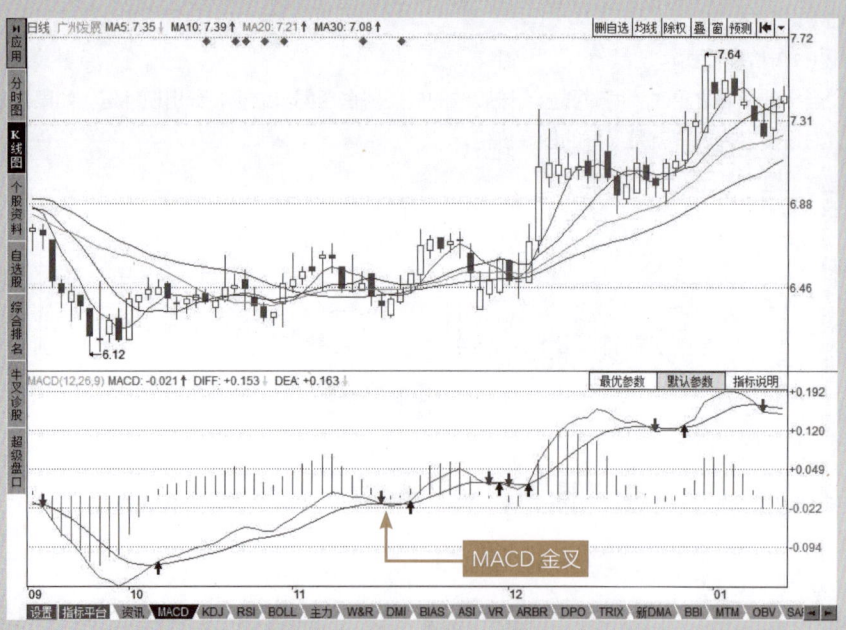

15
短线买卖技法

本章引语

短线变中线，中线变长线，长线变贡献。

——花荣

长线考验的是投资者对公司、企业的研究之道，而短线则是用户眼疾手快的一种生存法则。长线投资者更关注的是确定性，不亏多赢；短线则是博取心理的预期变化，买得更低，卖得更高，你更快，当然你的收益也就最好。

本章要点

★ 短线买卖原则
★ 短线买入决策

15.1 短线买卖原则

作为投资的重要一部分，特别是作为还不够成熟和完善的市场，加上 A 股中 80% 均是资金量较少的散户，所以掌握短线买卖的技巧就显得尤为重要。然而，说起来短线买卖简单，但操作起来异常艰难，除了很好的技术分析外，还需要良好的心理素质和买卖原则。

而如果想在股票市场上获利，必须正确地判断股票的买点和卖点。

15.1.1 跟消息或大趋势（大盘走势）

短线买前一定要先分析大趋势或获得相应的消息，因为有好的大趋势才能成就好的小股走势，所谓"大河有水小河满"。大盘积极向上，则个股机会就会更多，大家做多的热情也更积极。如果处在大盘的行情刚开始时就更好了，如 2014 年 7 月开始的这一轮牛市，个股机会明显比之前更多。

大盘调整的时间即将或已经结束，肯定不跌，个股又有机会。按照各种理论来看，大盘都可能有一波上涨。

短线卖出时，用户一定不要受自己买入成本的影响，而应根据大盘消息面、政策面以及手中个股具体情况进行分析，只要以后可能会承受更大的损失，就一定要果断卖出。手中有资金，后续才会有更多的机会、更好的价格供你选择。

15.1.2 快进快出

短线买卖原则第二条就是快进快出，无论大盘的整体是上升还是下降，对于个股短线来说影响没有想象的那么大。即使是被称为股灾的 2015 年 6 月 18 日到 7 月 9 日之间，很多个股依然走势凌厉，甚至在这种大行情下的大机会更多，但首要的一条就是快进快出。如下图所示，在短短的三周内，上证指数从最高点 5178.19 点迅速下跌到 3373.54 点，跌幅超过 35%，个股普遍下跌 50%。

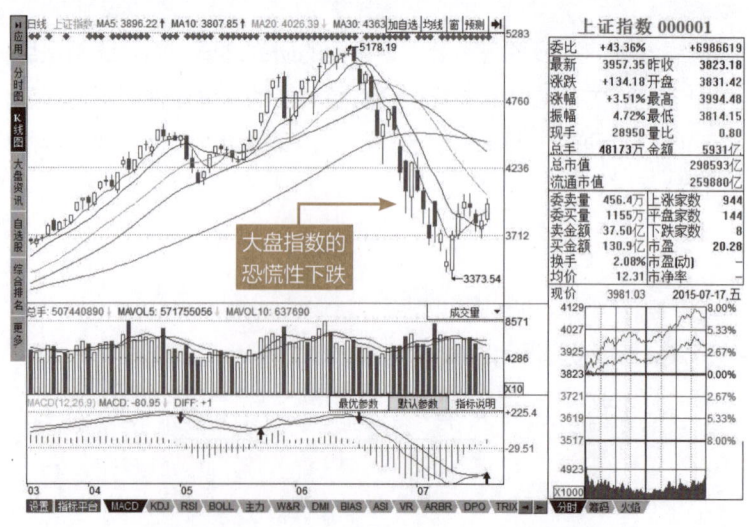

案例 利用快进快出原则进行短线买卖

1 登录同花顺软件，输入"HHJT"或"300330"快捷键，弹出同花顺键盘精灵。

2 按【Enter】键，进入华虹计通的【K线图】界面。选择这期间K线图最差的3天来看。

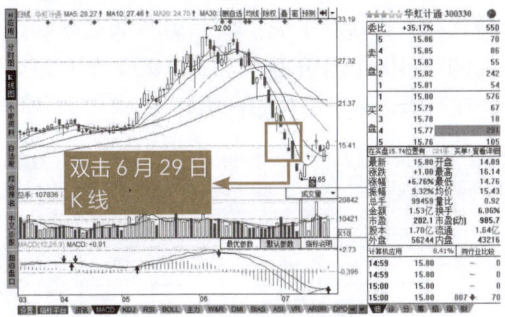

3 弹出6月29日分时走势图，以当天尾盘跌停价19.31元买入1000手。

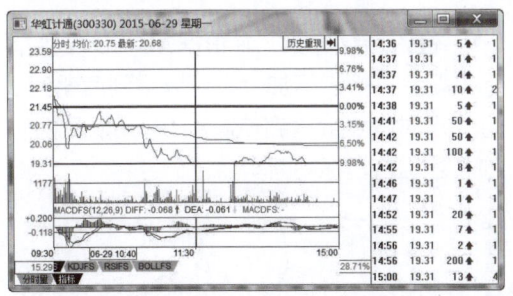

4 进入6月30日分时走势图，可以根据当天大盘情况在低开时18.70元附近清仓，每股损失为0.61元（即19.31 - 18.70），然后迅速跌停，看清楚走势后，继续以跌停价17.38元加仓1000手，以当天收盘价20.02元计算每股盈利2.64元（即20.02 - 17.38）。

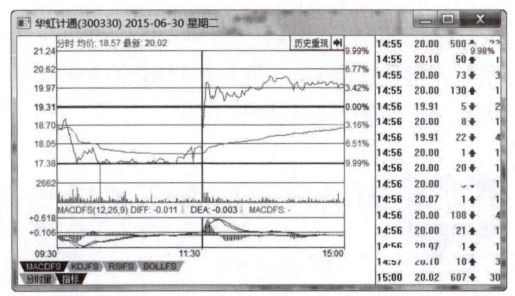

5 进入7月1日分时走势图，可以看到当天低开但迅速反弹到20元左右，以20.02元清仓即变成实质盈利为每股2.64元（即20.02 - 17.38）。

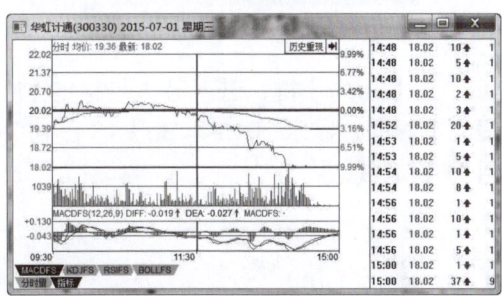

两天收益率计算如下。

[（20.02-17.38）-（19.31-18.70）]/19.31×100%=10.51%

如果以人均两天操作一次计算，即6月30日没有操作，则两天每股盈利为0.71元（即20.02-19.31）。两天收益率为3.6%，即（20.02-19.31）/19.31×100%=3.6%。

注 意 ▶ 我们的上述操作均没有涉及极端情况，比如最高点卖出。

对于一般的投资者来说，在短线买卖时，要配合大盘情况，只有在大盘持续走强时，结合市场热点，才能取得更好的操作绩效。但大盘指数跳空低开及个股跳空低开2%以上时，建议暂时放弃原定的操作计划，观察盘面走势，重新选择买点。

15.1.3 分批买卖

所谓分批买卖，简单来说就是上涨时加大仓位、下跌时减轻仓位。这一条说起来简单，但执行时经常做相反操作。一般人心理是，下跌时应该加仓来进行降低成本，上涨时应该减仓保住收益。但实际操作中要反过来才能多赚钱。下跌加仓可能会让仓位越来越重，从而影响自己的判断，而上涨时减仓会错失更大的利润。其实，这一条不仅仅适用于短线买卖，对于中线甚至长线也有效。

案例 利用上涨加仓下跌减仓原则进行短线买卖

1 登录同花顺软件，输入"SDWG"或"300331"快捷键，弹出同花顺键盘精灵。

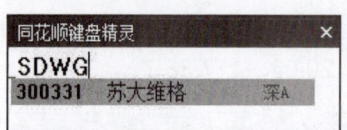

2 按【Enter】键，进入苏大维格的【K线图】界面，显示 2015 年 3 月 18 日到 7 月 17 日 K 线。

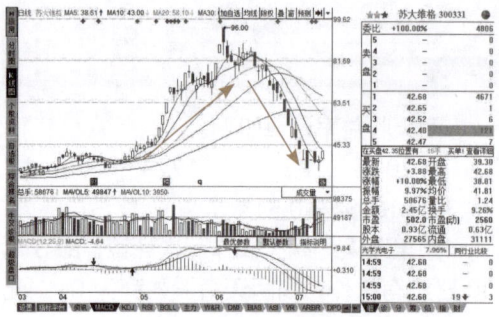

3 双击打开 4 月 23 日分时走势图，可以看到当天的分价情况，以当天中间价 38 元买入 1000 手。

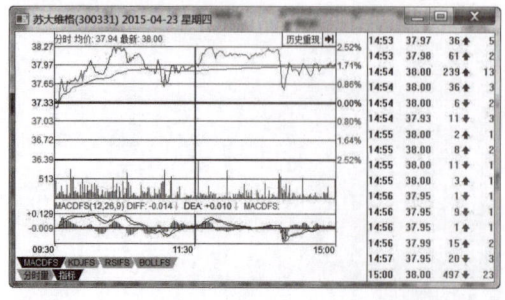

4 进入 4 月 27 日分时走势图，可以看到当天走势一扫 4 月 24 日的阴霾，呈现高开高走的局面，盘中一度接近涨停，收盘时 39.97 元接近 6 个点，根据上涨加仓原则，我们以 40 元均价继续加仓 1000 手（如果能在开盘 39 元左右加仓更好）。

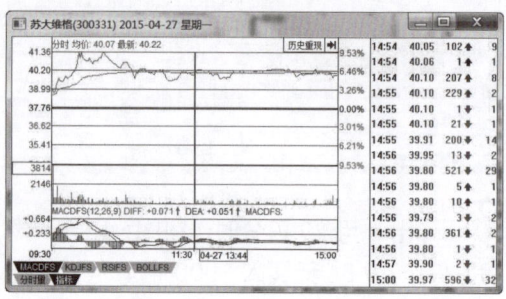

5 进入后续走势，并根据 MACD 技术指标来配合分析进行加仓，可以看到后期到 6 月 3 日时，股价达到最高点 96 元以及相应的 K 线组合指标判断卖点。

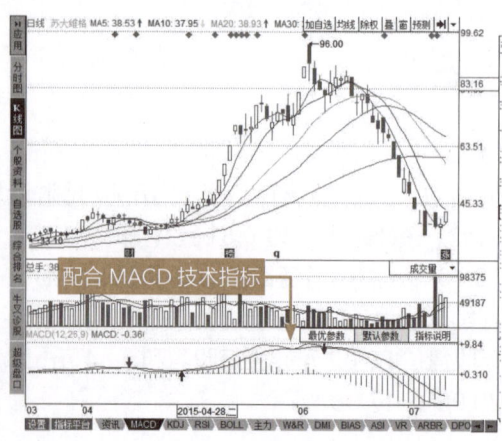

6 进入后续走势，可以看到该股票进入下行通道，根据下降减仓原则，可以在最高点 96 元出现的 6 月 3 日清仓或执行第一次减仓，后一次减仓以 5 日均线、10 日均线出现死叉的 6 月 11 日进行，当日股价在 84.22 元左右震荡。

如果以第一次买入点 38 元计算，加上第一次加仓 40 元，到最高点 96 元，当天股票均价 91.11 元清仓计算，收益率为：

[(91.11 − 40)×1000+(91.11 − 38)×1000]/[40×1000+38×1000]×100%=133.62%

以 91.11 元减仓 1000 手，84.22 元清仓计算，收益率为：

[(91.11 − 38)×1000+(84.22 − 40)×1000]/[40×1000+38×1000]×100%=124.78%

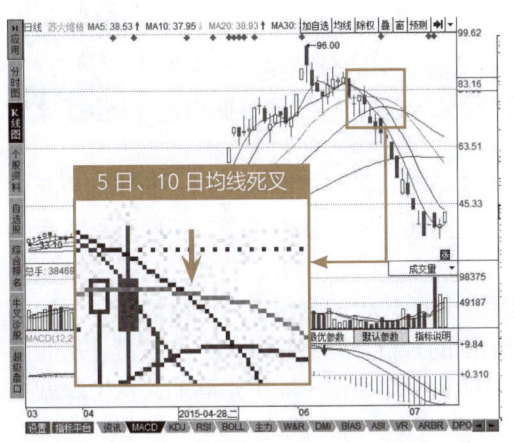

> **注意** ▶ 在短线买卖中，除非有非常明确的理由，不建议个人投资者在开盘 15 分钟内买入股票。而是建议在早盘 10:00 和尾盘 14:30 前后进行买卖。

15.1.4 买卖要注意强势龙头原则

"强者恒强，弱者恒弱"，这不仅仅是当前企业的发展规律，在股票市场中，这更是投资者要关注的一条重要规律。特别是买入时，一定要选择强势龙头股这一规律在买入股票时会对我们有所指导。遵照这一原则，我们应多参与强势市场而少投入或不投入弱势市场；在同板块或同价位或已选择买入的股票之间，应买入强势股和领涨股，而非弱势股或认为将补涨而价位低的股票。

2014 年底的强势证券股如中信证券、2012 年银行股中的民生银行等，涨势都比其他同行业股票凌厉。

15.1.5 把握题材股、消息股原则

要想在股市中特别是较短时间内获得更多的收益，关注市场题材的炒作和题材的转换是非常重要的。虽然各种题材层出不穷，转换较快，但仍具有相对的稳定性和一定的规律性，只要能把握得当，定会有丰厚的回报。投资者买入股票时，应买入有题材的股票而放弃无题材的股票，并且要分清是主流题材还是短线题材。另外，有些题材是常炒常新，而有的题材则是过眼云烟，炒一次就完了，其炒作时间短，以后再难有吸引力。

每年的各种国家政策、行业新闻层出不穷，但只要尽早抓住这些题材、消息才能多赚钱，如 2015 年初前后的"一带一路"、2014 年的自贸区等题材、消息的出现都带动了相关股票的多倍涨幅。

15.2 短线买入决策

除了上一节所说的买卖原则外，在做买卖决策时，还有哪些做法占据较大的因素？除了前面所说的买卖原则外，用户还应该根据以下方法来进行买入操作。

15.2.1 实战：分批买入法

在进行短线操作时，如果投资者没有十足的把握，采取分批买入和分散买入的方法，可以有效降低心理压力和风险。分批买入前，一定要根据自己的投资策略和资金情况有计划地实施。

在没有较大把握或资金不够充裕的情况下购买股票时最好不要一次买进，而是分两三次买进。这样可以分散风险，获得较为稳健的投资回报。毕竟我们投资首要原则是不亏的前提下多赚。

分批买入的操作方法是，选择好一只股票后，先用较少的仓位进行试盘投资，一般第一次买入仓位30%，如果后期走势验证了我们前面的分析，则继续加大仓位投资，从而博取较大的收益。具体的操作方法可分为两种，包括买平均高法（股价走高加大仓位获取更多收益）和买平均低法（股价走低加大仓位平摊前期成本，降低风险）。

1. 买平均高法

第一次买入某只股票后，股价上升到设定的第二价位，则再买入第二批，等股价再上升到设定的第二价位时买入第三批，这就是买平均高法。比如，在某只股票股价为10元的时候第一批买进2000股，股价涨到13元时第二批买入1000股，涨到16元时第三批买入500股。当股价超过这个平均成本时，股民即可抛出获利。

案例 利用买平均高法进行投资

1 登录同花顺软件，输入"XZFZ"或"000752"快捷键，弹出同花顺键盘精灵。

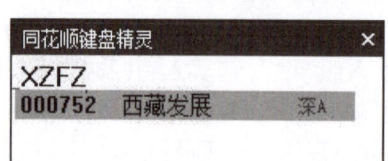

2 按【Enter】键，进入西藏发展的【K线图】界面，显示2015年1月29日到7月17日K线。从1月29日到3月2日横盘，3月2日开始向上突破均线，且出现均线向上发散，据此买入第一笔1000手均价

15.31元。

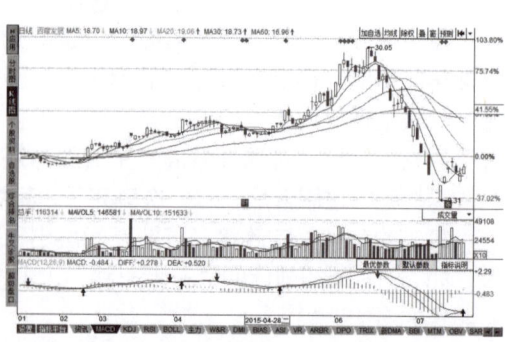

3 后续走势在3月13日出现股价回落到5日均线、10日均线附近，买入第二笔

2000手均价15.94元左右。

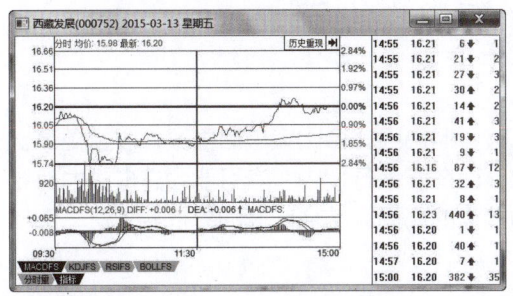

4 　走势进入第二波，发现趋势向上但偶尔有回调，基本每次回调都是介入良机，到3月31日，盘中出现第三次买点，买入最后一笔500手价格在17.7元左右。

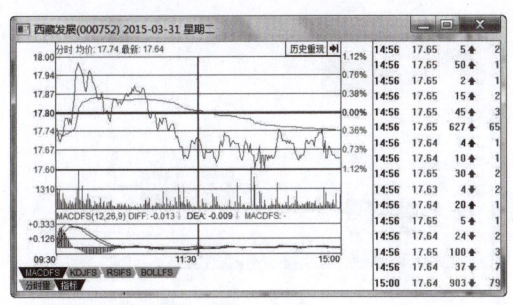

5 　后续4月15日出现短期高点20.58元，因为总体收益还不错，可以考虑清仓回收盈利。以盘中20.13元左右均价清空该股票。

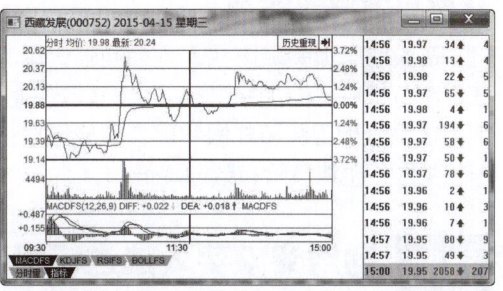

总的收益约26%，即[（20.13 − 15.31）×1000+(20.13 − 15.94)×2000+(20.13 − 17.7)×500]/[15.31×1000+15.94×2000+17.7×500]×100%=25.78%。

如果能坚持到30元左右高点，则收益异常丰厚，接近100%。

2. 买平均低法

买平均低法也叫向下摊平法，即股民在第一次买入股票后，待股价下降到一定价位再买入第二批，等股价再次下降一定幅度后买入第三批(甚至更多批)。买平均低法只有等股价回升并超过分批买入的平均成本后，股民才能获利，如下图所示北大医药的买入操作。

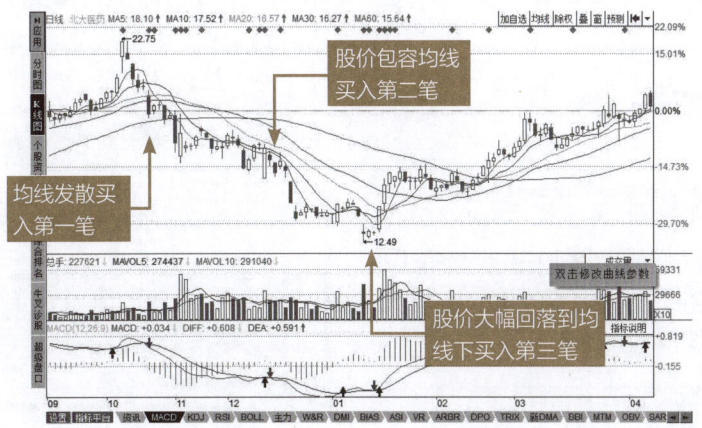

15.2.2 实战：突破买入法

除了分批买入以外，突破买入是比较保险的股票购买方法，但股票向上突破时，一般后市有比较确定的涨幅。根据实际情况，买入的时间不同，收益千差万别，但无论哪种都需要对股票的一些基本手法运用纯熟。突破买入法有 3 种常见方式。

1. 股价突破时买入

在股票向上突破时买入，会面临一定的风险，但也因此会比突破后再买入收益更高。在牛市行情中，向上突破往往会有较好的涨幅，而在震荡行情中，有可能会造成主力有意利用技术分析工具造成假突破，造成散户被动接盘的局面。结合前面的分批买入法，即使出现失败，也将风险有效地降低。

案例 利用突破买入法进行投资

下面以个股华东电脑为例进行讲解，具体操作步骤如下。

1 登录同花顺软件，输入"HDDN"或"600850"快捷键，弹出同花顺键盘精灵。

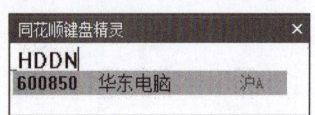

2 按【Enter】键，进入华东电脑的【K线图】界面，缩放显示华东电脑 2014 年 10 月 9 日到 2015 年 3 月 25 日 K 线。然后单击【画线】按钮，在弹出的按钮中单击【画线工具】。

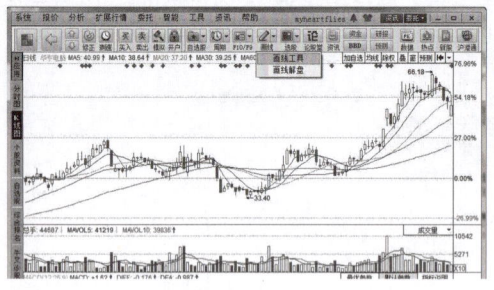

3 在显示的【画线工具】栏中，选择【水平线】，然后绘制压力线（压力位 47.30 元）和支撑线（支撑位 38.51 元）等。

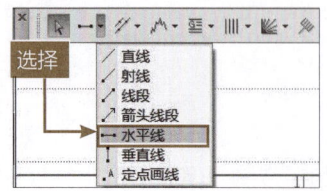

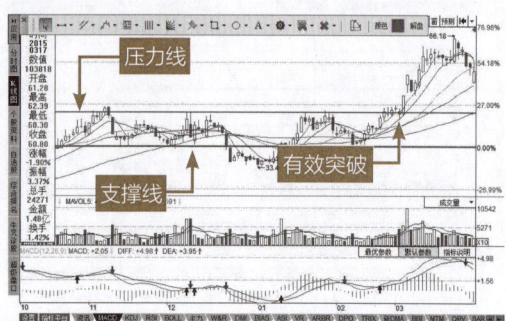

4 用户可以根据压力线或支撑线进行买卖，当股价形成有效的突破时（突破压力线或跌破支撑线）即可大胆介入，如在 2014 年 12 月 23 日跌破支撑线时以 36.01 元买入，到 2015 年 1 月 21 日的压力位股价，一个月收益达 30.5%。

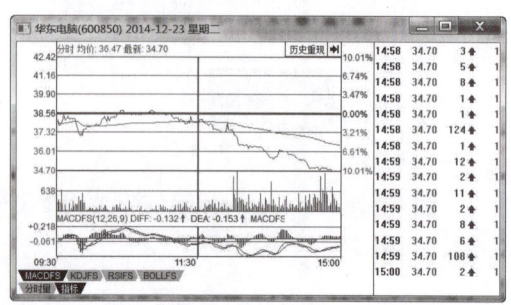

5 在 2015 年 3 月 4 日向上突破压力位时以 49.79 元买入，后市 3 月 23 日最高涨到 66.18 元，获益超过 30%。

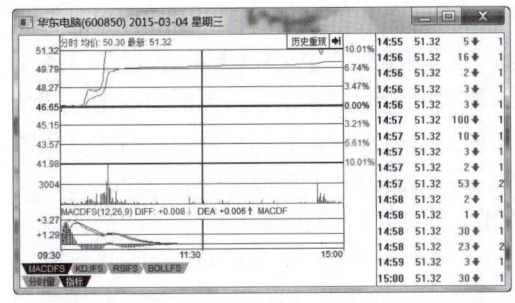

有效突破，至少需满足两点：一是股价突破了某一阻力位的 3%，二是时间有 3 个交易日。当然投资者分析股票是否有效突破，最关键的还要看成交量。有了这几点保障，在技术分析中，就可以放心建仓了。

2. 股价向上有效突破后出现回调时买入

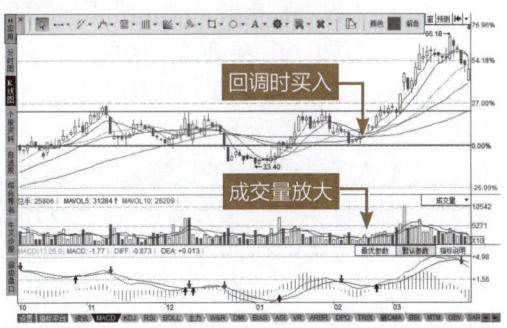

股价向上有效突破后，一般会出现技术性回调，此时将是较佳的介入点。这是非常提倡的买入法，不仅能有效规避风险，而且因股价继续上升而获取一定的收益。因股价

3. 股价即将启动，在突破前买入

在股价突破前买入，这往往是先知先觉的短线高手所为。但也有可能对主力动向分析有误，说不准还未等股价进一步向上突破，股价却开始直线下降。出现这种情况，在熊市中的概率还是比较高的。即使判断不是这么悲观，买入后，股价也可能一直在原地打转，以横盘为主。较理想的是股价突破迹象明显，在突破前跟进后，股价紧接着步步向上拉升，这样可达到买在低位卖在高位的境界。此法不太适合熊市或弱势震荡行情，在牛市中也许会屡试不爽，出现一买就涨的大好势头。

投资者需要判断突破行情的有效性，主要从量、价、势、空间 4 个方面进行分析。

（1）从量能分析有两个阶段：一是在突破过程中要出现放量向上的情况；二是在突破以后成交量不能大幅萎缩。如果成交量过快萎缩，股指重新跌落，就会形成假突破行情。

（2）从价的角度分析，无论是股指还是个股股价在向上突破时都会出现较大涨幅，在 K 线形态上往往是以中、大阳线出现的，并且在突破之后的几个交易日内不会出现黄昏之星、乌云压顶等常见的见顶形态。

（3）从势的角度分析可以发现，均线呈现强势运行状况，对行情的继续上涨起到良好的支撑作用。

（4）从空间的角度分析，可以发现有效突破行情往往距离上档成交密集区较远，或者呈上升行情，处于成交密集区压力较小的空间位置。例如：某只个股在 2008 年形成的 3200 点成交密集区，该密集区距离现在的时间已经有两年多，部分筹码已经松动。对比两个时间段的累计成交量也可以发现，近期的成交量远远大于当初形成该密集区时的成交量，说明近期的箱体走势已经消化了上方解套盘的压力，目前的突破性走势，属于有效突破行情。

15.2.3 预设目标位买入法

买卖股票就是通常所说的低买高卖（低价买进，高价卖出）原则，当一个投资者没能

创建好属于自己的投资体系时，常常会被市场上的实际情况打断预期，当出现预想的低点时，投资者还会想会不会出现更低点；股价高到一定程度时，又担心过高而错过买入机会。

为了减少这种状况，一个成熟的投资者应该具有完善的交易体系，包括根据个人的资金多寡、风险承受情况、个人的投资预期和投资时限来应对股票的目标买价。有了合理的目标价，就不会因为短期的股价波动而心理不安，有效避免投资的冲动性和盲目性。

对于个人投资者来说，制定股票的合理目标价，可参考以下步骤。

（1）根据机构、券商预测结果来设定自己对未来1～3年股票每股收益的合理区间，从而计算出相应的当前值。如果自己对企业预测有合理的方法，可以独立预测，避免盲目跟随。

（2）选择适合自己的投资风格，通过公司的市盈率、市净率，以及同类型公司参考等进行综合估值。这些估值方法被称为相对估值方法，通过比较得出合理的估值水平。

以市盈率为例，可通过该股票历史市盈率区间，结合盈利预期来判断未来1～3年的市盈率应该是多少倍。如预期未来12个月里公司将进入盈利周期上升阶段，就可选用历史上相同盈利周期时的市盈率倍数作为预测值。如果盈利前景不佳，就可采用历史上同样业绩不佳时的市盈率倍数。动态的市盈率预测也可采用行业平均水平或同类可比公司的市盈率。

有了未来的预测盈利，又有了合理的预期市盈率，把这两个数乘起来就得到目标价了。

15.2.4 阶段底部买入法

中长线买入股票的最佳时机应在底部区域或股价刚突破底部上涨的初期（长期黏合的均线突然向上发散），应该说这是风险最小的时候。而短线操作虽然天天都有机会，也要尽量考虑到短期底部和短期趋势的变化，并要快进快出，同时投入的资金量不要太大。

所谓的底部，是指某一只股票在某一个价位附近长期震荡，而无法形成有效突破。和通常个人投资者的认知有差异，它并不是某一个阶段的最低价格。因此，在底部买入时，投资者有充足的时间介入，而不必担心错过，当然也不能心急，一天不涨就立即抛掉。

在底部区域买入股票的主要选择标准如下。

（1）经过一段时间的深幅下调后，价格远离30日均线、偏移率较大的个股。

（2）个股当前价远远低于历史成交密集区和近期的套牢盘成交区。

（3）在实际操作过程中，要注意参考移动成本分布。当移动成本分布中的获利盘比例小于3%时，要将该股定为重点关注对象。

（4）对于长期在低位盘整的超级低价股不用太关注，只有有效突破了箱体顶部才需要密切关注。

（5）放量向上突破是一般超级牛股启动的特点，堆量的技术图形说明资金坚决介入不怕抛盘。

（6）对于强势股，在其开始起飞的时候坚决快速介入，耐心持股，没有出现明确见顶信号则不卖出。

在了解如何在底部区域买入股票的标准后，投资者一旦发现大盘和个股出现上述标准，就可以在符合标准的个股中择优建仓。例如，2010年6月，三一重工（600031）出现了极速下跌，投资者就可以在其底部区域积极建仓。

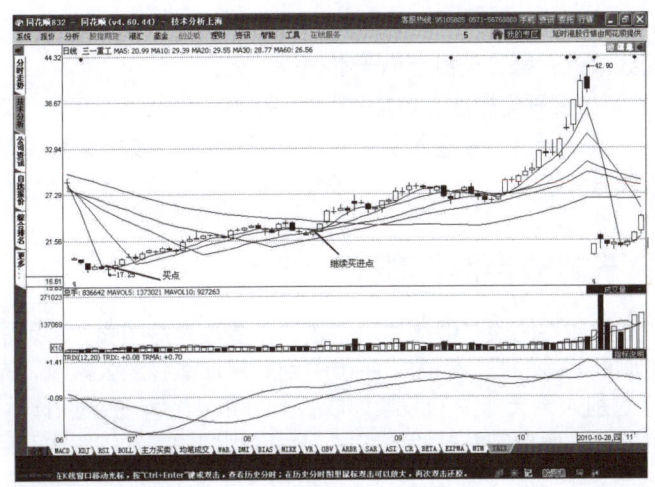

在实际操作过程中，普通投资者是很难买到最低价的，即使从概率角度看，无论是在下跌末段买入，还是在启动初期买入，操作的成功概率均远远大于在拐点处的买入。因此，把底部的买入理解为对某一特定价位买入的投资者，将必然面对踏空的风险。

总之，投资者在实施底部区域的买入操作时必须转变思维，即底部区域的买入不需要一定买到最低价或拐点，只要能在相对低的阶段买到具有上升潜力的股票就是成功的。

15.2.5 实战：敢于追涨停板

对于炒短线的股民来说，没有什么比涨停板更让你心动的事情了。如果能在一天内从跌停板到涨停板则是妙不可言的一件事情。

但对很多人，特别是大多数股民来说，看到涨停板而敢看不敢买，只空余事后感叹：我明明看到了涨幅巨大、我就知道它还会涨停……

如果一只股票横盘很久，从走出第一个涨停板开始，一般后续还会出现连续涨停或者连续大涨的行情，所以，当你发现关注很久的股票快速走出涨停行情时，第二天可以大胆追入，一般收益都不错。

案例 利用涨停板进行买卖

1 登录同花顺软件，输入"ZHDK"或"000738"快捷键，弹出同花顺键盘精灵。

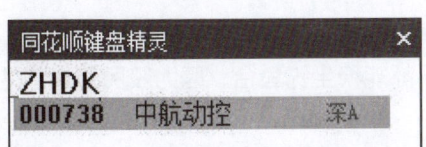

2 按【Enter】键，进入中航动控的【K线图】界面，缩放显示中航动控的 2015 年 3 月 18 日到 7 月 17 日 K 线图。

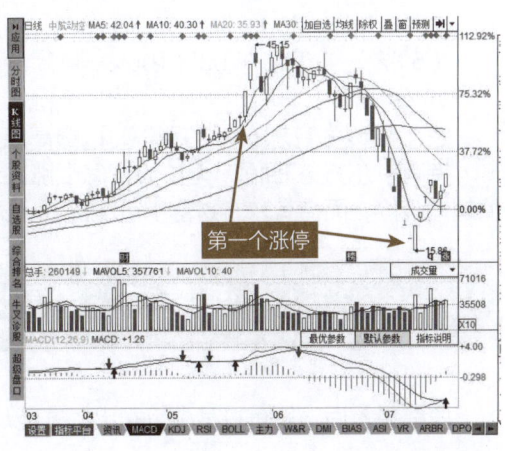

无论是2015年5月25日在上升趋势中出现的第一个涨停，还是连续大跌后出现的第一个涨停，对于短线来讲，第二天甚至当天都值得追入。

5月26日追入第二天开盘抛出，收益率为：（44 − 39.8）/39.8×100%=10.55%。

7月9日追入（或7月10日追入），7月11日抛出，收益率为10%～30%。如果不抛出，则后续收益更大。

15.2.6 牛市中不要放弃冷门股

虽然大家都说不要碰冷门股，但在牛市中建议不要放弃冷门股，特别是一些成交量小、换手率低、价格也偏低的冷门股。因为"牛市中到处是你涨我涨大家涨，先涨后涨全部涨"的状态，不能只盯着别人天天涨停的股票感叹，等你终于忍不住要抛掉手中的冷门股去追时，会发现你要追的热门股票突然开始下跌了，而你刚抛掉的冷门股也开启了涨停模式。

冷门股因为关注人数少，交易量小，导致其每天价格只在小范围内波动。如银行股因为涨势缓慢，一直不受大家的喜爱。虽然2014年初很多银行市净率仅仅0.8左右，但仍然被抛弃。

以东方财富和京东方A进行对比，可以发现，同期走势中，东方财富从最低点32.36元起步到102.86元，涨幅约两倍；而京东方A从4.03元起步，到最高点5.82元，涨幅不到50%。

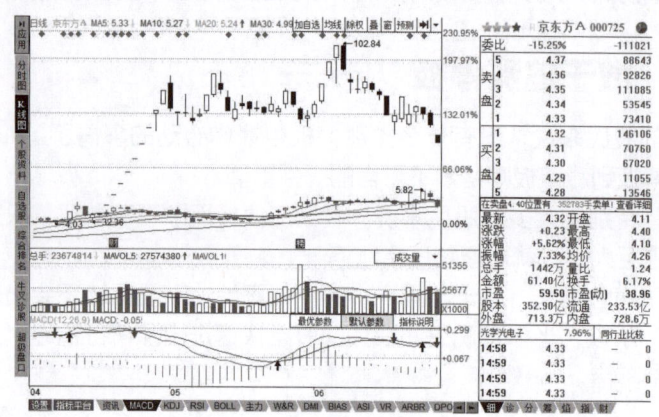

但因此舍弃京东方A而去追东方财富的股民就会发现，在最低点开启涨停模式状态下的东方财富根本进不来，等股民好不容易买进价格已经在76元左右的高位，假如股民能拿到最高点价格且恰好卖出，则收益率为：

（102.86 − 76）/76×100%=35%

（5.82 − 4.03）/4.03×100%=44%

35%<44%

注：44%为京东方A的涨幅，以最高点卖出计算。

持有京东方A期间，无论股价怎么涨跌，股民都能稳坐钓鱼台，因为股民知道它的价值超过股价，而持有东方财富则可能需要天天盯盘。

15.3 短线卖出决策

股票买入后，只有将其高价卖出，才能从中获利。下面介绍几种卖出的决策。

（1）严格止损。单笔短线操作的止损位不能超过总资金量的2%。短线止损价的设定可依据以下几个方法：前日收盘价7%~8%的跌幅止损；短期均线止损（7日或10日）；重要支撑和阻力位下方止损；跳空缺口下沿止损；重要百分比或黄金分割位置下方止损；时间止损（多以7日为限）。中线操作，应给予较大的止损空间，多为前期低点附近。

（2）适度止盈。将帮您护住短线操作的利润。可依前一根（或三根）K线的低点或把损失总体盈利的30%时作为短线出场点。

（3）短线买入一只股票后（特别是短线强势股），自开始盈利的时刻起，将止损价上调至买入价附近。原则是，不能让一个已经实现盈利的交易变成亏损。

（4）关注技术的同时，一定要留意个股基本面的事件，如公布业绩报告、召开股东大会、公司重大事项发生时股价的影响。

15.3.1 必须要卖的几种情况

投资者在买入股票时，都是认为会赚钱才买入（因为现在能融资融券了，股票下跌做空该股票的人一样能赚钱，不一定非要股价上涨才能赚钱）。

但若买入后并非像预期的那样赚到钱反而亏损了怎么办？

如果仅仅像以前的我一样，被动等待股价向好来解套（最长的一只股票被套6年，最后还是割肉出局），可能会错失更好的投资机会，也会带来巨大的心理压力，影响投资的信心。

立即行动！与其被动套牢，不如主动止损，暂时认赔出局。而对于短线操作来说，止损可以说是法宝。回避风险的最好办法就是止损、再止损。因此，对于个人投资者来说，在买入股票时就应该设定好止损位并坚决果断执行。根据多年从事股票交易的老股民的方法，建议短线操作止损位设在买入价5%，中长线设置在10%左右。敢于止损并且能正确止损的股民才是一个合格的市场交易者，也最有可能成为市场的赢家。

那么，什么情况才需要止损呢？下面介绍几种必须卖出的情况。

（1）低开低走，跌破前一波低点时，卖出。说明该股弱势，且短期内没有走高的可能性。

当有实质利空时，低开低走，反弹无法越过开盘价，再反转往下跌破第一波低点时，技术指标转弱，就应赶紧以市价杀出；若没来得及，也得在第二波反弹再无法越过高点，又反转向下时，当机立断下卖单。

（2）高开低走，反弹无法越过当日高值，跌破前波低值，则卖出。

（3）头部形成，跌破颈线支撑时应卖出。

此刻如果没有卖出，也应趁跌破形态，产生拉回效果，反弹上攻无力再反转向下时，赶紧卖出。尤其是当反弹高点在昨天收盘价之上时，或可少量放空，待低档再补回。另外，M头形右峰较左峰为低乃为拉高出货形，有时右峰亦可能形成较左峰为高的诱多形再反转下跌更可怕。其他头形如头肩顶、三重顶、圆形顶也都一样，只要跌破颈线支撑，都得赶紧了结持股，免得亏损扩大。

（4）大盘行情形成大头部时，坚决清仓全部卖出。

上证指数或深证成指大幅上扬后，形成中期大头部时，是卖出股票的关键时刻。历史统计资料显示：大盘形成大头部下跌时，有90%以上的个股形成大头部下跌。大盘形成大底部时，有80%以上的个股形成大底部。因此，大盘一旦形成大头部，是果断分批卖出股票的关键时刻。

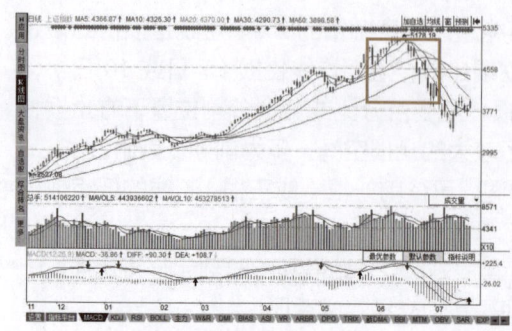

（5）大幅上升后，成交量大幅放大，是卖出股票的关键时期。

当股价大幅上扬之后，持股者普遍获利。一旦某天该股大幅上扬过程中出现卖单很大、很多，特别是主动性抛盘很大，就要提高警惕。这反映出主力、大户在纷纷抛售，是卖出的强烈信号。

例如，ST 新都（000033）经过前期的大幅上涨后，在 2014 年 4 月 1 日出现了成交量的大幅放大，随着股价加速上涨后开始了深幅下跌。

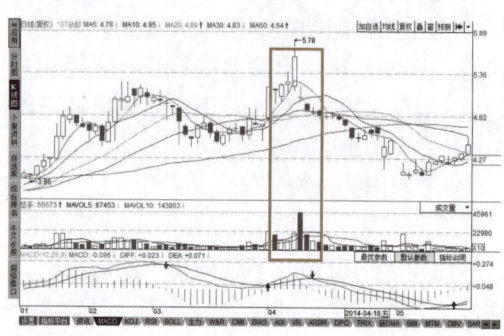

（6）上升较大空间后，日 K 线出现十字星或长上影线的倒锤形阴线时，是卖出股票的关键时机。

股价上升一段时间后，日 K 线出现十字星，反映买方与卖方力量相当，局面将由买方市场转为卖方市场。高位出现十字星犹如开车遇到十字路口的红灯，反映市场将发生转折。股价大幅上升后，出现带长影线的倒锤形阴线，反映当日抛售者多，若当日成交量很大，更是见顶信号。许多个股形成高位十字星或倒锤形长上影阴线时，有 80%～90% 的机会形成大头部，是果断卖出的关键时机。

如宝安地产（000040）在大幅上涨后，在 2015 年 6 月 4 日出现高位十字星，随后股价出现大跌。

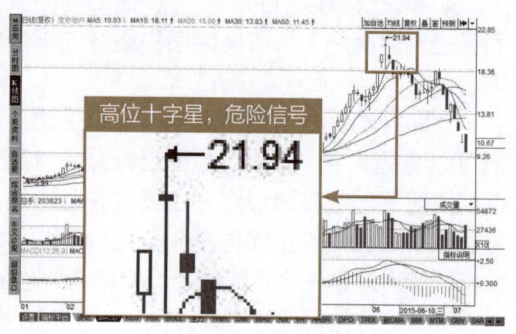

15.3.2 卖点时机的选择与把握

个人投资者往往会出现随意买进、随意卖出的现象。特别是刚入市的新股民，手中有钱就想买入股票，当持有股票时，一旦看见手中股票短期内不涨或者小幅下跌，就会怀疑自己的买入是否正确，而随意的卖出股票，倒在黎明前的黑暗中。特别是持股之后，情绪就紧张起来，无法把握卖出时机。而从一个新股民向一个老股民过渡的过程中，除了必须要交的"学费"外，还要给自己一些基本的卖出策略，才能尽量少交"学费"，甚至可以从市场中提款。

1. 发现确定且更好的投资机会

当持有的股票怎么等待就是无法上涨或者涨幅过小，只要这时你发现一个更好且确定的投资机会，就可以随时卖出手中的股票而买入发现的那只。切记不可犹豫，你越等待可能会越后悔，因为你这只股票怎么也无法涨，而发现的那只股票天天都在大幅上升，如果犹豫，不但错失机会成本，还会影响对后续资金的判断。

2. 在股价超过目标价位时

当股票价格达到自己设定的目标位时，应该按既定策略执行，无论后续看起来多么的美好。即使不全部清空，也要减一定的仓位，从而降低风险。因为在股价上涨时，多数人会头脑发热，当股价下跌时，又幻想还能涨到前期高位，从而一再错失好时机。

3. 买错股票要及时抛出

在市场经历多年，买入的股票可能数不胜数，每个人都会有犯错误的时刻。但犯了错误不可怕，赶快纠正即可。一旦确认买入了错误的股票，及时止损。

4. 优化投资组合

当在市场中感觉自己左右逢源时，往往也是危险的时刻。这时，就要不断优化自己的投资组合，而不能将鸡蛋放到一个篮子里。虽然不建议买入多只股票，但也不建议一只全仓，上升时固然可喜，如果出现意外，连对冲都没有，会变得非常被动。建议两三个月优化一下自己的投资组合，抛弃亏损的，加大盈利的股票仓位。

5. 利好出来时

当市场在猜测某只股票有利好时，持有该股票，一旦利好确定出来，建议抛售该股票，俗称"利好出尽即利空"，一旦利好出尽，股价即将进入下跌通道。

6. 大势不好时，注意空头扭转

大势不好时，会出现泥沙俱下。2015年6月底的股灾出现，大盘深度快速下跌，即使前期很好的股票也跟着下跌，这是"覆巢之下，岂有完卵"的直接表现。这也和15.1节原则一致，一定要快进快出，即使当天买入导致浮亏，看到势头不好也要大胆割肉止损。而不能犹豫，导致后续更大的亏损发生。

如下图所示，假如以当天最高点23.69元买入1000手国海证券，结果当天大阴线收盘，预示空头占据了优势，盘面可能会被扭转，第二天观察分时图走势发现是上升趋势，保留一天，第三天则直接空头占据主动，这时即使第二天看分时没抛出，第三天（以22.70元计算）也一定要抛出，损失为：

（23.69 − 22.70）/23.69×100%=4.2%

如果不做操作，则到后期可以看出（最低点11.58元），最大损失为50%左右。

（23.69 − 11.58）/23.69×100%=51.1%

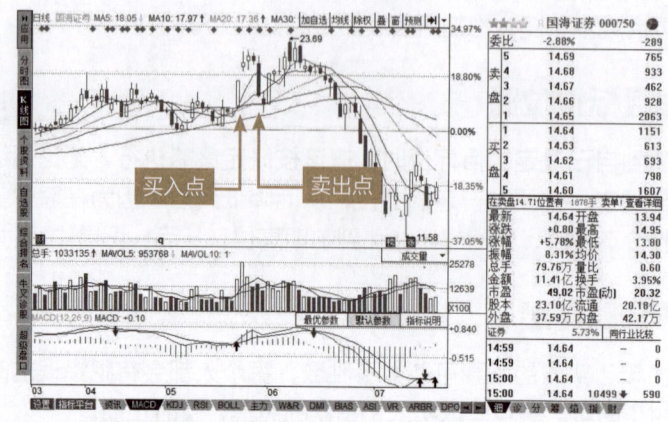

7. 在股价不能越过前期阻力位时

股价高点一旦形成,将会对后续的股价进一步涨升产生极为重要的阻碍作用:一是该点位附近被套的投资者在股价再次攀升至此时会产生解套要求;二是股价触摸历史高点时投资者会产生心理上的畏惧,获利回吐压力随之增加。因此,如果前期阻力位没有被有效突破的话,投资者应考虑减仓。如果同时处于市场的高点,则有必要出局。

下面再来介绍一下卖出股票的原则与方法。

(1)目标价位法。

目标价位法是指买入股票时已制定好了盈利目标价位,一旦股价达到该目标价位便抛出股票的操作原则。

很多股民在炒股的过程中,见其价格有下跌趋势,就急于抛出,当抛出后,又见其价格上涨,就后悔莫及。因此,很多股民在抛出股票时,都没有达到目标价位,这主要是因为对自己的投资信心不足所造成的;与之相反,一些股民见股价涨到目标价位时还不卖出,期待股价再涨,结果不涨反跌,这是由于投资者贪心过大所造成的。为了避免上述情况,股民应制定最有利的"目标卖价"。

制定"目标卖价"是一个预测过程,股民不应追求以最高价卖出,而应根据股价比买价上涨了几成来决定卖价。至于是几成,完全要根据股票性质及投资者的个性和态度来定。

一般情况下,如果投资的是股价变动较少的股票,则可将目标价位制定得低一些;而如果投资的是小型股或投机股,则其目标卖价可制定得相对高一些。对于运用目标价位法的投资者来说,通常要掌握公司基本面情况,比如经营情况、市场环境等。

(2)顺势探顶法。

顺势探顶法是指并不事先给股价确定一个目标价位,而是一直持有股票,直到股价显示出见顶迹象时才抛出。

采用这一卖出策略通常需要运用技术分析法,主要是从股价走势的角度判断见顶迹象。当股价持续上升了一段时间后,如果忽然放量大涨,则很可能是最后一批追涨者买入,或是主力拉高出货,后续空间已经不大。此外,股价走势逐渐趋缓,后续买盘不足,也是将要见顶的迹象。尤其是股价上升过程中小幅回调后,第二次上涨无法突破前期高点时,通常为见顶迹象,必须卖出。但是,运用顺势探顶法的投资者应经常关注股市,要投入较多的时间和精力。

(3)投机性抛出。

投机性抛出是指待股价涨到偏离其投资价值、市场投机气氛浓重时卖出的策略。此时股价一般较高,回调可能性较大。选择适时卖出,一方面价差较大;另一方面,即使卖价不是最高价，也会在顶部区域附近。

（4）长线择机脱手。

市场中总是充满投机因素，即使是业绩稳定、股息丰厚、股价昂贵的大公司股票也可能成为投机炒作的对象。做长线并不意味着一直持有，一旦发现股价超过潜在价值就可以卖掉。因为被狂热炒作追捧，股价大大高于股票内在价值，可能是 30% 或 50%，甚至是几倍，而股价不会长时间大幅度超过其价值，就像它不会长时间低于其价值一样，此时应选择卖出。

（5）适时更换股票。

更换股票是指卖掉持有的未来预期悲观的股票，转而投资股价即将走高的股票，从而提高投资收益。

在短线操作中，要尽量避免握住一只所谓的热门股不放。热门股中多数为短期热门股，虽涨幅巨大，但涨升很难持续较长时间。适时卖出热门股，转而投资更"便宜"的股票才能使资金不断增值。注意：这里"便宜"不是指低价，而是指股价低于股票的内在价值。

（6）顺序卖出股票。

如果持有若干只股票，则应先卖出股价正在上涨的股票，留下下跌的股票，或者与之相反。两种方法都是正确的，关键要分析上涨空间有多大，或下跌态势和止损点，并将持有的股票依照分析结果一一排序处理，这就要求投资者有丰富的经验和过人的胆识。

另外，手中的股票同时下跌而出现亏损时，最好一次性卖出，尤其是当出现以下几种情况时。

① 股价跌到自己的预定止损点时。

② 觉察到自己预测有误时。

③ 整个股市出现下跌趋势时。

技巧 1　看盘做短线的妙法

（1）看盘看龙头，主要盯龙头股（领头者），一旦龙头股有异动，赶快看下一只股票。

（2）以成交量来定仓位，成交量小时分步买，成交量在低位放大时全仓买，成交量在高位放大时全部卖。

（3）关注炒股的时间观念，一定要注意"强者恒强，弱者恒弱"的投资定律。

（4）大盘狂跌时最易选股，全部买成涨幅第一或跌幅最少的股票即可。

（5）一定要严格执行纪律，特别是止损纪律。一般把止损点设在 5%~8% 的位置为好。跌破止跌点要认输，别学阿 Q 自我安慰——"当成几个月的存款"。

技巧 2　短线高手常用哪些技术指标

1. 利用平滑异同移动平均线 MACD 进行分析

MACD 是通过计算机计算出快速（12 日）的移动平均数值与慢速（26 日）移动平均数值，以这两个数值作为测量快速与慢速线间的"差离值"依据，即差离值 DIF。

因此，在持续的涨势中，12 日 EMA 在 26 日 EMA 之上。其间的正差离值 (+DIF) 会越来越大。反之在跌势中，差离值可能变负 (－DIF) 且负值越来越大。至于行情开始回转，正或负差离值要缩小到怎样的程度，才真正是行情反转的信号？MACD 的反转信号界定为"差离值"的 9 日移动平均值 (9 日 EMA)，在 MACD 的指数平滑移动平均线计算法则中，分别加重最近一日的分量权数。

12 日 EMA 的计算方法：EMA12 =（前一日 EMA12×11/13 + 今日收盘价 ×2/13）

26 日 EMA 的计算方法：EMA26 =（前一日 EMA26×25/27 + 今日收盘 ×2/27）

差离值 (DIF) 的计算：DIF = EMA12 – EMA26

然后再根据差离值计算其 9 日的平滑异同移动平均差离值 MACD。MACD = 前一日 MACD×8/10 + 今日 DIF×2/10。计算出的 DIF 与 MACD 均为正或负值，因而形成在 0 轴上下移动的快速与慢速两条线，为了方便判断，亦可用 DIF 减去 MACD 以绘制柱图。至于计算移动周期，不同的股票有不同的日数。

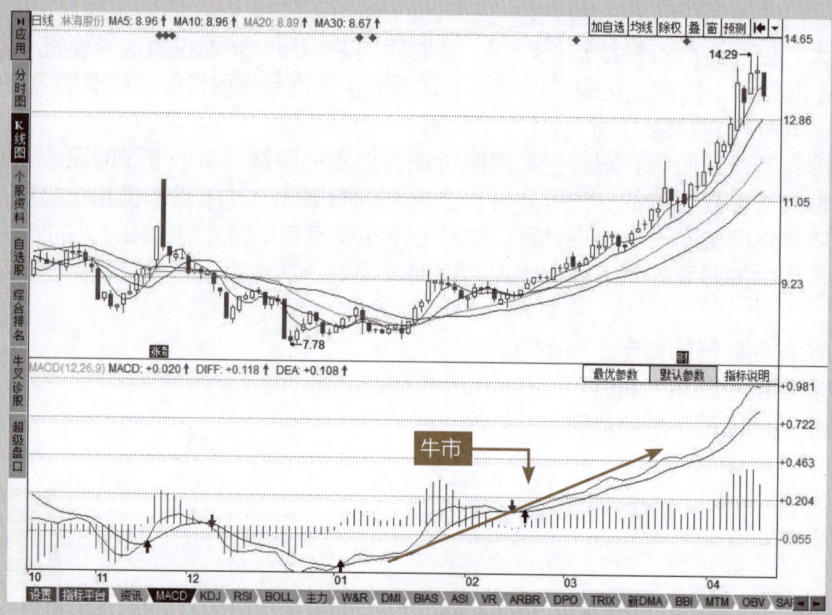

研判技巧：

（1）DIF 值与 MACD 值均在 X 轴线上，向上移动，市场为牛市，反之为熊市。

（2）在 X 轴之上，当 DIF 值向上穿过 MACD 值时为买入信号。在 X 轴之下发生这种交叉仅适合空头者平仓。

（3）在 X 轴之下，当 DIF 值向下穿过 MACD 值时为卖出信号。在 X 轴之上发生这种交叉仅适合多头者平仓。

（4）背离信号。当指数曲线的走势向上，而 DIF、MACD 曲线走势与之背道而驰，则发生大势即将转跌的信号。当 DMI 中的 ADX 指示行情处于盘整或者行情幅度太小时，避免采用 MACD 交易。

2. 带状能量线 CR

CR 指标既能测量人气的热度，也能测量价格动量的潜能；CR 还能显示压力带和支撑带，功能作用上，可以辅助 BRAR 的不足。

CR 指标在图形中有 4 条线,由 CR 线和 3 条 CR 平均线构成,从短周期到长周期依次分成 A、B、C、D 四条。A 线和 B 线代表短周期,构成的带状表示副震区;C 线和 D 线代表长周期,构成的带状表示主震区。建议用户将 CR 值设为 30,平均线分别设为 10、20、30。

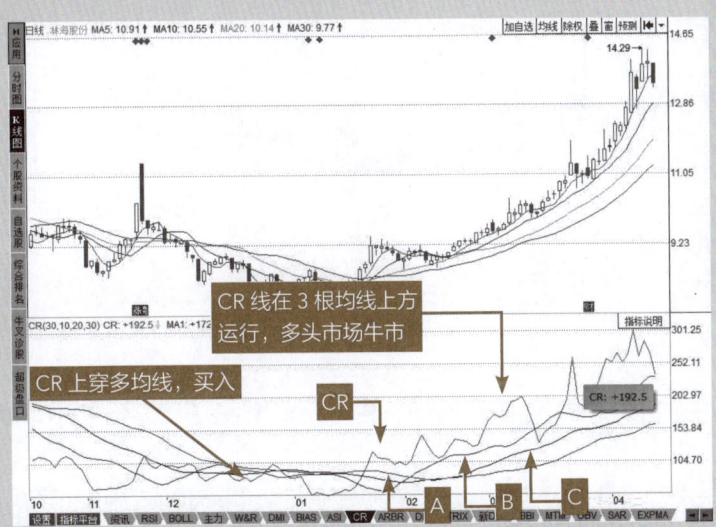

若 CR 线在 3 条平均线上方运行,且 3 条平均线缓慢向上发散,为理想的多头市场,宜持股;若 CR 线在 4 条平均线下方运行,且 4 条平均线向下发展,为典型的空头市场,宜观望。对于短线投资者来说,如果把握住 CR 跌至 50 以下逢低买入,升至 150 以上逢高卖出这一原则,就能有较好的收益。而中线投资者应注意以下使用技巧。

(1) C 线和 D 线为强弱分水岭,CR 指标在 CD 线上方运行为强势市场,宜持股或逢低承接;CR 线在 CD 线下方运行为弱市市场,宜观望。

(2) CR 指标显示:股票进入强势市场后,如果其是缓步上扬格局,CR 指标通常会在平均线 A 处获得支撑,投资者可在此买入。

(3) 若 CR 指标长期在 A 线上方运行,某日突然跌破 A 线甚至 B 线,投资者必须获利了结。

(4) 如果 CR 线与 A、B、C、D4 条线同时靠拢或者同时大致交于同一点,那么由这一点开始,就会构成相应股价的转折点。如果交叉时,CR 线由下向上穿,为买入信号;反之,则构成卖出信号。投资者必须重视这一信号,因为这个信号非常难得一见,故一旦出现,其使用成功率也较高。

3. 成交量比率 VR

成交量比率(Volume Ratio, VR),是一项通过分析股价上升日成交额(或成交量,下同)与股价下降日成交额比值,从而掌握市场买卖趋势的中期技术指标。主要用于个股分析,其理论基础是"量价同步"及"量须先予价",以成交量的变化确认低价和高价,从而确定买卖时机。基于量是价的先行指标,量与价同步、同向的理论为基础所架构的量分析系统,以量打底和量做头确认低价和高价,来决定买卖时机。

$$VR = \frac{股价上涨日的成交量总数 + 1/2 \, 股价不变日的成交量总数}{股价下跌日的成交量总数 + 1/2 \, 股价不变日的成交量总数}$$

一般采用 26 日为天数的基准。

研判技巧:

(1)容量比率在 100% 时,股价上涨的成交值与股价下跌的成交值是相等的,从经验来看,股价上升日的成交值较下跌日的成交值大,所以 VR 值分布在 150% 为常态,因此在超越 450% 或低于 70% 时,需注意后市的反转或反弹。

(2)VR 下降突破 40%~60% 的界线时,很容易探底反弹,而上升至 160%~180% 后,成交量会进入衰退期,而股价到顶点将会反转而下。

(3)必须注意,VR 线在低价区时可信度较高;在高价区时,股市的数值不确定,需要多参考其他指标。

(4)VR 配合 PSY 心理线高档,能够对高价区产生更可靠的信号。

(5)VR 处于 40 以下的反弹信号较适宜应用在指数方面,并且配合 ADR、OBOS 等指标使用效果非常好。

(6)VR 初期缓升,却快速跃过 250 的这类形态,常发展出大行情。因此,除了以 VR 的高档信号为判断依据,还应配合 CR、TRIX、DMI 综合研判,从而得到比较客观的答案。

16
低买高卖技法

本章引语

伺敌之隙,乘间取胜。

——《草庐经略》

进入市场中的人,大家都把低买高卖作为自己的奋斗目标,但实现起来并不容易。那么,低买高卖有什么诀窍吗?本章试图解开这个谜团。

本章要点

★ 低买原则
★ 高卖原则与交易

16.1 低买技巧

炒股的人都知道，要能做到低买高卖就是一个成功的投资者，但如何实现呢？特别是低买，就是一个价格的选择过程，那么，什么是低买？怎么来做呢？

16.1.1 低买的基本原则

看到别人大涨的股票眼红，听到身边跟你买同一只股票的人，因为比你的买入价格低，展现出更放心的姿态，心里很不是滋味。怎么办，如何让自己买在低点呢？低买的原则又是什么？

1. 明确股票价值

最古老也最简单的原则是"低买，高卖"。即以低于内在价值的价格买进，以更高的价格卖出。但需要确定的是，要对内在价值是什么、怎么计算有明确的认识。这样才能真正买到低价，而不是短期的股票表现出来的价格低。

从资产负债表或者清算价值角度，可以看到某个企业是否被低估了。例如浦发银行2014年市净率仅为0.84（很多银行市净率都低于1），即使浦发银行马上破产，投资者分得的每股资产都比买入的股价要高，具有足够高的安全边际，买入肯定能赚到钱。

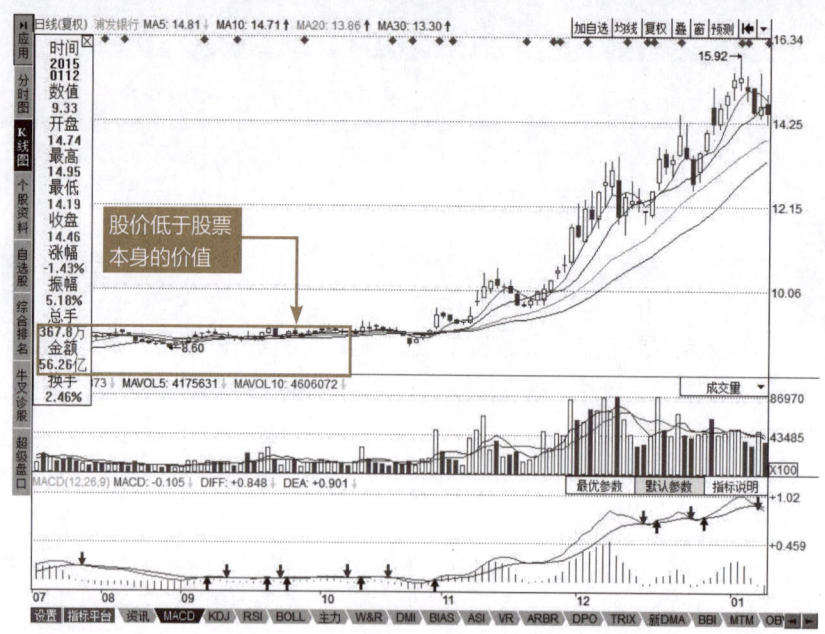

2. 顺势和借势

部分个人投资者相信巴菲特的投资理念——"别人贪婪时我恐惧，别人恐惧时我贪婪"，殊不知巴菲特的投资理念是有前提的。如果很多人在2015年6月底遵循这个原则，在别人争先恐后逃命时买入，必将遭受极大损失。

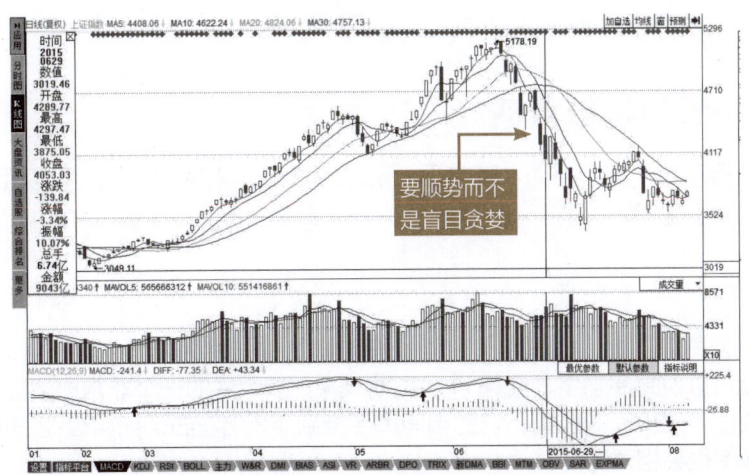

投资者应该在顺应大势的发展趋势上，巧妙选择入市时机，而且通常这种战略应用于中长线投资较为有效。逆市而为，在大势下跌之时做短线抢反弹，或在个股已在高位掉头向下时抢反弹，等待你的很可能是漫长的套牢期。同样是 2015 年大跌后买入，如果你是在 7 月中旬买入，则能短短几天内就收获颇丰，甚至利润翻倍。

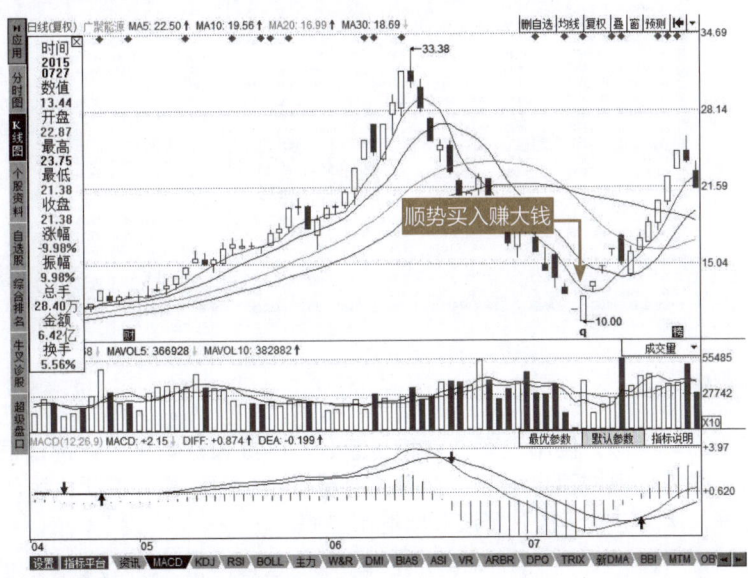

这就是顺势而为的妙处。

3. 善于等待机会

形容一个人善于等待和捕捉机会时，我们会说"三年不开张，开张吃三年"。即在没有必胜或胜率不大时尽量别出手，一旦出手，不但能有所收获，而且收获巨大。

例如，大型动物如狮子、老虎在看到猎物时，能一动不动等待很久，只等猎物进入捕获范围内时一击即中。投资也是一样，要有空仓多时的决心、恒心和能力，一个聪明的投资者既不可能抓住每一次的上涨机会，更不可能赚取市场中所有的金钱，所以一定要有耐心且善于等待机会。

否则，心浮气躁、瞎猜乱撞地买卖，很快就会毁掉信心，从而丧失理智的判断，出现一连串的决策失误，导致更加悲惨的后果。等待并不是无所事事，而是时时分析思考。"该出手时就出手,不该出手时不乱出手",要做到"静若处子,动若脱兔"。

16.1.2 底部的种类和特征

顶和底是相对的,与宏观面、基本面、形态等关系非常密切。我们可以用以下的方法判断股票是否处于底部。

1. 市净率低

如果一家公司还不错,成长性(主要以净利润的成长性为标准)大于105%,市净率在1左右,就可以说是底部了。这是A股长期以来判断大底的一个非常重要的标志。

例如成长性为120%的公司,它的市净率要推到1.3倍左右。如果公司的成长性更高,它的大底市净率也会相对更高。

我们现在可以看到很多公司的市净率小于1,这和它的基本面太差是分不开的。

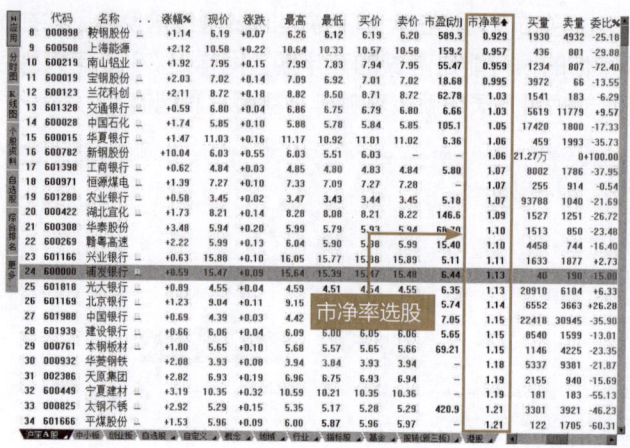

市净率选股

2. 市盈率较低

市盈率和市净率类似,但市盈率往往和一家公司的成长性有关,特别是很多中小板、创业板股票,市盈率动辄成百上千倍,很多人甚至觉得市盈率高,说明大家的认可度高和公司的成长性好,从而进一步提升了该股票的市盈率。

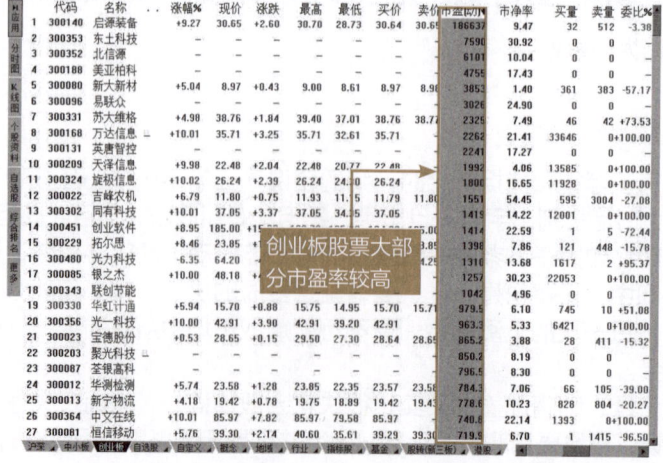

创业板股票大部分市盈率较高

一般来说，成长性大于 5%，如果市盈率能在 6 倍左右，就是大底到来的一个非常重要的标志。

每次股灾来临时，股价一跌再跌。5~8 倍市盈率的股票比比皆是，可惜，满地的黄金却没人敢捡，因为不知股票还有多大的空间要跌。然而，股票却往往在这个时候冲天而起，一去不回头。

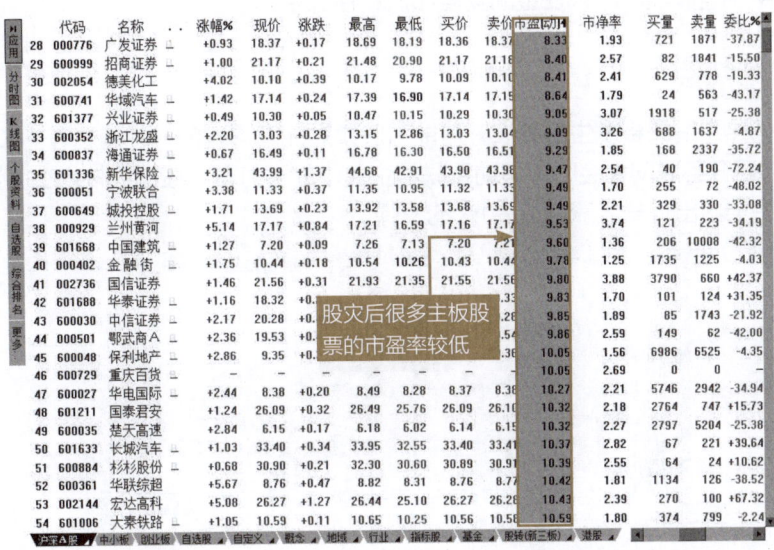

股灾后很多主板股票的市盈率较低

3. 技术分析（如 K 线）

无论 K 线形态多好或者多差，都应该和上面的两项结合起来。在这个时候，股票可能会走出一个横盘的形态，也可能是一个有点弯度的锅底形态。但什么形态并不重要，重要的是，这个区间的时间要非常长，价格要非常低，成交量要非常低迷。这往往是孕育大牛的形态。如上证指数经过近 6 年的低迷，在 2013 年 6 月创出新低 1849 点，成交量低迷，很多人因为被套或者空仓不再关注股票市场，随后才开始小幅震荡，直到 2014 年 7 月才出现牛市初来的迹象。

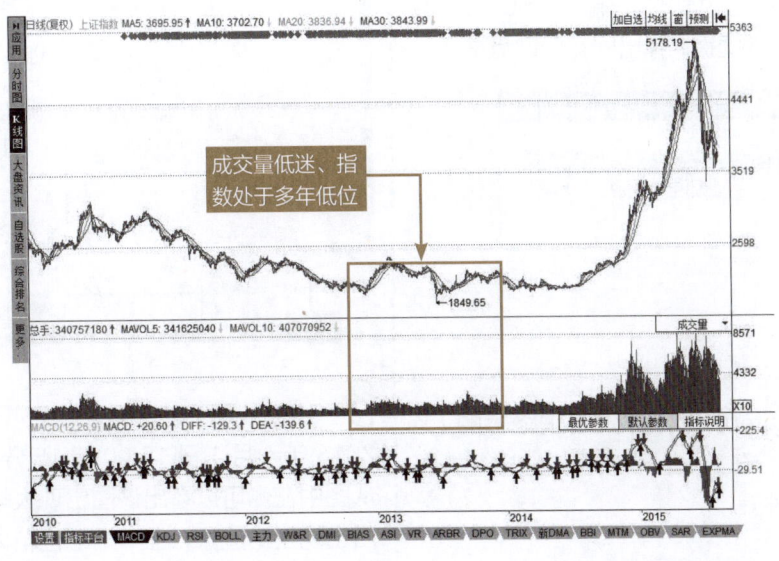

成交量低迷、指数处于多年低位

16.1.3 短线低买策略

目前大部分人热衷于追涨杀跌、短线投机的方式，热衷于偶获内幕、一夜暴富的神话，实际上并没有形成正确的投资策略。

作为短期购买策略，一般都是资金量相应比较小或者对流动性要求比较高的，这类资金建议购买中小盘股票，寻求资金的安全和流动性并重。

1. 近期市场热点

近期市场热点指即将发生的会议，可能对股票短期有影响的各种消息等。如 2012 年 9 月 10 日即将召开互联网大会时，移动互联网企业中的支付概念股国民技术在前期逐步走低的情况下，短期内出现一波涨幅近 30% 的反弹。

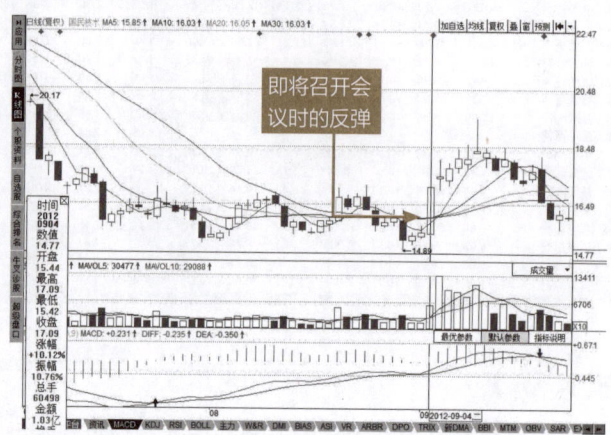

投资者在进行技术分析时，多关注日 K 线或者分钟线，辅助其他技术指标进行购买。

案例 利用 15 分钟线买入股票逃顶

1 登录同花顺软件，输入"SDLQ"或"000498"快捷键，弹出同花顺键盘精灵。

2 按【Enter】键，进入山东路桥的【K 线图】界面，在 K 线图中右击，选择分析周期为 15 分钟。

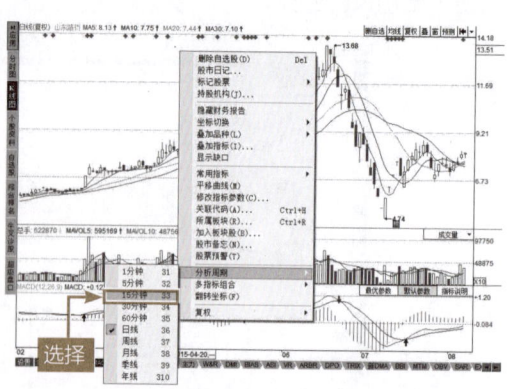

3 缩放显示 2016 年 3 月 25 日 10:00 至 2016 年 4 月 1 日 15:00 的 15 分钟 K 线图，从图中左侧可以看出该图出现大幅杀跌，而后出现企稳迹象，在一个低位箱体内震荡。

同时 MCAD 技术指标中出现金叉，胆大的投资者可以在这时候布局，求稳的投资者可以在 7 月 29 日 14:00K 线图出现均线向上发散迹象时，再行买入。

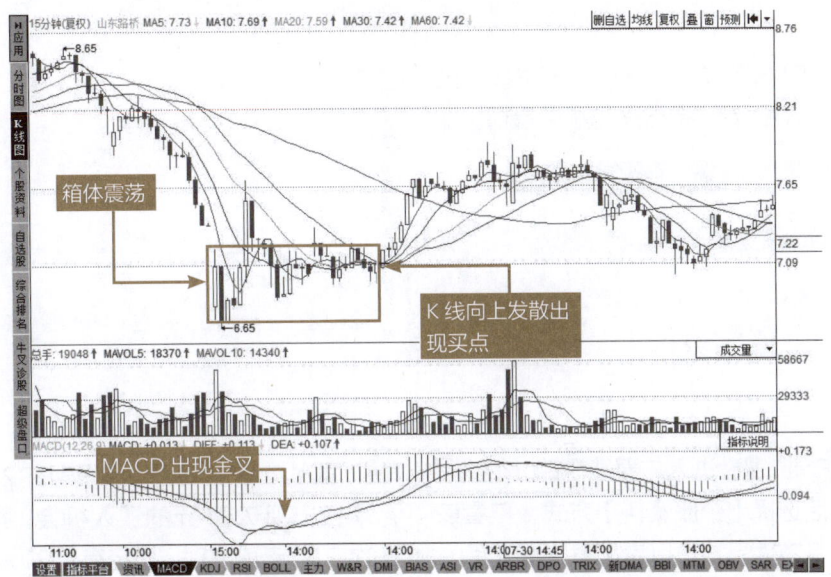

后市根据情况卖出，即可收获不菲。除了 15 分钟线外，用户还可以利用 1 分钟、30 分钟线，然后辅助其他技术指标进行验证。

2. 建议多次购买

短期投资时，第一次购买时建议仓位在 30% 左右，后市盈利再继续加仓，加大投资。

16.1.4 中长线低买策略

作为中长线的投资者，一般追求收益的确定性和尽量高的回报率。当然，也有部分刚入市散户因为被套所以被迫从短线变成中长线。

1. 中线投资策略

对于中线投资者的操作而言，主要是以基本面分析和技术分析两者并用为主。在实际的投资操作中，建议慢进快出，基本面和技术分析说明如下。

（1）使用基本面分析方法来进行选股，保证选择股票的取胜概率。

（2）通过技术分析来对买卖股票的时机进行把握，是提升收益方法的一个很好的选择。

从这一方面来讲，中线操作明显比短线操作对投资者的要求低得多。对于投资者本人而言，中线操作对投资者在时间方面的要求不高，只要在关键时候能够有看盘的时间即可，并与股市保持若即若离的方式。而对投资者在个人素质方面的要求也不高，只要有一般的实际经验即可。但必须注意的是，中线投资者必须经常保持盘后分析的习惯，这样才能对大势有所把握。

从以上分析我们也能看出，对于中线操作而言，最重要的是把握股价波动的头部和底部。也就是说，在宽幅震荡整理过程中，投资者能够把握箱体的高点和低点。当然在实践中，做到这一点还是相当有难度的。

案例　利用中长线策略选股

1 登录同花顺软件，输入"GJNY"或"000096"快捷键，弹出同花顺键盘精灵。

2 按【Enter】键，进入广聚能源的【K线图】界面，然后选择【个股资料】方式，查看该股的一些基本信息，可以看出其主营业务、产品、市值和相关的概念等。

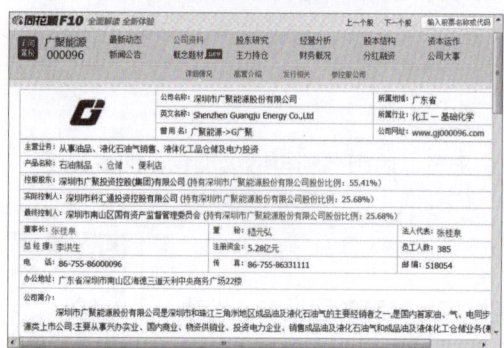

3 确定了购买该股票，那什么时候开始买入呢？如果刚看到该股就着急买入，即使是以最低点价位5.74元（2014年5月9日）买入，也会看到该股后期出现了窄幅震荡。

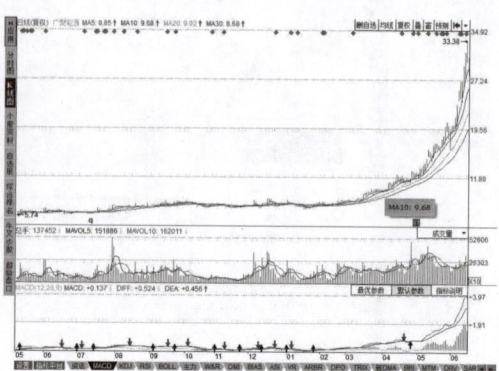

4 继续向右侧查看，会发现在2015年2月9日出现7.54元的买入机会，虽然从第一次5.74元购买时，已经有了30%的涨幅，但这个时间用了9个月。后一次的买入机会正好处于该股的爆发前夜，随后开始了其牛股的征途，没有再调整，直接涨到31元左右。

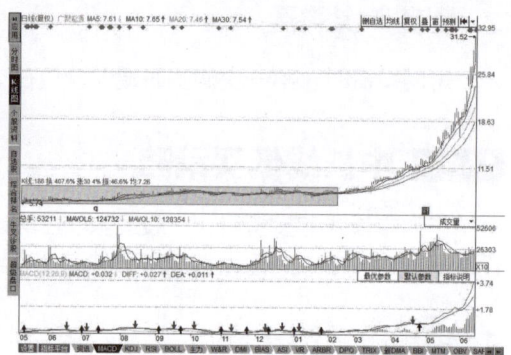

2. 长线低买策略

作为长线资金，投资者持有的已经不是短期的赚一票就跑的心态，而是纯粹意义上的投资活动，所以大多数人都在寻求一种非常稳健的投资路径，因此，如何准确地判定一只股票的底部和如何分批投入是一个重要的课题。投资者必须以基本面分析为主，特别是个股的精选尤为重要。与短线操作对于投资者的要求完全不同，长线投资要求投资者精通基本面分析，有一定的判断宏观经济的能力，同时最好远离市场，避免短期波动对于投资的影响。另外，还要求投资者必须要有足够的耐心持股，把握股价的中长期趋势。

从事长线操作获得成功最典型的即是众所周知的巴菲特先生，我们从他的投资策略中也能发现一些规律性的东西，如远离股市、投资公司而不是投资股票、有足够的持股耐心等。

16.1.5 低买的禁忌

虽然低买有很多方法和技巧,但并不是所有的股票都是在低价时才能买入,下面简单说明一下投资者在低买股票时的禁忌。

1. 忌盲目等待低价

在股市,注重趋势而不是注重价格。虽然期望买低,但并不是要求你买入股票的价格就是最低点,首先对于股价来说,其低点都是相对的低点,而且好股票涨势起来时很少回调,如果一味等待低价,就会错过好机会。

2. 重趋势,轻价格

比价格更重要的是趋势,同样一只股票,在上升趋势中的高价比下跌趋势中低价更值得买入。现以原"妖股"亿安科技(现神州高铁),在1999年11月至2001年1月期间,股价从30元左右启动到30元左右回落为例加以说明,在30元到126元的这一波上升趋势中,如果以60元买入,后面还有100%的获利希望;而如果你是在等低价,然后看到在下跌趋势中的一个小反弹时以60元买入,则等待你的将是超过50%的损失。这也是买涨不买跌说法的由来。

的,例如,工商银行股价从2008年7月到2015年4月一直在2~5.5元徘徊,若以这个期间的最低点到最高点涨幅来计算的话,从1.55元到5.34元,涨幅达245%。

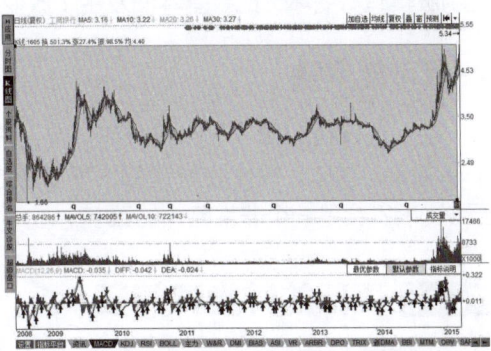

而大盘股中国西电,在这个时间段从最低价2.72元涨到最高点12.86元,涨幅接近372%。

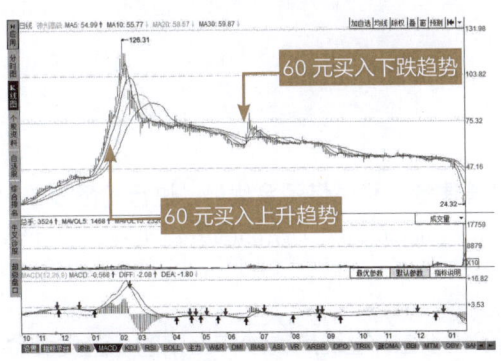

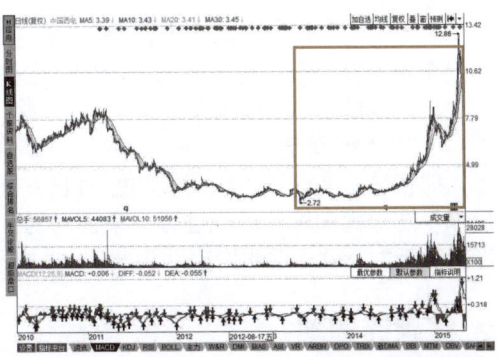

3. 不能看到达到低的条件就买

某只股票市盈率低、市净率不到1,满足这样的条件就一定要买入吗?否,要利用多种条件来综合分析,考虑一下为什么是低价。同样的时间点,不同股票的涨幅是不同

16.2 高卖方法

除了低买原则，高卖也有一定的方法。

16.2.1 高卖的基本原则

本小节是根据作者多年的投资经验总结，可能无法面面俱到或者深入地将每个方面都说透，期望读者多学习总结。

1. 见好就收

买卖股票的重要原则是盈利。无论是短线买入还是中长线买入，最终的目的一定是赚钱，且最好赚大钱。所以，盈利就显得尤为重要，而不论是短线还是中长期投资者，如果见到股票趋势变坏，或者基本面发生了改变（变坏），及时出手卖出，见好就收。

2. 尽可能多赚

在保证赚钱的情况下，多赚钱。有人统计，每次多赚1%，经过100次后就能滚成一个非常大的雪球，投资收益是每次不多赚这1%的投资者的2.7倍。如果每次多赚2%甚至5%呢？会是一个非常庞大的数字。

16.2.2 顶部的种类和特征

当股票处于顶部时，有什么种类和特征呢？

1. 基本面和消息面的顶部

（1）利好兑现。

主力机构常利用信息优势，先于散户进场吸筹建仓，又凭借资金优势，进行轮番炒作。一旦个股题材公开，利好兑现，股价早已提前反应，跃上了一个新的高度。所以，利好兑现之际，便是股价短顶出现之时。

（2）热点消退。

那些被短期炒作的热门股与题材股，其股价本身是由短线热钱炒作出来的。这类资金操作手法极为凶悍，投机性强，来去匆匆，持续时间短，所以，一旦出现成交量萎缩，后继跟风乏力，就构成股价短期头部。

2. 技术面顶部

（1）高换手率、高成交量、放量滞涨。

无论处于何种情况，只要大盘放出大量而股价不涨，基本可以确认主力在出货。

（2）加速上扬。

依据波浪理论，在股价整体运行趋势中，每一大浪最终总会进入狂飙阶段，这时股价上扬速度明显加快，趋势线陡峭，并放出较大成交量，既有在底部堆积的大量获利盘，又会遇上前期高位遗留下来的沉重套牢盘。

假如量能萎缩，无力突破前期高点，这时股价离短期头部就为期不远了。

16.2.3 短线高卖策略

短线买卖时，一定要注意利好即将兑现时及时出局。

（1）一次性卖出。

短线发现趋势不好或者感觉出错时，可以一次性清仓手中的股票，从而保住盈利，并及时寻找下一只股票。

（2）短期趋势走坏时及时卖出。

当均线从上升趋势走平甚至转向下降趋势时，及时出局，保住盈利为主。情形特别不好时，即使亏损也要出局。

（3）其他一些技术特征。

当一个技术走坏时，一定要同时观察其他趋势情况，确定走势不好时出局为妙。

（4）设置止损点。

既然是短期投资，一定不能恋战，我们寻求的是多次的小胜利而不能因此产生损失。建议止盈点设置在 2%~5%，止损点设置在 5% 左右。

16.2.4 中长线高卖策略

对于中长期来说，寻求确定性比短期的盈利更重要，在交易时建议采用右侧交易。分批次交易，特别是量比较大时。

1. 右侧卖出

所谓右侧卖出，其实是右侧交易中的一部分，只不过此处只指卖出，也是相对于左侧交易中的左侧买入而说的。

即当卖出一只股票时，最好在股票创出短期新高且趋势变坏时再卖出，确定性更高。如果是左侧卖出，可能会卖到短期高位，但缺少后期的大波段涨幅，很多股票可能还会短线震荡且继续创新高。

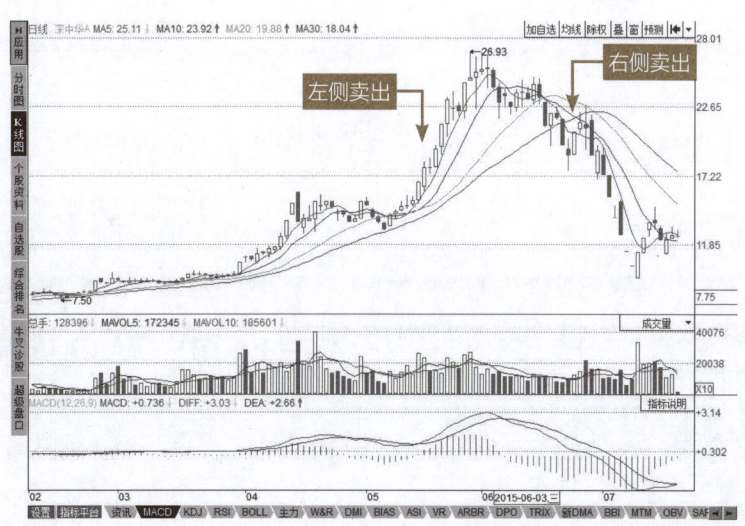

2. 分批次卖出

当趋势不好或者感觉出错时，可以先卖出手中 30% 的股票，从而保住盈利，降低风险，如果后市下跌，则全部出局；如果后市上涨，还能享受盈利。

技巧 1 通过低买高卖实现 T+0 交易

从事 A 股交易的人们都知道，在交易方面我们实行的是 T+1 交割制度，即今天买入的股票最早明天才能卖出，而有大规模交易数额的主力因为有相应的套利手段，事实上实行的是 T+0 制度，这对散户特别是交易量和资金量都不多的个人投资者来说，就显得不那么公平。

现在我们可以利用低买高卖手段来实现事实上的 T+0 交易方式，即昨天买入一只股票（底仓），在第二天可以根据股票交易情况来进行加仓和减仓，从而降低第一次的交易成本价。

下面以嘉凯城为例来简要说明（注意，以下说明均为理想状态，不涉及手续费、印花税等各种费用）。

调取嘉凯城 K 线图，以大跌的两天来说明。

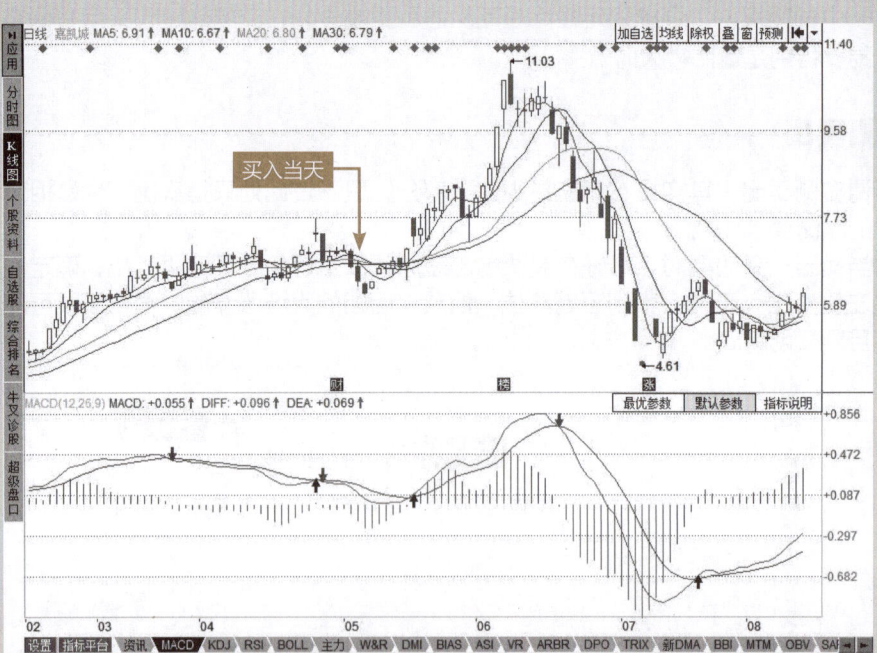

双击将大跌当日分时走势图调取出来查看，假如以 7.93 元价格买入 1000 股，结果当天收盘时价格 7.72 元，盈亏额：（7.93 − 7.72）×1000=210（元）。

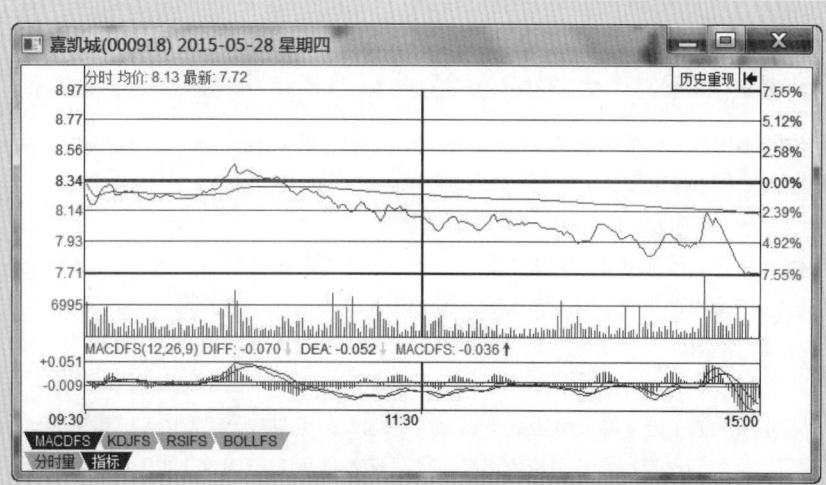

第二天即 5 月 29 日，因为当天低开且开盘半小时内有一个斜率非常陡峭的下冲，从此判断该股分时图上会有一波反弹，在到达最低点向上拉起时，我们以 7.41 元买入 1000 股，然后根据分时走势，在午盘后有个俯冲动作时，以 7.88 元卖出 1000 股，等收盘时我们手中仍然是昨天买入的 1000 股，好像没有变化，但实际上我们手中的股票成本价降低了。

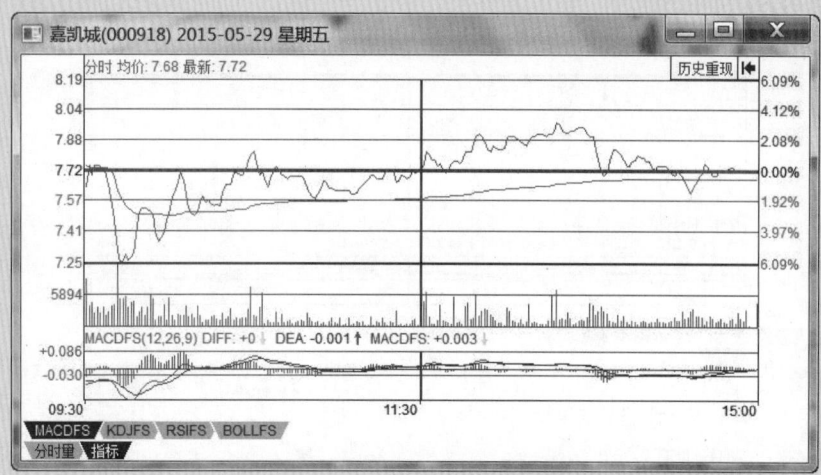

今日盈利：（7.88 − 7.41）×1000=470（元）。

那么这两天我们买卖股票的结果如何呢？可以看到（470 − 210）=260（元），每股降低了 260/1000=0.26（元），即昨天买入股票的成本价相当于：7.72 − 0.26=7.46（元）。

当日收盘价为 7.72 元，即以昨天股票没有换手计算盈利为：（7.72 − 7.46）×1000=260（元）。

是不是和我们想象的不同？

实际上我们今天刚刚买入的股票是不能卖的，那么是不是不应该这么计算呢？

我们以昨天买入的股票今天卖出计算（亏损），今天买入的不动（盈利），来看看总体是否正确。

（7.88 − 7.93）×1000+（7.72 − 7.41）×1000=260（元）。

表面上看我们股票数值没有变，但价格显著降低了，后期的盈利点压力是不是一下子减轻了不少？

技巧 2 资金量不足时怎么实现 T+0 交易

按证交所规定,只有资金量在 50 万元以上才能开通融资融券业务(即做多和做空双向业务),如果资金量不足,按技巧 1 没办法实现先买后卖怎么办呢?

这里介绍一个更简单的方法——先卖后买即可。

同样以技巧 1 为例,价格、数量和第一天一样,第二天有所变化就行。第二天即 5 月 29 日,因为低开,等早盘冲高我们就减仓出局,比如以 7.72 元卖出 1000 股,相当于我们将昨天买入的股票亏损出局,结果是:

(7.93 − 7.72)×1000=210(元)

然后股价大幅下挫,最低价达到 7.25 元(跌幅 6 个点左右),情形不好暂且不动,然后该股开始反弹向上走,看分时走势不错,我们在 7.41 元左右加仓 1000 手,因为当天无法卖掉,所以收盘时我们盈利是:

(7.72 − 7.41)×1000=310(元)

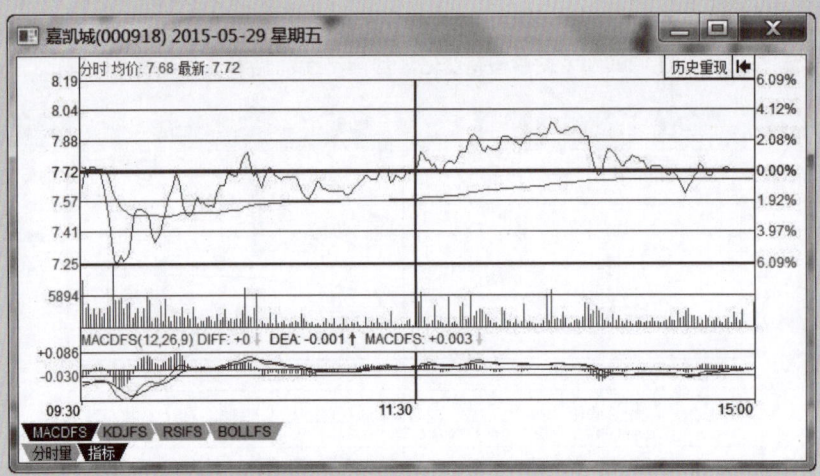

两天操作下来,我们的结果是:

310 − 210=100(元)

即我们盈利 100 元。

这是不是比技巧 1 更容易理解?

17 选牛股技法

本章引语

观察与经验和谐地应用到生活上就是智慧。
——冈察洛夫

在炒股中,牛股常有,但选对牛股则不容易,选对牛股且能拿住的更不容易,细心的观察和经验的积累就显得十分重要。如何在牛市中选择牛股?又如何在震荡市甚至熊市中抓住牛股?本章给你一个视角,让你在千股之中,选中牛股。

本章要点

★ 常见的选股方法
★ 基本面选股
★ 技术面选股

17.1 常见的几种选股方法

怎么保证买来的股票能赚钱呢？为什么买这只股票而不买那一只股票呢？网上看到很多大V推荐的股票到底值不值得买呢？为什么别人选择的股票就能上涨而自己买的股票却下跌呢？

这里面有什么技巧？这一节我们就来介绍常见的几种选股方法。

17.1.1 通过基本面选股

要想在市场中生存，除了必备的技术外，更要懂得基本面分析，才能立于不败之地。所谓的基本面选股，是指预测公司未来的经营情况，包括当前该公司是赚钱还是亏损。因为无论是短期炒作还是长期跟随公司成长，股票价格的支撑都必须依靠公司的业绩。好股票或有未来预期的股票就能上涨，烂股票或者没有未来前景的股票就会持续下跌，股票的价格是由股票对应的公司价值所决定的。因此一个能够不断赚钱的公司，未来就能够不断地发展壮大（即有成长性），当然股票价格也能不断地上升。这就是基本面选股，所以基本面选股就是根据公司的经营情况以及发展情况综合考虑进行的选股工作。

那么怎么通过基本面选股呢？首先，要投资的公司应有下述特质。

（1）公司处于一个具有很大成长空间的行业中，如清洁能源。

（2）公司在所处行业中具有自己的核心竞争优势，如国电电力。

（3）公司的管理团队优秀，具有前瞻眼光和战略规划能力，也有很强的执行力，如中国平安。

（4）公司的财务状况稳健，如万科A。

（5）公司的估值具有吸引力，如浦发银行。

通过这样的特质，可以筛选出很多股票，但是不是每只股票都要买一点呢？答案当然是否定的。投资者还需要进行以下判断。

（1）对于行业的判断，要看动态估值。

即使现在估值比较低，但如果未来是走上坡路，则其未来估值就会变高；而如果相反，则今后的估值就会变低。所以，对估值需要辩证地看。

（2）关注该企业对其所在行业的一些判断。

主要看他们自己对公司的分析，包括最大风险来自哪里；行业是否有壁垒；在这个行业处于前列还是后面；主要竞争力是什么，是渠道建设好、营销做得好，还是有专利技术……

（3）选择自己熟悉、能把握的股票。

投资者应该尽量选择自己熟悉的股票。彼得·林奇曾说过："从身边使用的产品来发现大牛股。"个人投资者即使没有精力和能力去现场拜访公司，也要先从公司的公开信息中了解情况，透视它的行业前景，再进行深入分析，找出有倾向的行业或个股，比较稳的是选消费板块，然后以长期视野考察优势公司，并在低风险区域介入。

综上所述，基本面选股应该是投资者决定是否买卖股票的重要依据之一，对于长期生存在股市里的人来说，是最基本的必修课。基本面选股从过程看比较复杂，但熟练掌握之后，一般情况下都能在1~2分钟快速确定股票的估值水平。只要选到低估的股票，对投资者来说，就成功了一半。

17.1.2 通过技术面选股

基本面决定趋势，而技术面则决定买卖点，确定当前买入是不是最好的时机。基本面决定你能不能赚钱，技术面决定你在这只股票中能不能多赚钱、能不能赚到最大收益，如通过 MACD 金叉选股、创 10 日新高、多技术指标共振选股等。

17.1.3 通过消息面选股

以上两个选股方法是基本要求，而消息面则是决定该股能不能像"风口上的猪"猛飞一阵。好股票都能赚钱，而处在消息面上的好股票，则能一飞冲天，短期内获取极大收益或者避免大的损失。

消息面主要是指当前市场情况，如大家是都准备入市还是都不准备买股票了，以及政策面情况，国家是不是有什么新政策出台、行业发展是否符合需求等。

17.1.4 通过条件选股

除了基本面、技术面和消息面外，还可以通过在软件中设定条件进行选股。如进行股息收益率 >5%、创 N 日内新高等各种条件设定，设定完成后，执行选股，即可显示根据你设定条件得出的结果。

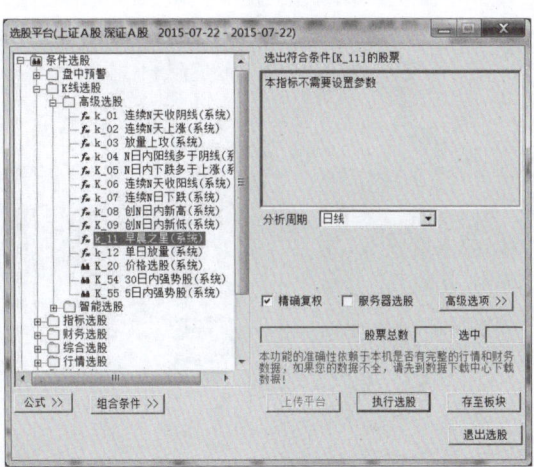

17.2 基本面选股

基本面选股，就是利用现有个股资料中的公开信息，如财务数据、股东人数变化等公开数据来选择股票。

17.2.1 利用【F10】选股

在看中某一只股票时，按【F10】键，进入该股票的个股资料页中，可以看到该企业的相关信息，包括公司资料、经营分析、财务概况等数十项信息。下图为广聚能源（000096）的【F10】信息。

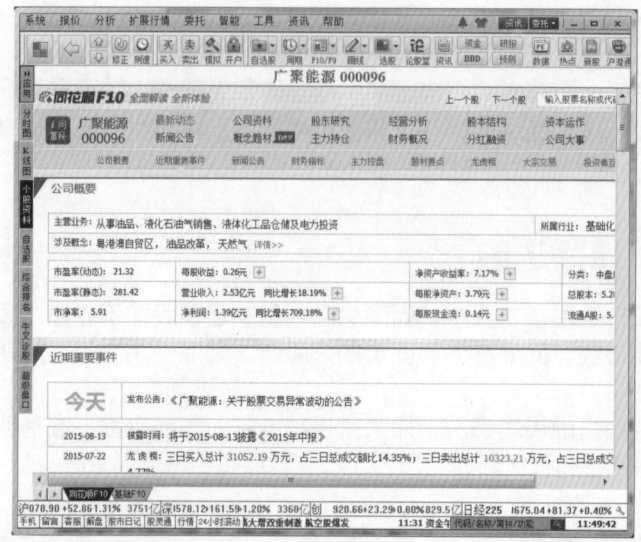

像贵州茅台，看其财务报表就知道，公司的主营业务收入是不断增长的，净利润也是不断增长的，因此其股价也能不断地慢慢上升。

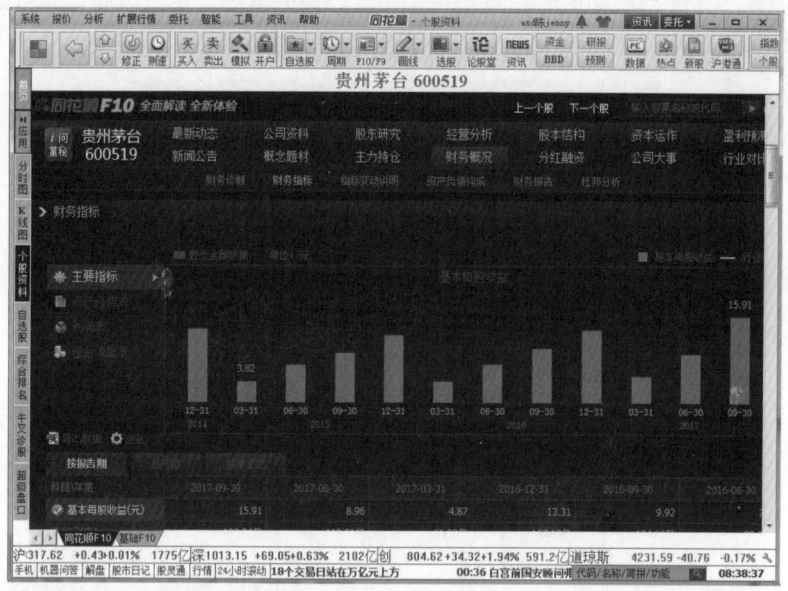

经过综合分析后，得出该股的动态市盈率及成长性的结果；再参考其所在行业板块的平均市盈率状况，参考现有的股价，迅速得出该股估值是否合理。根据估值水平，再决定是否（短线或者中长线）参与。具体步骤如下。

打开行情软件，进入某股票的【F10】中。

（1）看"公司概况"。了解该股所处的地域及注册地址、行业（确定平均估值水平）、主要业务及主要产品（确定细分行业、是否有题材及发展前景）；向下再看股票的上市时间（确定配售股、大小非的解禁时间）、发行价（其高低与净资产的多少有关，还要看破发与否）；而发行市盈率意义不大，因为一般都是上市前一年的情况。

（2）看"财务概况"。内容包括近三年来的净利润增长率（确定该股的成长性），销售毛利率及主营业务利润率（确定公司在行业内所处的状况，确定公司的质量如何），每股现金流量（确定公司现有的经营状况）、环比分析（看公司业绩是否有季节性）等。

（3）看"最新动态"。内容包括：总股本及流通股本（确定盘子大小，与股价是否活跃有关），每股净资产、公积金和未分配利润（确定股价是否合理的一部分，也是公司能否高送转的前提条件），最近分红扩股及未来事项（确定是否分红及时间），特别提醒（看业绩预告、年报及季报披露时间、限售股的解禁时间及数量等），最新公告（看有没有什么消息）等。

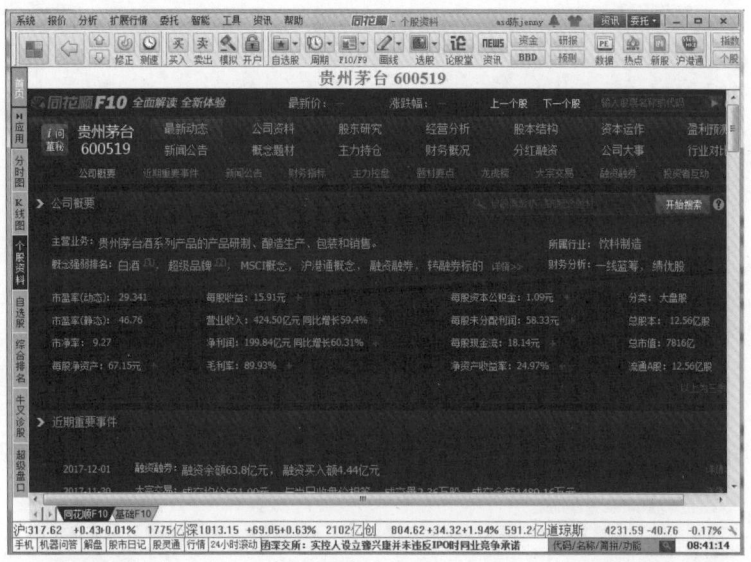

做完上述功课后，你就可以初步确定该股的基本面情况，然后再参考该股所在板块的市盈率水平及最新收盘价，确定该股目前是否处于合理水平以及未来的盈利空间有多大。

17.2.2 利用财务数据选股

利用财务数据进行选股，就是根据财务状况来进行选择。当投资者想投资某家上市公司的股票时，可以首先通过查看企业历年的净资产收益率来查看这家企业的盈利能力，这对于投资者来说是一项非常重要的指标。

那么什么是净资产收益率呢？例如投资者购买了一家上市公司的股票，按照企业一年的净利润来计算，净利润/投资者投入的资金所得的百分比，就是净资产收益率。净资产收益率越高，说明该公司给股东的回报比例越高。净资产收益率为20%的企业比净资产收益率为12%的企业盈利能力高，当然其生命力就更强，后续更有竞争力。

某调查机构对美国过去几十年来的统计数据进行分析表明：89%的企业平均净资产收益率在10%~12%，即企业为股东投入的每100元钱，一年赚10~12元。这也是成熟市场上的企业的平均收益率。超过15%即可以认为该企业收益率较高，低于10%则企业的持续性发展可能就会出问题。

案例 利用净资产收益率选股

1 登录同花顺软件，输入"YNBY"或"000538"，弹出同花顺键盘精灵。

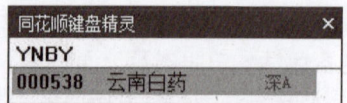

2 按【Enter】键,进入云南白药的【K线图】界面。按【F10】键进入个股资料页,单击"财务概况"选项。

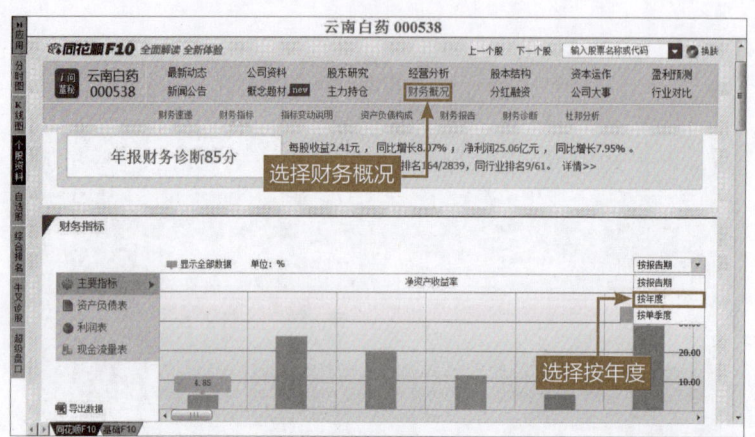

3 选择"净资产收益率"选项,即可以看到按年度计算的净资产收益率情况。

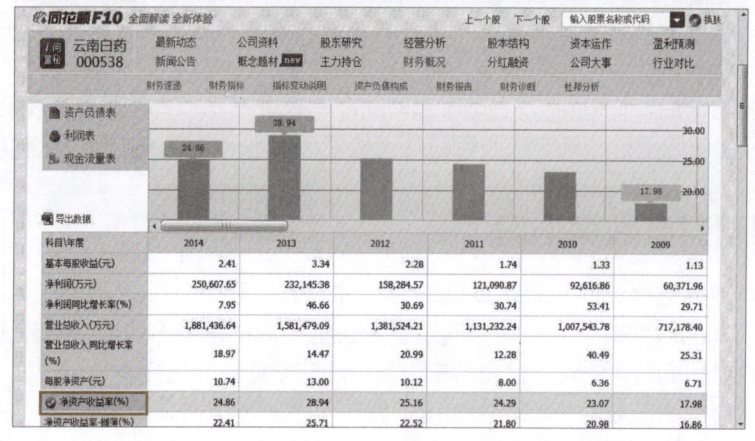

年均收益率 =（23.07%+24.86%+28.94%+25.16%+24.29%+17.98%）/6= 24.05%
用户可以根据需求查看多只股票的财务数据,然后进行比较即可。

17.3 技术面选股

虽然基本面选股是最重要的,但是对于很多看不懂财务数据、经营分析的用户来说却有一定的困难。特别是一些炒股新入市者,往往是以听消息、看K线为主。

而技术分析就是通常所说的看K线的升级版,很多人对这种方法更为热衷。那么,如何利用技术面来进行选股呢?

17.3.1 利用 MACD 金叉选股

技术选股时，除了常用的均线、量价外，MACD 算是最常用的一种技术形态。对于 MACD 的红绿柱，很多人都能说得头头是道，但真正能熟练运用的人则相当少。本小节来说明如何运用 MACD 金叉选股。

选股条件如下。

（1）当前市场股价处于上升趋势，股价底部抬高，而 MACD 底部在缓慢降低。

（2）第一次出现黄金交叉的位置比第二次出现黄金交叉的位置低，买点就是第二次出现 MACD 黄金交叉的位置。

（3）出现 MACD 金叉时，该股票的成交量要温和放大。

（4）买点的空间要和前期压力位之间的距离在 20% 以上。

选股原理：

市场上升趋势代表市场环境良好，主力控制市场的能力非常强，MACD 出现底部降低，说明市场处于跌无可跌的状态。MACD 金叉代表市场将要启动，成交量放大代表主力资金开始入场。

利用 MACD 一次金叉进行选股

1 登录同花顺软件，输入"HHJT"或"300330"快捷键，弹出同花顺键盘精灵。

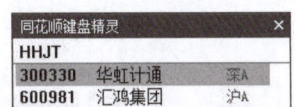

2 按【Enter】键，进入华虹计通的【K 线图】界面，查看其 2015 年 1 月 4 日至 2015 年 6 月 15 日之间的 K 线图。

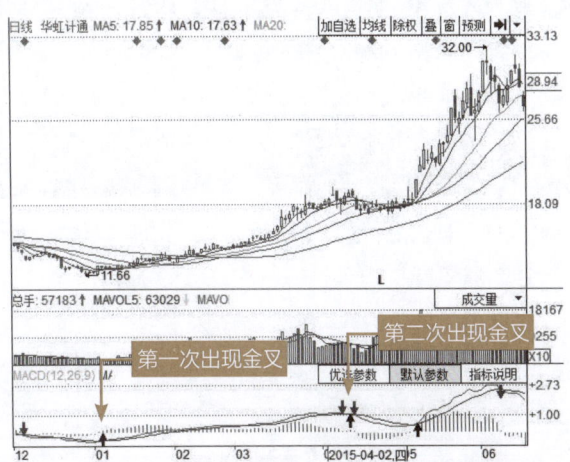

3 由图中可以看出，该股在 2015 年 1 月 6 日出现第一次金叉，然后震荡上行，符合一次金叉定义，投资者如果没能在一次金叉买入，可以在第二次出现金叉（5 月 7 日）后买入，投资者可以看到随后该股出现大涨。

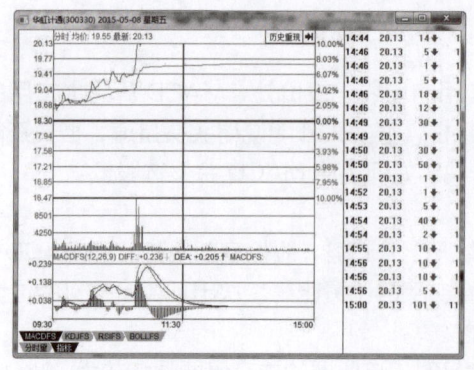

需要注意的是，虽然 MACD 的底部在降低，但 K 线图的形态底部必须抬高，即呈现均线向上走形态。

17.3.2 利用 BOLL 线下轨选股

布林线指标（BOLL）是由约翰·布林根据统计学中的标准差原理设计出来的一种非常简单实用的技术分析指标。

该指标在图形上画出三条线，其中上下两条线可以分别看成是股价的压力线和支撑线，而在两条线之间还有一条股价平均线。布林线指标的参数最好设为 20。一般来说，股价会运行在压力线和支撑线所形成的通道中。投资者可以首先选中布林线，然后单击鼠标右键，选择修改指标参数选项，将参数修改为"20"。

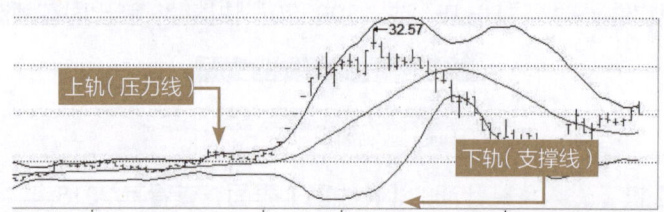

> **注意** ▶ 利用布林线指标选股主要是观察布林线指标开口的大小，对那些开口逐渐变小的股票就要多加留意了。因为布林线指标开口逐渐变小代表股价的涨跌幅度逐渐变小，多空双方力量趋于一致，股价将会选择方向突破，而且开口越小，股价突破的力度就越大。

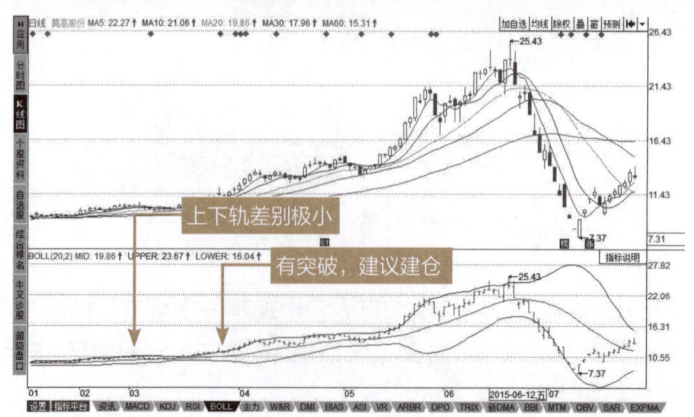

当上下轨之间的差距极小（即开口很小）时，预示后市可能会孕育新的行情，一旦突破，建议赶快加码。

需要注意以下几点。

（1）当布林线的上、中、下轨线同时向上运行时，表明股价的强势特征非常明显，股价短期内将继续上涨，投资者应坚决持股待涨或逢低买入。

（2）当布林线的上、中、下轨线同时向下运行时，表明股价的弱势特征非常明显，股价短期内将继续下跌，投资者应坚决持币观望或逢高卖出。

（3）当布林线的上轨线向下运行，而中轨线和下轨线却还在向上运行时，表明股价处于整理态势之中。如果股价是处于长期上升趋势时，则表明股价是上涨途中的强势整理，投资者可以持股观望或逢低短线买入；如果股价是处于长期下跌趋势时，则表明股价是下跌途中的弱势整理，投资者应以持币观望或逢高减仓为主。

（4）布林线的上轨线向上运行，而中轨线和下轨线同时向下运行的情况非常少。

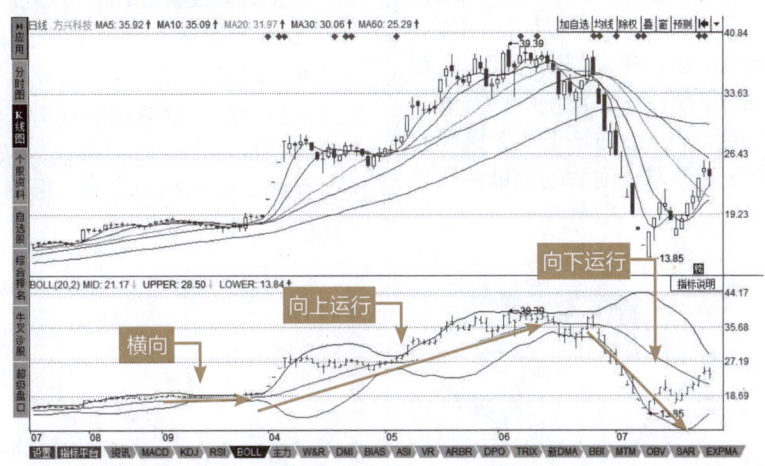

17.3.3 利用多技术指标共振选股

除了根据以上单个技术指标进行选股外，大部分投资者选股买入时要考虑多个指标之间的互相验证，因为单个技术指标都有其局限性。比如用 KDJ 和 BOLL 指标来进行综合验证，从而提高操作的准确率。

KDJ 和 BOLL 指标都是大家常用的指标，投资者经过长时间的摸索与总结，发现很多指标如果能配合使用，预测趋势的准确性将大大提高。

两者结合的优点是：使 KDJ 指标的信号更为精准，更能提升获利机会。因为价格日 K 线指标体系中的布林线指标反映的是中期趋势，因此综合利用这两个指标来判定价格到底是短期波动，还是中期波动具有一定作用，尤其适用于判断价格到底是短期见顶（底），还是进入中期上涨（下跌），具有比较好的研判效果。

需要注意的是，布林线中的上轨有压力作用，而中轨和下轨有支撑作用，因此，当价格下跌到布林线中轨或者下档时，可以不参考 KDJ 指标发出的信号而采取相应的操作。如 KDJ 指标也走到了低位，那么应视作短期趋势与中期趋势相互验证的结果，而采取更为积极的操作策略。

综合运用 KDJ 指标和布林线指标的原则如下。

以布林线指标为主，对价格走势进行中线判断；以 KDJ 指标为辅，对价格进行短期走势的判断。KDJ 指标发出的买卖信号需要用布林线指标来验证配合，如果二者均发出同一指令，则买卖准确率较高。

17.4 消息面选股

技术面选股可以提升准确率，而消息面选股则是通过各种公开或非空开的消息进行的短期方向的预判。消息面选股主要包括市场消息、行业消息以及相应的政策支持等。

17.4.1 市场消息面偏暖

这里的市场消息主要是指当前整体大势。如 2015 年，上证指数上涨到 4000 点以后，《人民日报》发表文章《4000 点才是 A 股牛市的开端》，给 A 股加油助威，而各种入市消息、新开户人群消息都是形势一片大好。在这种情况下，投资者只要安心持股或者根据前面的选股方法选择股票建仓即可。下图是该文章发表前后的上证综指走势图。

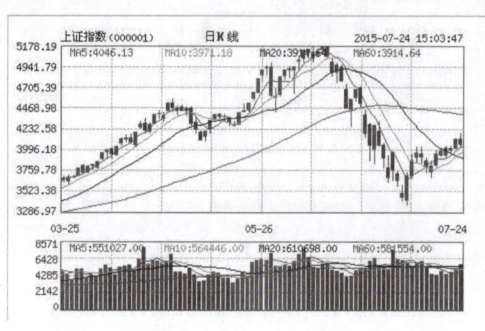

17.4.2 行业符合市场预期

经过充分的竞争，当前的各类行业均有涨有跌，行业发展是否符合市场预期，就成为该行业股票是否能有涨跌动力的一个依据。

2015 年 3 月，在产业转型的迫切需要和当下的政策引导下，互联网金融形成了新的增长点，其快速发展以及其行业利润均符合发展预期。因此互联网金融板块在 2015 年 3 月到 6 月中旬出现了一轮单边上涨的牛市行情。

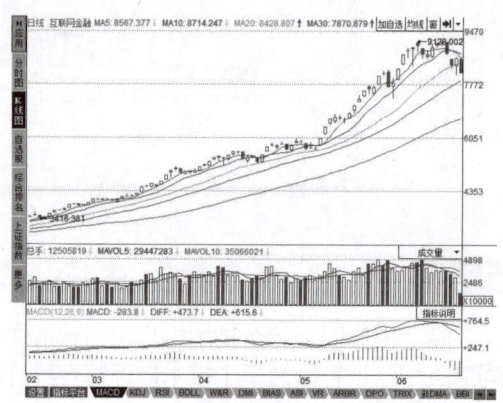

17.4.3 政策扶持力度加大

政策扶持也会对股票市场产生影响。由于有国家政策为导向，在扶持范围内的上市公司往往会获得更为优惠的政策，无论是税收方面、财政政策方面还是货币政策方面的优惠政策，均能直接或间接提高上市公司的净利润率。

因此投资者在通过消息面选股的时候，应当多关注最新出现的政策，发现可投资的板块和行业。在查看最新政策时，应当认真分析最新政策的扶持细则，进一步判断该板块的受惠力度以及行情的可延续时间周期。然后对个股进行筛选，为进一步投资做准备。

例如，2015 年国家提出健全城乡发展一体化体制机制，加快建设现代农业，加快推进农民增收，加快建设社会主义新农村，走出一条集约、高效、安全、持续的现代农业发展道路等。这些政策对涉农上市公司就是很大的利好，很多投资者开始投资涉及农业现代化、粮食安全和供销社改革的相关上市公司的股票。

技巧 1 增加举牌股票的关注度

股票的大跌和某些机会，会导致市场中的大投资者对 A 股股票争相举牌，中小投资者可以追踪这些明星资本动向，发现相应的投资机会。

所谓举牌，就是根据证券法规定，投资人在各种市场购买持有的股份超过该股票总股本的 5% 时，必须马上通知证券交易所和证券监督管理机构，在证券监督管理机构指定的报刊上进行公告。

据 Wind 资讯统计，2015 年 6~7 月，很多股票暴跌出来的机会，使得不少产业资本成功完成了高抛低吸。

股票代码	股票简称	累计净买入金额/亿元	自由流通市值/亿元	累计净买入金额或自由流通市值/%
002242.SZ	九阳股份	23.01	45.25	55.95
002706.SZ	良信电器	8.79	20.18	47.91
002269.SZ	美邦服饰	31.69	92.16	37.65
300120.SZ	经纬电材	8.08	28.31	31.38
300115.SZ	长盈精密	23.09	93.12	27.28
002396.SZ	星网锐捷	13.18	54.38	26.67
002166.SZ	莱茵生物	5.3	23.55	24.75
000930.SZ	中粮生化	17.76	94.32	20.72
002729.SZ	好利来	1.83	9.15	19.95
000030.SZ	富奥股份	7.44	45.88	18.81
002351.SZ	漫步者	2.84	16.79	18.59
002149.SZ	西部材料	2.33	13.83	18.55
000631.SZ	顺发恒业	5.56	34.5	18.06
002012.SZ	凯恩股份	4.83	31.52	16.83
002761.SZ	多喜爱	1.7	10.73	15.85
002673.SZ	西部证券	40.4	280.79	15.75
300140.SZ	启源装备	4.47	31.21	15.74
002040.SZ	南京港	1.5	10.55	15.66
002459.SZ	天业通联	3.74	26.26	15.53
002682.SZ	龙洲股份	4.95	36.2	15.03
02096.SZ	南岭民爆	2.98	21.87	15.00

数据来源：Wind

技巧 2 跟随营业部买股票

除了各种市场消息外,每天 A 股收盘后,还会有相应股票的龙虎榜消息,包括该只股票的成交金额,以及为什么上榜等。

这其中就包括很多著名的营业部买卖信息,这些营业部的背后都是著名的私募或大资金量的游资。当这些著名营业部发生大资金量买入时,可能是其背后的著名游资或私募所为,即他们看好这些股票,后续大涨的可能性会大增。

18 捕捉黑马股技法

本章引语

大人这里还不要就答应他,放出一个欲擒故纵的手段,然后许其成事。

——清·吴趼人《二十年目睹之怪现状》

炒股就炒黑马股,但黑马股都是事后看到的,事前没有人知道是否是黑马股。要从 2000 多只股票中选出黑马股,不是件容易的事情。本章从黑马股的多种事前表现形态来进行研究,从而为捕捉黑马股提供高效精准的方法,为投资者的胜率增加砝码。

本章要点

★ 黑马股的常见特征
★ 选择黑马股的几个要点

18.1 黑马股的几个常见特征

炒股就炒黑马股,但市场上有 2000 多只股票,怎么判断哪一只或哪几只是黑马股呢?这一节来说明一下黑马股常见的特征。

18.1.1 底部形态明显

在股票还没成为大家所认为的黑马股前,其走势一般非常明显,即底部形态。因为,能成为黑马的股票在其启动前总是会遇到各种各样的利空,导致成交量、价格都处于较低的位置。

如 2014 年黑马股营口港,从 2013 年 10 月开始到 2014 年 4 月,股价一直在 0.9 元附近震荡,从 2014 年 4 月开始走出独立行情,半年时间股价就涨到 5 元前后,升幅近 400%。

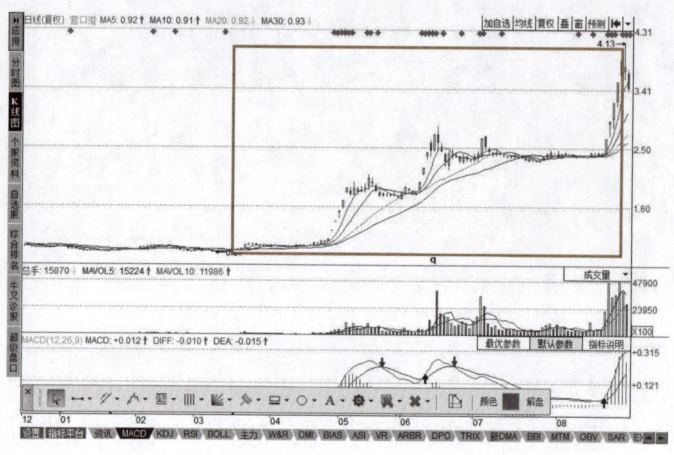

案例 利用底部形态查看黑马股的常见特征

1 登录同花顺软件,输入北矿磁材的股票代码"600980",按【Enter】键确认。

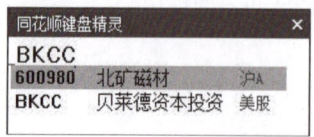

2 进入北矿磁材的【K 线图】页面,单击鼠标右键,弹出菜单,选择【分析周期】菜单中的【周线】选项,进入个股的周 K 线图。

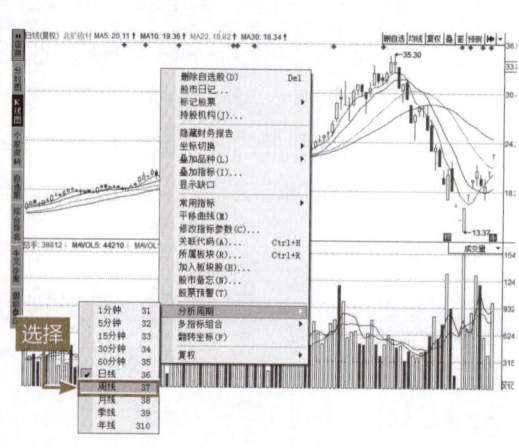

3 切换到周K线图，缩放显示2009年6月23日到2011年3月28日之间的周K线图。从2010年3月12日至2010年7月16日连续19周总换手率506%，而股价下跌5.6%，底部形态较为明显。

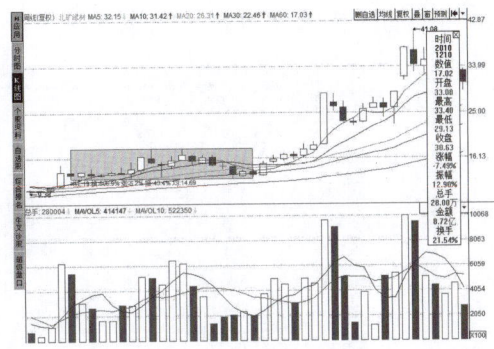

4 进入7月23日的周K线图，可以看出，周K线出现一阳包多线情况，这一般是看涨信号，可一举将该位置的套牢盘解放。

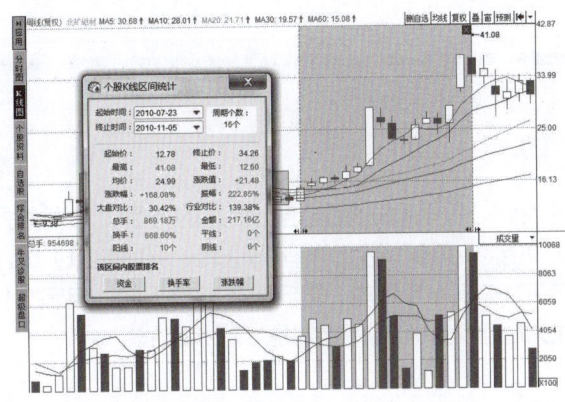

18.1.2 技术形态有强实底部

从技术形态分析，也会发现黑马股在涨势起来前都有技术形态支撑，一般也处于强实底部。

18.1.3 走势较强

黑马股在脱离底部区域之后的走势都很强，很多都无视大盘涨跌而走出独立行情。一直处于熊市中的A股波澜不惊，但黑马股中青宝则在2013年走出独立行情，从年初的5元左右到9月份50元左右，涨幅接近10倍。

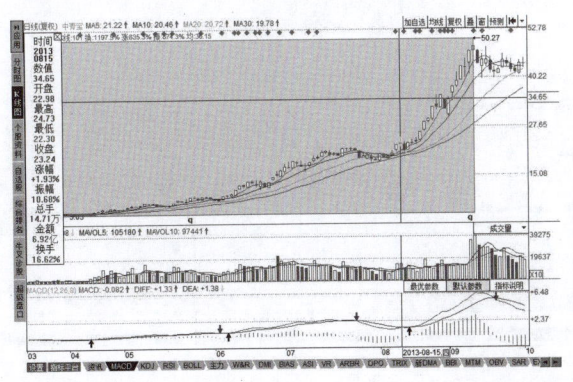

而同期上证指数跌幅是 3.8%。

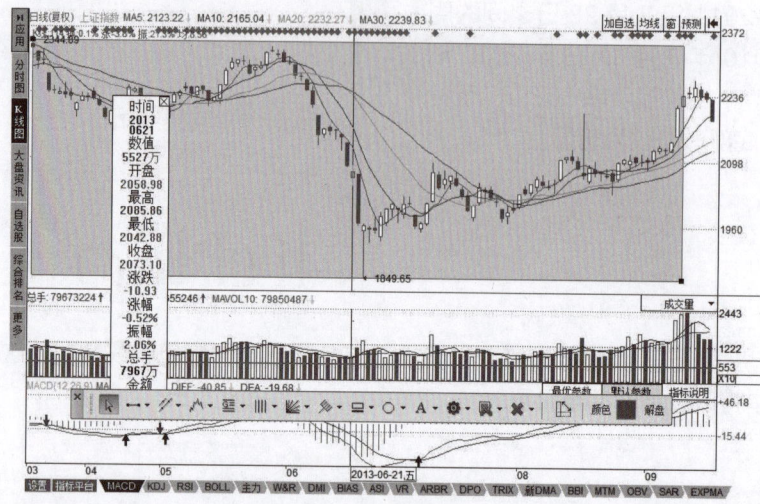

18.1.4 有题材热点

除了前面的几个特点外，黑马股一般能走出较好的行情，主要还是有相应的题材、热点配合，如中青宝主要有手游概念，营口港有高送转（10 转 20），还有自贸区、混改及整体上市概念题材。在 2014 年 4 月底前，营口港还寂寂无闻，但因"10 送 20 派 5.29 元"的神奇高送转，一跃成为耀眼大牛股，短期暴涨 222.72%。

18.1.5 换手率较高

无论是黑马股还是比较热点的牛股，它们还有一个共同的特征，就是换手率较高，通常日换手率超过 10%，即每 10 天该股票的股东就要轮换一遍。

如跨境通（002640，原百元裤业）2014 年 8 月换手率达到 668.64%，最高日换手率 46.48%。

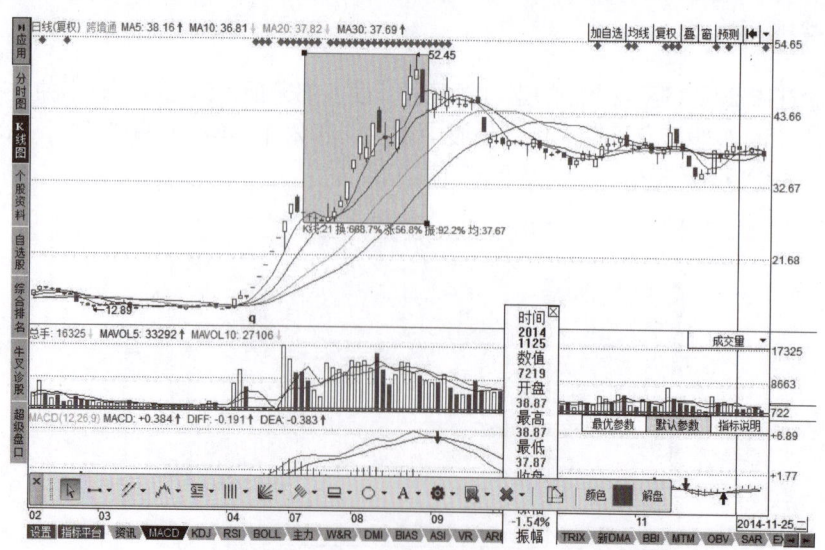

18.2 选择黑马股的几个要点

了解了黑马股的一些常见特征后，很多投资者发现，自己是"事后诸葛亮"，那么事前怎么知道哪只股票是黑马股呢？或者说，从哪些股票中来寻找黑马股呢？

18.2.1 选择黑马股需要注意的几个方面

1. 注意大盘情况

如果是在 2015 年 6 月 18 日到 7 月 10 日之间，寻找黑马股显然是异常困难，大盘的连续跌势使得没有任何股票能走出独立行情。

只有在市场整体趋势向好或者比较平稳的时候，黑马股的特征才变得更为明显。虽然无论是熊市还是牛市，都可能产生黑马股，但在牛市中，黑马股出现的机会更多，选择性也更大。而且因为大盘涨幅不错，牛市中黑马股的涨幅也比熊市中的黑马股涨得高。对于一般投资者来说，在从熊市转牛市的震荡行情中、箱体震荡平衡市和大牛市的环境中找寻黑马股，成功的概率会比较大。

2. 注意股票筹码是否容易收集

黑马股的产生离不开主力的高度控盘，仅靠散户来让一只股票大涨较为困难，而如果一只股票被大家普遍看好，就会出现投资者惜售而使交易量下降的情况，这让主力很难收集足够多的筹码，要想拉升该股票，就需要大量的资金，导致收益比较低，从而放弃，不容易出现大涨行情；反之，则很有可能成为黑马股。

3. 注意流通股本与活跃性

除了前面所说的筹码收集外，如果一只股票的流通股过大，主力想炒作的话，就必须要有大量的资金，导致控盘困难。而且流通股过多，可能就会有不止一家机构或主力入驻，虽然他们的共同诉求是赚钱，但不可能行动一致，炒作会受到种种限制。所以，从这个角度来说，中小盘和流通盘较小的个股，被主力选中炒作的可能性更大。加上能充分换手，即股性活跃，说明关注的人较多，对后续主力出逃也会创造更加有利的条件，就有可能成为黑马股。

4. 注意个股题材

如果说前面的 3 个条件是充分条件的话，个股题材或概念则是黑马股的必要条件。一只股票大涨，除了业绩突出、管理层完善外，适当的题材不但会吸引更多人的"抬轿"，还使得该股票未来看起来更具有想象空间。2014 年抚顺特钢（600399）在 3 元左右启动，因为得益于航天军工、核电题材等，两个多月涨幅近两倍，仅仅八一军演前的 7 月，一个月涨幅就有 50%。

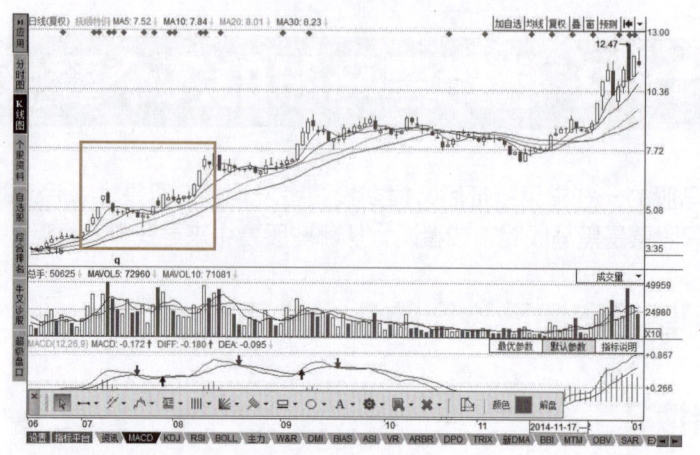

18.2.2 从国家政策导向中寻找黑马股

无论是A股，还是美股、港股，除了基本面和技术分析外，很多受国家政策导向影响较大的行业也很容易产生大牛股。

在A股市场上有多人关注消息面，一个政策的出炉可能会决定一个行业的兴衰，而把握住新政策的导向，就是找到黑马股的机会，从而赚取超额收益。2014年开始的牛市也是在国企改革等政策推动下产生的，相应板块的发展和其龙头股的确立都能在新政策中找到，"一带一路"、自贸区、高铁制造商合并中的大牛股都是这么出现的。

中国中车（601766）就是因为国家要求中国南车和中国北车联合出海而合并的，从而产生了一波波澜壮阔的大行情，也是2015年度的黑马股。

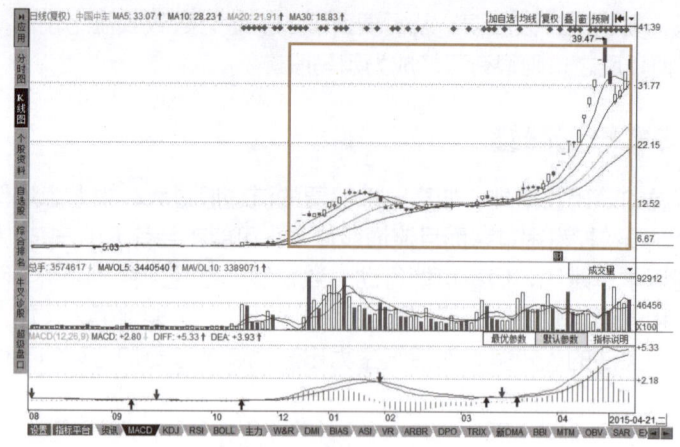

18.2.3 从市场热点中寻找黑马股

所谓市场热点，除了和国家政策相关的消息外，还有各种综合性的会议、技术热点的集中反映等。而股票和人一样，市场上既有喜爱热闹的红人，也有沉默寡言的隐者。热门股票常常上龙虎榜让更多的人关注，冷门股则是"门庭冷落鞍马稀"。投资者资金有限，应该尽量寻求交投活跃的股票，而适当舍弃冷门股。

判别是否属于最近热门股的有效指标是换手率。换手率高，说明近期有大量的资金进出该股，流通性良好。

大多股票每日换手率在 1% ~ 2.5%。当换手率在 3% ~ 7% 时，说明该股进入相对活跃状态；当换手率在 8% ~ 10% 时，则说明该股票广为市场关注；超过 15% 的换手率，并持续多日的话，说明该股也许会成为最大黑马。

操作中可利用以下两个辅助规则。

（1）长时间的高换手率说明资金进出量大，热度较高。

（2）通过其他技术指标进行辅助判断。

18.2.4 从量价角度寻找黑马股

除了新上市的股票，成交量是判断一只股票是否活跃的标志。一般情况下，成交量突然放大且价格上涨的股票，趋势向好；但在熊市或股票整理阶段，股票的成交量会持续低迷。

在股市中，量为价先，成交量的变化最后都会在股价上表现出来。因此，根据成交量的变化寻找黑马股，是每个投资者首先都会注意到的。那么如何才能从成交量中寻找黑马股呢？

1. 根据成交量均线寻找黑马股

一只股票大涨，一般都会有相应的主力在里面操作。从一只股票的低位盘整、拉升、下跌 3 阶段来说，成交量会有明显变化。从一只股票的成交量均线可以看出主力的意图和实力，因此查看成交量均线也是判断一只股票未来走势的一个重要的手段。如果成交量在均线附近频繁震动，股价上涨时成交量超出均线较多，而股价下跌时成交量低于均线较多，则该股就应纳入密切关注的对象。

例如，中国中车（601766）在大涨前的成交量一直在 40 万手左右，等到刚开始上涨时，其成交量 400 万手左右，后续更有上千万手成交量出现，其股价也一直在稳步上升。

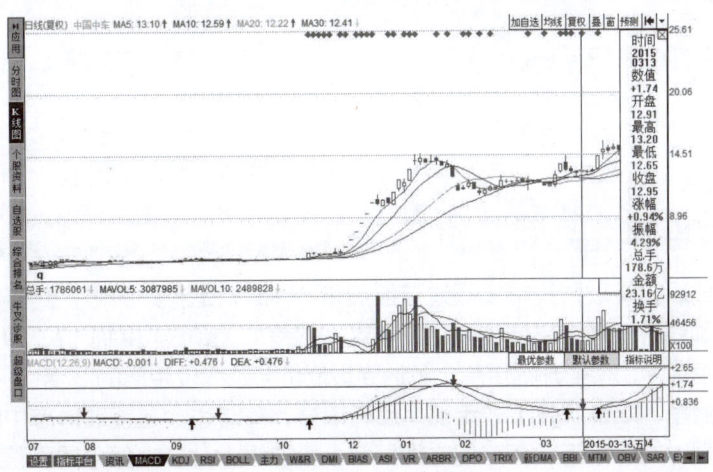

2. 从股价变化寻找黑马股

一般而言，量为价先，即一只处于低位的股票成交量逐步的放大，则其股价一般会有上涨。但也有特殊情况出现，例如股票成交量逐步增加，但是其股价并没有上涨，这又是为何呢？这往往是主力希望低位吸收更多的筹码，或者几个主力在进行换筹，待手中的股票足够多、筹码足够集中时再拉升股价。

18.2.5 从W（双重）底部中寻找黑马股

要想从底部区域中寻找黑马股，需要注意以下几点：很多股票在洗盘后会出现再次洗盘的过程，而不是一步到位完成上拉。如大盘在4500点左右的套牢盘较多，那么在大盘上升到这个点数时，为了让这些套牢者低位出局，或者让在洗盘过程中捡到便宜筹码的投资者获利出局，主力通常会进行二次探底，同时也给前期低点的支撑做一下测试。

当一只股票一下跌到某价位时，就会快速拉回，而一到某高位后又会快速回落，但此次回落却不再创出新低，而是在前期低点附近重拾上升趋势。这时K线图会形成英文字母W形状，因此被称为"W底"，其颈线位置所在，是第一次反抽形成的凸点所画的一条平直线。

如兖州煤业2009年2月初在5.39元第一次探底成功，随后股价上行，在6.80元左右遇阻，这个价位略微越过前期平台的成交密集区。由于5.39元至6.80元的上升过程运行时间较长，微利筹码较多，在获利盘、套牢盘双重夹击下，如果强行上攻，资金耗费太大，无论是主力自身，还是有经验的散户投资者均知道"争地则勿击"，而是要等到其二次回落。果然，在2009年5月中旬，股价再度下探5.40元一线，双底形态明确，此时投资者可以跟进。

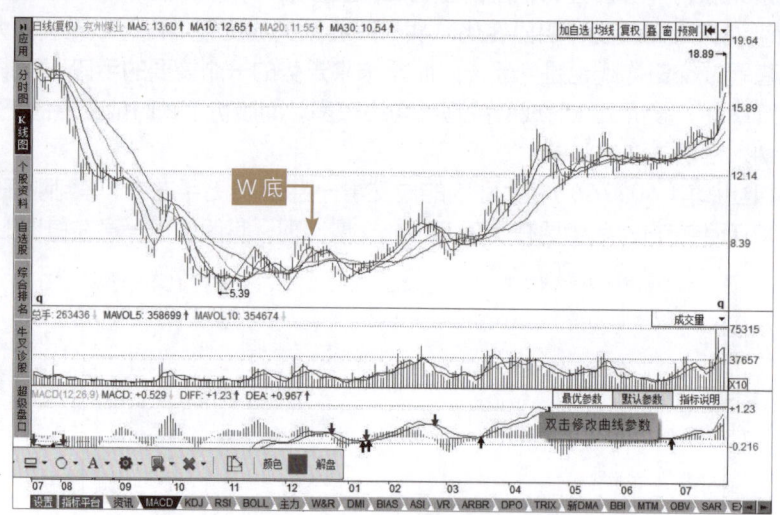

双重底完成后，突破颈线幅度超过该股股价3%时，是有效突破。测量完成双重底的最小升幅可用颈线价位减去最低位来测算，这一价差加上颈线位的股价，即是突破后的目标位。在实际案例中，有些升幅更高，可达到最低价与颈线位距离的2倍。

需要注意的是，双重底并不一定都是反转信号，有时也会是整理形态中的一部分，假如两个低点出现时间非常近，在它们之间只有一个次级上升，大部分属于整理形态，将继续朝原方向进行股价变动。相反，两个低点产生的时间相距甚远，中间经过几次次级上升，反转形态形成的可能性较大。

18.2.6 从股东数量变化中寻找黑马股

股价的确定是以公司的内在价值为基础的，但市场供求关系会影响股价的变化周期。

通过分析股票供求关系的变化，在一定程度上会对寻找黑马股有积极的作用。而就目前投资者所能获得的公开市场信息来看，可以通过研究上市公司在册股东人数的变化情况来对个股的市场供求状况做出推断。

1. 股东数量和黑马股的关系

（1）股票集中度与期间涨跌幅的关系。上市公司在册股东人数的变化，意味着该股票集中度的变化，这会直接影响到样本期间股价的波动。

股票集中度与股票涨跌幅度存在一定的正向关系。也就是说，集中度越高的股票，其涨幅越大，集中度越低的股票，其涨幅越小。所以说集中度越高的股票越容易产生黑马。

（2）影响集中度的几种因素。事实上，股票集中度是众多相关因素作用的结果。为了更加有效地利用股东人数变化情况的宝贵数据，进而挖掘市场中潜在的投资机会，就有必要对当中一些可以具体描述的影响股票集中度的因素进行分析，并形成较为缜密的投资决策思路。

一般情况下，在市场由低迷到复苏的阶段，市场投资者会选择在业绩优良的股票进行建仓。因此，绩优股应当表现出集中的特点。

通过考察上市公司流通股集中度可以发现，股东人数减少40%以上的30只股票中，多数股票的前10位股东中有基金和券商等实力机构投资者，并且他们持有的流通股比例很高。而一些股票的股东人数表现为分散化的原因就是基金和券商减持该只股票，甚至将这些股票剔除出投资组合。基金和券商等具有较强实力的机构投资者对股价的推动力早已为市场所认同。

2. 根据股东数量变化寻找黑马股

根据上述对股东人数变化情况的研究，归纳出寻找黑马股的几个因素。

（1）选择有明显的股票集中趋势或易于集中的股票。有明显的股票集中趋势是指在册股东人数的变化很明显。这样，一旦得到市场主力关照，股票的集中程度会在短期内发生明显变化，容易演变成黑马。

（2）选择年累计涨幅不大且股价绝对值不高的股票。尽管市场上有些股票的集中度很高，但因为其累计涨幅已经十分惊人，股价需要较大幅度和较长时间的调整，短期内有突出表现的可能性不大。建议投资者选股时侧重于那些近期处于震荡走高、缓慢盘升状态的股票，并且市盈率较低为好。

（3）选择大股东中有基金、券商和实力机构投资者的股票。

考虑到基金和券商等机构投资者对股价的影响作用，建议投资者认真研究上市公司的最近两年的年报和最近一年的中报。对于那些最新中报披露出基金或券商等机构投资者成为上市公司大的流通股股东的股票，应当密切注意。

18.3 利用 MACD 技术选黑马股

通过技术分析来选择股票，在牛市中把握更大。特别是股价经深幅下挫、长期横盘的个股，同时伴随着交量的极度萎缩的情况下，通过观察 MACD 指标再次向上穿越 0 轴时，则选定该股，此时为最佳买进时机。

如康尼机电（603111）在2015年2月前后的MACD表现。

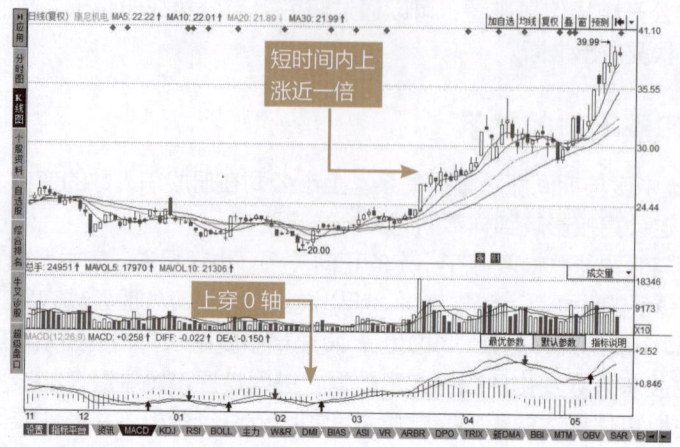

利用该技术时，需要考虑以下几个要点。

（1）深幅回调情况下，最好是股价从前期历史高点回调到30%左右；对一般的股票来说，股价回调到50%左右更为安全；对于质劣股，其股价要砍去70%才更安全。需要注意的是，一定要结合股票质地，因为对高成长绩优股来说，跌去30%已属不易，这里没有绝对的标准。当把握不准时，建议重点关注股价已跌去70%的个股，即宁可不要利润也不能亏损本金。

（2）要长期缩量横盘整理。一般情况下，主力机构完成出货过程后，如股价没有经过深幅回调，很难再次上扬，这样当然无法吸引新资金入场。当个股的60日均线、120日均线等中长期均线基本由下降趋势转平，即中长期投资者平均持股成本已趋于一致时，当前的股价对新多头才会有吸引力。长期横盘一般伴随着成交量的极度萎缩，否则就要剔除。

（3）不要在MACD第一次上穿0轴时建仓，股价经过深幅下跌后，第一波段一般来说是前期高点的被套股民的解套机会，不建议这时候建仓。

（4）股价不再创新低。从趋势来看，股价的依次下移意味着当前还处于下降趋势中，而在下降趋势中找底建仓是不理智的投资行为。在此基础之上，随着股价上升，MACD再次上穿0轴，又一波升浪乍起，方可初步确认已到中线建仓良机。利用上述原则选择并买入潜力个股后，如果股价不涨反跌，MACD再次回到0轴之下，应密切关注股价动向，一旦股价创下新低，说明下跌趋势未止，应坚决止损出局。否则应视为反复筑底的洗盘行为。

18.4 实战：只选择上升趋势中的股票（日、周、月线）

买卖股票时，一定要根据趋势来决定买卖。处于下降趋势中的股票，只能抢反弹，处于上升趋势的股票，才有可能走出较好的行情。

如果一只股票经过长期下跌、筑底后，而重拾上升趋势时，用户就可以进行参与了。用户可以从成交量上判断介入资金的级别，从而看出多空双方的力量对比。

当一只股票进入上升趋势时，其建仓迹象一般较为明显，如连续多天出现阳线，而且阳线都是长上影线或下影线比较长，说明震荡打压迹象明显，到一定程度之后，连续下跌，强力的洗盘，让看好的人绝望，之后会展开更为凶猛的上涨，然后，会进行周线级别的调整。这说明大资金完成了建仓，调整是为了拉升做准备。

案例 利用上升趋势进行短线买卖

1 登录同花顺软件，输入"SAGD"或"600703"快捷键，弹出同花顺键盘精灵。

2 按【Enter】键，进入三安光电的【K线图】界面，缩放显示 2014 年 11 月 11 日至 2015 年 4 月 3 日之间的K线图。可以看出在图示中框线右侧买入该股票的投资者，任意一天买入均能赚到不少的涨幅，即使是偶有回调也很快被拉起。

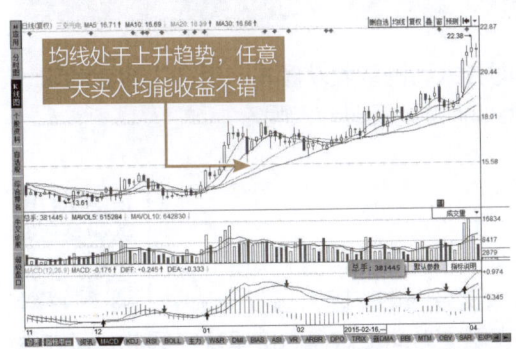

3 继续向左移动，查看该股前一段的走势，显示 2014 年 8 月 13 日至 2015 年 1 月 8 日K线图，可以看出该阶段震荡为主。在这个阶段买入股票的投资者对于走势感觉就是前景不明朗。近 5 个月时间内基本持平，在高点买入的甚至会损失本金。

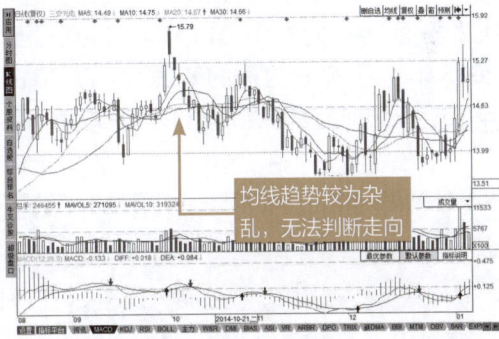

4 同样可以看到股票物产中大（600704），上升趋势中的任意一次回调均是买入良机。

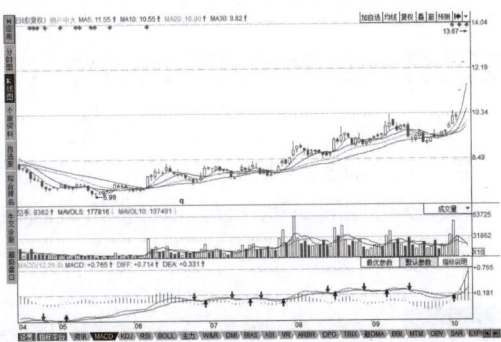

18.5 实战：选择 45°角向上运行的股票（可能大涨）

如果说上升趋势中的股票能赚钱的话，选择上升角度接近 45°角的则可能是一只超级大牛股。

案例 选择45°角向上运行的股票

1 登录同花顺软件，输入"WCZD"或"600704"快捷键，弹出同花顺键盘精灵。

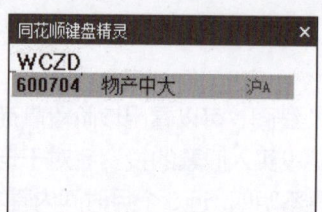

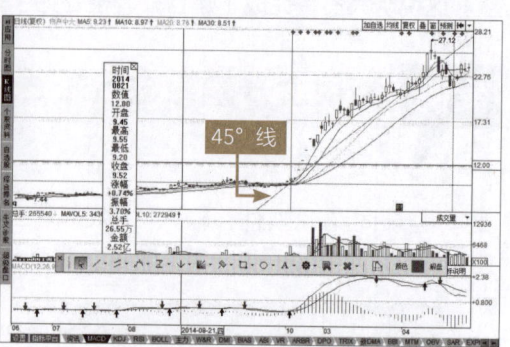

2 按【Enter】键，进入物产中大的【K线图】界面，缩放显示2014年6月20日至2015年4月27日之间的K线图。以2014年10月9日作为基点绘制图形，如右图所示。

3 可以看出这部分日K线天天处于一字线涨停，该均线在45°直线以上，即走势非常强劲有力，如果能及时介入，获利巨大。

18.6 实战：选择连续涨停的股票并在第一时间介入

很多股票在开盘后就连续涨停，如果能及时介入，则能收获颇丰，很多投资者感叹一年能赶上一次，基本上剩余的时间空仓即可，但如何才能及时介入呢？

18.6.1 底部涨停第一时间介入

看到这种股票，尽量在第一时间介入，特别是第一次涨停时，如果一只横盘很久的股票突然有一天放量涨停，说明有大资金入市。因为当股价从中线调整状态向底部转折时，以涨停方式启动，表明主力向上做盘态度坚决。因此，可在涨停当天坚定跟风短线买入。

案例 选择底部第一次放量涨停的股票

1 登录同花顺软件，输入"JFNJ"或"300022"快捷键，弹出同花顺键盘精灵。

2 按【Enter】键，进入吉峰农机的【K线图】界面，缩放显示2010年3月8日至2010年6月18日之间的K线图，可以看到2010年5月24日第一次涨停。

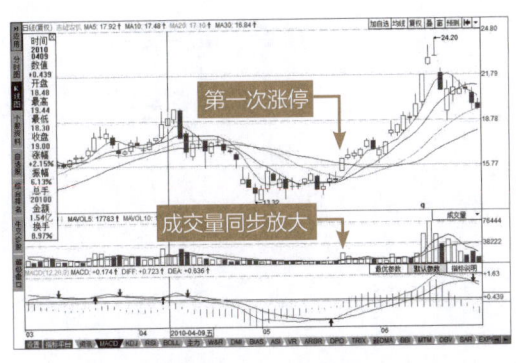

时出现第一次涨停。

（2）成交量同步放大。

一旦股价在底部出现第一次放量涨停，则短线即可在冲击涨停时买入。

> **注意** ▶（1）第一次涨停时，如果30日线已经走平，股价在涨停时突破所有短线均线最好。
> （2）下跌调整时间越充分，底部第一个涨停板爆发力越强。

买入这种股票时，一定要注意以下特征。

（1）股价由大幅下跌状态向底部转换

18.6.2 多日涨停后第一次回调时介入

除了要及时介入底部第一个涨停外，对于连续涨停的股票，如果中间出现了回调是介入还是远离？

大部分人的想法都是远离，因为短线连续的涨停透支了太多的未来预期。但实际上，对于这种回调，只要大盘没有变坏，应该坚决介入。

这是一种更加刺激的短线爆发形态，每一轮大盘中期调整结束后都会出现几只这种走势的超级牛股，这种超级黑马股可遇不可求。但需要注意的是，这种黑马股的出现一定具有一些特殊因素，买入时，一定要注意买入前分析的限定条件。

下面看一下华联股份（000882）2008年11月13日到2008年12月17日之间的连续涨停K线图。

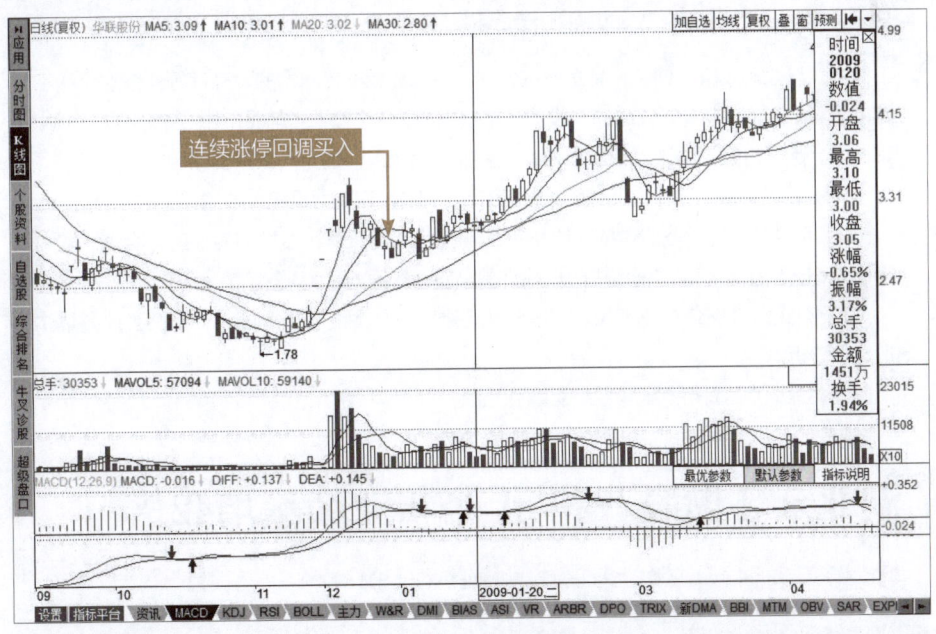

从上面股票走势图中可以看出，一旦股票从底部启动时，采取连续涨停的方式突破，则后市依然具有较大的上涨空间。再看一下湖北能源（000883）的买入时机，后市涨幅仍旧不错。

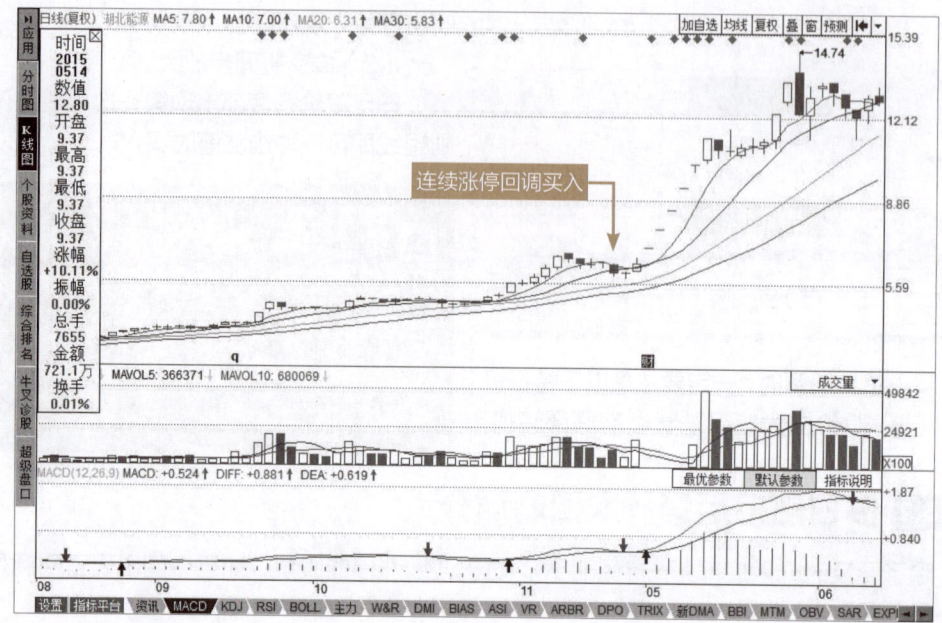

高手秘技

技巧 1 从业绩中寻找黑马股

成为黑马股的先决条件之一是企业的业绩,然而业绩不是永恒的,有良好业绩的个股不一定能涨起来,而没有良好业绩的个股却经常一飞冲天,这就是当前股市中经常出现的现象。究其原因,除了有些个股缺乏想象力外,没有实力机构入驻也是一个重要原因。

(1)在目前的股市当中,业绩不是投资的唯一依据,有实力机构入驻也是重要条件之一。

(2)平时多留意一些股票的大股东变动情况,了解一些实力机构的动向,当这些实力机构出现在一只涨幅不大的股票中时,或许黑马股就在眼前了。

(3)有实力机构介入并不代表该股必涨无疑,只是上涨的概率增大,投资者还要具体情况具体分析。

如湖北金环2015年上半年业绩暴增42倍。

湖北金环抛股获利 上半年业绩暴增42倍
2015-08-07 03:54:48   来源:上海证券报·中国证券网(上海)

该股票的走势情况如下图所示。

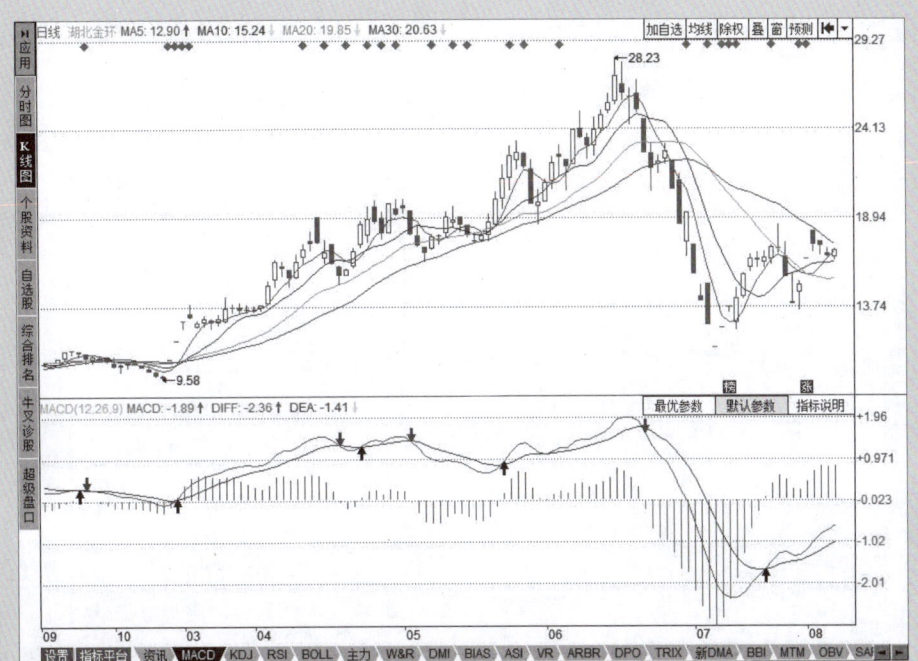

技巧 2 从基本面中寻找黑马股

前面章节说明了如何利用基本面来寻找黑马股,但大多数股民对基本面甚至财务报表看不太懂,该怎么办呢?

因为看基本面,不仅仅看报表公布的每股收益多少,而是将个股基本面状况与市场热点和技术面相结合。经过几轮的牛熊轮换,受到盲目追捧并已发布利好的个股在市场中的机会并不多,尤其是在调整市,绩优股和科技股多为短线行情,并非市场炒作的主流热点。那么如何来分析和判断个股的基本面,从而发现黑马股呢?

分析个股基本面有一些常见思路,如股东是否集中持股、是否有新的利润增长点、有没有潜力的利好题材和个股所处的行业背景以及持筹集中度等方面,均是投资者进行个股基本面分析的重要方面,如能对个股近几年财务报表作比较分析,便可以更好地把握住个股的内在潜力。

除了这几方面的分析外,还需把握以下几点,从而更好地选择出基本面有潜力又适应市场短期炒作特点的个股。

(1)个股的基本面比较干净,所谓干净是指没有配股意向、增发意向,业绩相对稳定、不亏损等,个股的市场属性不会受一些人为因素影响。

(2)个股的基本面潜力应与当前的市场炒作环境相适应,如近两年的"一带一路"战略加上基建行业,导致中国一重(见下图)的快速增长,市场炒作的主导热点将会受资金环境影响,反复以中低价低市值个股炒作为特点。重组股将是市场依赖的主要题材,有这种潜力题材的中低价低市值个股便值得关注。

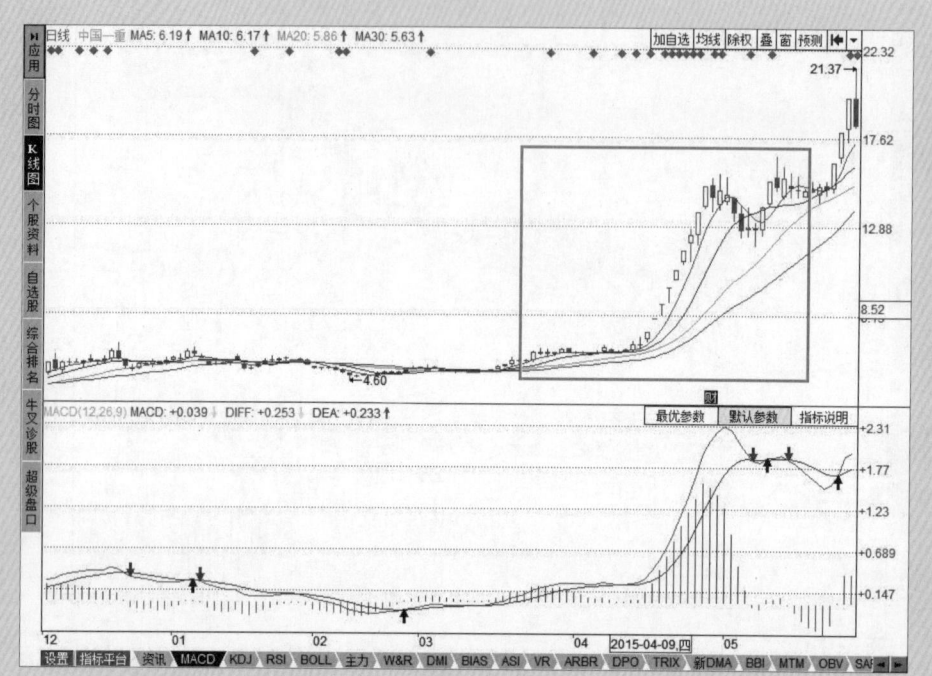

（3）注意寻找目前业绩尚未能有效反映的潜在题材，如新募集资金的收益何时产生、可能被重组的意向性、重组后大股东的背景情况等。通过对个股基本面情况进行分析，再结合这几方面作比较，便可以较好地发掘出黑马股。

19 涨停板技法

本章引语

射人先射马,擒贼先擒王。

——唐·杜甫《前出塞》

除了抓住黑马股,大多数人可能更喜欢天天涨停板。黑马股可能一年找不出几只,但涨停板股票几乎是天天都有。怎么在涨停板之前埋伏进去?又怎么能顺利地看懂涨停板之前的一些动向?

本章重点分析了涨停板分时图的一些常见特征,包括一些涨停板的封板特征和买进方法。相对于黑马股的长久持股,涨停板可能更应该是爆发力强的短线行为。

本章要点

★ 涨停板的封板特征
★ 涨停板买进手法

19.1 辨识涨停板股票特征

作为投资者，很多人期望自己手中天天都有涨停板。虽然这是一个美好的愿望，但毕竟只是愿望，如果每天都是涨停板，你很快就会变成全国首富。

而涨停板是一种特殊的分时图，它就呈现在盘口中，为了更好地理解涨停板分时图，先学习一下和涨停板相关的分时图特征。

19.1.1 强势分时图的典型特征

分时线表示了价格的实时走势，均价线则体现了个股当日市场平均持仓成本的变化。换个角度来看，分时线是多空力量实时交锋结果的展现，而均价线则是多空力量的分水岭。若分时线可以稳健地运行于均价线上方、均价线对个股的运行构成了有力的支撑，则说明后续不断入场的买盘可以稳稳地"托"住个股，是多方推升力量强于空方打压力量的体现。

均价线对分时线形成支撑，这只是一个笼统的说法。就实际表现来看，分时线最好能与均价线保持一定距离，而不是黏合于均价线。当股价回落使得分时线接近或碰触均价线后，应能较快地再度向上，使得其向上远离均价线，这才是多方力量较为强劲的展示。

1. 量价配合，流畅上扬

因为个体投资者群体庞大，导致买卖难以形成合力。因此，那些强势运行的个股，其背后往往都有主力运作，或是引导或占据控盘地位，在盘口中的买卖方式主要体现在拉升行为中，就是"连续大笔买入、快速拉升"，对应的盘口走势就是流畅的上扬、伴以量能的快速放大。

流畅、挺拔的上扬形态，这是连续大买单扫盘所形成的，而这种流畅上扬的分时线形态也是我们分析个股是否强势、主力是否有较强拉升意愿的着手点。

如江铃汽车（000550）2015年8月3日分时图，当日此股在早盘时间段出现了三波流畅的上扬形态，很明显，这是主力资金通过连续大买盘扫盘、拉升所致，这是典型的强势分时图的盘口特征。而且，在拉升之后，个股也能够稳稳地站于均价线上方，始终与均价线保持一定距离，这说明获利盘难以有效打压个股，也是买盘充足的表现，这同样是强势分时图的一大特征。

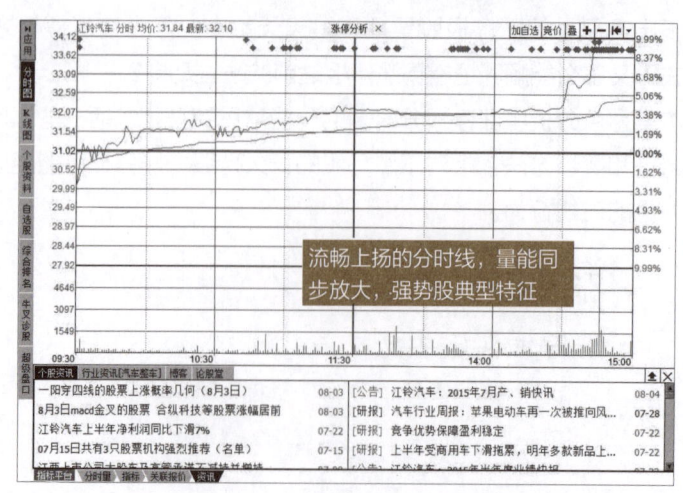

2. 涨势明显好于大盘

只有在对比中，才能知强弱，强势股之所以称为"强势"，这是通过它的主动性上涨体现出来的。在大盘大涨、个股普涨的情况下，个股的上涨很有可能是被动的。只有通过对比，我们才能更好地辨识强弱。因而，结合大盘当日的走势情况，看看个股的盘中走势是否更强，也是我们把握强势股的重要依据。

下图为濮阳惠成（300481）2015年8月3日分时图，图中叠加了当日的上证指数，通过对比可以看出，濮阳惠成的盘中分时图是远强于当日大盘的。在大盘横向窄幅波动、看不到任何上涨迹象的背景下，此股在盘中却节节攀升，主力资金推动个股迹象明显。这种独立于大盘、强于大盘的盘中运行格局，正是强势分时图的典型特征。它也预示了此股随后几日的走势或将强于大盘。

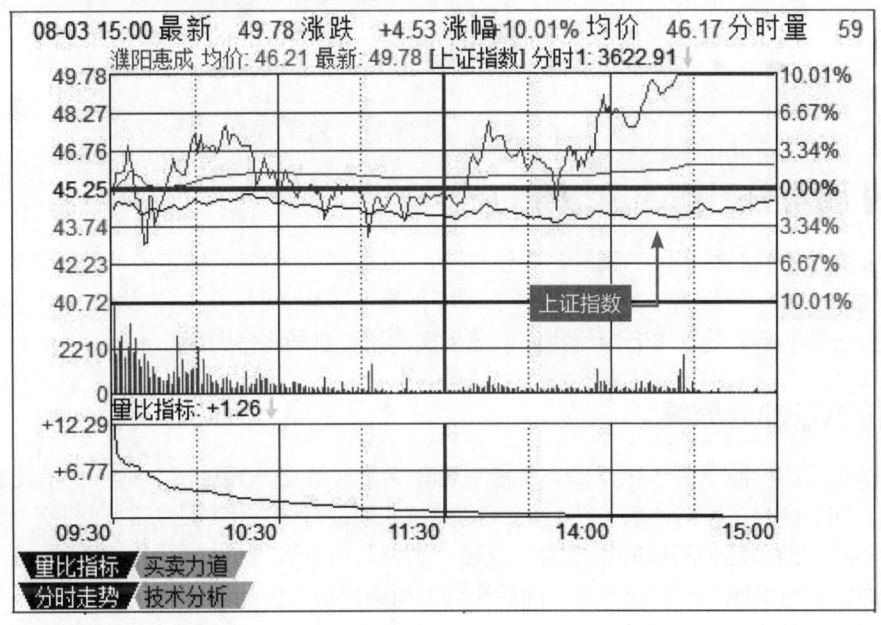

3. 午盘后的发力值得关注

由于多空力量的快速转变，早盘运行不够强势的个股，也完全有能力实现盘中逆转，这时，我们需要将注意力放在午盘之后。如果一只个股在午盘之后出现明显的强势运行特征，例如：流畅的飙升、完美的量价配合、稳稳地站于均价线上方等，则这类分时图也可以定义为强势分时图，短线看涨。

下图为珠海港（000507）2013年11月20日分时图，此股在早盘阶段默默无闻，甚至还出现了小幅度下跌，看不到任何强势特征，但午盘之后却风云突变，主力拉升个股迹象明显，这从其飙升幅度、量价配合中可以看到，至收盘，股价仍稳稳地站于飙升后的高点。这正是个股在盘中逆转为强势运行的一个典型，其短线上攻潜力还是较大的，实盘中，也应纳入我们的关注范围。

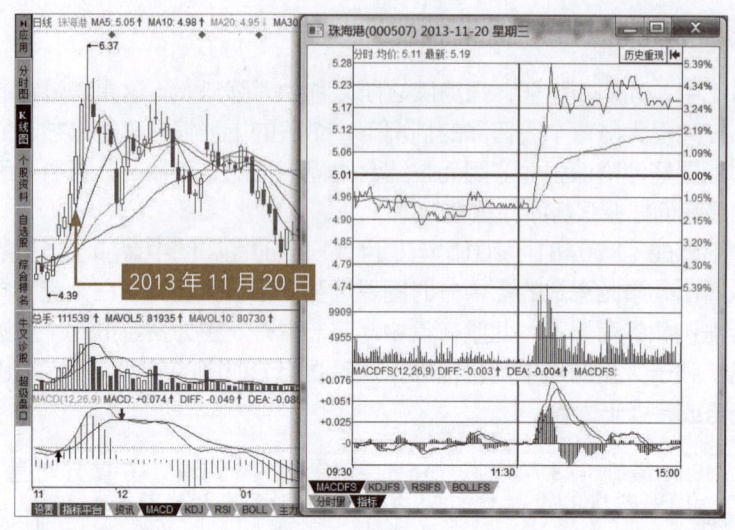

19.1.2 弱势分时图的典型特征

与强势分时图截然相反的就是弱势分时图，它代表着个股的短线走势将弱于同期大盘，是我们短线交易中应规避的品种。从形态特征来看，弱势分时图正好与强势分时图相反，但它也有一些独特之处，本节中，我们就结合实例来看看弱势分时图。

1. 均价线压制分时线

下跌状态的个股未必一定走弱，上涨状态的个股也未必一定强势。其中的奥秘就在于均价线。均价线是多空分水岭，当分时线挺拔有力地运行于均价线上方时，即使个股出现一定的下跌，随后走强的概率也较大；反之，当分时线受到均价线压制、持续运行于其下方时，即使个股出现了一定的下跌，随后走弱的概率也是较大的。

从另一个角度来看，均价线对投资者的心理有很大影响，当股价受到均价线压制、难以突破时，由于持股者中存在着大量的短线客，这些短线客就会失去耐心，从而实施反弹出货的操作，这也就进一步增大了个股的抛压，使其走弱。国旅联合（600358）的走势即可验证，该股在 2015 年 8 月 3 日当日跌停收盘。

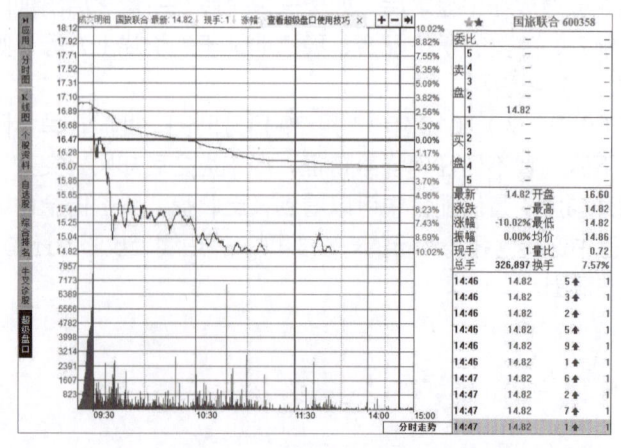

2. 分时线黏合均价线

分时线黏合于均价线是指分时线上下小幅度地围绕均价线波动，或者是分时线虽然运行于均价线上方，但却与均价线距离极近，几乎黏合在一起。

这种盘口形态常出现在盘中高点，或者是交易价格几乎处于"静止"状态的大盘股身上。无论是哪种情况，这两种情形都是短线交易应规避的。

第一种情形（盘中高点）说明已经上攻乏力，目前的多方能量全用于维持股价不跌这个目标上，而我们知道，对于股性较活跃的个股来说，股价的运行方式是"不涨即跌"，股价的高点是维持不住的，要想保住之前的上涨成果，最有效的方法只能是让其再度上涨。

第二种情形（水平运行的大盘股）代表着个股的股性极度不活跃，我们参与股市，主要是为了赚取差价，而不是为了获取上市公司的股利回报，股性不活跃，代表其没有中短线参与价值，参与进去只是浪费时间与精力，这样的个股，对于中短线交易而言，可以定义为弱势股，虽然它们的走势并不见得比大盘弱多少。

3. 放量跳水、回升无力

个股短期内是否强势，往往取决于场内资金流出的力度与迫切性。如果个股在盘中出现了较大幅度的跳水走势（一般来说，一波跳水的幅度可以超过2%），则说明空方离场意愿十分强烈，而且这也极有可能是主力打压出货行为的体现。

但是，也有一些跳水是源于大盘跳水带动所致，在这种情况下，如果跳水之后能够收复失地，则不可定性为弱势。

19.1.3 涨停盘口的强弱特征

上一节讲到了普通分时图的强势与弱势特征，涨停分时图有别于它们，这是一种特殊形态的分时图，对于涨停分时图来说，它同样有强、弱之分，所谓的"强"是指，这类涨停分时图预示短线上涨；"弱"则代表随后下跌概率较大，涨停当日就是强弱分水岭。本节中，我们继续沿着"强与弱"这个线索，仅从技术面的角度来看强势涨停板与弱势涨停板的共有特征，更为详尽的讲解将放在本书余下的章节中。

1. 强势板特征：窄、早、牢

对于强势型的涨停分时图，我们可以将其特点抽象地概括为"振幅小""封板早""封板稳"三点。

"振幅小"，是指个股的盘中振幅相对较小，一般来说，不宜超过10%，即个股最好适当高开，且盘中回探幅度较小。

"封板早"，是指个股的封板时间宜早不宜晚，能够在早盘10:30之前封板最好，最晚不宜超过14:00。

"封板稳"，是指上冲封板后就牢牢地封死了涨停板，或者是略作休整即牢牢封板，此后的盘中交易时间段不再开板，涨停价堆积了大量的委托买单，抛单较少，场外投资者再挂单买入的话，是无法成交的。

在这三个特点中，犹以"封板稳"最关键，只要个股始终无法封牢涨停板，即使封板时间早、盘中振幅小，这样的涨停分时图也绝不是强势型的。

下图为汇金股份（300368）2015年8月3日分时图，当日的这个涨停分时图就是典型的强势型的。个股早盘小幅高开，随后回探幅度很小，经流畅的飙升直接封牢涨停板至收盘。这样的涨停板出现后，个股的短线上攻势头是较为凌厉的，若我们能当即切入（关于抢涨停板的技术与操作，会在后面章节中单独讲解），或者是已布局此股，则短线应继续持有。

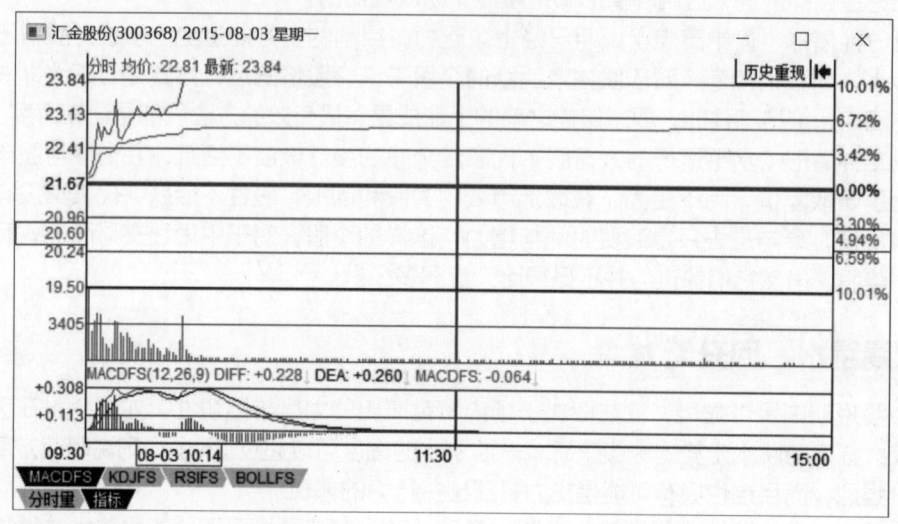

2. 弱势板特征：宽、晚、开

对于弱势型的涨停分时图，我们可以将其特点抽象地概括为"振幅宽""封板晚""封不死"三点。

"振幅宽"，是指个股的盘中振幅相对较大，一般来说，会超过10%，即个股在盘中出现跳水，随后收复失地并封板，或者是早盘低开幅度较大，随后逐步走高并封板。

"封板晚"，是指个股的封板时间较晚，多在午盘14:00之后，甚至是尾盘半小时内，这时的涨停板有主力刻意运作收盘价的嫌疑，次日走势多不理想。

"封不死"，是指上冲封板后并没有牢牢封住，而是在随后较长的时间内出现的开板，或者是封板与开板在很长时间段内不断切换。开板的时间越长，反复开合的次数越多，则这种涨停板就越弱势，随后的短线下跌力度也将越大。

在这三个特点中，以"封不死"最关键，冲击涨停板之后又再度开板，多源于两种情况：一是主力资金借市场追涨人气实施出货；二是市场抛压过重，抛压可能来自于散户，也可能来自于隐藏于此股中的大资金，主力资金没有实力却封板。无论是哪种情况，个股随后的短线走势都不容乐观。

下图为三联虹普（300384）2015年4月2日分时图，个股在尾盘阶段冲击涨停板，冲板时间较晚，在涨停分时图中，这是一种相对弱势的表现；而且，在上冲涨停板后，股价虽然没有明显回落，但始终无法牢牢封板，反复打开的涨停板说明市场抛压较重，结合个股的日K线走势来看，当前正是市场抛压沉重的短期高点。这样的涨停分时图就是典型的弱势型，预示着个股随后易跌难涨，是卖股离场的信号。

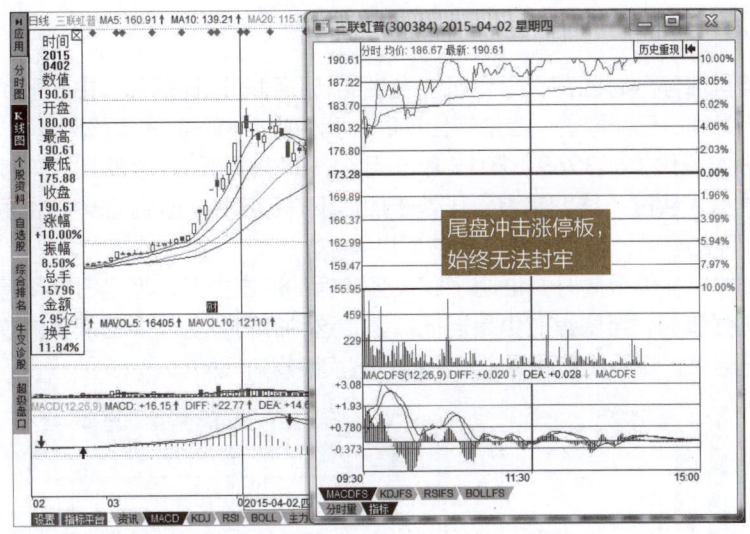

3. 强、弱板的当日瞬即转变

股票市场永远是瞬息万变的，涨停分时图的强、弱势也不是一成不变，强与弱的转换常常是极为迅捷的，对于单独一个交易日来说，强势分时图转变为弱势分时图值得关注，若我们参与了这样的个股，那么在当日或次日就应做好卖股的准备，不可大意。

强势型的涨停分时图转变为弱势型的，主要表现形式为：盘中因抛单巨量涌出，击穿了涨停板。无论开板的时间长短，随后能否回封涨停板，都已造成了强弱的转变，这时的涨停分时图将不再是我们短线看涨个股的理由。

下图为印纪传媒（002143）2015年7月8日分时图，当日早盘阶段，此股直线飙升，封死涨停板，从早盘走势来看，这是一个强势型的涨停板。但在尾盘阶段，却出现了变数，连续的大抛单使得其明显开板，这代表着涨停分时图已由强转弱，我们应顺应这种转变，及时调整思路，按弱势型涨停分时图来操作个股。

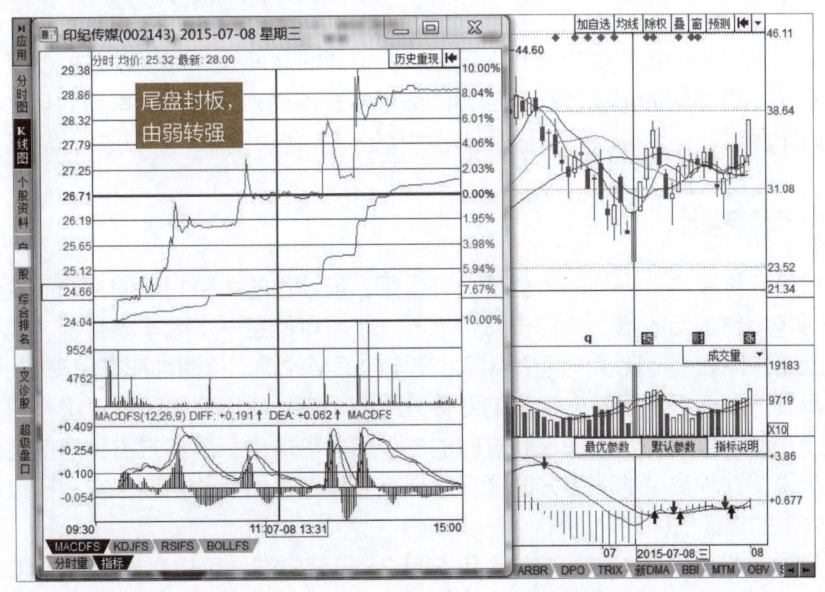

4. 强、弱板的隔日转变

当日强势型涨停分时图在次日也可能发生逆转，对于这种情形，由于股价的短期上涨幅度较大（因为昨日已涨停），当逆转出现时，我们应在第一时间卖股离场。

下图为银龙股份（603969）2015年5月28日分时图，该股前几日连续强势涨停，牢牢封板至收盘，从日K线图来看，正处于加速上升通道中，这是涨停板上扬过程的第一板，有加速上涨的意味，可以短线持有或追进。

该日，此股以涨停板高开，证明了昨天强势板的冲击力度，但当日的涨停板却在盘中反复打开，由强转弱，至尾盘时更是摇摇欲坠，这种昨日强势、今日弱势的逆转，表明个股短线上涨已结束，随后或有深幅走势出现，宜卖股规避风险。

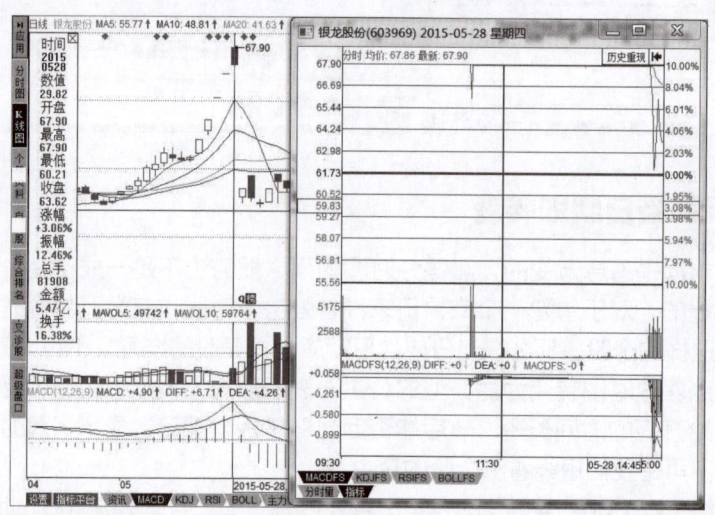

19.2 封板特征，抓住才能赚大钱

涨停分时图是我们实战中的核心内容之一，相同的涨停板K线图往往能演绎出截然不同的后期走势，这其中的奥秘就在于当日的涨停方式不同。个股可以早盘封板，可以尾盘封板，可以牢固封板，也可以反复封板。哪种特征才能赚大钱呢？本节进行简要解析。

19.2.1 一字封板

强势股开盘价高于上一日的收盘价，开盘后，连续性的大单扫盘使得个股快速冲击涨停板，随后牢牢封板至收盘。在冲击涨停板时，个股可能是一次就牢牢封板，也可能在涨停板价位上略作停留，出现了一两个裂口才牢牢封板至收盘。这两种形态只有微小区别。

高开直接冲涨停板，是最为强势的涨停分时图。它一般出现在股票停牌多日后的复牌或者新股上市时，但也经常出现在利好时的一种做多热情中，是多方占据压倒性优势的结果。一般来说，这种类型的涨停分时图多出现在短线黑马股启动初期，实战操盘中，它是我们抢板介入的最佳品种。

下图是银龙股份（603969）2015年5月26日分时图，可以看出该股延续了前两日的涨停，且当日开盘即以涨停板开始，当日无打开，是最强势的一种分时图。关注该股时，应该在该股的前两日埋伏进入。

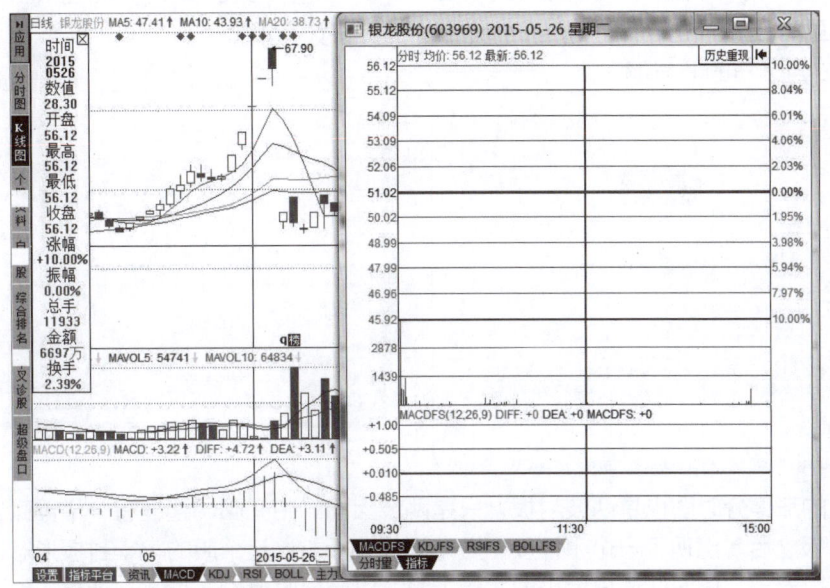

19.2.2 实战：两波、三波封板

开盘后，先快速流畅的上涨、回调，然后再度上冲并封牢涨停板。从形态上来看，整个封板过程中，有两三次流畅上冲。从形态上来看，整个上涨过程有一两个明显的"波峰"和较为明显的上涨波段，封板时间为早盘阶段。

两波封板同样是一种强劲的涨停分时图，是主力强势拉升所致。如个股能一直牢牢封板直至收盘，则其短线冲击力是较强的，是主力有意拉升个股的标志。

三波封板则是一种相对稳健、封板方式又较为"利落"的涨停形态。它的出现与主力的运作有关。从个股后期走势来看，三波封板多是主力有"预谋"的操作，这样的主力在之前的走势中往往已吸筹较多，而三波封板当日就是其正式拉升的信号。

案例 利用两波、三波封板进行交易

1 登录同花顺软件，输入"STKG"或"002312"快捷键，弹出同花顺键盘精灵。

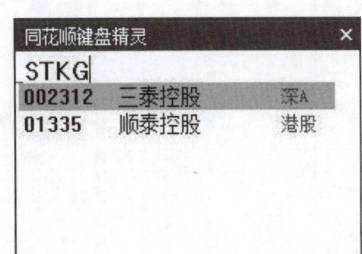

2　按【Enter】键，进入三泰控股的【K线图】界面。选择2014年11月24日至2015年6月2日的K线图。

3　双击2015年5月11日K线，弹出该日分时走势图。

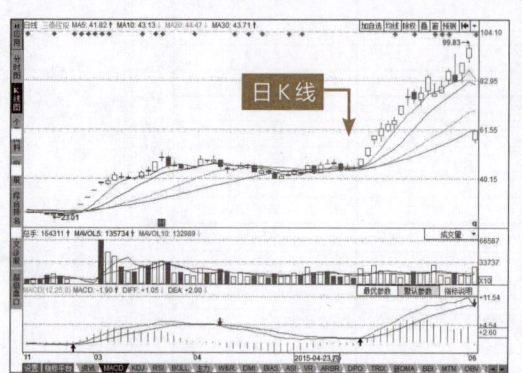

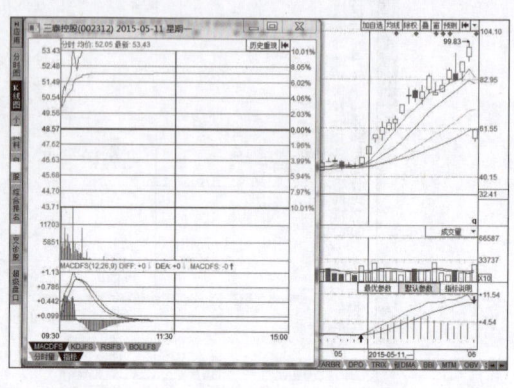

当日的涨停分时图也是两波封板，只是两波上扬的中间回调整理有一个停顿。而且，此股在封板之后，出现了一个小幅度、短时间的开板，这让个股的牢牢封板形态被打破。从后市可以看出，该股在该日后仍旧大幅上涨，以当日收盘价53.43元计算，到该股短期高点99.83元，涨幅接近100%。

19.2.3　实战：天量封板

无论怎么解释，封板都是量能配合，只有极大的量能才能快速完成封板。除了封、开板之间的较量外，用天量封板也显示出主力的强势特征。这种情况都是市场筹码锁定较好时的一种自然反应，在封板时的最后一分钟放出了天量，这一分钟的量能因突然出现的巨单扫盘而形成，并且随后牢牢封板至收盘。在这笔巨单扫盘前后，交投相对平淡，并没有因为封板而引发大量卖单涌出，如下图所示。

该量能呈现出一枝独秀的特征。

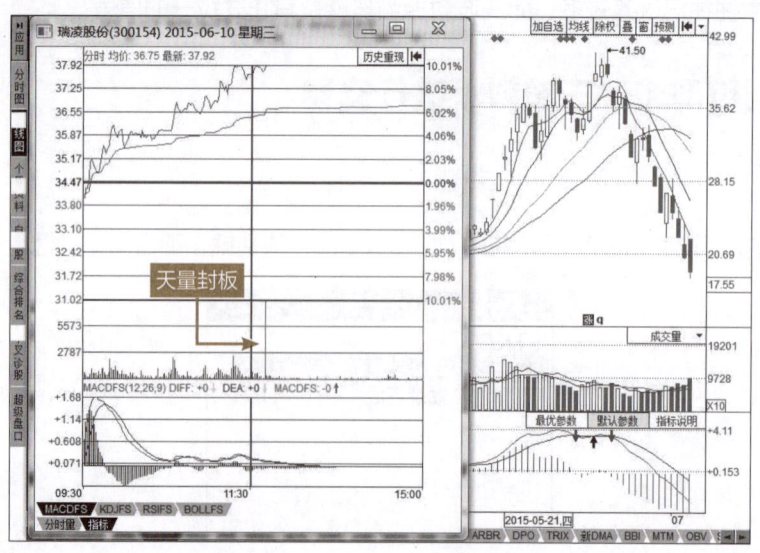

注意 ▶ 量能出现在不同的时间段，其作用也是不同的。在早盘冲板阶段，突然出现了巨单扫盘，并牢牢封板，这形成了早盘的 1 分钟天量，它是主力资金看好个股的信号。而且，冲板时的 1 分钟天量常出现在几波流畅上扬之后，说明主力在有节奏、稳妥地拉升个股，流畅式的上扬、封板时巨量突然扫掉，都表明了主力资金不愿给市场过多的盘中逢低买入机会，这样的个股自然有着较强的短线上涨动力。

案例　利用天量量能封板

1 登录同花顺软件，输入"DWSX"或"300167"快捷键，弹出同花顺键盘精灵。

2 按【Enter】键，进入迪威视讯的【K线图】界面。选择 2015 年 2 月 9 日至 2015 年 6 月 16 日的 K 线图。

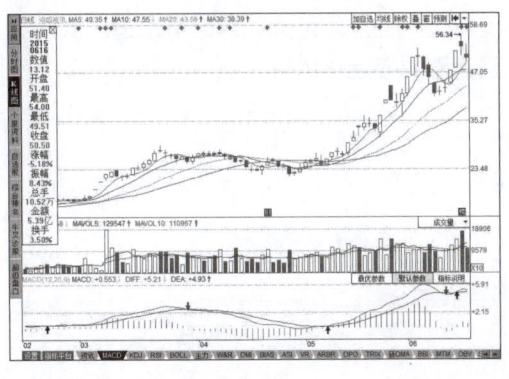

3 进入 2015 年 5 月 26 日分时走势图界面。

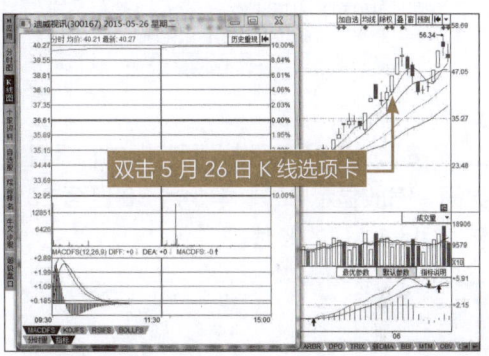

操作中，仔细观察的投资者可追涨买入，分享主力拉升成果。

19.2.4　实战：多次午后启动封板

多次午后启动的涨停形态一般至少由两个交易日组成，主要是指个股连续两个或多个交易日在午盘之后出现了明显的拉升，且上封涨停板，这两个交易日的早盘走势相对平静，但午后启动迹象明显，且封板较为坚决。

连续午后启动并上封涨停板，这是主力持续运作个股的信号，绝非个股的偶然性异动。而且，主力的控盘能力较强，两个交易日都是选择在午盘之后，也证明了主力资金短期内有意拉升个股。虽然两个涨停板使得个股短线涨幅较大，但行情才刚刚开始，只要个股的日 K 线走势相对优异，是可以追涨介入的。

案例 利用多次午后启动封板

1 登录同花顺软件,输入"DZH"或"601519"快捷键,弹出同花顺键盘精灵。

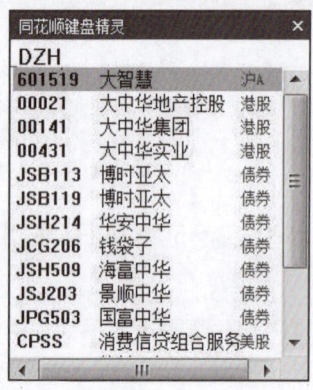

2 按【Enter】键,进入同花顺的【K线图】界面,缩放显示 2013 年 5 月 30 日至 2013 年 12 月 11 日的 K 线图。

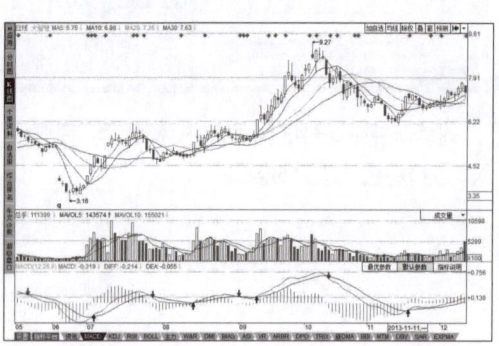

3 双击 2013 年 7 月 2 日这一天的 K 线,显示当日的分时走势图。

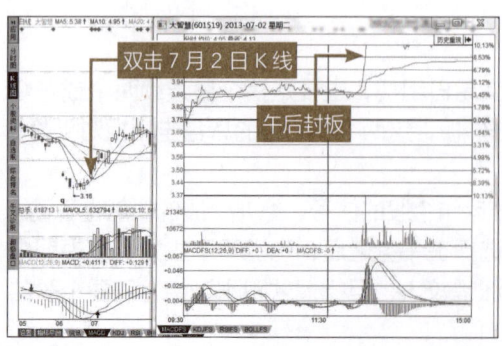

4 继续显示 2013 年 7 月 3 日这一天的分时走势图,可以看出这一日的午后封板形态,预示主力运作个股的迹象十分明显。从成交量可以看出,在第二个涨停板后,成交量极少,显示了市场筹码几乎全部在主力手中,表明了主力此时的强力控盘。

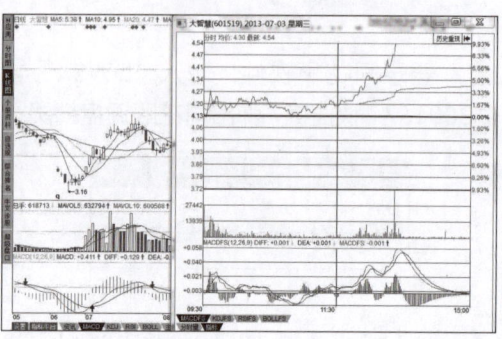

5 虽然两个涨停板使该股票短期涨幅较大,但从日 K 线图来看,这是中长期的低点,反转上行的空间巨大,这时可以追涨买入,最大涨幅接近 110%。

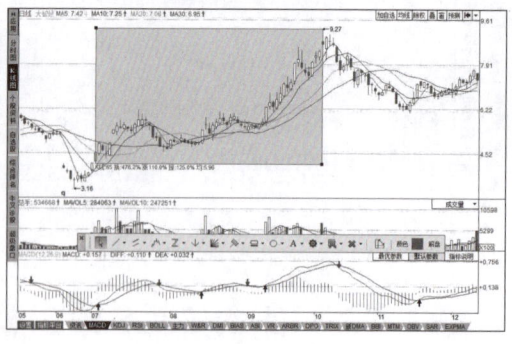

19.2.5 实战：午后企稳封板

午盘后，分时走势图中个股出现明显的上扬，在接近涨停价位的盘中高点企稳、横向运行，没有明显的回落，最后在收盘前，牢牢地封住了涨停板。

午后高位企稳封板这种形态有两个要点。

（1）午盘之后的明显上扬。这个启动过程彰显了主力的拉升行为，但主力的拉升并不代表个股一定会短线强势上涨，这还取决于个股的市场抛压、主力的控盘能力、大盘的近期表现等因素。

（2）高位企稳。这是关键点，能够在大幅拉升后的盘中高点横向企稳，说明主力的控盘能力较强，市场抛压尚在多方承接能力之内。最后牢牢封板，代表着主力进一步的做多意愿。对于这种形态，我们可以将其看作是上涨信号，只要个股的日K线图予以配合，是可以短线做多的。

案例 利用午后企稳封板

1 登录同花顺软件，输入"TBDG"或"600089"快捷键，弹出同花顺键盘精灵。

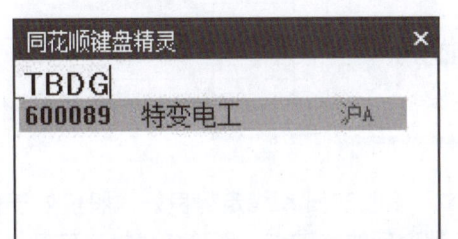

2 按【Enter】键，进入特变电工的【K线图】界面，缩放显示2013年7月8日至2013年10月25日的K线图。

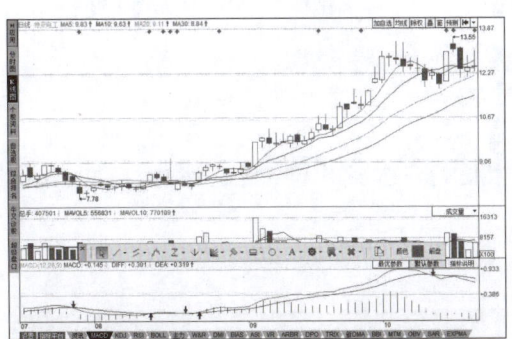

3 双击显示2013年9月3日的分时走势图，细心的用户会发现该股股价高升，且成交量有所放大，在尾盘封住涨停板。

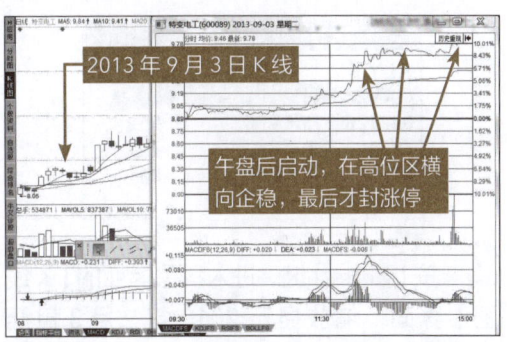

4 从图中来看，个股在盘中高点位的横向企稳时间较长，这说明短线获利盘的大量出局并没有打低股价，也是主力控盘能力较强的标志。从日K线图来看，当日处于盘整后的突破点。从后市也可以看出，该股涨停后出现了短暂的震荡，随后股价攀升，短短几日，涨幅超过40%。

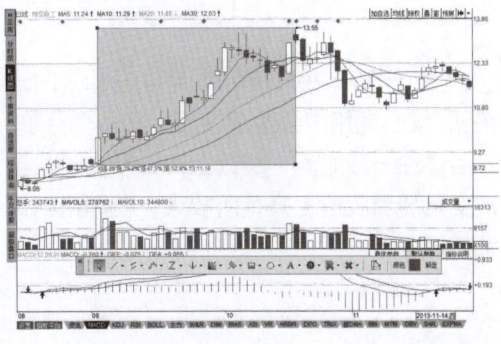

19.2.6 实战：稳步向上封板

稳步向上封板是指盘中的分时线走势呈节节攀升的阶梯形，即一小波上扬，随后横向整理、回落幅度很小，然后再行向上，好像楼梯一样，一个阶梯一个阶梯地上行，最终顺势上封涨停板的一种形态。

盘口中出现了这种阶梯式的上涨，说明盘中的每一次上涨后，获利抛压都无法使个股出现下跌回调，这是多方占据了明显主导地位的体现，也与主力资金在每次拉升后，通过挂出买单来护盘的行为相关。如果个股前期 K 线走势较为稳健、量价配合关系理想，则这种形态多是主力拉升个股的信号，也是个股进入上涨行情的标志。

案例 利用移步向上封板

1 登录同花顺软件，输入"KLYY"或"002422"快捷键，弹出同花顺键盘精灵。

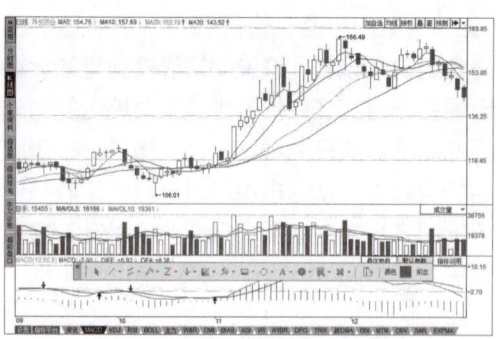

2 按【Enter】键，进入科伦药业的【K线图】界面，缩放显示 2010 年 9 月 3 日至 2010 年 12 月 16 日的 K 线图。

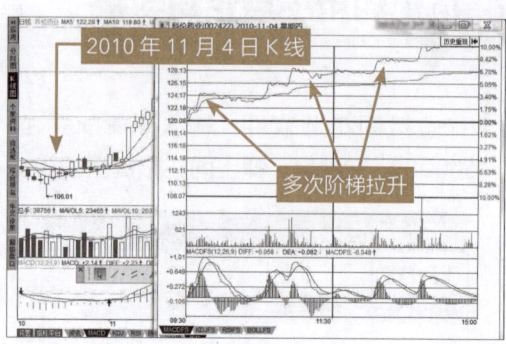

3 双击显示 2010 年 11 月 4 日的分时走势图，细心的用户会发现该股上到一个台阶，然后停住一段时间，继续上升一个台阶，且成交量随着股价上升有所放大，在尾盘封住涨停板。

4 该股的日 K 线走势良好，股价处于低位整理后的突破点，而阶梯式封板又是一个中短线看涨信号，操作中，我们可以追涨买入，短期内涨幅接近 40%。

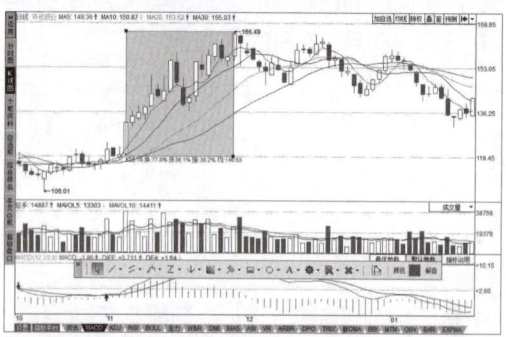

> **提示** ▶ 这种分时形态还可以当作中长线的入场信号，在持有上，应有一定的耐心，才可赚取丰厚的利润。

19.3 涨停板买进手法

买入涨停股的方法很多，而在封板前买入，无疑是较为激进的一种，对于能够在早盘阶段就牢牢封板的个股来说，其次日的表现也大多会延续强劲的上涨势头，对于短线操作来说，如果我们能够结合个股的走势情况、题材特性、分时形态等因素预判出个股的封板，就可以在封板前瞬间抢板买入，为的就是次日的盘中冲高获利。但是，抢涨停板并不简单，它需要我们有着较丰富的操盘经验、良好的盘感。

对于抢涨停板操作流程，笔者将其细化为4个步骤，它们分别是：
（1）观察大盘趋势和盘中实时异动个股；
（2）观察个股走势和题材；
（3）关注第一涨停板和分时图；
（4）提前埋单，做好准备。

投资者在学习这些知识后，可以用少量资金进行试验性操作，积累经验之后，再实施真正的抢板操作。

19.3.1 实战：提前埋单，在封板前快速切入

埋单，在抢涨停板交易中，可以理解为提前做好买入准备，但并不是真正的挂出委托买单，当我们需要买入时，只需单击最后一个【确认】按钮，就可以成功地发出委托指令。

抢涨停板，其核心理念为"抢"，这意味着对于那些仅停留于盘中高点的个股来说，并不是我们出击的品种，只有当个股真正冲击涨停板、瞬间将要封板时，我们才可出手切入。因而，抢涨停板一定要出手够快、判断够准。出手快，保证我们能及时买入（一旦大买单封死涨停板、又不再打开时，就失去了买入的机会）；判断准确，意味着个股随后能够封牢涨停板，封不牢的涨停板，一旦抢入，风险大于机会。下面我们看看抢涨停板时的具体操作流程。

（1）我们通过涨幅排行榜实时观察那些接近于涨停价位的个股，这些个股随时有上封涨停板的可能，观察的方法很简单，只能通过来回的切换，看看这些涨幅靠前的个股是否有冲板倾向。

综合排名						
涨幅排名		涨速排名	周期: 5分钟		委比正排名	全屏
美好集团	6.33 +10.09%	航天工程	47.66	+7.78%	苏试试验	87.82 +100.00%
青山纸业	7.21 +10.08%	四通新材	65.00	+4.99%	富邦股份	66.94 +100.00%
华联控股	8.86 +10.06%	九华旅游	63.73	+3.96%	中文在线	123.42 +100.00%
大连控股	7.22 +10.06%	广博股份	28.88	+3.51%	麦捷科技	32.46 +100.00%
凯恩股份	10.07 +10.05%	湘潭电化	21.18	+3.42%	易华录	46.18 +100.00%
广安爱众	9.20 +10.05%	合肥百货	11.88	+2.33%	建研股份	37.75 +100.00%
跌幅排名		跌速排名	周期: 5分钟		委比负排名	
浩丰科技	216.41 -10.00%	中国医药	22.08	-1.82%	天山股份	19.18 -100.00%
天业股份	19.18 -10.00%	易食股份	28.50	-0.97%	宁波建工	15.13 -100.00%
宁波建工	15.13 -9.99%	迎驾贡酒	39.40	-0.94%	瑞和股份	47.30 -100.00%
绿盟科技	45.22 -9.99%	强生控股	14.05	-0.92%	绿盟科技	45.22 -100.00%
瑞和股份	47.30 -9.99%	S前锋	49.92	-0.91%	浩丰科技	216.41 -100.00%
皇氏集团	57.18 -8.56%	中粮地产	22.50	-0.88%	得利斯	19.34 -98.88%
振幅排名		量比排名			成交额排名	
利欧股份	68.79 18.40%	双象股份	19.46	28.08	中国重工	16.46 1,175,233
松发股份	50.51 15.79%	台城制药	29.62	23.22	XD中信证	22.43 689,732
溢多利	42.05 15.63%	皇氏集团	57.18	9.99	国投新集	17.97 661,697
合纵科技	47.50 15.04%	宁波韵升	26.92	6.59	中国核电	11.92 571,943
新 嘉联	36.14 14.34%	科士达	34.96	5.20	中国船舶	54.98 547,565
中材国际	17.97 14.13%	聚光科技	30.96	4.46	际华集团	23.60 505,220

（2）当发现某只个股有上冲涨停板的迹象时，要提前做好买入准备。如美好集团这只

股在盘中出现了大买单扫盘，且股价离涨停板很近，就要打开下单软件，填写代码、价位（涨停价）、数量等信息，即做好一切准备，只为最后"确认"买入指令。

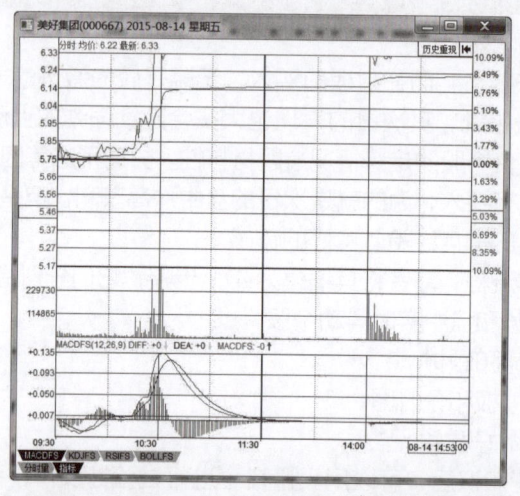

提示 ▶ 需要注意的是，在抢涨停板时，很可能因为买盘数量过多等其他意外情况导致不再买入，应静观其变，相机行事。

仅仅从盘面交易来看，是否要抢涨停板，实施买入，有一个很关键的要素，就是看是否有数量级较大的大买单正在扫掉涨停价位的压单。如有大买单扫盘，可以抢入；没有大买单扫盘，只是连续性的中小级别买入扫盘，则不宜抢板介入。

19.3.2 实战：把握位置，后市才能赚得更多

投资股票时，一般分为两种，即中长线和短线。中长线表明了该股的趋势情况，是位于中长线的高点还是低点；短线则要看清楚是短线飙升后的高点还是回调后的低点。

而一笔交易是否值得去做，和我们购买东西一样，就是看购买的物品是否物有所值，在股市操作中，就是获取的收益是否比承担的风险要高，如果确定，即可操作。但同时也意味着，参与涨停板的操作，就是在参与时将自己放入一个危险境地，因为我们的判断很可能失误，而且短线买涨停板，一般都是博取第二天、第三天的继续封板，即使不能封板，也要有大涨可能性。如果抢入后无法封牢涨停板，将会承担较大的短线风险。

分析个股趋势运行情况的方法有很多种，可以综合使用多种技术手段，比如移动平均线、趋势线，也可以通过一些技术指标，但最简单直观的莫过于查看其日K线走势图，股价的高低位置一目了然，高位的风险自然就大；反之，低位风险较小，且预期收益可期。

案例 在股票冲击涨停前回落时介入

1 登录同花顺软件，输入"RFKG"或"000668"快捷键，弹出同花顺键盘精灵。

2 按【Enter】键，进入荣丰控股的【K线图】界面，缩放显示 2010 年 9 月 23 日至 2015 年 5 月 22 日的 K 线图。

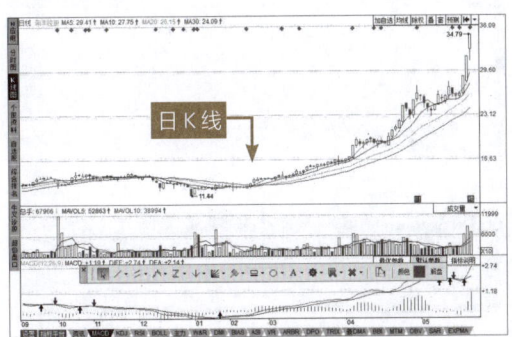

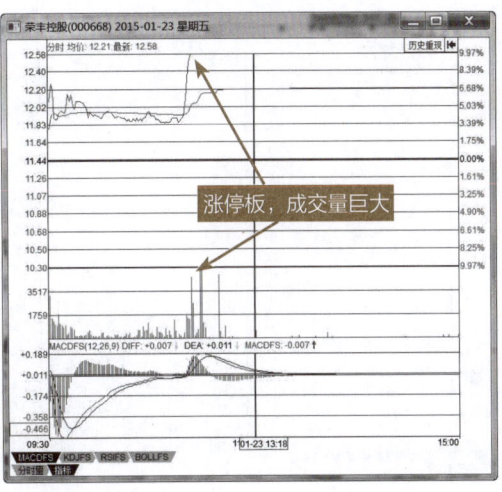

4 从该股趋势来看，其近 8 个月的走势中，该股封涨停板时处于低价区间，即将结束低位整理，开始上行，可以买入。

3 双击显示 2015 年 1 月 23 日的分时走势图，细心的用户会发现，该股高开后，有一个短暂的回落动作，但在临近 11:00，有一个大幅的拉升动作，且成交量急剧放大，即大单要封涨停。从该股之前的运行来看，盘中高开后短暂回落，有大幅拉升动作，封牢涨停板的概率较高。

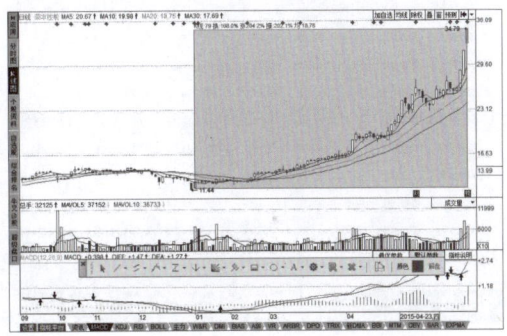

19.3.3 实战：盘中异动抢涨停

盘中异动，就是个股在盘中某个时段的走势明显与大部分股票不同，如 5 分钟内涨幅极快、突然跳水等，这些异动打破了个股原有的连续运行状态，多与主力资金的参与有关。

热点，总是以"板块或题材"方式启动，如证券股集体高升、"一带一路"板块的集体走强等。

以板块或题材集合方式呈现的热点，说明有多路资金在共同炒作这一热点，这样的热点一般都具有连续性，抢板操作中成功率更高。反之，单独启动、无同类个股联动的个股抢板操作风险相对较大。

如苏宁易购因为阿里巴巴参股导致股价连续涨停，引发了整个商务贸易板块集体涨停，下图为苏宁云商 2015 年 8 月 11 日的 K 线图。

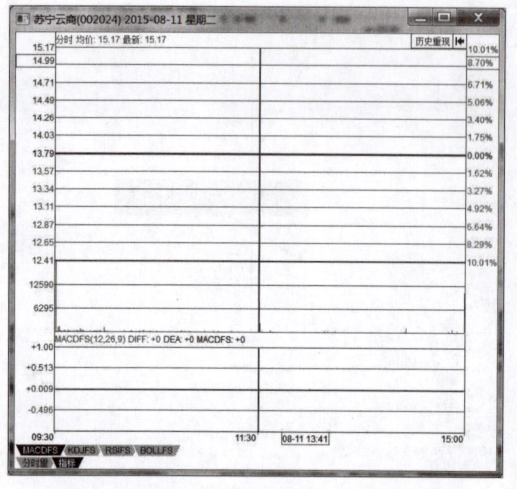

商业贸易类一直因为电子商务的迅疾发展导致其增长空间较小，受到市场的关注度较小，但因为线下O2O空间的想象，加上门店的扩展潜力等，受到电子商务巨头的关注，从而引起股价炒作。下面可以看出苏宁云商的炒作位置，相对于最高点，处于较低的位置，如果抢板，会有不错的收益。

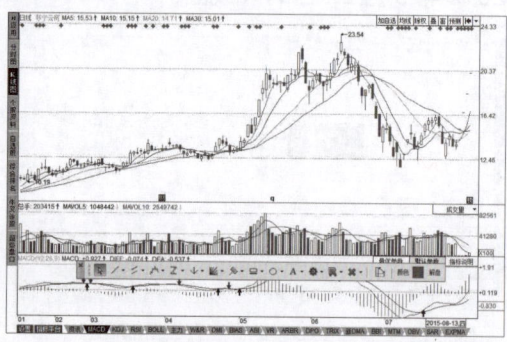

商业贸易板块的整体涨停如下图所示。

股票代码	股票名称	当前价	涨跌额	涨跌幅	当日股价幅度	52周股价幅度	市值
SZ002024	苏宁云商	20.20	+1.84	+10.02%	20.20~20.20	7.25~23.54	1491.37亿
SZ000408	金谷源	22.00	+2.00	+10.00%	20.25~22.00	6.50~36.66	55.51亿
SZ000062	深圳华强	43.34	+3.94	+10.00%	43.34~43.34	14.63~93.66	289.06亿
SH600723	首商股份	11.78	+1.07	+9.99%	11.01~11.78	6.31~15.68	77.56亿
SH600306	商业城	17.61	+1.60	+9.99%	16.15~17.61	8.15~29.04	31.37亿
SH600857	宁波中百	18.93	+1.72	+9.99%	17.20~18.93	11.23~35.80	42.46亿
SH600838	上海九百	17.17	+1.56	+9.99%	17.17~17.17	6.61~22.08	68.83亿
SH600628	新世界	21.91	+1.99	+9.99%	21.91~21.91	8.54~21.91	116.52亿
SH600861	北京城乡	18.52	+1.68	+9.98%	17.12~18.52	8.72~28.48	58.67亿
SZ000564	西安民生	12.68	+1.15	+9.97%	12.68~12.68	4.99~12.68	60.02亿
SZ000785	武汉中商	13.83	+1.22	+9.67%	12.50~13.87	6.77~23.50	34.74亿

对于集体启动型的热点题材，是抢板的首选品种。在这类品种中，最好去抢那些封板时间最早、短线涨幅较小的个股，它们当日成功封牢涨停板的概率最大，也有成为短线黑马股的潜力，可以为我们带来最佳"时间/收益"比。

19.3.4 实战：已经两个涨停板，追高买入需谨慎

追高，是一种较为常见的短线交易方法。它是指在个股明显启动的背景下的短线买入。追高时，我们买的价位就是短期高点。之所以参与追高，是因为股市中有着"强者恒强，弱者恒弱"的分化规律。参与追高，可以让我们在更短的时间内收获更多的利润，而不是盲目地等待个股的启动。

涨停板代表着短线的强劲冲击力，一些短线黑马股往往是以连续涨停板的形态出现的，但这样的个股毕竟是少数，很多个股在连续两个涨停板，甚至是一个涨停板之后，就出现了上涨乏力，甚至掉头向下的情况。

抢板操作虽然是一种激进的短线交易方式，但这并不代表我们放弃了风险控制。为了控制好风险，抢涨停板应尽可能在个股启动时的第一、二个涨停板抢入，等到个股开始冲击第三个涨停板了，就短线来说，不宜再抢板介入。

通过这样的模式，我们可以把自己置于一个更为主动的位置。即使主力短期内的拉升意愿不是十分强烈，个股也没有明显的热点题材，但涨停板次日，个股也多会惯性上冲。此时，我们短线处于小幅获利状态，在决定是留是走的问题上就会更客观、更主动。

案例 已经两个涨停板后追高

1 登录同花顺软件，输入"CLGF"或"002160"快捷键，弹出同花顺键盘精灵。

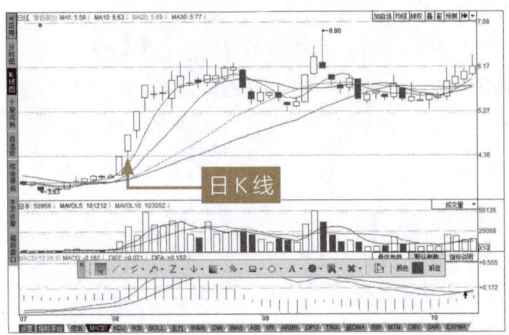

2 按【Enter】键，进入常铝股份的【K线图】界面，缩放显示2013年7月25日至2013年10月15日的K线图。

3 双击显示2013年8月12日分时走势图，早盘阶段，此股高开拉升，虽有下探动作，但截至上午收盘时封涨停，由于这是第二个涨停板，看到此处股价，很多投资者不敢追入，但午后继续封死涨停。

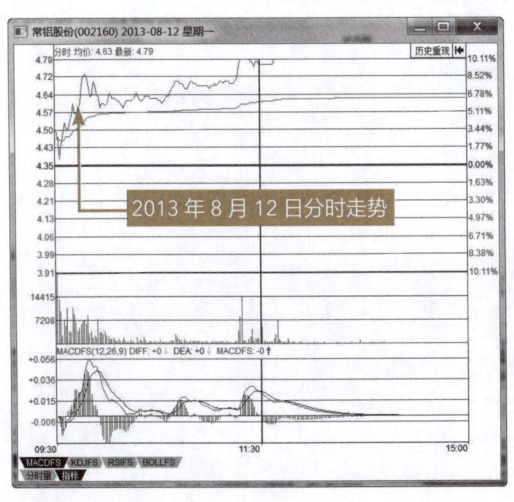

4 缩放到日K线图，可以看到即使第二天涨停板追入，两日仍旧有两个涨停板，即两日涨幅有20%，放大到后期来看，到最高点有40%的涨幅，收获不小。

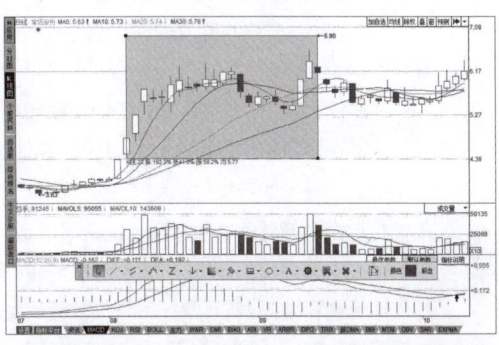

> **注意** ▶ 同样还是这只股票，如果用户在第四个涨停板追入呢？可以看到，第四个涨停板以后，该股继续上升的空间较小，短期内甚至还有回落，风险巨大，不建议再追入。

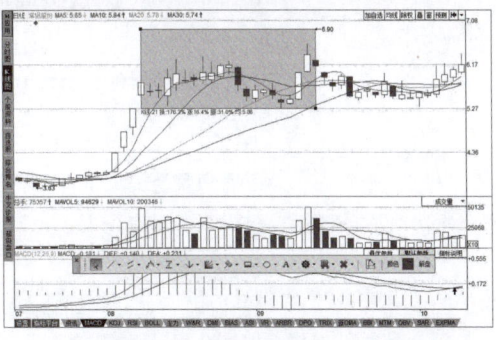

综上所述，在抢板操作中，如果是第一板与第二板都可以抢入，在抢个股的连续第二个涨停板时，一定要结合题材面操作，没有好的题材支撑，第二个涨停板也是不宜抢入的。

技巧 1 结合消息面捕捉涨停板

涨停板除了盘中异动等情况外，很多股票具有相应的涨停消息面。

因此，在同样可能涨停的个股中，我们优先选取符合以下四个标准的个股。

（1）市场热点板块的龙头个股优先考虑，这类股很容易得到市场的青睐，最强也最安全。

（2）新兴产业的高成长性小盘股优先考虑，成长性投资已经成为当今世界成熟资本市场投资的共识。

（3）公司即将迎来企业业绩拐点的股票优先考虑，投资者只关心股票的未来。

（4）个股流通盘不能太大，一般不超过10亿股，原则上我们不参与蓝筹股的涨停，盘子太大，行情的持续性就差，没有哪个主力会去炒作中国银行。另外，在实战中，我们大体坚持这四个基础面选股原则，说白了就是尽可能地兼顾趋势投资和成长性投资，因为这二者已经成为我们现在操作股票时一贯坚守的理念。

以金智科技来说明，在2010年3月发布的2009年年报显示其每股收益很好，所以主力发现该情况后，就在3月23日通过放量涨停实现拉升，由于前期的整理时间很长，所以股价一旦涨起来，更加势不可挡。

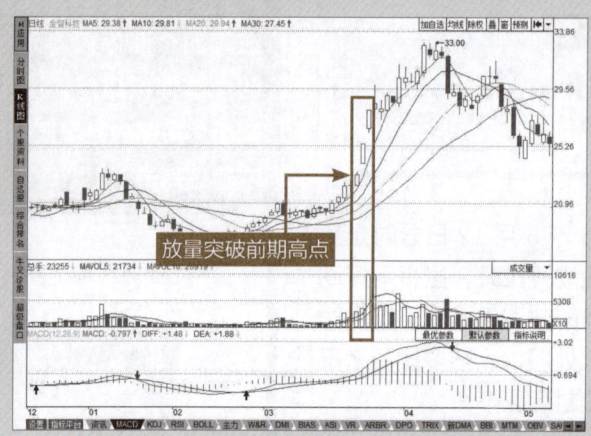

下面来看看当时的每股收益情况。

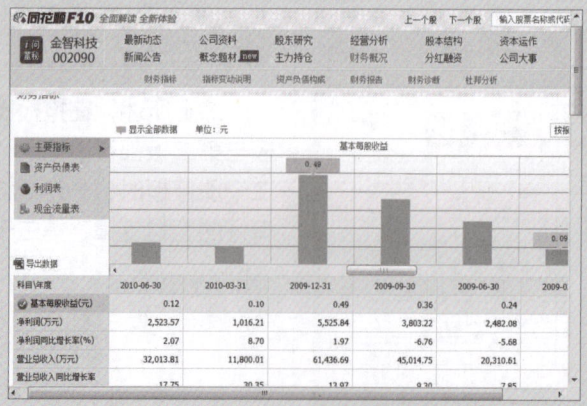

从上图我们可以看到，2009 年每股收益接近 0.5 元，公司决定 10 转 10 派 2.5 回报股东，而且金智科技是当时智能电网的龙头股，即行业内的标杆企业，基础面相当优秀，买进自然无后顾之忧，结合当日的强势盘口，可以追高买入。

技巧 2　抢涨停如何卖出收益最大

买入涨停板固然开心，但如果不能很好地将其卖出，就会掉入买好卖不好的陷阱。卖点，就是指我们能够对个股随后的短线走势有一个相对准确的判断，从而实施卖出操作。

抢入涨停板之后，就可以放心做其他事情了，但收盘前的复盘一定要重视，因为它能让我们了解当日封板后的大盘表现、个股走势等，从而为第二日的操作做一个简单的规划。通常情况下，如果当日封涨停后，出现开板、多次封板，甚至尾盘无法停留于涨停价上，意味着涨停板买入有些失误，第二天一定要做好出场的准备。

案例　涨停打开及早出局

1　登录同花顺软件，输入"GDDL"或"600310"快捷键，弹出同花顺键盘精灵。

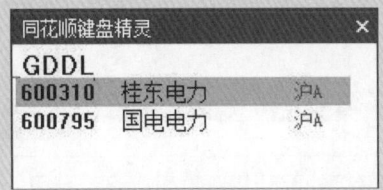

2　按【Enter】键，进入桂东电力的【K 线图】界面，缩放显示 2013 年 7 月 25 日至 2014 年 1 月 2 日的 K 线图。

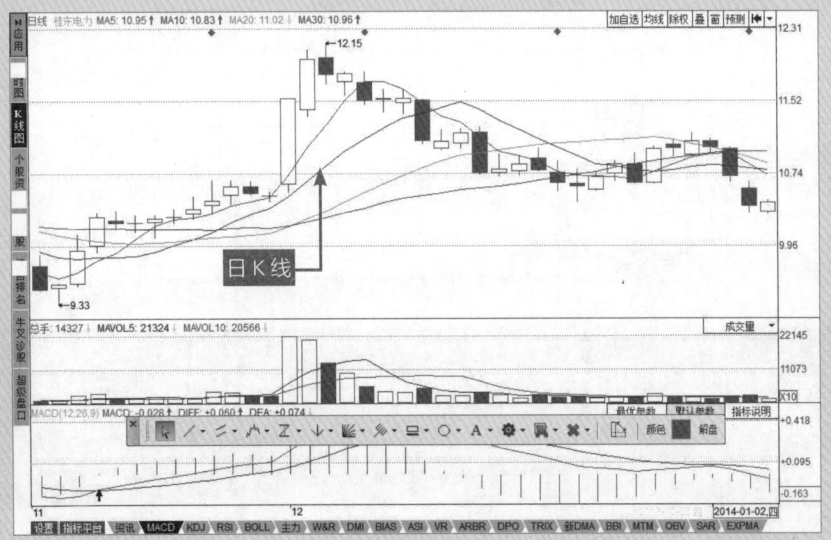

3　双击显示 2013 年 12 月 2 日分时走势图，早盘强势封涨停，按道理来看是一个相当

不错的封板形态图，且从日K线走势和均线走势来看，个股也处于加速突破中，后市应该会有不错的表现。但从收盘时可以看出，该股出现多次开板现象，走势不稳，说明主力控盘不积极且做多意愿不够强烈，这时我们就要小心该股票，考虑次日要抛出。

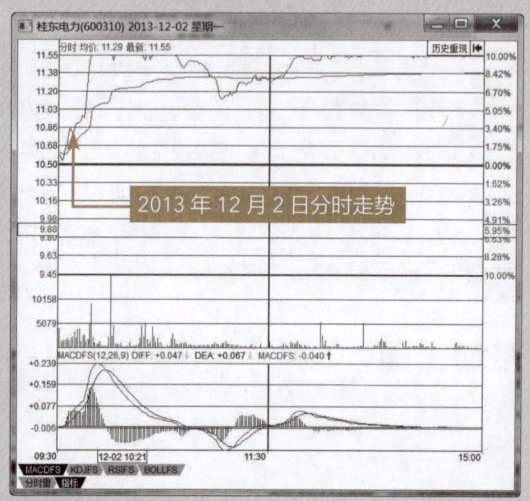

2013年12月2日分时走势

4 双击显示2013年12月3日分时走势图，可以看出该股走势出现剧烈震荡，找到好的时点出局为妙。

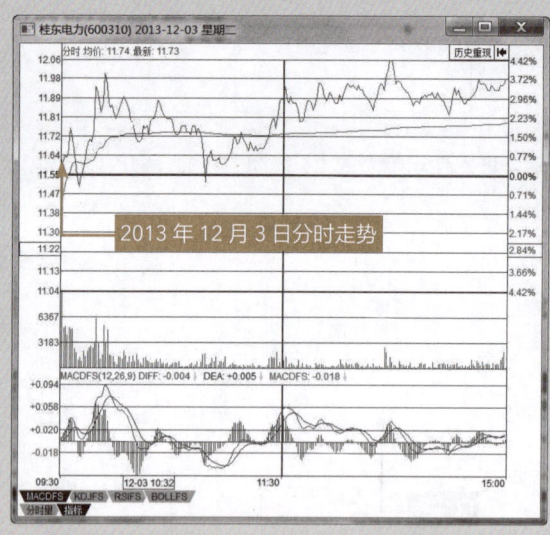

2013年12月3日分时走势

提 示 ▶ 即使当日封板的股票，也不意味着次日一定有好的表现。一般来说，强势板的次日，若个股没有在早盘阶段启动且脱离成本价，卖出是一种较为理想的选择。

20 逃顶技法

本章引语

知进而不知退，知存而不知亡，知得而不知丧，其唯圣人乎？

——《周易·乾·文言》

知道进而不知道退，知道存却不知道亡，知道得到而不知道丧失，能称得上圣人吗？炒股投资不仅要学会伺机进攻，更要识顶逃顶，避免亏损，把浮盈变成实际的盈利，这就需要卖股的技巧。

本章要点

★ 消息面逃顶
★ 技术面分析逃顶

20.1 通过消息面逃顶

技术面有多种分析方法,但消息面常常只有有限的几种,包括国家的政策、市场新闻,还有一些企业发生的合并破裂、重组失败的消息,甚至利润大涨但不符合市场预期都有可能成为股价的转折点。

20.1.1 2007年的"5·30"政策消息

2006年起,沪深股市开始了前所未有的大牛市。为抑制股市上涨,2007年5月29日,刚辟谣一周的财政部半夜出台政策——"印花税提高200%"。5月30日,沪深两市股指出现暴跌,跌幅达6%以上,约900只个股跌停。

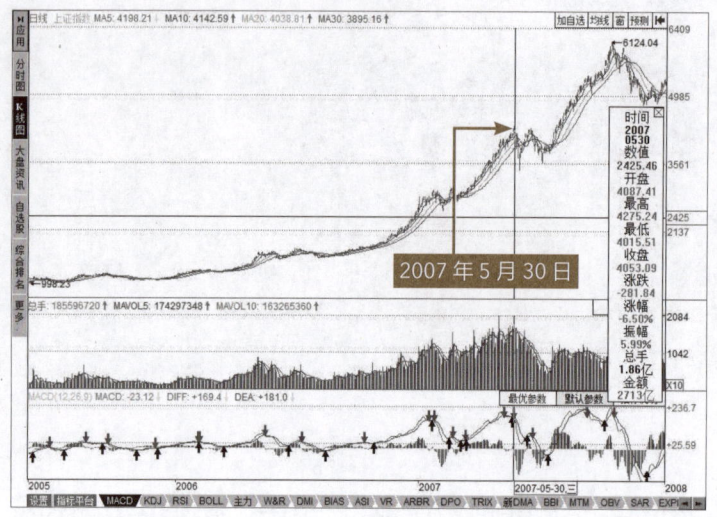

其实,针对市场传闻,财政部一周前刚刚辟谣,但随后又发布了该消息,由此可见"无风不起浪"。该消息在市场中风传近20天,很多人都觉得这是个假消息,加上财政部的官方辟谣,更让很多人觉得有假。但事实上,也有人听闻该消息后就大幅减仓甚至空仓,从而躲过了这次大跌。

把握市场消息,当不确定是真是假时,首先退出或轻仓参与,宁可错过,不可做错。

20.1.2 重啤事件

提到重啤事件,很多人想到的是重庆啤酒。据说1998年,重庆啤酒宣称要研究乙肝疫苗,因为这个原因,公司前景被大为看好,公司股票被基金增持,散户跟风炒作,股价被炒至一个又一个的新高。可13年之后,公司于2011年12月宣布其乙肝疫苗研究无成果,由此导致股价九连跌,在一个月之内,公司股价由80多元跌至20元。投机重庆啤酒的基金、散户的发财梦如重庆啤酒的疫苗梦一样破灭……这就是所谓的"重啤事件"。

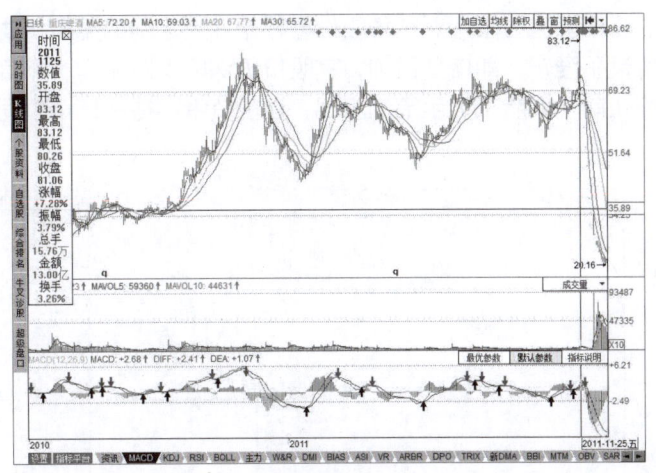

有句俗话："会买的是徒弟,会卖的是师傅。"在股市中,无论你是短线客,还是中长线投资者,买进股票后总要卖出去。但卖出股票并不是一件简单的事情,很多人因没有把握好卖出股票的时机,最终先赢后输。有的舍不得割肉,只能深套其中。

逃顶是瞬间的过程,散户只需几秒就可以卖出股票,但又有几位能在高位顺利出逃呢?大多数投资者不是在低位被主力早早洗盘出局,就是在高位被牢牢套死,成功逃顶成了很多投资者心中的梦想。如何才能成功逃顶呢?只有下苦功练习,掌握常用的分析技巧,并能灵活运用,从主力角度去理解逃顶的心理,才能在关键时刻成为逃顶高手。

20.1.3 重组失败

从 2014 年年中开始,中国股市慢慢进入牛市,到 2015 年上半年进入牛市高潮阶段。其中,以创业板为代表的"成长型企业牛"和以国有大中型企业上市公司为代表的"重组企业牛"是这次牛市行情的两大亮点。进入 2015 年 3 月后,一大批以"增发+重组"为停牌套路的股票在复牌后更是跟随牛市出现了疯狂的涨停潮。

在重组风口下,一大批个股在重组预案宣布失败之后,股价照样连续涨停。如 2014 年 12 月 10 日就开始停牌筹划重组的锐奇股份,在 2015 年 5 月中旬宣布中止重组并复牌,公司同时表示,在未来的 6 个月内不再筹划任何资产重组事宜。虽然重组失败,但公司股价在复牌后却走出了 12 个"一"字涨停。

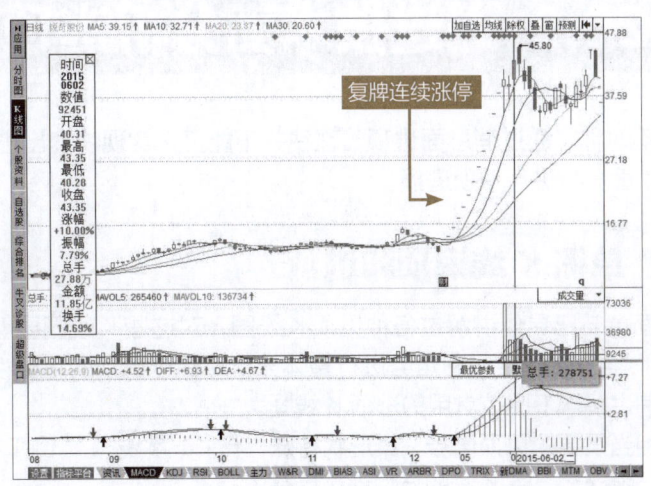

并不是所有的股票都这么幸运。威华股份与赣州稀土之间的重组搁浅，就经历了三个跌停板，公司股价近乎腰斩，即使到目前，其股价仍深陷下跌泥潭，年度跌幅榜上有名。而就在重组预案终止前，大股东大手笔的套现，让投资者不得不怀疑公司相关人员进行内幕交易。

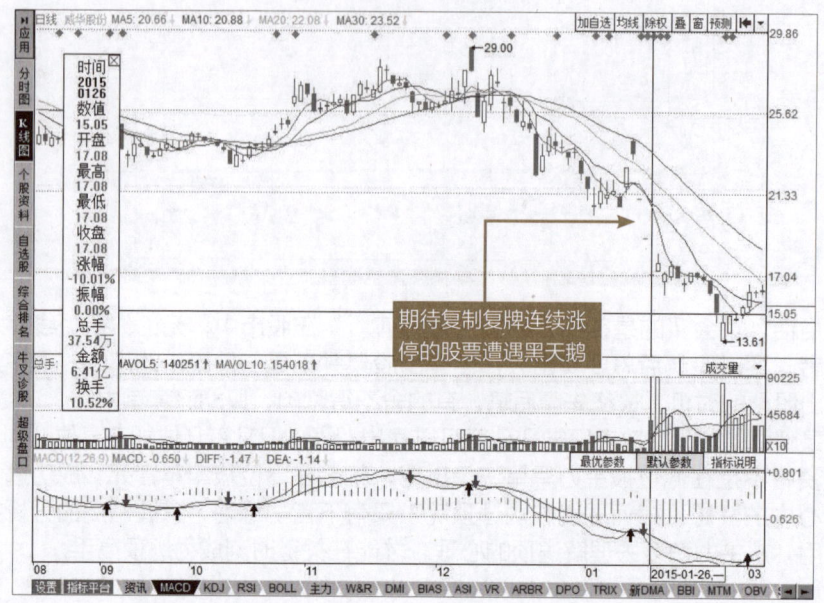

在该股停牌前，很多投资者就提示风险，说明可能出现的问题，但当时处于疯狂增值预期的人们，根本没有当回事。

> 2015年1月10日15:47分@大钱靠意志在威华股份股吧发文《重组面临终止风险！》，称"赣稀并不具有行业准入证，赣稀也知道在规定的一年重组期内无法完成，重组可能面临终止风险。赣稀的重组对手方为什么在得知此消息的第一时间，甚至到现在不停牌公告此重大事项？并在此期间疯狂减持套现，是不是构成内幕交易"？从发文的时间上来看，正值威华重组上会的前三个交易日。假如你看到并做出了同样的思考，是不是就能提前避免这个悲剧了呢？

20.2 通过技术面分析逃顶

因为信息的不对称，通过消息面逃顶，往往并不能真正实现快速出逃。实际上，投资者也可以根据技术面分析进行识顶逃顶。

20.2.1 实战：单根 K 线识顶和逃顶

在本书的前面章节已具体讲解过各种见顶 K 线图，对这些 K 线图要熟记于心，并能结合股票的各种 K 线图走势进行整体分析。由于逃顶的重要性，下面通过具体实例讲解一下比较常用的逃顶 K 线图。

长十字星是相当重要的见顶信号，其形状特殊，将"T字线""倒T字线""射击之星""吊颈线""螺旋桨"等 K 线的特性都包括在内。

案例　利用长十字星 K 线逃顶

1 打开同花顺软件，输入"HQKJ"或"600556"快捷键，弹出同花顺键盘精灵。

2 按【Enter】键，进入慧球科技的【K线图】界面。缩放显示 2015 年 1 月 30 日到 2015 年 7 月 20 日 K 线图，从图中可以看出，经过多次拉升后，该股在 6 月 12 日出现高位十字星 K 线，预示该股已到疯狂阶段，见顶概率极大，看到该形态就应尽快出逃。

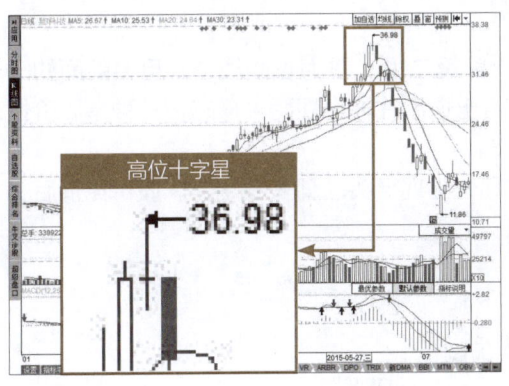

3 高位出现长十字星，预示两种可能：一是主力在震荡洗盘；二是主力在震荡出货。回头看一下慧球科技，从 2 月到 6 月 4 个月时间内，股价从 12 元左右涨到 37 元左右，涨幅 200%，升势巨大，即使还能再有一波上涨，个人投资者也应清仓离场。即使后期没有大盘的大幅下挫，该股短期前景也不妙。

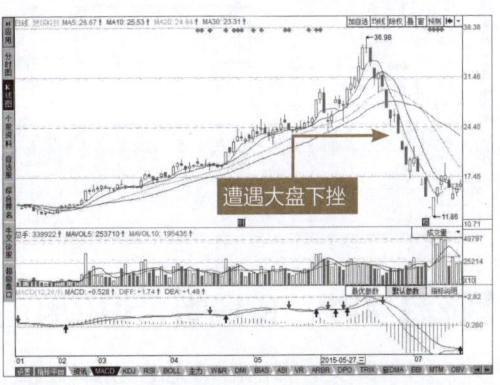

> **注意** ▶ 只要在高位出现十字星，投资者都要注意，最好等形势明朗后再做决定，也可以减仓，但绝不能再短线抄底。

如果在牛市初期出现长十字星，且在一个振幅较小的范围内反复出现，很可能是主力在震荡洗盘，可能会出现回调，但是中长期是向上的，这时可根据均线进行操作。

案例　利用单根 K 线逃顶

射击之星和倒 T 字线属于上档抛压沉重见顶信号，其共同特征是具有较长的上影线，实体部分较短。

1 登录同花顺软件，输入"XYD"或"600571"，弹出同花顺键盘精灵。

2 按【Enter】键，进入信雅达的【K线图】界面。缩放显示2015年1月5日到2015年7月1日K线图，从图中可以看出，经过疯狂上涨后，该股在6月5日出现射击之星K线，预示上档抛压沉重见顶信号。

3 从下图中可以看出，该股不但此时出现了射击之星形态，前期还出现了十字星形态，即使第一种形态判断不准确，这一次也应该尽快抛出逃走，否则浮盈会大幅缩水。

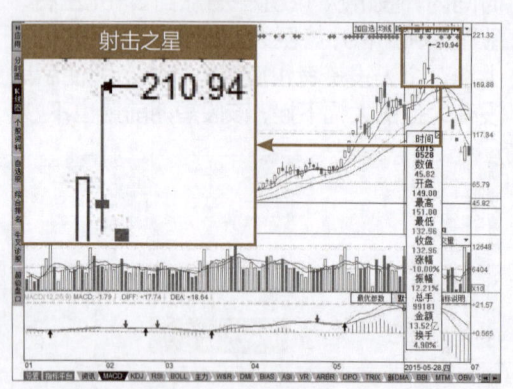

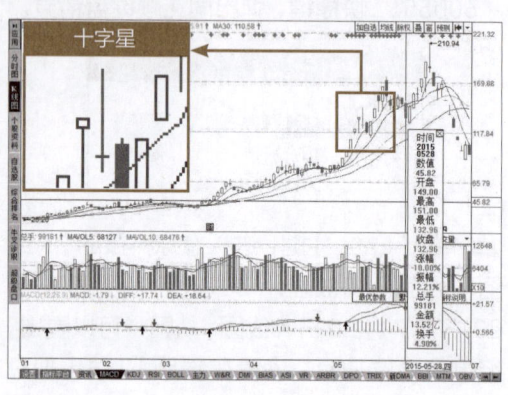

20.2.2 实战：K线组合识顶和逃顶

（1）穿头破脚是最常见的见顶K线组合，即第二根K线为长阴线，并且将前面的一根小阳线从头到脚全部穿在里面了。该K线组合出现后往往出现两种形态：一种是股价快速回落；另一种是股价盘整一段时间再向下突破。

如中国石化（600028）大幅上升后，就在高位出现穿头破脚K线组合，股价见顶后就开始大幅下跌，如下图所示。

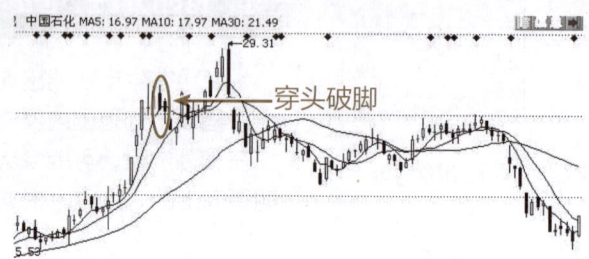

（2）投资者见到穿头破脚K线组合后，股价开始大幅下跌，就要马上斩仓出局。

（3）有些股票出现穿头破脚K线组合后，股价并没有马上跌下来，有的出现较长时间的盘整，有的可能还创出新高，但投资者一定要明白，主力是不可能在高位利用穿头破脚K线组合洗盘的，所以还是快逃为上。下图是民生银行（600016）在顶部出现的穿头破脚K线组合。

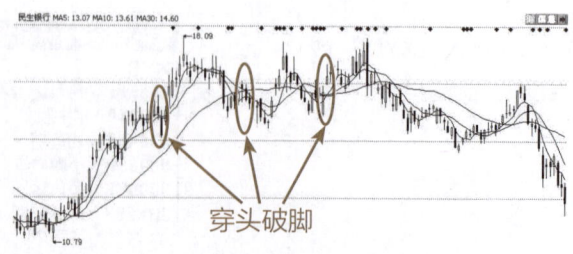

（4）如果在周线或月线中出现穿头破脚K线组合，则该股票要长期看空、做空，不要轻易进入该股票。下图是中信证券（600030）在月K线中出现的穿头破脚K线组合。

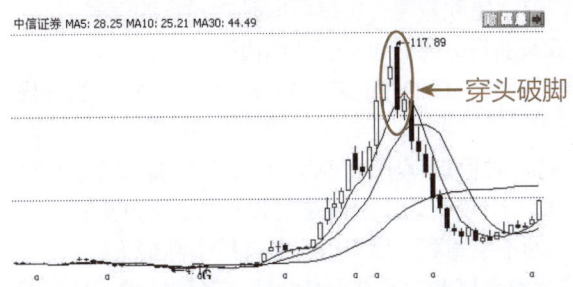

（5）乌云压顶是比较常见的见顶K线组合，在高位一旦出现该K线组合，可以先卖出一部分股票。

如一致药业（000028）在反弹的过程中出现了乌云压顶K线组合，投资者一定要果断清仓出局，否则就会深套其中，如下图所示。

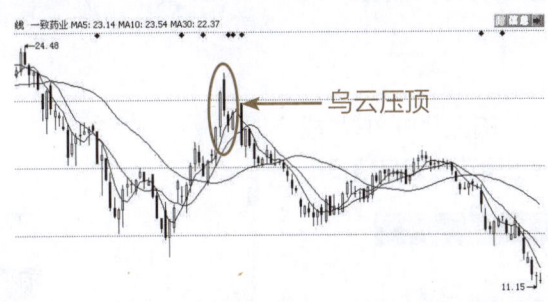

提醒：利用K线逃顶的优点是，只要能看准，就可以在高位卖出一个好价格；缺点是，误判的可能性比较大，常常被主力洗盘出局，即把阶段性顶部看成中长期顶部。

解决办法如下。

（1）K线图出现见顶信号后，要进行验证，即多观察几日或先卖出去一部分筹码。

（2）在利用K线图逃顶时，利用均线进行辅助判断，如果是多头排列或关键支撑位没有破，不要轻易清仓离场。

（3）看完日K线图，还要看一下周K线图、月K线图，进行综合验证。

20.2.3 实战：顶部背离时逃顶

在使用技术指标进行炒股时，经常会遇到股票走势与指标走势"背离"的现象。背离，简单地说就是走势的不一致。背离的特征一旦出现，就是一个比较明显的采取行动的信号。

能够形成明显技术指标背离特征的指标有MACD、WR、RSI、KDJ等，其形态都存在与股价背离的特征。

指标的背离有顶背离和底背离两种。

当K线图上的股票走势一峰比一峰高，股价一直在向上涨，而MACD指标图形上的由红柱构成的图形的走势却一峰比一峰低，即当股价的高点比前一次的高点高，而MACD指标的高点比指标的前一次高点低，这叫顶背离现象。顶背离现象一般是股价在高位即将反转的信号，表明股价短期内即将下跌，是卖出股票的信号。

反之，底背离一般出现在股价的低档位置，当股价的低点比前一次的低点低，而MACD指标的低点却比前一次的低点高，也就是说，当指标认为股价不会再持续地下跌，暗示股价会反转上涨，这就是底背离，也是可以开始建仓的信号。

注意：一定要注意识别假背离。通常假背离具有以下特征。

（1）某一时间周期背离，其他时间并不背离。例如，短线图背离，但中长线图并不背离。

（2）没有进入指标高位区域就出现背离。所说的用背离确定顶部和底部，技术指标在高于80或低于20背离，比较有效，最好是经过一段时间的钝化。技术指标在20~80往往是强市调整的特点，而不是背离，后市很可能继续上涨或下跌。

（3）单一指标的背离而其他指标并没有背离。各种技术指标在背离的时候，往往由于其指标设计上的不同，背离时间也不同。KDJ最为敏感，RSI次之，MACD最弱。单一指标背离的指导意义不强，若各种指标都出现背离，股价见顶和见底的可能性较大。

案例　利用顶背离指标逃顶

1 登录同花顺软件，输入"PFYH"或"600000"快捷键，弹出同花顺键盘精灵。

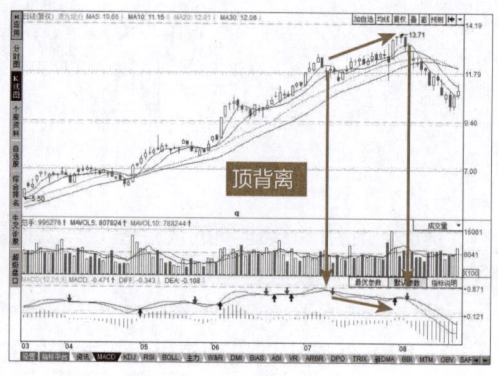

2 按【Enter】键，进入浦发银行的【K线图】界面。缩放显示2009年3月23日到2009年8月21日K线图，从图中可以看出，浦发银行在该阶段走势稳健，处于上升趋势。但在2009年7月10日到2009年7月31日这段时间内，其股价处于上升趋势（均线也处于上升趋势），但其MACD线在这个阶段却处于下降趋势，这就是所说的顶背离形态。

3 用户发现这种情况出现时，最好赶快清仓离场，否则就会遭受巨大的损失。从最高点13.71元，到最低点7.97元，损失超过50%。

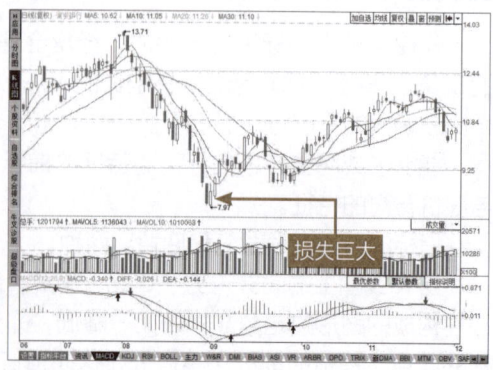

20.2.4 实战：巨量大阴时逃顶

巨量一方面是指成交量巨大，另一方面或者说更重要的是指量比巨大（一般指动态中量比大于 20，此处是指成交量巨大）。在一只股票的上涨过程中，日 K 线呈现高开阴线，并且伴随成交量突然放大或开盘量比非常大，这种形态被称为"巨量大阴"形态。如出现"巨量大阴"形态，应当果断卖出，当天收"高开阴线"的可能极大，有些个股甚至当天振幅超过 10%，如果投资者在最高价买入的话，甚至有可能当天损失 15% 以上。

案例　利用巨量大阴时逃顶

1 登录同花顺软件，输入"HLGF"或"002647"快捷键，弹出同花顺键盘精灵。

2 按【Enter】键，进入宏磊股份的【K 线图】界面。缩放显示 2014 年 12 月 31 日到 2015 年 2 月 11 日 K 线图，从图中可以看出，宏磊股份在该阶段一直处于震荡中，成交量在 1.5 万手（成交额 1000 万元）上下波动。在后期开始爆发，连续拉多个涨停板，股价处于相对高位。2015 年 1 月 25 日成交量爆出 31 万手（成交额 3.57 亿元），是以前单日成交量的 20 多倍，且其 K 线是带有长上下影线的大阴柱，预示该高位有主力出逃嫌疑。

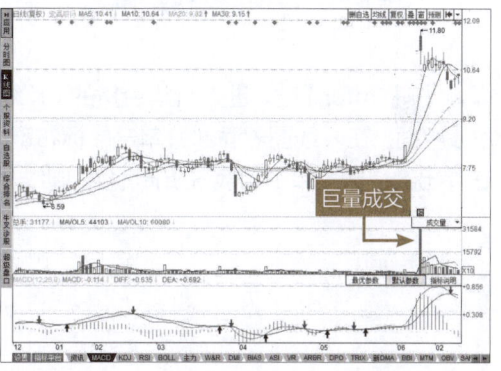

3 用户发现这种情况出现时，最好赶快清仓离场，否则就会遭受损失。从最高点 11.80 元，到后期低点 10.04 元，跌幅接近 15%。

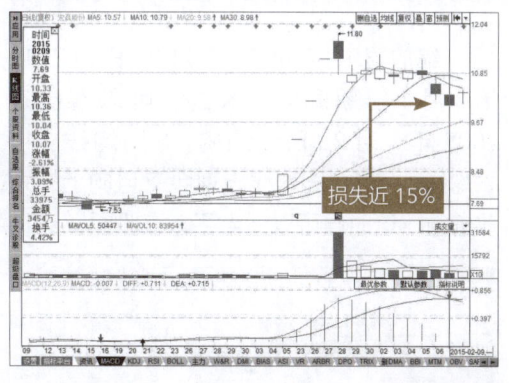

20.2.5 实战：均线识顶和逃顶

除了 K 线外，均线在各种应用中也特别广泛，特别是前面讲解过利用均线进行短线操作，投资者一定要对各种均线组合熟记于心，且能随机应变。

周均线和月均线是实战中很有参考价值的两条移动平均线，利用它们可以找到中长期买点和卖点。例如短期的均线一般是 5 日均线、10 日均线，中长期均线则为 5 周均线、10

周均线和 5 月均线、10 月均线。

当均线三线向下散形，则多头已死，即短、中、长三条均线黏合或交叉向下发散，是逃顶最明显的信号。逃顶要及时，否则可能由盈利变成亏损。

案例　利用均线识顶和逃顶

1 打开同花顺软件，输入"XHBH"或"600785"快捷键，弹出同花顺键盘精灵。

2 按【Enter】键，进入新华百货的【K线图】界面。在 K 线图界面部分单击鼠标右键，在弹出的快捷菜单中切换分析周期为"周线"。

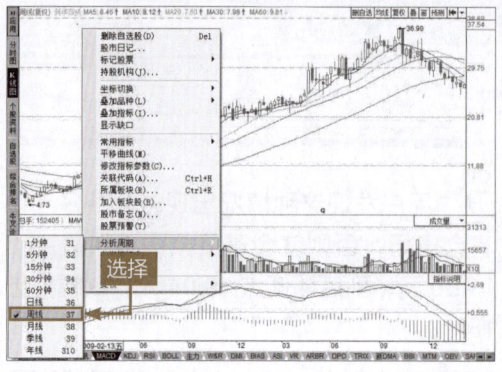

3 缩放显示 2008 年 10 月 24 日到 2011 年 2 月 1 日期间的周 K 线，可以看出在 2009 年 1 月 23 日这周内，5 周均线、10 周均线上穿 20 周均线出现金叉且向上有发散迹象，这时候可以适当买入该股票。

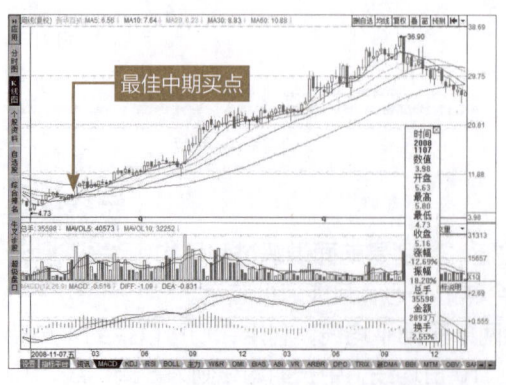

4 继续向右侧看，发现在 2008 年 10 月 29 日这周内，5 周均线、10 周均线下穿 20 周均线出现死叉，且前期从买入点 7 元左右到如今的 32 元，涨幅超 3 倍，短期内继续上涨的可能性较小，投资者看到该形态时，应立即卖出该股票，否则会遭受巨大损失。

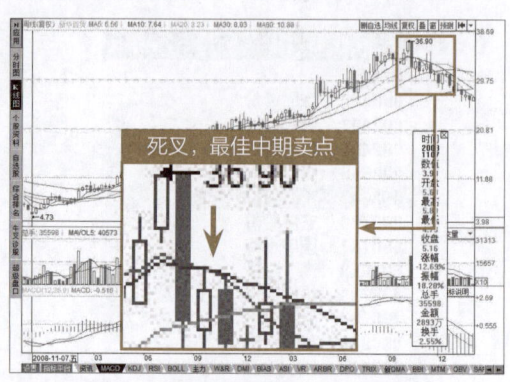

5 缩放显示其后期走势，可以看出，如果不抛出，将遭受连续近一年的下跌。

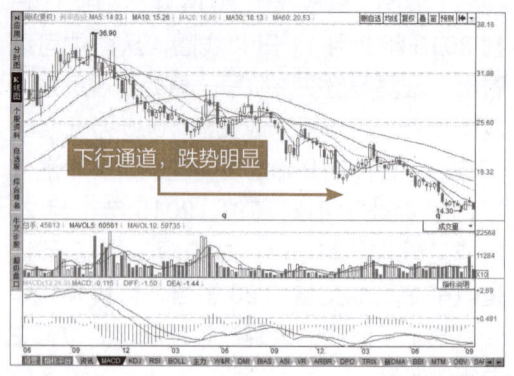

注意 ▶ 在下跌过程中，发现均线粘连且向下发散的情况，也要及时清仓。例如右图中长白山出现的均线向下发散状况。

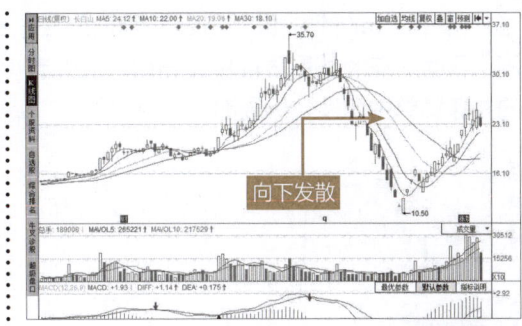

20.2.6 实战：量梯跟进时逃顶

成交量可以帮助投资者判断一只股票是否即将成为热门股票，有经验的投资者都知道"量为价先"，即成交量一般先于股价出现明显特征。当成交量均线出现死亡交叉的时候，如果同时伴随成交量像下台阶一样的量柱形态，可以判断出现了量梯跟进，此时投资者应当及时卖出逃顶。

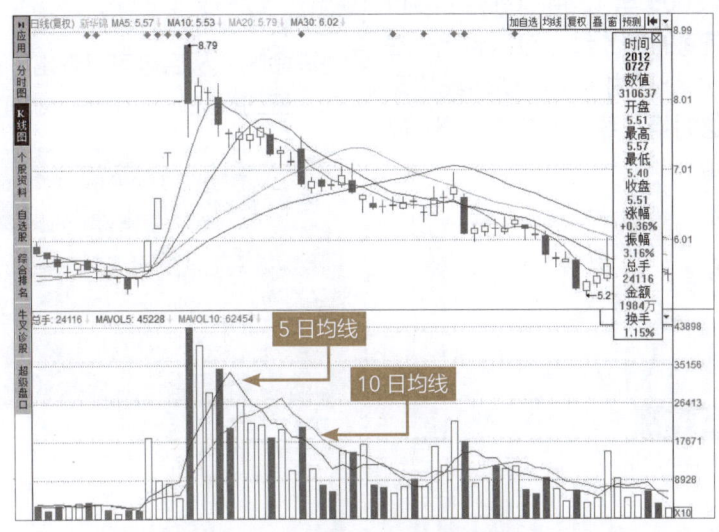

注意 ▶ 日均量线和周均量线由于时间短、变化快，不能起到识顶和逃顶作用，只有月均量线在识顶和逃顶中能起到提前预警作用。

案例 利用量梯跟进时识顶和逃顶

1 打开同花顺软件，输入"BYJC"或"600004"，弹出同花顺键盘精灵。

2 按【Enter】键，进入白云机场的【K线图】界面。在K线图界面单击右键，在弹出的快捷菜单中切换分析周期为"月线"。

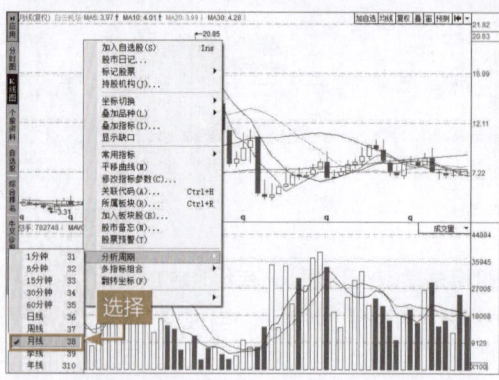

3 缩放显示 2005 年 12 月 30 日到 2011 年 4 月 29 日期间的月 K 线，可以看出，在 2006 年 10 月这个月内，成交量均线出现了一次交叉，这时看 K 线上面的均线图，刚刚准备向上发散。

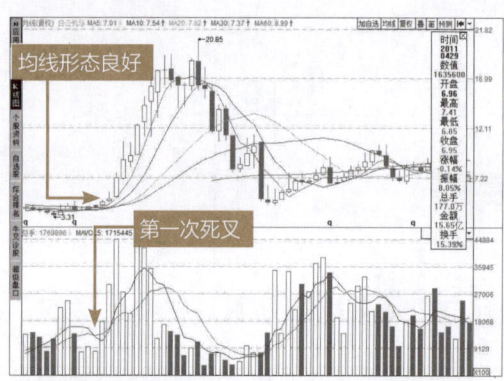

4 继续向右侧查看，可以看出在 2007 年 8 月，成交量均线又一次出现死亡交叉，即短期量能萎缩，预示高位无人接盘，且 K 线出现了十字星，这时投资者就需要小心了，

前面已经说过，出现这种高位十字星一定要注意减仓。

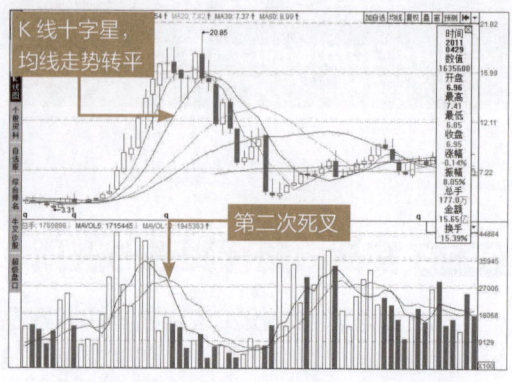

这时候如果还有投资者抱有侥幸心理，还可以继续等待，继续右移，可以看出均线走势转平，即上升不能持续了，赶快下定决心逃命吧。从后势可以看出，开始了下跌模式，直到损失超过 50%，才有所好转。

> **注意** ▶ 除了判断个股外，用户还可以根据这种形态来判断大盘走势。如上证指数大幅拉升后，在 2015 年 5 月周均量线出现死亡交叉，这比实际的股灾（2015 年 6 月下旬）开始早了一个月预警。

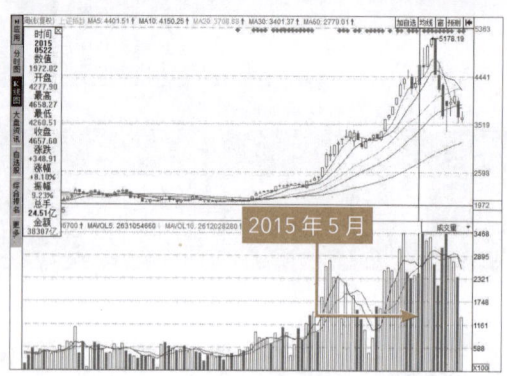

技巧 1 双峰触天逃顶

所谓"双峰触天",是指股价上升的过程中,出现了两个高度大致相等的顶部。此时如果没有足量跌幅,一般会出现新一轮的下跌行情。此时建议投资者谨慎,尽量抛售手中的股票。

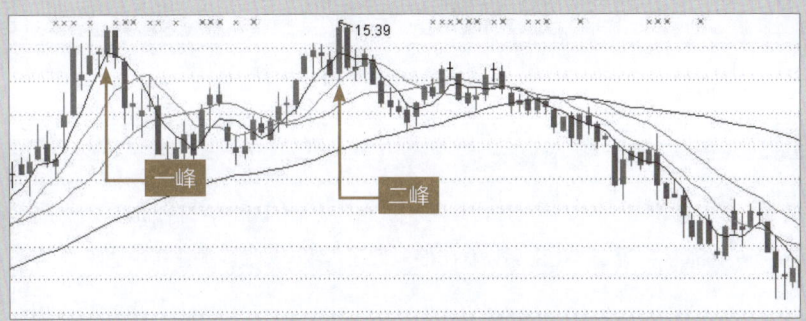

出现"双峰触天"的形态后,股票投资者需遵循以下操作原则。

(1) 出现上述形态不一定代表以后一定会出现下跌,但是一般后期不会出现新一轮的上涨,所以此时抛售股票,实属明智之举。

(2) 本形态出现后,有可能会出现第三次。

(3) 即使出现轻微的上涨震荡,卖出信号也与顶部一样强烈。

下面以"双峰触天"形态为例,讲述此种形态下的具体操作技巧。

案例 利用双峰触天时逃顶

1 登录同花顺软件,输入"ZJJT"或"000039"快捷键,弹出同花顺键盘精灵。

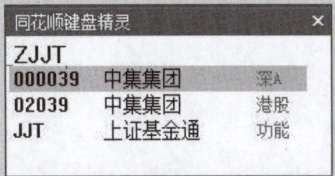

2 按【Enter】键,进入中集集团个股界面K线图。

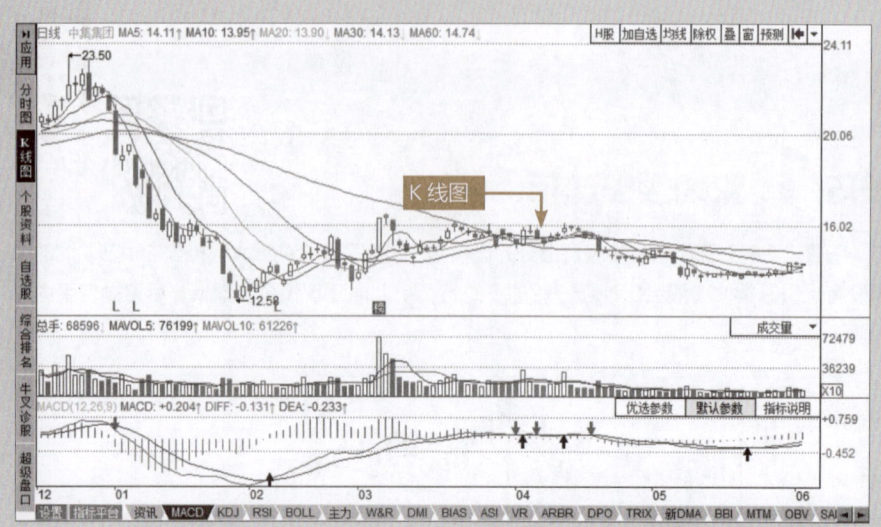

3 该股在 2010 年 1 月 18 日前后出现第一次急剧上涨的形态,并在此后又出现一次和其顶部平行的峰值。在第二次上涨后,卖出信号极强,建议投资者抛售手中的股票。

注意 ▶ 一旦遇到上述形态,虽然无法确定其下跌幅度,但投资者应该回避这种下跌造成的损失,及时抛出股票为宜。

技巧 2 三峰顶天逃顶

"三峰顶天"形态,是指股价上升到高位后,相继出现高点大体处在同一水平线上的三个顶部,这是股价大顶到来的重要表现,当第三个高点出现时是强烈的最后逃命信号。

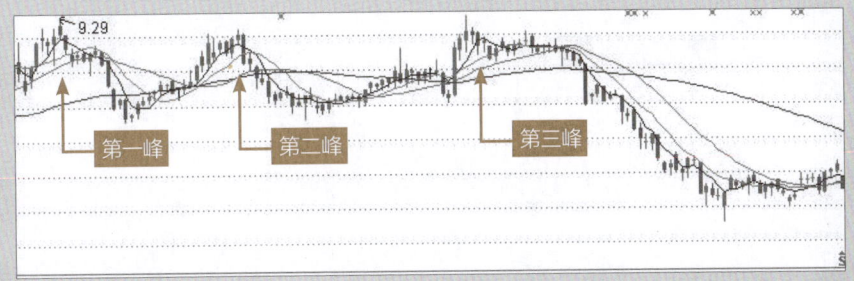

出现"三峰顶天"形态后,无论是谨慎还是激进的股票投资者都需要注意以下几点。

(1)3个峰顶出现时间间隔有长有短,长则达数周甚至数月,短则只有三五日,不论相隔时间长短,均是强烈卖出信号,尤其是卖出时机在第三峰顶出现时。如果日线无法明确显示,可以利用周K线和月K线显示。

(2)通常以股价前期升幅的大小来区分本形态所处位置。在一般情况下,前期升幅较大,处在高位的可能性也就较大。前期升幅超过30%为处在高位;经过一段下跌后形成本形态为处在下降途中。

下面以"三峰顶天"形态为例,讲述此种形态下的具体操作技巧。

案例 利用三峰顶天时逃顶

1 登录同花顺软件,输入"YTG"或"000088"快捷键,弹出同花顺键盘精灵。

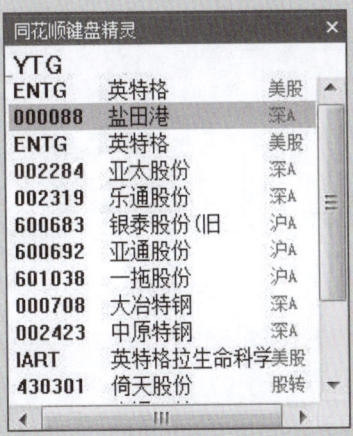

2 按【Enter】键,进入盐田港个股K线分析界面。

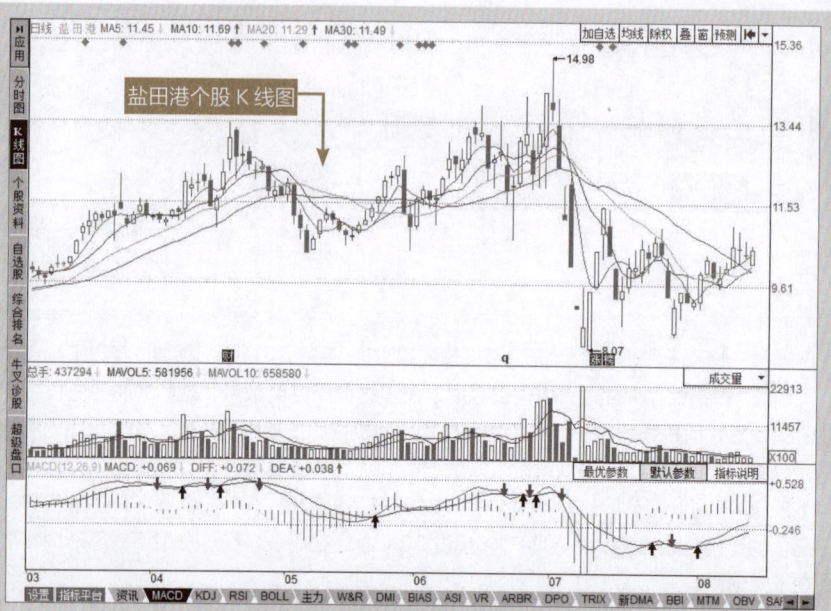

3 该形态的卖出原理较好理解，从该股的走势可以看出，第一个山峰出现时，表明投资者对这一高点已有戒备，谨慎做多，股价不会继续上涨，只好向下寻求出路，于是形成了第一个山峰。第二个山峰出现时，因为有前一个山峰作比较，部分投资者会在第二个山峰的高点附近卖出，迫使股价下跌。第三个山峰出现时，多数投资者会依前两次山峰的高点为警戒点，清仓离场，股价就会一蹶不振地向下滑落。这就是为什么第三个山峰出现后，股价会大跌的重要原因。

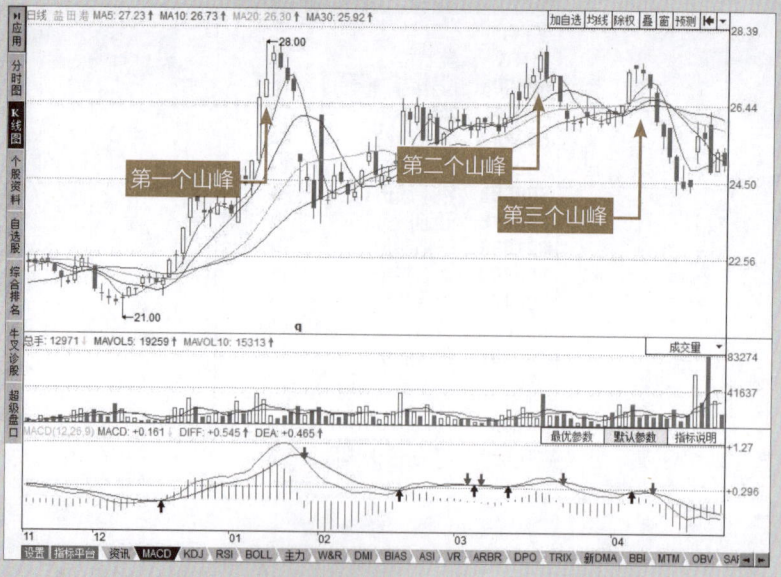

在实战中，分辨"三峰顶天"形态的主要依据是看股价前期涨幅的大小，如果在持续拉升后的高位或下降通道中出现均为见顶态势。"三峰"的出现与间隔时间没有必然联系（长则数月短则几天），同为阶段性顶部的重要信号，表明此处压力很大，在每一个顶部出现都是绝好的卖出时机，投资者可在第一峰与第三峰之间高抛低吸获取利润。

21
跟随主力技法

本章引语

项王使卒三万人从，楚与诸侯之慕从者数万人，从杜南入蚀中。去辄烧绝栈道，以备诸侯盗兵袭之，亦示项羽无东意……八月，汉王用韩信之计，从故道还，袭雍王章邯。邯迎击汉陈仓，雍兵败……

——《史记·高祖本纪》

时至今日，股市中的主力已经没有从前那么明显，但仍旧存在，比如很多知晓股市内幕的公募、私募操盘人以及有大量资金的主力等。他们资金雄厚、信息畅通、技术高超，完全有能力并且常常把散户玩弄于股掌之间。所以，投资者需要了解主力的炒股手法和操作过程，才能看透主力的常用技法，获得相应的回报。

一个完整的炒作过程包括打压股价、吸货、缓步推高、拉升、出货等环节。在实际操作中不是这么简单，主力为了获利，所用手法可能会千变万化。但是主力的根本目的是获利，所有的操作都是为达到这一战略目的而实施的。

本章要点

★ 试盘
★ 如何发现主力拉升

21.1 识别主力盘口语言

快速识别主力的盘口语言无疑是一项掌握赚钱方法的法宝，那么什么是主力盘口语言呢？

（1）识别买一卖一大封单。

大量的委买盘挂单俗称下托板，大量的委卖盘挂单称为上压板，但无论上压还是下托，其最终目的都是为了操纵股价，诱人跟风，从而达到主力赚钱的目的。

★★★ 建设银行 601939			
委比	+98.19%		11494833
卖盘	5	6.09	14033
	4	6.08	17444
	3	6.07	16965
	2	6.06	43236
	1	6.05	14101
买盘	1	6.04	648408
	2	6.03	4771970
	3	6.02	2375539
	4	6.01	1426041
	5	6.00	2378655

★★★ 际华集团 601718			
委比	-100.00%		-79666
卖盘	5	15.68	73
	4	15.67	6
	3	15.66	467
	2	15.65	666
	1	15.64	78454
买盘	1	—	0
	2	—	0
	3	—	0
	4	—	0
	5	—	0

（上压板 → 15.64 行；下托板 → 6.03 行）

（2）隐性买卖盘，暗藏主力动机。

在股票实时交易过程中，明明在买卖五档中并没有出现的价位却在成交一栏里出现了，这就是通常所说的隐性买卖盘。这其中经常蕴涵主力的踪迹，单向整数连续隐性买单的出现，而委买委卖单盘口中并无明显变化，一般多为主力拉升初期的试盘动作或派发初期激活追涨跟风盘的启动盘口。

需要注意的是，这种买盘需要用户实时观察盘面，否则很不容易察觉。

一般来说，上有压板，而出现大量隐性主动性买盘（特别是大手笔），股价不跌，则是大幅上涨的先兆。下有托板，而出现大量隐性主动性卖盘，则往往是主力出货的迹象。

（3）托盘透露何意图。

当股价处于刚启动不久的中低价区时，主动性买盘较多，盘中出现了下托板，往往预示着主力做多意图，可考虑介入跟随追势；若出现下托板而股价却不跌反涨，则主力压盘吸货的可能性偏大，往往是大幅涨升的先兆。

当股价升幅已大，且处于高价区时，盘中出现了下托板，但走势是价滞量增，此时要留神主力诱多出货；若此时上压板较多，且上涨无量时，则往往预示顶部即将出现，股价将要下跌。

（4）连续出现的单向大买卖单是主力活动的先兆。

连续的单向大买单，显然非中小投资者所为，而大户也大多不会如此轻易买卖股票而滥用自己的钱。大买单数量以整数居多，也可能是零数，但不管怎样，都说明有大资金在活动。

大单相对挂单较小且成交量并不因此有大幅改变，一般多为主力对敲所致。成交稀少的较为明显，此时应是处于吸货末期，是进行最后打压吸货之时。大单相对挂单较大且成交量有大幅改变，是主力积极活动的征兆。如果涨跌相对温和，一般多为主力逐步增减仓所致。

下图是宝钢包装2015年7月9日盘面图，是从开盘跌停到午后收涨停的一个分时成交图。虽然当天很多个股都走势强劲，但率先发力的宝钢包装还是看出了一些主力吃货的迹象。

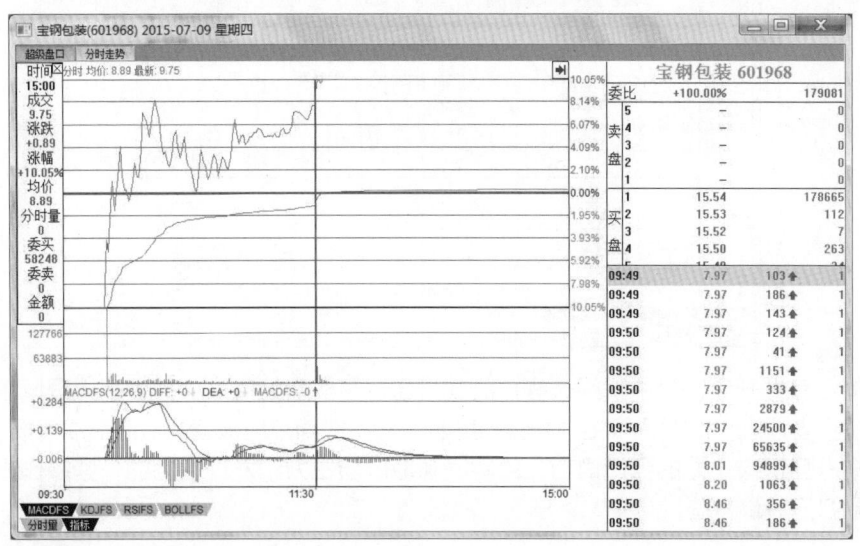

（5）主力扫盘。

这种盘面通常出现在牛股涨势初期，即在牛股刚刚启动过程中，将卖盘挂单数量连续吃进，即称扫盘，这预示主力正准备进场建仓，当用户发现这种股票时，及时跟进就能赚取不错的利润。

（6）尾盘快速拉升或下挫。

在当日收盘前几分钟甚至半分钟内突然出现一笔大买单把股价拉至高位。这是由于主力资金实力有限，为节约资金而能使股价收盘收在较高位或突破具有强阻力的关键价位，尾市突然袭击，瞬间拉高。如上工申贝2013年3月22日走势，其股价一直在6.92元附近震荡，突然，14:58开始的两个大买单一举将所有卖单吃掉，最后收盘价7.53元，达到8.82%的涨幅。

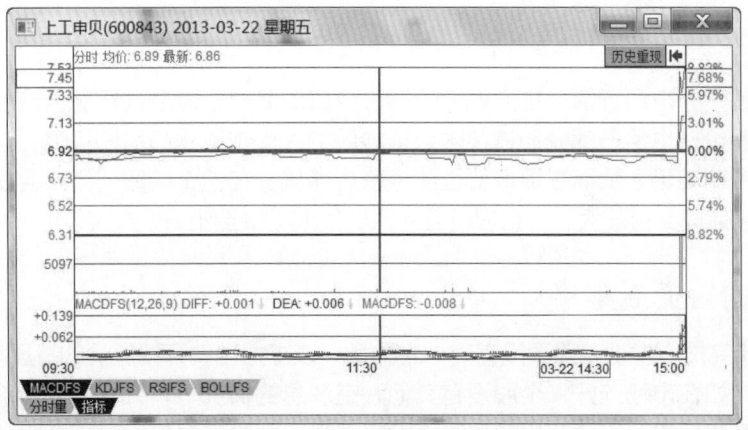

股票不仅有收盘时急速拉升的，还有收盘时急速下挫的。比如，在全日收盘几分钟甚至前半分钟突然出现一笔大卖单降低很大价位抛出，把股价砸至很低位。使得当日的日K形成光脚大阴线等较难看的图形，使持股者或者技术分析者恐惧而达到震仓的目的，或者使第二日能够高开并大涨而跻身升幅榜，吸引新投资者的注意等。如天龙集团（300063）

2012 年 8 月 22 日尾盘急挫，跌幅 9.77%。

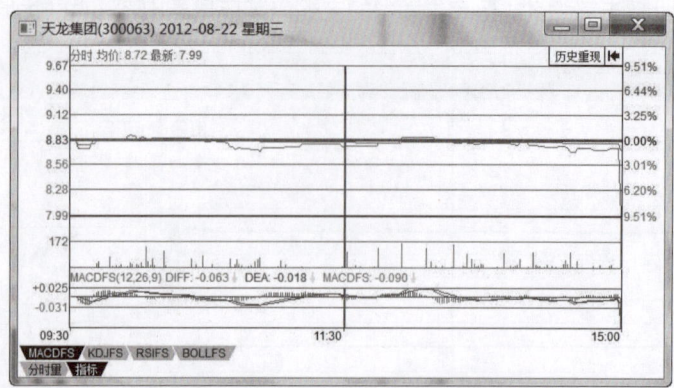

其他还有做开盘、盘中瞬间大幅拉高或打压、在买盘处放大买单吸引人跟风等，都需要个人投资者注意。既要紧跟主力赚钱的脚步，又不能简单地被骗，从而形成亏损。

用户一旦识破主力的盘口语言，就能顺利地跟随主力，发现主力的一些操作方法，比如常见的打压股价方法。

21.2 试盘

发现合适的股票后，主力通常会在合适的时候对其进行试盘，包括该股票是否有主力已经入驻，股价有多大的可能向下打压，从而降低成本，为后期的上涨做充分的准备。

21.2.1 常见的试盘方法

一般来说，试盘主要通过打压股价来进行，目的主要是为了降低成本，为后期的上涨减轻压力，也是给自己预留更多的自由利润空间。

1. 买少量股票用于打压股价

分析完股票的市场行情，主力就会先买进少量的筹码，然后进行抛售该部分筹码，从而向下压低股价，也给一部分通过技术分析炒股的人士做下跌趋势的行情，让技术分析为王的投资者主动离场，从而在更低价位买进低价筹码。在这个阶段，用户会发现股价有一定的活动，包括成交量放大，并且股价会有短暂的波动甚至上升。

2. 打压股价降低成本

当第一步完成，发现该股票没有其他主力后，该主力也就开始股价的打压与顺势洗盘。常见的打压，如在市场向好、个股没有其他利空消息的情况下，大幅压低股价，让不明真相的投资者产生恐惧，主动交出筹码；而顺势洗盘，则是主力借大盘或个股利空消息让该股票顺势回调，顺利取得散户手中的筹码。

判断刻意打压股价的行为有以下几个方法。

（1）通过移动成本分布判断。主要是通过对移动筹码的平均成本分布和三角形分布进行分析，如果发现个股的获利盘长时间处于较低水平，甚至短时间内获利盘接近 0 时，而股价仍然遭到空方的肆意打压，则可以断定这属于主力资金的刻意打压行为。

（2）通过均线系统与乖离率。股价偏离均线系统过远，乖离率的负值过大时，往往会向 0 值回归，如果这时有资金仍不顾一切地继续打压，则可以视为刻意打压行为。

（3）通过成交量的研判。当股价下跌到一定阶段时，投资者由于亏损幅度过大，会逐渐停止交易，成交量会逐渐趋于缩小，直至放出地量水平。这时候如果有巨量砸盘，或者有大手笔的委卖盘压在上方，但股价却并没有受较大影响，则说明这是主力资金在打压恐吓。

（4）通过走势独立性的研判。如果大盘处于较为平稳阶段或者跌幅有限的正常调整阶段，股价却异乎寻常地破位大幅下跌，又没有任何引发下跌的实质性原因，则说明主力资金正在有所图谋地刻意打压。

刻意打压股价的情形有以下几种。

（1）突发性。

主力一般在个股走势良好、技术形态向多时搞突然袭击，在一片歌舞升平之际突然拉出一两根长阴线。

（2）背离性。

背离性指与大盘走势背道而驰，大盘强势上攻时，该股却一直下跌。

（3）恐慌性。

主力打压股价时往往力度很大，一般是长阴线伴随着巨大的成交量，特意制造恐怖气氛。例如盐田港（000088）在 2013 年 9 月 2 日出现一次主力打压操作，在上升途中突然拉出一根高位长下阴线，造成猛然下降的趋势。

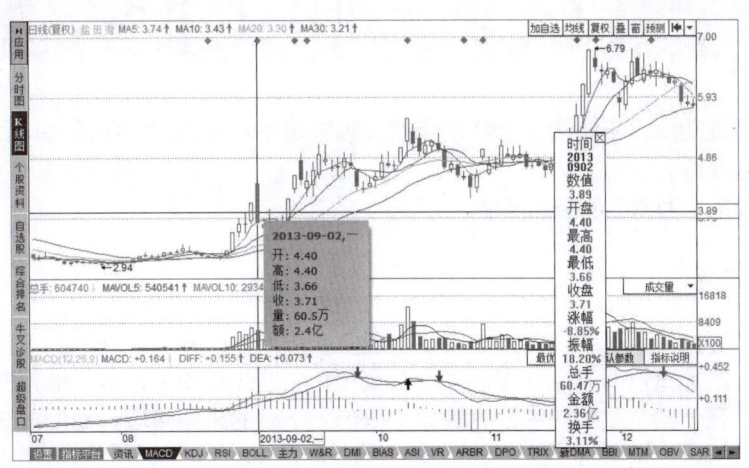

21.2.2 K 线图识别

主力在打压股价的过程中，一般会有试盘的现象。下面以棕榈园林为例，讲述打压股价的 K 线图。

具体操作步骤如下。

1 启动同花顺炒股软件，进入股票 K 线分析界面。

2 直接输入棕榈园林的股票代码"002431"，按【Enter】确认。

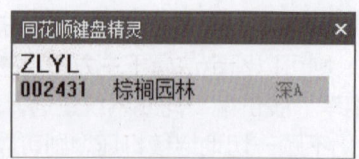

3 进入棕榈园林的个股 K 线图，在 2015 年 5 月 6 日时，该股突然出现一根长阴线，并且各均线均横穿该 K 线，使得技术交易出现破位现象，同时交易量放大。这不但会给短期交易者造成压力，还会给技术分析投资者带来极大的心理压力，后续一个交易日继续低开低走，有很多人在前期的压力和这几天的盘面情况下会出现抛售现象，然后该股突然就走好了。此时做多，后期会有不错的收入。

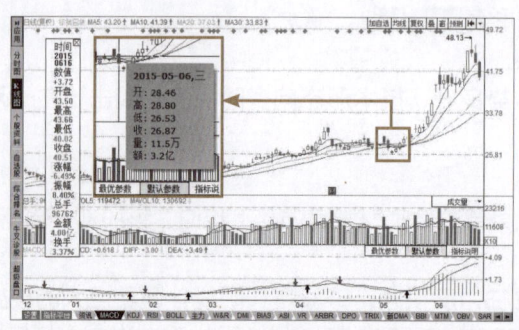

21.3 主力吸货技法

股票打压成功后，主力的下一步动作就是大幅度地承接散户手中的筹码，为后期的上涨做进一步的准备。

下面将介绍主力常见的吸货手法。

1. 打压后吸筹

一旦市场经过长期下跌，便开始较多出现多头的操作。同时在长期的下跌中，个股投资价值突现，市场背景同时也在慢慢发生着变化，一些先知的主力敏锐地判断到市场即将到来的反转，在一些个股板块中开始建仓。在市场下跌的末期阶段，他们往往有效地利用场内的恐慌性气氛，采取打压的手法造成股价加速下跌，从而以更低的价格吸纳本已很廉价的筹码。

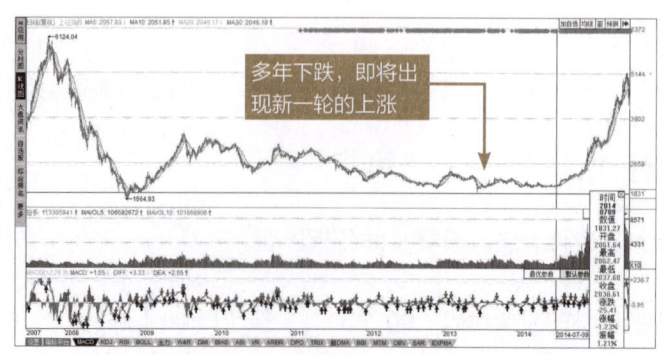

个人投资者不要把打压股价进行筹码的交换理解为简单地压低股价进行吸纳,其实打压股价只是吸筹的一个过程或手段而已。通常情况下,主力不会单一地靠打压、吸纳一下恐慌杀跌盘就完成吸筹,而是通过多种手段的综合使用,既将已有的投资者筹码吸引过来,也同时让跟风的抄底盘放弃该股票。

例如,四川路桥(600039)在 2014 年 12 月 5 日主力吸收部分筹码,从 12 月 16 日开始出现一轮打压股价,在跌到 4.75 元左右时主力开始大量吸货,以准备拉升股价。

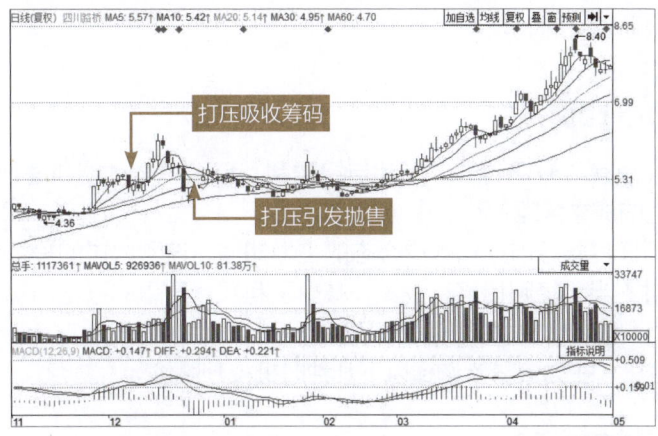

2. 在市场见底时快速推高后吸货

在近几年的中国资本市场中,除了各大基金和券商自营盘外,还出现了很多阳光私募,以及一些以前在各种基金公司有较好业绩的投资经理离职自创的私募基金,活跃在 A 股、新三板等各种市场中。

因为有经验和业界的各种资源,他们成立的阳光私募吸引了大量的社会资金,加上其个人投资魅力,使得其投资手段非常灵活,常常活跃在各大券商的营业部中,如被称为王亚伟交易席位的国信证券深圳红岭中路证券营业部。

各种私募资金经理人大多是长期经历市场磨炼的高手,注重对盘面的理解和散户心态的把握,非常善于捕捉市场中稍纵即逝的机会,在极短的时间内就能完成建仓、拉抬、出货,手法非常凌厉。

例如,重庆啤酒(600132)2009 年 4 月在经过一段快速推高后吸货,为了迷惑投资者,后期又出现打压股价的过程,然后出现快速的上涨。

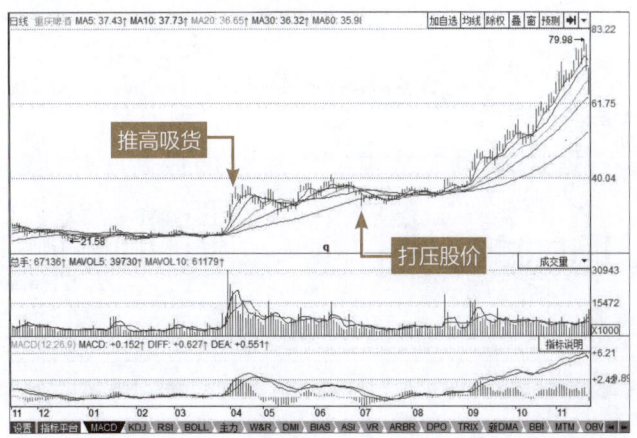

21.4 如何发现主力拉升

上面说明了主力的吸货方法,如果平时我们没有关注那么多股票或者等知道时主力已经吸货完成,那么怎么才能紧跟主力吃上肉呢?毕竟,他们吸货的主要目的是拉升股价,而这才是最具有跟随意义的时候。

21.4.1 选择拉升时机

建仓完成后,只有拉升股价,才能让自己盈利,那么怎么才能快速把股价拉高,脱离自己的成本区呢?

这一点,不但极其熟悉市场和散户心态的主力知道,连刚入市的投资者也都知道。因为拉升选择的时机不当,轻则抬高了成本,减少了利润,严重的甚至前功尽弃,从而产生亏损。那么,主力一般什么时候拉升股价呢?

根据以往的经验,主力最喜欢选择以下几种时机拉升股价。

1. 市场走好人气飙升时

在牛市初期,很多股票和个人都还来不及反应,甚至还有惨痛的套牢记忆,此时人气一般。等牛市进入前中期时,因为身边人的赚钱效应出现,加上谈论股票的人增多,逐渐形成了入市就如有了一个提款机的印象,人气逐步提升,很多人就转移资金入市。由于股票会有强者恒强的走势,也形成了股民不断追涨的情况,此时股价越拉升,越能吸引更多场外资金追捧,主力只需要极小的资金就将自己想操纵的股价拉高。如 2014 年年末的牛市中,很多潜伏在互联网金融股票中的主力纷纷拉高股价,很短的时间内,涨幅超 2 倍,主力付出的成本价与其收益相比显得不值一提,更为以后出货留出了充足的空间,其中表现尤为突出的有东方财富、同花顺等股票。

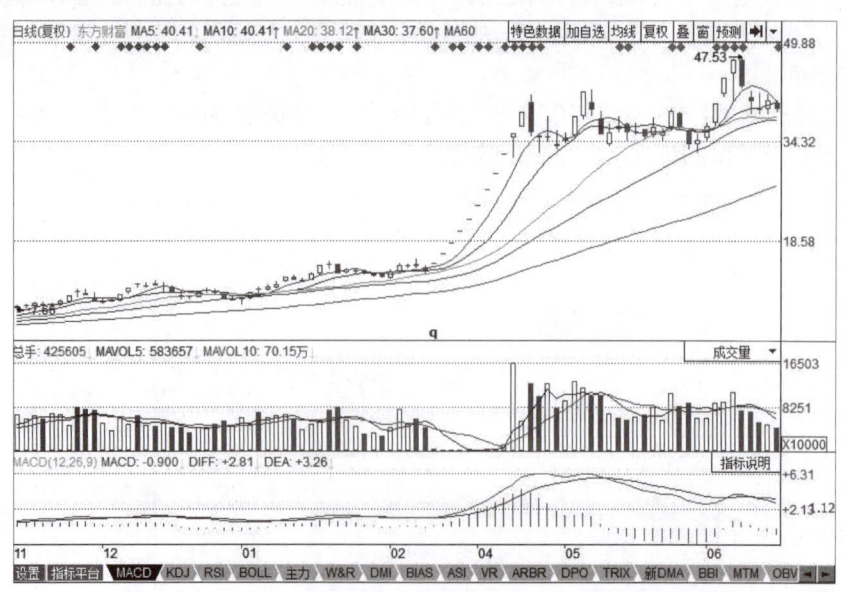

2. 市场不好行情很弱时

经过前期的熊市洗礼，很多人在这个阶段不愿意谈论股票，使得交易量很小，很多股民甚至在高位套牢，为啥时候解套发愁，更多的人则持币观望。此时敢于拉升的股票，基本上都是有很大志向的主力。

案例 利用市场偏弱时拉升

1 登录同花顺软件，输入"YJGS"或"300064"快捷键，弹出同花顺键盘精灵。

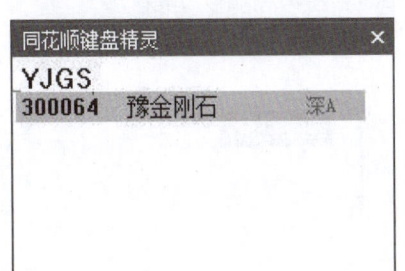

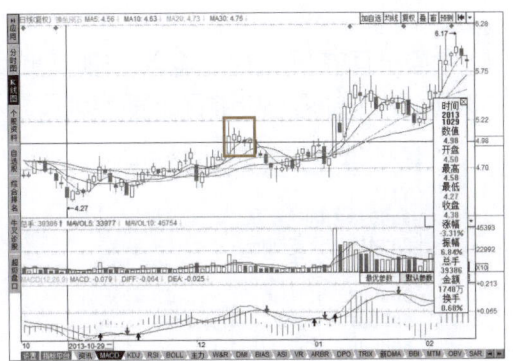

2 按【Enter】键，进入豫金刚石的【K线图】界面。缩放显示2013年10月17日到2014年2月19日之间的K线图。

从2013年10月到2014年3月期间，大盘一直处于调整之中。而该股在这段期间从4.27元到高点6.17元，两个月左右涨幅接近50%。

3. 图形及技术指标修好之时

由于现在懂技术分析的人越来越多，不少人以技术分析来决定自己的买卖操作。于是一些主力利用这种心理千方百计把图形修得很好，趁技术派看好之时拉升股价，以减少拉升的阻力。但有一点得提醒大家注意，光靠图形去拉升股价的往往是弱势主力，而那些敢于制造恶劣图形，不看指标而肆意拉抬股价的才是真正的强势主力。

21.4.2 借利好盘中拉高

在重大利好出台时机，很多股票都会出现盘中拉高走势，从而跟随利好消息，主力联手推升股价。

对于个股来说，利好消息主要分为两类。

（1）国家政治经济形势、政策、方针等对个股所属的行业有指导性的意见。

（2）个股本身的业绩改善、提升或者各种资产重组概念、高转送题材等。

不管是哪一类利好，都为主力创造了拉升的条件。特别是一些实力不太强的主力正好顺水推舟，借助大市利好拉高股价。

需要注意的是：近几年来，由于国家对内幕交易的大力打击，主力操作手法又有新的变化，拉升往往是在个股利好公布之前进行。因为主力在一个月甚至更早以前就已得知此类消息，而一旦利好兑现，散户如梦初醒，纷纷杀进时，主力正好大肆分派筹码，获利离场。

例如,2014年11月,金融板块集体大涨,特别是同花顺飙涨。中投证券分析师韩哲晟分析指出:"事实上,类金融板块本轮大涨,最主要的原因就是整个大盘向好,证券类有着更强弹性的股票整体向好,估值也会相应提高;与此同时,类金融板块内个股的业绩也会随着行情的向好而迅速提升。当然,包括世界互联网大会、互联网金融政策的出台等在内的一系列利好消息对于板块的上涨也起到了一定的作用。"

案例 利用利好消息进行拉升

1 登录同花顺软件,输入"THS"或"300033"快捷键,弹出同花顺键盘精灵。

2 按【Enter】键,进入同花顺的【K线图】界面。缩放显示2014年11月4日到2015年3月25日之间的K线图。

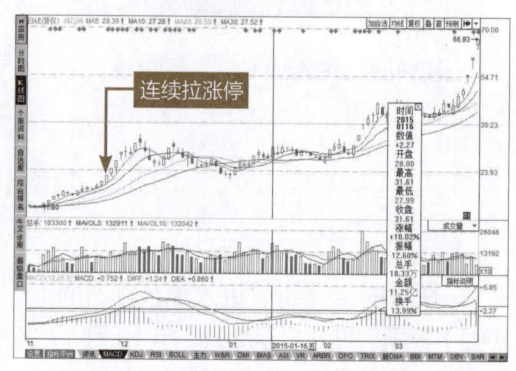

据盘面分析,从11月26日开始,国泰君安证券上海福山路证券营业部连续大量买入同花顺,其连续4个涨停时,该营业部均为买入金额最多的营业部,成为同花顺股价大涨的重要推手。26日,其买入4331.05万元,仅小幅卖出55.31万元;27日,其继续买入2439.99万元,小幅卖出349.49万元;29日,该营业部继续买入5275.51万元,同时卖出金额也增至3541.74万元。12月1日,该营业部继续买入7145.35万元,仅小幅卖出7.50万元。

除了国泰君安证券上海福山路证券营业部,机构对同花顺的操作也较为活跃。11月10日,当天的买一、买三、买四、买五均为机构,买一的机构买入金额接近6000万元。11月11日,当日买入金额最多的前五名营业部中,除买二外,其余四席仍然为机构。11月18日、26日、27日,同花顺涨停时,仍然有机构在买入。

该股在2015年初更是创出大幅飙升模式,直到2015年6月初的高点142元左右的高价,从2014年11月初的13元左右起步,半年涨幅接近10倍,是名副其实的大牛股。

21.4.3 放量对倒拉升

除了前面的拉升方式外,还有放量对倒拉升方法,利用该方法主要目的是制造交易活跃、人气旺的假象,吸引散户跟风买入,否则,即使拉升了,没人来接盘也会出现无法出货的情况。

下面我们通过浪潮软件(600756)的操作手法来进行分析。1996年9月23日,浪潮软件上市,上市两个月后,仅用11个交易日,股价从11月27日的10元附近拉高至

1996年12月11日的18.37元。在以后的时间里，该股股价又数次在短时间内翻倍。1999年7月至1999年12月底，该股在经过长达5个月的整理后，于1999年12月底在短短55个交易日里，运用自买自卖的对倒手法将股价从9元多最高拉至48元。

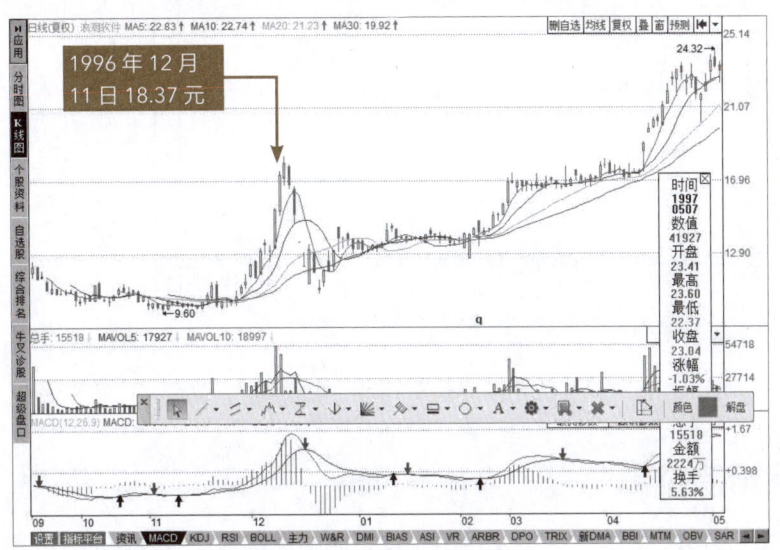

21.4.4 震荡放量式拉高

一般震荡式拉升，都会出现个股交易放量，即通常所说的放量震荡方式拉升。这种方式一般是主力开始突然拉升或打压，造成了股价的震荡，其成交量也大幅增加，然后快速打压洗盘，形成V形反转。

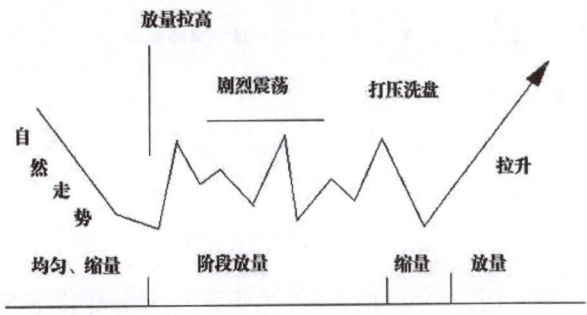

此种拉升方式具有以下形态意义。
（1）在股价走势的相对低位，主力介入突然放量拉高股价。
（2）在拉高的大阳线后，突然出现反叛线，使追涨资金套于高位。
（3）在剧烈震荡中，股价再次接近第一次震荡高点，然后又快速下跌甚至创出新低，使场内持股者持股信心大受打击，在多种市场心理下筹码极度松动。
（4）当股价第三次接近前期高点时，所有的场内前期被套筹码几乎一致选择了出局，从而达到主力强收集的目的。
（5）随后主力进行拉升前的最后打压、洗盘，为拉升创造条件。
（6）几乎在所有的控盘股中，都表现了拉升初期筹码高度集中与稳定这一共性。
如黑牛食品（002387）在2011年12月2日出现的放量拉升。

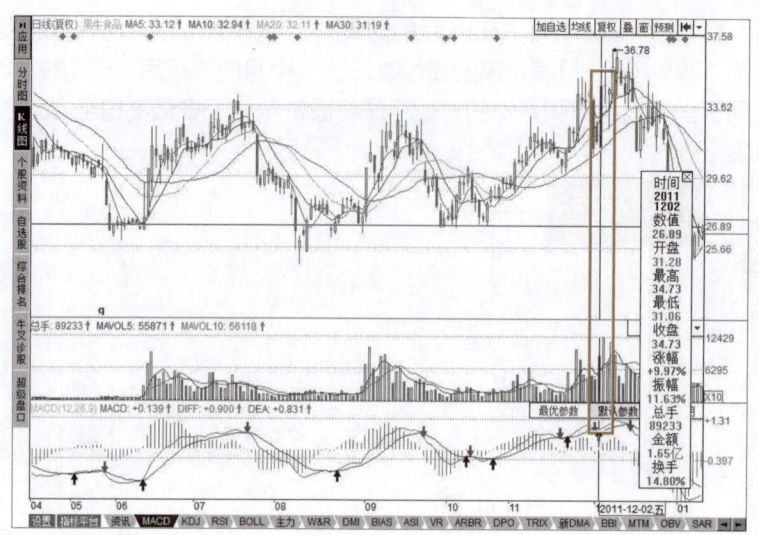

21.4.5 缩量后拉高

除了放量拉升外，还有一个方法与其相反，叫缩量拉升。其表现形式为股价一段时间内大幅上涨，但每天的成交量却相比较前期出现大幅萎缩的现象。这种现象一般出现于主力控股的股票，是一种极少见到的行为，也是大多数股民无法预测的一种股票走势。常见形态如下。

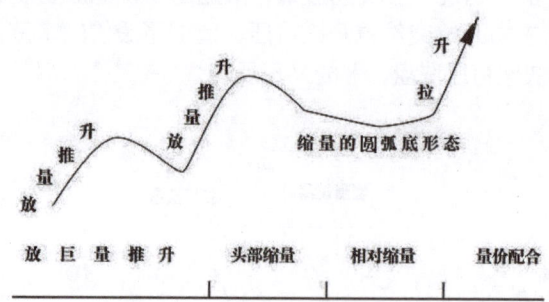

此种拉升方式具有以下形态意义。

（1）此种主力控盘的个股深刻反映了在主力吸筹中，筹码由散户向主力手中集中的量能上的微妙变化。

与上一种放量拉升有明显不同的是，这一种主要是主力在控盘时间与市场中间意外风险控制上体现得更为完美，缩量打压前期的跟风盘，有效地降低持仓成本，减少市场意外风险。经常用于前期主力建仓后的增持或在低位的再次收集。

（2）这是主力缓慢推高股价的一种建仓方式，随着建仓的完毕，主力进行刻意的打压股价，让股价在相对的低位长时间横盘，进行筹码的沉淀，多数短线资金和一些中线持有者开始变得浮躁，慢慢被消磨出局。

（3）很多主力在做底的过程中，还利用市场气氛等因素对持股者进行进一步的打击，迫使他们在拉升之前出局。

（4）随着筹码的高度集中与市场机会的到来，主力开始大幅快速的拉升。

案例　利用缩量进行拉升

1. 登录同花顺软件，输入"JFKJ"或"002202"快捷键，弹出同花顺键盘精灵。

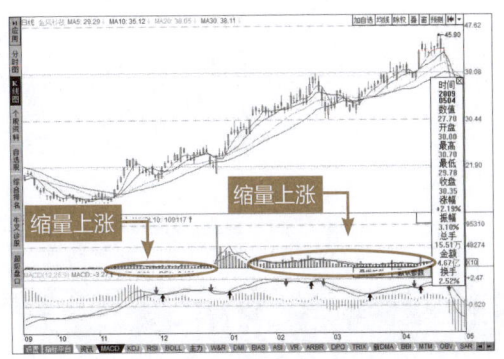

2. 按【Enter】键，进入金风科技的【K线图】界面。缩放选择显示2008年9月24日到2009年5月20日之间的K线图。

该股从2008年11月至2009年5月的一波拉升中，股价从15元左右涨到45.90元，整体涨幅也超过200%，但在其整个上涨过程中，量能始终未能放大，大部分时间换手率也很小，通常在2%左右，如此小的成交量，涨幅却如此之大，足见该股主力持筹之多已达控盘状态。

21.4.6　缓步推高股价

放巨量缓慢推高，高位横盘，直接拉升。

通过放巨量后缓慢推升股价，同时放出巨量，然后在高位出现横盘现象，在很多人都认为股价会下跌时，主力却突然拉升股价。常见形态如下。

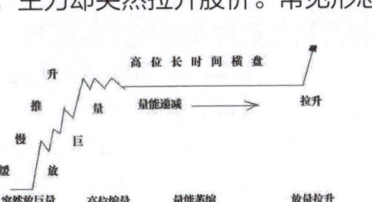

（1）股价从相对低位放巨量，缓慢推升，并在波段的高位相对量能萎缩。经过调整股价再次放量上攻，在持股心态极其不稳的情况下，又有部分筹码抛出。

（2）股价在相对高位，长期横盘，用时间消磨投资者持股信心。

（3）在横盘中量能呈现递减状态，主力利用长时间的横盘消磨场内短线持股者信心，同时还保持着上行通道不被破坏，维持着中线持股心态。希望在未来的市场中能借助市场人气推高股价。在K线形态中，主力经常制造诱多诱空形态，加剧持股者的心理压力。

（4）此类股票采取在相对高位横盘，有两种原因：一是该股基本面业绩较好，如采取打压股价进行洗盘，反而会导致更多的短线资金逢低介入；二是主力后续资金不足，缺少实力，采取更为彻底的形态洗盘，将有更多的中线筹码抛出，主力无力承接，所以其多维持横盘之势等待上涨。

如武钢股份（600005）2006年10月20日开始从3元左右启动，开始了缓慢推升股价，然后在2007年5月底开始横盘，直到7月才开始又一轮的上攻。

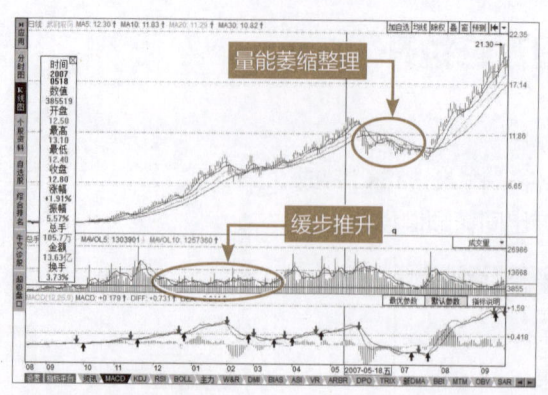

21.5 主力的常见洗盘法

主力为达到炒作目的,必须于途中让低价买进,让意志不坚定的散户抛出股票,以减轻上档压力。同时让持股者的平均价位升高,以利于达到牟取暴利的目的。洗盘动作可以出现在主力任何一个区域内,基本目的无非是为了清理市场多余的浮动筹码,抬高市场整体持仓成本。

更进一步,洗盘的主要目的还在于垫高其他投资者的平均持股成本,把跟风客赶下马去,以减少进一步拉升股价的压力。同时,在实际的高抛低吸中,主力也可兼收一段差价,以弥补其在拉升阶段将付出的较高成本。

21.5.1 横位洗盘

直接打压较多出现在主力吸货区域,目的是为了吓退同一成本的浮动筹码。在盘中表现为开盘出奇地高,只有少许几笔主动性买单便掉头直下,一直打到前一日收盘价之下,持仓散户纷纷逢高出局。在这里,投资者不要简单地认为股价脱离均价过远就去捡货,因为开盘形态基本决定了当日走势,主力有心开盘做打压动作,这个动作不会在很短时间内就完成。因此,较为稳妥的吸货点应在股价经过几波跳水下探,远离均价 3% ~5%处。在此位置上,市场当日短线浮筹已不愿再出货,主力也发现再打低会造成一定程度上的筹码流失。这样,这个位置应该是在洗盘动作中较为稳妥的吸货点,就算当日不反身向上,也是当日一个相对低价区,可以从容地静观其变,享受在洗盘震荡中的短差利润。尾盘跳水这个动作是主力在洗盘时制造当日阴线的一个省钱的工具。盘口表现是在临近收盘几分钟,突然出现几笔巨大的抛单将股价打低,从 5 分钟跌幅排行榜中可以发现这个动作。这个进货机会不好把握,建议实战中不要抱有侥幸心理去守株待兔地找这样的进货机会。

21.5.2 短线暴跌洗盘

短线暴跌洗盘是主力为了将低位买入的投资者给吓出来,让他们在相对的高位卖给场外介入的投资者,从而使得普通投资者的持仓成本大幅提升。主力在进行洗盘操作时,是以将投资者逼迫出局为目的,至于如何操控股价只是方法而已,只要能将低成本的获利盘清理出局,投资者怕什么,主力便会让股价怎么波动。那么,投资者最害怕的是什么呢?很显然,最害怕的便是股价大幅下跌。无论在什么市道下,在指数形成了牛市上涨过程中,只要股价的下跌力度很大,都会给投资者造成震撼,从而迫使其抛盘出局。

常见的如主力的建仓区间在 15 元，那么在这个区间内必然会有大量的投资者介入与主力的持仓成本保持一致，而当股价上涨到 20 元时主力开始洗盘，这时 15 元处买入的投资者就会抛出手中的股票与场外的投资者进行换手，经过换手以后，主力的持仓成本依然在 15 元处，但是普通投资者的持仓成本却提升到了 20 元。如果此时市场有什么风险，主力已经实现了盈利，但是新入场的投资者却没有任何盈利，从而主力的主动地位也就突显了出来。

使用短线暴跌震仓操作的主力，往往是那些已经完成了大量建仓的主力，由于手中已经掌握了大量的股票，因此，就算有投资者敢于在暴跌的低点进行建仓也是不会对主力起到什么太大影响的，毕竟，敢在股价暴跌时买入股票的投资者还是极少的。

案例 利用短线暴跌震仓

1 登录同花顺软件，输入"ZJDF"或"600120"快捷键，弹出同花顺键盘精灵。

2 按【Enter】键，进入浙江东方的【K线图】界面。缩放选择显示 2008 年 9 月 24 日到 2009 年 5 月 20 日之间的 K 线图。

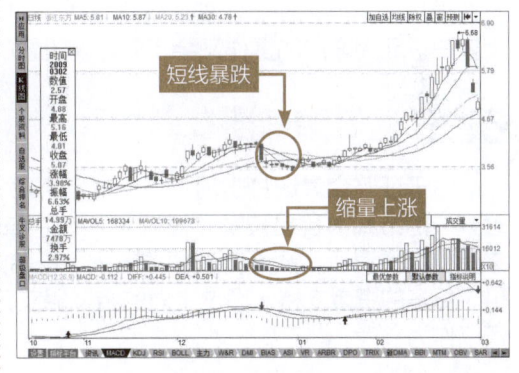

从图中可以看出，该股于 2008 年 12 月 23 日收出一根长阴线，收盘时跌幅为 9.09%，当日振幅达到 10.81%，这根阴线一下跌破三根均线，MACD 发出卖出信号，但是在之后的一周并没有出现放量下跌，而是盘整了将近两周，并且 K 线缓慢走高，说明主力在进行短线的洗盘。

21.5.3 盘中震仓

盘中宽幅震荡较多出现在上升中途，容易被投资者误认为是主力出货。识别这个动作的要领是要观察主力是否在中午收市前有急速冲高的这个动作。一般在临近中午收市前急于拉升股价都是要为下午的震荡打开空间，此时盘中一般只用几笔不大的买单打高股价，且冲高的斜率让人难以接受，均线只作略微向上。这时手中持仓者最好先逢高减仓，因为股价马上就会大幅向均价附近回归，甚至出现打压跳水动作。这种情况下，均价可能任股价上窜下跳而盘整不动，此时均价的位置是一个很好的进出参考点。

洗盘阶段 K 线图显示的几点特征。

（1）大幅震荡，阴线与阳线夹杂排列，市势不定。

（2）成交量较无规则，但有递减趋势。

（3）常常出现带上下影线的十字星。

（4）股价一般维持在主力持股成本的区域之上。若投资者无法判断，可关注 10 日均线，非短线客则可关注 30 日均线。

（5）按 K 线组合的理论分析，洗盘过程即整理过程，所以图形上也都大体显示为三角形整理、旗形整理和矩形整理等形态。

21.6 新时代主力的消息发布路线

吸筹完成后，怎么让股票拉升呢？自己出钱拉升不仅需要大量的金钱，而且无法找到更多的散户来跟风买进，无法达到最终的出货目的，这时主力就需要联合各种传播渠道散布该股的好消息，引起更多的散户关注。常见方式如下。

21.6.1 通过大客户

主力买进后，为了让更多的人来给自己抬轿，往往通过发布公开消息，让大家相信这只股票是真正有利可图，而不是因为主力买进才拉升。这时候很多主力就开始通过一些不错的投资大户和股评家发布信息。

由于近两年，特别是一些互联网公司在资源、手续费方面的激烈竞争，使得原来可以高枕无忧的券商也使出各种手段挽留大客户，将包括一些研究员分析的消息提供给自己的大客户。而大客户的操作又会正向影响股票的走势，所以就会形成连带效应。

21.6.2 通过亲戚朋友

由于证监会最近打击内幕消息非常严厉，以前很多私募主力往往采用的通过其亲戚代理开户的方式很容易被发现稽查，且这种方式风险较大，现在都改为通过他们的亲戚朋友来透露相关消息，从而影响更多的人，既给亲戚朋友以赚钱机会，也为自己的股票拉升提供了更多的资金支持。通过主力的亲戚朋友获得的炒股信息较为可靠，但是不能完全相信，可以作为参考。

21.6.3 通过各种媒体和股评家

以前主要通过平面媒体发布消息，包括各种日报、晚报的财经板块发布看多某只股票的消息，而且往往是通过较为严肃的技术分析，很容易迷惑人。现在大多是找各种专业财经论坛、媒体发布某只股票即将入驻主力的所谓"内幕消息"，因为知道的人越多，主力越容易出货。

另外一些，则根据新投资者相信电视媒体等"现场说法"的特点，通过很多地方公共平台的财经频道的一些"股评家"来说明自己的发现或分析，听起来逻辑严谨，往往第二天或接下来的几天行情走势真与股评家所说的，这样，新投资者更加相信股评家的话，为以后主力的出货提供了非常便利的条件。

注意：很多股评家往往就是主力派去的托儿，投资者需要谨慎对待，不能听股评家的一面之词，盲目购入股票，否则会有套牢的风险。

21.6.4 通过微博、微信公众号、QQ 群等自媒体

随着网络技术的快速发展，以前很多通过线下媒体散布消息的方式现在逐渐发生了变化，特别是现在的微博、微信公众号、微信群等各种自媒体的快速便捷沟通，使得这一块也被主力等操纵，这些自媒体往往粉丝众多，很多甚至打着收费、分成的旗号来进行推广和散布，很多主力收买这些自媒体所有人，实现多种互利互惠的合作方式，但是最终坑的却是不明真相的散户，从而达到相应的操纵目的。

21.7 主力的常见出货法

主力拉升股价的根本目的是为了最后的出货，然后获得利润。在主力出货时，一般不会透露出货的相关信息，所以投资者只能根据炒股的经验和技术分析来推测。

21.7.1 震荡出货

震荡出货是主力常用的手法，主力将股价拉升到预期的目标价位后，常常将股价维持在较高的位置，然后进行震荡出货。

这种方式有很大的欺骗性，在横盘的过程中有较大的成交量，而且出现突破后将再次上涨的信号，容易误导投资者，让投资者认为股价还会出现新的高峰，如果此时购入，将会在高价处套牢。

例如，四川圣达（000835）在2009年11月21日到2010年3月20日就出现了这种形态。股价在发生震荡的过程中，伴随着3次巨大的成交量，主力已经将手中的股票缓缓抛出。

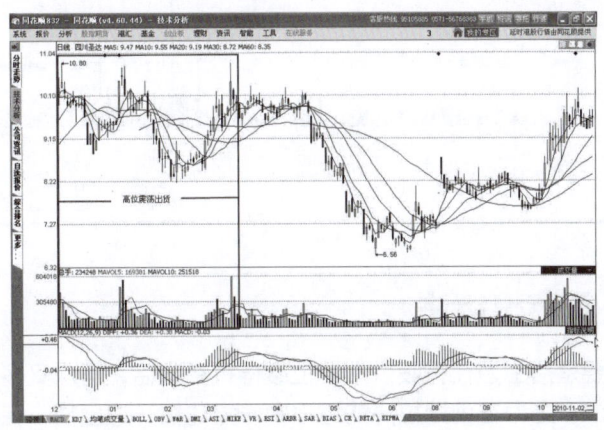

震荡出货的成功率比较高，容易迷惑散户，所以经常被主力反复利用。例如，深圳机场（000089）在2009年11月19日到2010年4月15日也出现了这种形态，股价在发生震荡的过程中，伴随着多次较大的成交量，主力已经将手中的股票缓缓抛出。对此情况，投资者应尽量早点出局，免得损失惨重。

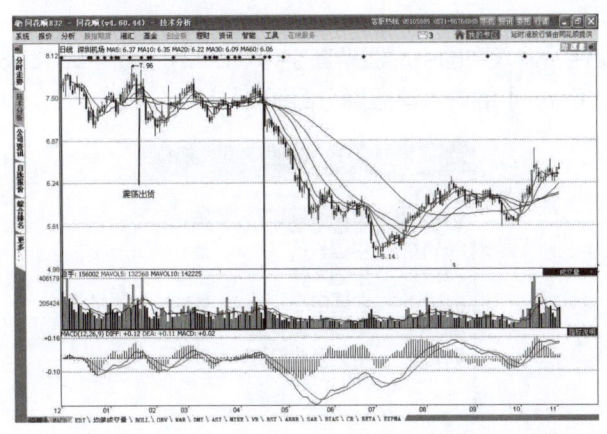

21.7.2 拉高出货

拉高出货是使用频率最高的出货方式，采用这种方式时股价已经超出了预期的价位，主力有足够的时间进行出货。先在高位吃进一些筹码并进行对倒放量，跟盘者看到盘口显示出主动性买盘，认为主力在买进拉升，风险较小，所以还会一直加仓购入股票，随后主力边拉高边出货，将筹码转手给跟盘者。

当然主力对买进和卖出的量会有一个好的控制，比如买进 10 万股，卖出 40 万股，这样就可以利用少进多出的手法将股票转给跟盘者。

例如，ST 深泰（000034）的 K 线分析图中，当股价拉升到一定高度后，主力开始快速出货，此时出现较大的成交量。后期由于主力的股票没有抛完，又出现一次拉升，并伴随着股价的上升而大量出货，导致后期的股价一路下跌。

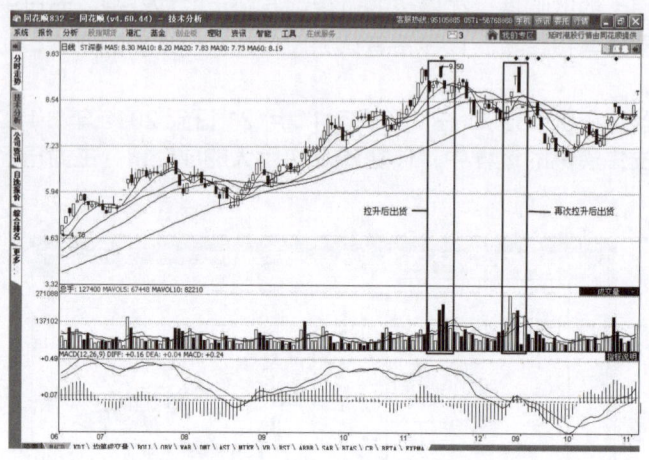

21.7.3 实战：涨停出货法

涨停出货法主要是指主力在将股价从低位缓慢拉高之后，再次又多放量涨停，吸引跟风盘接手的出货手法。主力在前期拉高的过程中一直边拉升边出货，在短暂进行修整之后再次涨停，同时指标出现背离，即可判断是主力通过涨停出货。

案例　利用涨停出货手法出货

1 登录同花顺软件，输入中国中冶股票首字母"ZGZY"或"601618"快捷键，弹出同花顺键盘精灵，按【Enter】键进入该股票分时图。

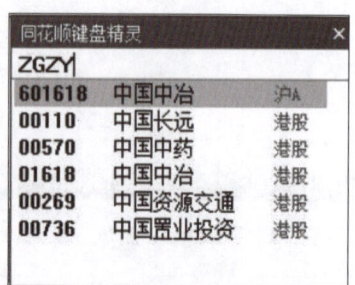

2 单击【K线图】按钮,进入【技术分析】界面,选择 2015 年 5 月至 7 月的 K 线图进行放大。

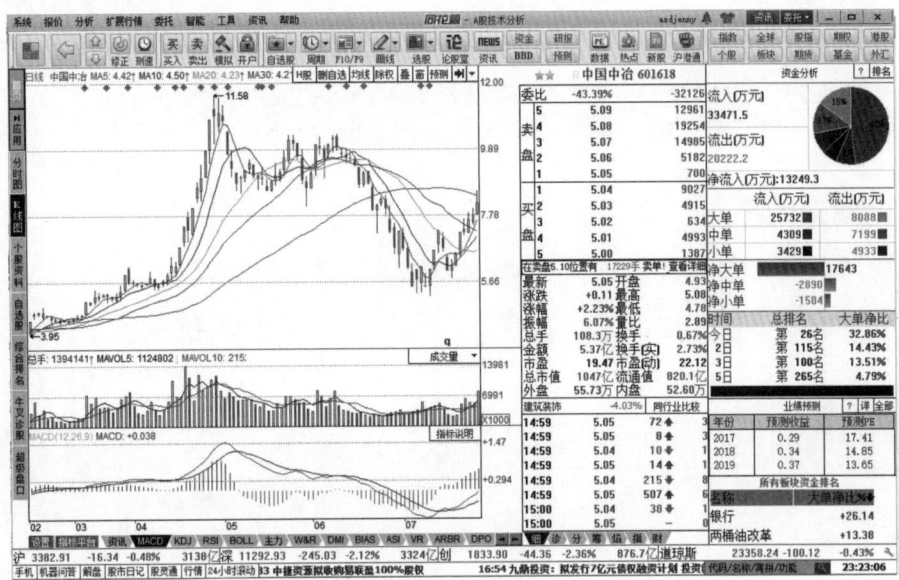

从图中不难看出,该股票在经历了前期的上涨之后进行小幅盘整,同时 MACD 指标缓慢下行,在 2015 年 6 月 2 日出现放量涨停,并且 MACD 指标出现背离,说明主力在这一天吸引跟风盘接手,主力资金成功流出。

3 弹出 2015 年 6 月 2 日分时走势图。可以看出在 10:30 左右出现一根异量并将股价推高至涨停,之后打开涨停板,这即为主力出货的迹象。

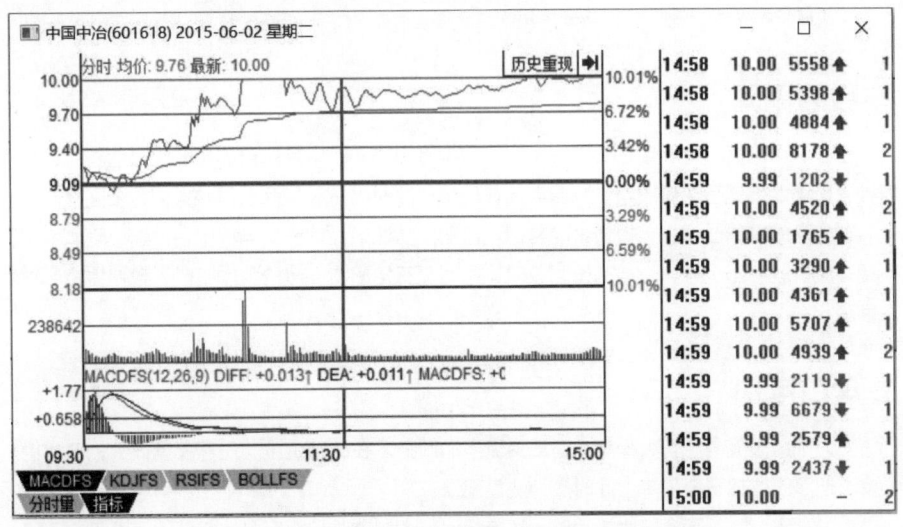

投资者看到上述盘面走势一定要当心,小心成为主力的接盘侠。

技巧 1 洗盘和出货的区别

前面说明了主力的各种买卖方式，下面来简要说明一下主力出货和洗盘的区别，以防好不容易跟上主力，反而因为技术不精而被洗出，没有完成赚钱的任务。

1. 成交量不同

洗盘时成交量较为萎缩，而出货时成交量会被放大。

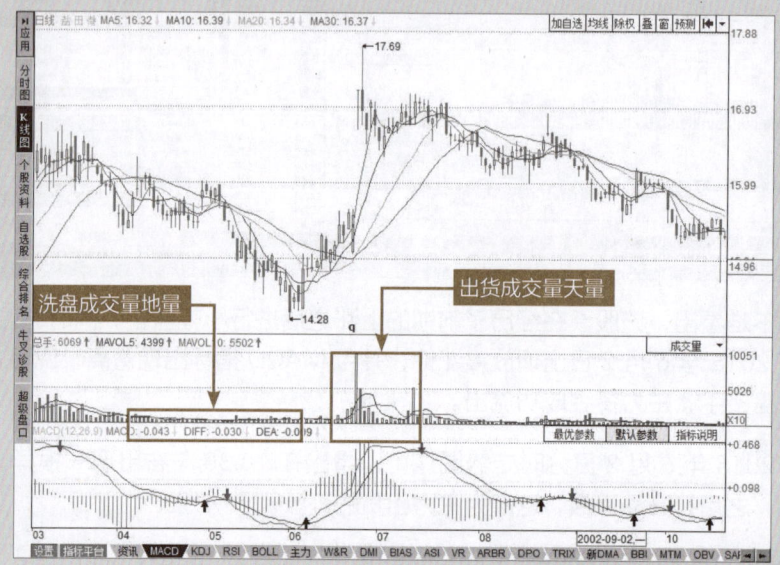

2. 目的不同

主力洗盘的目的是尽量把心态不坚定的跟盘者甩掉；而出货的目的是吸引跟盘者，通过各种手段迷惑投资者买进股票，以便自己在价位较高时出货，从而获得较大的投资回报。

在实际的操作过程中，投资者经常把洗盘和出货混淆，把洗盘当成出货，结果刚刚卖出股票，股价就一路上升；一旦高价回收时，主力又开始出货，股价急剧下跌，致使投资者被深度套牢。

3. 盘口区别

主力洗盘时卖盘挂有大卖单，造成卖盘多的假象。在关键价位，虽然卖盘很大，笔数也很多，但是股价却不再下降，此时多为洗盘现象。

主力在出货时，不会挂大的卖单，买单却比较大，造成买盘很多的假象，但是股价下降而无法上升。

4. 技术参数区别

主力在洗盘时，会制造各种不利的信号，制造空头的气氛，导致投资者及早离场。洗盘仅仅是为了甩掉一些意志不坚定的跟盘者，留下中长线的投资者，所以不会乱来。

主力在出货时，为了诱惑短线投资者入场，往往制作大阳线，制造一个多头的氛围，从而让投资者买进股票。但是为了出货，主力会大幅度杀跌，造成大阴线的不断出现。

万丰奥威（002085）在2010年9月2日和3日出现两根大阳线，此时主力已经开始出货，从交易量中可以明显看到量在增大。

5. 震荡幅度不同

一般来说，洗盘的震荡幅度较小，出货的震荡幅度较大。主力在洗盘时，如果把震荡幅度拉大，会让中长线的投资者离场，这样主力将会很麻烦。股价大幅下跌，很难再升上去，这样主力也会被套牢。

主力出货时，就不用考虑太多，为了吸引投资者购入股票，振幅一般比较大，这样有利于主力把手中的股票抛出。

技巧 2 该信消息吗

因为互联网的迅速发展，信息不对称的问题得到了很大的缓解，但也正因为互联网的快速发展，主力的操作手段也在不断革新。

前有2013年的"光大期货对冲"事件，近有"中信医药代表张明芳"事件。

2014年6月6日11时17分，中信证券首席医药行业分析师张明芳在微信群发布消息称："丽珠集团将于下周二公布管理层限制性股票+期权方案，以2013年净利润为基数，2014—2016年净利润同比增速分别不低于15％、20％、30％。"张明芳还称，随着公司激励机制的完善，未来三年业绩增速逐年加快确定，维持"增持"评级。

发布该消息前后丽珠集团的股价走势如下图所示。

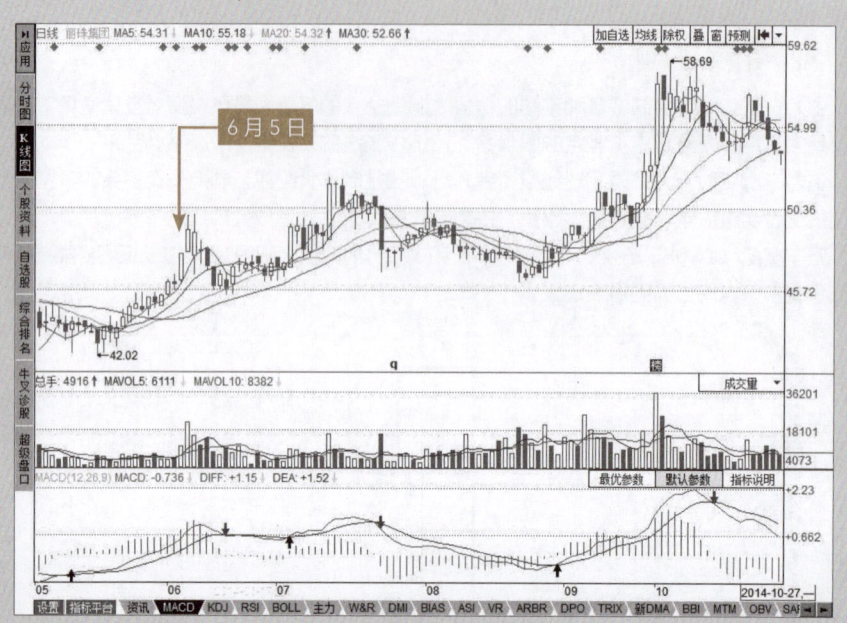

随后该消息被人披露在网上，引起了监管层的注意，其微信所在群的许多人忙着退群以撇清关系。

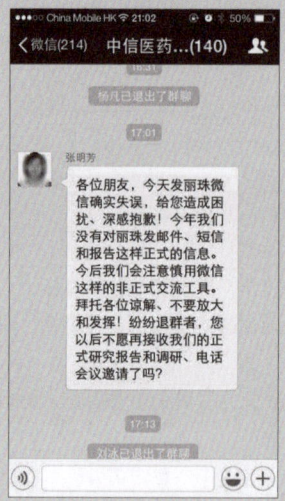

那么对于该类消息，该信还是不该信，每个人做法不同，但对于个人投资者来说，有消息时一定要根据该股的当时走势、业绩等结合来看，不能因为听从所谓业内人士的推荐就盲目买卖。

22 高手炒股常胜技法

本章引语

不积跬步,无以至千里;不积小流,无以成江海。

——荀子

高手不是一日练成的,而是通过长时间的积累和沉淀练成的。无论是成熟的投资市场还是不成熟的投资市场,其盈亏比例均为 7:2:1,即亏损人员占据 70%,盈亏平衡的人占到 20%,只有 10% 的人赚钱。那么,怎么能让自己从 70% 这部分中到 20% 的队伍里去,甚至到 10% 的顶尖盈利人群中呢?本章就告诉你一些高手炒股的常胜技法,学习了这些技法,不一定就能常胜,但不会这些技法亏损的可能性则大增。

本章要点

★ 高手炒股的几个技巧
★ 高手炒股的四大绝招

22.1 高手炒股的几个技巧

股市如战场，如何能在这场战斗中获得长久的生存，并获得利益回报，是每个炒股人的梦想。要想成为一名炒股的高手，就需要了解一些炒股技巧，包括严格执行纪律、不奢望最佳位置、关注量能搭配等，只有这样，才更可能立于不败之地。

22.1.1 严格执行纪律

无论是当前大家热议的牛市还是人人都避谈的熊市，在投资路上都会有一群人收益颇丰，首要秘诀之一，就是他们严格执行"纪律"。个人投资者一定要在戒贪的基础上，提高自己的操作技能。否则，即使股市再牛，也会赔得一塌糊涂。

很多股民对于股票下跌后所产生的损失感到痛惜，总是希望自己的股票价格能再回升，而对于不断上涨的股票又不愿意卖，奢望能更多地获利。这种想法，有时会让股民不仅不赚，反而还会损失得很惨。无论是止盈还是止损，都一定要有严格的纪律。不能因为看上去走势很好而放松警惕，比如止盈点设置为10%，走势较好的止盈点设置为40%，止损点设置为3%~5%，有一定把握的不要超过10%。

因此，在股市拼杀中，设置止损和止盈尤为重要。所谓止损和止盈，就是设定一个固定亏损率和盈余率，到达该位置即严格执行操作。其中，设定止盈尤其重要，否则也会不盈反亏。

笔者曾经在华虹计通这只股票上感触颇深，当初买入时设定30%止盈，因为非常看好该股票基本面，后期涨到50%，因感觉后续机会更大而不卖。结果该股下跌，反弹到40%左右的盈利时，一想50%都没卖，40%更不想卖了，然后就一步一步地将盈利从50%变成15%出局，可见每一笔的交易背后都有惨痛的教训。

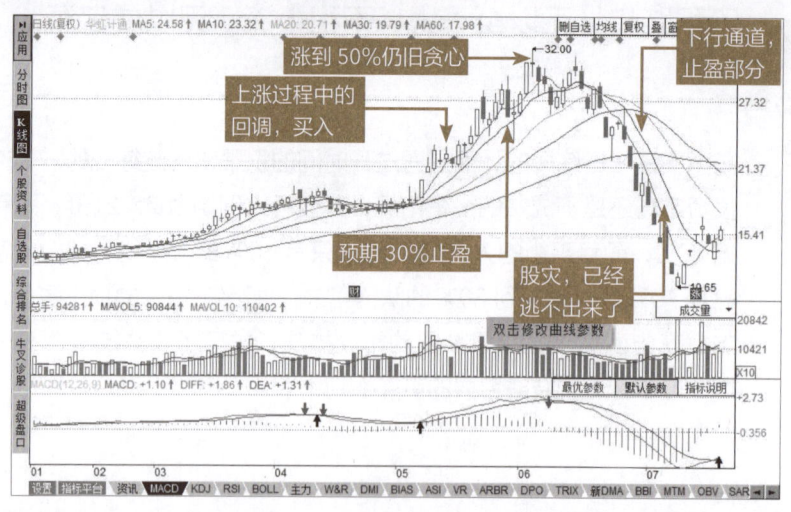

从那以后，笔者就坚决执行相应的止盈止损操作，虽然操作有盈有亏，但收益总体比以前多了不少。

要想在交易中赚钱，必须要遵守纪律，只有执行严格的制度，才能在适当时战胜自己的个性弱点和人性的共性弱点。交易时，投资者就像一个运动员，买卖皆是出于本能的反应，而不是刻意的思考。

22.1.2 不奢望最佳位置

从每只股票的复盘来看,一个阶段(甚至一天)都会有最高点和最低点,对于任何一个股民而言,能在最低价买入、最高价卖出简直是人生的美好愿望。但通过投资市场多年的市场验证,即使是股市高手,要实现这种愿望也很难。高手更加注重的是确定性,买入一只确定性的股票,即使不是它的阶段低点,也仍能产生盈利,盲目追求最低点,反而会因此错失良机。

因此,作为普通股民,不要有太高奢望,随时处于波动中的股票,即使看到已创出了新高,但可能后续还会有更高;你看到买入的时点最低,可能过两天来看反而是高位。

世上没有后悔药,个人投资者在投资股票时要采取比较实际的做法,让自己真正能有钱赚入口袋才是硬道理。只要后市能有确定性的 10%~20% 盈利就应买入,也比一味等待低点获取可能的 50% 而错失机会好很多。

22.1.3 关注量能搭配

在一只股票上涨或下跌的过程中,都会有相应的量来配合,一般情况下是"量为价先",即无论上涨还是下跌,都会有量的配合。上涨时量一般会同步放大,而下跌时则量一般都会同步减少。没有交易量的配合,出现的大阳线和大阴线很可能是主力的骗线行为,从而吸引散户来关注甚至将高位筹码转嫁出去。

如开元仪器在 2015 年 3 月 4 日开始上涨前,其交易量相比于以前已经有了大幅增加,然后随着量价的配合,股价也节节升高。

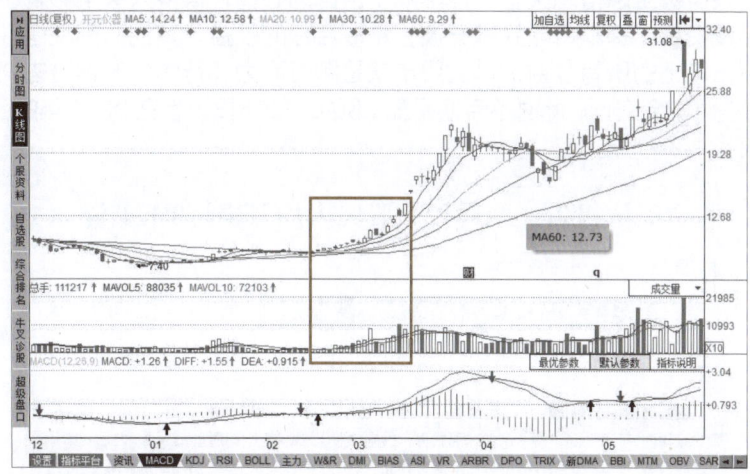

22.1.4 关联股票建仓法

对于 A 股市场上的操作概念股来说,如果能抓住龙头股,当然能抓住最大的上升空间,从而获取非常好的收益。但由于大家都在追逐龙头,且通常开启的是一字涨停板,根本没有机会买进。这如何是好?答案是用关联股票,即可享受相应的收益。

(1) 同行业关联。

互联网金融出来后,东方财富(下图左)就开启了涨停模式,但每天成交量极小。这时就可以买入同行业的股票,如同花顺(下图右)。

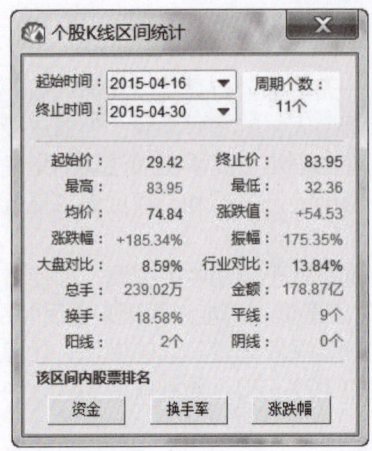 

（2）隐形股东。

当一只股票刚上市时，由于打新股未中或者没有机会买入，这时就可以关注市场上有哪些上市公司是新上市股票公司的股东。如果买入这种股票，也能分享上市公司的相应收益。

22.1.5 适时空仓

作为A股的新用户，很多散户恨不得每天盯着盘口，看着股价的涨涨跌跌，为每一分的股价涨跌而兴奋甚至患得患失，不但影响了自己的心情，很多人甚至影响了自己的本职工作。而知名投资者，基本每年只做一波，赚取合理的收益，其他时间空仓，因为他们知道不可能赚取市场上的所有收益。其实股市就是顺势而为，行情好时你进去，行情不好时你空仓。行情差时学会空仓，此时不亏便是盈。例如，如果投资者在2015年的股灾中空仓，就相当于赚取了14.7万元。

22.1.6 抓住暴跌机会

"机会是给有准备的人的"。而股市暴跌则是为有准备的股民提供了充分的盈利空间，大盘3周暴跌34%，个股普跌接近50%。如果你有准备，在国家出台各种稳定股市消息时进入，便可能迅速赚取50%~100%的收益，相当于给你种下了一棵摇钱树。

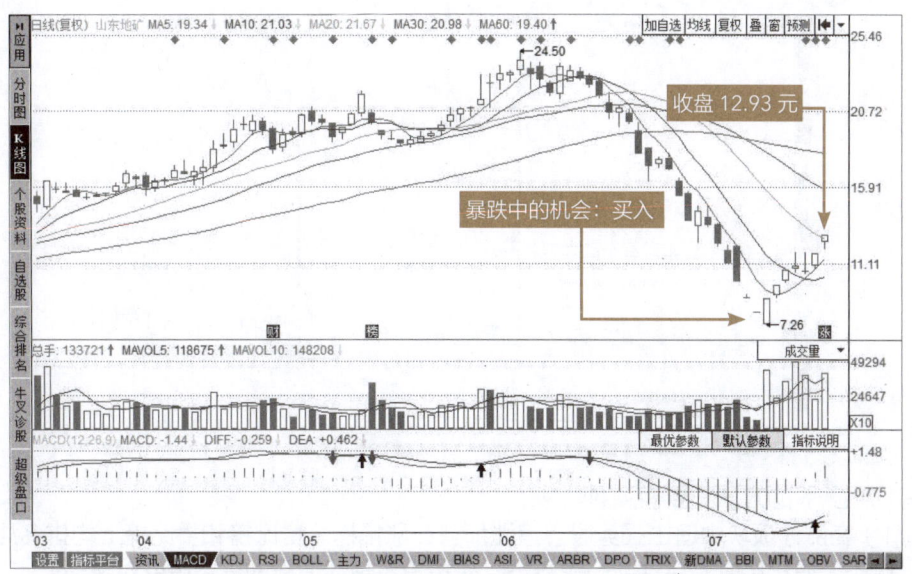

这些暴跌，往往都是偶然事件和重大利空消息造成的。如果大盘处于相对高点时出现暴跌，股民则需特别谨慎，以观望为主。但如果是处于主跌浪或者阴跌很久后出现的暴跌，股民则可考虑把握机会，对自己看好的股票适当建仓，因为很多牛股都是"跌出来"的。

22.1.7 保住胜利果实

尽管很多股民起初浮盈很多，但由于贪心最后反而赚得很少，这就是没能及时止盈导致的，和前面的"纪律"有点类似，应及时止盈保护好胜利果实。很多股民不仅不能在股市中再获利，反而还要把自己在牛市中获得的胜利果实给"吐回去"，如此一来，很多短线高手纯粹是给券商"交手续费"。其实，在熊市和震荡行情中不去搏杀，保住自己牛市的胜利果实更重要。熊市中保住胜利果实的办法是，对自己看好的几只股票始终进行跟踪，并根据市场情况不断尝试进行虚拟买卖，不妄图能够买入历史最低价，当通过虚拟买卖发现升势已经开始确立，再杀入股市进行实盘操作。

22.2 高手炒股的四大绝招

除了前面所说的炒股技巧外，还有以下几个炒股绝招。

22.2.1 追强势股的绝招

所谓强势股，是指在股市中稳健上涨的股票。强势股一般具有两个特点：一是板块龙头股，强势股可能是一波行情的龙头股，也可能是热点板块中的代表性股票，强势股的涨跌，会影响同板块股票的涨跌。二是高换手率，强势股的每日成交换手率一般不低于5%，某些交易日达到10%以上，甚至可能达到20%~30%。

例如奥维通信（002231），在一段时间内出现了稳步上涨的趋势，后续出现连续涨停，这时投资者就可以放心买入该股票。

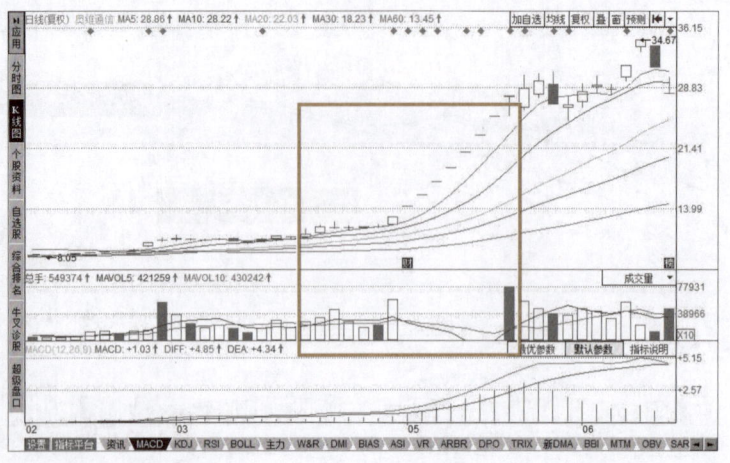

追击强势股的方法主要有 4 种。

（1）在涨停板块中追击强势股。追涨那些在涨幅榜、量比榜和委比榜上均排名居前的个股。这类个股已经开始启动新一轮行情，是投资者短线追涨的重点研究对象。

（2）追击龙头股。一般情况下，龙头股是比较强势的股票，投资者主要在以行业、地域和概念为基础的各个板块中选择最先启动的领头上涨股。

（3）在涨停板追击强势股。涨停板是个股走势异常强劲的一种市场表现，特别是在个股成为黑马时的行情加速阶段，常常会出现涨停板走势。追击强势股的涨停板，可以使投资者在短期内迅速实现资金的增值。

（4）追涨成功突破的股票。当个股形成突破性走势后，往往意味着股价已经打开上行空间，在阻力大幅度减少的情况下，比较容易出现强劲上升行情。因此，股价突破的位置往往正是最佳追涨的位置。

需要注意的是，任何涨升行情都不可能是一帆风顺的，都必然要面对各种压力。但是，由于未来行情向上的趋势不会改变，只是道路仍然是曲折的。投资者在积极操作的同时不能忽视风险，应适当注意资金的管理与仓位的控制。

那么如何才能在复杂多变的股市中找寻龙头股呢？下面介绍几种方法。

（1）根据板块个股选龙头股。

在股票市场，投资者一定要密切关注板块中的大部分个股的资金动向，当某一板块中的大部分个股有资金增仓现象时，要根据个股的品质，特别留意有可能成为龙头股的品种。一旦某只个股率先放量启动，确认其向上有效突破后，该股就有可能成为龙头股。

这种选股方法看上去是追已经高涨且风险很大的个股，但是，由于龙头股具有先板块启动而起，后板块回落而落的特性，因此，它的安全性、可操作性以及收益程度均远高于"跟风股"。

（2）根据第一个涨停板追涨龙头股。

如果投资者由于种种原因错过了龙头股启动时的买入机会，则可以在其拉升阶段的第一个涨停板处追涨。通常龙头股的第一个涨停板比较安全，后市最起码还有一个上冲阶段，可以使投资者全身而退。

具体的追涨方法有两种。

① 在龙头股即将封涨停时追涨。例如辉丰股份（002496）在2016年5月3日上午一直保持顽强走势，直到午后开盘才封上涨停板，投资者就可以有充足的时间，在它即将封涨停板时追涨买入。

② 在龙头股打开涨停时追涨。例如华控赛格（000068）在2016年5月3日在开盘仅30分钟内就封涨停，使投资者来不及介入。但是，这种快速封涨停的个股，往往不稳定。在封涨停板后不久，盘中就曾经出现打开涨停的时间，这时投资者可以乘机买入。

（3）在龙头股强势整理期间买入。

在变幻莫测的股市中，即使最强劲的龙头股，中途也会有强势整理的阶段，这是投资者参与龙头股操作的最后阶段。投资者需要把握其休整的机遇，在龙头股强势整理期间积极买入。但是，这种操作方式也存在一定的风险。当市场整体趋势走弱时，龙头股也可能会从强势整理演化为见顶回落。

不过，针对判断龙头股是处于见顶回落还是强势整理阶段，投资者可以用心理线指标PSY来识别。当龙头股转入调整，PSY有效贯穿"50的中轴线"时，说明龙头股已经见顶回落，投资者不必再盲目追涨买入；如果PSY始终不能有效贯穿"50的中轴线"，则说明龙头股的此次调整属于强势整理，后市仍有上涨空间，投资者可以择机介入。

另外，炒龙头股也要有一定的技巧与方法。有时，股市还要求投资者有一定的胆量，比如在遇到龙头股时要敢于介入等。下面介绍炒龙头股的心态及技巧。

（1）炒龙头股要敢于介入。

一只龙头股从诞生到被确认，其股价一般会上升30%以上。因此，投资者一定要有胆量，不要因为该股已有一定的升幅就不敢介入。只要被认作龙头股，其价位至少有70%以上的升幅。而且市场主力树立一个龙头股是相当不容易的，必然会竭力呵护，以便推动大盘指数，鼓动人气跟风。同时，主力也会介入与龙头股相关的公司，以便获得更大的收益。因此，龙头股表面上看升幅已很大，但仍有较大的获利空间。投资者一旦确认了龙头股，就应当勇敢介入。

（2）分散资金。

投资者在炒作龙头股时，资金不必全仓杀入。虽然一轮行情产生后，龙头股的表现远远较一般股票出色，但不一定是最出色的。因为，一旦行情被龙头股激起，部分市场主力就会找到与此类似的股票介入，趁机狂炒，企图浑水摸鱼，有时部分个股会乱涨一气；而且龙头股树立之后，部分与之相关的公司会被市场投资者挖掘，也会随后跟上，从而形成板块效应，这些个股往往也有不错的机会。因此，可适当分配部分资金参与这些个股的炒作，以取得较好的收益。

22.2.2 追超跌反弹的绝招

在股市中，投资者往往会遇到自己所持的个股出现连续急跌的走势。这时，如果操作失误，可能会在离场出局后，发现自己的股票卖了个地板价；而在决定持有等待时，却在后市遭遇更大的跌幅。

例如，双箭股份（002381）在经过一段快速推高后吸货，为了迷惑投资者，后期又出现了连续多日阴线，然后出现了快速的上涨，如下图所示。

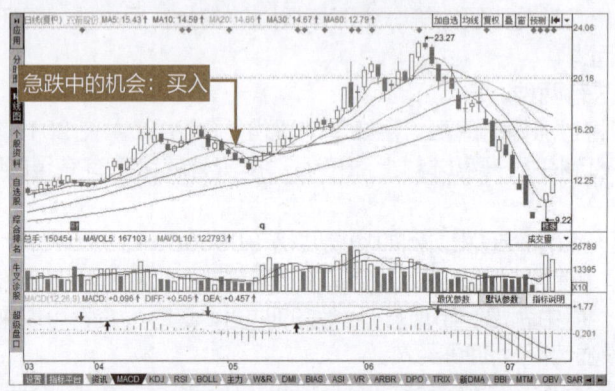

针对上述情况，投资者如何正确判断不同性质的急跌个股，以及采取什么样的操作策略，往往会极大地影响最后的投资结果。但是，由于急跌所处的环境和所持的品种不同，投资者必须采取不同的操作策略。

下面针对不同的急跌情况，进行买入卖出分析。

（1）第一种情况：个股问题。

当时市场走势正常，没有出现快速回调，而持有的个股出现快速下跌。这主要是个股的问题，表明持有个股出现了重大利空。这时就要深入分析个股基本面，看是不是长期的发展出现了问题。如果确实是基本面上有问题，则必须离场；否则可以继续持有该股，等待新一轮的上涨。

（2）第二种情况：大盘问题。

由于整个市场回调导致个股股价下跌，这也同样需要分析持有个股的性质。如果属于基本面良好的品种，出现急跌就应是逢低继续买入的时候，如万科A（000002）、贵州茅台（600519）、中集集团（000039）等优良品种，其股价也会有波动，但由于长期成长性持续向好，因此，每次急跌都是买入的机会。

对于那些基本面一般或较差，只是靠题材炒作起来的个股，则必须坚决卖出。只不过可以根据具体情况的不同，选择不同的卖出时机，即对于题材丰富同时有资金参与的品种，可以等待反弹后卖出；反之，则必须及早离场。

总之，投资者必须对两个方面有比较深刻的把握：一是对持有的个股品种有着极为深刻、准确的认识，对于企业当前的发展状况、未来的发展前景有较全面的了解，这样才能对股价走势作出正确的判断；二是必须对当时的行情走势有较为准确的判断，要分析清楚市场当时所处的阶段，这样才能看清外部环境对于个股股价定位的影响。其中最为重要的是对上市公司基本面的了解，这是决定投资正确与否的根本。只要个股掌握得好，即使当时对市场判断错误，同样也可以在个股上投资成功。

22.2.3 发现技术指标的绝招

一些痴迷技术的人较喜好这个方法，最常用的技术指标有三个：强势大盘多头个股的宝塔线、弱势大盘的心理线（做超跌股），大盘个股的带量双 MACD。

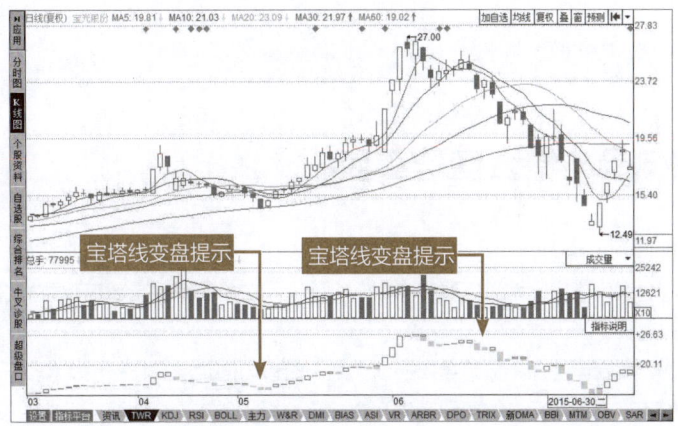

22.2.4 利用经典形态的绝招

常用经典形态有二次放量的低位股、回抽 30 日均线受到支撑的初步多头股（见下图），底部箱体形态的强势股，盘形态同步或者落后一步的个股等，这些都要建立在大盘成交量足够大的基础上。

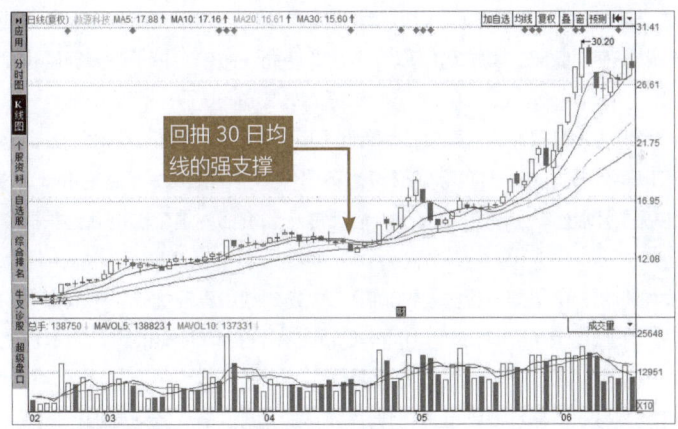

底部箱体出现突破的强势股，后期走势可期。

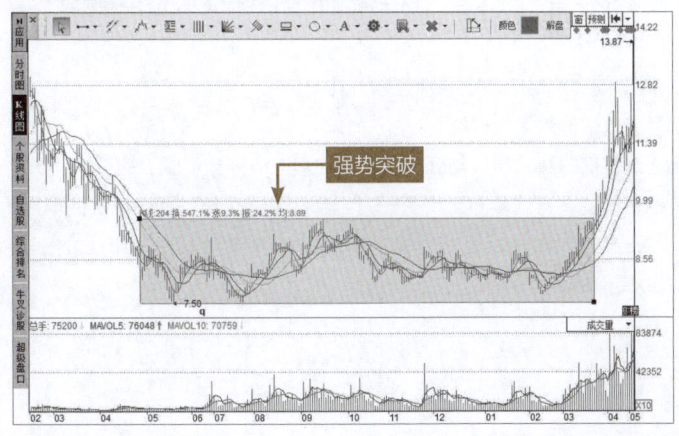

技巧 如何参与集合竞价买卖

集合竞价（Call auction）是指在每个交易日 9:15—9:25，由投资者按照自己所能接受的心理价格自由地进行买卖申报，电脑交易主机系统对全部有效委托进行一次集中撮合处理过程。

具体来说，集合竞价是将数笔委托报价或某一时段内的全部委托报价集中在一起，根据不高于申买价和不低于申卖价的原则产生一个成交价格，且在这个价格下成交的股票数量最大，并将这个价格作为全部成交委托的交易价格。

集合竞价期间显示的是虚拟成交，所以真正的成交笔数仍为 0，目的是为了撮合出一个最大成交量的价格。如果有新的买单或卖单出现，每 10 秒进行一次撮合，显示的结果是在这个价格下的最大成交量，但实际笔数为 0，也不会影响价格。最大成交即现手是逐渐增多的，因为只有在这个价格的撮合下，其成交量比上一次要大很多，才能取代上次的成交价格。但是如果有撤单的现象，最大成交量也有可能减少。9:25 才是集合竞价唯一 一次真正的成交，此时会显示成交笔数。当然这期间可以撤单和挂单，但在 9:20—9:25 期间是不能撤单的。集合竞价期间最好不要撤单，其成功概率很小，即使允许撤单，由于诸多原因也会导致操作失败。

如果投资者想买入某只股票，直接挂涨停价即可，如果想卖出股票，直接挂跌停价即可，这样基本都可以买到或抛出。但实际成交价格不是你所挂的涨停价或跌停价，而是 9:25 成交的价格，也就是开盘价。所有人的成交价格都是一个价格，这个价格就是根据最大成交量撮合出来的。

在连续竞价期间，价格第一优先，时间第二优先，数量第三优先；但集合竞价期间没有这个优先顺序，9:15 之前的所有时间为同一时间，不仅挂单时间相同，挂单价格也相同，由于主力的数量较大，所以先成交主力的股票。

集合竞价按买盘的价格从高到低进行排序，按卖盘的价格从低到高进行排序，然后按照序号从上到下进行一对一的撮合，直到卖盘和买盘的价格相同或卖盘的价格高于买盘的价格，就停止撮合，然后选出合适的价格，显示当前的撮合价格和成交量，但笔数为 0，没有实际的成交数量。

集合竞价时，成交价格的确定原则有以下几个。

（1）现存的成交量最大的价格。

（2）高于该价格的买入申报与低于该价格的卖出申报全部成交的价格。

（3）价格相同的买方或卖方至少有一方全部成交的价格。两个以上的申报价格符合上述条件的，使未成交最小的申报价格为成交量价格，仍有两个以上的申报价格符合要求时，其中间价格为成交价格。

23 牛市中的投资技法

本章引语

凡会学习者,学习得法,则事半功倍;凡不得法者,则事倍功半。

——纪 元

即便在牛市中,如果不懂得投资技法,也会失败;如果懂得牛市投资技法,则会事半功倍。每次牛市都能让很多人实现财务自由,要实现这个目标,就需要很好地掌握牛市中的投资法则。

本章要点

★ 牛市中的投资技法
★ 牛市的常见特征

23.1 牛市的主要特点

所谓牛市，就是人们预料或已经发生的股票市场行情出现的一种发展趋势，即大家都对大盘或者手中的股票有行情看涨的一种期待，前景乐观的专门术语，而熊市则正好相反，是预料股市行情看跌，前景悲观的专门术语。

最近两次 A 股比较知名的牛市一是从 2005 年开始从 998.23 点启动到 2007 年以 6124.04 点结束的大牛市，两年时间股指翻了 5 倍；还有就是从 2014 年 7 月份开始从 2000 点左右启动到 2015 年 6 月以 5178.19 点结束的牛市。

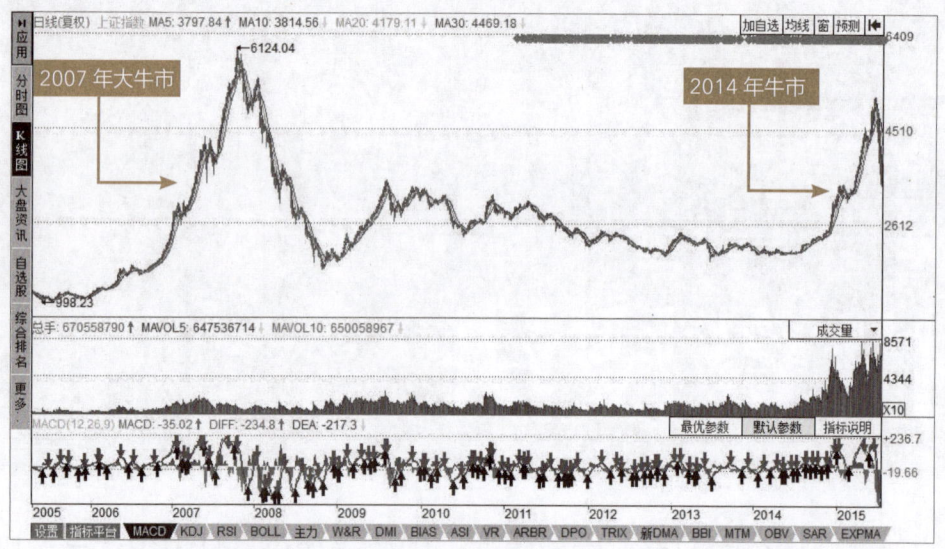

股市中出现牛市主要有以下几个特点。

（1）价格上升股票的种数多于价格下降股票的种数。
（2）价格上升时股票总交易量高，价格下降时股票总交易量低。
（3）企业大量买回自己的股票，致使市场上的股票总量减少。
（4）大企业股票加入贬值者行列，预示着股票市场价格逼近谷底。
（5）近期大量的卖空标志着远期的牛市。
（6）证券公司降低对借债投资者自有资金比例的要求，使他们能够有较多的资金投入市场。
（7）政府降低银行法定准备金率。
（8）内线人物（企业的管理人员、董事和大股东）竞相购买股票。

23.2 牛市中如何投资

当我们观察或者感受到牛市出现了，那对于处于其中的我们该如何投资呢？是否有什么技巧呢？

23.2.1 选择优异行业

都说牛市捂股,但是不是随便买一只股票就不管了呢?

错。

即使是牛市捂股,也应该选择有发展潜力的股票来捂,而不是随便找一只股票就放置不管了。

虽然新股上市连续拉涨停板并不鲜见,但是像暴风科技涨幅从 9.43 元开盘来算,到最高点 327.01 元,涨幅超过 30 倍的并不多见。

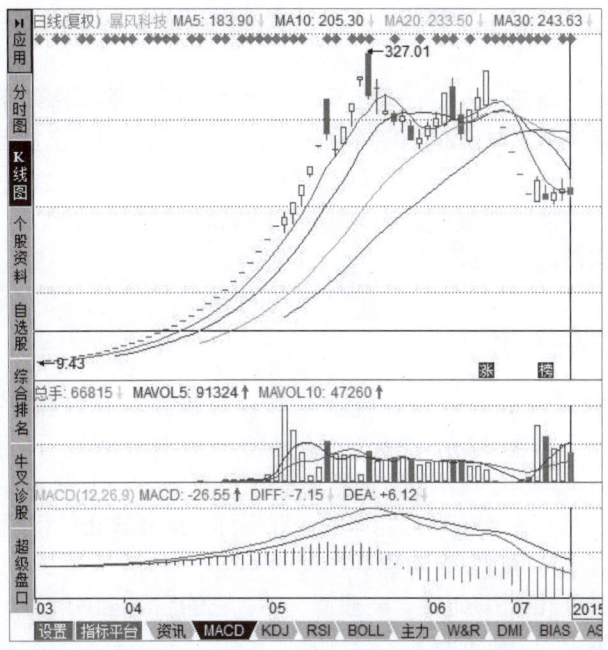

两市中涨幅没有过倍的股比比皆是,如云南白药,从最低点 46.6 元起步,最高到 88.81 元,涨幅仅 90%。

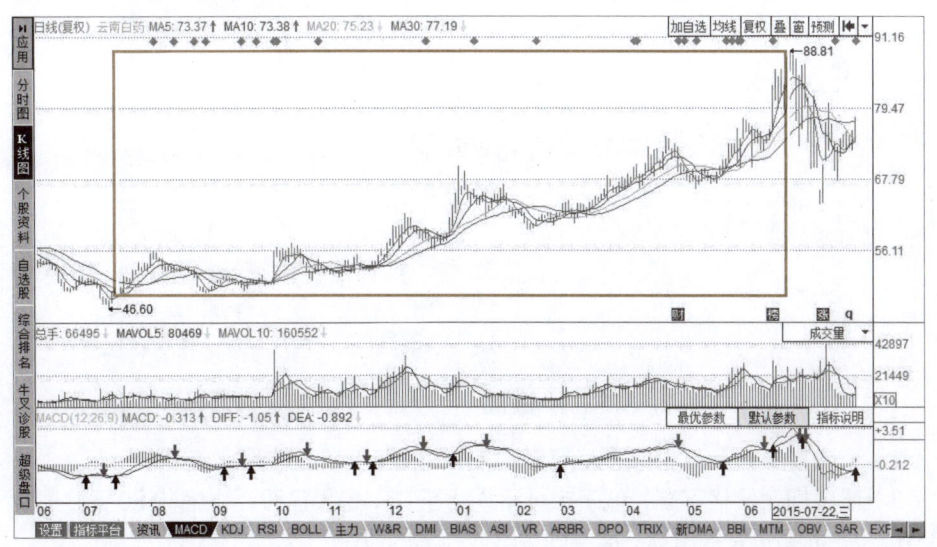

即使是 90% 的涨幅,也比大部分投资者看见哪只牛股便换哪只的策略强很多,这轮牛

市过后,很多人感叹"在熊市赚的钱,都让牛市赔光了"。

时常听到身边有人说抓住了连续涨停的牛股或自称热点屡屡凯旋。然而,据统计,这波行情中真正赚到大钱的并不是他们,而是那些 2000 多点时重仓或满仓买了股票,至今一路持有者。牛市中的最佳操作策略其实就是——捂股。回顾这波行情,从 2000 多点涨到 3800 多点,涨幅近 90%。除了个别高手,真正赚到 90% 的投资者并不多,而捂股不动者恰恰在其中。

2014年底的券商等大金融系列股票热闹非凡,很多人一开始看不清,后来忍不住入场,然后就是"1·19 股市踩踏事件"。更有甚者,权重股热时,割掉小盘股追入,结果套在权重股中;小盘股热了,割掉权重股介入,结果恰好又遇上小盘股盘整。一个牛市下来,输钱的往往是这些人。

从 2000 多点涨到现在,人们一直在问哪里是顶,其实顶部是事后才能确定的。以上一轮大牛市 6124 点为例,真正逃顶的高手,不是 6000 点左右的出货者,而是 5000 多点的清仓者。因为 6000 多点的出货者看似出在最高点,其实很大程度上有碰运气的成分,而 5000 多点的清仓者是因为真正意识到股指的顶部即将到来。所以,既然目前不是轻言顶部的时候,我们自然可以继续捂股。

23.2.2 选择领头企业

就像你买产品要买大品牌一样,买股票也要买龙头企业。大品牌的产品一般质量更可靠,而且服务更好,龙头企业的股票一般涨势更好,而且因为股票供应量大,一般不用担心买不进、卖不出等情况。

所谓龙头企业,并不是大家耳熟能详的企业名称,而是真正能引领某个行业的具有带领效应的企业。其基本特征有以下 4 点。

(1)具有较为明显的市场地位,一般情况下,它的启动能够带动一个板块,甚至是一轮中级行情,如证券中的中信证券。

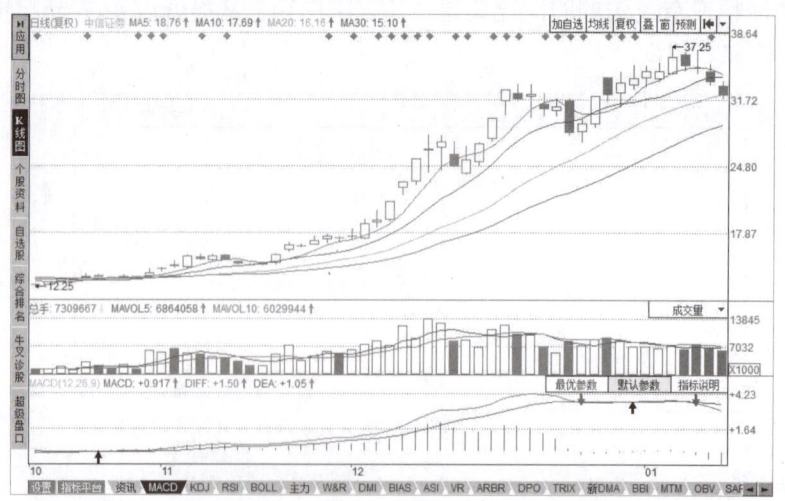

(2)个股基本面上不能有重大利空消息,一般属于朝阳产业。

(3)股票相对价格不高,低于市场平均水平,不是大盘股,也绝非 80 元、120 元以上的高价股,而是一只被市场一度共同冷落或疏漏的股票。

(4)有朦胧的题材和概念,而这些概念和题材,既不被大股东明确肯定,也不被大股东明确否定，越朦胧越有爆炸力上涨空间。

如果用户发现具有以上几种特征，且技术分析上面有涨势准备，换手积极的股票，建议迅速跟进。

23.2.3 买入好价格

再好的公司和股票，如果不是在正确的时间与价格买入，都有可能导致涨幅有限，甚至亏损的情况发生。例如，2013年半年涨幅超8倍的超级大牛股中青宝，如果你从低点5元附近买入，最终到达最高点涨幅接近9倍，但如果你是在7月22元左右追入的，则涨幅不到两倍。如果你炒短线且心态不够稳定，甚至可能在7月底那波跌幅接近20%的波段中造成损失。

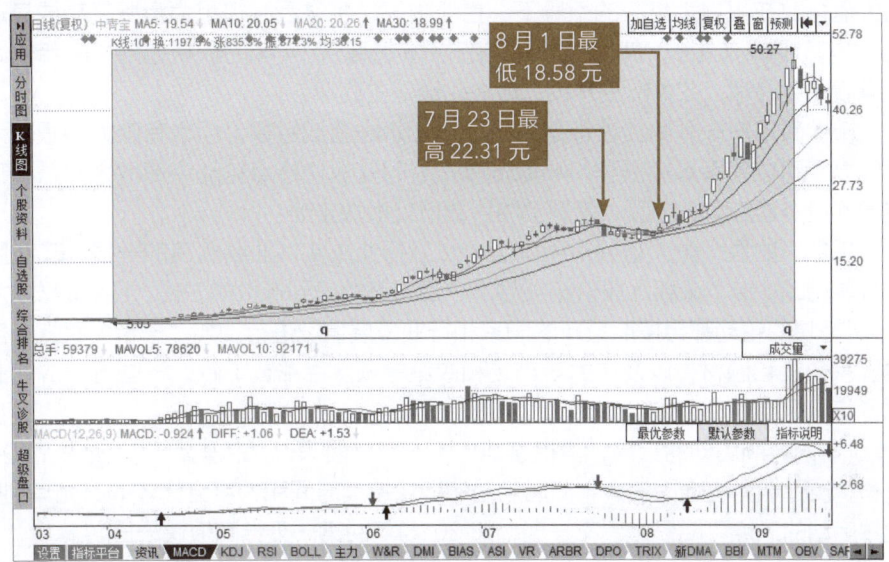

这就要求投资者在买卖股票时，在买卖点的选择上，一定要把握好。

23.2.4 抓住牛股

牛市中，牛股和一般股票对比来说，就是一个巨大涨幅、一个一般涨幅，就像同样根系上的两个西瓜，小时候看上去一样大，等快成熟时，一个有15千克，一个只有4千克。但究竟投资哪个，有没有统一的标准和方法，具体的分析要点和方法可以参考本书的其他章节。

23.2.5 敢于重仓

敢于参与的人能赚到钱，敢于重仓的人才能赚到大钱。只要你有必胜的把握，一定要敢于重仓。而对于把握不大甚至不看好的股票，建议轻仓参与即可。

另外，建议在牛市初中期重仓，在中后期建议轻仓甚至空仓，既然我们不能将市场上的钱赚完，就不能做牛市的最后一个接棒人。

例如，1000万元的20%仓位和500万元的80%仓位，同样赚20%，结果完全不同。
1000×20%×20%=40（万元）

500×80%×20%=80（万元）

40 万元 <80 万元

针对选好的股票（符合我们的选股规则），一定要敢于重仓，赚取最大的收益。对于小的机会或不清楚是机会还是风险的，建议放弃或者轻仓参与即可。

23.2.6 抓住板块轮动技巧

所谓板块轮动，就是在证券市场上板块与板块之间出现的轮流上涨，从而推动大盘逐步上扬，这就是通常所说的板块轮动。

通常来说，每一轮牛市都离不开市场不间断的热点板块的推动，牛市初期往往需要依靠国企大盘股引领大盘指数攻克紧要关口，比如 3000 点、4000 点等重要关口。

当大盘指数在权重大盘股的引导下，重新由熊转牛之后，权重大盘股就功成身退，维持原地踏步，或偶尔上涨，然后横盘消化的格局。如 2014 年的板块包括"一带一路"、券商、互联网金融等，在牛市主升段，板块轮动是主旋律。

刚入市的新用户一开始往往都是盲目地追涨杀跌造成亏损，但也有胆大的跟随大盘来买。短线高手可以紧跟热点操作，高抛低吸，及时在板块热点轮动中博取大收益。缺乏时间和技术的投资者应耐心持股，等到手中股票所处板块走热。

轮动规律一般是：先大盘股指引向上，然后行业龙头，业绩优良的一线、二线股开始发力，板块轮动，接下来绩优股价格被炒高之后，开始轮到低价的三线、四线股发力等。

（1）板块的轮动都会按照最新的国家和行业发展情况进行，如"一带一路"、自贸区等新的国家政策和题材，以及主力对市场和政策等预测上涨或下跌，一些行业或产业振兴规划或者行业拐点的确立。

（2）不同时间启动的板块，其持续能力不一。一般来说，率先启动的板块，其持续时间比较长，反弹能力也会比较大，而后启动的板块持续时间和力度会比较弱，尤其到后期，某个突然启动的热点可能只是昙花一现，如 2015 年的某一天券商板块一日游。

（3）行情启动初期，热点板块先于大盘见底，拉动大盘见底上涨。上涨阶段，市场的热点会比较集中，增量资金也多汇集在几个重点板块，从而带动市场人气，吸引更多资金，推动行情进一步发展。这个阶段捕捉龙头板块，可以通过盘面和成交量捕捉热点板块。一般来说，在大盘涨幅榜前列，出现某一板块有三只以上股票或者当天三只以上股票底部放量上攻，这样的板块就可能成为热点板块。

（4）在经济复苏阶段，表现较好的是能源、金融、可选消费；表现较差的是信息技术、医疗保健、公用事业。在经济扩张阶段，表现较好的是能源、材料、金融；表现较差的是信息技术、公用事业、电信服务。在滞胀阶段，表现较好的是电信服务、日常消费、医疗保健；表现较差的是信息技术、能源、金融。在收缩阶段，表现较好的是医疗保健、公用事业、日常消费；表现较差的是能源、金融、材料。

总的来说，四阶段下，大类行业的板块轮动规律基本符合投资的内在逻辑。金融、能源、可选消费、日常消费、医疗保健、公用事业、材料行业轮动的效果比较显著，而工业、电信服务、信息技术的轮动效果则不是很明显。

如 2008 年 1664 点之后，有色充当了上涨的龙头，江西铜业（600362）从 2008 年 11 月 7 日 8.27 元一路上升到 2009 年 8 月 50.08 元，在一年的时间里，股价上涨了 5 倍多。

2003年11月20日,大盘强劲反弹,领涨的就是科技股。当日,受我国开始全面推进有线电视从模拟向数字整体转换消息的影响,科技股和网络股接连两天出现疯狂拉升。

如上海梅林(600073)、广电电子(600602)、中视传媒(600088)、东方明珠(600832)等一大批科网股连续走强,成为明显的强势板块。该板块号召力强大,龙头股上海梅林接连6天的拉升,升幅达50%以上,显示了大盘反弹的想象空间。

23.2.7 不做牛市最后买单人

即使是牛市,也不是任何时间买任何股票都能赚钱。在"鸡犬升天"的牛市初期,买任何股票都可能有不错的涨幅。但到了牛市后期,很多人都说"赚指数不赚钱",其实这就是贪婪的人性所在——想赚进每一分钱。

在2007年的那一波大牛市中,从998点开始,一直到3000多点才形成真正的市场效应,吸引了大量的新入市人群和资金。随着新入市的资金和原有市场的不断自我强化,直到4000点左右才有一点像样的调整,但当时几乎所有人都认为这是上车的最后机会,于是小幅调整到3500点左右,又开始了新一波的单边上涨,直冲5400点,这更加确立了很多人的想法,于是借钱、抵押等各种能筹集到钱的方法都迅速用上。原先观望的人们看到身边人的赚钱效应也争先恐后的入市,然后在5000点重现4000点左右的小幅波动,有了前一次的"经验",更多人去筹集资金博取更大的收益,但久经沙场的投资老手却开始减仓行动,主动将筹码交给了这些人。

等待持续上涨的人们确实如期看到了短暂的上涨期,但没有想到的是冲破了最高点6124点关口时,一去就再也没能回到原来的点位,这些人被深度套牢了。原先的些微利润不但全部回吐,而且损失惨重,本金亏损超过50%的人比比皆是。

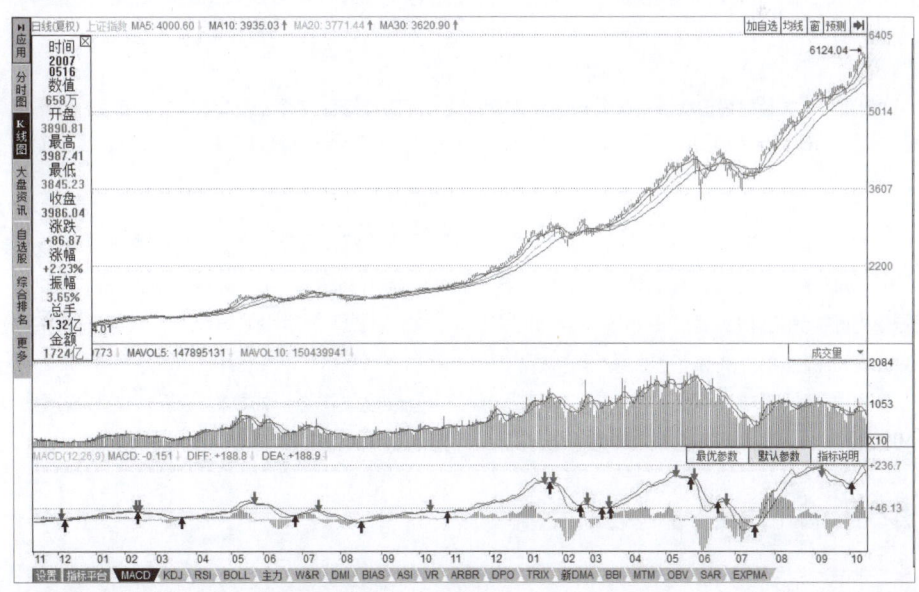

我们炒股是为了赚钱,至少不亏钱。巴菲特的三大投资原则:第一,保住本金;第二,保住本金;第三,谨记第一条和第二条。

牛市中,一定要记住,不能因为想赚钱反而亏了钱。

高手秘技

技巧 1　冷静，在牛市中也要适度分散投资

即使在牛市中，对于投资者来说，股市也只是你投资布局中的一个部分，建议你将部分资金投入其他渠道中，比如基金、保险等。

在 2007 年的超级大牛市中，很多人找朋友借钱炒股，而在 2014 年的这个牛市中，很多人都用上了杠杆，加上现在市场上的金融服务类股票非常活跃，场外融资变得更为简单，也导致了很多人利用场外配资给自己的投资加杠杆。

在银行、证券等正规行业中，配资一般是 1∶1、1∶1.5 或者 1∶2；而场外配资直接是 1∶3 起，最高能到 1∶10。确实，如果你投资眼光准确，技术高明，很快就会变成富豪。

但世界没这么简单，在 2014 年度的指数狂飙中，证监会发文要求限制场外配资。据财新网报道，在 2015 年 6 月初，证监会已经给券商下发过通知，要求自查场外配资业务。

> 财新援引国内一家大型券商两融业务部总经理的消息证实，证监会两周前已向券商下发通知，要求自查场外配资业务，全面叫停场外配资数据端口服务，其中包括恒生电子的HOMS系统配资。
>
> 财新报道还称，早在4月中旬，证监会就已经发文，要求券商不得以任何形式参与场外股票配资、伞形信托等活动，不得为场外股票配资、伞形信托提供数据端口等服务或便利。"4月份监管层的说法比较温和，但是这次的通知比较严苛，我们也已经停止为HOMS配资提供数据端口服务。"上述人士称。
>
> 6日上午，大智慧通讯社援引长江证券通知文件称，长江证券要求各营业部6月12日收市后关闭所有客户HOMS接入接口，亦不再接受新的接入需求；各营业部全面清查其它第三方交易系统接入情况。

随着证监会发文审查证券公司，场内投资者的股票投资也迎来 A 股史上最残酷的暴跌。在这场被称为"股灾"的下跌中，很多人从盈利到平衡再到亏损，投资收益没能幸免。特别是参与了配资的投资者，更是很多被强制平仓。据媒体报道，这次股灾至少有 50 万左右的中产阶层被强平，失去了累积多年的财富。

如果身处其中，而且你的身家全部在股市中，就会损失惨重；如果你只将一小部分资金投入股市中，那么你还会有其他资产供你保持一定的生活水准。

技巧 2　别让小牛变大熊

牛市中，很多人都看到别人赚钱眼红，也想尽快地赚到更多的钱，从而实现财务自由，尽早实现"世界那么大，我想随时去看看"的愿望，但却忘记了并不是人人都是牛市中的牛人。一定要及时放弃幻想，尽快卖出手中的股票，保住利润，不然小牛会变成大熊。

从 2014 年 7 月前后开始的这一轮牛市，确实让很多人获取了不少浮盈。而且当前手机、互联网的全民普及，使得炒股人数急剧上升。如《中国青年报》曾报道，陕西某村就开始了全民炒股，村里建有微缩版的股票交易大厅。

炒股村村民收废品 股灾把村民逼回老本行

发稿时间：2015-07-06 15:24:19　来源：中国青年报　中国青年网 我要评论

陕西市马嵬镇南留村是个名副其实的"炒股村"，村里有百余农民在炒股。从2007年那个大牛市开始，南留村人陆续进入股市，如今，村里有个微缩版的"股票交易大厅"，每天交易活跃。赔赔赚赚不说，七八年股市征战，村民们收获了更多。近两周股市遭遇了"626股灾"后，炒股村的村民不得不去捡废品或聚在一起消磨时间。

全民炒股时代，偶有盈余补贴一下生活固然不错，但因此影响了工作就有点得不偿失了，特别是很多资金量较少（少于10万元）的上班族股民，上班时频频通过手机偷看行情，不但无法及时把握交易时机错过买卖，更影响了本职工作，给自己的职业生涯造成不好的影响。而且即使一年投资收益颇丰（50%），也对生活大局产生不了大的影响。如果将心思放到钻研本职工作上，可能会使技能水平上升一两个台阶，从而迅速提升业务水平，进而提高收入。

很多业余投资者（上班族）因为不专心，加上自己的时间、信息不通畅，还有人固有的贪婪习性，很可能会将本来盈余的资金因为不甘心减少浮盈，期望进入下行通道的股票快速反弹而陷入更大的泥潭中。

例如牛股东方财富从高位跌下来至今仍未回到高位的一半位置，如果投资者是在后期追高买入的，现在仍然处于浮亏中。

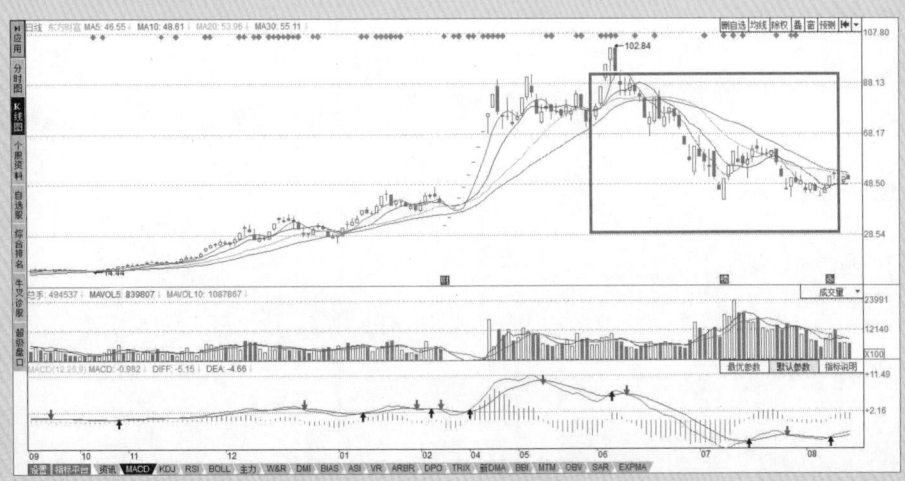

又如上证指数从高位5178点到3963点，下跌20%。

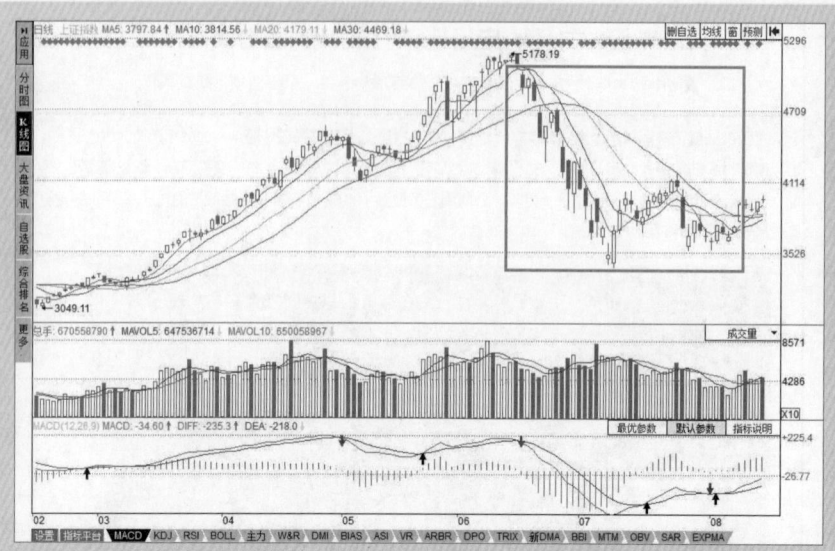

　　如果你买的是前期涨幅较小，这次股灾中又没能迅速爬起来的股票呢？是不是让小牛变成了大熊？

PART 4

秘技篇

24 看盘10招

本章引语

视不察不明，不察不明则过。言不得不知，不得不知则昏。
——《管子·宙合》

看得不准确就谈不到明，不准不明就陷于失误。思虑不得宜就谈不到智，不宜不智就陷于昏乱。在炒股中，懂得看盘，可以更好地帮助投资者做出正确的判断，否则就缺失了方向，犹如瞎马，误打误撞。本章介绍10个看盘绝招，帮助投资者学会在不同的情况下如何看盘。

本章要点

★ 低开低走看盘口
★ 尾盘止跌看盘口
★ 盘中上行看盘口

24.1 第一招 高开高走看盘口

高开高走是一种典型的上攻盘口,表明多方势力占据明显优势,投资者此时可果断介入。

【基本形态】

如下图所示,"高开高走"是指在分时图上,股价以高于前一个交易日收盘价的价格开盘,形成一个跳空缺口,并且之后一路上行,没有回补该缺口。

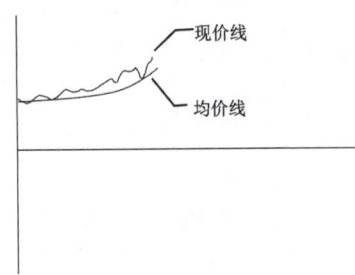

【拆招解式】

开盘是股价一天走势的风向标,更能显示出多空双方的力量对比。高开表明人气很旺,多方在开局阶段占优,高走进一步证实多方力量强大,当天看涨已是大概率事件。因此,投资者可果断介入,很可能当日即可获得丰厚回报。

实际操作过程中,还要注意股价在中长期趋势中的位置。如果股价处于底部,突然跳空高开,且幅度较大,这种情况意味着主力要坚决上攻,此时应果断跟进;如果股价在上升途中,一般维持原来的趋势不变,此时还可以跟进;如果股价处于高位,极易产生过重的获利回吐压力,此时应小心谨慎。

【小试牛招】

下图为申达股份(600626)2015年6月8日的分时走势图。如图标注所示,6月8日开盘出现高开高走形态,当天股价处在日K线图的相对低位,并且开盘没多久,股价即上涨5%,均价线紧跟现价线步伐一路上行,当日看涨。果然,申达股份当日以涨停价收盘。

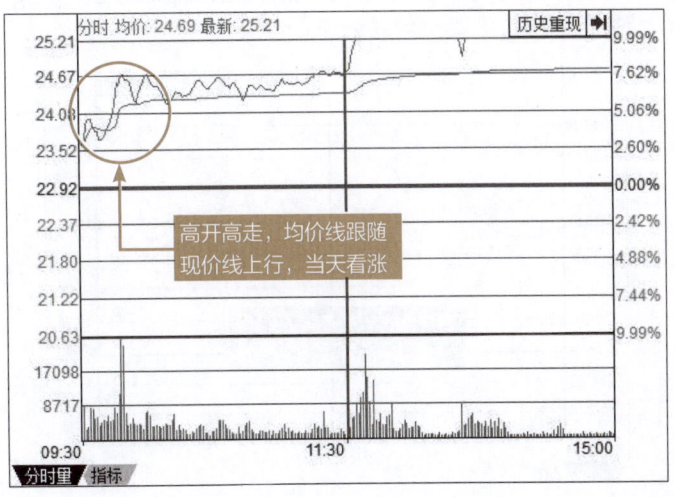

24.2 第二招 高开低走看盘口

通常情况下，高开低走是主力出货的一种标志，向上跳空诱导散户继续跟进，主力自身则悄悄完成出货。股价处于高位时，投资者应格外小心。

【基本形态】

如下图所示，"高开低走"是指在分时图上，股价以高于前一个交易日收盘价的价格开盘，形成一个跳空缺口，但是之后一路下行，回补该缺口（通常开盘后 30 分钟内）。

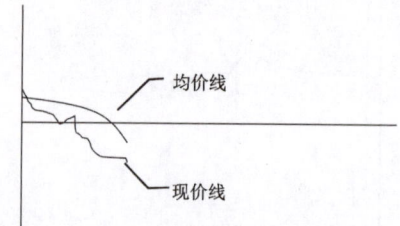

【拆招解式】

开盘高开，多方稍占优势，随后空方展开反击，不仅收复失地，而且进一步扩大战果，使股价跌破前一日收盘价。主力利用这个跳空高开拉高股价，聚拢人气，然后顺势出货。紧接着散户跟着主力出货，股价下跌在所难免。因此，投资者遇到这种情形，不要盲目抄底，以免被深度套牢。

实际操作过程中，投资者应该结合股价信息进行综合分析。如果股价处于底部，出现高开低走，这种情况意味着主力在吸筹，准备上攻，当天股价变化不会太大，此时可适度跟进；如果股价在上升途中，一般表明主力在洗盘，此时可适度抄底；如果股价处于高位，此时主力拉高出货的可能性非常之高，投资者应尽早出货。

【小试牛招】

下图为中国电建（601669）2015 年 5 月 4 日的分时走势图。如图标注所示，5 月 4 日开盘出现高开低走形态，但在此之前该股已连续出现 5 个涨停，处在相对高位，获利回吐压力较大。虽高开 7%，短时间即被回补，主力拉高出货意图明显，当日看跌。中国电建当日振幅达 16%，跌幅近 7%。

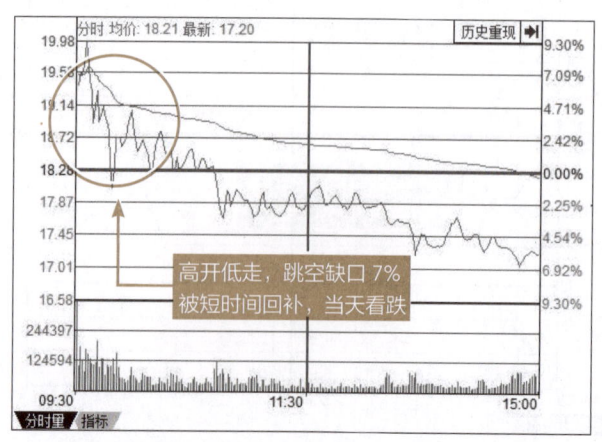

24.3 第三招　低开低走看盘口

低开低走是一种典型的下攻盘口，表明多方力量衰竭，空方完全掌握局面，投资者此时可果断出货。

【基本形态】

如下图所示，"低开低走"是指在分时图上，股价以低于前一个交易日收盘价的价格开盘，形成一个跳空缺口，并且之后一路下行，没有回补该缺口。

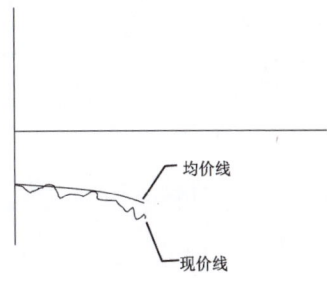

【拆招解式】

低开之后股价持续低迷，或短期上攻到缺口附近时又快速回落，始终不能回补该缺口，表明空方完全掌控局势。同时成交量极度萎缩或放大，内盘远高于外盘，通常情况下是主力强行出货的标志。因此，当天股价走跌可能性非常大。所以，投资者遇到此情形，应尽早出货，避免损失。

实际操作过程中，这种低开低走、主力强行出货的形态通常发生在股价的相对高位区域，且具有一定的连续性。投资者可在高位先出货，待下跌态势企稳时再次介入，切忌盲目抄底。

【小试牛招】

下图为大禹节水（300021）2015年6月8日的分时走势图。如图标注所示，当天，该股走出低开低走态势，此时该股股价已处在相对高位，前一交易日主力拉高出货，今日继续强行出货的可能性非常之大，当天看跌。至收盘时，该股当天下跌5.2%。

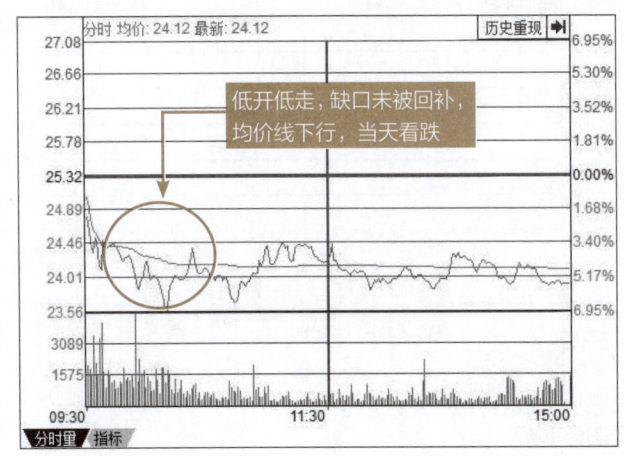

24.4 第四招　低开高走看盘口

低开说明多方开始时没有取得胜利,但高走则把多方实力展现得淋漓尽致,投资者也不必过分忧虑,可轻仓跟进。

【基本形态】

如下图所示,"低开高走"是指在分时图上,股价以低于前一个交易日收盘价的价格开盘,形成一个跳空缺口,但是之后一路上行,回补该缺口(通常开盘后30分钟内)。

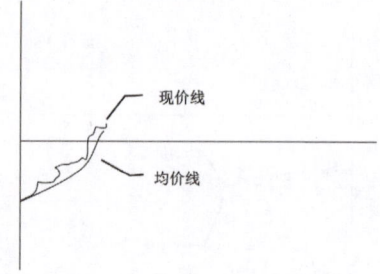

【拆招解式】

低开之后股价迅速回补缺口,或上攻到缺口附近,短暂回调之后又立刻上攻回补缺口,回到红盘区域,充分显示多方力量的强大。低开则是为了洗出意志不坚定的获利盘和套牢盘,洗盘完成之后,多方开始拉升。因此,投资者可充分把握低开高走的特性,获取投资收益。

实际操作过程中,投资者应结合股价和其他信息做出综合判断。低开后迅速回补缺口,且集合竞价时内盘和外盘相差不大,这种往往是洗盘的低开,投资者适时杀入,当天就会获得不错收益。

【小试牛招】

下图为乐视网(300104)2015年2月10日的分时走势图。如图标注所示,2月10日开盘该股出现低开高走形态,近2%的缺口被迅速回补,且当天股价处在日K线图的相对低位,当日很大程度看涨。该股当天以涨停收盘。

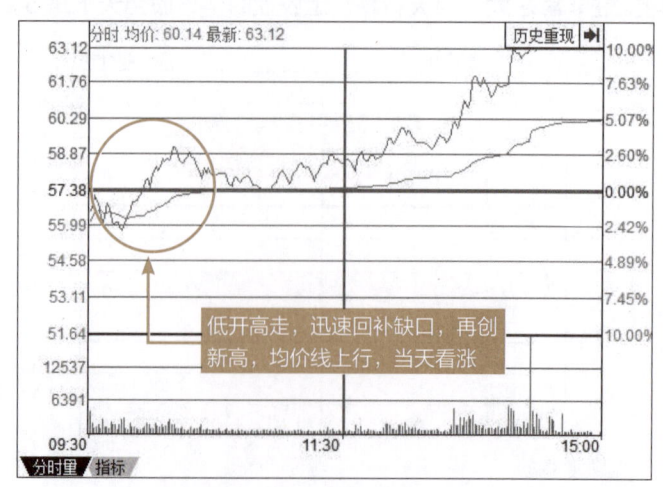

24.5 第五招 尾盘拉升看盘口

接近尾盘，多方趁收官之际，放量拉升，典型的做多表现，后市看涨的概率较大。

【基本形态】

如下图所示，分时图中的"盘尾拉升"是指在临近收盘时股价出现大幅上涨，导致现价线与均线出现较大距离。

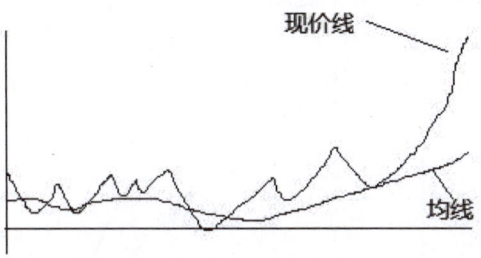

【拆招解式】

尾盘是多空双方当天最后的博弈，收盘价则是双方博弈的最终结果，对第二天股价的走势具有指导意义。特别是最后半小时的动态，对第二天的操作具有重要的提示作用。股价全天运行平稳，临近尾盘时突然拉升，成交量放大，短时间内展现出凌厉攻势，这是主力做多的表现，第二天该股必涨无疑。因此，投资者可果断介入，获取丰厚收益。

【小试牛招】

下图为中国西电（601179）2015 年 5 月 11 日的分时走势图和之后的 K 线走势图。如图标注所示，5 月 11 日当天股价运行相对平稳，尾盘时突然放量拉升，大涨 6.81%，做多意图明显，后市看涨。

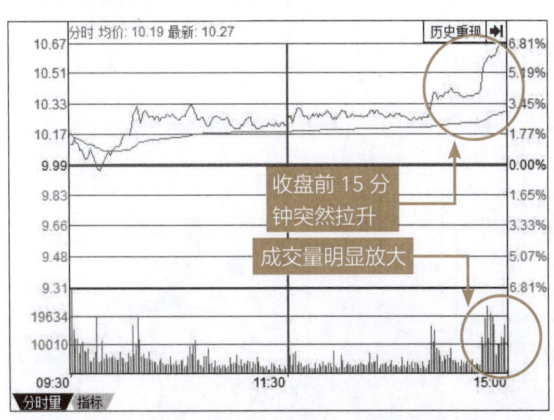
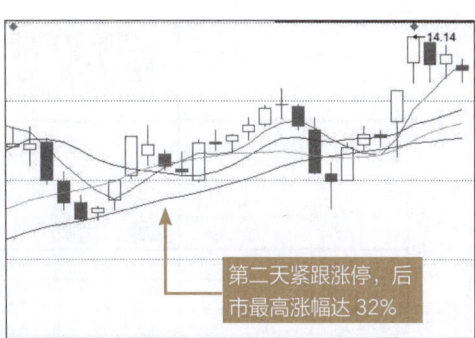

24.6 第六招 尾盘跳水看盘口

尾盘跳水,主力出货的意图很明显,投资者也要毫不犹豫,果断出货,避免损失。

【基本形态】

如下图所示,分时图中"盘尾跳水"是指在临近收盘时股价出现大幅下挫,导致现价线骤然下降,使现价线与均线出现较大距离。

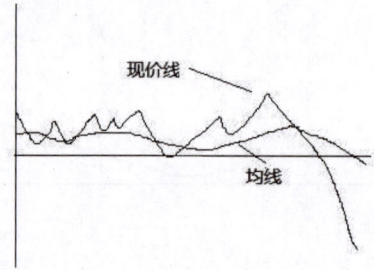

【拆招解式】

股价全天运行平稳,临近尾盘时开始迅速下跌,大单、小单共同砸盘,股价一泻千里,下跌角度较大,此为主力出货的信号。因此,第二天股价下跌在所难免。所以,投资者手中若持有该类股票,应尽早出货,避免深度套牢。

【小试牛招】

下图为中国中车(601766)2015年5月6日的分时走势图和之后的K线走势图。如图标注所示,5月6日当天该股的现价线围绕均价线平稳运行,尾盘突然大跳水,几乎跌停,主力出货意图尽显,后市看跌。

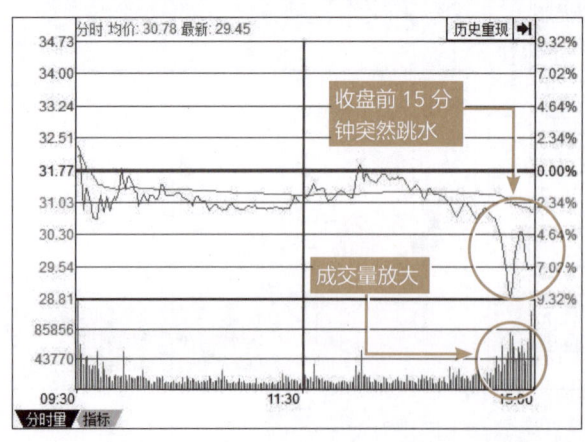

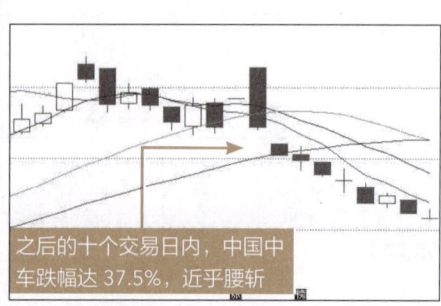

24.7 第七招　尾盘止涨看盘口

尾盘冲高回落，成交量也大幅减少，通常是主力保存实力，为第二天的上涨做准备。

【基本形态】

如下图所示，分时图中"盘尾止涨"是指股价在上午和下午开盘时段均处于上涨态势，但在临近收盘时股价出现回落，导致现价线骤然下降，使现价线与均线缩短了距离。

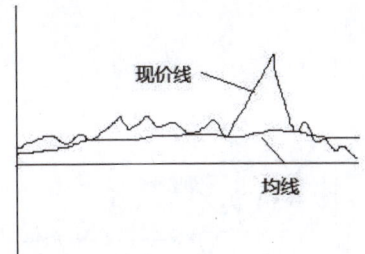

【拆招解式】

尾盘之前交易相当活跃，股价一路上行，成交量配合紧密，尽显冲击涨停的势头。而尾盘时，成交量缩小，交易活跃程度大大降低，股价停止上涨开始下跌。这不是多方力量的衰竭，而是主力在进行修正，为第二天的上涨做准备。因此，尾盘止涨不会影响尾盘前的走势。所以，投资者可抓住机会，果断介入。

【小试牛招】

下图为天和防务（300397）2015年3月13日的分时走势图和之后的K线走势图。如图标注所示，3月13日尾盘前交易活跃，成交量有所放大，应该出现大涨之势。可尾盘时突然转向，量减少，价下跌，尾盘止涨，后市看涨。

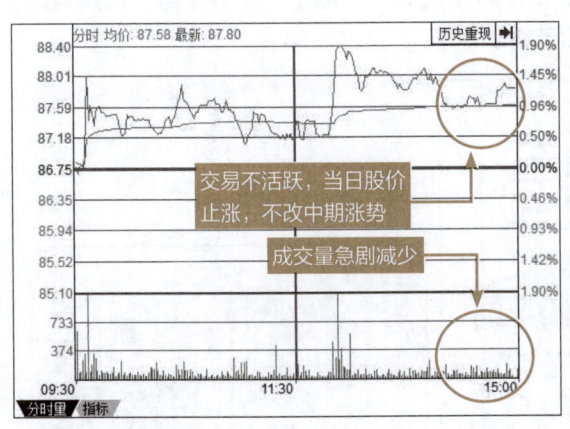
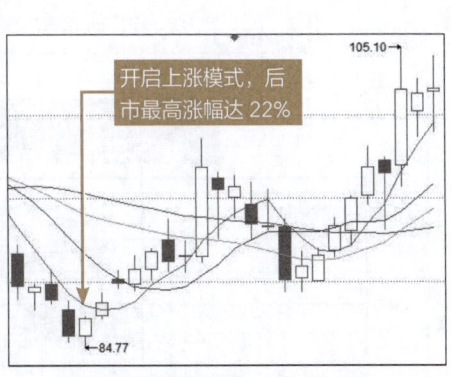

24.8 第八招 尾盘止跌看盘口

尾盘股价有所回升,给投资者造成止跌的错觉,后续几天接着出货,投资者要格外注意。

【基本形态】

如下图所示,分时图中"盘尾止跌"是指股价在上午和下午开盘时段均处于下跌态势,但在临近收盘时股价不再出现进一步下跌,导致现价线走平或上升,使现价线与均线缩短了距离。

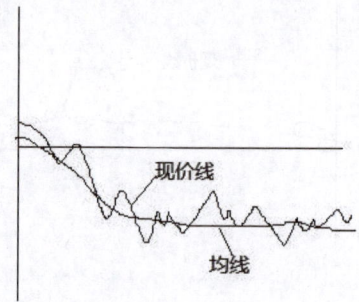

【拆招解式】

尾盘之前交易相当活跃,股价一路下行,成交量配合紧密,略显跌停的势头。而尾盘时,成交量缩小,交易活跃程度大大降低,股价停止下跌开始上涨。这不是空方力量的衰竭,而是主力在进行修正,为第二天的下跌做准备。因此,尾盘止跌不会影响尾盘前的走势。所以,投资者需珍惜上涨机会,果断出货,避免被套。

【小试牛招】

下图为碧水源(300070)2015年6月3日的分时走势图和之后的K线走势图。如图标注所示,6月3日尾盘前交易活跃,成交量有所放大,可能出现大跌之势。可尾盘时突然转向,量减少,价上涨,尾盘止跌,后市看跌。

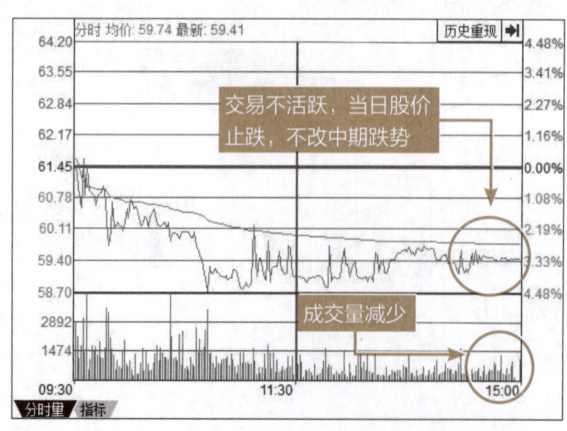

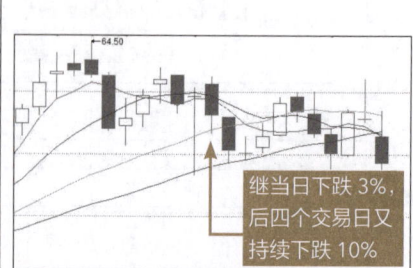

24.9 第九招 盘中上行看盘口

震荡上行，主力抬高股价意图明显，投资者跟进就是。

【基本形态】

如下图所示，分时图中"盘中上行"是指股价在上午开盘之后就开始进入全天上涨趋势，导致现价线持续上升，而均线在现价线的带动下也缓慢上行并基本位于现价线下方。

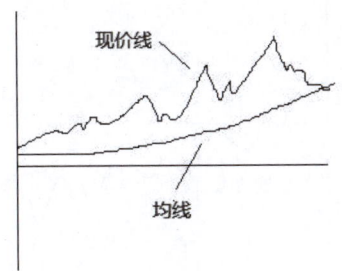

【拆招解式】

如果股价在盘中震荡上扬或直线上行，当天收阳线的可能就非常大，即使尾盘有所修正，对大局的影响也不会太大。主力通过步步为营的方式，逐步巩固自己的能量，为后市上涨做铺垫。所以，投资者可据此适时介入，获取不错的投资收益。

【小试牛招】

下图为国民技术（300077）2015年4月21日的分时走势图和之后的K线走势图。如图标注所示，4月21日股价盘中震荡上行，均价线成为现价线的有力支撑线，量价配合完美，主力稳步推进态势明显，同时结合尾盘拉升状态，更加确信后市看涨。

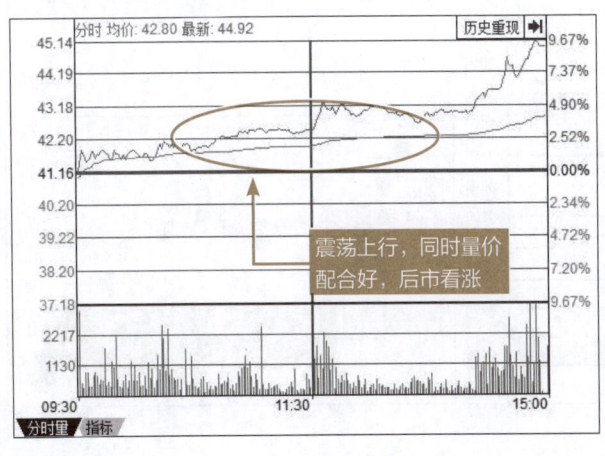

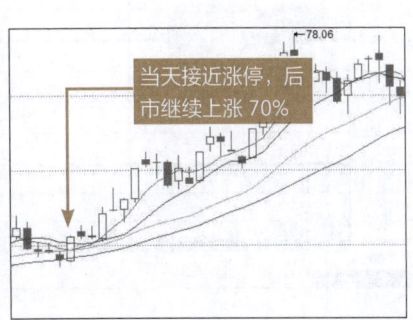

24.10 第十招 盘中下行看盘口

震荡下行，这是主力出货的信号，投资者不要盲目抄底，保持观望。

【基本形态】

如下图所示，分时图中"盘中下行"是指股价在上午开盘之后就开始进入全天下跌趋势，导致现价线持续下跌，而均线在现价线的带动下也缓慢下行并基本位于现价线上方。

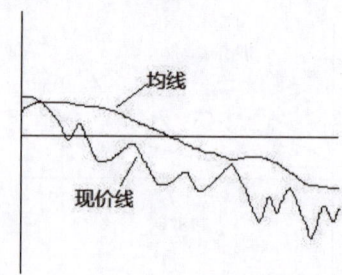

【拆招解式】

如果股价在盘中震荡下行或直线下跌，当天收阴线的可能就非常大，即使尾盘有所修正，对大局的影响也不会太大。主力通过此举是在试探支撑位，而且有稳步打压趋势，第二天看跌就是大概率事件。所以，投资者此时最好不要跟进，保持观望。

【小试牛招】

下图为中国建筑（601668）2015年5月27日的分时走势图和之后的K线走势图。如图标注所示，5月27日股价盘中震荡下行，均价线成为现价线的压力线，量价配合完美，主力不断探底，后市看跌，投资者应保持观望。

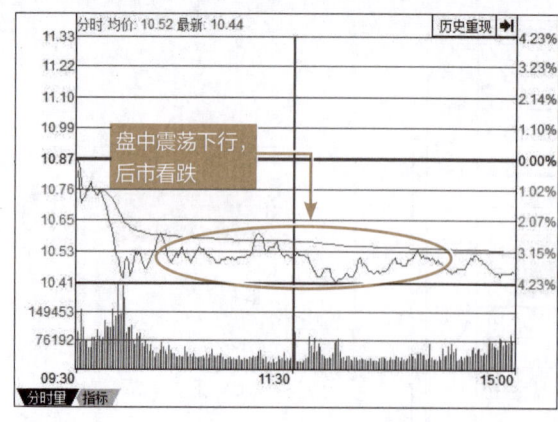
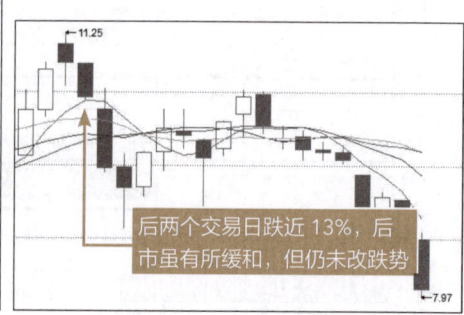

25
超短线 10 招

本章引语

识众寡之用者,胜。

——《孙子兵法•谋攻篇》

懂得根据兵力多少而采取不同战法的,就能取得胜利。对于大多数散户来说,短线操作,可以避免套牢和踏空,根据自己的财力,灵活调仓,打了就走,这也是最为常见的操作手法。本章为投资者提供 10 招超短线炒股秘技,方便参考和学习。

本章要点

★ 小阳放量滞涨
★ 空头承接覆盖
★ 堆量走高

25.1 第一招　旱地拔葱

旱地拔葱是短线抄底的常见形态，此形态往往出现在震荡箱体的底部，表示该股票下方有支撑，投资者此时可以将其看作超短线买入信号。

【基本形态】

个股经过连续的下跌回调，之后进入箱体震荡阶段，当反弹或是反转的第一根阳线有量伴随，后市往往还有10%以上的上涨空间，形态类似于平地里长了一根葱，所以被形象地称为旱地拔葱。

【拆招解式】

在熊市的尾声，股价进入箱体震荡的阶段。股价下行动力受阻，因为此时散户和机构共同认为股价将不会再进一步下跌，因此不愿意低价抛售手中的股票。

第一根阳线涨停价附近就是短线的绝佳进仓点。

因为股价下跌后盘整走平，在箱体内运行，因此往往伴随5日均线、10日均线和20日均线的交织。投资者可以参考均线和MACD以及成交量指标，进行短线操作。即在5日均线以下买入，或者在放量的第一根长阳线买入，待股价连涨2~3天，突破60日均线或在60日均线附近即可卖出，基本可以盈利10%以上。

【小试牛招】

下图为山煤国际（600546）2014年5月8日附近的日K线图。如图标注所示，前期经历了将近3年半的熊市周期之后，股价进入了箱体震荡的筑底时期。在箱体阶段，只适合短线投资，因为稍微一涨就触及了箱顶，上方有较强的压力。2014年5月8日，出现一根带量的长阳线，当日股价涨停。这说明该股已经对前期的下跌势头进行了强烈抵抗，投资者此时短线跟随买进即可获利。

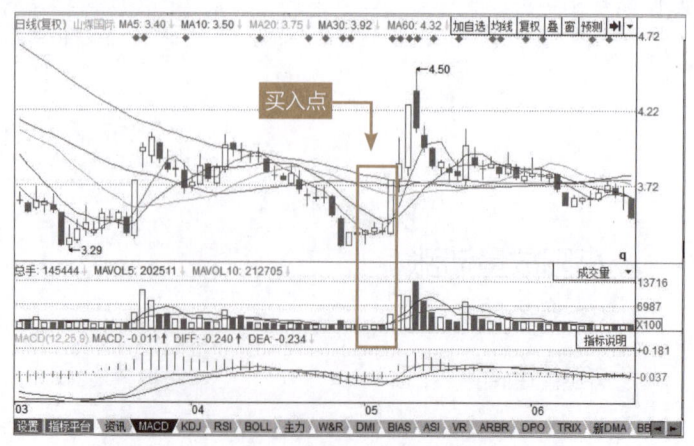

25.2 第二招 小阳放量滞涨

小阳放量滞涨也是短线抄底的常见形态之一，该形态往往出现在上涨行情的初期阶段，投资者此时可以将其看作超短线买入信号。

【基本形态】

当个股连续放量上攻时，只收出连续的十字小阳线，这是多头强烈上攻受阻的表现，在缩量蓄势后，还会有一波继续上攻创新高的机会，放量后的缩量回调时，这是短线绝佳进仓点。

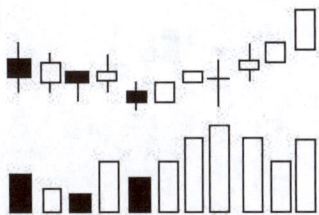

【拆招解式】

主力在开展新一轮上涨行情的初期需要大量建仓，这就会产生比较大的成交量，但是由于大阳线会过于显眼，容易吸引很多的跟风盘入场，所以许多主力会控制股价不让股价涨幅过大，吸引其他投资者的眼球。

但是投资者可以通过查看换手率排行榜发现这样的潜在黑马股。投资者发现这样形态的股票不要马上跟进，先跟踪一段时间，待该股放量突破后缩量回调时再买入，这样可以更稳地持有股票。与旱地拔葱不同，该形态出现后，一旦投资者买入，基本获利会超过 20%。

【小试牛招】

下图为莫高股份（600543）2015 年 3 月 13 日附近的日 K 线图。如图标注所示，该股于 2015 年 1 月 26 日突破 55 日均线，强势站在了 5 日均线、10 日均线、20 日均线、55 日均线之上，并在这之后一个多月的时间内建仓。短暂的回调后于 2015 年 3 月 13 日放量却不涨，仅仅收出一个启明星。但是在此之后，股价一路上扬，投资者如果能跟进，将获利超过 30%。

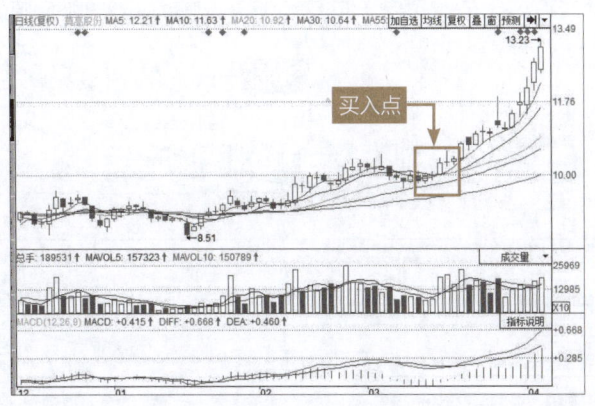

25.3 第三招　轻舟过重山

轻舟过重山指的是股价经历了前期的横盘震荡之后，逐步站到了年线上方，这是明显的买进信号。

【基本形态】

当股票从一个阶段性低点起涨，在累积涨幅不大的情况下，以 3%以下的换手率有效突破并站稳年线（250 日均线）后，回挡年线的位置是短线中期的绝佳进仓点。

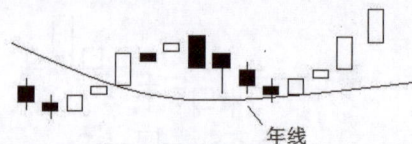

【拆招解式】

年线的本质就是简单的一条移动平均线，只不过它的参数有一定的特殊意义而已。虽然突破年线就意味着要出现上涨的行情，但是量化交易的许多投资者往往因为年线反应太不灵敏而弃之，他们多数都以 60 日均线为买卖信号。

正是投资者们已经养成了这样的惯性思维，主力才往往在突破年线的时候大量吸筹，因此会出现带量突破的形态。因为该形态还处于上涨行情中的最初阶段，往往是放量突破后震荡调整，赚钱效应不明显，所以投资者尽量不要追涨，而是等股价稍微回踩至年线的时候再入场。

【小试牛招】

下图为中国宝安（000009）2013 年 3 月 20 日附近的日 K 线图。如图标注所示，2013 年 3 月 7 日，股价带量突破年线，之后开始箱体运行，这时候均线已经显现多头排列的雏形，并且 MACD 指标处于刚刚过 0 轴。投资者在 K 线回踩的时候入场时机最佳。下图有两处均是很好的买点。

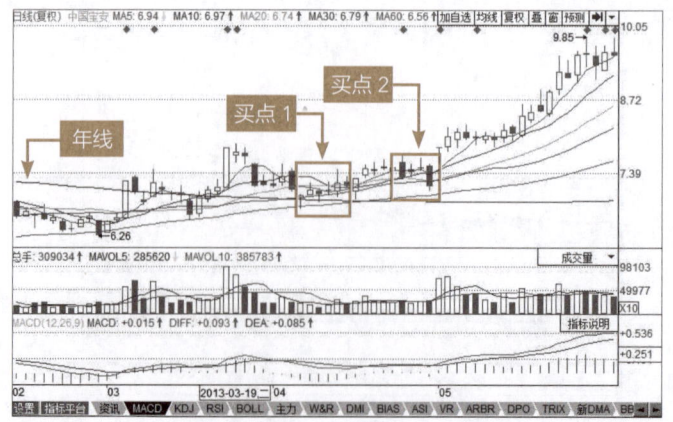

25.4 第四招 超跌抢反弹

抢反弹是门不小的学问，抢不好，就接到了飞刀，抢得好，就能轻松赚取 20%，这也是炒短线的方式之一。

【基本形态】

由于外部影响导致股票连续下跌超过 70% 后，股价短期快速见底，甚至低于主力建仓的成本价，此时主力机构会再次入场，拉抬股价，走出 V 形反弹的行情。

【拆招解式】

由于系统性风险导致的股价下跌，往往会错杀一部分好股票，因此，当股价见底之后，这些被错杀的股票马上就会被主力机构拉升至成本区域之上，以免亏损更多。但是要注意，当股价见底的时候，尾盘需要量的配合，否则还有进一步下跌的可能。

在抢反弹的时候，入场部位非常重要，否则亏钱的概率就会增加。首先要看底部阴线的尾盘是否放量，此时如果放量，说明主力已经开始抄底，如果没有，则股价有进一步下跌的可能。但是此时投资者不要贸然进场，待股价反弹又回踩的时候再入场。这样做的优点有两个：第一，成本比追涨时入场的成本低；第二，有比较好的止损位，跌破前面的低点就马上止损。

【小试牛招】

下图为巨化股份（600160）2015 年 7 月 7 日附近的日 K 线图和分时图。如图标注所示，2015 年 7 月 7 日，股价跌至最低，盘中股价跌停。但值得投资者注意的是，从当日的分时图可以看出，在尾盘，开始有大买单以跌停价买入。之后的两个交易日，股价强势反弹，无量涨停。第三个交易日股价又巨幅下跌，回踩 5 日均线，此时正是入场的好机会。如果股价大幅跌穿 5 日均线，则需要投资者谨慎观望，不可贸然进场。

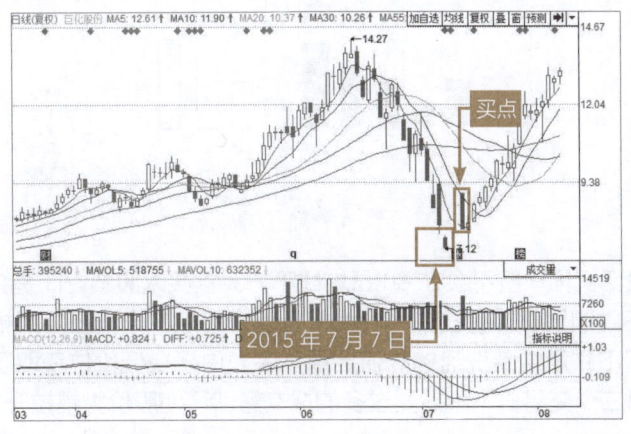

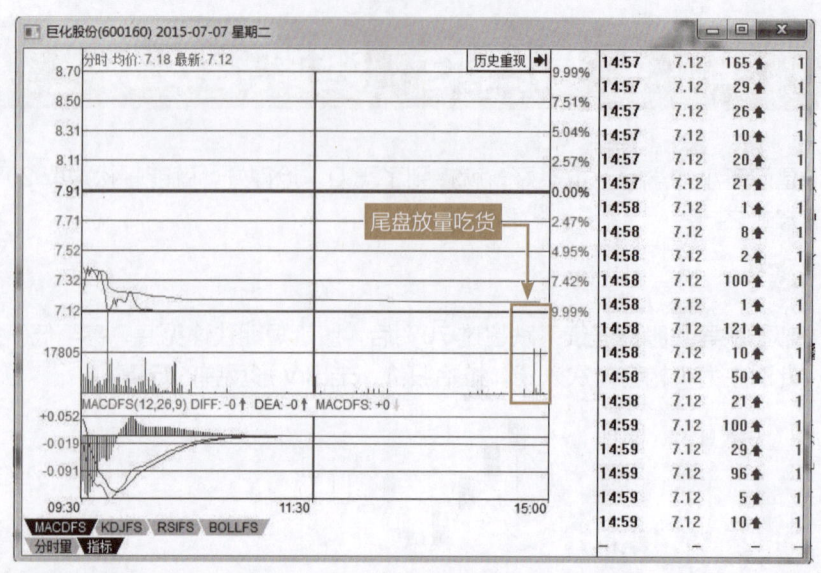

25.5 第五招　空头承接覆盖

空头承接覆盖是短线反弹的一种形态，该形态与超跌抢反弹形态有些类似，但是其对于前期的跌幅没有具体的要求。

【基本形态】

空头承接覆盖是指个股在均线的反压下快速下跌，随着下跌接近最低点，升拉出现，越跌越放大的成交量伴随着跌幅越来越小的阴线出现，一根缩量阳线盖过了下跌的最后一根也同时是成交量最大的阴线空实体。

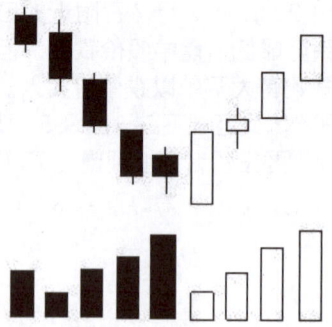

【拆招解式】

主力和大型投资机构一般不会在 60 日均线下方大批买入股票，而是会等待股价的进一步下跌，在股价下跌的尾声，有些主力会大单砸盘，给散户一种还要大幅下跌的感觉，实际上，在低位放量下跌意味着洗盘的味道更重。主力由于在低价位获取了大量筹码，因此在放量下跌后的第二个交易日，不需要过多的成交量即可使股价大幅拉升。

对于投资者而言,下跌最后一个交易日并不是入场的时机。因为投资者看不到主力机构的底牌,主力如果手中筹码不够充分,还有可能继续下跌。一旦看到后一个交易日的阳线盖过了前一放量下跌交易日的阴线,才可以确认底部成立。投资者可以在缩量阳线的最高点附近短线进仓。

【小试牛招】

下图为华鲁恒升(600426)2015 年 7 月 9 日附近的日 K 线图。如图标注所示,由于 2015 年 7 月 A 股市场的非理性下跌,导致许多股票也受牵连下跌。该股也不例外,从 22.17 元一路狂跌至 12.13 元,并且越跌成交量越大。2015 年 7 月 9 日该股放量跌停,但是第二个交易日,该股就收出一根阳线盖过了前面的阴线,投资者可以在尾盘跟进,至少可以收益 20%。

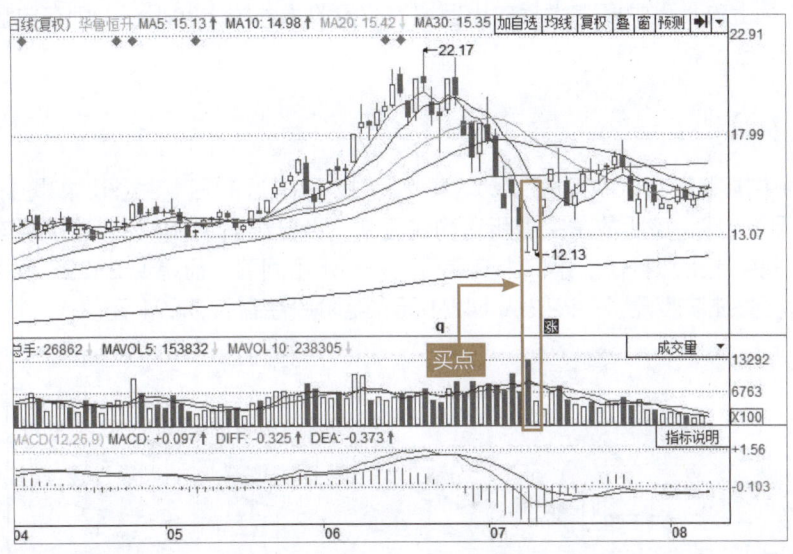

25.6 第六招 假阴线

假阴线是上涨行情初期阶段的常见形态,此形态往往出现在震荡行情的末端,投资者此时可以将其看作短线买入信号。

【基本形态】

假阴线是指当天收盘价低于开盘价,但却高于上个交易日的收盘价,K 线虽然呈阴线,但是股价或指数则是正的。个股在收出一个涨停板之后,次日继续放量超过涨停板的量能,在攻击重要技术压力位时,收盘受阻回落,只收出一根带长上影线的涨幅在一个点左右的十字小阴线。

【拆招解式】

由于前期主力已经吸收了足够的筹码，此时做多的意愿强烈，所以可能会迅速拉出一根长阳线，脱离震荡箱体，让想跟进的投资者不得不以高于 10 个点的价位进场。看到跟风盘跟进之后，主力却开始了短期假修整，从另一个角度看，这也是主力做多遇阻的表现。如果次日继续上攻，盘中多空大战放出巨量，收盘收出一根十字阴线，则在收盘价附近是短线的绝佳进仓点。

【小试牛招】

下图为中国宝安 (000009) 在 2015 年 2 月 17 日附近的日 K 线图。如图标注所示，2015 年 2 月 16 日，该股放量突破所有均线压制，当日涨幅 10.04%。这说明该股已经开始启动新一轮牛市上涨行情。第二个交易日高开高走后回落，盘尾现 28223 手大卖单，这时投资者就要关注该股票了。该股从 14.91 元涨至阶段性高点 24.91 元。

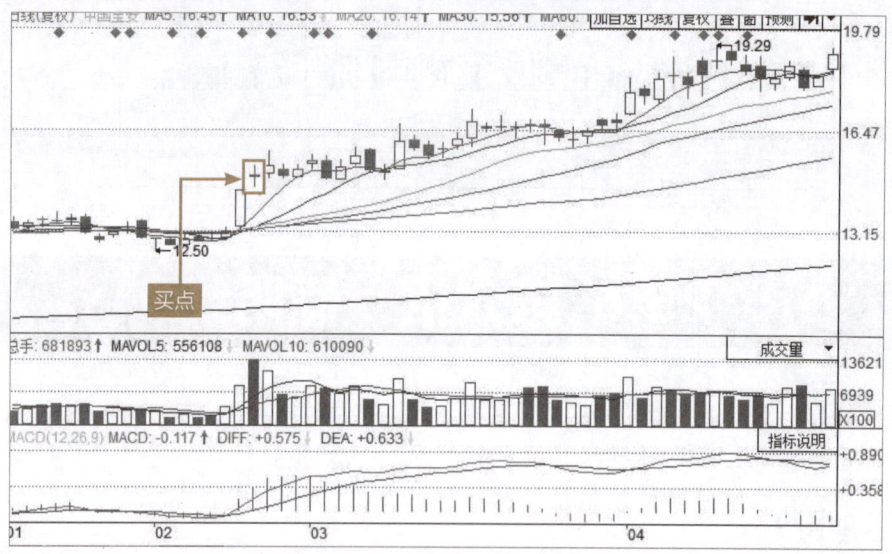

25.7 第七招　扭转乾坤

当个股进入平台整理阶段的时候，习惯性地会横盘向下踩均线，回踩之后一旦向上，则将会是另一波上涨行情的开端。

【基本形态】

扭转乾坤是指个股从连续回调后的阶段性低点掉头向上回升，回升的第一根阳线的实体盖过回调的最后一根阴线的实体，且成交量比最后一根阴线超出了一倍左右。

【拆招解式】

主力建仓完毕之后，拉升股价需要大量的资金。因此，在推高股价一段时间之后，一般都需要休整，有的进行三段式箱体震荡，还有的是缓慢回踩均线。扭转乾坤形态就是在股价休整的尾声，新一轮行情即将开始的时候，直接放量收一根大阳线，扭转前面的下跌调整态势，此时的成交量称为反转量，这根阳线被称为扭转乾坤的反转阳线。

对于投资者操作而言，这根反转阳线回调测试均线的时候就是短线的绝佳进仓点，或者后面的一根小阳线也是绝佳的进仓点。这一点位比较好操作，因为一旦股价跌破前面的小阴线和长期均线，投资者则需要马上止损离场。

【小试牛招】

下图为深中华A(000017)在2015年5月8日附近的日K线图。如图标注所示，该股在2015年4月17日至2015年5月7日这段时间，5日均线、10日均线和20日均线相互交织，处于盘整阶段，无明显趋势。主力在这段时间完成部分换手，将前期的低价筹码变现。之后在2015年5月8日，股价带量突破，当日的阳线实体完全吞没了前期的小阴线实体，并且成交量是前一天成交量的两倍，投资者如果注意到该股，应该在第二个交易日果断跟进。该股在之后短短的17个交易日，股价从14.5元攀升至最高26.93元，累计涨幅达86%。

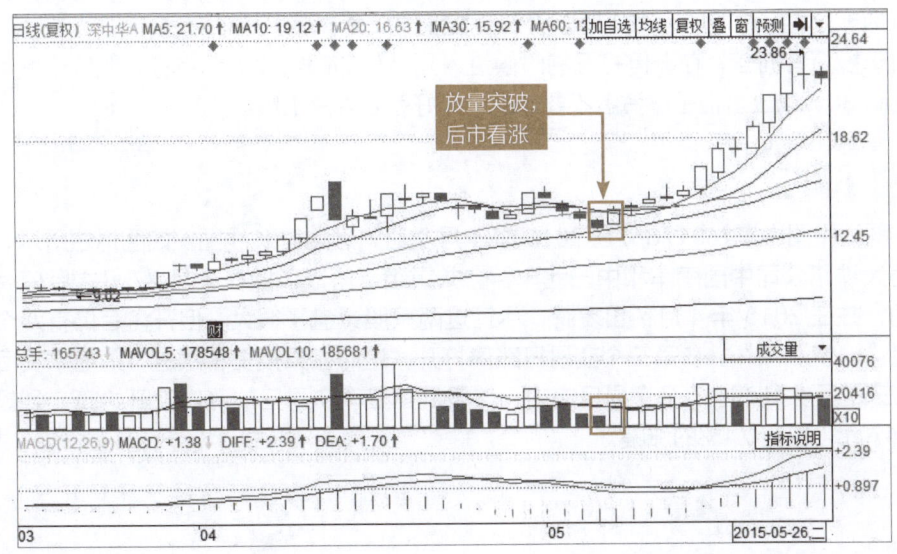

25.8 第八招　火箭冲天

火箭冲天是上涨行情中比较极端的情况，也是短线交易者获取巨大稳妥收益的良方。

【基本形态】

火箭冲天是指个股从阶段低点起涨，如果它连续收出三个或三个以上涨停板，由于惯性作用，后市往往会达到五个或者七个涨停板的价位。那么盘中收出的"T"字形K线就是短线的绝佳进仓点。

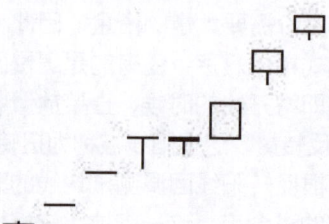

【拆招解式】

由于新股申购的制度有所改善，所以火箭冲天的形态常常会出现在新股上市之后。除此之外，如果个股出现重大利好，也会出现这种形态。由于主力的消息比散户的消息更广泛，所以主力在出现这种重大利好之前就已经建仓入场，然后个股一般会停牌一段时间。等再复牌的时候，直接是无量"一字涨停"。在经历三到五个一字涨停之后，主力需要将手中的部分筹码换手，所以会出现涨停打开的情况。但是由于看好的跟风盘很多，所以股价又迅速收回涨停板价位，这就是为什么会出现盘中的"T"字形K线。由于广大投资者和投资机构十分看好个股的后市，所以股价会被惯性推高。

对于投资者而言，在涨停打开的时候进入是绝佳的超短线进仓点位，股价一般可以再向上推高30%以上。但是投资者不要恋战，见好就收才是上策。

【小试牛招】

下图为中国中车（601766）在2015年4月9日附近的日K线图。如图标注所示，由于国内两大铁路公司中国南车和中国北车要合并重组，所以该股在3月27日之后停牌了一段时间，并在2015年4月7日复牌，尽管这两只股票盘子很大，但开盘后仍有两个交易日无量"一字涨停"。在第三个交易日涨停打开，这时如果投资者跟进，则能享受后面上涨所带来的巨大利润。7个交易日之内，该股从第三个交易日的涨停价开始算，到最高价位39.47元，也有74%的涨幅。

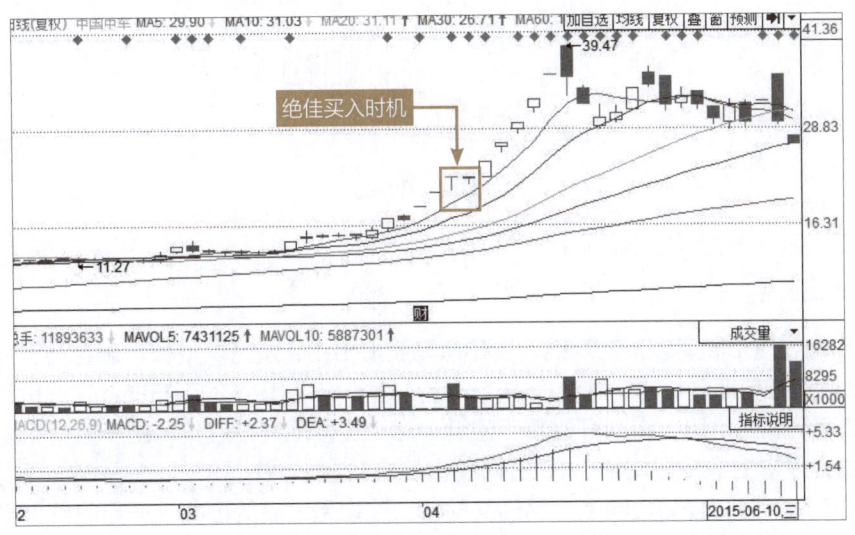

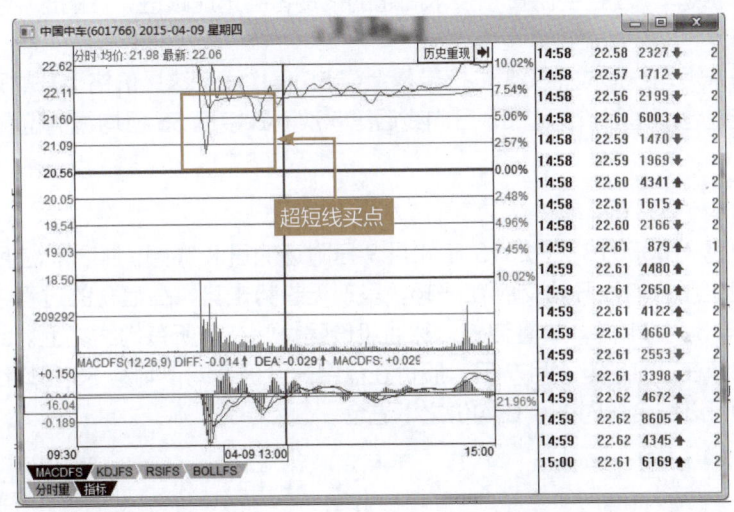

25.9 第九招 穿越分水岭

均线系统是投资者入市必须学会看的技术指标,当股价突破 55 日均线又再次回踩的时候,就是短线一个极好的买点。

【基本形态】

穿越分水岭是指个股在熊市周期中长期运行在下行的 55 日均线之下,见底之后反转向上,其日 K 线从中期低点放量突破代表多空强弱分水岭的 55 日均线。

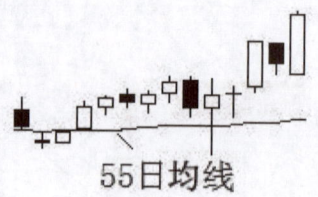

【拆招解式】

  55日均线属于周期较长的均线,也是黑马股从出生、发育、成长、衰老乃至死亡的衡量尺度。股价在前期漫长的下跌过程中,一定是处于55日均线的下方的。在股价长期横盘或窄幅震荡筑底的阶段,主力开始着手建仓,然后缓慢地推升股价。由于股价不再下跌,所以K线会逐步上穿5日均线、10日均线和20日均线,并逐步向55日均线靠拢,各条均线都黏合在一起,或黏合向上金叉后又黏合,这均是大底的征兆。一旦股价上穿代表分水岭的55日均线,一些社会游资和技术高超的投资者会迅速跟进,在图形中会出现股价带量突破的形态。

  此后若各条短均线形成金叉,价格带量上穿55日均线,这是价格上升的开始。但是真正的短线绝佳进仓点是股价穿过55日均线后第一次回踩接近55日均线的位置。

【小试牛招】

  下图为中冠A(000018)在2015年4月9日附近的日K线图。如图标注所示,经历了前期盘整阶段之后,均线开始交缠在一起,呈现无趋势走势,在盘整的过程中,股价逐步抬高。2015年3月31日,放量突破,然后股价强势站在了所有均线之上。此时并非投资者跟进的时机,在2015年4月9日,股价在盘中一度极速向下刺穿55日均线,然后又收上去,投资者可以结合分时图,在均价之下进仓。

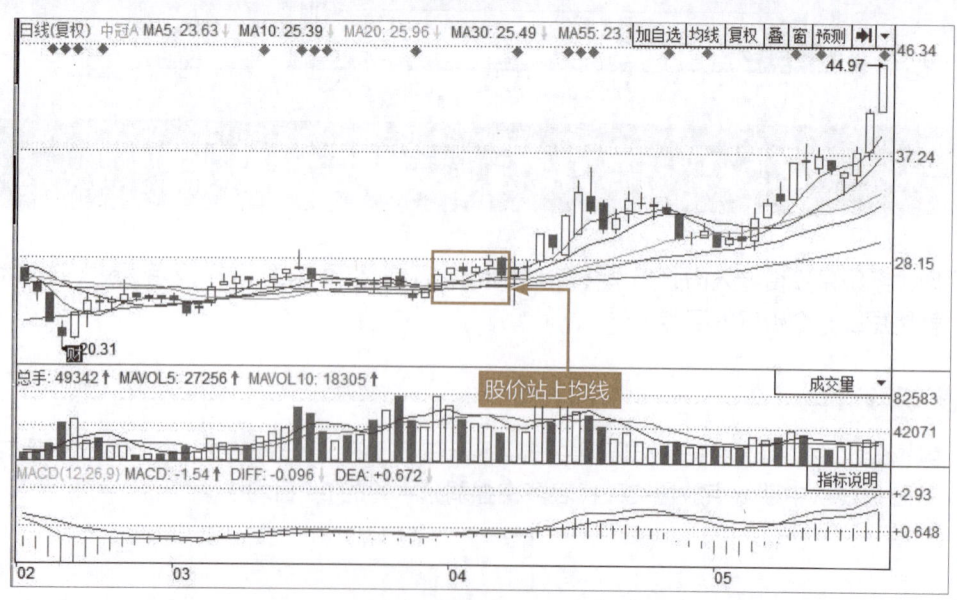

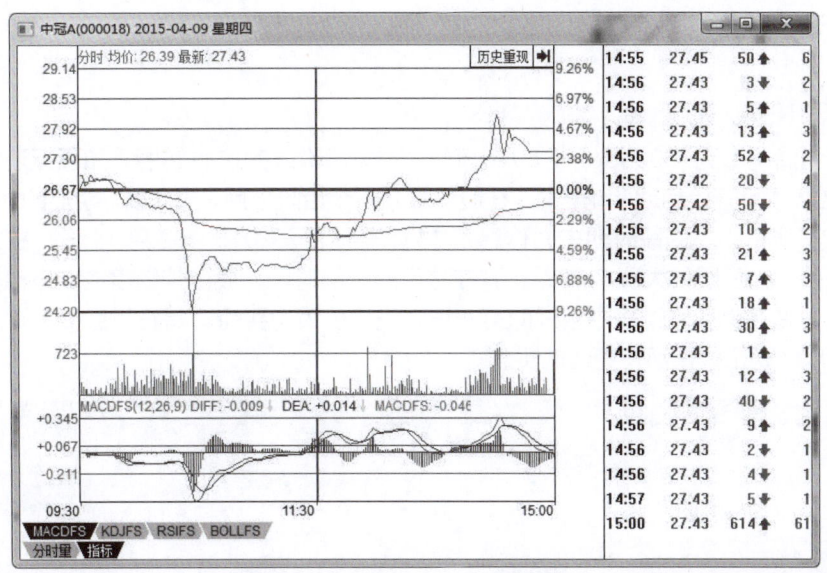

25.10 第十招 堆量走高

在股票上涨过程中,成交量与股价会出现同向和背离两种情况。当出现股价与成交量一同温和增加的时候,就说明新一轮行情即将启动。

【基本形态】

堆量走高是指当个股处于上升途中,其成交量无法连续放大时,它会在一个小的价格区间盘整,随后连续几日量能逐渐增加,股价也逐步抬高超过前期高点。

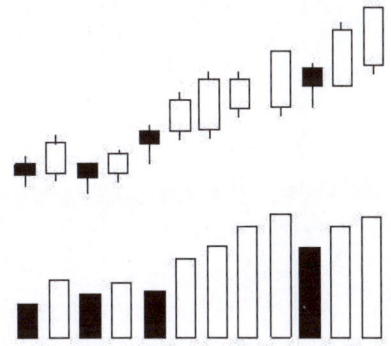

【拆招解式】

主力控盘的股票处于调整阶段或横盘阶段的时候,会出现量能萎缩、短期滞涨的形态。但随着短期调整的结束,成交量开始初步放大并且股价开始逐步走高,这时就会出现堆量走高的形态。股价走成一个圆弧底形状,成交量也呈圆弧底形状。

投资者在进行投资的时候,应该注意观察成交量与股价之间的变化。如果发现股价开始向上推升,成交量也配合呈温和放大态势,刚一突破投资者就要快快跟进。

【小试牛招】

下图为海南海药(000566)在2015年2月17日附近的日K线图。如图标注所示,该股在2015年1月开始启动此轮行情,在股价推升一个台阶之后,成交量呈明显的缩量态势,股价基本不涨不跌,这段时期主力休息了11个交易日。2015年2月11日,主力开始放量推升股价,当日股价大涨7.97%,并在之后的一段时间,股价伴随着成交量稳步上涨。图中买点1是在其上涨过程中出现的第一根阴线的位置,买点2是在其股价下跌回踩均线的时候。以上两个位置都是绝佳的买点。

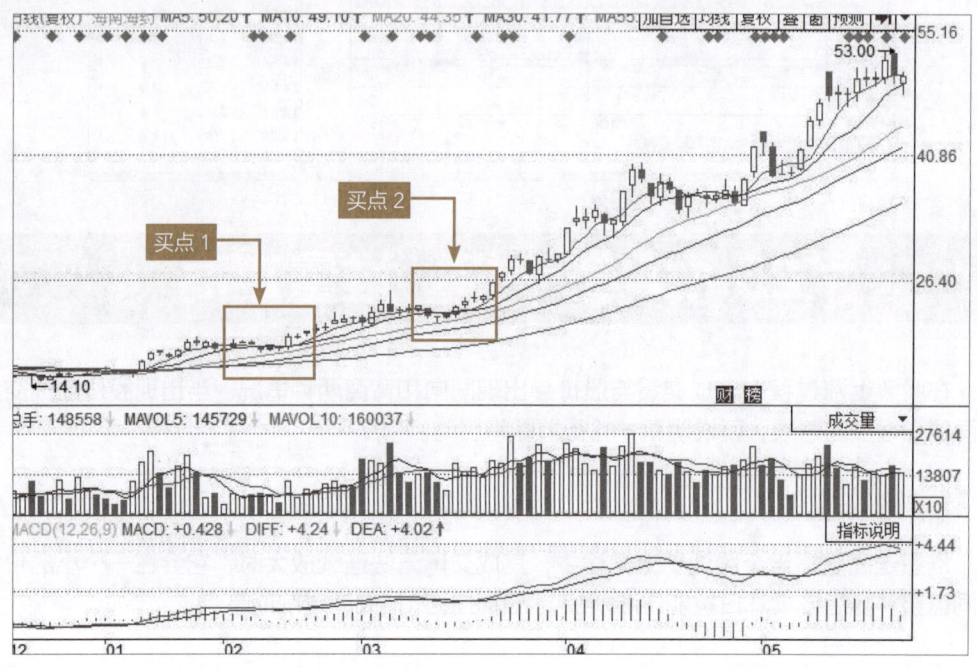

26 慢牛收益 10 招

本章引语

来而不可失者，时也；蹈而不可失者，机也。
——苏轼《代侯公说项羽辞》

机遇对于人生是宝贵的。在股市投资中，牛市是可遇不可求的，投资者应该抓住股市机遇，在股市利好的形势下，赢得收益。而对于"慢牛"形势，投资者更应审时度势，掌握一定技巧。本章提供了在"慢牛"形势下，如何获得收益的 10 招秘技，供投资者参考。

本章要点

★ 月线止盈投资策略
★ 根据周线买牛股
★ 绩优蓝筹不放过

26.1 第一招　长线选股看月线

股票市场中的长线投资是指投资者购买并持有一只股票至少一年以上。既然是长线投资，选股先要根据月线进行分析。

【基本形态】

5月均线上穿10月均线，股价突破5月均线，这是股价转入牛市的必要条件。除此之外，SAR指标出现红色的买入信号，并且股价连续两个月在5月均线之上。

【拆招解式】

一般情况下，股价经历了长期下跌或盘整后，投资者和主力机构达成了一致的意见，就是股价已经到了底部，因此他们不会再贱价卖出手中的筹码，这时，市场一旦出现一些很小的利好，股价将马上借机止跌反弹。月K线作为周期很长的K线，是十分可靠的选股指标。当有一两根月K线均站到了5月均线之上的时候，5月均线就会在股价的牵引下走平并拐头向上，从而确立上涨形态已经开始。因为"船大难掉头"，一旦出现上涨信号，往往是趋势性的上涨。

因此，只要5月均线一直向上不走平，上涨趋势就不变；只要每次股价回撤至5月均线，都是很好的买入点。但是以5月均线买入时，成本会高些，如果指数能回踩至10月均线，则是较少出现的大机会。而回踩至20月均线的概率更小，如果在此时买入，则是在别人恐惧的时候贪婪。

【小试牛招】

下图为浙江龙盛（600352）2013年2月28日附近的月K线走势图。如图标注所示，该股前期已经历了一轮上涨行情，之后进入盘整阶段，并于2013年2月开始突破所有月均线组合，呈强势突破的态势。主要表现为：① 突破月均线的K线柱为一根大阳线，2013年2月这根月K线涨幅为32.25%，涨幅较大；② 同时SAR指标发出做多信号；③ 突破时的成交量较前期放大。一旦这三点均符合，投资者可以选择跟进，并长线持有。

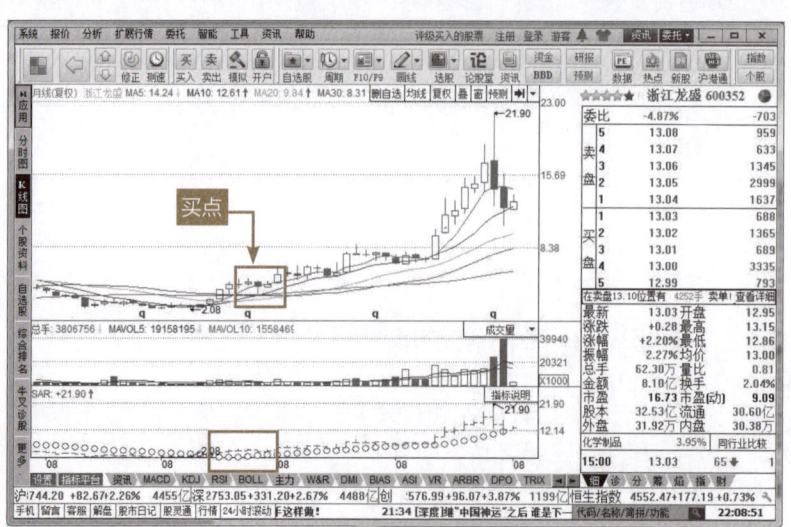

26.2 第二招　月线止盈投资策略

投资者既然可以利用月线选股，也可以利用月线止盈，先一步逃顶，成为市场中的弄潮儿。

【基本形态】

如果月线在前期上涨的过程中，在高位出现了 1 根大阴线直接吞没前一根阳线的一半，则在月 K 线与 5 月均线越近的时候，投资者可以适当地降低仓位，确保盈利兑现。

【拆招解式】

由于月线是周期很长的线，因此，一旦确立上涨态势之后，主力和其他投资机构会在这轮趋势性行情中稳稳地赚上一把。由于股价推升是需要时间和资金的，当股价上涨到一定程度的时候，主力更希望把手中的获利盘兑现成现金，这时就有可能会缓慢上涨出货。由于前期已经收了超过 5 个月的阳线，一旦 K 线出现一根阴线的时候，在技术图形上一定会出现 5 月线走平甚至掉头向下的情况。

对于长线投资而言，选择适当的止盈可以锁住利润，不参与"坐电梯"。当月 K 线连续上涨，并且在上升的尾声出现上影线较强的单根 K 线时，应考虑出一半的仓位。如果更进一步出现多转空的反转 K 线形态，例如刺透形态、乌云压顶、黄昏十字星等看跌 K 线时，投资者应选择全部卖出股票，止盈并观望。

【小试牛招】

下图为新华传媒（600825）2015 年 6 月 30 日附近的月 K 线走势图。如图标注所示，该股于 2014 年 8 月开始发动这一轮上涨行情，从 2014 年 8 月的 8.24 元一路攀升至 2015 年 6 月的最高价 25.55 元。从图中可知，2015 年 6 月的月线是一根上影线非常长的倒锤子线，明显是看跌 K 线形态。其实，投资者借助 BOLL 通道完全可以找到很好的卖点，当股价过多地偏离布林通道的上轨时，投资者可以选择平一半的仓位，待股价回落距离 5 月均线更近的时候，全部清仓走人。

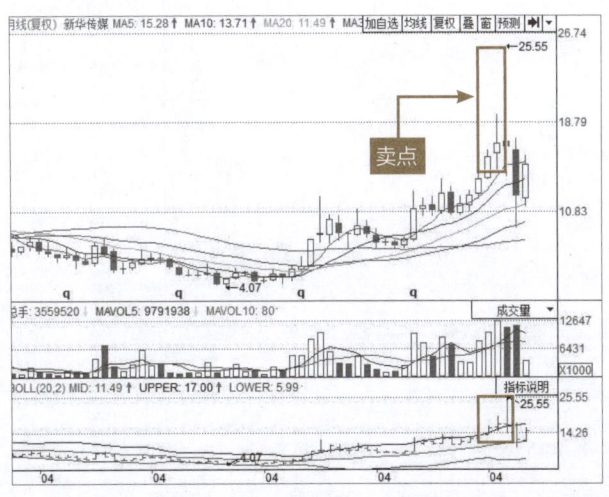

26.3 第三招 根据月线抢反弹

投资者一般抢反弹的时候更加看重日线，但往往是周期越长的K线，越不容易造假，投资者如果能够将日线与月线结合看，将大大增加抢反弹的成功率。

【基本形态】

在个股基本面没有任何特大利空的情况下，月线在极短的时间内，暴跌幅度过大，股价一下回踩超过20月均线的时候，投资者可以适时抄底买入。

【拆招解式】

如果出现系统性风险，也就是指大盘全部都下跌，许多主力也迫不得已抛盘，打压股价。这时"多杀多"，大家争相卖出手中的筹码，短时间内非理性的下跌容易产生踩踏事件，股价容易被低估，也就是出现超跌的状况。此时，如果个股的月K线回踩至30月均线，并有成交量的配合，投资者可以小单量介入。如果回踩超过60月均线，可以大胆地介入一半仓位。因为即使股票走弱，一般也不会出现一下跌到位的状况，主力也会参与超跌行情。

对于投资者而言，这种超跌抢反弹的回报率一般是20%或者更高。这就需要投资者认真学习K线形态，以助于判断是否应进行该操作。

【小试牛招】

下图为天坛生物（600161）2015年6月30日附近的月K线图。如图标注所示，该股此轮趋势性的行情维持了大概11个月，从2014年7月开始到2015年5月底结束。2015年6月末收盘价几乎碰触5月均线，此时，按照前文所讲第二招，应当止盈，全部卖出空仓观望。出人意料的是，该股在2015年7月，由于盘中股价极速下跌，最低价已经试探至60月均线，这时是抢反弹的极好机会。投资者应结合其周线和其他周期的指标，作出准确的判断。

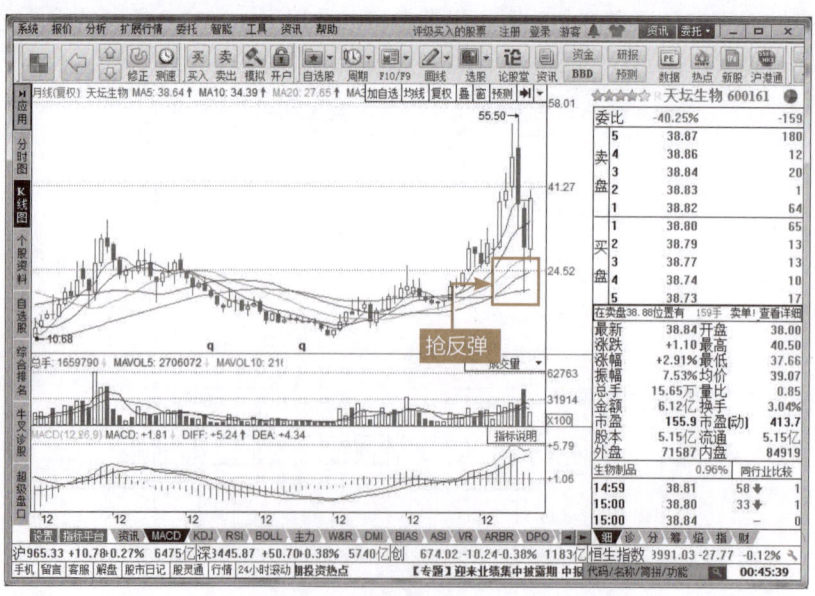

26.4 第四招　根据周线买牛股

周线与月线相比，更加灵敏，但与日线相比，其真实性更可靠，因此采用周线也可以从技术面选出牛股。

【基本形态】

当股价在超过 3 个月以上的时间段横盘，均线互相交缠，突然周 K 线强势突破，成交量呈逐渐放大的走势，并且成交量大于下跌波段中反抽时的成交量，此时，无论是短线还是中长线都是最安全且最容易赚钱的买入时机。

【拆招解式】

主力在建完仓后要经历洗盘的过程，虽然洗盘有多种形式，但是在周线图中经常表现为各条周均线交织在一起。对于主力而言，有时日线在高位的时候，周线往往还在长期走势中的中位或低位，因此，主力要从更长期的周期来把握股价的走势，还得从周线的角度进行研究分析。一般周线图出现以下这些情形，主力才认为其具有操作价值。

（1）周线突破长期横盘震荡的高点。

（2）周线突破重要横盘震荡的高点或重要的六十周均线的时候必须放大量，成交量是近期最大的量。

（3）MACD 指标 DIF 和 DEA 突破 0 轴，出现红柱。

（4）在周线走势符合上述条件后，寻找具有较好题材或某种利好的个股。

所以，投资者要在上述条件当中选择周线突破后的牛股，并且在合适的安全点买进。

【小试牛招】

下图为海虹控股（000503）2014 年 10 月 31 日附近的周 K 线图。如图标注所示，该股前期从 2014 年 3 月至 2014 年 8 月底均处于盘整时期，股价处于箱体震荡，并且与各条周均线相互交织在一起，没有显现明显趋势。当 2014 年 8 月 29 日所处的周 K 线放量突破时，投资者需要马上注意该股接下来的走势了，此时不建议投资者追涨，当股价回踩周均线的时候，才是投资者做多的极佳位置。投资者若在下图的买点买入（大概股价为 22.5 元），至后期的 2015 年 6 月 11 日最高价 80.6 元，可获利 2.58 倍。

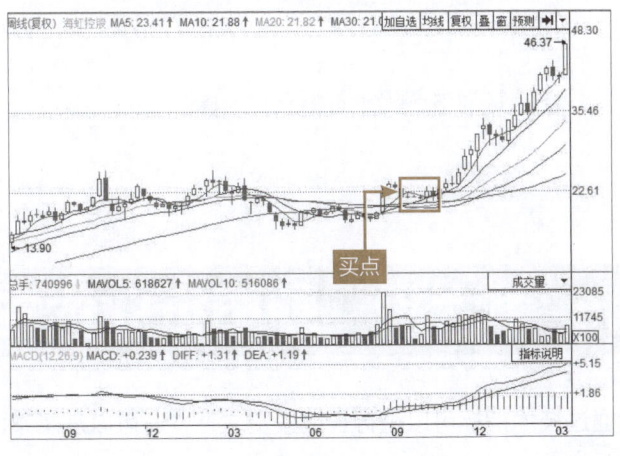

26.5 第五招 周线止盈

投资者通过周线既然可以选择长线黑马，也可以通过它进行长线的止盈或者止损。

【基本形态】

周线止盈是指投资者借助周K线、5周均线和10周均线以及布林线等指标进行判断，择机在高位卖出股票兑现盈利的行为。

【拆招解式】

主力对月线一般采用5月均线作为买卖准则，对于周线则更侧重于10周均线和20周均线作为买卖准则。当股价位于5周均线上行之后横盘震荡，这时候5周均线、10周均线、20周均线互相靠拢并且走平，此时主力基本没有大量的出货。投资者也可以跟着主力，做慢牛行情不出货。一旦K线出现了极速的拉升，投资者就要保持十分警惕了，如果K线偏离均线过多，投资者可以减三分之一的仓位，如果股价回落，5周均线走平，投资者要再减掉三分之一的仓位，如果K线极速下跌击穿5周均线，投资者应尽量全部卖出。

分批建仓的优点是，虽然不可能将所有的筹码都买到最高点，但是，对于全部资金而言，既保证了资金的安全，也使收益相当可观。

【小试牛招】

下图为中体产业（600158）2015年6月19日附近的日K线图。如图标注所示，该股前期一直呈单边上涨态势，按照"牛市不言顶"的金科玉律，投资者可耐心等待股价的上涨。但是在2015年6月19日，该股收出一根极长的大阴线，刺透了5周均线，并且此时股价已经脱离了布林通道的上轨，投资者在此时就需要全部卖出手中的筹码，离场观望。之后股价再次经历了三周的下跌行情，跌幅超过30%。

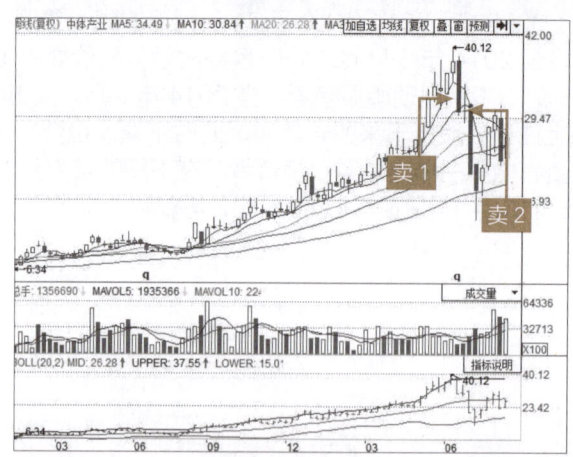

26.6 第六招 朝阳行业优先选

除了前面五招通过技术指标可以进行长线投资之外，还可以从基本面角度进行分析，从而选出黑马股。

【基本形态】

从行业生命周期来看，每一个行业都有四个发展时期：幼儿时期、成长时期、成熟时期和衰退时期。处于幼儿时期和成长时期的行业被统称为朝阳行业。

当然，由于地域和产业结构的不同，朝阳行业与夕阳行业的划分又不是绝对的。某些地区的夕阳行业可能是其他地区的朝阳行业。例如，美国的汽车产业已处于夕阳时期，而中国的汽车产业仍处在上升的朝阳时期。除此之外，随着时间的推移，曾经的朝阳行业在如今可能已经变成了夕阳行业。例如，20年前中国钢铁行业处在上升的朝阳时期，但是由于现在产能过剩，已成为夕阳行业。

投资者在进行股票长线投资时，一定要看清选择的股票所处行业究竟是在哪一个周期。如果是夕阳产业，投资者最好不要进行长线投资。

【拆招解式】

投资者也许会想，为什么要选择朝阳行业的公司股票？因为，任何一个行业都要经历幼儿时期，在这段时期，由于朝阳行业的利润较低且风险较高，容易让投资者产生短视行为，多数投资者不愿意买这些行业的股票，导致这类行业不被人们所关注，也因此导致了这类股票的股价偏低。投资者应对该行业的性质和所处社会经济形势进行综合分析，从而对该行业的前景作出正确预测，一旦发现具有远大前景，就应逐渐加大投资，待其发展到成长期和稳定期后，投资者将会获得高额回报。

如果想投资朝阳行业，就需要投资者花费一定的精力，多收集信息和一些最新的概念或名词，例如"国产软件替代""互联网+""工业4.0""国际产能合作"等。

【小试牛招】

国产软件从2000年以来，一直属于朝阳行业，随着时间的推移，计算机和互联网技术对于人们的生活越来越重要。2015年3月的两会首次提出了"国产软件替代"这一新名词，一时间国产软件受到了人们的广泛关注。浪潮信息（000977）也是这众多股票当中的一员。自从"国产软件替代"这一名词提出，该股开始步入上升趋势。如果投资者在2015年3月3日买入该股，则赶上了一轮趋势性的上涨行情。

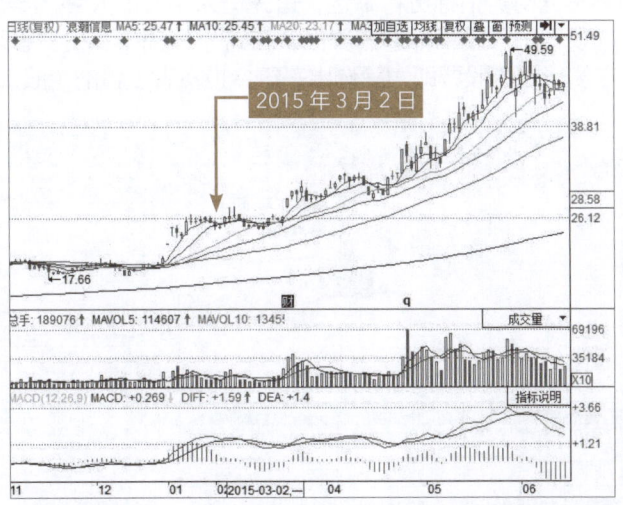

26.7 第七招　财务报表选长牛股

要对上市公司的财务状况进行分析，首先接触到的就可能是公司的财务报表，这是进行财务分析的重要依据。

【基本形态】

公司是以营利为目的的，公司的财务状况反映了公司生产经营各方面的状况，所以通过财务分析，可以知道公司占用了多少资产，欠了其他公司多少债务以及净资产是多少。要想成为一名成功的长线投资者，就必须能够对公司的财务状况进行独立分析，并通过财务分析在股市上找到成长性好、债务情况良好、将来会给投资者以丰厚回报的股票。

【拆招解式】

财务指标	指标含义	筛选原则
每股收益	指税后利润与股本总数的比率。它既是测定股票投资价值的重要指标之一，也是分析每股价值的一个基础性指标，还是综合反映公司获利能力的重要指标	可选择0.50元/股以上的业绩
每股未分配利润	每股未分配利润＝企业当期未分配利润总额/总股本。每股未分配利润大小决定了分红派现的能力	每股未分配利润越大，年报披露时存在分红派现的可能也越大（铁公鸡的上市公司除外）
公积金	公积金是公司的"最后储备"，它是公司未来扩张的物质基础	公积金越大，年报披露时转赠红股的可能性也就越大
最大流通股数	最大流通股数是为了过滤盘子太大的大盘股	可选择10亿股以下流通盘子
最大市净率	市净率＝股票市价/每股净资产	市净率比值越低意味着风险越低
静态市盈率	静态市盈率＝市场价/已知的最近公开的每股收益	可选择5～20倍之间的静态市盈率值

【软件实操】

投资者如果想要根据财务指标进行筛选，首先进入个股的K线图界面。单击【选股】>【股票筛选器】选项，进入股票筛选器界面，在这个界面中，投资者可以按照财务指标进行相关的设置，左侧一栏的股票即为筛选出来符合投资者设置的个股。

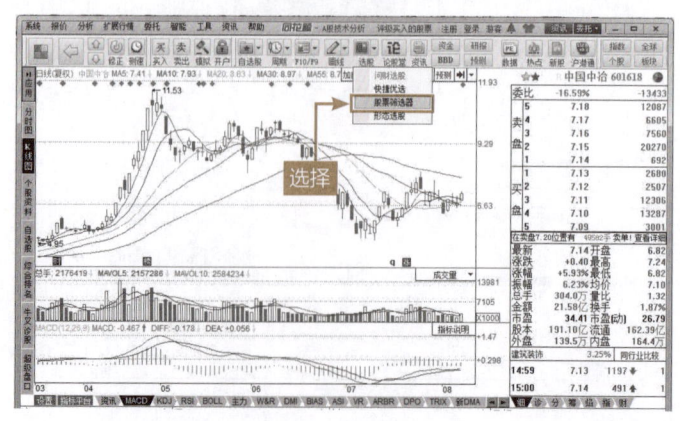

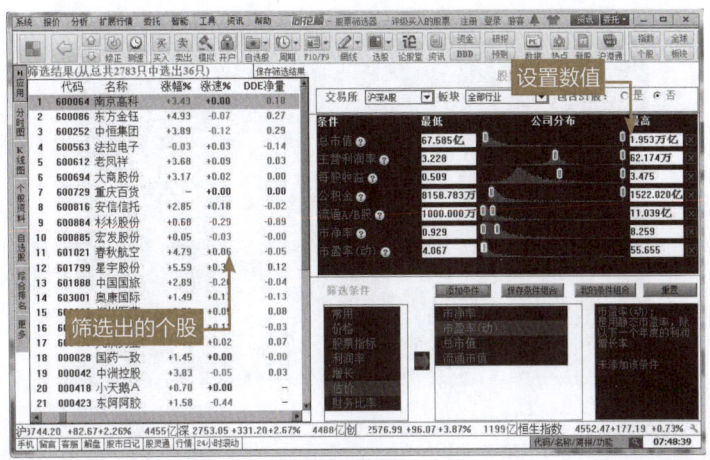

26.8 第八招 大胆投资重组股

随着国家产业结构调整力度的加大，很多行业面临被重新洗牌的境况，有些企业为了生存下来，选择通过资产重组的方式进行资源整合，这为资产重组股的炒作提供了丰富的题材。

【基本形态】

资产重组是企业通过股权或资产的有偿转让（收购、置换）或无偿转让（政府划拨）实现兼并或重组的结构性调整。它既包括一企业对另一企业的整体兼并或收购，也包括企业间的部分资产的流动组合，资产重组是证券市场永恒的题材。

【拆招解式】

重组股的价格一般比较低，具有较大的炒作空间，因此也是市场主力资金较关注的对象。对于长线投资者来说，重组股可能是很好的投资。只要投资者足够细心，对各类消息足够敏感，对重组股是追踪可能的。例如，控股股东发生变更时，往往暗示着较大的投资机会即将到来。

对于一般的投资者，更多的可能是从公开的信息中发现未来的重组黑马。这就需要投资者平时多关注股票信息，经常登录一些财经网站，对分类信息进行查看。或者从国家的宏观政策中，关注热点板块，即使是公开的信息，对于投资者来说，也可能传递买入重组股的信号。

【小试牛招】

以中国中车（601766）为例，早在 2015 年 3 月 18 日，中国南车和中国北车就发出公告，称已经收到《中国证监会行政许可申请受理书》。这一公告已经明确地给广大投资者即将重组的信号。并且该股在公告公布之后并没有马上停牌，许多投资者依旧是可以买入的。高铁作为我国在国际市场中的一张名片，中国中车可以作为超级长线股进行持有。

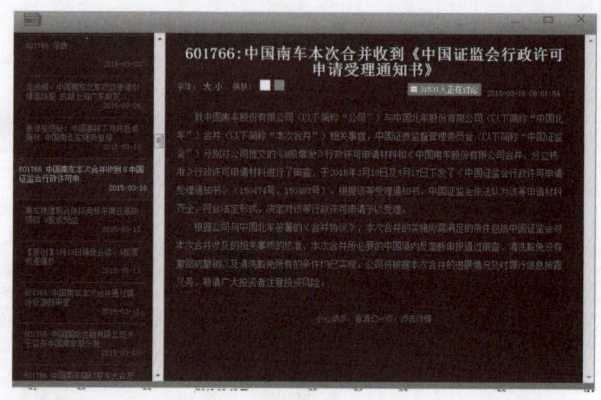

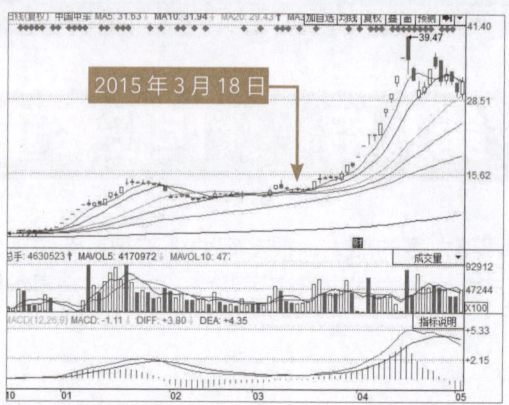

26.9 第九招 冷门股票潜力大

长期沉寂没有被市场所关注的冷门股票,一旦有一个表现契机,就很可能给投资者带来丰厚的回报。

【基本形态】

冷门股票一般指那些交易量小、周转率低、流通性差、股价变动幅度小的股票。这种股票的上市公司往往经营业绩不佳,投资具有较大风险,所以很少有人问津。然而,这些冷门股在熊市中却有可能突然爆发。对于做长线投资的投资者,可以选择在股市和个股都处于低点时介入。

【拆招解式】

在大盘处于低位的时候,对于长期处于冷门的股票,投资者不要傻傻地在其盘整、横盘期间进入,而应静静等待主力进场,在其出现突破的时候马上跟进。因为在大盘全面反转时,长期冷门股会充分利用机会,迅速拔高股价。因此从整体来看,冷门股中蕴藏着极大的市场机会,只不过需要投资者去发现,特别是介入时间的选择至关重要。

建议投资者在投资冷门股的时候尽量遵循以下投资原则。

(1)不要将大量资金用来投资冷门股。

(2)最好选择在"锅底"的尾段右侧进入。

(3)还要考虑其他的股票,作为一个投资组合。

（4）要有耐心。

炒作冷门股一定要格外小心，并耐心研究该股的历史表现和现实情况，如果公司已经资不抵债，则千万不可持有。

【小试牛招】

下图为中国远洋（601919）自上市以来的缩略K线图。如图标注所示，该股从自上市之后，股价在短时间内攀升至67.84元之后，股价一路下跌，基本在2007年至2014年之间都属于熊市行情，没有转牛市的迹象；但是在2014年9月，该股打破了多年的沉寂，开始了熊转牛的大行情。从缩小的K线图看，该股还具备继续上涨的动力，这样的股票十分适合长期持有。

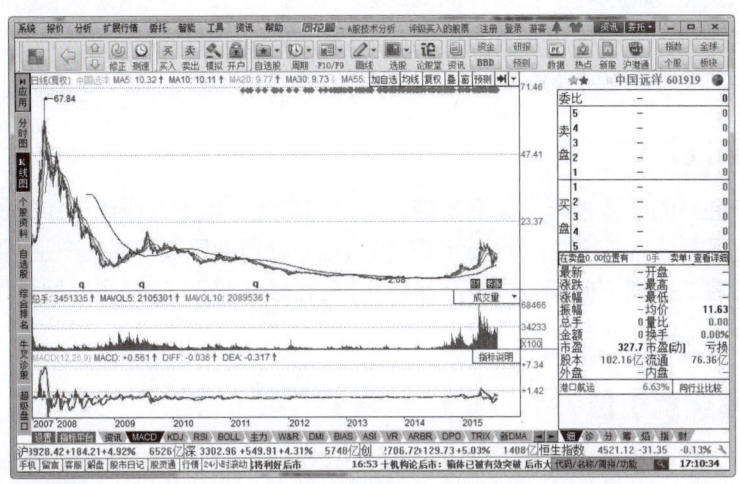

26.10 第十招 绩优蓝筹不放过

绩优蓝筹股是十分适合投资者进行投资的股票，这一类型的股票往往是慢牛行情。

【基本形态】

蓝筹股是实力强、营运稳定、业绩优良且规模庞大的公司所发行的股票，适合长线投资者投资，甚至可以将其作为资产配置中不可或缺的一部分长期持有。

【拆招解式】

由于绩优蓝筹股并不那么好选择，因此投资者应当按照以下几个标准进行筛选。

1. 业绩评判标准

财务指标	选股范围
市盈率	20倍左右或少于20倍
净资产收益率	6%~10%
每股收益	视情况具体分析

2. 业绩是否具有持久性

蓝筹股不仅要有良好的业绩，更要能长久保持，至于蓝筹股业绩是否能持久，关键在于该上市公司的业绩是否具备较强的稳定性和可持续发展能力，这种能力主要依赖于上市公司的品牌优势、技术优势和规模优势。

3. 蓝筹股的利润构成要素

要观察上市公司业绩增长是真正来源于主营业务收入的增加还是来自于偶然性收入，如补贴收入、营业外收入、债务重组收益、因会计政策变更或会计差错更正而调整的利润、发行新股冻结资金的利息等。投资者需要注意，有的上市公司利用关联交易调节利润，甚至是直接变卖家产，更有极少部分上市公司通过财务上的技术处理，给业绩注入水分，因此，投资者在选择蓝筹股时要仔细分析，避免选择这样的公司。

4. 是否具有成长性

只有成长性好的股票才能给投资者带来丰厚的利润，投资者应该选择成长性好的蓝筹股。上市公司是否具有成长性，可以通过对该公司所处行业是处于夕阳产业还是朝阳产业、公司所募集资金的投资方向和效果、产品的科技含量如何、人才资源的配置和企业的核心竞争力等多方面来进行综合分析。

5. 是否具有投资价值

蓝筹股除了具有业绩优良、市盈率较低、上市公司基本面情况向好等优点，还必须具有股价偏低、未来有较大上升潜力等特点，这样的蓝筹股才能够为投资者带来丰厚的利润。

【小试牛招】

下图为格力电器（000651）2003 年至 2015 年的缩略 K 线图。如图标注所示，该股自从上市之后，股价在 2006 年开始启动牛市行情，并在接下来的 9 年时间一直处于单边上涨的大牛市，在大盘下跌的时候，该股不受大盘影响，依然具备继续上涨的动力，这样的股票十分适合长期持有。

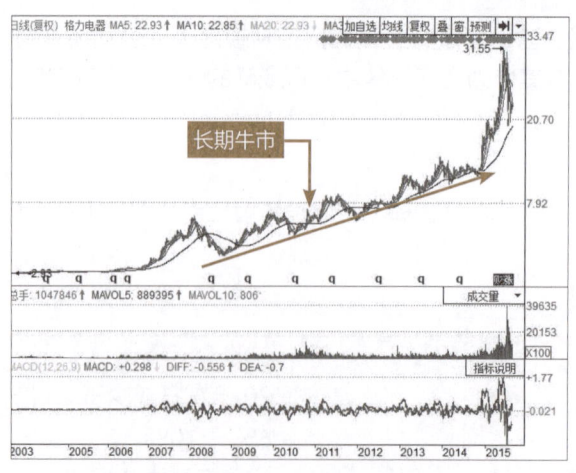

27 巴菲特炒股 10 招

本章引语

投资必须是理性的。如果你不能理解它，就不要做。

——巴菲特

巴菲特在股市中被称为"股神"，他以其独特的逻辑和纪律，几乎成为常胜将军。虽然我们很难有巴菲特的投资成就，但是他的投资智慧，却可以指导我们投资，使我们受益匪浅。

本章要点

★ 注重业务
★ 理智投资
★ 长期投资

27.1 第一招　注重企业

大部分投资者在购买股票的时候，通常比较关注股市目前的形势，关注股价目前的高低，关注买入股票后未来股价的走势会怎样等具体问题。有人问股神巴菲特买入股票对应关注哪些因素，他的回答是，他看重公司的发展面如何，公司的内在价值怎么样。他告诫投资者：你买的不是股票而是公司，只要公司的盈利持续增长，股价早晚会大涨。

巴菲特曾说过，在极少数境况下，股价是被高估还是低估能被投资者清晰识别，而绝大多数情况下，投资者是根本不清楚高估和低估的。既然根本区分不开，那么花大量的时间去研究股价，就是事倍功半，毫无意义。

真正决定股票价格的，最终还是公司的业绩和价值。巴菲特正是看重企业的核心价值，抓住长期的资本利得。他的财富基本上是依靠证券市场投资赚取的，但是，他却不怎么关心股价走势，很少去看K线等价格走势图，转而大量阅读企业的财务报表和行业的相关资料，充分了解行业和企业的情况后，最终决定买入或卖出股票。

正是由于巴菲特重企业"轻"股票，使他的投资很少受到市场短期影响。他甚至认为，即使证券市场关闭数年，对他的投资也不会造成太大影响。他远离了股票市场，最终却引领了股票市场，成为一代股神。

对于普通投资者来说，注重企业是指投资决策时选绩优股，不要盲目跟进"被炒作"的毫无业绩的题材股，不要羡慕它们眼前的价高，须知价格越高，跌得越惨。

27.2 第二招　安全至上

巴菲特之所以成功，除了独到的眼光之外，止损能力也很强。在1965年到2006年间，巴菲特的伯克希尔哈撒韦公司经历了3个熊市，而只有在2001年的时候，公司才出现过亏损。

其实，巴菲特能安然度过熊市的秘诀也很简单，就是降低预期。在投资方面，安全第一，而不是赚钱，要降低你的预期，做最坏的准备，只做安全有把握的投资，绝不盲目冒险。

2009年，巴菲特出资购买了3亿美元的哈雷摩托的优先股，固定的股息为15%。没过多久，哈雷公司的股价接近翻番。很多人就觉得巴菲特当时应该买该公司的普通股，而不是优先股。巴菲特是这么解释的："哈雷公司的股价会翻番，这个事情我不能肯定。可是，我能肯定的是哈雷公司短时间内不会倒闭，那么短期之内15%的投资回报已经相当可观了。"

巴菲特有句名言："投资的第一条准则是不要赔钱；第二条准则是永远不要忘记第一

条准则。"

对于普通投资者来说,安全至上就是不要盲目冒险,甚至加高倍杠杆去炒股,需时刻牢记不要亏掉本金。

27.3 第三招　知己知彼

当市场上没有价值投资的机会或即使有机会但未被巴菲特彻底了解,他通常是不会贸然出手的。

20世纪90年代末期,电子计算机、电脑软件、互联网迅速发展,成为那个时代当之无愧的领军行业。由于当时巴菲特不太懂互联网,对电脑软件的未来发展没有明确的概念,因而拒绝买入当时炙手可热的高科技公司的股票。此举使巴菲特的投资成绩在1999年度至2000年一度落后于整体形势,也招致了很多人的非议,认为股神已老,股神的投资眼光需要与时俱进,不能故步自封。

而当2001年互联网泡沫迅速破灭的时候,再次证明股神是对的,对股神的质疑之声迅速烟消云散,这也充分说明,股神只买自己了解公司的股票。

一个人不可能成为了解所有公司类型的行家,但是至少可以做到了解自己投资的公司。股市中,只要避免出现大的错误,就会有不错的收益。

知己知彼,百战不殆。对于普通的投资者来说,买入公司股票之前,先了解公司的基本情况,是完全可以做到的。

27.4 第四招　注重业务

巴菲特一直强调,他寻找的是业务上有强大持续竞争力的优质企业。通常,他所定义的一流业务有以下三条标准。

(1) 主营业务突出、简单。突出、简单就意味着企业能够集中精力去做一件事情,精益求精,把该项业务做到极致。可口可乐公司虽只专注于可乐生产,但这完全不妨碍它成为世界一流企业。

(2) 悠久的经营历史。经营历史不光是企业发展的一种见证,更是消费者长久以来的肯定。巴菲特对资产重组改变主营业务,或正在改变生产线和产品的企业都不感兴趣。

(3) 良好的发展前景。判断企业是否具有良好的发展前景,巴菲特通常比较关注企业的产品是否有强烈需求,产品是否存在大量替代品,企业经营是否会受到政府的支持或限制。具备以上特点的企业基本上能够对产品或服务的价格有话语权,获取丰厚利润。

27.5 第五招　业绩出众

优秀的企业，除了有一流的业务之外，更应该有一流的业绩。

企业的财务政策应该稳健，经营效率必须较高，具有良好的资产收益率和回报率。通常，巴菲特投资的企业均有较高的毛利率。一般来说，外部经营环境的变化，会使企业的财务数据发生很大改变。为了有效剔除这些外部因素，巴菲特在查阅最近一年财务数据的基础上，更会重视连续多年的平均财务数据，这样就不至于作出不合理的决定。

企业的日常资本支出少，现金流量越充裕，企业就能够更加从容地处理突发事件，抵御风险的能力就越强。巴菲特对那些固定资产收益率高的公司不感兴趣，认为它会大量侵蚀企业的现金流。

对于普通投资者来说，买卖股票时，应多查阅企业的财务数据，了解企业的经营状况、财务状况、盈利状况，再作决定。

27.6 第六招　注重管理层

巴菲特认为，归根结底，投资就是"投人"，他非常重视企业是否具有一流的管理层。经营者应理性、忠诚，并始终以股东利益为先。巴菲特对 GEICO 的大举投资，很大程度是因为对公司的主要经营者具有相当的信心。

同时，巴菲特也以身作则。有人问巴菲特，如果发现公司内部的人存在不道德或者违法行为，会及时处理吗？巴菲特给出了果断肯定的回答，表示绝对不会为赚钱而愧对良心，他也告诫自己，公司的管理层要始终做到诚实正直。

27.7 第七招　市场原则

低价买入，是巴菲特投资股票的核心原则。但是，这里的低价买入并不是去研究 K 线，而是当股价低于公司内在价值时，即使股票市场仍然在下跌过程中，巴菲特也会不断买进。对于普通投资者来说，股价下跌简直就是噩梦，而巴菲特却泰然处之，置身事外。他坚信，做不到这一点，就不可能在投资领域获得成功。

市场原则，这里主要指的是巴菲特所认为的买入股票的时机是确定的。股票市场的价格经常与企业的内在价值不符，价格的高低受到很多因素的影响，其中，起很大作用的是投资者的预期或者投资者的情绪。投资者预期向好，那么投资情绪就会高涨，而且快速蔓延，这时股价会疯长，泡沫也会产生。一旦遇到利空消息使投资者的预期发生转变，接下来要面临的就是大规模的抛售和踩踏，大家竞相出货，股价迅速下跌。正是由于投资者这种情绪的不稳定，造成了股市的跌宕起伏。巴菲特认为，要取得投资的成功，一方面要独立判断，完全摒弃市场原则的影响；另一方面则要利用市场原则，当市场进入疯狂，股价远远超出公司内在价值时，要勇于离场；在市场下跌进入非理性状态时，要勇于进场"贪婪"买入。

27.8 第八招　理智投资

巴菲特之所以能够获得如此丰厚的投资回报，很大一个原因就是他克服了自己内心的贪婪与恐惧。经过仔细分析，在合理价位购入值得投资的企业之后，就不要过分在意短期的价格波动。市场上的投资者的水平鱼龙混杂，各种消息更是漫天横飞，投资者每天面临的选择和诱惑多不胜数，此时，一定要保持冷静、不盲从，坚持最初的判断，不动摇。其实到最后，你会发现，短线的股价变动通常都是不需要理睬的。巴菲特有句名言："当别人疯狂的时候我冷静，当别人冷静的时候我疯狂。"

当局者迷，旁观者清。投资股票市场更是要做到置身事外，才能认清形势，把握住投资机会。

27.9 第九招　集中投资

如何才能降低投资风险？投资者通常会说——"分散投资分散风险"，"鸡蛋不能全放到同一个篮子里"，这些都是分散投资的名言。可是，巴菲特却说要集中投资，"把鸡蛋放到一个篮子里，然后小心看好这个篮子"。

巴菲特"集中投资理论"主要是指把注意力集中在几家公司上，数目不要太多。如果投资者的组合太过分散，反而会无暇顾及，弄巧成拙。巴菲特在买股票之前，通常会集中精力分析企业的发展状况和管理者素质，认真选择出最具有发展潜力的企业，然后集中资金，投资到这些企业当中。对于分散投资，巴菲特是这么认为的："分散投资是无知者的自我保护，对于那些明白自己是在干什么的人来说，分散投资是没有什么意义的。"

27.10 第十招　长期投资

巴菲特说过，在投资领域最重要的是以合理的价格买入一家有价值的公司股票，然后忘记买入股票的事情，长时间地持有。

认真选择，作出决定买入优质企业的股票，不要因为贪图小利而卖掉，更不要受到别人议论的影响而卖掉。只要公司的业务稳定，业绩出色，管理层没有太大变化，就应该长期持有。巴菲特也说过，如果你拥有一家很差企业的股票，你应该马上卖掉，不要可惜，因为只有丢弃了不好的东西，你才能有时间、有空间去拥有更好的企业。买入了好公司的股票，就长期持有吧。例如，到目前为止，巴菲特持有可口可乐公司股票 28 年，持有华盛顿邮报公司的股票 43 年。

PART 5

软件篇

28
同花顺快速上手

本章引语

不要懵懵懂懂的随意买股票,要在投资前扎实地做一些功课,才能成功。

——威廉·欧奈尔

投资前要扎实地做一些功课,这些功课不仅包括炒股的专业知识,也包括炒股软件的使用方法,本章就来介绍如何快速上手同花顺。

本章要点

★ 同花顺的安装与界面介绍
★ 同花顺的基本操作
★ 同花顺的常用功能介绍

28.1 认识同花顺

同花顺是浙江核新同花顺网络信息股份有限公司推出的一款炒股软件，它是一个提供行情显示、行情分析和行情交易的股票软件，它分为免费 PC 产品、付费 PC 产品、平板电脑产品、手机产品等适用性强的多个版本。

同花顺软件具有以下特征。

（1）使用简单。

直观的图标显示各类资金的持仓和变化，重点和活跃席位彩色标记醒目，模型、指标用图形曲线显示，浅显易懂。

（2）真实准确。

准确的持仓数据不用猜测各种资金的行为和动向，所有持仓数据直接来自交易所数据库，真实准确地反映了各类资金的交易状态。

（3）海量数据。

每天几十兆的数据更新，并提供一年以上的历史数据，深入地分析各种资金的历史交易习惯和交易行为。

（4）快速方便。

通过服务能快速地找到各种资金增仓的股票，快速了解基金的动态，快速找到资金关注的板块。通过席位搜索能快速找到自己关注的席位的历史交易情况。

（5）深度分析。

提供较完善的持仓数据和席位交易数据，成为各种专业股民深度分析个股、指数和板块中各种资金行为的专业工具。

（6）研究专业。

同花顺为了使股民能更好地使用该软件，设计了众多的使用功能和分析模型，并为股民提供专业的售后服务。

28.2 同花顺软件的安装与界面

要使用同花顺，就需要对它的操作界面进行了解，要了解同花顺的操作界面，首先需要下载、安装同花顺软件。

28.2.1 下载同花顺

同花顺的下载方法有多种，其中最常用的有以下两种：在同花顺官方网站下载和通过搜索软件搜索后到相关网站下载。

1. 通过同花顺官网进行下载

最简单直接的下载方法就是在同花顺官方网站进行下载。在同花顺官方网站下载的具体操作步骤如下。

1　进入同花顺官方网站，如右图所示。

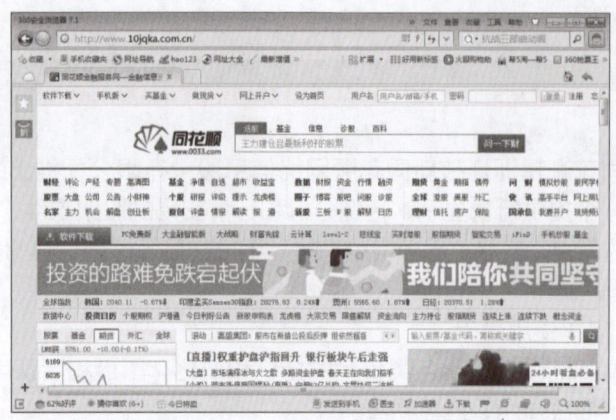

2　在同花顺首页的导航栏中，单击【软件下载】按钮，弹出【同花顺下载中心】界面，如右图所示。

3　单击【免费下载】按钮即可进行软件下载，如右图所示。

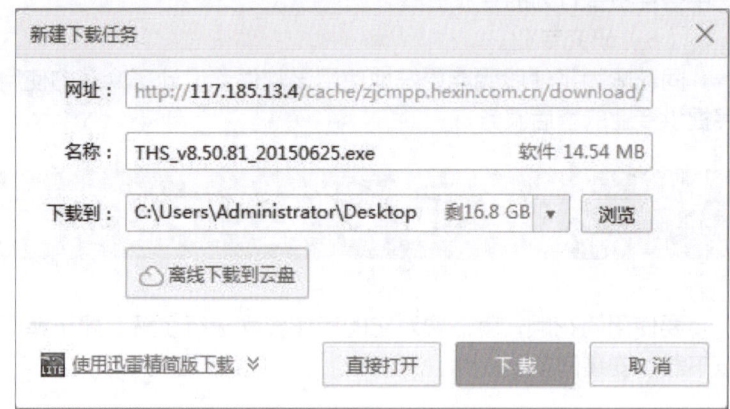

4　单击【下载】按钮即可下载。

2. 通过搜索软件搜索后到相关网站下载

通过"百度""搜狗""好搜"等搜索工具，搜索到同花顺软件，然后下载程序即可。具体操作步骤如下。

1　在搜索工具中输入搜索条件"同花顺炒股软件下载"，根据搜索条件，搜索工具弹出搜索结果，如下图所示。

合适的下载位置,然后单击【下载】按钮,即可下载,如下图所示。

2 选择合适的版本,然后单击【立即下载】按钮,弹出【新建下载任务】对话框,选择

28.2.2 安装同花顺

上一节介绍了同花顺的下载,这一节来介绍一下同花顺的安装,同花顺的具体安装步骤如下。

1 双击下载后的同花顺安装程序,弹出【安装向导】界面,如下图所示。

3 在弹出的【选择附加任务】对话框中选择需要的附加任务,如下图所示。

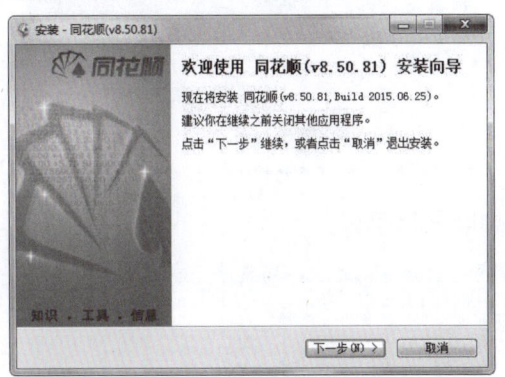

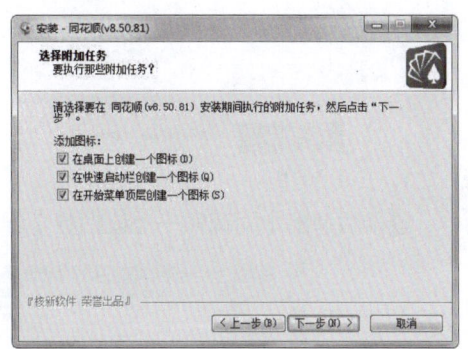

2 单击【下一步】按钮,在弹出的【选择目标位置】对话框中单击下一步,或单击【浏览】按钮,选择软件安装目录后,再单击【下一步】按钮,如下图所示。

4 单击【下一步】按钮,弹出【正在安装】对话框,如下图所示。

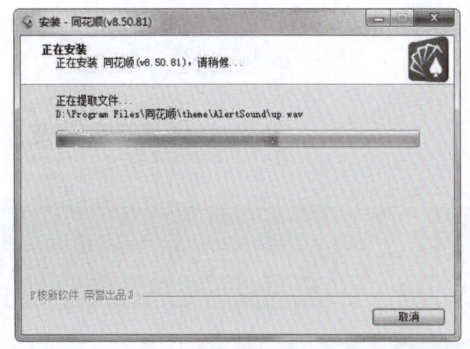

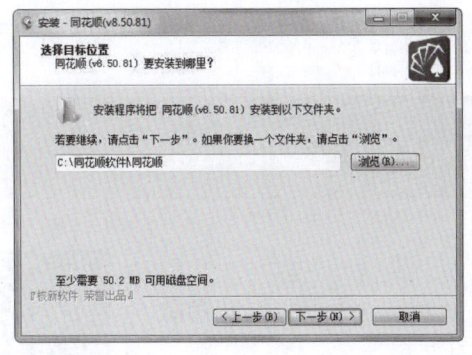

5 安装完成后弹出【登录】对话框,如下图所示。

7 单击【立即注册】按钮,完成注册后,如下图所示。

6 如果已有账号,直接输入账号密码即可登录,如果没有账号,单击【免费注册】按钮,弹出【5秒快速注册】对话框,输入账号和密码,如下图所示。

8 单击【账号登录】按钮,弹出登录界面,如下图所示。

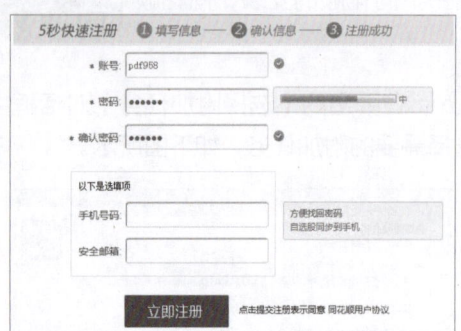

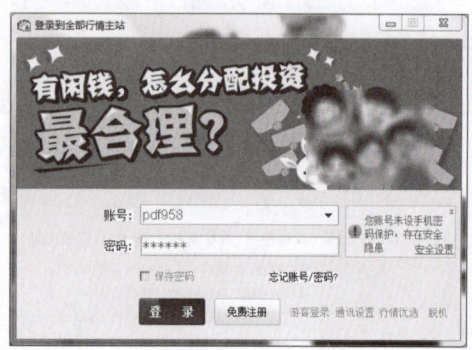

9 登录后弹出【同花顺—上证指数】界面,如下图所示。

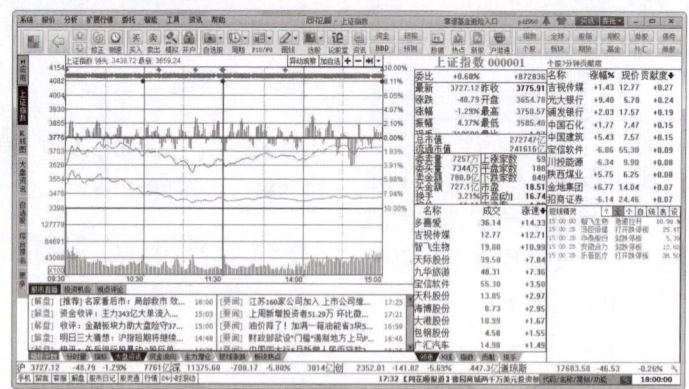

> **提示** ▶ 如果用户不想注册,单击【游客登录】按钮,可以以游客身份登录。

28.2.3 同花顺界面

　　同花顺的界面窗口主要包括标题栏、菜单栏、工具栏、资讯窗口、主窗口、左信息栏、盘口数据和指数条等几大模块,如下图所示。

466

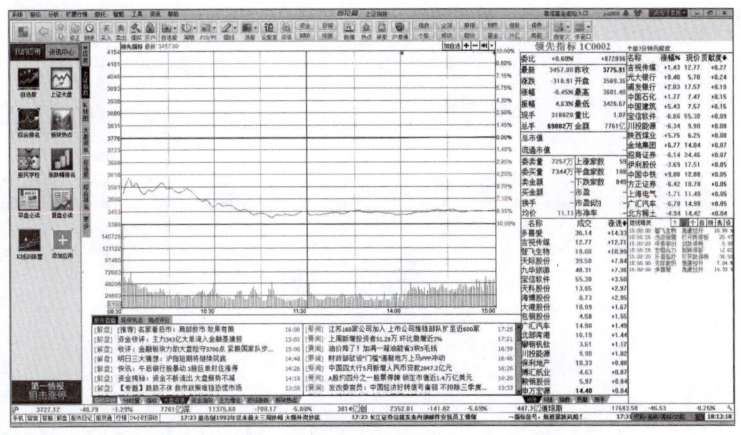

1. 菜单栏

菜单栏位于同花顺工作界面最顶端的左上方,包括系统、报价、分析、扩展行情、委托、智能、工具、资讯和帮助等多个栏目,菜单栏展开后如下图所示。

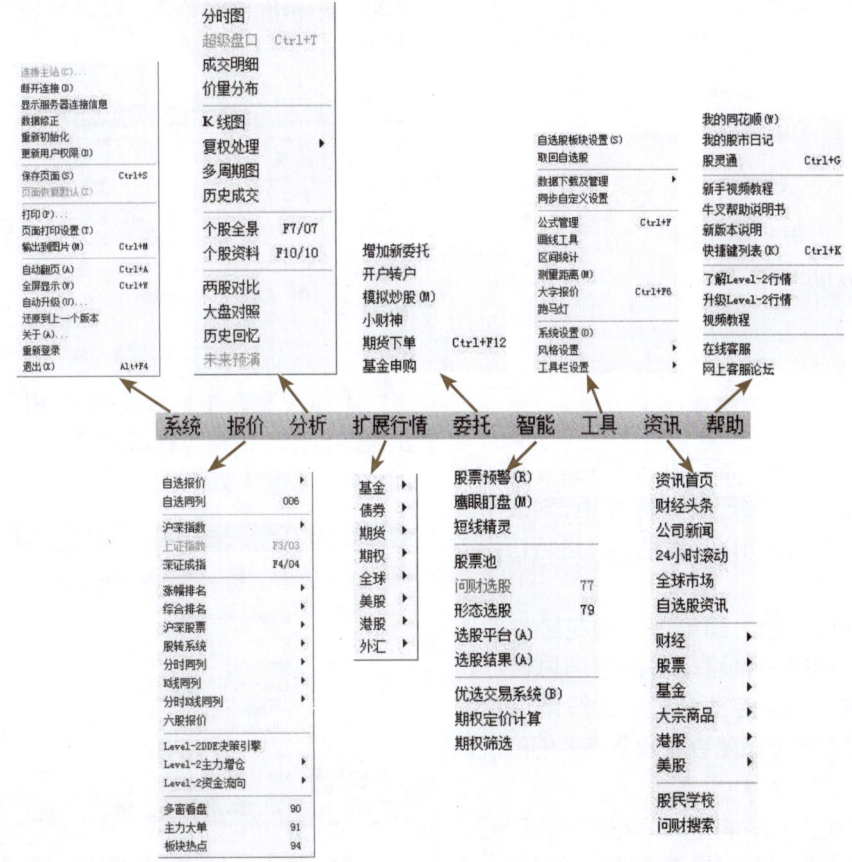

2. 标题栏

标题栏位于同花顺工作界面最顶端的右上方,菜单栏的右侧,显示当前页面名称、用

28 同花顺快速上手 467

户名，并提供资讯、委托等功能，展开后如下图所示。

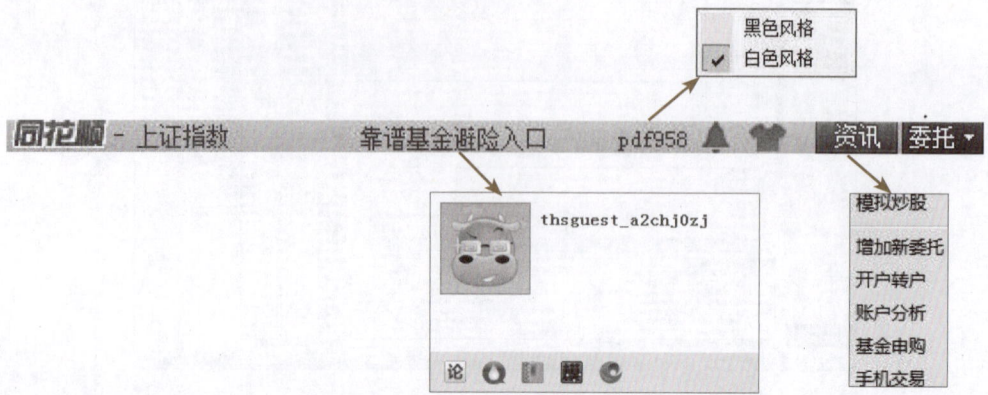

【用户名】：单击用户名可以看到用户当前的状况，最下面一行图标是当前用户所参与的应用。单击头像可以对用户的基本信息进行编辑，如性别、入市时间、个性简介等，如下图所示。

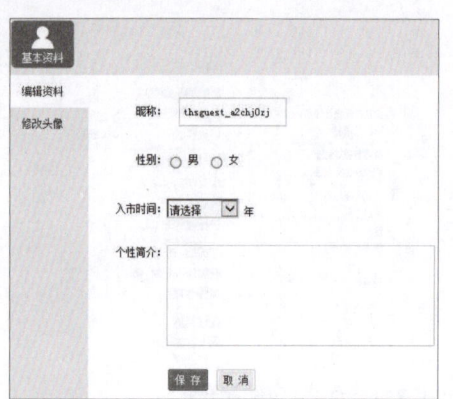

单击按钮，即可进入论股堂，投资者可以在此平台各抒己见，表达自己对股市及个股的看法，也可以与其他会员进行自由交流。

单击按钮，即可进入同花顺炒股圈子。在这里投资者可以对股票信息进行讨论，也可以阅读专业分析师的股票评论文章，还可以在T策略查看股票高手们的投资策略。

单击按钮，将进入同花顺博客页面。投资者不仅可以在这里查看最新博文与人气博主博客，还可以在这里观看直播与名家访谈。

单击按钮，将进入模拟炒股页面，对股票感兴趣又持谨慎态度的潜在投资者可以在这里进行模拟炒股。

单击按钮，将进入用户的个人中心页面。用户可以在这里看到自己的动态、粉丝人数、财富点账户余额、好友等信息，如下图所示。

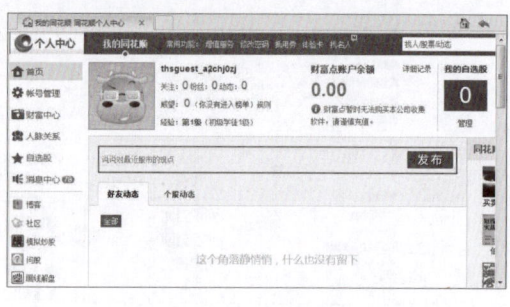

【股票预警】：单击按钮，可以弹出股票预警对话框，在该对话框中，可以添加预警的股票，如下图所示。

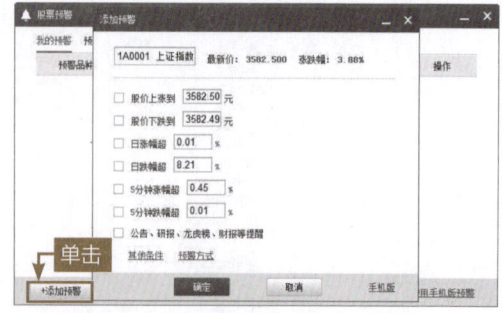

【换肤】：单击按钮，可以更改软件的背景色，同花顺提供了黑色和白色两种背景色。两种背景色的对比如下图所示，投资者可以根据自己的喜好进行选择。

468

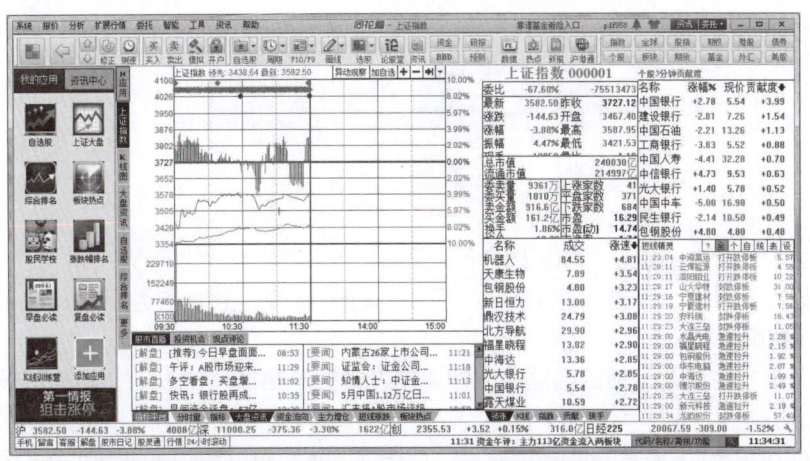

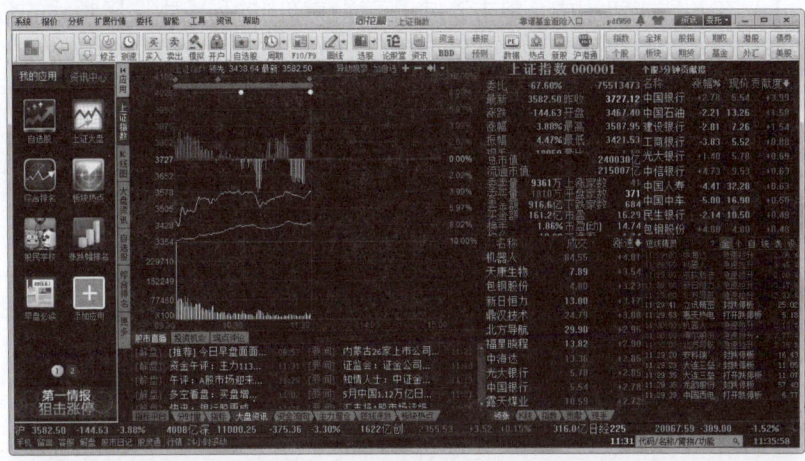

> **提 示** ▶ 换肤后,需要重启软件才能生效。

【资讯】:单击资讯按钮,可以查看当日同花顺资讯精选,这里有每日要闻、现货、基金、社区、热点等分类新闻。

【委托】:单击委托旁边的■,可以选择模拟炒股、增加新委托、开户转户、账户分析、基金申购和手机交易等业务。

3. 工具栏

工具栏位于菜单栏和标题栏之下,主窗口之上的位置,右键可选择是否隐藏工具栏。工具栏包含应用中心、数据修正、买入卖出、模拟炒股、开户等功能,如下图所示。

【应用中心】:单击■按钮,弹出常用的功能,如下图所示。单击【添加应用】按钮,

可以添加新的应用功能。

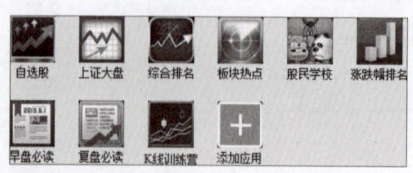

【返回】：单击 按钮，可以返回上一页面。

【上翻/下翻】：单击 / 按钮，可以对行情报价、分时走势图或K线走势图进行向上/向下翻页查看。

【修正】：在查看当前的数据中，如果发现数据不全或有错误时，单击该按钮可以对数据进行修正。

【买入/卖出】：在登录委托程序后，单击买入/卖出按钮，可进行买入/卖出操作。

【周期】：在K线走势图中，单击该按钮可以在弹出的列表中选择K线的分析周期，即每一根K线所包含的时间长度，如下图所示。

同花顺的K线周期包含1分钟线、5分钟线、15分钟线、30分钟线、60分钟线、日线、周线、月线、季线和年线10种，下图分别是30分钟线和日线。

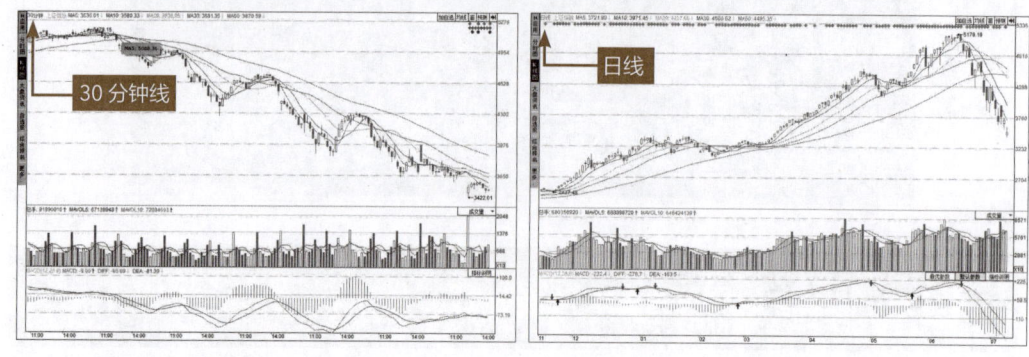

【自选股】：单击该按钮可以进入投资者自己设置的自选股行情报价页面。

【画线】：单击该按钮可以打开【画线工具】菜单栏，如下图所示。画线工具供投资者在分时走势图或K线走势图中进行画线使用。

【选股】：单击旁边的下拉箭头，可以从问财选股、快捷选股、股票筛选器和形态选股等智能选股中选择一种进行选股。

【新股】：单击该按钮，可以查询新股申购、中签、上市新股等各类数据，帮助投资者在新股重启时，获得理想的新股收益。

【沪港通】：沪港通是沪港股票市场交易互联互通机制。即上海证券交易所和香港联合交易所允许两地投资者通过当地证券公司（或经纪商）买卖规定范围内的对方交易所上市的股票。

单击沪港通按钮，弹出沪港通页面，该页面包括港股通、沪股通、AH股对比和AH股联动等选项，如下图所示。

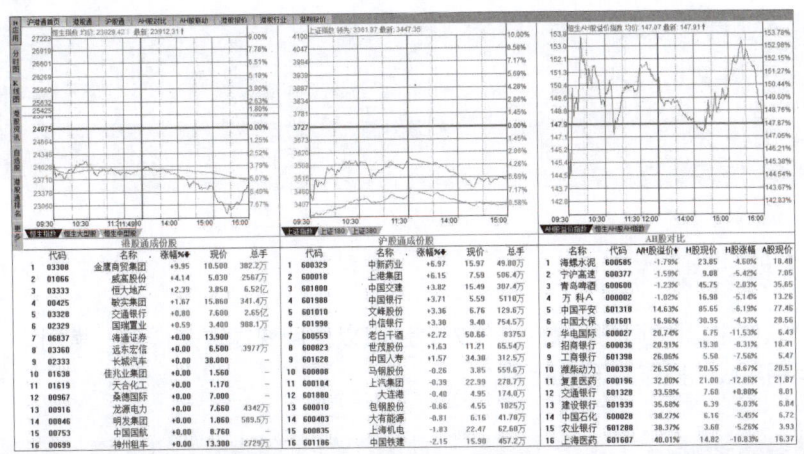

28.3 同花顺的基本操作

同花顺的基本操作主要包括键盘精灵、快捷键操作及功能树。这些操作是同花顺软件最基本也是使用最多的操作。

28.3.1 键盘精灵

使用"键盘精灵"功能可以帮助投资者在软件中快速查看和搜索某只股票。只需要按一下键盘上的任意键，即可启动"键盘精灵"。

键盘精灵启动后，可以输入中英文和数字来搜索相应的股票，如输入数字"6"，可以显示当前代码中以"6"开头的所有股票，如下图所示。

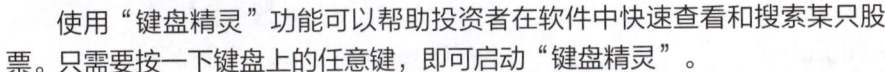

双击选中的股票（或选中后按【Enter】键），即可打开与之相关的页面进行查看，例如选中"600016"民生银行，显示民生银行的相关走势和信息，如下图所示。

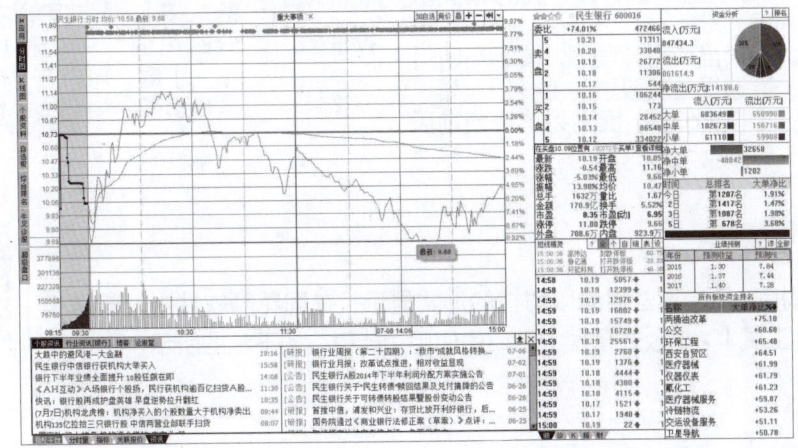

提 示 ▶ 除了通过输入相关字母和数字查找外，还可以通过输入板块拼音缩写或输入技术指标的中英文名字，来查看相关板块股票或技术指标的信息。此外，输入"61+Enter"组合键，可查看"上证 A 股涨跌幅排名"。

28.3.2 快捷键操作

同花顺软件中，除了使用鼠标操作外，还可以使用快捷键来操作，常用的快捷键及相对应的操作如下表所示。

快捷键	对应操作	快捷键	对应操作
F1	成交明细	F12	委托下单
F2	价量分布	Insert	加入自选股
F3	上证指数	Delete	从自选股中删除
F4	深证成指	71+Enter	上证新闻
F5	技术分析	72+Enter	深证新闻
F6	自选股	80+Enter	沪深 A 股综合排名
F7	个股全景	81+Enter	上海 A 股综合排名
F8	切换分析周期	82+Enter	上海 B 股综合排名
F9	牛叉诊股	83+Enter	深圳 A 股综合排名
F10	公司资讯	84+Enter	深圳 B 股综合排名
Esc	当前有光标时，去掉光标；无光标时返回上一个浏览页面	↑/↓ 键	当为表格时，选择表格的上一行或下一行；当在 K 线图中时，可以放大或缩小 K 线图
Home/End 键	有光标的情况下，可将光标移到窗口的最前端或最后端；无光标时，则变成技术指标	←/→ 键	按【←】、【→】键可以在窗口中左右移动光标。如果当前操作为表格，则可以左右选择表格列数
PgUp/PgDn 键	如果当前为表格，使用【PgUp】键和【PgDn】键分别显示当前页的上一页和下一页的相关数据；如果当前为 K 线图，按【PgUp】键选择当前股票的上一只股票，【按 PgDn】键则是选择当前股票的下一只股票	+/- 键	这里的 +/- 是小键盘上的键，按【+】键可以在"大盘分时页面"中切换指标；按【-】键，可以在"个股分时走势页面"中切换小窗口标签

28.3.3 功能树

功能树指的是将某些目录以树枝的形式显示，在同花顺软件中，最常见的就是在【工具】▶【公式管理】窗口中使用功能树，如下左图所示。

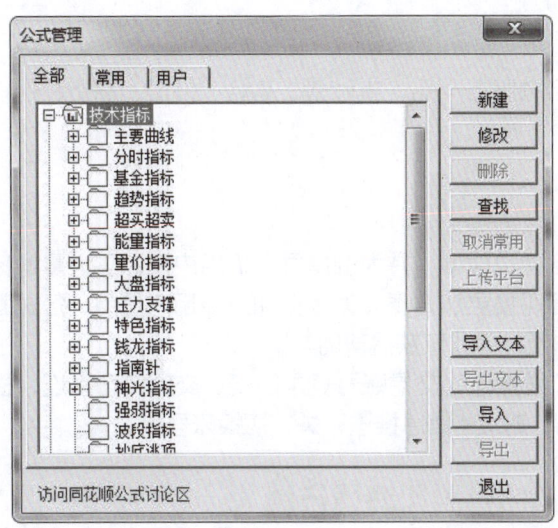
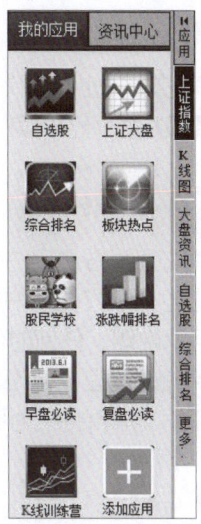

除了【公式管理】窗口中的功能树外，在窗口的左侧也有一个功能树，该功能树也叫【资讯】功能树，单击【应用】选项卡，即可打开【资讯】功能树，如上右图所示。

28.4 同花顺手机炒股

同花顺手机炒股是目前国内用户使用量最高、性能最稳定、支持券商最多并支持手机在线交易的随身免费炒股软件，也是首家推出手机上 Level2 数据查询的炒股软件。同花顺手机炒股同时支持联通、移动、电信三大运营商，支持最新主流机型程序下载。

28.4.1 同花顺手机炒股的特点

同花顺手机炒股软件不但支持沪深两市大盘及个股分时、K 线、报价行情，还支持基金、外汇、期货、延时港股和全球股指，提供丰富的资讯信息及安全的在线委托交易，使投资者实时掌握盘中资金流向，及时把握主力动向，同时支持搜牛搜索，为投资者提供全面客观的财经信息。

同花顺手机软件炒股主要有以下几个特点。

1. 安全交易、极速下单

同花顺是全国唯一一家有能力支持达到 90% 券商、2400 多家营业部在线交易的专业手机炒股服务提供商。

同花顺手机炒股软件支持移动、联通、电信三大运营商服务器，保证用户随时随地的炒股需求，享受同花顺提供的快速行情。平均每天更新数千条各类行业及个股资讯，可令用户及时把握行情动态、信息地雷、实时解盘，使用户行情资讯两不误。并全面支持创业板，既可查询行情，又可下单交易，并特别推出了【创业板动态】资讯专栏。新增了 MACD 云参数和 MACD 云参数选股、股价预警、股票池、智能选股等功能。

2. 金融产品全面

同花顺手机炒股软件支持多种金融服务产品，集股票、基金、外汇、期货、期权及全球重要股指行情于一身。

3. 操作人性化

同花顺为方便用户操作设计了各种快捷键，并为触摸屏手机用户设计了大量的标签和触摸功能，以方便用户操作，令界面切换更加方便。为了更加方便用户使用，各界面还加入了帮助说明，任何时候只需通过选项菜单即可获得帮助。

系统设置里支持设置服务器、K 线指标、交易账号登录时长、交易自动重连、横竖屏切换开关、屏幕待机时间、省电设置、PUSH 信息推送开关、切换账号等。

4. 自选股与计算机同步，可视化界面和海量行情

同花顺手机炒股软件，可实现 PC 端软件与手机炒股软件之间的自选股同步，自选股同步让用户省心、省时、省力！厂家提供 300 台服务器支持，保证手机用户随时随地的炒股需求。同花顺的即时行情，平均每天更新 6000 余条各类行业资讯信息，使用户及时掌握行情动态以及绝密内参。

28.4.2 享受特有功能和服务

同花顺注重交易的安全性，在加密模块的处理上，采用和计算机一样的加密模式，确保用户的资金安全和交易安全。客服热线 24 小时全天候服务，提供产品咨询、疑难解答及用户意见和建议反馈服务。同花顺手机炒股软件有 Android 版与 iPhone 版两个版本，同时具有以下功能特点。

神奇电波选股：红电波抓住上涨先机，绿电波锁定盈利收益。
沪深 Level2：揭示主力资金流向，帮您跟踪个股主力资金动向。
智能选股：为您量身定制选出自己关注的股票。

28.5 同花顺常用功能

同花顺常用的功能有成交明细功能、价量分布功能、个股全景图功能、个股对比功能和多窗口看盘功能。

28.5.1 成交明细速查

成交明细功能主要用于查看股票当天的交易情况。执行【分析】➤【成交明细】（如果打开的是分时走势页面，也可以按【F1】键），即可打开成交明细页面，如下图所示。

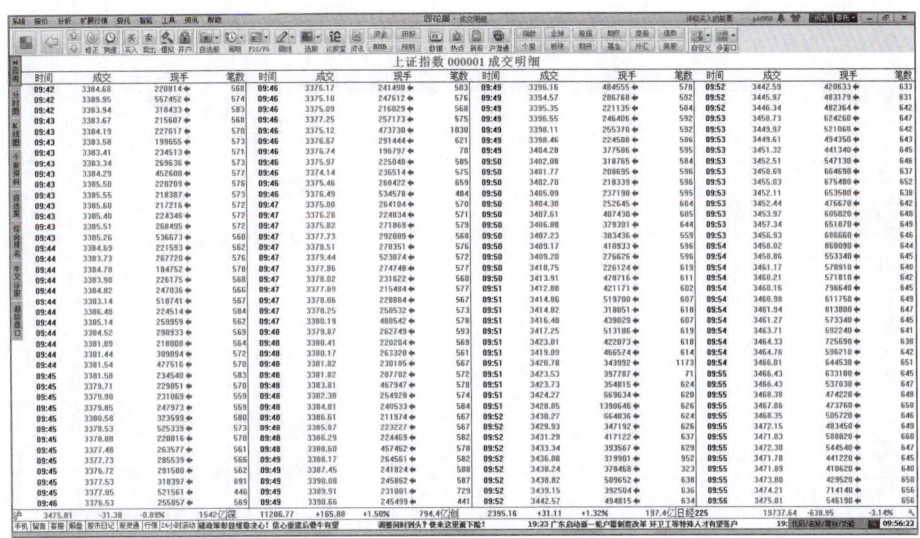

从上图中可以看到，当前显示的是"上证指数"的成交明细情况。成交明细表除了能显示某个股指的成交明细外，还可以通过键盘精灵来查看某个股票的成交明细。比如通过键盘精灵输入"002189"，进入利达光电的成交明细（如果是分时走势图，按【F1】键即可），如下图所示。

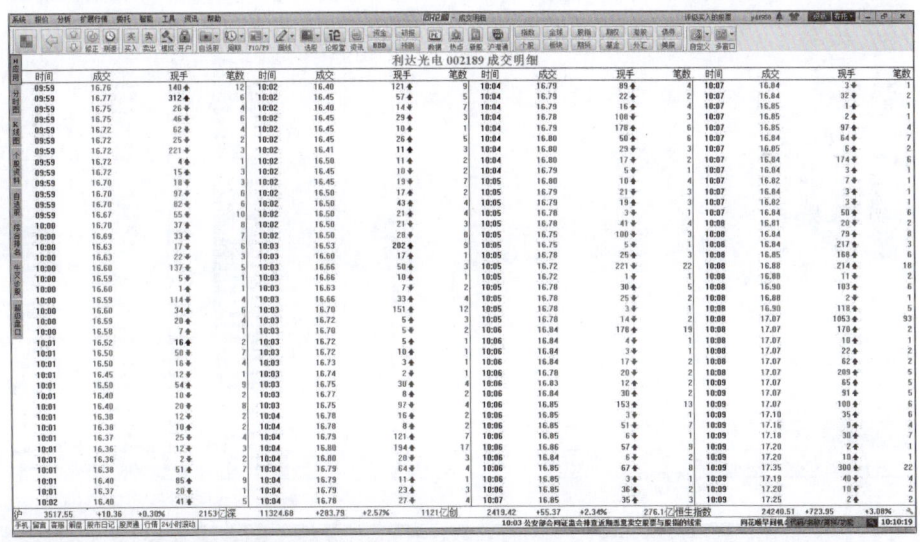

从页面表格中可以看到，成交明细是按当天的时间有序排列的，并可以看到在某个时间点的买入价格、卖出价格及成交量等。

28.5.2 价量分布功能

投资者通过价量分布功能可以直观地查看当天股票的成交分布状态，执行【分析】➤【价量分布】菜单命令，即可打开价量分布页面，如下图所示。

28 同花顺快速上手 | 475

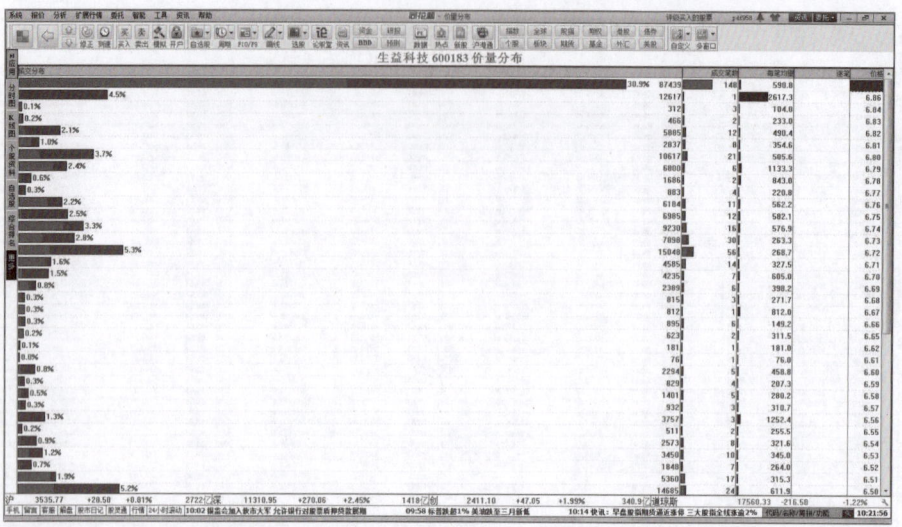

从图中可以看到，价量分布显示了某只股票的成交分布情况、成交笔数、每笔均价量及价格。同样，可以通过键盘精灵查看某个指数的价量分布情况，下图是"上证指数"的价量分布。

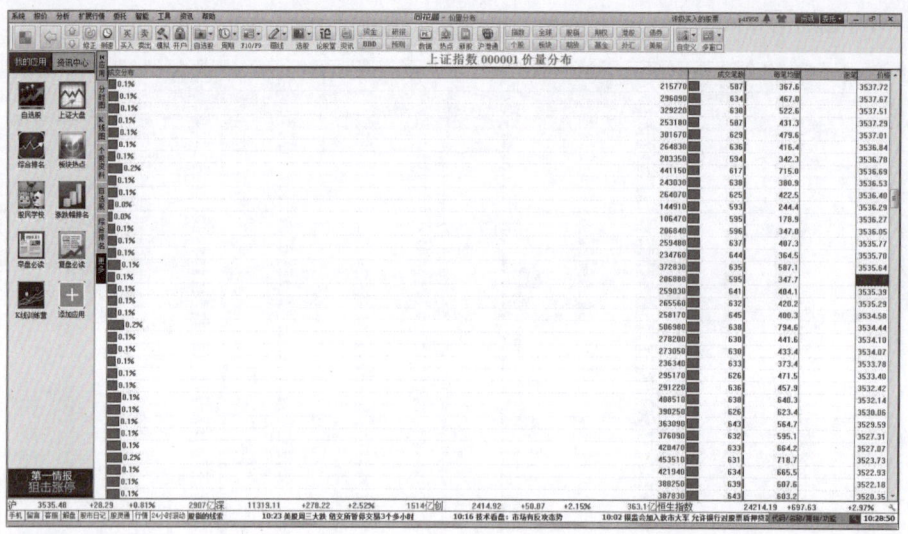

提 示 ▶ 如果当前打开的是分时走势页面，可按 F2 键或"02+Enter"组合键切换到价量分布页面中。

28.5.3 实战：个股全景图功能

个股全景页面几乎涵盖了某只股票的所有信息，包括分时走势、技术分析、大盘对照、TICK 走势、成交明细、价量分布、财务图示 7 个选项卡，投资者可以通过切换选项卡方便地选择不同的信息。下面以"老白干酒（600559）"为例来介绍个股全景的操作。

1. 打开同花顺软件，使用键盘直接输入"600559"，并按【Enter】键，如下图所示。

2. 打开老白干酒的【分时图】页面窗口，如下图所示。

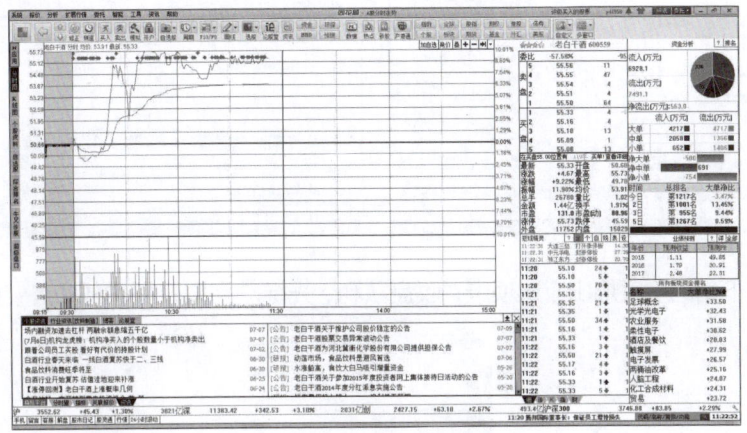

3. 选择【分析】➢【个股全景】菜单命令，如下图所示。

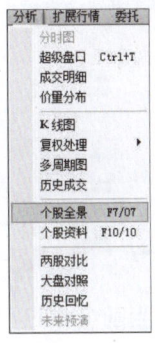

4. 打开老白干酒的【个股全景】页面，如下图所示。

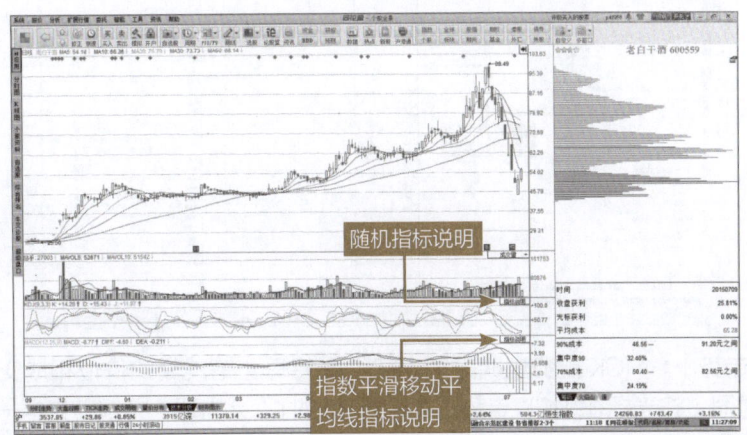

5 单击【随机指标】或【指数平滑移动平均线指标】右侧的【指标说明】按钮，可以弹出【指标说明】对话框，如下图所示。

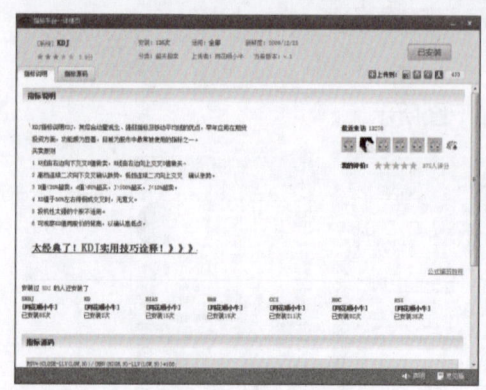 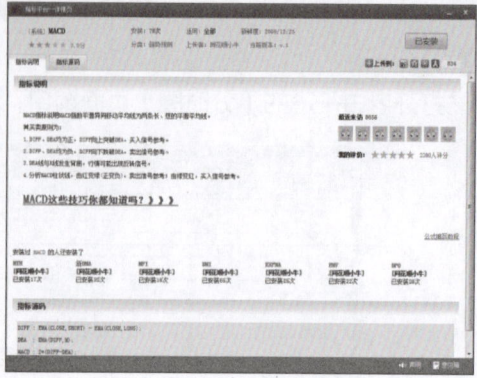

6 单击右下角的【火焰山】选项卡，收盘获利、光标获利以及平均成本等，如下图所示。

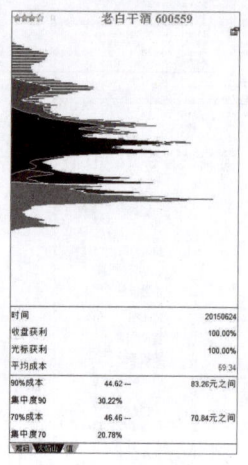

7 单击【TICK走势】选项卡，查看当前个股的TICK走势，如下图所示。

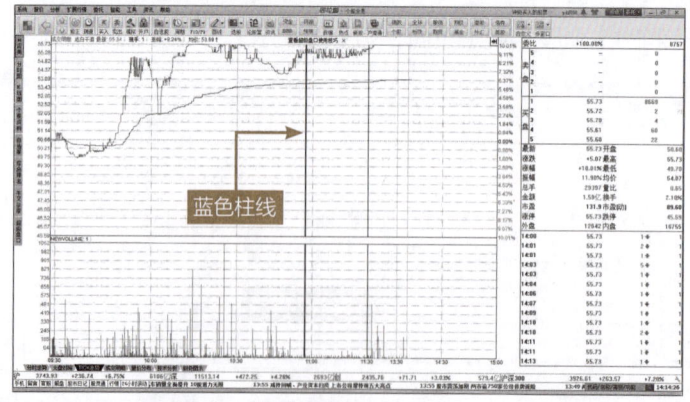

【TICK走势】：TICK走势也叫分笔走势，是将每一笔成交的价位和成交量都体现出来的一种分时图。将光标在TICK走势图中进行移动时，会出现一条跟随光标一起移动的蓝色柱线，该蓝色柱线代表的是1分钟的时间跨度，其中包含多个分笔成交价格。

> **提示** ▶ 如果当前打开的是分时走势页面，按【F7】键即可切换到个股全景页面中。

28.5.4 实战：两股对比功能

两股对比功能是将两只股票的走势图放在一起进行对比，使投资者可以方便、快捷地对两只股票进行比较分析，详细地查看两只股票的涨跌状态。下面以"宝钢股份（600019）"和"上汽集团（600104）"两只股票为例进行对比。

1 选择【分析】➤【两股对比】菜单命令，在打开的【两股对比】页面窗口中，可以看到该窗口由上、下两个不同的窗格组成，上方为【上证指数 000001】的分时走势图，下方为【A 股指数 000002】的分时走势图，如下图所示。

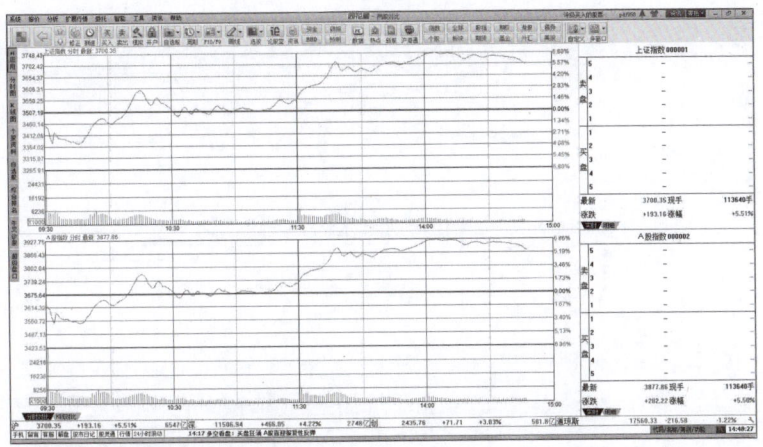

2 单击上面窗口，输入想查看的股票代码，例如，输入"600019"，进入【宝钢股份】的分时走势图，如下图所示。

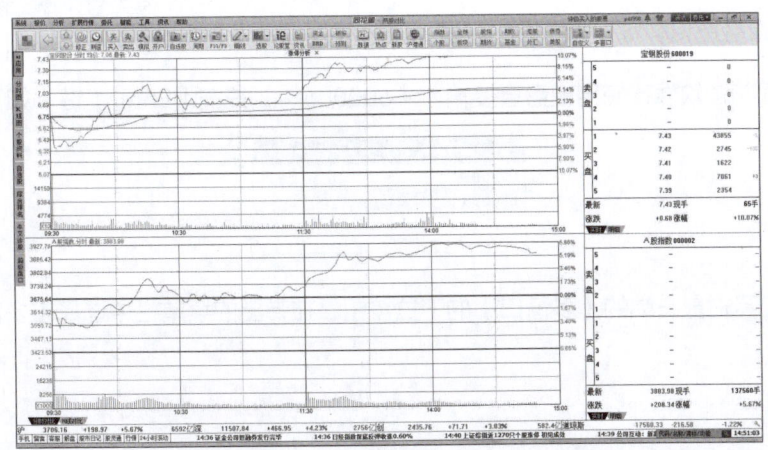

3 单击下面窗口，输入想查看的股票代码，例如，输入"600104"，进入【上汽集团】的分时走势图，如下图所示。

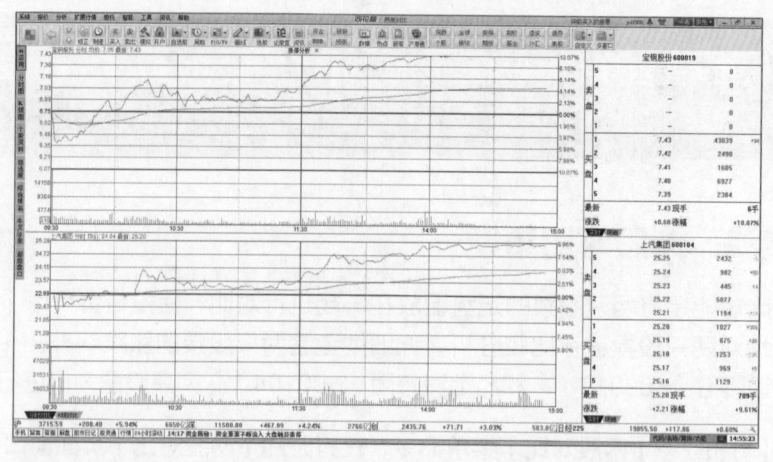

4 单击页面窗口下方的【K线对比】选项卡，可以对两只股票的日线走势进行对比，如下图所示。

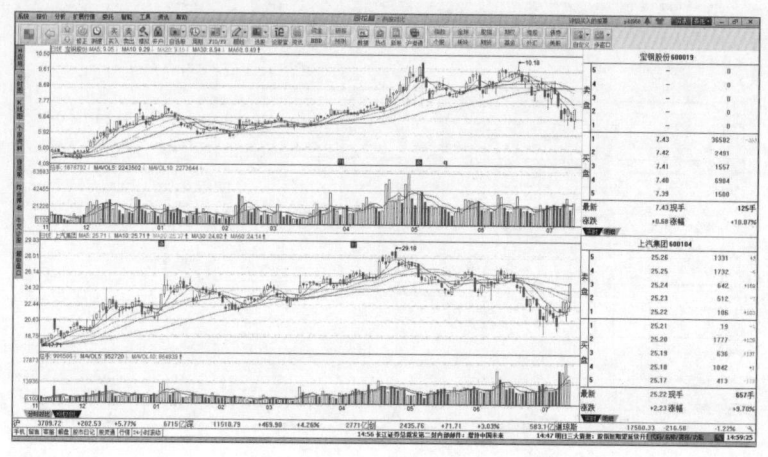

28.5.5 多窗口看盘

多窗口看盘是将屏幕分为不同的区域，以方便投资者同时查看各种信息。

1 打开同花顺软件，使用键盘直接输入"600006"，并按【Enter】键，如下图所示。

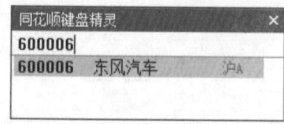

2 单击工具栏最右端的【多窗口】的下拉按钮，在弹出的菜单栏中选择【多窗看盘】，如下图所示。

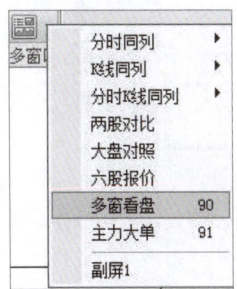

3 单击【东风汽车】个股显示为多窗口看盘界面，如下图所示。

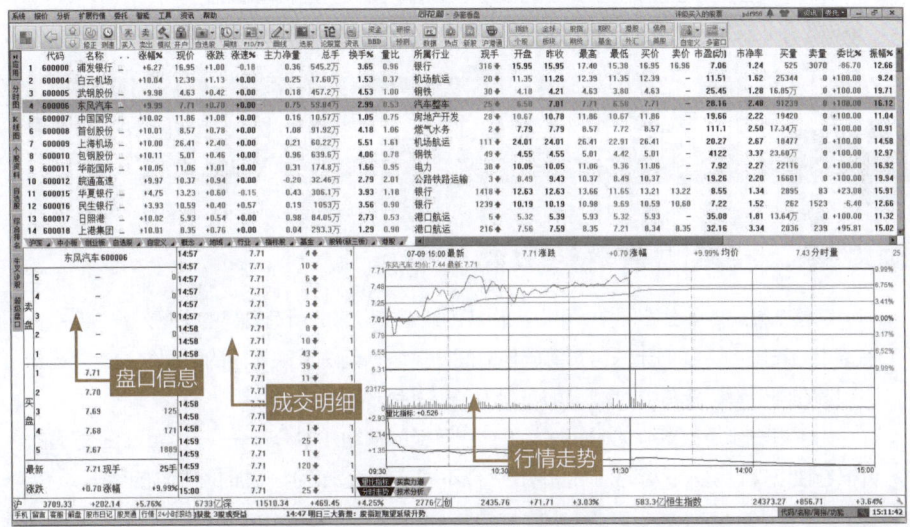

提示 ▶ 除了通过工具栏多窗口按钮选择多窗口看盘界面外，用键盘直接输入"90"，然后按【Enter】键，也可以进入多窗口看盘界面。

技巧 **1** 如何隐藏同花顺系统

为了方便某些用户的使用，同花顺提供了一键隐藏功能，即通过一个快捷键（俗称"老板键"）将程序界面完全隐藏（在任务栏、托盘区都不留痕迹），再按此快捷键时，又将程序恢复为原来的界面。

默认的快捷键为：Alt+Z。

28 同花顺快速上手　481

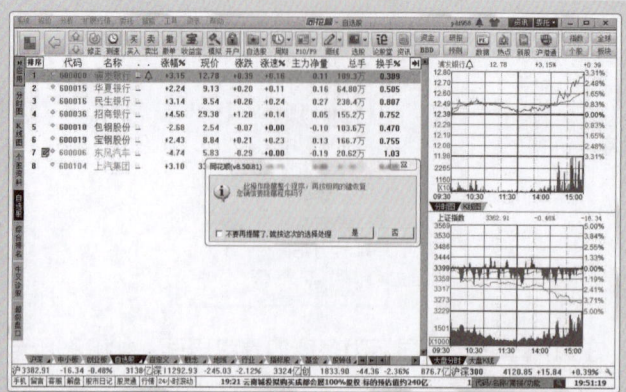

单击【是】按钮,即可将程序隐藏,重新按【Alt+Z】组合键则再次弹出程序界面。

> **提 示** ▶ 如果按【Alt+F4】组合键,则关闭系统。

技巧 2 火焰山看筹码分布

在整个移动成本分布图中,可以显现从股票上市以来的所有筹码的搬移过程,但是,在整个分布图中,我们无法得知筹码与时间的关联,无法反映筹码的时间性,也就是无法知道在整个筹码分布中的筹码沉淀情况和筹码活跃情况。

为了进一步反映筹码的时间性,就产生了新的移动成本分布——火焰山。在筹码的价格特性以外,引入了筹码的时间特性,以不同的颜色,区别不同时间概念的筹码。

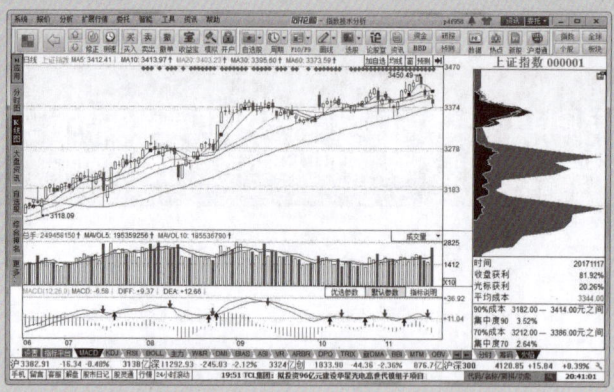

火焰山中颜色代表的筹码分布如下。

- 暗黄色代表 100 天之前产生的筹码分布。
- 淡黄色代表 60 天之前产生的筹码分布。
- 蓝色代表 30 天之前产生的筹码分布。
- 暗绿色代表 20 天之前产生的筹码分布。
- 绿色代表 10 至 20 天之间产生的筹码分布。
- 红色代表 1 至 10 天之间产生的筹码分布。

柱状图代表当天最新产生的筹码分布(一般较小,不容易看见,只有在比较极端的情况下才会较明显)。

29 使用同花顺分析看盘

本章引语

不进行研究的投资,就像打扑克从不看牌一样,必然失败。
——彼得·林奇

投资就像打牌,如果你从来不看盘或不进行分析,那结局无疑是亏损。本章就来介绍如何使用同花顺分析看盘。

本章要点

★ 盘口的含义及同花顺主界面看盘
★ K线图介绍
★ 同花顺的分析菜单
★ 模拟炒股

29.1 盘口含义

"盘口"是在股市交易过程中，看盘观察交易动向的俗称。投资者看盘时，大部分时间都在观看所关注股票的盘口数据，在同花顺软件中，个股的分时走势图和K线图的右侧显示的都是盘口数据区，如下图所示。

1. 委比

委比是衡量委买盘和委卖盘对比情况的一个实际指标，计算公式为：
委比 =（委买手数 − 委卖手数）÷（委买手数 + 委卖手数）×100%
委买手数 = 现在所有个股委托买入下五档之手数相加总和
委卖手数 = 现在所有个股委托卖出上五档之手数相加总和
通过委比的计算方法可以看出，其数值为 +100%~ −100%，委比值 −100%~+100% 是一个买盘逐渐增强、卖盘逐渐减弱的过程；相反，+100%~ −100% 则是一个买盘逐渐减弱、卖盘逐渐增强的过程。

2. 涨停板的盘口形态

涨停板是一种极端的价格走势，也是一种特殊的盘口形态，它的出现源于涨跌停交易制度。上海、深圳两交易所规定，上市交易的股票以上一个交易日收市价为基点，在一个交易日内的价格涨跌幅度不得超过10%。

在盘口分时图中，当个股上冲至涨停价位后，若买盘力度依旧强于卖盘力度，股价不回落的话，就会出现"一"字形态的走势，这种形态犹如股价停留在上面的板上，所以称为涨停板。同理，当个股跌至跌停价并无力回升时，也会出现"一"字板走势，这就是跌停板。

下图所示为白云机场（600004）2015年7月9日涨停板分时图，个股早盘阶段受连续大买单向上扫盘推动，向上封住涨停板，并且，在上封涨停板之后，由于大买单并没有撤掉，而是稳稳地挂在买1位置，这使得个股再也没有开板，而是一直牢牢封住涨停板直至收盘。

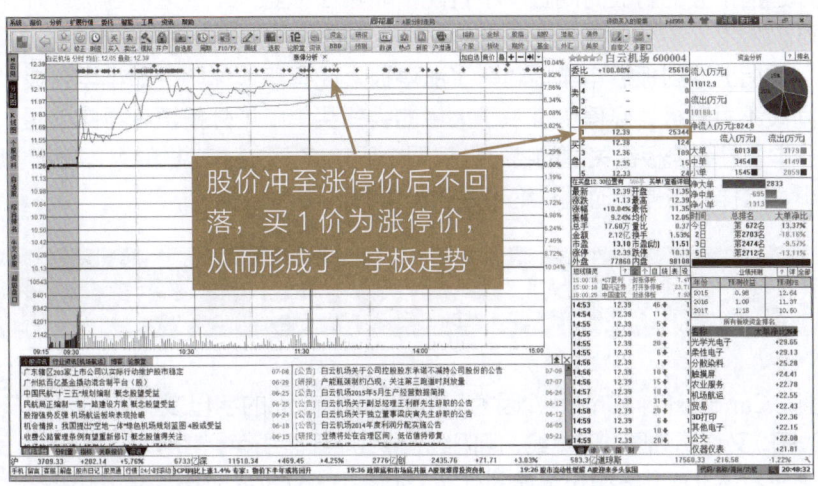

股价冲至涨停价后不回落，买1价为涨停价，从而形成了一字板走势

3. 涨停盘口的弱势板特征

弱势型的涨停分时图，可以概括为"宽""晚""开"三点。

"宽"是指个股的盘中振幅相对较大，一般来说，会超过10%。即个股在大盘中出现跳水，随后走高并封板，或早盘低开幅度较大，随后逐渐走高并封板。

"晚"是指个股的封板时间较晚，多在午盘14:00之后。

"开"是指上冲封板后并未牢牢封住，而是在随后较长时间内出现开板，或者封板与开板在很长时间段内不断切换。开的时间越长，反复开合的次数越多，涨停板就越弱势。

下图所示为上汽集团（600104）2015年7月9日分时图，个股振幅较大，从开盘到封盘，振幅超过13%，冲板时间较晚，下午临近15:00才冲顶，而且短暂冲顶后略有回落，直至15:00停止交易也未能牢牢封板，这就是典型的弱势型。

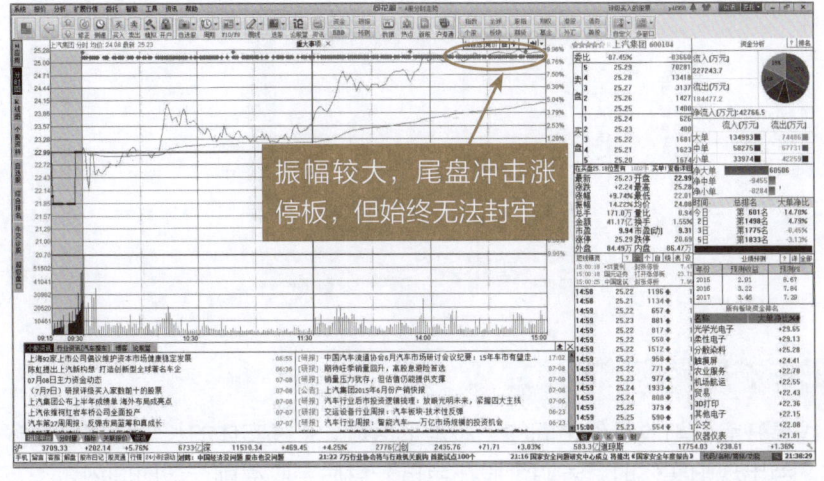

振幅较大，尾盘冲击涨停板，但始终无法封牢

4. 涨停盘口的强势板特征

对于强势型的涨停分时图，其特点概括为"窄""早""牢"三点。

"窄"是指个股的盘中振幅相对较小，一般来说，不宜超过 10%。即个股最好适当高开，且盘中回探幅度较小。

"早"是指个股的封板时间宜早不宜晚，能够在早盘 10:30 之前封板最好，最晚不宜超过 14:00。

"牢"是指上冲封板后牢牢地封死了涨停板，或者略作休整，即牢牢封板，此后的盘中交易时间段不再开板，涨停价堆积了大量的委托买单，场外投资者再挂单买入，是无法成交的。"牢"是强势板最关键的特征，只要个股始终无法封牢涨停板，即使封板时间早，盘中振幅小，这样的涨停分时图也绝不是强势型的。

29.2 K 线图

K 线图（Candlestick Charts，因为 candlestick 前面的字母发"k"音，故称为 K 线图）又称蜡烛图、日本线、阴阳线、棒线、红黑线等，常用说法是"K 线"，起源于日本 18 世纪德川幕府时代（1603—1867）的米市交易，用来计算米价每天的涨跌。因其标画方法具有独到之处，人们把它引入股票市场价格走势的分析中，经过 300 多年的发展，已经广泛应用于股票、期货、外汇、期权等证券市场。

1. 单根 K 线的构成

单根 K 线记录了某一交易周期内的价格波动情况，它由开盘价、收盘价、最高价、最低价 4 个价位组成，中间的矩形称为实体，实体上端的细线叫上影线，下端的细线叫下影线，实体的长短代表收盘价与开盘价之间的价差。开盘价低于收盘价代表价格上涨，这种 K 线称为阳线，中间实体部分常以空白或红色来表示；开盘价高于收盘价代表价格下跌，这种 K 线称为阴线，中间实体部分常以黑色或绿色表示。单根 K 线如下图所示，左边为阳线，右边为阴线。

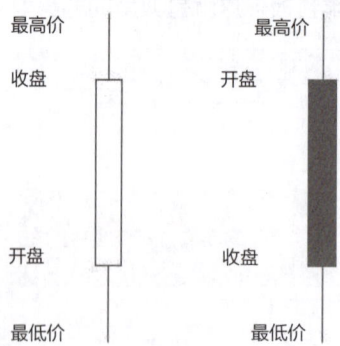

2. K 线的形态所代表的市场含义

实体线是开盘价与收盘价之间的一段矩形区域，K 线实体的长短代表的是多空双方的力量对比。当出现阳实体时，表明个股在当日开盘后至收盘前一段时间内，多方力量占有优势，阳实体越长，则多方的优势越明显；反之，当出现阴实体时，表明个股在当日开盘后至收盘前一段时间内，空方力量占有优势，阴实体越长，则空方的优势越明显。在上涨行情中，由于多方力量处于主导地位，因而以阳实体居多，且阳实体线较长；在下跌行情中，因为是空方力量处于主导地位，所以以阴实体居多，且阴实体线较长。

影线的出现反映了多空双方当日的盘中交锋情况，且影线越长，则多空双方的交战越激烈。一般来说，上影线的出现说明多方曾在盘中发起过攻击，但成果不是很理想，上影线体现了多方在当日的拉高股价过程中所受到的挫败程度，上影线越长，则说明当日多方受挫力度越大。若长的上影线出现在个股前期涨幅较大的背景下，则多意味着空方力量已开始持续释放，是个股走跌的信号。

下影线与上影线正好是相对应的，下影线的出现说明空方曾在盘中发起过攻击，但是成果并不明显，下影线体现了空方在当日的打压股价过程中所承受的反抗程度，下影线越长，则说明当日空方反抗力度越大。若长的下影线出现在个股前期跌幅较大的背景下，则多意味着空方力量已开始持续枯竭、多方买盘已开始介入，是个股走势止跌上扬的信号。

3.K线所代表的时间周期性

单根K线记录了一定时间周期内的价格波动情况。依据K线所反映的时间周期的不同，把K线分为分钟K线、日K线、周K线、月K线等。其中，日K线和周K线在技术分析时用得最多。

日K线记录了个股股价（或大盘指数）在一天内的价格波动情况，它以每个交易日的开盘价、收盘价、最高价、最低价绘制而成。

周K线记录了个股股价（或大盘指数）在一周内的价格波动情况，它以每个交易周的周一的开盘价、周五的收盘价、本周最高价和本周最低价绘制而成。

在股票行情软件中，出现在日K线下方的柱状图代表了日成交量（出现在分时线下方的柱状图则代表每一分钟的成交量，也称分时量），柱状越长，则当日成交量越大，如下图所示。

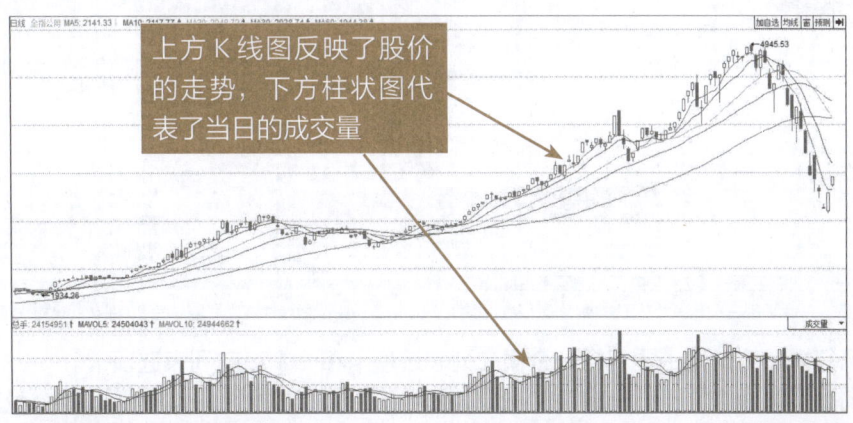

29.3 同花顺主界面看盘

同花顺的主界面是同花顺软件的核心部分，在同花顺的主界面中，投资者不仅可以看到各个交易所、商品、基金等市场报价情况，还可以看到大盘的分时走势图、大盘的 K 线走势图、个股的分时走势图、个股的 K 线走势图。

29.3.1 市场行情报价

投资者可以通过同花顺的【报价】菜单来查看市场行情报价，例如，单击【报价】菜单➤【沪深股票】选项➤【上海 A 股】选项，如下图所示。

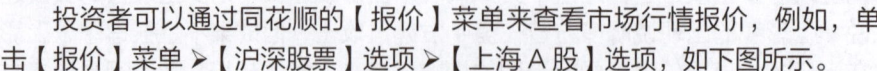

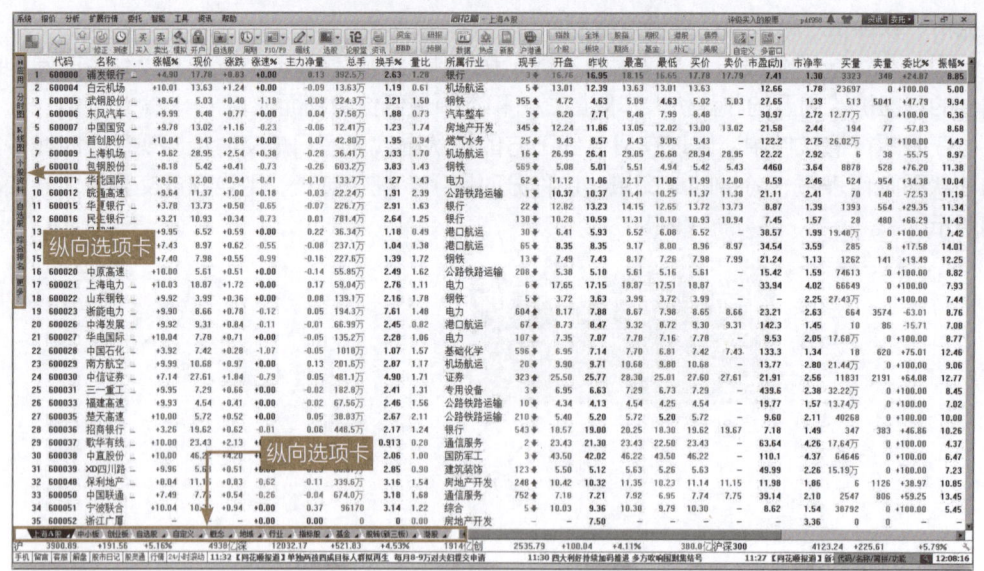

市场行情报价窗口主要包含一个横向列表选项卡和一个纵向列表选项卡。

纵向列表选项卡位于行情窗口的左侧，主要包括【分时图】、【K 线图】、【个股资料】、【自选股】、【综合排名】等几个选项卡。

横向选项卡主要包含各个常用板块的名称，通过单击横向选项卡，可以切换到不同的板块报价窗口。一些横向选项卡中可以看到◢图标，它表明在这个选项卡的下面还有其他内容，单击并在弹出的菜单中选择相应的选项即可进入。例如，单击【行业】右下角的◢图标，即可打开行业选项，如下图所示。

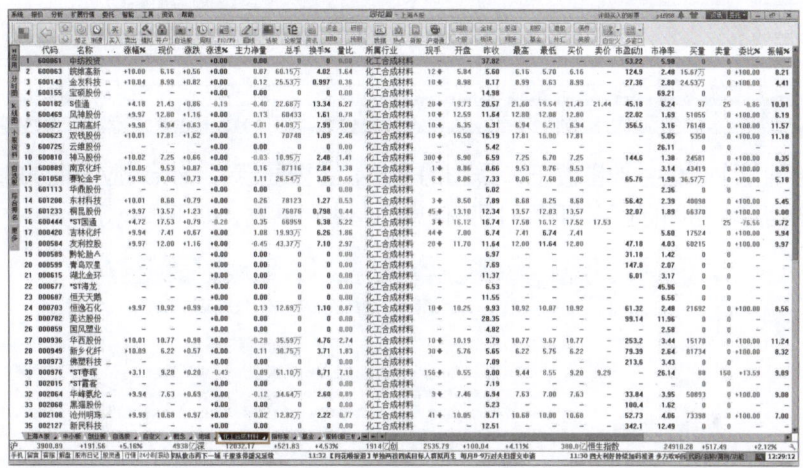

单击【化工合成材料】选项，即可进入化工合成材料个股行情报价页面，如下图所示。

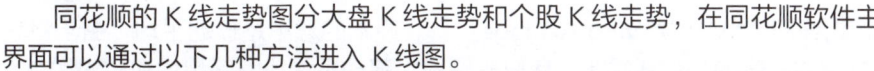

在市场行情报价窗口中，可以看到股票行情的代码、名称、涨幅、涨速等行情统计信息。单击某一项的名称时，股票行情报价的数据信息就会按照该项目的升降序重新排列。

29.3.2 K线走势

同花顺的K线走势图分大盘K线走势和个股K线走势，在同花顺软件主界面可以通过以下几种方法进入K线图。

单击主界面左侧的K线图选项卡，进入大盘或所选股的K线。

不论主界面位于哪个选项卡下，按【F5】键都可以进入大盘或所选股的K线。

通过键盘精灵直接输入大盘的简称或代码（个股的简称或代码），然后按【Enter】键即可进入大盘（个股）K线图。

> **提示** ▶ 当界面位于分时图选项卡时，通过双击可以进入K线图。

1. 大盘K线走势

大盘一般指上证指数和深证成指。在键盘精灵中输入"04（或SZCZ）"，然后按

29 **使用同花顺分析看盘** ┃ **489**

【Enter】键,即可进入深证成指的K线走势图,如下图所示。

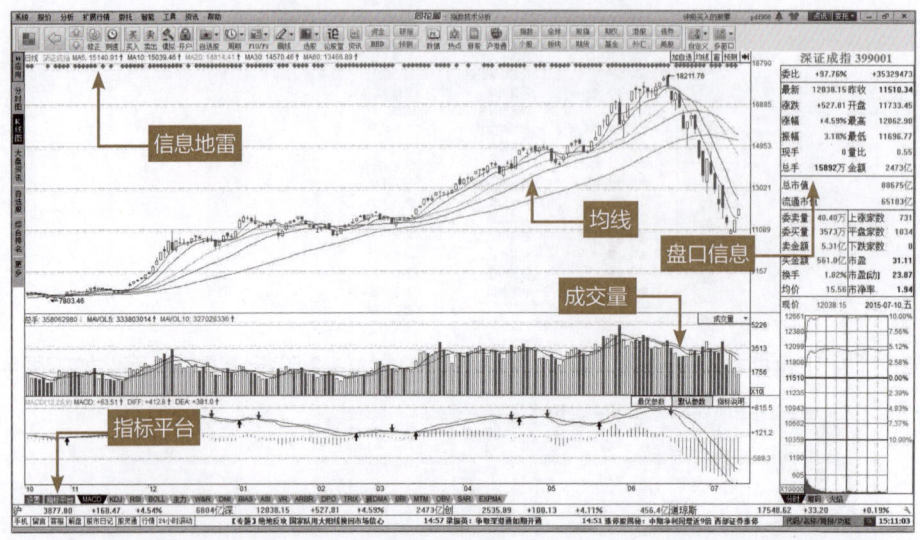

【信息地雷】:信息地雷位于K线图的上方,主要显示K线所对应时期的重要信息,单击每一个信息地雷图标可以打开【历史信息地雷】对话框,如下图所示。

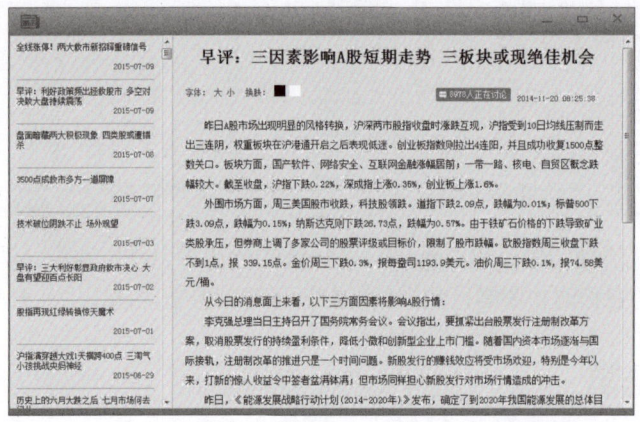

【均线】:均线即"MA(Moving Average)",原本的意思是移动平均,由于将其制作成与K线交织在一起的一系列线条,所以一般称为移动平均线,简称均线。均线有5日均线、10日均线、20日均线、30日均线、60日均线、120日均线和240日均线。

5日均线、10日均线、20日均线是短线操作的参照指标,称作日均线指标;30日均线和60日均线是中期均线指标,称作季均线指标;120日均线和240日均线是长期均线指标,称作年均线指标。

均线的计算方法是将某一时间段的收盘股价或收盘指数相加的总和,除以时间周期,即得到这一时间的平均线,如5日移动平均线,就是将近5日的收盘价相加除以5,得到的就是第一个5日平均线,再将第一个5日平均线乘以5减去第一日的收盘价加上第6日的收盘价,其总和除以5得到的就是第二个5日平均线,将计算得到的平均数画在坐标图上连成线,即是5日平均线。其他移动平均线的计算方法以此类推。

【成交量】:以柱状线条图显示每个分时周期内成交量的变化情况,单击右侧的【成交量】按钮,在弹出的下拉菜单列表中,可以选择【多周期成交量】、【虚拟成交量】、【金额】、【换手率】、【内盘】、【外盘】等行情图示信息，如下右图所示。

在成交量走势图中，双击成交量走势图标题栏的任意位置，即可打开【技术指标参数设置—成交量】对话框，可以对曲线的参数进行设置，如下左图所示。

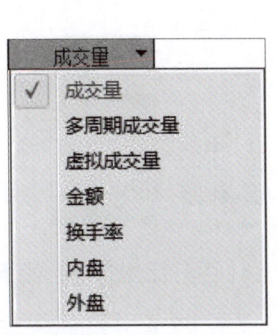
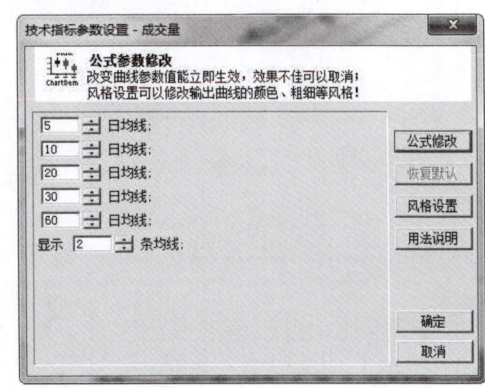

【指标平台】：通过单击不同的选项卡，可以查看相应的指标走势图。单击指标右侧的【指标说明】按钮，可以查看当前所选指标的【指标使用说明】对话框。

【盘口信息】：大盘的盘口信息有【分时】、【筹码】和【火焰】三个选项卡。【分时】选项卡显示了涨跌、涨幅、总市值、流通市值、市盈率以及大盘的分时走势图。【筹码】选项卡显示筹码分布图。【火焰】选项卡显示火焰山图。三个选项卡显示的信息如下图所示。

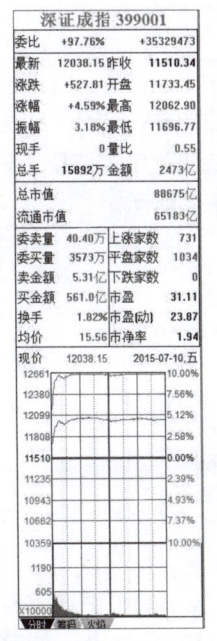
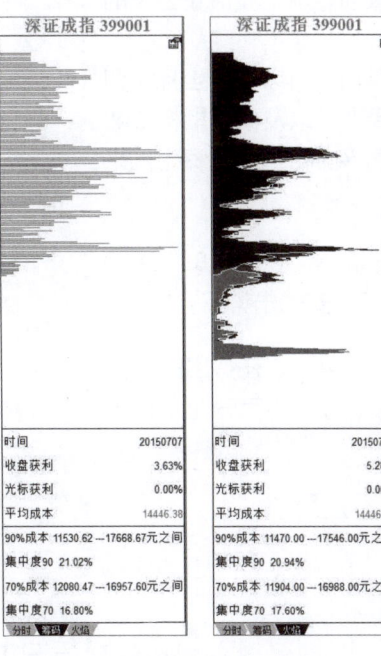

2. 个股 K 线走势

个股的 K 线走势图和大盘的 K 线走势图的形式和包含内容基本相同，所不同的是盘口信息。在键盘精灵输入"601318"并按【Enter】键进入中国平安的走势图，如下图所示。

29　使用同花顺分析看盘　　**491**

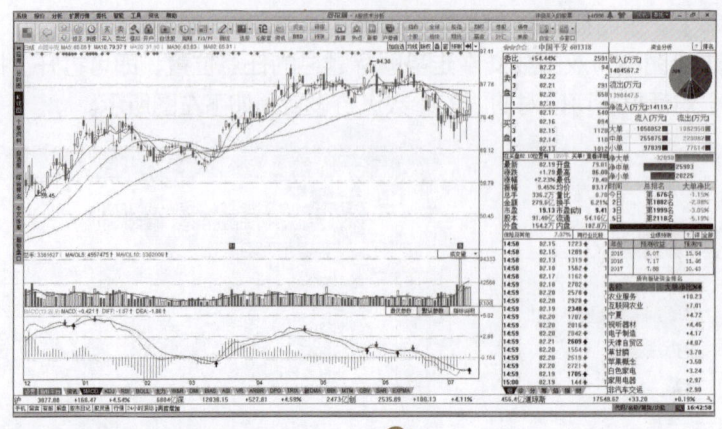

与大盘K线图相比,盘口信息多出了【细】、【诊】、【指】、【财】几个选项卡。

【细】:可以查看委托买卖的详细信息和最新成交的明细数据。

【诊】:可以查看到对当前个股基本面和走势情况的一个简短评价信息。

【指】:可以查看大盘的最近K线走势图和成交量。

【财】:可以看到显示个股最新公布的主要财务数据。

在K线图页面窗口,可以进行坐标系切换、叠加指标、选择指标以及修改指标参数等操作。下面以中国平安和长江投资为例来介绍这些功能。

1 在键盘精灵输入"601318"并按【Enter】键进入中国平安的走势图。

2 在K线图中右键单击,在弹出的快捷菜单中选择【坐标切换】➤【百分比坐标】选项,如下图所示。

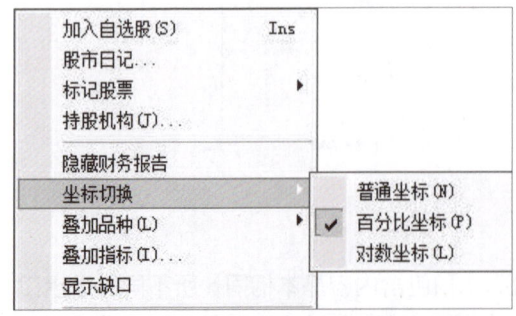

3 切换到【百分比坐标】后如下图所示。

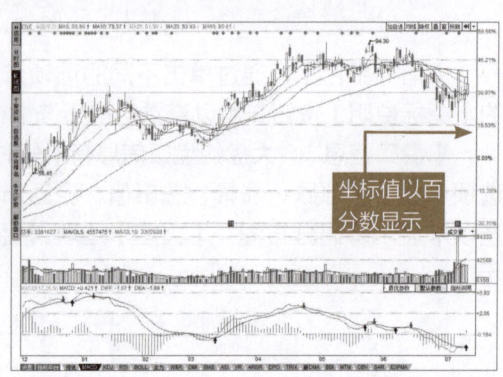

4 在中国平安的K线图中右键单击,在弹出的快捷菜单中选择【叠加品种】菜单选项,如下图所示。

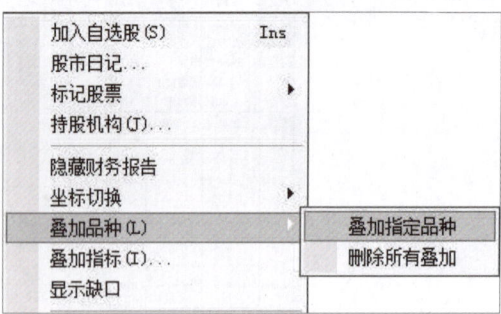

5 在弹出的【选择股票】对话框中选择一只进行叠加的股票,例如,选择【上证A股】➤【三一重工】,如下图所示。

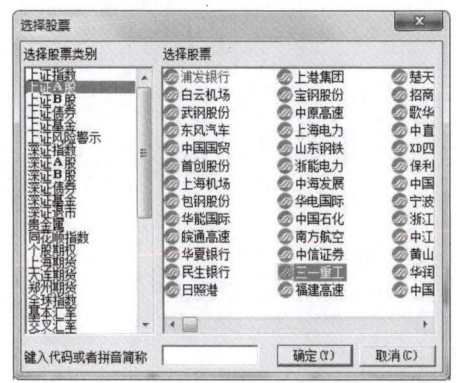

下拉菜单中选择【平移曲线】，当光标呈现小手的图标时，可以通过拖曳来平移曲线，查看历史走势，如下图所示。再次单击【平移曲线】则取消平移功能。

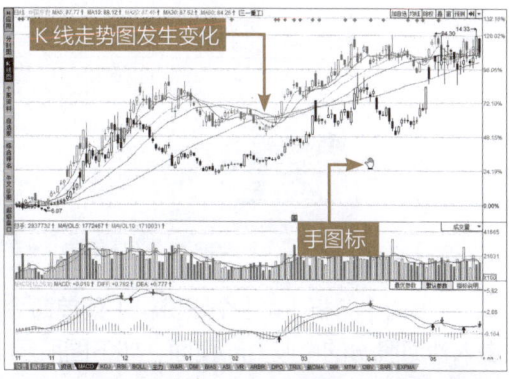

6 单击【确定】按钮，将三一重工的K线图和中国平安的K线图叠加后如下图所示。

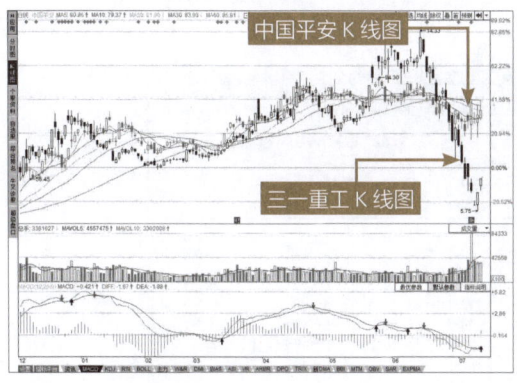

> **提示** （1）两只股票的价格差距非常大时，间距较大，两只股票的K线图会变窄，难以辨认，此时最好将坐标切换到百分比坐标。
> （2）在叠加的K线上单击右键，可以删除或修改该K线。

7 在叠加后的页面单击右键，在弹出的

29.4 同花顺的分析菜单

通过同花顺软件的分析菜单，可以查看分时图、超级盘口、成交明细、历史成交及多周期图等分析页面。这些页面的周密分析可以为投资者的决策提供更有力的保障。

29.4.1 个股资料

个股资料列出了一只股票的各项基本数据，通过个股资料，投资者可以方便地了解发行该股票的公司的财务状况。

1 打开同花顺软件，然后在键盘精灵输入"000014"（沙河股份）并按【Enter】键，进入沙河股份的分时图，如下图所示。

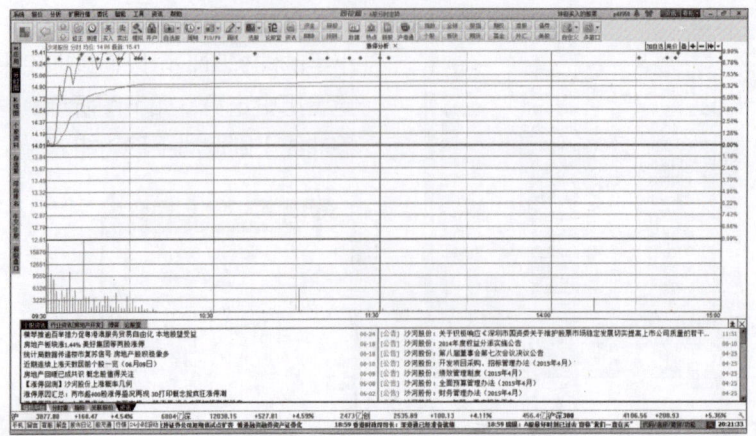

2 单击【分析】➤【个股资料】菜单命令（或单击左侧的【个股资料】选项卡也可以），进入沙河股份的个股资料页面，如下图所示。

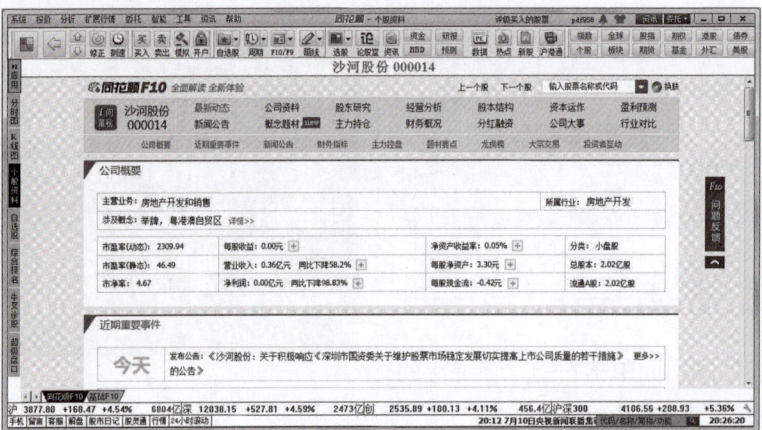

3 单击【股本结构】链接，可以看到该股的股本结构、A股结构图和A股历次股本变动情况，如下图所示。

4 单击【财务概况】链接或【分红融资】链接，可以看到该股的财务情况和分红融资情况。如果要更简单直接地查看该股票的情况，可以单击【分时图】选项卡，在分时图界面按【F11】键，在打开的基本资料里可以查看该股的股本结构、权息状况、资产状况、盈利能力以及偿债能力等，基本资料如下图所示。

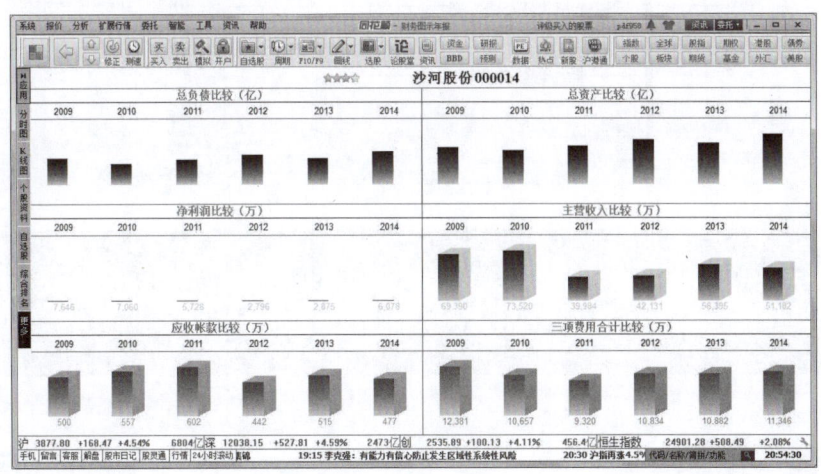

5 单击左侧【更多】选项卡，在弹出的菜单上单击【财务图示年报】选项，可以打开【财务图示年报】页面，如下图所示。

29.4.2 超级盘口

同花顺软件的超级盘口功能可查看任一股票的详细成交状况，并能将每一笔成交发生的买卖挂盘变化显示出来。

1 打开同花顺软件，然后在键盘精灵输入"XD 中青旅"并按【Enter】键，进入 XD 中青旅的分时图，然后单击左侧的【超级盘口】选项卡，如下图所示。

29 **使用同花顺分析看盘** 495

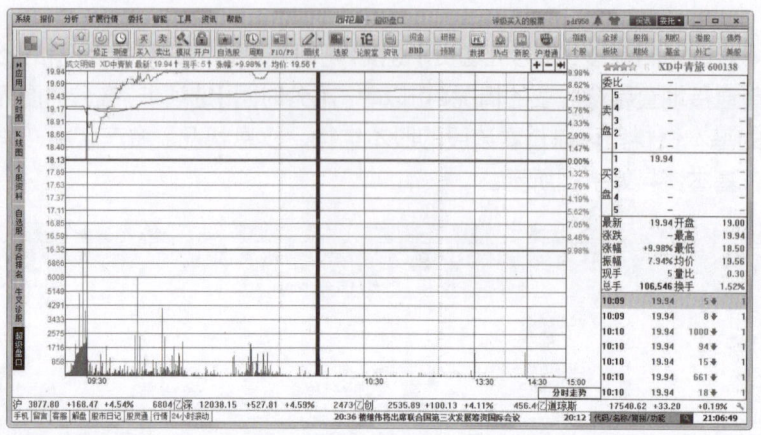

2 在超级盘口页面中,通过移动鼠标,可以查看任意时刻买卖盘状况,如下图是 7 月 10 日 9:38 的详细成交数据及涨幅百分比。

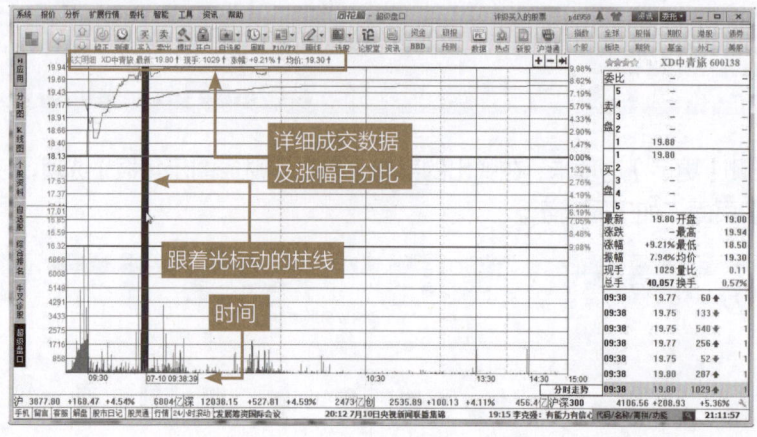

> **提 示** ▶ 超级盘口除了可以查看个股的详细成交数据外,还可以查看大盘指数在某时间点的具体点位、涨跌点数、涨跌幅度及成交量等。

29.4.3 多周期图

周期图有 1 分钟、5 分钟、15 分钟、30 分钟、60 分钟、日线、周线、月线、季线和年线周期 K 线图,单击【分析】菜单 ▶【多周期图】,默认显示的是 5 分钟、15 分钟、60 分钟、日线、周线和月线 6 个周期的 K 线图。多周期图可以同时将多个周期的技术指标走势状况放在一起进行分析对比。

1 打开同花顺软件,然后在键盘精灵输入"600030(中信证券)"并按【Enter】键,进入到中信证券的分时图,然后单击【分析】菜单 ▶【多周期图】,如下图所示。

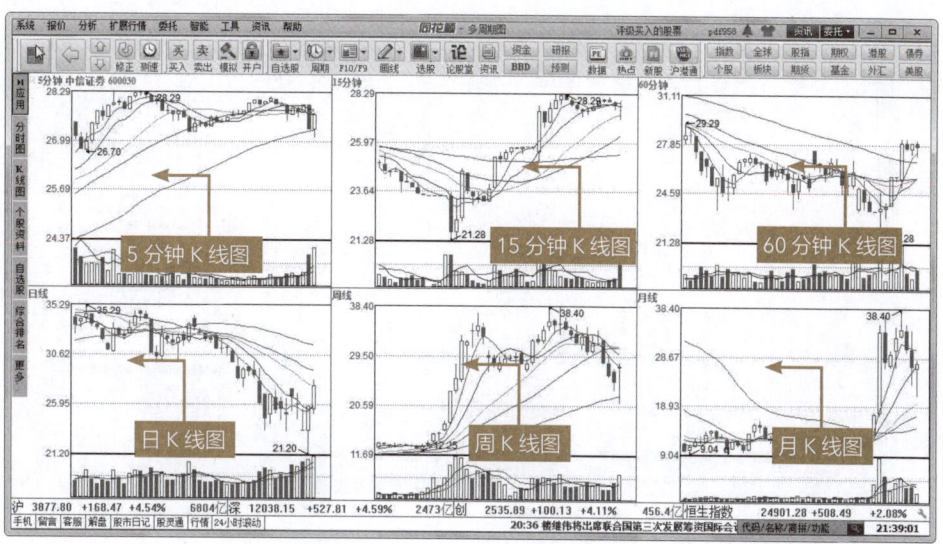

2 在5分钟K线图区域单击右键,然后选择【分析周期】➢【30分钟】选项,如下图所示。

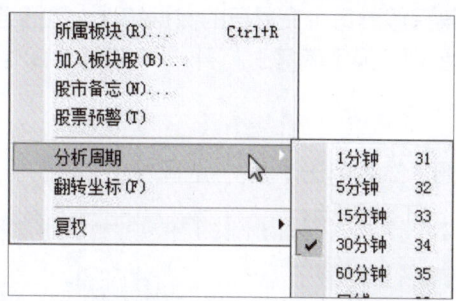

3 选择完毕后,5分钟K线将变成30分钟K线,如下图所示。

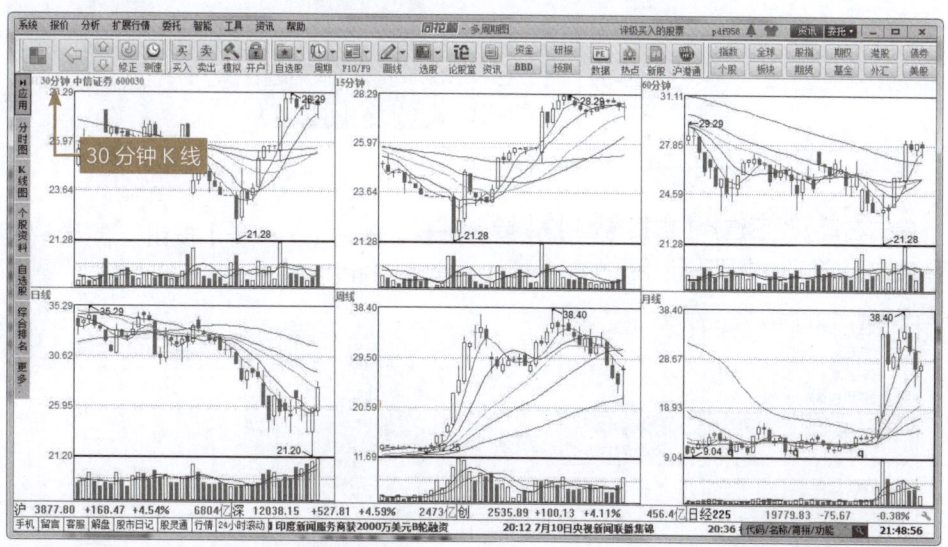

4 双击任意周期的K线图,可打开这一周期的技术分析页面。例如双击30分钟K线图,结果如下图所示。

29 使用同花顺分析看盘 497

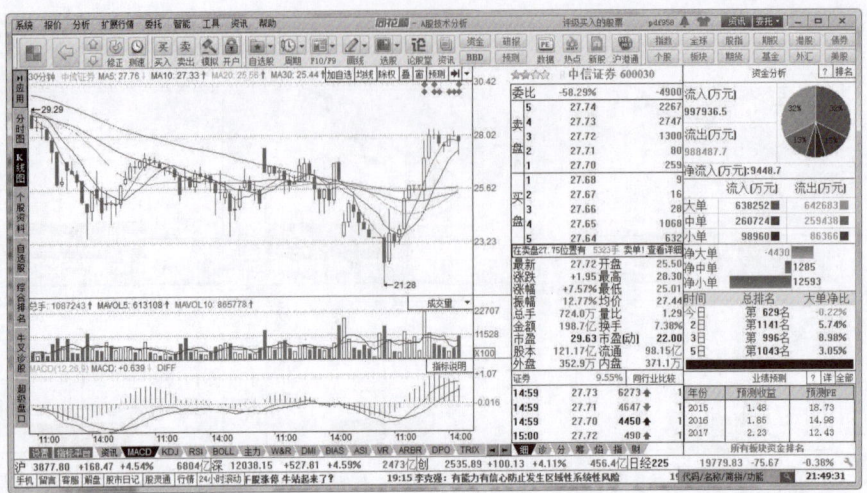

29.4.4 历史成交

历史成交页面列出了某只股票每个交易日的数据统计，包括当日开盘价、最高价、收盘价、涨幅、金额、换手率等。打开"600585（海螺水泥）"的历史成交的操作步骤如下。

1 进入海螺水泥分时图，然后单击【分析】菜单➤【历史成交】，如下图所示。

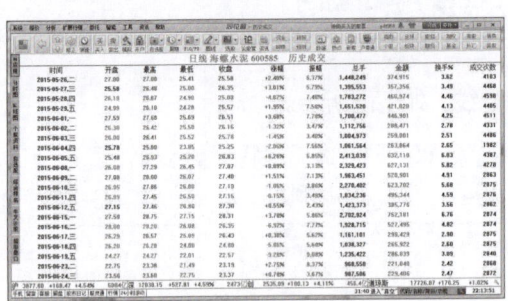

2 单击右键，然后选择【数据导出】➤【导出所有数据】选项，如下图所示。

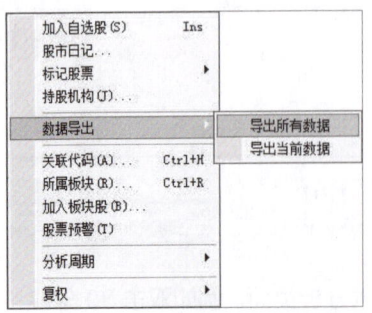

3 在弹出的【导入导出对话框模板】上选择导出文件的位置和类型，如下图所示。

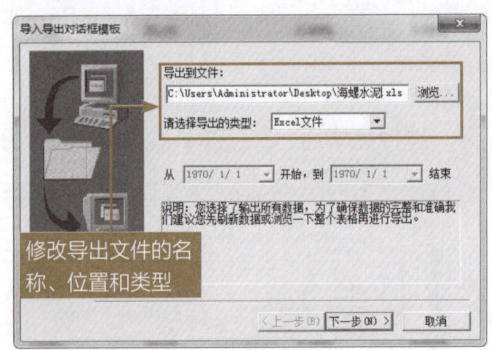

修改导出文件的名称、位置和类型

4 单击【下一步】按钮，选择所需要的数据，如下图所示。

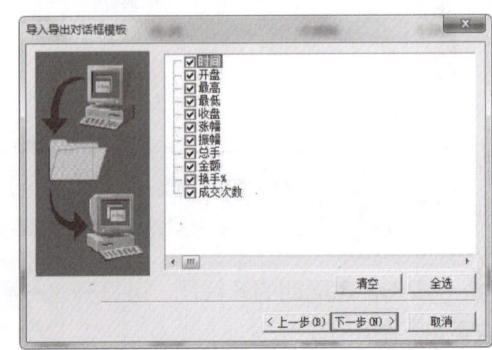

498

5 单击【下一步】按钮,开始准备和导出数据,当显示操作完成后,单击【完成】按钮,即可将历时成交数据以自己选择的类型导出到自己设置的位置,如下图所示。

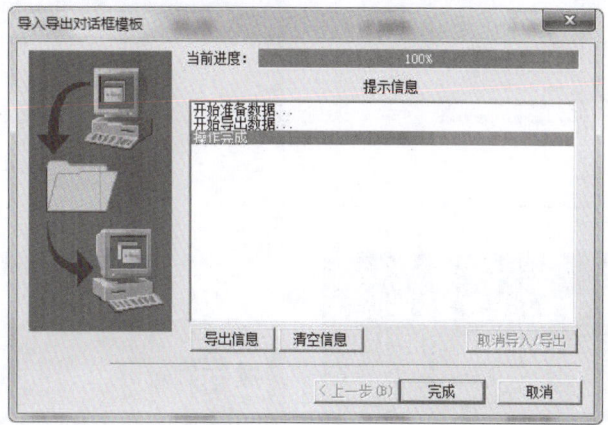

6 找到导出的数据文件,然后将它打开,结果如下图所示。

	A	B	C	D	E	F	G	H	I	J	K
1	时间	开盘	最高	最低	收盘	涨幅	振幅	总手	金额	换手%	成交次数
2	2002-02-07,四	6.2	6.59	6.19	6.47	---	---	157,143,500	999,592,000	78.57	877
3	2002-02-08,五	6.44	6.48	6.36	6.37	-1.55%	1.85%	38,785,000	249,146,000	19.39	935
4	2002-02-25,一	6.48	6.63	6.41	6.55	2.83%	3.45%	37,165,400	242,720,000	18.58	923
5	2002-02-26,二	6.45	6.58	6.4	6.57	0.31%	2.75%	12,665,500	82,322,000	6.33	418
6	2002-02-27,三	6.57	6.87	6.54	6.74	2.59%	5.02%	42,434,900	286,674,000	21.22	946
7	2002-02-28,四	6.74	6.82	6.66	6.71	-0.45%	2.37%	15,721,200	105,920,000	7.86	918
8	2002-03-01,五	6.7	6.83	6.69	6.73	0.30%	2.09%	11,076,800	75,003,000	5.54	909
9	2002-03-04,一	6.72	6.81	6.7	6.8	1.04%	1.63%	7,568,800	51,187,000	3.78	863
10	2002-03-05,二	6.83	6.96	6.76	6.88	1.18%	2.94%	13,290,400	91,277,000	6.65	786
11	2002-03-06,三	6.91	6.94	6.82	6.83	-0.73%	1.74%	14,427,500	99,100,000	7.21	695
12	2002-03-07,四	6.83	7.17	6.82	7.13	4.39%	5.12%	24,617,100	173,100,000	12.31	729
13	2002-03-08,五	7.16	7.2	6.96	7.08	-0.70%	3.37%	27,282,800	192,144,000	13.64	663
14	2002-03-11,一	7.08	7.13	7	7.11	0.42%	1.84%	13,260,800	93,821,000	6.63	654
15	2002-03-12,二	7.11	7.11	6.89	6.91	-2.81%	3.09%	15,668,200	109,533,000	7.83	643
16	2002-03-13,三	6.91	6.99	6.82	6.89	-0.29%	2.46%	6,288,000	43,407,000	3.14	366
17	2002-03-14,四	6.89	7.04	6.88	7	1.60%	2.32%	7,776,800	54,186,000	3.89	684
18	2002-03-15,五	7.03	7.09	6.88	6.89	-1.57%	3.00%	9,004,100	63,091,000	4.5	704
19	2002-03-18,一	6.99	7.05	6.73	6.8	-1.31%	4.64%	7,037,000	48,127,000	3.52	703
20	2002-03-19,二	6.78	7.09	6.78	7.08	4.12%	4.56%	8,848,900	61,751,000	4.42	689
21	2002-03-20,三	7.11	7.15	6.94	7.05	-0.42%	2.97%	11,662,500	82,282,000	5.83	660

29.5 模拟炒股

模拟炒股完全仿照真实炒股中的操作,具有极强的真实性和锻炼意义。通过模拟炒股,投资者可以在无风险的情况下成为实战炒股高手,对于初入门的新股民来说,从模拟炒股开始练习更有意义。

1. 激活和下载委托管理

投资者在进行模拟炒股前,首先要激活和下载委托管理,激活和下载委托管理的具体操作步骤如下。

1 单击工具栏的模拟按钮,弹出【模拟炒股】界面,如下图所示。

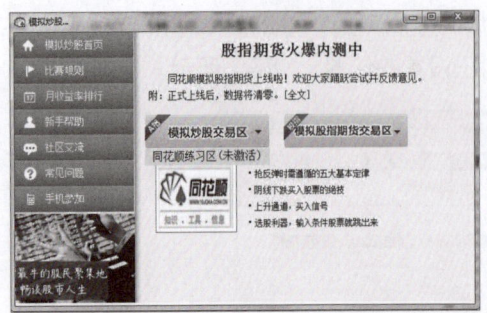

提 示 ▶ 第一次会弹出【未激活】选项,激活后就直接弹出【同花顺练习区】选项。

2 单击【模拟炒股交易区】下拉菜单,弹出【同花顺练习区（未激活）】选项,单击该选项,弹出模拟炒股激活页面,如下图所示。

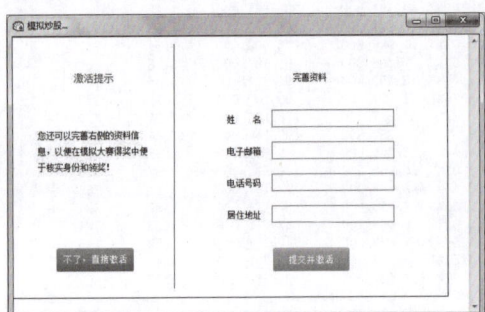

3 单击【不了,直接激活】按钮,弹出【委托管理】窗口,提示下载【模拟平台下单】,下载完成后如下图所示。

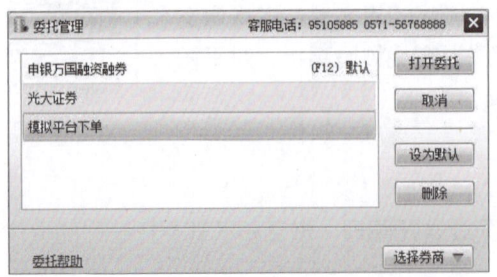

2. 买单

1 下载完成后,单击【打开委托】按钮即可进入模拟交易界面,如下图所示。

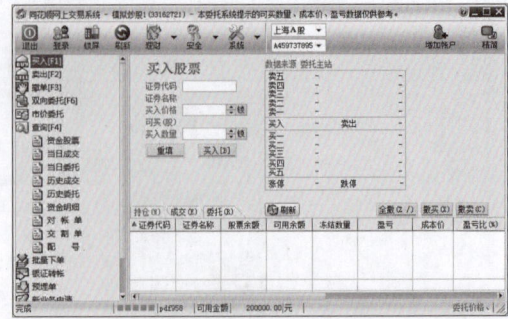

提 示 ▶ 打开委托后,会弹出委托信息框,直接单击【确定】按钮将它关闭即可。第一次打开模拟炒股界面,界面位于当前窗口下方,该窗口是活动的,可以拖动到合适位置。

2 在【买入股票】输入框输入股票代码,输入买入价格及买入股数,如下图所示。

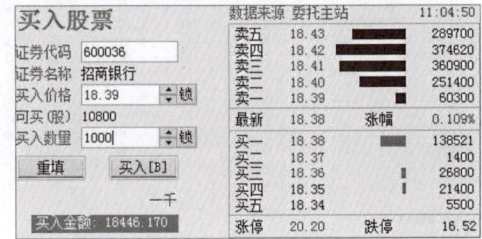

3 单击【买入】按钮,即可按设置买入相应股数的股票,然后弹出【委托确认】提示框,如下图所示。

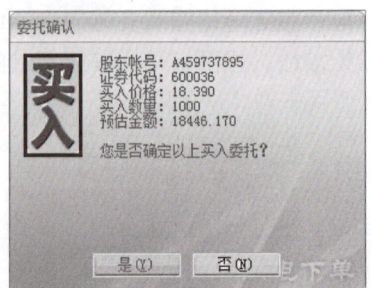

4 买入成功后,会弹出委托成功提示,如下图所示。

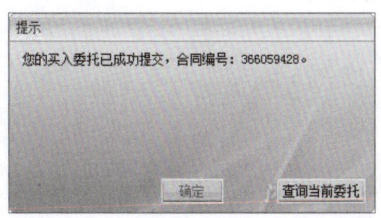

5 买入成功后，单击对话框下面的【持仓】选项卡，即可看到买入股票的信息及盈亏情况，如下图所示。

3. 撤单

因为买入时的价格是可以自己改动的，因此，如果设置的买入价格始终低于股票运行价格，则投资者就不会成功买入。在没有买入成功前，投资者是可以后悔，可以撤单的。

1 单击【撤单】选项，跳转到撤单界面，可以看到买入委托成功但未交易成功的股票，如下图所示。

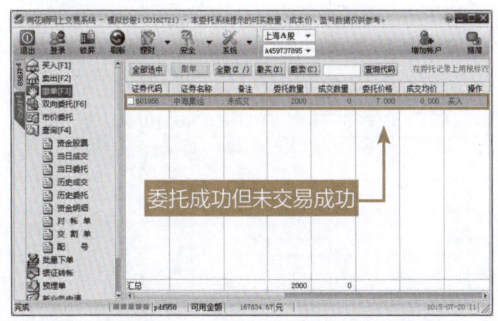

2 勾选未交易成功的股票，然后单击【撤销】按钮，弹出撤销提示框，如下图所示。

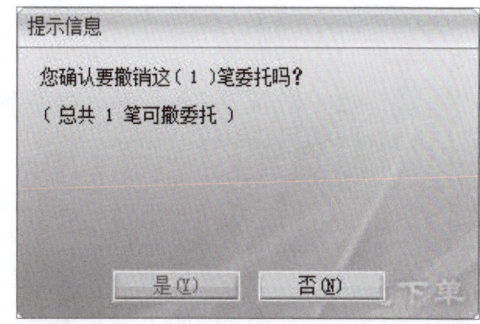

3 撤单成功后，会弹出撤单成功提示框，如下图所示。

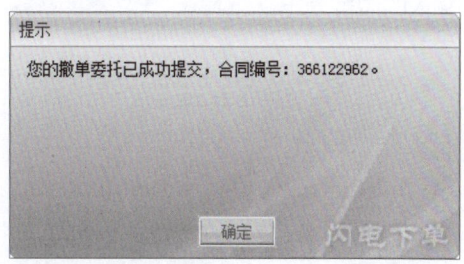

4. 卖出

买入成功后就可以卖出股票，由于我国股市实际交易实行的是"T+1"制度，即投资者买入股票后第二天才能卖出，所以我们上面刚买入的招商银行股票今天是不能卖出的，但卖出操作是相同的，我们仅以它为例来介绍卖出操作。

1 单击【卖出】选项，跳转到卖出界面，在持仓选项卡下双击要卖出的股票，即可将该股票的当前信息显示在卖出输入框中，输入卖出股数，如下图所示。

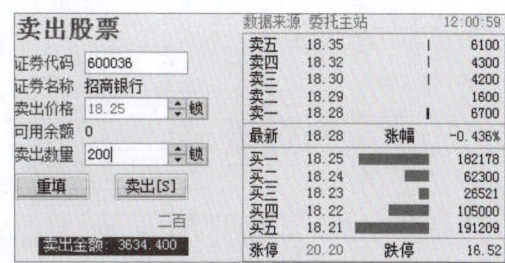

2 单击【卖出】按钮，弹出卖出委托确认提示框，如下图所示。

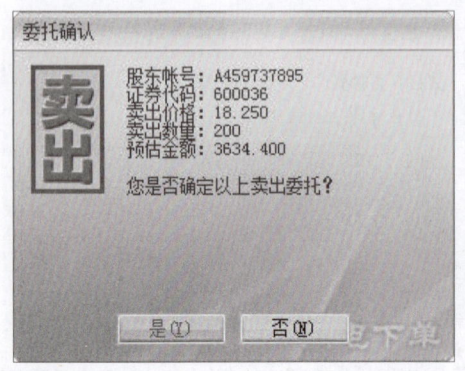

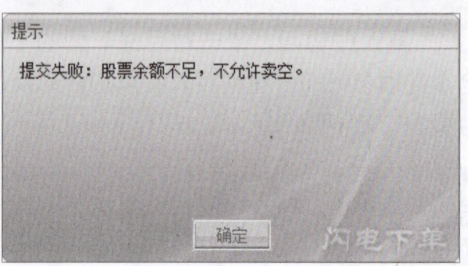

3 单击【是】按钮,即可将选择的股票按输入的股数卖出。

技巧 1 分时同列和 K 线同列对比

通过同花顺的分时同列和 K 线同列,可以将几只股票的分时线和 K 线同时列出进行对比,对于持有几只股票的投资者来说,能非常方便的同时参看几只股票的动态情况。具体操作步骤如下。

1 单击工具栏【多窗口】的下拉按钮,选择【分时同列】▷【4 股】,弹出当前相邻的四只股票的分时图,如下图所示。

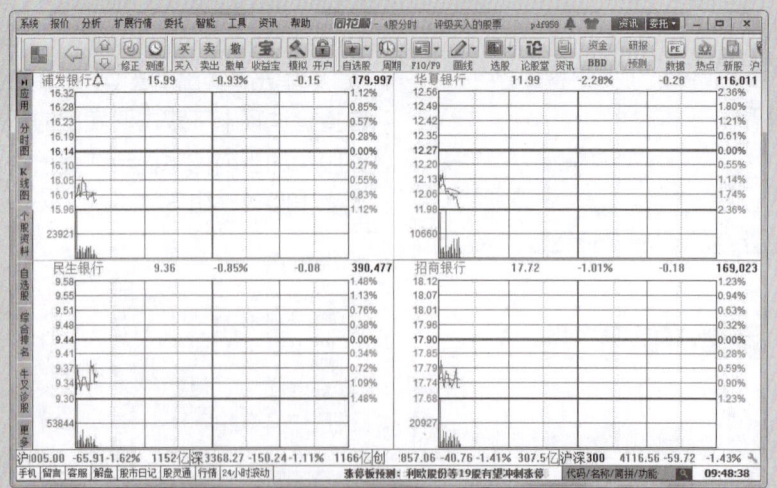

2 单击某个分时图的区域,然后输入需要查看的股票的代码,即可切换到需要的股票的分时图,例如单击浦发银行区域,然后输入代码"600090"(啤酒花),如下图所示。

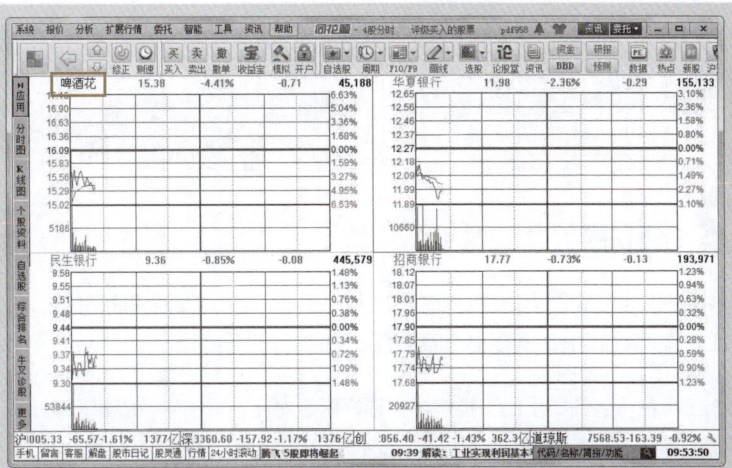

3 单击工具栏【多窗口】的下拉按钮，选择【K线同列】▶【4股】，弹出当前四只股票的K线图，如下图所示。

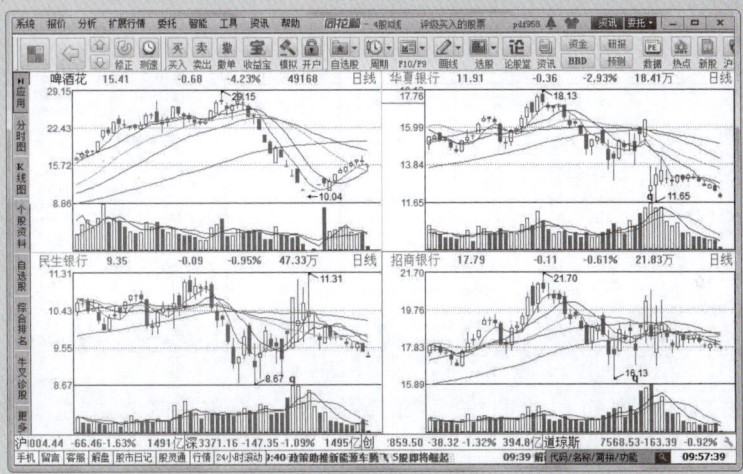

4 单击工具栏【多窗口】的下拉按钮，选择【分时K线同列】▶【4股】，可以同时查看4只股票的分时图和K线图，如下图所示。

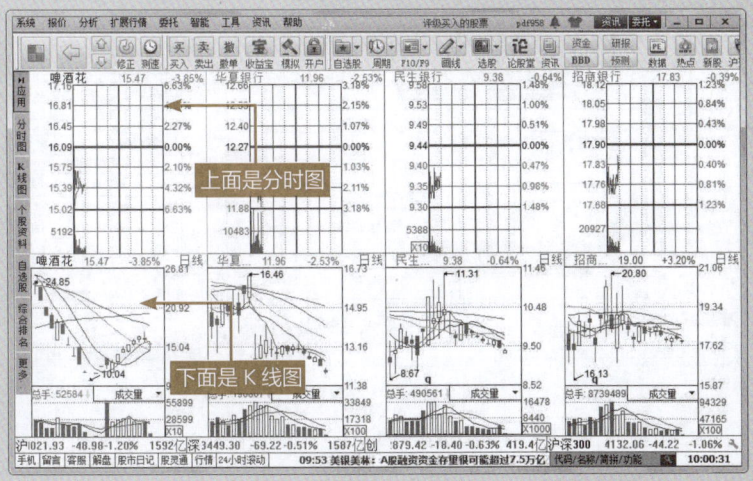

29 使用同花顺分析看盘　　503

提示 ▶ 选择 9 只、16 只还可以同时查看 9 只或 16 只股票的分时图或 K 线图，只不过同时查看的越多，显示得越紧凑。

技巧 2 两股对比与大盘对照

两股对比不仅能显示两只股票的分时图对比，还可以同时对比两只股票的盘口信息。如果选择大盘对比，可以将个股走势和大盘走势进行对比。

1 单击工具栏【多窗口】的下拉按钮，选择两股对比，弹出两只股票（单击该区域直接输入其他股票的代码可以切换股票）的分时图和盘口信息，如下图所示。

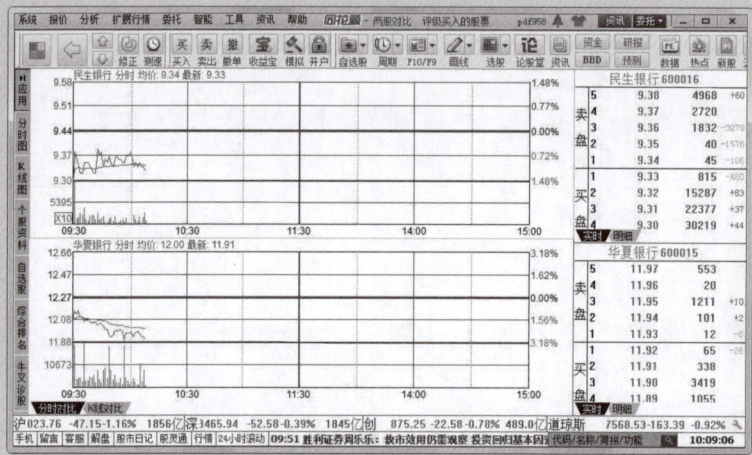

2 单击工具栏【多窗口】的下拉按钮，选择大盘对照，弹出当前股票（单击该区域直接输入其他股票的代码可以切换股票）和大盘的分时图及盘口信息，如下图所示。

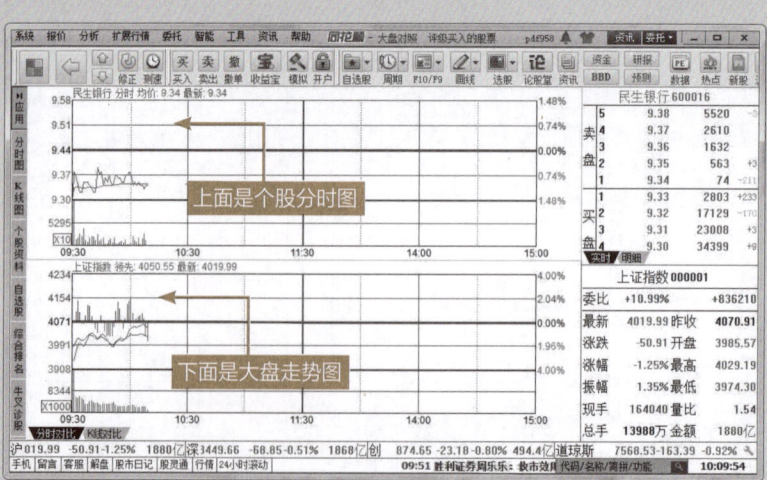

30 分时走势看盘分析

本章引语

股市赢家法则是：不买落后股，不买平庸股，全心全力锁定领导股。

——威廉·欧奈尔

大师说得很简单，但是具体操作起来却不那么容易，需要清晰地分析大盘的走势，准确地破解分时走势图的含义，对短线投资者来说尤其如此。

本章要点

★ 分时走势图介绍
★ 分时买入信号
★ 分时卖出信号

30.1 认识分时图

分时走势图能展现当天股价的运行动态，投资者若能看懂并掌握分时走势图盘口语言，将更有利于投资者分析和判断大盘和个股短期内的运行趋势。

显示分时图的方法有很多种，下面介绍几种常用的显示方法。

（1）选择菜单命令"【分析】➢【分时图】"。

（2）当处于 K 线图或其他选项界面时，通过按【F5】键可以直接进入分时图界面。

（3）当界面位于大盘界面时，通过双击盘口界面报价表中的股票，可以进入个股分时图。

（4）在键盘精灵中输入股票代码或名称（或拼音缩），按【Enter】键进入分时图。

30.1.1 分时图的类别与构成要素详解

分时走势图有两种，即大盘分时走势图和个股分时走势图。

1. 大盘分时图

大盘分时走势图，即沪深股指分时走势图，是 1500 多只股票走势的集体性反映，大盘分时走势图以"分钟"为时间单位，主要用于呈现股票在当日盘中的实时运行情况。下图是 2015 年 7 月 10 日的上证指数分时走势图。

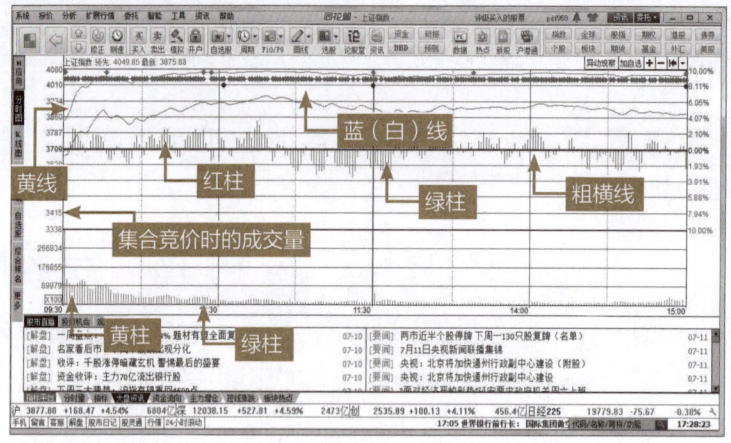

【黄线】：表示大盘不含加权的指标，即不考虑股票股本数量，以整个市场股本平均数计算出来的大盘指数，通常是指我们所说的小盘股。

【蓝（白）线】：表示大盘加权指数，即考虑股票股本数量占整个市场股本的比重计算出来的大盘指数，它是证交所每日公布的大盘实际指数，通常是指我们所说的大盘股。

当同花顺软件的皮肤选择为"黑色"时，显示为白线；当同花顺软件皮肤选择为"白色"时，显示为蓝线。

【红柱/绿柱】：红色柱状线和绿色柱状线用来反映指数上涨或下跌的强弱程度，柱状线越长代表上涨或下跌幅度越强，越短代表上涨或下跌幅度越弱。类似于 MACD 指标中的红柱和绿柱，大盘向上运行出现红柱，向下运行出现绿柱。

【粗横线】：表示上一交易日指数的收盘位置，是当日大盘上涨或下跌的分界线。

【黄柱/绿（蓝）柱】：黄色和绿（蓝）色柱状线表示指数成交量，其中最左边最长的是集合竞价时的成交量。黄色柱状线代表指数拉升时每一分钟对应的成交量，单位为手；绿（蓝）色柱状线代表指数打压时每一分钟对应的成交量，单位为手。

当同花顺软件的皮肤选择为"黑色"时，显示为蓝色柱状线；当同花顺软件皮肤选择为"白色"时，显示为绿色柱状线。

2. 个股分时图

分时图是最原始的股价图，将个股的每分钟的最后一笔成交价格依次连接起来，在每个交易日中就能得到由 240 个点组成的股价曲线图，这就是个股分时图。个股分时走势图的原理和现象同大盘分时走势图几乎是一样的，只是比大盘分时走势图在转变时更加尖锐一些。下图是 2015 年 7 月 10 日大秦铁路（601006）的分时走势图。

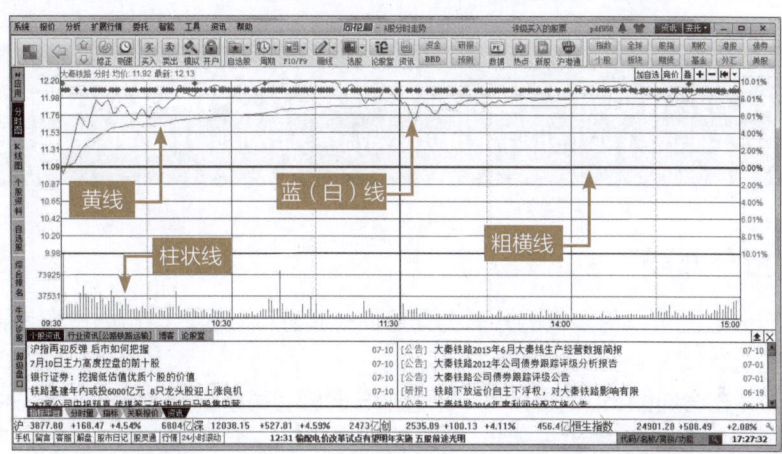

【黄线】：表示该股票即时成交的平均价格，即该时刻之前成交总金额除以成交总股数，就是我们通常所说的均价线。

【蓝（白）线】：表示该股票即时成交的价格，就是我们通常所说的分时线。

当同花顺软件的皮肤选择为"黑色"时，显示为白线；当同花顺软件皮肤选择为"白色"时，显示为蓝线。

【粗横线】：表示上一交易日的收盘价格，是当日价格上涨或下跌的分界线。

【柱状线】：表示每分钟的成交量，就是我们常说的分时量或成交量，单位为手。

当同花顺软件的皮肤选择为"黑色"时，显示为黄蓝色柱状线；当同花顺软件皮肤选择为"白色"时，显示为黄绿色柱状线。

30.1.2 分时图的操作

上一节介绍了分时图的分类和构成要素，这一节来介绍分时图的基本操作。

1. 查看某一分钟的详细成交数据

在股价的分时走势图上，不仅能了解到股价的走势，还能确切知道某一分钟的具体成交数据。例如，投资者想查看 14:35 的成交数据，可以将鼠标在 14:00—15:00 移动，当出现 14:35 时，单击即可显示该点的成交量，如下图所示。

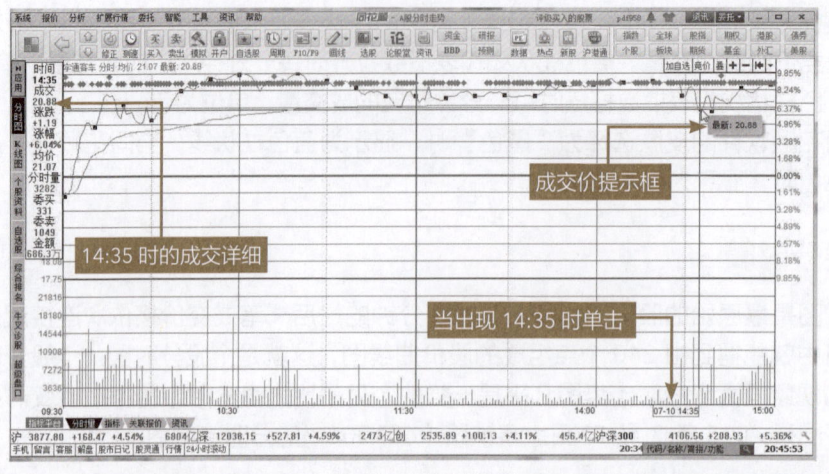

> **提示** ▶ 可以通过按【←】或【→】方向键来查看上一分钟或下一分钟的成交详细。按【Home】或【End】键可以将光标快速移动到分时图的头部或尾部。

2. 查看多日分时图

查看多日分时图可以将多天的分时图连接在一起进行查看,以帮助投资者更全面地了解某只股票的走势情况。

可以通过单击分时图右上角的"+"来添加分时图,每单击一次,在分时图中将显示前一个交易日的分时图,而每单击一次"-"将减少显示一个交易日的分时图,直到减少到当前交易日为止。下图是 2015 年 7 月 10 日宇通客车(600066)的分时图,单击右上角的【+】按钮,则可以同时出现 9 日和 10 日宇通客车的分时图。

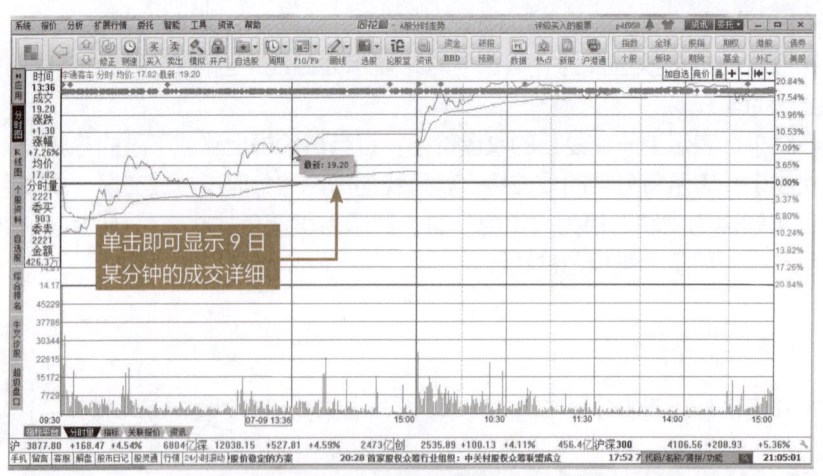

> **提示** ▶ 用户也可以通过按【↓】或【↑】方向键来添加或减少分时图,每按一次【↓】键将增加一日分时图,每按一次【↑】键,将减少一日分时图。

3. 区间统计

通过区间统计，用户可以了解指定区域的成交时间、价格、成交量等情况。进行区间统计的方法如下。

（1）在分时图中，用鼠标指针指向要进行统计的区间的起始位置，并按住鼠标右键进行拖动，拖动到目标位置后松开鼠标，会显示一个快捷菜单，如下图所示。

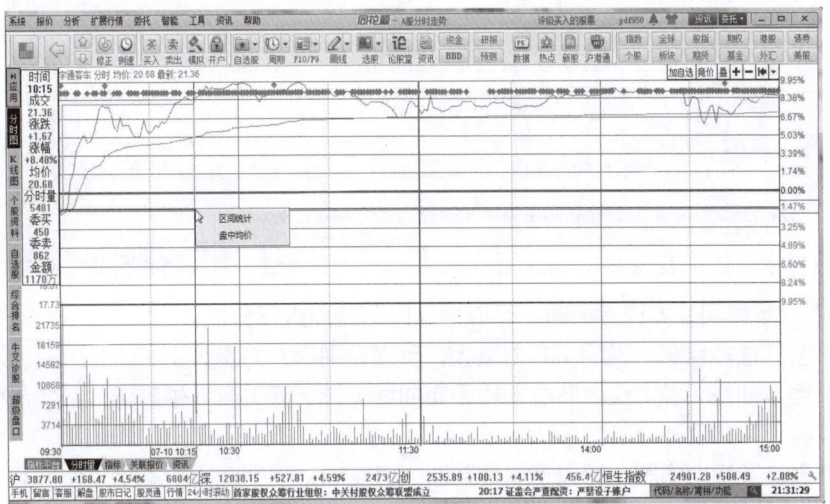

（2）在弹出的菜单中选择【区间统计】，即可在窗口显示一个区间统计图，如下图所示。

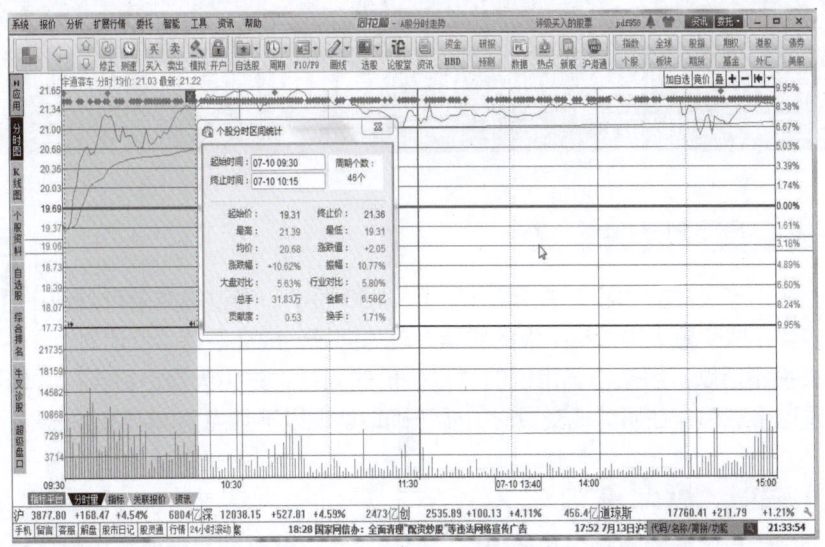

上图显示了 7 月 10 日 9:30—10:15 这个时间段内，宇通客车的成交明细。

4. 买卖力道

买卖力道是衡量买卖双方力量大小的指标，其计算是将所有买盘之和减去所有卖盘之和。

在股票分时图底部单击"【指标】▶【买卖力道】"标签，即可看到买卖力道界面，如下图所示。

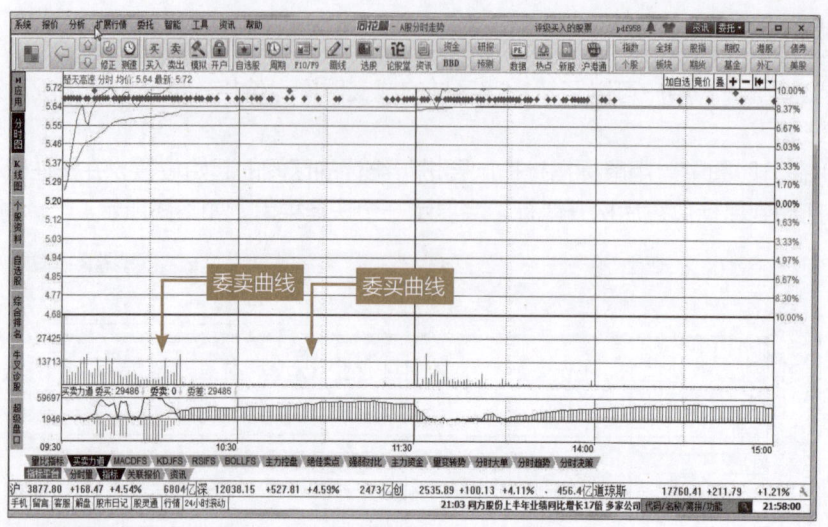

投资者在观察买卖力道指标时,可以根据以下几点进行分析。

(1)若红柱多且高,说明买方力量大;反之,则卖方力量大。

(2)委买曲线(黄/红色曲线)和委卖曲线(黑/蓝)离 0 轴越远、数字越大,说明市场越活跃。

(3)通过买卖力道图,可以定性地判断大盘实时的多空对比的态势。

> **提 示** ▶ 在观察买卖力道时,每一根线柱代表当时 1 分钟的买卖盘之差,就是盘口委托的数量,买 5 的位置上太多,说明买方不积极;相反,卖 5 的位置上太多,则证明是空头,所以,用户如果看着曲线图太麻烦,只需要看着盘口进行买卖就可以了。

30.1.3 成交量背后的含义

成交量是指当天成交的股票总手数(1 手 =100 股)。通过成交量可以判断股票的走势,成交量大且价格上涨的股票,趋势向好。成交量持续低迷时,说明市场交投不活跃。股票市场常说的"量是价的先行,先见天量后见天价,地量之后有地价"就是这个意思。在研究成交量时,要正确地认识以下几点。

1. 买盘+卖盘≠成交量

目前沪深交易所对买盘和卖盘的揭示,指的是买价最高前三位揭示和卖价最低前三位揭示,是即时的买盘揭示和卖盘揭示,其成交后纳入成交量,不成交不能纳入成交量,因此,买盘与卖盘之和与成交量没有关系。

2. 外盘 + 内盘 = 成交量

既然"买盘 + 卖盘≠成交量",那么怎样看出成交量中哪些是以买成交或哪些是以卖成交?这里有一个计算公式,那就是"外盘 + 内盘 = 成交量"。

委托以卖方成交的纳入"外盘",委托以买方成交的纳入"内盘"。所以,如果外盘很大,则意味着多数卖的价位都有人来接,显示买势强劲;如果内盘过大,则意味着大多数的买入价都有人愿卖,显示卖方力量较大;如果内盘和外盘大体相近,则买卖力量相当。

3. 成交量与股价的关系

成交量与股价的关系体现为两种情况,即"量价同向"和"量价背离"。

量价同向是指股价与成交量变化方向相同。股价上升,成交量也相伴而升,是市场继续看好的表现;股价下跌,成交量随之而减,说明卖方对后市看好,持仓惜售,转势反弹仍大有希望,如下图所示。

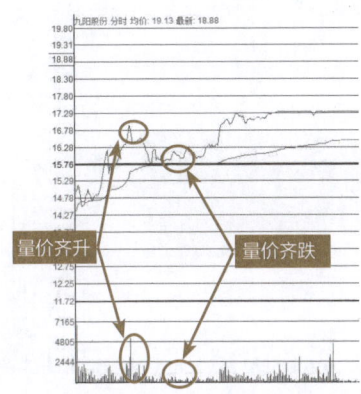

量价背离是指股价与成交量呈相反的变化趋势。股价上升而成交量减少或持平,说明股价的升势得不到成交量的支撑,这种升势难以维持;股价下跌但成交量上升,是后市低迷的前兆,说明投资者唯恐大祸降临而抛售离市,如下图所示。

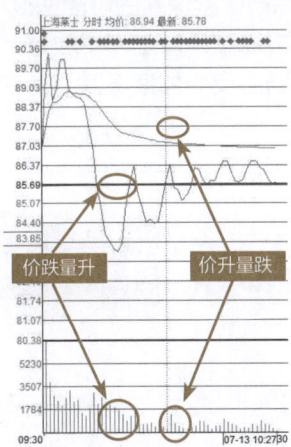

4. 正确看待成交量

成交量的大小与股价的涨跌成正比关系,这种量价配合的观点正常情况下是正确的,但在不正常情况下,比如主力有意设置陷阱时,往往一味痴迷于涨跌的正比关系,则会深受其害。

(1)温和放量。

这是指一只个股的成交量在前期持续低迷之后,突然出现一个类似"山形"的连续温和放量形态，这种放量形态称作"量堆"。个股出现底部的"量堆"现象，一般就可以证明有实力资金在介入。但这并不意味着投资者就可以马上介入，一般个股在底部出现温和放量之后，股价会随量上升，量缩时股价会适量调整。此类调整没有固定的时间模式，少则十几天，多则几个月，所以，此时投资者一定要分批逢低买入，并在支持买进的理由没有被证明是错误的时候，有足够的耐心用来等待。

需要注意的是，当股价温和放量上扬之后，其调整幅度不宜低于放量前期的低点，因为调整如果低过了主力建仓的成本区，至少说明市场的抛压还很大，后市调整的可能性较大，如下图所示。

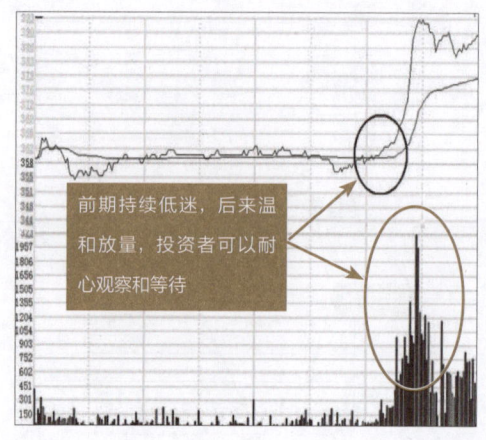

（2）突放巨量。

对此种走势的研判，应该分作几种不同的情况来对待。一般来说，上涨过程中放巨量，通常表明多方的力量使用殆尽，后市继续上涨将很困难。而下跌过程中的巨量，一般多为空方力量的最后一次集中释放，后市继续深跌的可能性很小，短线的反弹可能就在眼前了。

另一种情况是逆势放量，在市场一片喊空声中放量上攻，造成了十分醒目的效果。这类个股往往只有一两天的行情，随后反而加速下跌，使许多在放量上攻那天跟进的投资者被套牢。如下图所示。

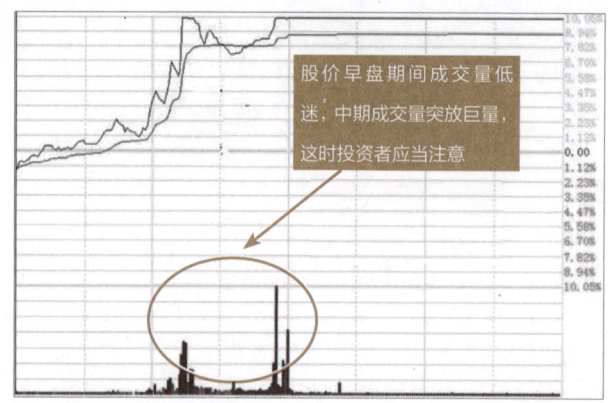

30.1.4 集合竞价揭示当天走势

集合竞价是指每个交易日 9:15—9:25，由投资者按照自己所能接受的价格自由地进行买卖申报，由电脑交易主机系统对全部有效委托进行一次集中

撮合的处理过程,这个过程称为集合竞价。

每一个交易日的第一个买卖时机就是集合竞价的时候,机构主力经常会借集合竞价跳空高开,拉高出货,或者跳空低开,打压建仓。通常情况下,散户的投资策略是卖出跌势股,买入热门股或强势股,而机构主力操盘恰恰反其道而行之,他们总是利用集合竞价,卖出热门股,买入超跌股。

因此,当集合竞价开始时,投资者如果发现手中持有的热门股跳空高开,同时伴随着大的成交量,就要提高警惕了,继续观察,开市半小时内,如果该股达到5%换手率,就应该做好逢高出手的准备。反之,当集合竞价开始时,投资者如果发现手中的热门股向上跳空高开的缺口较小,并且量价关系良好,则可以追涨。

集合竞价是大盘一天走势的预演,投资者在开盘前可以先看集合竞价的股价和成交额是高开还是低开,这通常预示着当天的股价是上涨还是下跌,集合竞价时成交量的大小往往对一天之内的成交活跃度有较大的影响。

一般来讲,"高开+放量"说明做多意愿较强,则大盘当日收阳的概率较大,如下图所示。

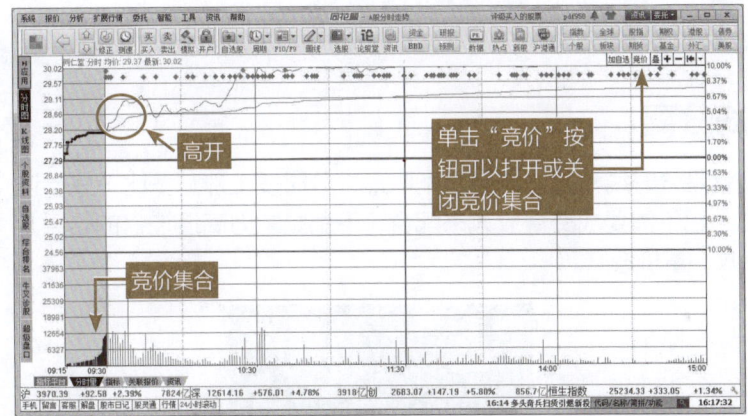

"低开+缩量"说明做空意愿较强,则大盘当日收阴的概率较大,如下图所示。

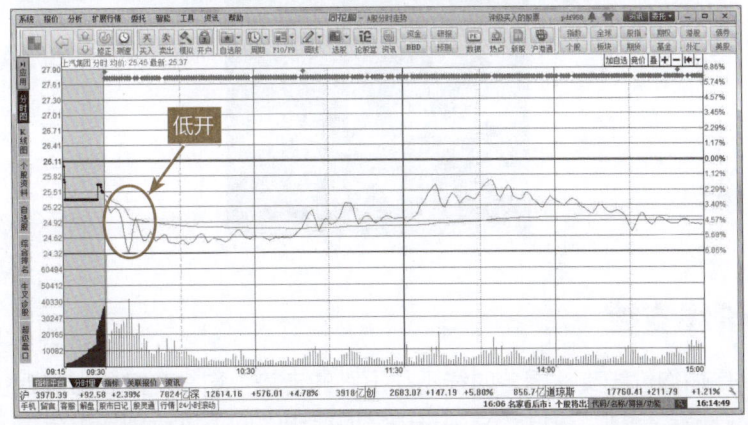

30.2 分时买入信号

要想在股市中赚钱,除了基本面分析,就是技术分析了,技术分析有很多,我们这一节主要研究通过分时图来判断和发现买入信号。

30.2.1 双线向上

这里所说的双线向上是指分时线和量比指标线在同一时段同时向上，即同时形成上升趋势，如下图所示分时走势图，股价持续上涨并持续得到了大量的成交量支持，说明股价良性上涨，这时，投资者就可以入场做多。

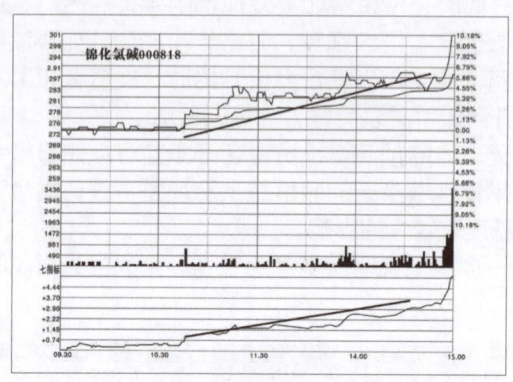

30.2.2 双线分离

双线分离就是分时线和量比走向呈喇叭形，分时线上涨，量比下跌，说明股价此时上涨已不需要成交量放大来配合。下图是主力高度控盘的结果，或者是缩量上攻，量价背离。

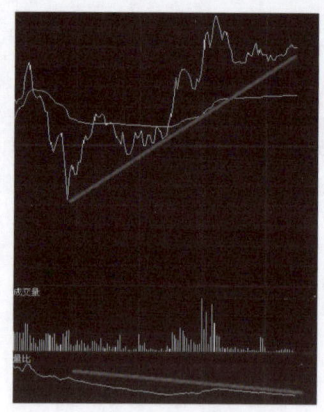

30.2.3 均价线支撑

均线支撑是指均价线支撑着分时线不往下跌的走势。均线支撑分为接近式、相交式、跌破式三种。接近式支撑是指分时线由上向下运行到均价线附近时就反弹。相交式支撑是指分时线向下运行与均价线相交的走势。跌破式支撑是指分时线向下跌破均价线后，在较短时间里，又被拉回均价线上的走势。

在第一次支撑出现后，如果股价涨势平缓，没有出现急涨的走势（指涨幅没有超过3%），随后出现的第二次和第三次支撑走势，均可放心买入。在第一次支撑出现后，如果股价大幅拉高，涨幅超过 3%，此后出现的支撑，应该谨慎或放弃。

下图是接近式支撑，每个低点都是最佳买点。

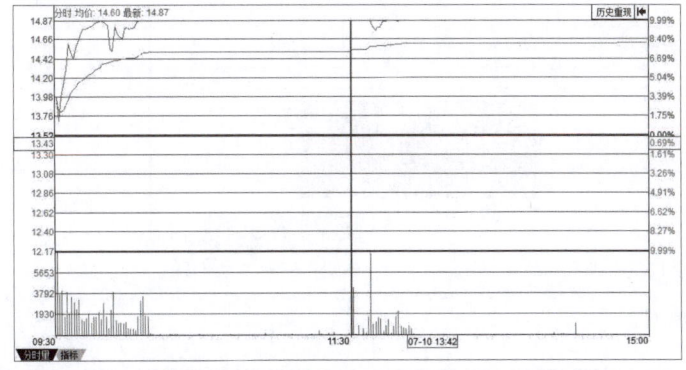

下图是相交式支撑，每个低点都是最佳买点。

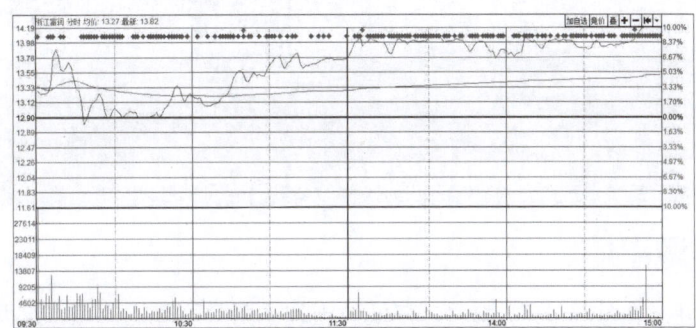

下图是跌破式支撑，在第一次跌破均线时，被快速拉高，是最佳买点，第三次跌破后被逐渐抬高，也可进入。

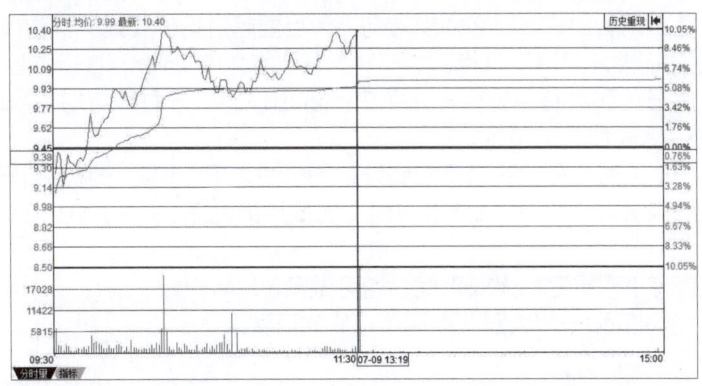

30.2.4 向上突破平台

向上突破平台是指分时线向上突破前面横向整理期间形成的平台的一种走势，该走势有以下特征。

（1）分时线必须在某一价位做一较长时间的横向整理，走势时间一般不少于半小时。
（2）分时线应贴近均价线波动，波动的幅度较小，所形成的高点大体处在同一水平线上。
（3）均价线在整理期间基本是一条水平线，无明显的波折。
（4）均价线必须向上越过平台的最高点。

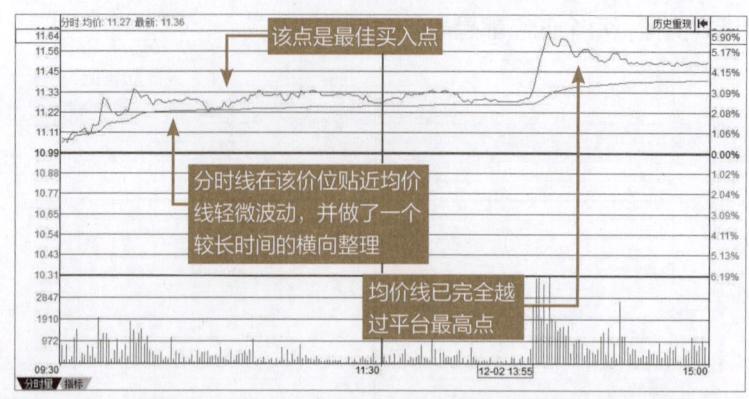

> **提 示** ▶（1）在一个交易日中，有可能会出现多个"向上突破平台"的走势，第一个"向上突破平台"出现时，应该第一时间买入，第二个"向上突破平台"出现时，如果涨幅不大，也可买入，第三个"向上突破平台"出现时，应杜绝买入。
>
> （2）设好止损点，如果遇到的是假突破，最好第二天逃离。

30.2.5 分时双平底

　　双平底是指股价经过一段下跌后，在低位出现了两个同值的低点，这两个低点，就叫双平底。双平底具有以下特征。

　　（1）股价下跌的幅度较大，一般要大于3%。
　　（2）两底的底点应为同值（第二底略高于前底也可，但绝不能低于前底）。
　　（3）第二底出现后，分时线必须反转向上，且要超过均价线或"颈位线"。

出现双平底时需要注意以下几点。

　　（1）双平底最佳买点有两处：一是第二底部出现后，分时线与均价线的交点； 二是分时线向上突破"颈位线"的位置。
　　（2）双平底形成时，分时线必须始终处在均价线之下，即第一底部与第二底部之间的分时线不能向上穿越均价线。也就是说，两个低点即两底之间的颈线位高点，均只能处在均价线之下。
　　（3）双平底有小双平底和大双平底，均可做多。

　　下图有一个小双底和一个大双底，两个双底均可买入。

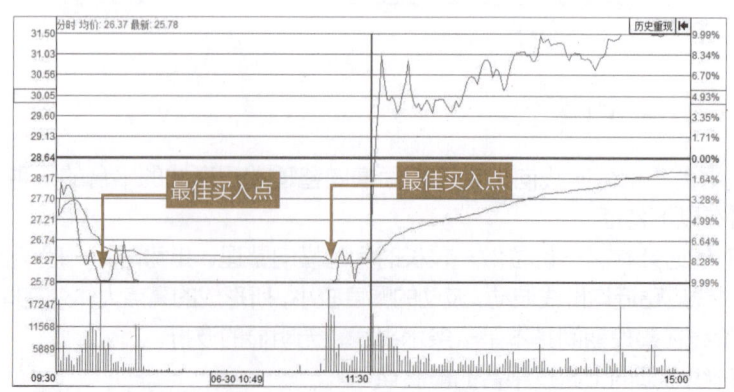

30.2.6 分时头肩底

头肩底的曲线犹如倒置的两个肩膀扛一个头。股票价格从左肩处开始下跌至一定深度后弹回原位，然后重新下跌超过左肩的深度形成头部后再度反弹回原位；经过整理后开始第三次下跌，当跌至左肩位置形成右肩后开始第三次反弹，这次反弹的力度很大，很快穿过整个形态的颈部并且一路上扬。头肩底为典型的较大涨势的信号。

（1）急速的下跌，随后止跌反弹，形成第一个波谷，这就是通常说的"左肩"。形成左肩部分时，成交量在下跌过程中出现放大迹象，而在左肩最低点回升时则有减少的倾向。左肩形态如下图所示。

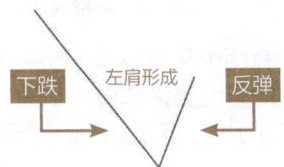

（2）第一次反弹受阻，股价再次下跌，并跌破了前一低点，之后股价再次止跌反弹形成了第二个波谷，这就是通常说的"头部"。形成头部时，成交会有所增加。头部形态如下图所示。

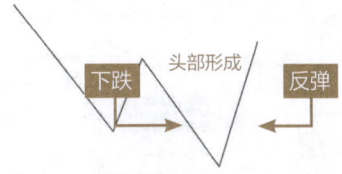

（3）第二次反弹再次在第一次反弹高点处受阻，股价又开始第三次下跌，但股价到与第一个波谷相近的位置后就不下去了，成交量出现极度萎缩，此后股价再次反弹形成了第三个波谷，这就是通常说的"右肩"。第三次反弹时，成交量显著增加。右肩形态如下图所示。

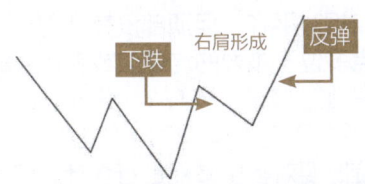

（4）第一次反弹高点和第二次反弹高点，用直线连起来就是一根阻碍股价上涨的"颈线"，但当第三次反弹时会在成交量配合下，将这根"颈线"冲破，使股价站在其上方。颈线形态如下图所示。

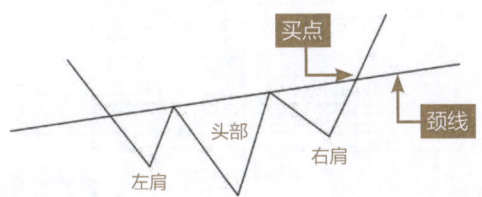

头肩底有以下几个特征。

（1）突破颈线时必须有量的巨增，若股价向上突破颈线时，成交量并无显著增加，有可能是一个假突破。

（2）头肩底形态的价格在突破颈线后更习惯于反抽，原因是落袋为安的交易者比较多，这时会出现明显的两个买点，如下图所示。

（3）头肩底形态的颈线常常向右方下倾，如果颈线向右方上倾，则意味着市场更加坚挺。

（4）头肩底有时会出现一头多肩，或多头多肩的转向形态，此类形态较为复杂。

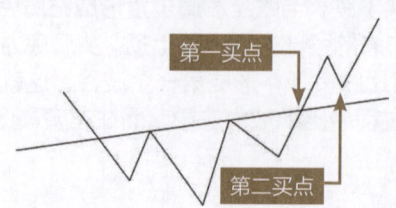

下图出现了两个头肩底，图中有两个买点。第一个头肩底颈线向右下方倾斜，突破颈线后，成交量虽有增加但不明显，这时候应当谨慎进入。第二个头肩底颈线向右上方倾斜，突破颈线后，成交量巨增，并且有回抽出现，因此出现两个买点，在这两个买点可大胆买入。

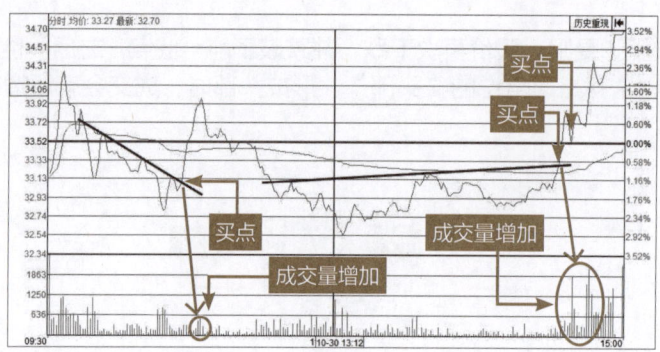

30.2.7 分时多重底

分时多重底具有以下技术特征。

（1）分时多重底底部低点相对平齐，但顶部没有规则。

（2）分时多重底底部低点多位于重要的均线位或者重要的技术支撑位附近。

（3）分时多重底盘旋时间往往较长，多在 60 分钟以上，且横盘区间内呈现极度缩量状态。

（4）分时多重底底部盘旋时要对多空量能进行合计，绝大多数情况下，多方量能之和是有优势的，这是多方吸筹状态的临盘体现，这是买点的显现。

下图就是典型的分时多重底，该股从 11:00 左右一直到 14:00，横盘了一个半小时，期间多次探底，低点相对平齐，横盘期间成交量萎缩，之后尾盘拉起，涨幅达 7%。

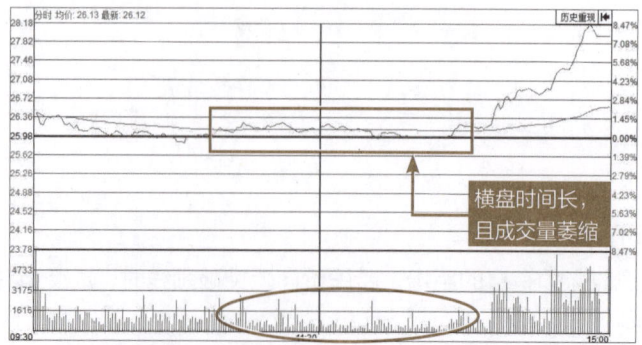

30.2.8 V 字尖底

V 字尖底就是股价急跌，然后被快速拉起，股价线形成一个"V"形态。

V 字尖底具有以下特征。

（1）该形态形成前，应是平开或低开，其后出现急跌的走势。

（2）该形态最低点的跌幅不能少于 2%，低点停留的时间不能超过 3 分钟。

（3）该形态形成前，分时线应一直处在均价线之下。

（4）该形态的底部低点必须是负值，且下跌的幅度必须大于 2%（下跌的幅度越大，则收益就越大）。

如下图所示，该股开盘即下跌，跌幅超过 10%，触底后即可走高，是标准的 V 字尖底，如果在低点买入，当天可获利 13.4%，是典型的下跌幅度大，收益大。

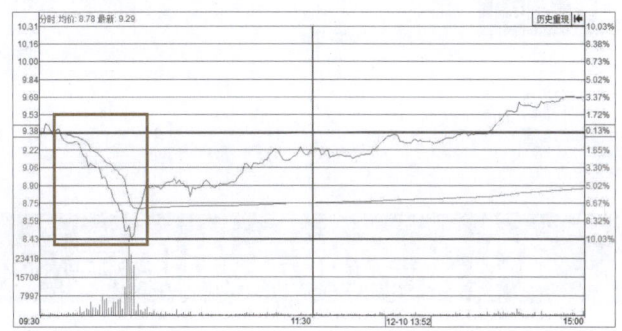

30.2.9 突破前高

突破前高是指股价在上升途中超过前期高点的走势。

突破前高买入时的注意点如下。

（1）在超过前期波峰的高点时，第一、第二次的突破，可以放心做多。在第三次要小心了，因为此时价位已高，获利较难。

（2）要注意日线图的走势。只有在日线图处于上升趋势，且价位不高时，才可放心做多。如果股价在盘整和下跌中的高位，则应在第三次突破前高时做空了。

如下图所示，第一次突破是最佳买点，在该点买入，当天可获利 5.25%，第二次突破是次佳买点，在该点买入，当天可获利 2.6% 左右，第三次突破时应当谨慎，虽然从走势看，当天买入仍然能获利，但当时价位已经很高，即使获利也非常少。

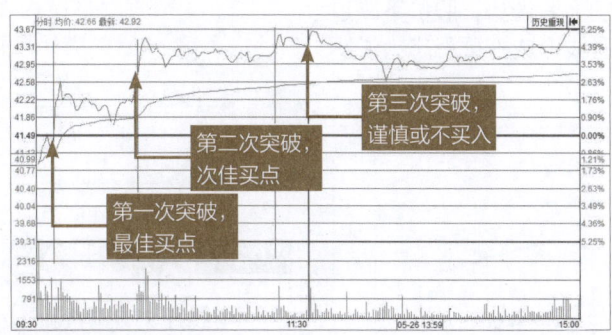

30.2.10 上穿收盘线

上穿收盘线是指股价线由下向上波动到昨天的收盘线的上方时买入。

上穿收盘线买入的注意点如下。

（1）必须关注当天的开盘情况，只有当日是低开，特别是开盘后到分时线上穿昨日收盘线之前的这段时间里，分时线必须始终处在昨日收盘线之下。

（2）先高开再跌破收盘线后再回升到收盘线上时，不太适合买入。

（3）避免在开盘后深跌的"上穿"时买进，那很容易变成均线压力。

下图是典型的低开高走，开盘股价向下走，低于昨日收盘价，然后由下向上走，到昨天收盘价时可以买入，在该点买入，当日可获利 3.2% 左右。

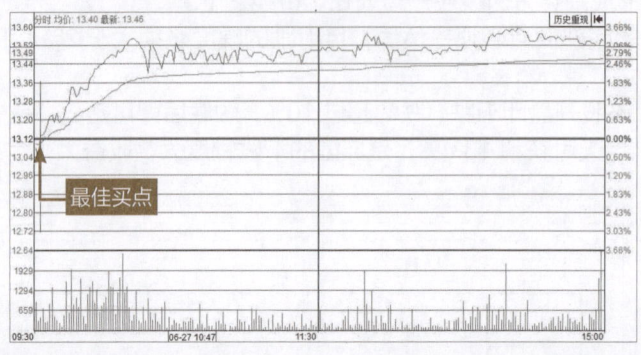

30.3 分时卖出信号

上一节我们介绍了多种分时买入信号，这一节我们来介绍一些分时卖出时的信号。

30.3.1 双线向下

分时线和量比指标不仅可以提升投资者获利区间的所在，还可以帮助投资者回避股价下跌的风险。当分时线和量比指标同时形成下降趋势时，表示盘中的能量开始不断减小，是卖出的信号。

如下图所示，开盘时量比指标值非常大，但随后出现连续下滑走势，股价下跌过程中可以看到，分时线形成狼牙形态，说明有资金在坚决出货。

30.3.2 双线相对

双线相对即分时线下跌，量比却上涨，反映资金在盘中不断杀跌出货，这时应果断卖出。

30.3.3 均线压力

均线压力是指股价上升到均价线附近或短暂上穿均价线后，就回头下行的走势。

均线压力有以下几个特征。

（1）均线应一直处在分时线之上，且

呈水平状态横向移动。

（2）分时线绝大数情况下，处在均线之下，一般不向上突破均价线，即使突破，停留的时间也很短，突破的幅度也不会很大，并且很快回到均价线的下方。

（3）分时线受到均线的阻挡前，需与均线有一段较大的距离，如果两线始终靠得很近，就不是均线压力，更不能按均线压力操作。

下图是个标准的均线压力卖出图。股价开盘后一路下跌，在10:25形成第一次均线压力，是最佳卖点。随后在10:45股价上穿均线，但短暂停留后又开始下跌，而且突破的幅度也是很大，11:00左右是第二次卖点。之后在11:20左右再次受到均线的压力后就一路狂跌，最终当天跌幅超8%。

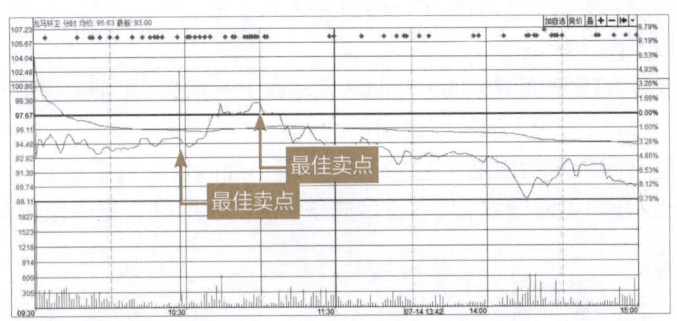

提示 ▶ 注意均线压力形态出现的价位。只有处在高价位的均线压力才可做空。如果是处在调整后的低位，最好不做空，而是持股待涨。

30.3.4 跌破平台

跌破平台是指分时线在离均线较近的地方进行长时间的横向整理后向下跌破平台的走势。

跌破平台有以下两个特征。

（1）跌破前，一定要出现一段横盘走势，形成一个明显的平台。

（2）分时线跌破平台的低点后，多数情况下会在短时间内又反弹到平台的低点附近，然后再次跌破平台的低点，此时就可确认跌破平台形态的形成，是最佳的卖点。

下图是标准的跌破平台图，股价开盘后沿均价线进行长时间的横盘，上下无大的波动，13:20向下跌破平台，形成最佳卖点。随后，在14:45短时间内又反弹到平台的低点附近，对跌破平台形态形成回抽确认，再度向下跌，是最后的卖点，此后股价一泻千里。

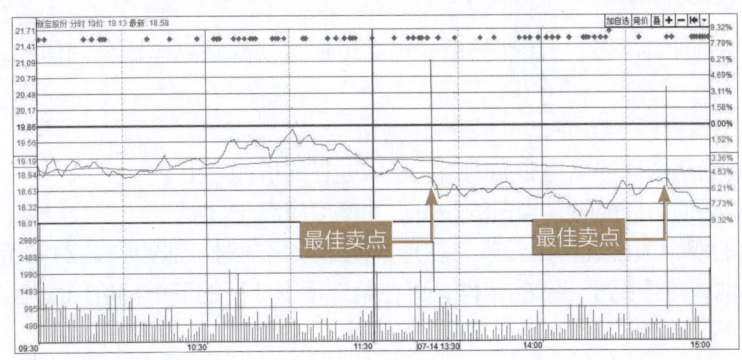

> **提示** ▶ 跌破平台的卖出时机最好是在第一个跌破平台时。第二个次之，因为跌幅较大。

30.3.5 开盘急涨

开盘急涨分三种情况，即开后急涨、先跌后涨、盘后急涨。

开后急涨是一开盘就向上急涨。先跌后涨是一开盘后下跌一段，然后再向上急涨。盘后急涨是开盘后，横盘了一段时间才向上急涨。

开盘急涨有以下两个特征。

（1）上涨的过程在短时间内完成，分时线呈垂直上升状态，上涨的高度一般不低于2%。

（2）分时线与均价线的距离拉得较远。

下图是标准的开盘急涨卖出法(先跌后涨)，开市后股价先向下跌一段，然后再向上急涨，在短短 15 分钟左右上涨幅达 6%，符合先跌后涨卖出原则，是最佳卖点。

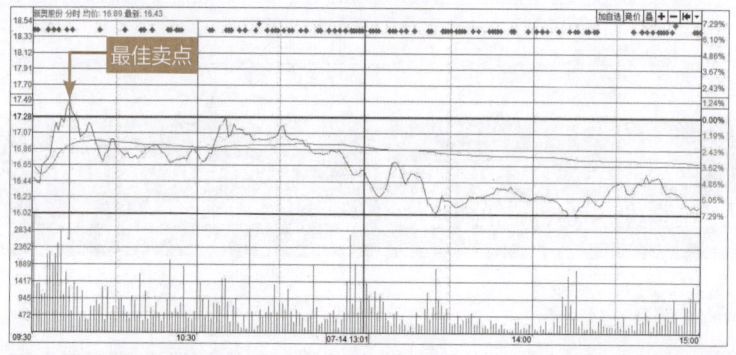

> **提示** ▶（1）要快进快出。开盘急涨，一般会在当天出现急跌，急涨多高，就会下跌多深。
>
> （2）开盘急涨的形态，其中间不能有波折，即使是短时间的升幅较高，也不能按"开盘急涨"操作。

30.3.6 分时双平顶

双平顶是指股价在经过一段涨势后，在高位形成了两个高点均为同值的顶部。

双平顶形态具有以下特征。

（1）形成的两个顶部高点应为同值，且应处在均价线之上。

（2）"双平顶"形成时，当日的股价上涨幅度应高于 3%。

下图所示的双平顶出现得比较晚，在形成两个双平顶时，涨幅到 7.71% 而且处在最高位，完全符合涨幅度应高于 3% 的条件，可在第二顶形成后的下一档价位卖出。

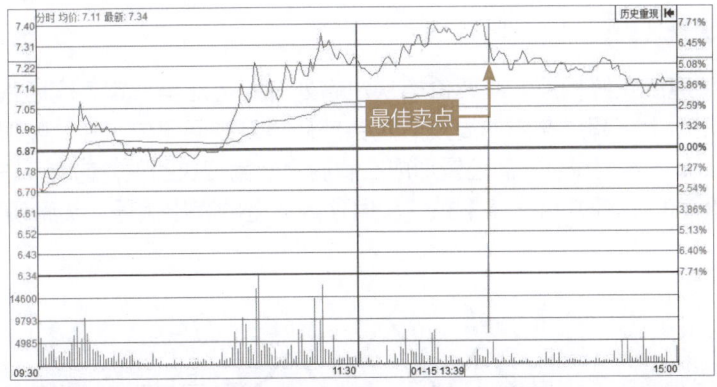

提示 ▶ （1）形成"双平顶"形态时，上涨幅度越大，有效性越大。上涨幅度小于3%，避免操作。

（2）"双平顶"形态的最佳卖点，为第二顶形成后的下一档或下两档价位。

（3）"双平顶"形态只有在高位或波段的顶部时，才可放心做空。

30.3.7 对称上涨

对称上涨是指股价先跌后涨，且涨跌的幅度大体相当的走势，是高位卖出的一个十分有效的指标。对称上涨又分为"急跌急涨"和"缓跌缓涨"。

对称上涨具有以下特征。

（1）下跌和上涨的幅度应大体相当或相等。

（2）该形态下跌的低点到上涨的高点的波动幅度应在3%以上，小于3%的"对称上涨"不适合操作。

下图是个典型的"缓跌缓涨"的形态，股价开盘即开始缓慢下跌，直到10:30跌了3.31%后开始反弹，约11:20反弹幅度达到3.8%后又开始走低，走势符合股价先跌后涨，且涨跌的幅度达到3%以上，是个不错的卖点。

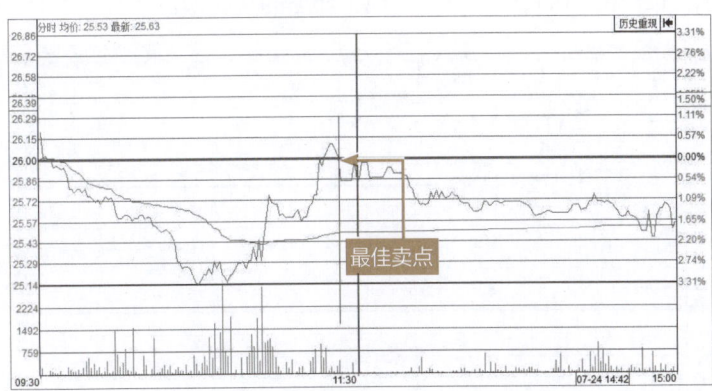

30.3.8 分时头肩顶

头肩顶和头肩底正好相反，股票价格从左肩处开始上涨至一定高度后跌回原位，然后重新上涨超过左肩的高度形成头部后再度跌回原位。经过整理后开始第三次上升，当上涨至左肩位置形成右肩后开始第三次回跌，这次下跌的力度很大，很快穿过整个形态的颈部并且一路下跌。头肩顶为典型的卖出信号。头肩顶形态示意图如下图所示。

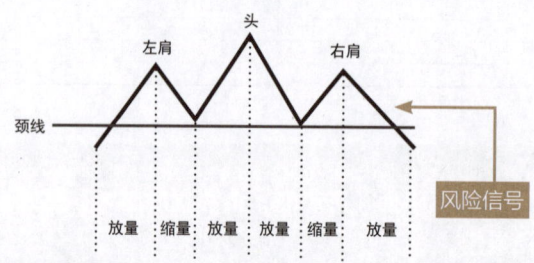

头肩顶形态走势可以分为以下几个不同部分。

（1）形成左肩。

持续一段上升的时间，成交量很大，过去在任何时间买进的人都有利可图，于是开始获利沽出，令股价出现短期的回落，成交较上升到其顶点时有显著减少。

（2）形成头部。

股价经过短暂的回落后，又有一次强力的上升，成交亦随之增加。不过，成交量的最高点较之于左肩部分，明显减退。股价升破上次的高点后再一次回落，成交量在这次回落期间亦同样减少。

（3）形成右肩。

股价下跌到接近上次的回落低点后又再获得支持回升，可是，市场投资的情绪显著减弱，成交较左肩和头部明显减少，股价没法抵达头部的高点便告回落，于是形成右肩。

（4）跌破。

从右肩顶下跌穿破由左肩底和头部底所连接的底部颈线，其突破颈线的幅度要超过市价的3%。

如下图所示，在早盘10:15—10:45出现了典型的头肩顶。

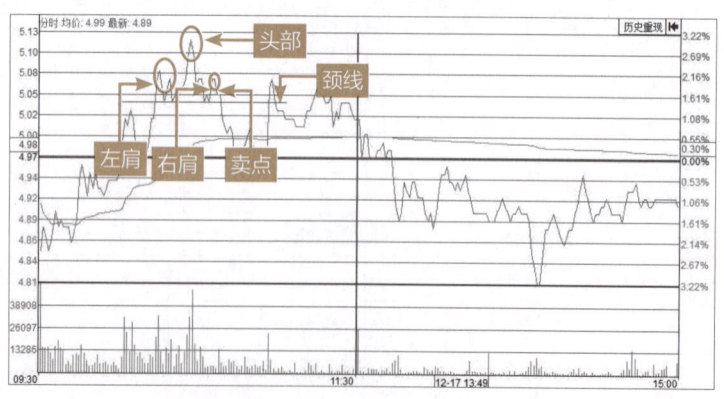

技巧 1 查看历史上某天的分时图

同花顺软件不仅可以查看当天的分时图,也可以查看历史上某天的分时图,具体的操作步骤如下。

1 启动同花顺软件,单击左侧的【K线图】选项卡,然后输入需要查看的股票的代码或名称(简写也可以),例如"600019"(宝钢股份),如右图所示。

2 将鼠标指针放到K线图上,即可弹出日期,如右图所示。

3 找到需要的日期,然后双击,即可弹出该日的分时图,如右图所示。

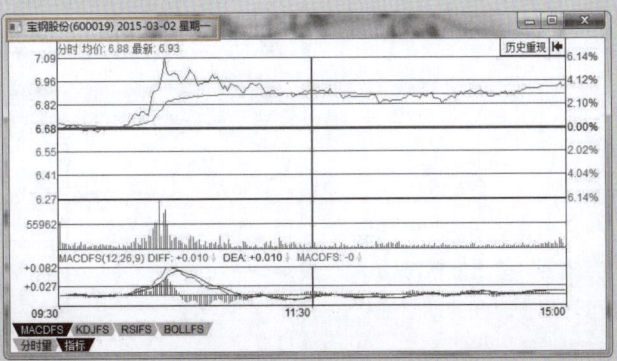

提 示 ▶ 如果要找的日期不在当前页面,可以单击鼠标右键,在弹出的快捷菜单上选择【平移曲线】选项,当鼠标变成"🖐"时按住鼠标左键左右拖动,直到出现所要的日期。

技巧 2 动态观察历史分时图

在同花顺中，通过【历史重现】可以动态查看某个时刻的分时走势图，以便投资者观察分析。

动态观察历史分时图的具体操作步骤如下。

1 启动同花顺软件，在相应股票分时走势图界面双击鼠标，弹出右图所示界面。

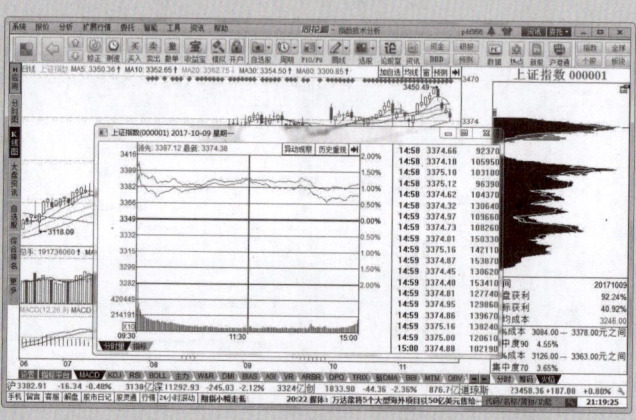

2 单击【历史重现】标签，在弹出的对话框中设定查看的日期和时间段，如右图所示。

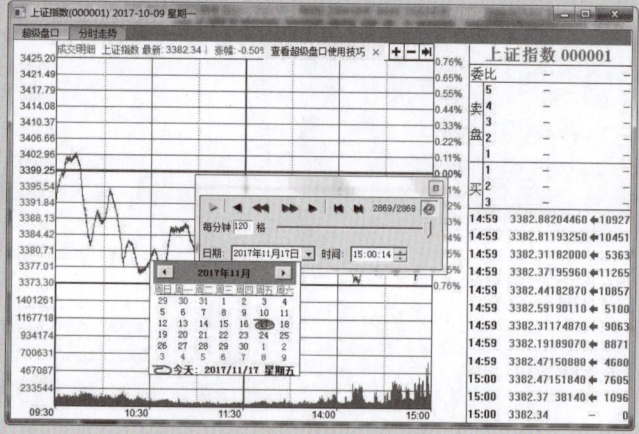

3 查看的日期和时间段设定完成后，单击播放按钮，即可观察分时图的动态变化，如右图所示。

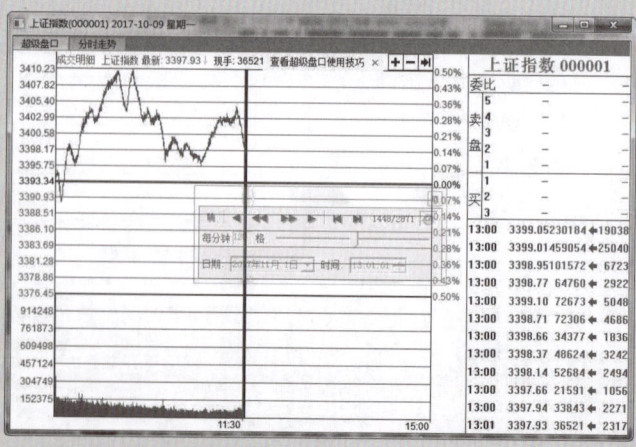

31
智能预警和智能选股

本章引语

股市是谣言最多的地方,如果每听到什么谣言,就要买进卖出的话,那么钱再多,也不够赔。

——是川银藏

股市到处是地雷和陷阱,如何能提前预警,排除地雷,绕开陷阱,选出真正意义上的绩优股、潜力股是获利的关键。同花顺的智能预警和智能选股可以为投资者提供这方面的帮助。

本章要点

★ 智能预警
★ 智能选股

31.1 智能预警

同花顺的智能预警功能能帮助投资者监控股票的涨跌幅度、绝对价位、成交量异动、量比、指标突破价位等。

31.1.1 股票预警

1 选择【智能】➤【股票预警】菜单命令，弹出【股票预警】对话框，如下图所示。

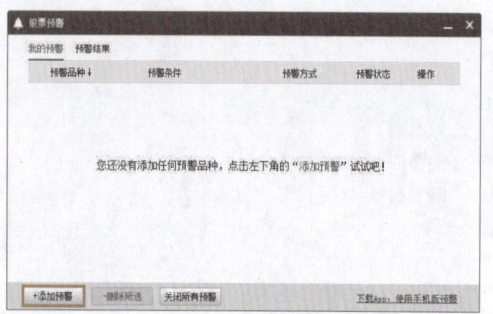

2 单击左下角的【添加预警】按钮，弹出【添加预警】对话框，在该对话框中，可以添加预警的股票以及设置预警条件，如下图所示。

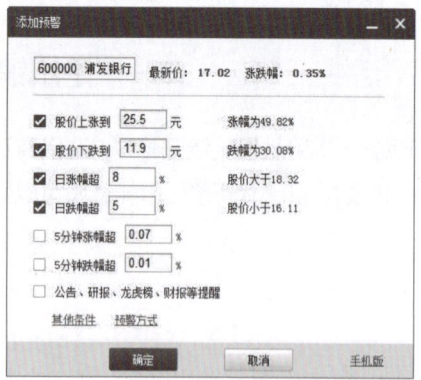

3 单击【其他条件】按钮，弹出【其他条件】对话框，选择【YJ001 价格上破 N 元】，并设置价格上破数值和卖出数量，如下图所示。

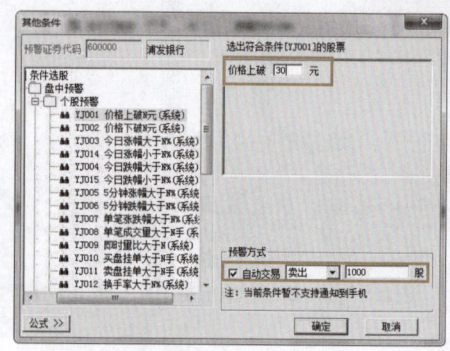

4 其他条件设置完成后，单击【确定】按钮返回【添加预警】界面，单击【预警方式】按钮，弹出【预警方式】对话框，在该对话框中选择预警提示方式，如下图所示。

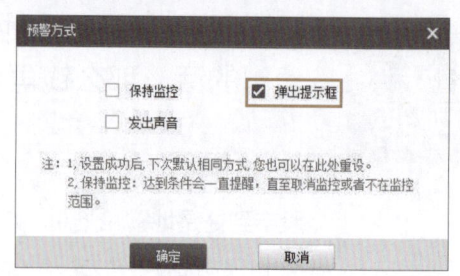

5 单击【确定】按钮返回【添加预警】界面，再单击【确定】按钮，在【股票预警】对话框即可显示这些预警条件，如下图所示。

提 示 ▶ 如果对某个预警条件不满意,可以勾选该预警条件进行修改、删除或关闭。

31.1.2 鹰眼盯盘

【鹰眼盯盘】与上一节的【股票预警】功能类似,它可以帮助投资者查看盘中的一些异动的股票。投资者可以对鹰眼盯盘进行设置,选择满足条件时给出提示。鹰眼盯盘的设置步骤如下。

1 选择【智能】▶【鹰眼盯盘】菜单命令,弹出【结果显示】对话框,如下图所示。

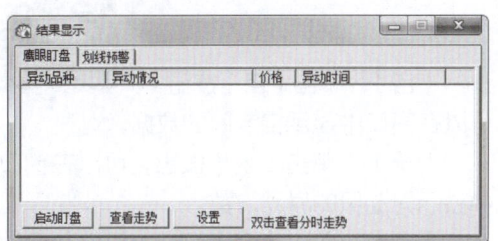

2 单击【鹰眼盯盘】选项卡,并单击下方的【设置】按钮,弹出【盯盘条件设置】对话框,在该对话框中,可以选择盯盘的条件,如下图所示。

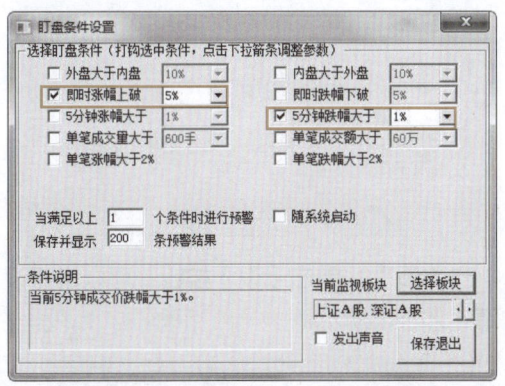

3 单击【保存退出】按钮,返回【结果显示】对话框,弹出【启动盯盘】按钮,即可将符合条件的股票筛选出来,如下图所示。

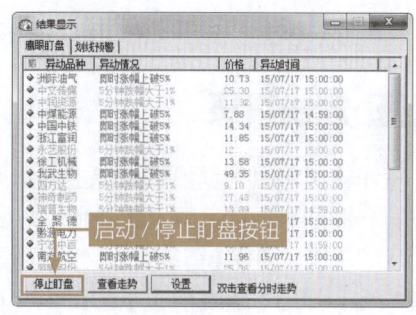

4 双击鹰眼盯盘的股票,可以看到该股票的分时走势图,如下图所示。

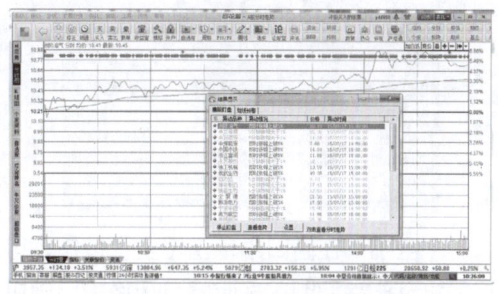

5 鼠标右键单击鹰眼盯盘的股票,在弹出的快捷菜单中选择【导出结果】选项,然后选择导出的结果的打开方式,即可将该股票的结果导出,如下图所示。

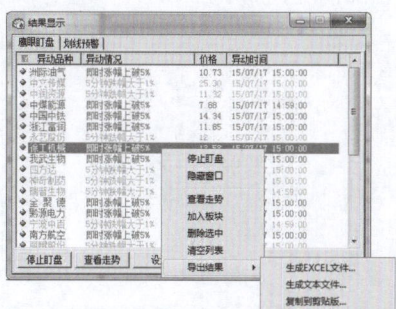

6 在弹出的【表格数据输出】对话框中单击【浏览】按钮,选择保存的位置,如下图所示。

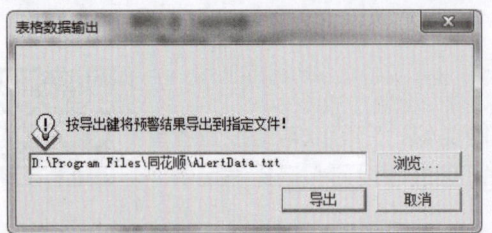

7 单击【导出】按钮,即可将数据保存到选择的位置,找到保存路径打开保存数据,如下图所示。

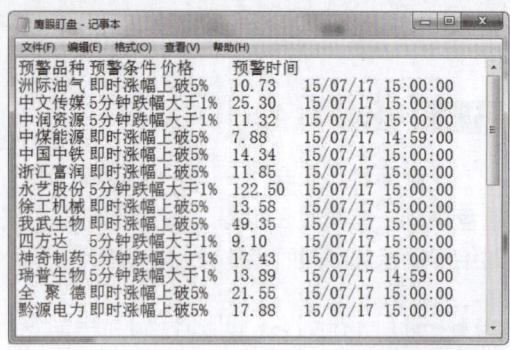

31.1.3 短线精灵

短线精灵可以帮助投资者捕捉强势股,并在第一时间掌握震荡异动的个股,方便做出相应的决策。选择【智能】>【短线精灵】菜单命令,弹出【短线精灵】窗口,如下图所示。

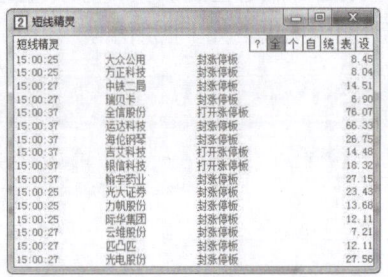

【全】:在窗口中单击【全】按钮,可以显示发生异动的全部股票。在该窗口中可以看到哪些股票拉升涨停,哪些股票遭到猛烈打击。

【个】:在【全】页面中双击某只个股,再单击【个】按钮,即可在窗口中显示该股票的全部情况,如下图所示。

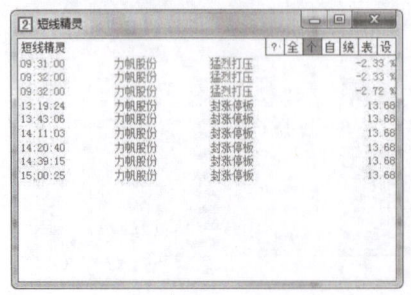

【自】:单击【自】按钮,可以在窗口中显示自选股的数据。

【统】:单击【统】按钮,可以在窗口中显示异动股的异动次数。

【表】:单击【表】按钮,可以在窗口中查看当日和历史统计信息,单击日期,可以切换之前的统计信息,如下图所示。

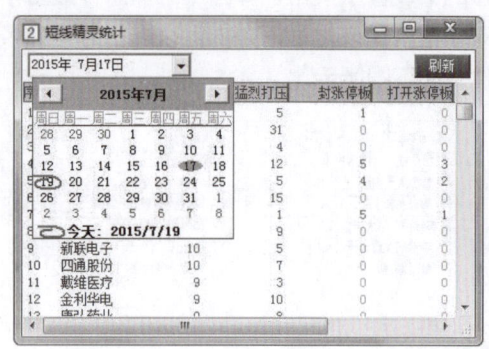

【设】:单击【设】按钮,可以进行设置,如下图所示。

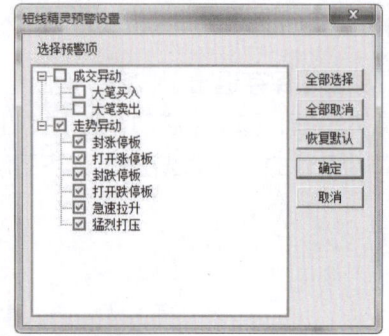

31.2 智能选股

除了智能预警功能，同花顺软件还提供了问财选股、形态选股和选股平台等智能选股功能，通过这些功能，投资者可以快速地选出符合自己要求的股票。

31.2.1 问财选股

【问财选股】通过输入搜索条件，选出符合自己的股票、基金、港股等，也可以通过搜索条件搜索需要的信息等。

1 选择【智能】▷【问财选股】菜单命令，弹出【问财选股】对话框，如下图所示。

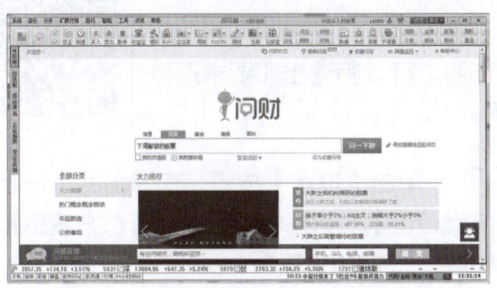

2 在输入框中输入搜索条件，例如，输入"上周连涨三天以上的股票"，然后单击【问一下财】按钮，即可搜索出满足相关条件的股票，如下图所示。

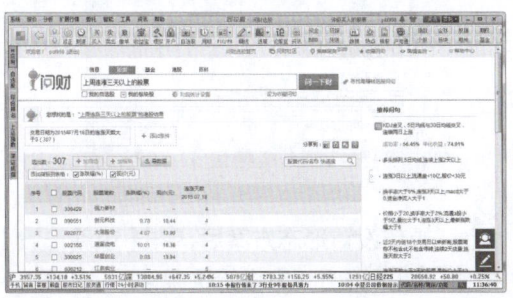

3 将鼠标指针放到搜索出来的股票旁边，可以查看该股的分时线、日线、周线和月线图，如下图所示。

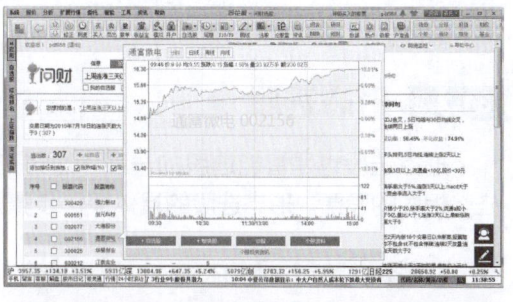

提示 ▶ 为了便于投资者决策分析，同花顺软件还根据上市公司所在地域和上市公司所包含的概念对所有企业进行了分类。

4 选择【信息】选项卡，然后输入搜索条件，可以搜索出相关的新闻信息，如输入"反弹暴跌"，然后单击【问一下财】按钮，即可弹出相关的新闻信息，如下图所示。

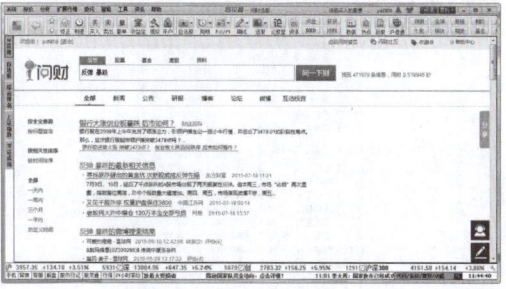

5 选择【百科】选项卡，然后输入搜索条件，可以搜索出相关的词条解释，如输入"量比"，然后单击【问一下财】按钮，即可弹出对量比的解释，如下图所示。

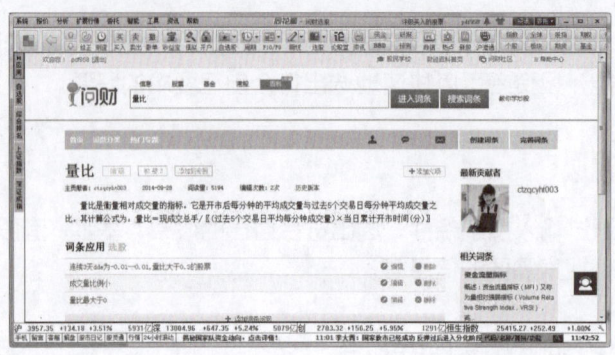

31.2.2 形态选股

形态选股也是智能选股的一种，通过形态选股，可以筛选出和要求形态走势相同的股票。形态选股的具体操作步骤如下。

1 选择【智能】▶【形态选股】菜单命令，弹出【形态选股方案】对话框，如下图所示。

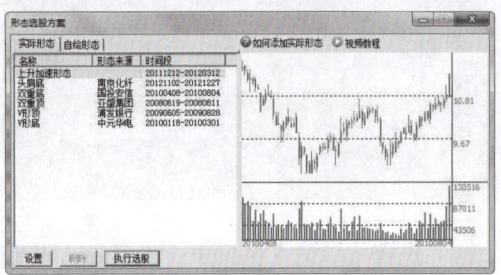

2 选择【V形顶】选项，然后单击【执行选股】按钮，即可弹出与V形顶走势相同的股票，如下图所示。

3 单击【设置】按钮，在弹出的【形态方案设置】对话框中，可以对形态方案重新设置，如下图所示。

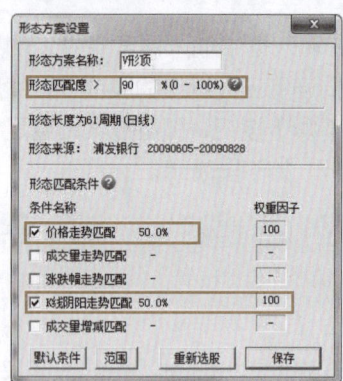

4 重新设置形态方案后，单击【重新选股】按钮，即可选出新方案筛选条件下的股票，如下图所示。

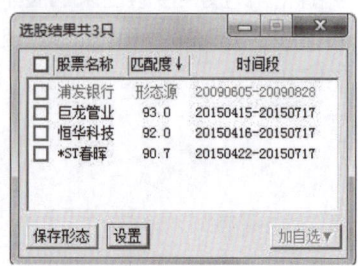

31.2.3 选股平台选股

【选股平台】功能很丰富，既可以通过【选股平台】的【智能选股】直接选股，也可以通过某一技术条件或某些技术条件组合来选股。

1. 直接选股

1 选择【智能】>【选股平台】菜单命令，弹出数据下载提示框，如下图所示。

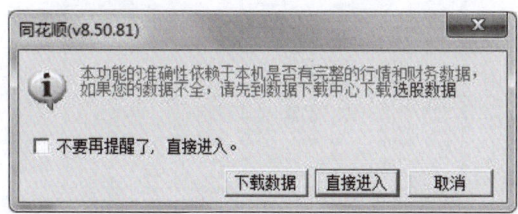

2 单击【直接进入】按钮，弹出【选股平台】对话框，如下图所示。

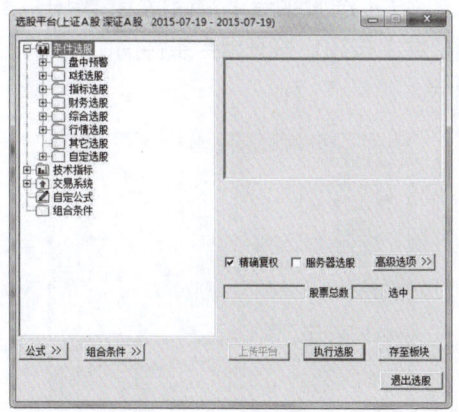

> **提示** ▶ 单击【下载数据】按钮可以下载更完整的数据，不过需要下载网站测速，选择最优下载网站，比较麻烦，我们这里主要介绍选股平台功能，因此就直接进入选股平台了。

3 单击【K线选股】>【智能选股】选项，然后选择【K_51 创新30日历史新高】选项，如图所示。

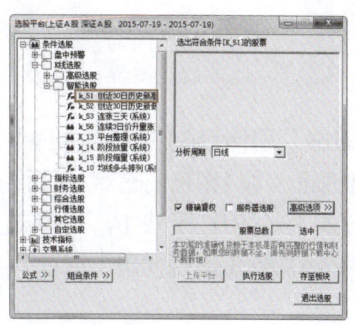

4 单击【执行选股】按钮，即可选出符合条件的股票，如下图所示。

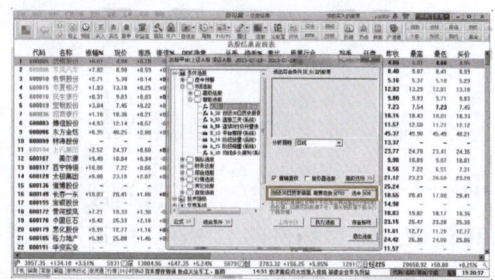

2. 条件选股

1 在【选股平台】对话框中，选择【技术指标】>【趋势指标】菜单命令，单击【MV 成本均价线】选项，并勾选【服务器选股】复选框，如下图所示。

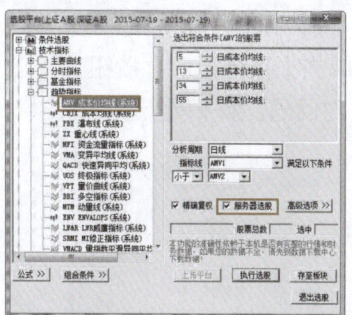

2 单击【高级选项】>【选择板块】选项，弹出【适用代码设置】对话框，如下图所示。

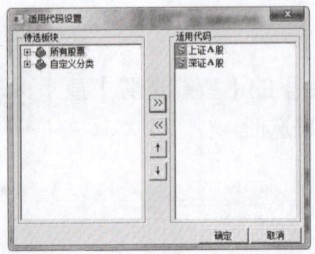

3 双击【适用代码】选项框中的【上证A股】和【深证A股】将它们删除，然后选择【自定义分类】>【ETF板块】，并单击" >> "按钮将它添加到【适用代码】选项卡，如下图所示。

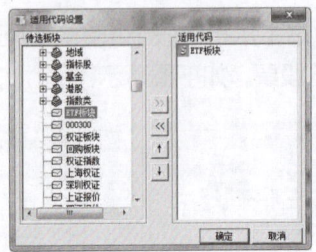

4 单击【确定】按钮，返回【选股平台】界面，单击【执行选股】按钮，即可选出符合条件的股票，如下图所示。

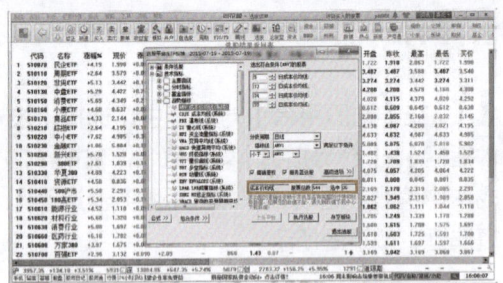

5 单击【存至板块】按钮，弹出【选择板块】对话框，如下图所示。

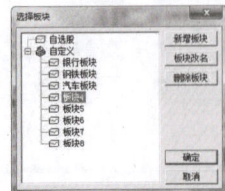

6 选择【板块4】，然后单击【板块改名】按钮，将板块的名字改为【ETF板块】，然

后单击【确定】按钮，即可将所选的股票保存到新建的【ETF板块】。退出选股平台后，单击【工具】>【自选股板块设置】，在弹出的【自选股板块设置】对话框中，即可看到刚选的股票，如下图所示。

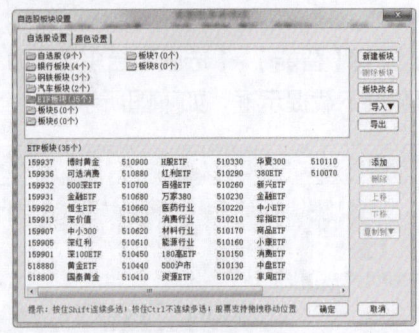

3. 使用组合条件选股

1 在【选股平台】对话框上，单击【组合条件】按钮，打开组合条件窗口，如下图所示。

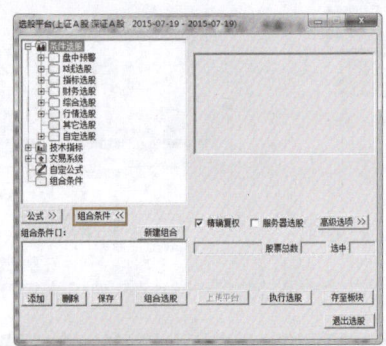

2 选择【K线选股】>【高级选股】>【K_07 连续N日下跌】选项，并单击【添加】按钮，将它添加到组合条件框中，如下图所示。

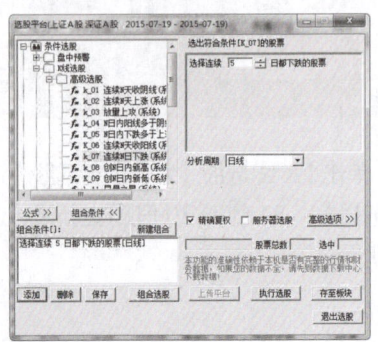

3 重复执行步骤2,选择【条件选股】>【财务选股】>【高级选股】>【c_02 流通盘选股】,并单击【添加】按钮,将它添加到组合条件框中,如下图所示。

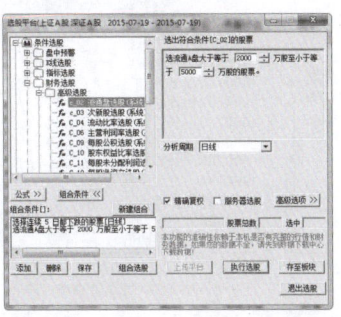

4 单击【执行选股】按钮,选股结束后单击【退出选股】按钮,结果如下图所示。

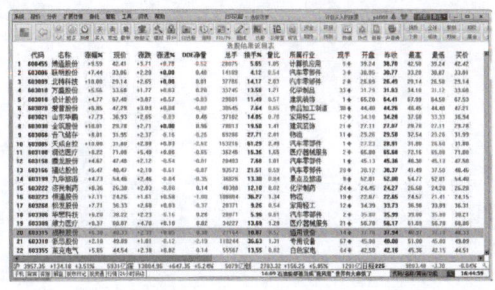

高手秘技

技巧 1 副屏显示

副屏显示可以同时在两个屏幕操作,相互不影响,具体操作步骤如下。

1 启动同花顺软件,单击工具栏【多窗口】的下拉按钮,选择副屏显示,如右图所示。

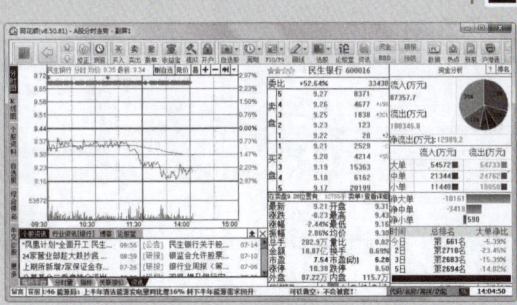

2 继续主屏操作并不影响副屏显示,如右图所示。

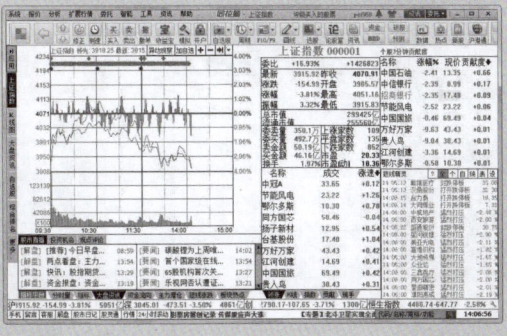

技巧 2 如何快速选出优质个股

【快捷优选】功能,能轻轻松松为您选择优质个股,让您在股市中稳中求进,找到属于自己的赢利点。【快捷优选】的具体操作步骤如下。

1 在同花顺软件界面直接输入"78"并按回车键，如下图所示。

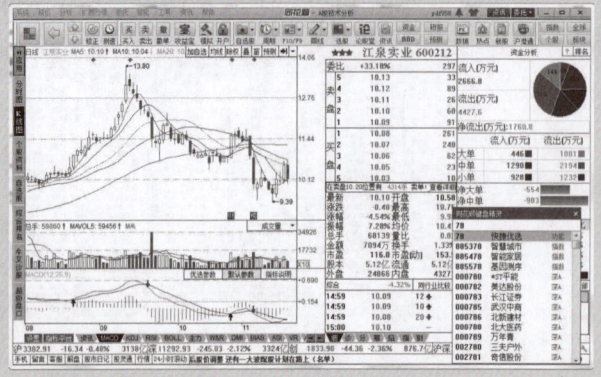
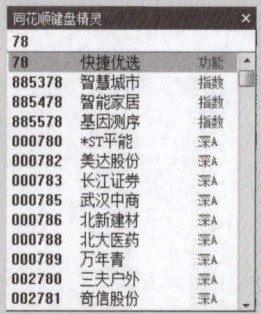

> **提 示** ▶ 除了通过键盘精灵进入【快捷优选】界面，用户还可以通过单击【选股】▶【快捷优选】进入。

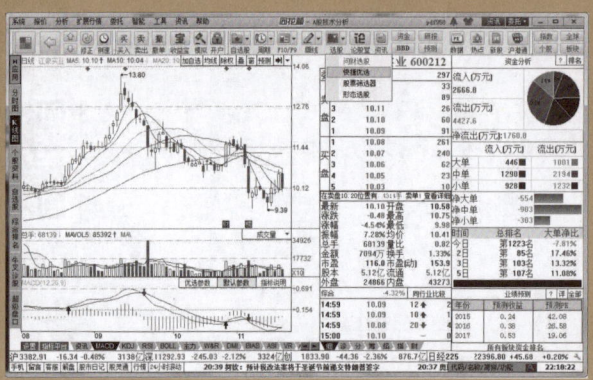

2 在弹出的对话框中选择【快捷优选】的选股条件，例如选择【尖三兵】，单击【执行选股】按钮后，结果如下图所示。

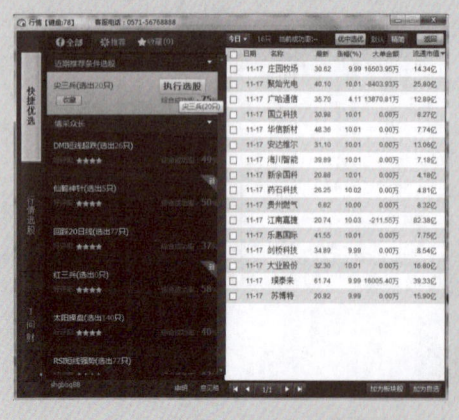

> **提 示** ▶ 单击【行情选股】标签，然后选择相应选股条件，也可以对股票进行智能筛选，例如这里选择【走势选股】▶【涨幅排名】▶【近30个交易日】按钮，结果如下图所示。

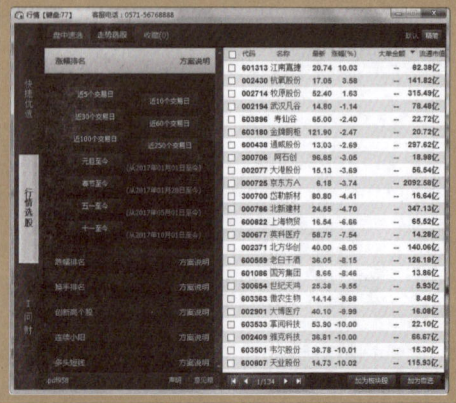

32 同花顺的控制中心

本章引语

图表能反映出一切股市或公司股民的总体心理状况！

——伯尼斯·科恩

同花顺软件不仅有丰富的图表，而且还能下载这些图表数据。此外还提供了公司管理以及画线工具，让投资者在走势图上做出自己的判断和分析。

本章要点

★ 控制中心相关设置
★ 数据的下载及管理

32.1 控制中心相关设置

这里所说的控制中心,主要是指同花顺软件的【工具】菜单,通过同花顺软件的【工具】菜单可以对同花顺软件的界面、工具栏、公式、数据下载等进行设置,同花顺的【工具】菜单如下图所示。

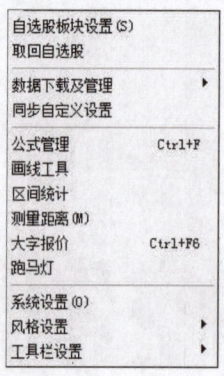
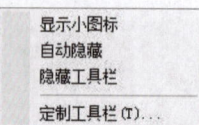

32.1.1 工具栏设置

使用【工具栏设置】菜单命令可以对主界面上方的工具栏进行调整。【工具栏设置】菜单有【显示小图标】、【自动隐藏】、【隐藏工具栏】和【定制工具栏】等选项。

1. 显示小图标

选择【工具栏】➤【工具栏设置】➤【显示小图标】菜单命令,可以将工具栏中的图标以小图标形式显示。

正常的工具栏图标和小图标对比如下图所示。

2. 自动隐藏

选择【工具栏】➤【工具栏设置】➤【自动隐藏】菜单命令,可以将工具栏中的图标隐藏。当工具栏隐藏后,只有鼠标移动到工具栏的位置,才能看到工具栏,如下图所示。

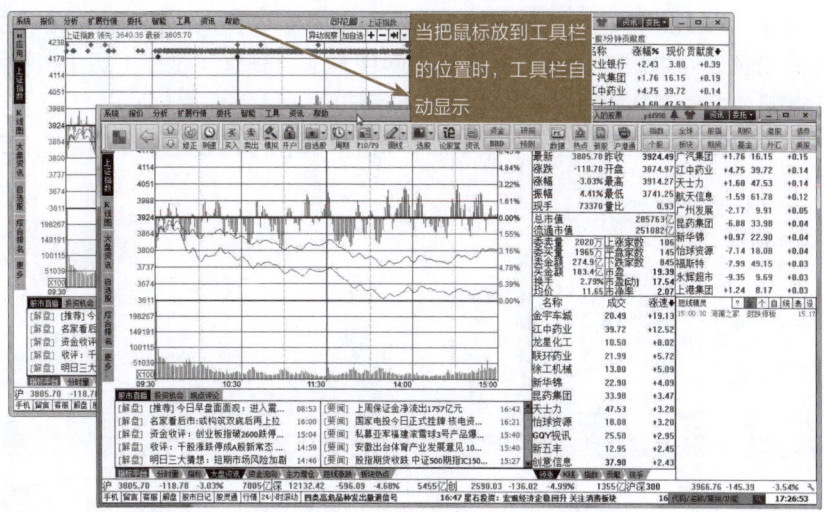

3. 隐藏工具栏

【隐藏工具栏】与【自动隐藏工具栏】的区别在于，前者是将工具栏完全隐藏，后者是当鼠标放在工具栏的位置时工具栏仍然出现。

当执行【隐藏工具栏】后，工具栏设置的其他选项不可用，如下图所示。

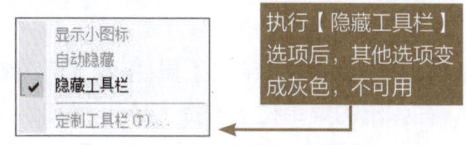

4. 定制工具栏

通过【定制工具栏】选项可以在工具栏中添加或删除按钮，并且可以改变各按钮的排列顺序。

1 选择【工具】➤【工具栏设置】➤【定制工具栏】菜单命令，在弹出【定制工具栏】对话框中将【测速】选项取消，然后勾选【撤单】和【收益宝】选项，如下图所示。

2 单击【确定】按钮，返回同花顺软件界面时，可以看到【测速】选项已经不在了，而同时多了【撤单】和【收益宝】选项，如下图所示。

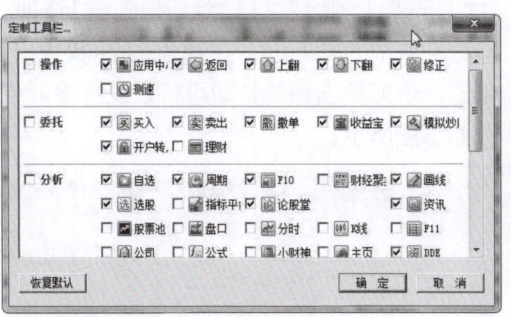
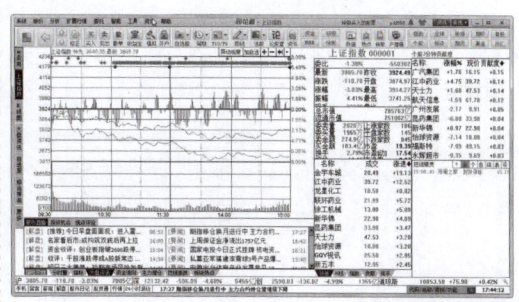

32.1.2 画线工具设置

【画线工具】里有直线、射线、平行线、通道线、八浪线、五浪线、头

肩底、M头、W底、江恩线、角度线、矩形、圆、文字工具、上涨箭头和下跌箭头等。

在同花顺软件中调用画线工具通常有两种方法：一是通过【工具】➤【画线工具】菜单命令调用；二是通过单击工具栏【画线】图标。

选择【工具】➤【画线工具】菜单命令调用，弹出【画线工具】菜单，如下图所示。

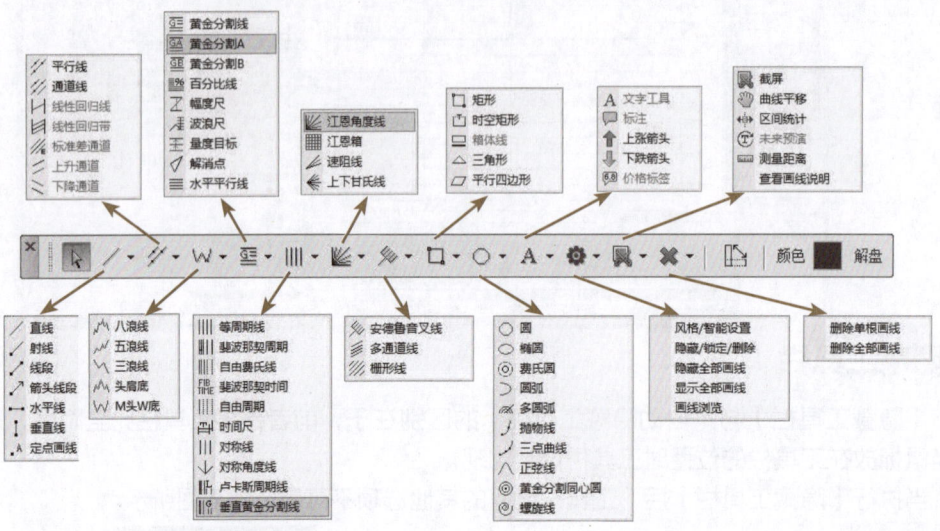

1 进入上证指数的K线图，单击工具栏【画线】图标，在弹出的菜单栏上选择【M头W底】选项，在K线图上拖曳光标选择要画线的区域，如下图所示。

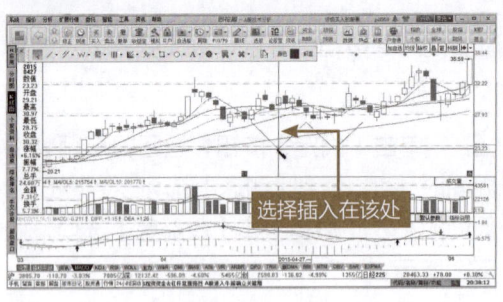

2 插入后，按住端点进行调节，如下图所示。

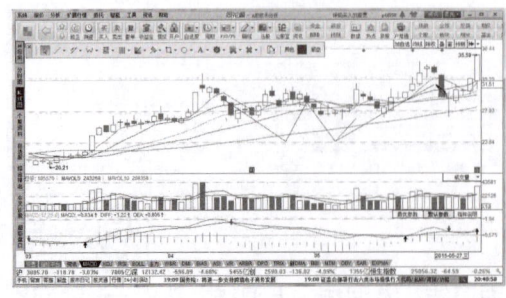

3 重复执行步骤1、2，给K线图添加直线和给成交量区域添加椭圆，结果如下图所示。

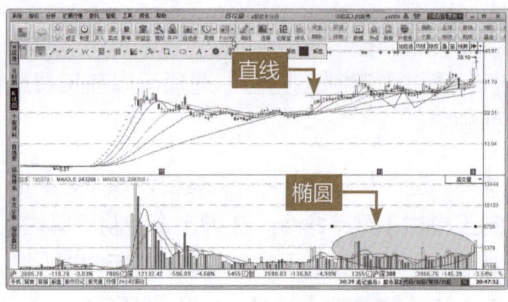

4 选择【删除】➤【删除单根画线】选项，当鼠标变成"🖊"时，在需要删除的对象上单击，例如单击直线，即可将直线删除，结果如下图所示。

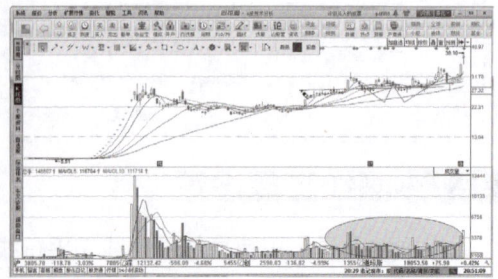

5 选择【删除】➤【删除全部画线】选项，页面弹出提示框，提示是否删除当前页面所有画线，单击【确定】按钮，即可将当前页面的所有画线删除，结果如下图所示。

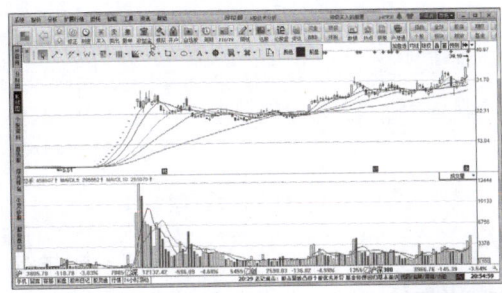

32.1.3 自选股板块设置

投资者可通过选择【工具】➤【自选股板块设置】菜单命令，在打开的【自选股板块设置】对话框中根据自己的需要选择自选股，并根据需要可以将它们分成不同板块，然后进行颜色设置等。

1. 添加自选股

1 选择【工具】➤【自选股板块设置】菜单命令，弹出【自选股板块设置】对话框，如下图所示。

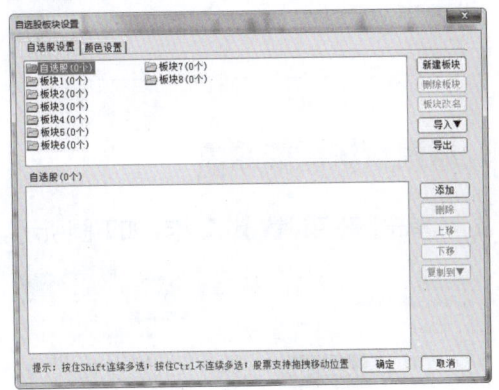

2 单击【自选股】，然后单击【添加】按钮，在弹出的输入框中输入所要添加的自选股的代码，如下图所示。

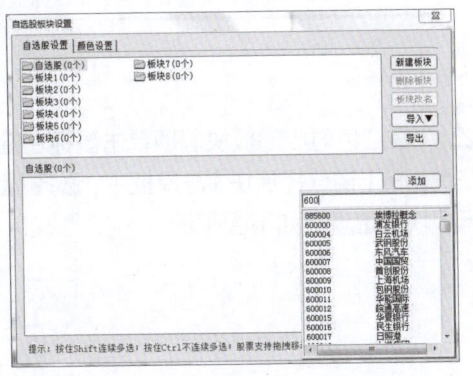

3 输入好代码后，双击所选择的股票或选中后按【Enter】键，即可将该股票添加到自选股中，如下图所示。

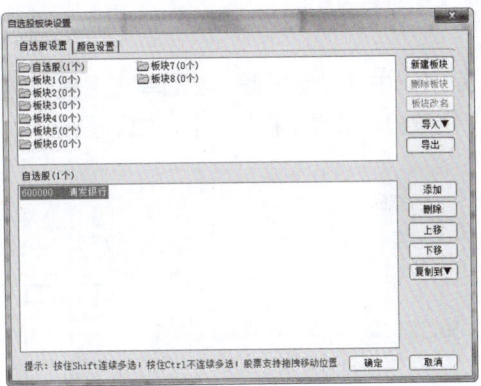

4 重复执行步骤 2~3，继续添加自选股，完成后如下图所示。

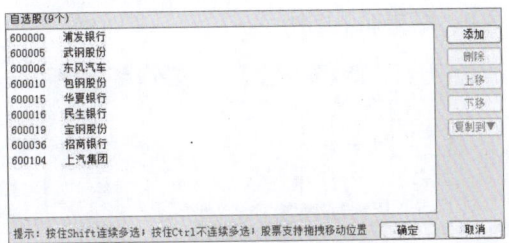

5 按住【Ctrl】键选中华夏银行、民生银行、招商银行，然后拖动鼠标，将它们放到浦发银行下面，完成后如下图所示。

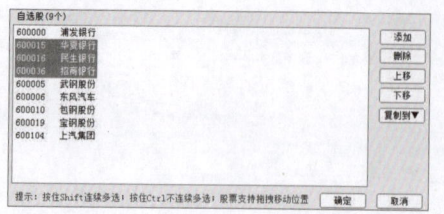

6 重复执行步骤 5，将包钢股份和宝钢股份放到武钢股份下面，结果如下图所示。

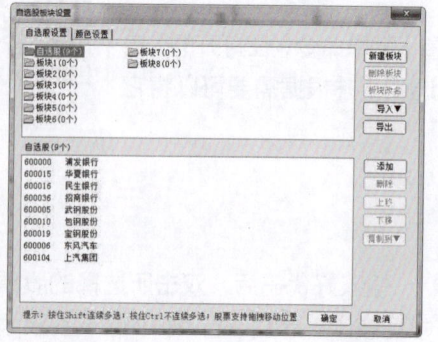

2. 创建板块股

1 选中 4 个银行股，然后单击【复制到】下拉按钮，选择【板块 1】，如下图所示。

2 重复执行步骤 1，将 3 个钢铁股复制到【板块 2】，将 2 个汽车股复制到【板块 3】，结果如下图所示。

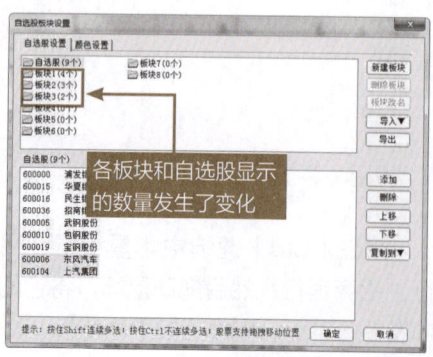

3 单击【板块 1】，然后单击【板块改名】按钮，将名称改为【银行板块】，如下图所示。

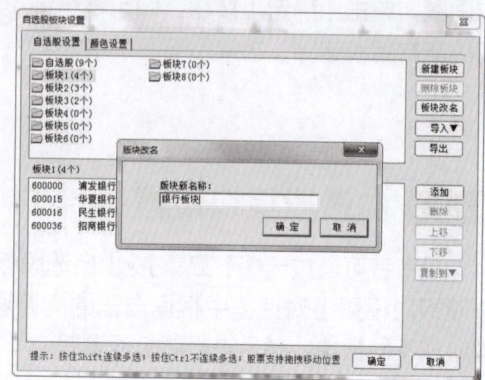

4 重复执行步骤 3，将【板块 2】的名称改为【钢铁板块】、将【板块 3】的名称改为【汽车板块】，结果如下图所示。

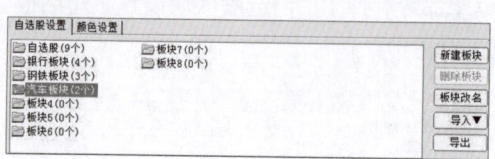

3. 设置板块股的颜色

1 单击【颜色设置】选项卡，如下图所示。

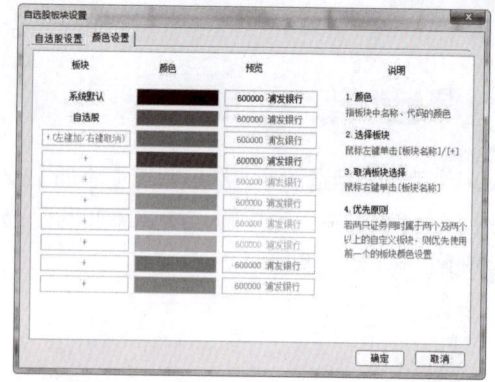

2 在红色对应的板块选项单击鼠标左键，在弹出的【请选择板块】选择框中，选择【银行板块】选项，如下图所示。

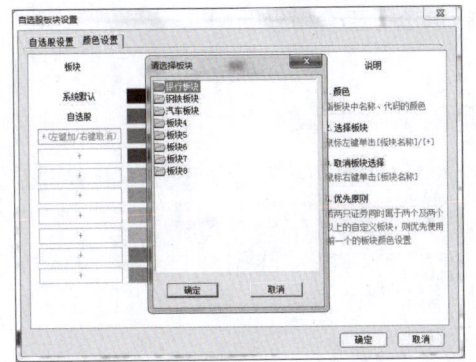

板块的颜色设置为蓝色，将汽车板块的颜色设置为紫色，结果如下图所示。

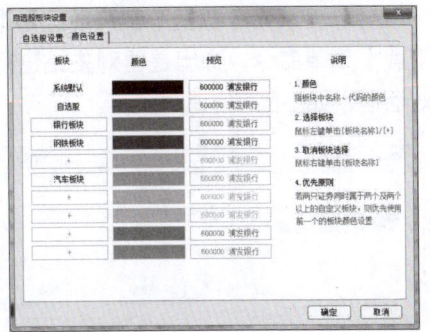

3 单击【确定】按钮，然后分别将钢铁

4 单击【确定】按钮，退出【自选股板块设置】对话框。在同花顺软件界面单击左侧的【自选股】选项卡，弹出所选股票的详细情况，如下图所示。

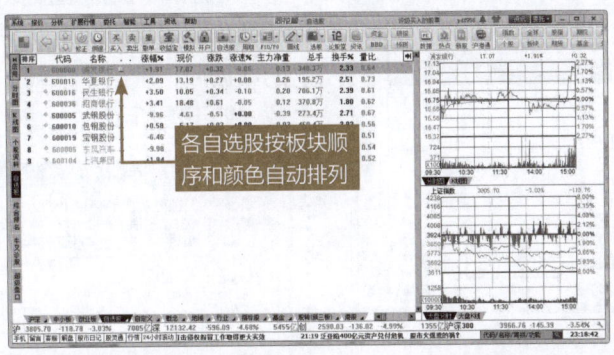

各自选股按板块顺序和颜色自动排列

32.2 数据的下载及管理

同花顺的数据下载及管理主要包括数据下载、维护、导入和导出。选择【工具】➤【数据下载及管理】菜单选择相应的选项，如下图所示。

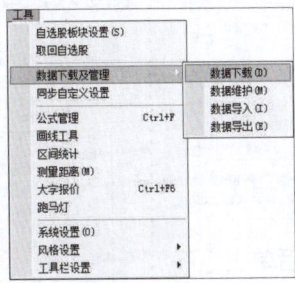

32.2.1 数据下载

使用数据下载功能，首先要连接到主站，然后将数据下载到本地计算机

上。数据下载后，即使断开连接，也可以对股市行情进行查看和分析。

数据下载的具体操作步骤如下。

1 选择【工具】➤【数据下载及管理】➤【数据下载】菜单命令，弹出是否对主站进行测速对话框，如下图所示。

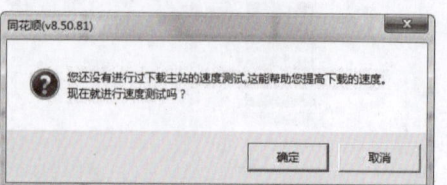

2 单击【确定】按钮，弹出【选择最优下载主站】对话框，如下图所示。

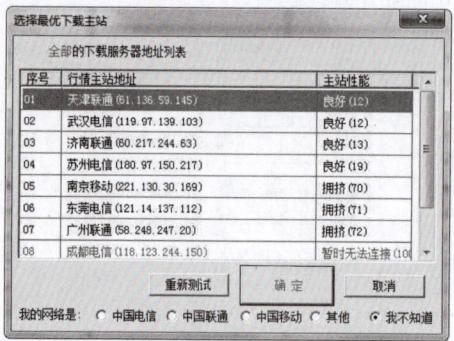

3 单击【中国电信】单选钮，然后在上方服务器地址列表中列出了性能良好的电信主站，如下图所示。

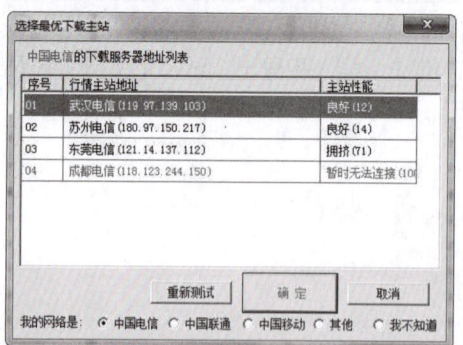

4 选择性能良好的主站，然后单击【确定】按钮，连接到主站后，弹出【数据下载中心】对话框，选择不同的选项卡，下载不同的数据，可以下载沪深选股数据、分钟K线数据、财务数据和扩展市场数据，如下图所示。

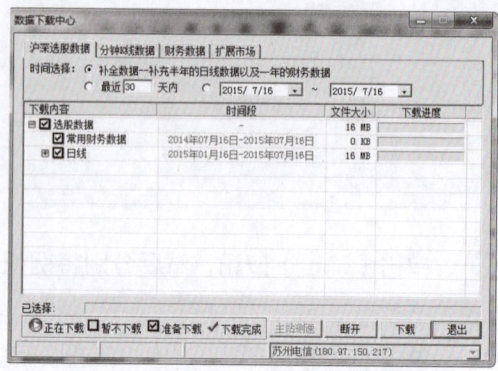

5 选择【沪深选股数据】选项卡，然后在列表框中展开数据类型，选中需要下载的数据后，单击【下载】按钮，即可开始下载，如下图所示。

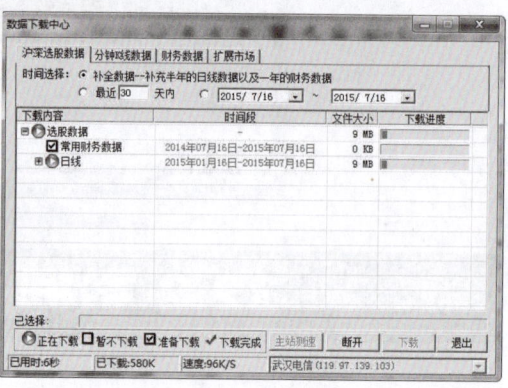

6 下载完成后，系统开始自动将下载数据导入，如下图所示。

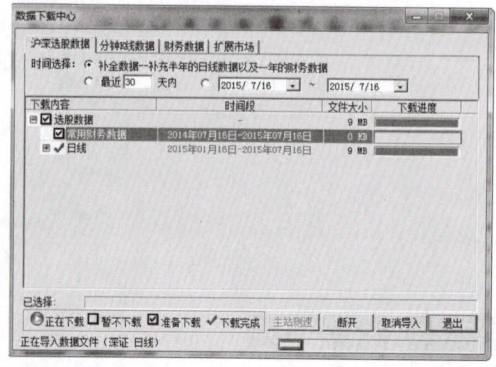

7 数据导入结束后,弹出数据导入完成提示框,单击【确定】按钮,即可退出数据下载中心,如下图所示。

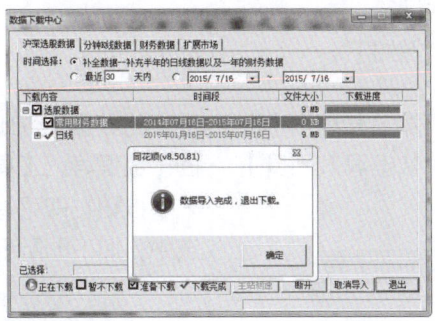

32.2.2 数据维护

使用数据维护功能可以对系统中指定的数据进行删除和整理操作,对混乱或错误的数据进行整理,删除掉不需要的数据,以释放更多的磁盘空间。

1 选择【工具】▶【数据下载及管理】▶【数据维护】菜单命令,打开【数据维护中心】对话框,如下图所示。

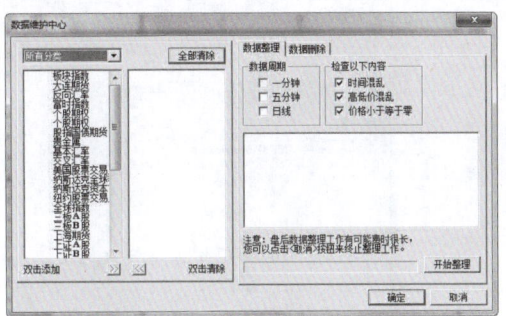

2 双击对话框左侧的数据,即可将它添加到右边的区域,如下图所示。

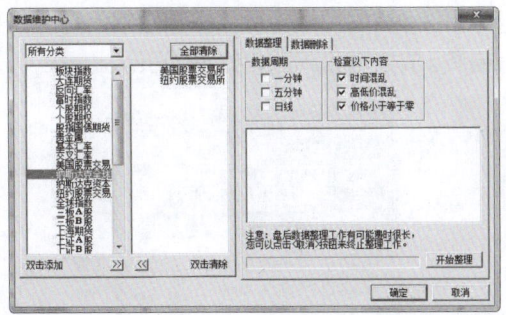

3 在【数据整理】选项卡的【数据周期】选项框中勾选【一分钟】,然后单击【开始整理】按钮,即可对数据进行整理,如下图所示。

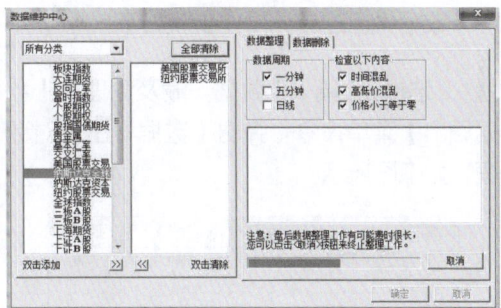

4 单击【数据删除】选项卡,在该选项卡下勾选想要删除的数据,设置好删除范围后,单击【开始删除】按钮,即可将对应的时段内的该数据删除,如下图所示。

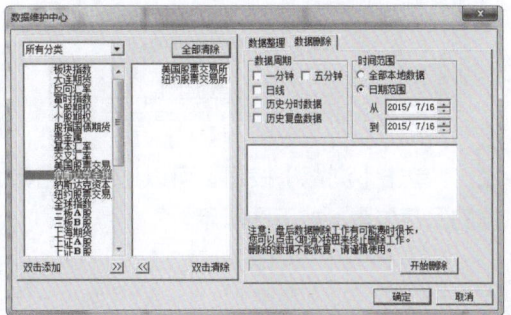

32 同花顺的控制中心 **545**

32.2.3 数据导入

数据导入功能是将计算机上的数据导入同花顺系统中，这些数据包括行情数据、财务数据、资讯数据等。

导入数据的具体操作步骤如下。

1 选择【工具】➢【数据下载及管理】➢【数据导入】菜单命令，弹出【数据导入工具】对话框，如下图所示。

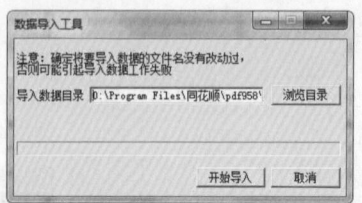

2 单击【浏览目录】按钮可以选择需要导入的数据文件所在的位置，选择完成后返回【数据导入工具】对话框，单击【开始导入】按钮，即可将指定的数据导入同花顺系统中，如下图所示。

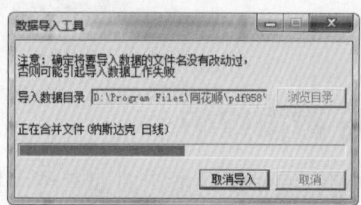

32.2.4 数据导出

数据导出与数据导入是一对相反的操作，数据导出是将同花顺系统中存在的各种数据导出到计算机上指定的位置，供他人下载、复制等。

数据导出的具体操作步骤如下。

1 选择【工具】➢【数据下载及管理】➢【数据导出】菜单命令，弹出【数据导出】对话框，如下图所示。

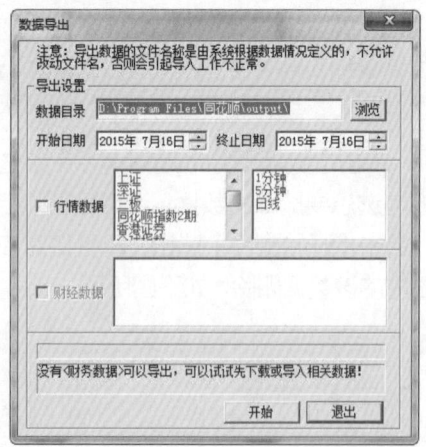

2 单击【浏览】按钮，可以选择导出数据的保存位置，如下图所示。

3 导出位置设置完成后，设置导出数据的日期，然后勾选【行情数据】复选框，并选择行情数据和周期，如下图所示。

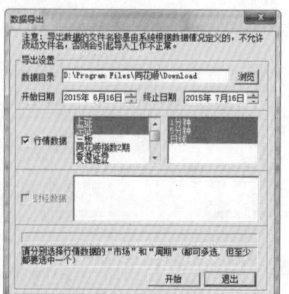

4 单击【开始】按钮，开始导出数据，如右图所示。数据导出成功后，单击【退出】按钮即可。

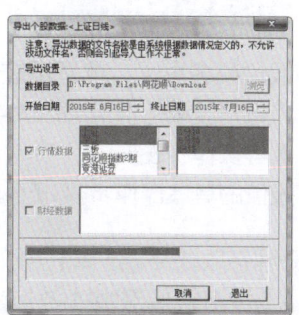

32.3 其他设置

除了上面这些设置外，工具栏菜单还提供了同步自定义设置、大字报价、跑马灯和系统设置等。这节就来介绍这些设置的具体操作。

32.3.1 同步自定义设置

同步自定义设置是将自定义指标、表格修改和预警设置等定义设置同步到服务器上，投资者如果在其他计算机上使用统一账号登录，可以在服务器上取回这些设置。

同步指定已设置的具体操作如下。

1 选择【工具】▶【同步自定义设置】菜单命令，弹出【用户自定义设置】对话框，如下图所示。

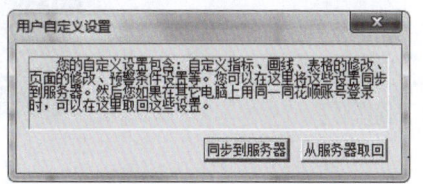

2 单击【同步到服务器】按钮，弹出提示上传配置成功提示框，如下图所示。

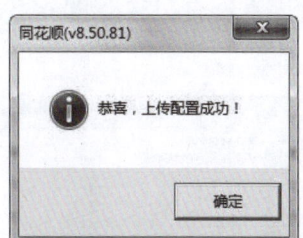

3 单击【确定】按钮，即可完成同步自定义设置。在另外一台电脑登录同花顺账号后，选择【工具】▶【同步自定义设置】菜单命令，打开【用户自定义设置】对话框，如下图所示。单击【从服务器取回】按钮，在弹出的提示框中，提示服务器上存在的同步自定义设置，如下图所示。

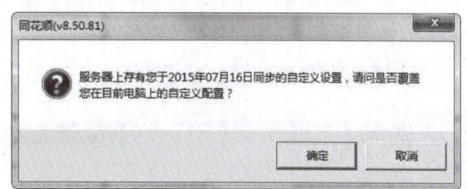

4 单击【确定】按钮，覆盖目前电脑上的自定义配置。然后弹出提示成功下载自定义配置，如下图所示，单击【确定】按钮，重新启动同花顺，并使配置生效。

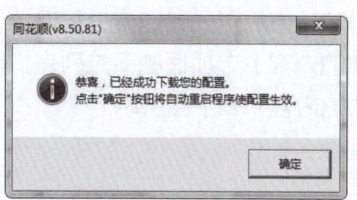

32.3.2 大字报价设置

大字报价顾名思义，就是用较大的字体显示股票的报价信息，大字体报价仅仅是将每只股票行情信息以大字体显示而已，其他对表格操作（如排序、移动、插入等操作）没变。

大字报价的具体操作步骤如下。

1 打开同花顺软件，选择【报价】➤【涨幅排名】➤【沪深A股涨幅排名】菜单命令，如下图所示。

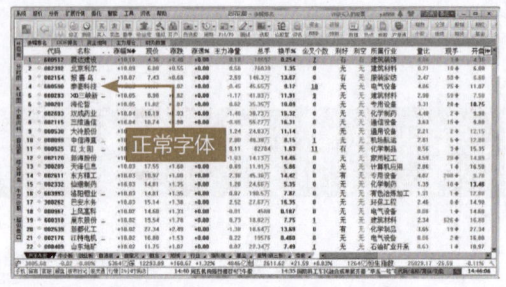

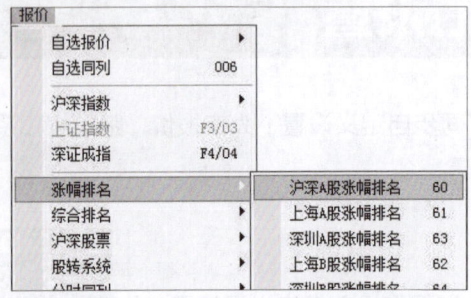

2 结果弹出【沪深A股涨幅排名情况】，排名显示的字体是正常字体，如下图所示。

3 选择【工具】➤【大字报价】菜单命令，结果排名以大字体显示，如下图所示。

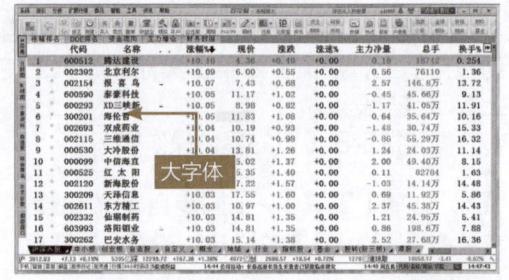

32.3.3 跑马灯设置

跑马灯是指以一个矩形条采用循环滚动的方式，显示股市行情报价信息。这种信息串首尾相连，向一个方向循环滚动，类似于跑马灯。

跑马灯的具体操作步骤如下。

1 选择【工具】➤【跑马灯】菜单命令，即可在当前弹出一个滚动矩形条来显示实时自选股的行情，如下图所示。

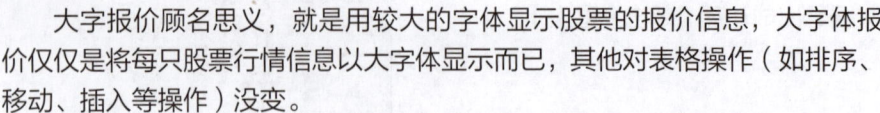

2 单击矩形条右侧的【设置】按钮，弹出【跑马灯设置】对话框，在该对话框上可以对滚动条的形式和速度进行设置，单击【滚动的内容】选项框的下拉列表，可以选择滚动的内容，如下图所示。

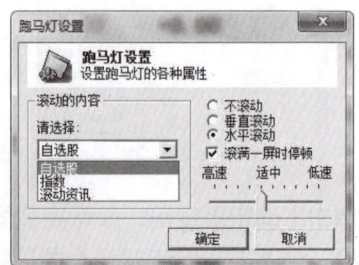

548

3 单击【改变滚动方式】按钮，可以在垂直滚动和水平滚动两种方式之间切换，如下图所示。

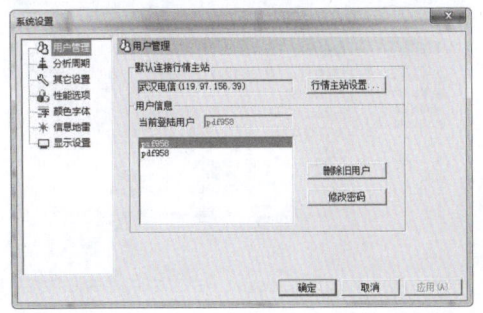

4 单击【关闭】按钮，可以关闭跑马灯效果。

32.3.4 系统设置

系统设置对话框中包含了用户管理、分析周期、其他设置、性能选项、颜色字体和信息地雷等选项。

1. 用户管理

1 选择【工具】▶【系统设置】菜单命令，即可打开【系统设置】对话框，如下图所示。

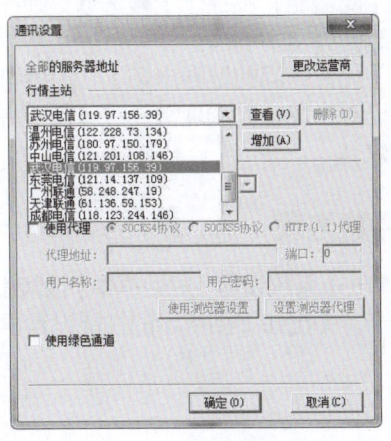

2 选中【用户管理】选项，单击【行情主站设置】按钮，可以打开【通讯设置】对话框，在该对话框中可以选择要登录的行情主站，并设置网络接入方式，如下图所示。

3【通讯设置】完成后，单击【确定】按钮，返回【用户管理】设置界面后，在【用户信息】列表框中选择一个用户，单击【修改密码】按钮，在弹出的【修改用户属性】对话框中修改所选用户的密码，如下图所示。修改完成后，单击【确定】按钮即可。

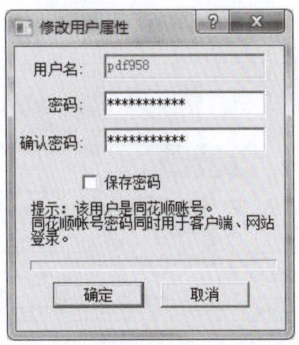

> **提示** ▶ 如果选中的用户是当前登录的用户，则【删除旧用户】处于不可用状态，即当前用户不能删除。

2. 分析周期

在【系统设置】对话框中选择【分析周期】选项卡，可以看到已有的分析周期和每个分析周期的功能特色，如下图所示。

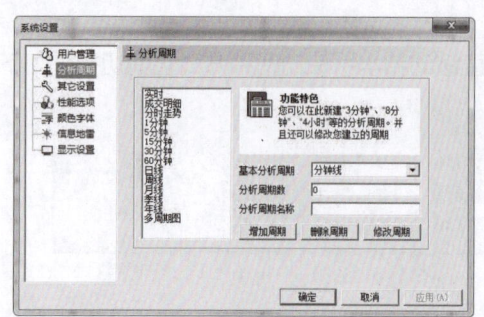

1 在【基本分析周期】下拉列表中选择【日线】选项,然后将分析周期设置为2,分析周期名称设置为【2日线】,如下图所示。

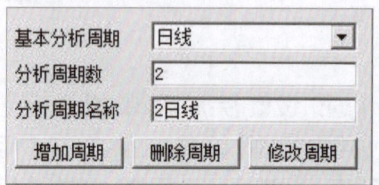

2 单击【增加周期】按钮,可将新建的周期添加到左侧的列表框。重复执行步骤1,继续创建【6分钟】和【半年线】,如下图所示。

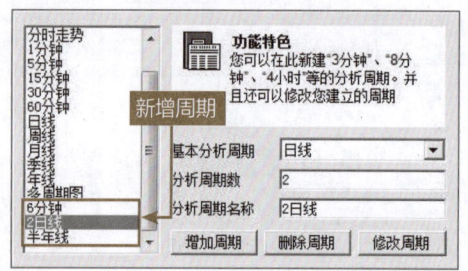

3 选择【6分钟】分析周期,然后单击【修改周期】按钮,在弹出的【新增分析周期】对话框中将名称改为【3分钟】,【分析周期数】改为3,如下图所示。

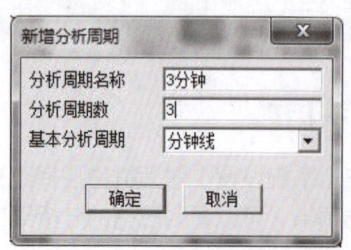

4 单击【确定】按钮,即可将【6分钟】线改为【3分钟】线。然后选中【2日线】选项,单击【删除周期】按钮,即可将【2日线】删除,结果如下图所示。

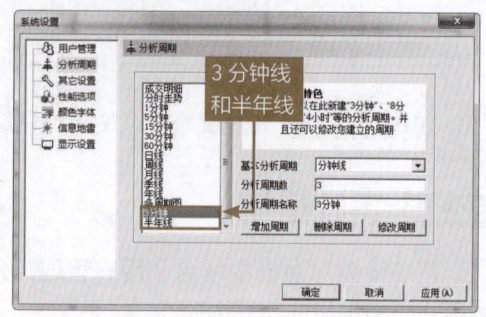

3. 其他设置

单击【系统设置】对话框【其它设置】选项卡,弹出如下图所示的其他设置界面。

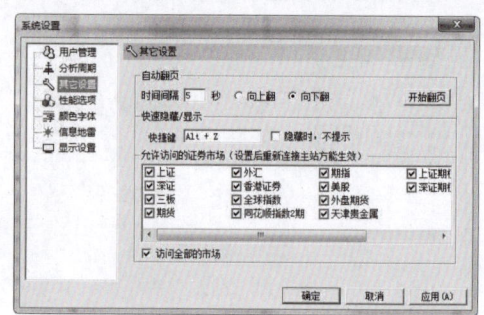

【自动翻页】:可以设置翻页的时间间隔和翻页方向。

【快速隐藏/显示】:在该区域可以设置【隐藏/显示】的快捷键,通过设置的快捷键可以显示或隐藏系统的程序界面。若不勾选【隐藏时,不提示】复选框,则在隐藏界面时会弹出提示框。

【允许访问的证券市场】:设置可以访问的证券市场,此选项需要重新连接主站方可生效。

4. 性能选项

单击【系统设置】对话框中【性能设置】选项卡,弹出如下图所示的性能设置界面。

在该选项卡下，投资者可以根据自己的使用习惯和实际需要勾选不同的选项，完成后单击【应用】即可。

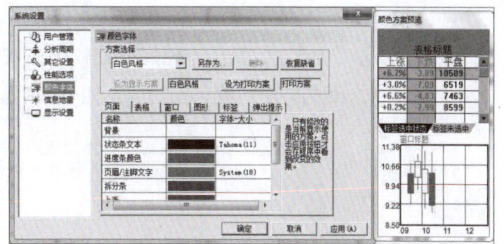

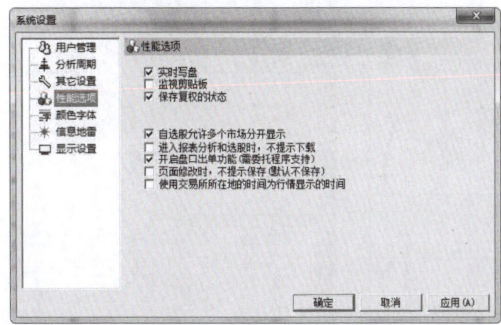

6. 信息地雷

在【信息地雷】选项卡下可以根据需要在【K线】和【分时线】中显示信息地雷的类型，如下图所示。

5. 颜色字体

【颜色字体】选项卡可对程序界面的各种颜色和显示字体进行设置，同时，根据需要还可以直接选择适合自己的方案。【颜色字体】选项卡的界面如下图所示。

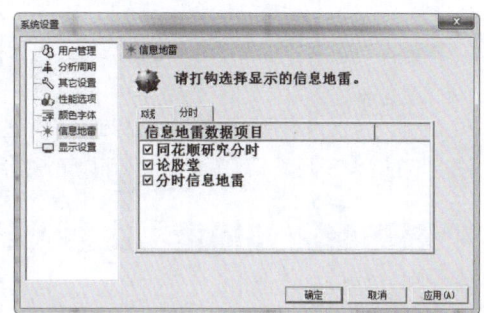

高手秘技

技巧 1 测量涨跌幅度

使用【测量距离】功能可以测量起始日期到终止日期的距离、涨跌和幅度。具体操作步骤如下。

1 选择【工具】➤【测量距离】菜单命令，如下图所示。

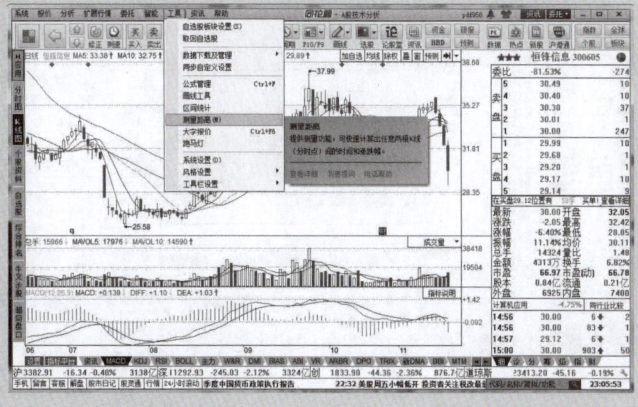

2 当鼠标变成一把尺子的样子,按住鼠标左键,点住测量起点拖动到终点,就会显示这之间的距离、涨跌和幅度,如下图所示。

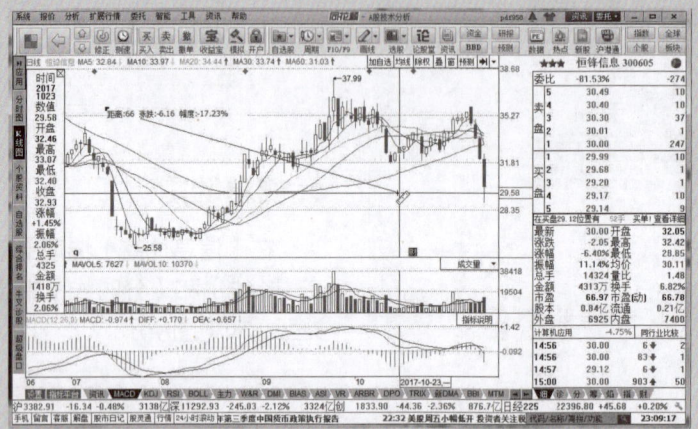

3 松开鼠标左键,鼠标变回尺子的样子,可以继续测量。再次单击【工具】菜单下的【测量距离】菜单命令,则可以正常使用其他功能。

技巧 2 如何查看主力大单

同花顺系统可以提供每笔成交金额在 100 万元以上的主力大单异动数据,准确捕捉主力投资目标。

在键盘上输入"91"并按回车键,即可查看主力大单。

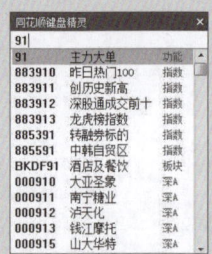

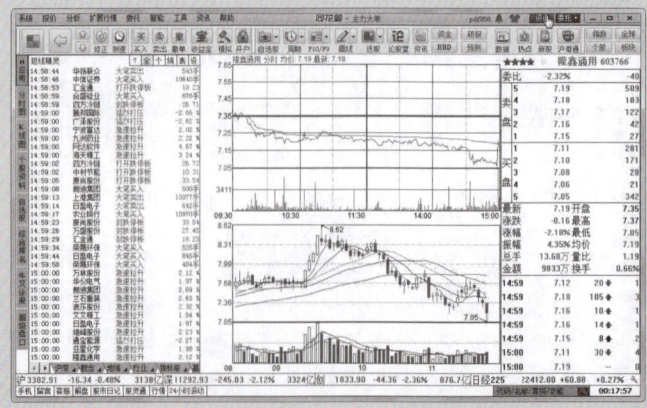

上图中,左侧为短线精灵,中间为个股分时和 K 线图,右侧为盘口报价。在左侧窗口的右上方可以在全部个股、单一个股间切换,单击【设】按钮,可以进行预警的设置。

33 公式和函数的应用

本章引语

每个笨蛋都会从自己的教训中吸取经验,聪明人则从别人的经验中获益!

——俾斯麦

同花顺中的公式和函数就是专业投资者从大量的失败教训、成功经验中总结出来的精华,合理运用公式和函数可以让我们从别人的经验中获益。

本章要点

★ 同花顺公式管理器与公式编辑
★ 同花顺公式编写的规则
★ 同花顺的常用函数

33.1 同花顺公式管理

同花顺软件将公式的各项功能及操作集中在【公式管理】中,通过【公式管理】投资者可以新建公式、查看或删除已有的公式等。

选择【工具】➤【公式管理】菜单命令,即可打开【公式管理】对话框,如下图所示。

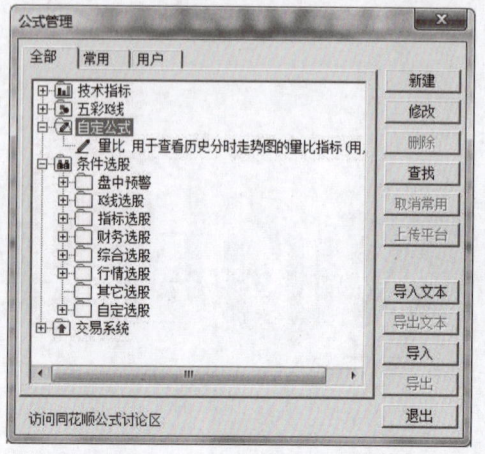

【公式管理】对话框有 3 个选项卡,分别是【全部】、【常用】和【用户】。

【全部】:该选项卡中显示了同花顺软件的所有公式,包括【技术指标】、【五彩K线】、【自定公式】、【条件选股】和【交易系统】,鼠标单击这些公式前的"+"按钮,可展开子目录,如下图所示。

【常用】:常用选项卡主要显示了常用的公式,同花顺默认的都是技术指标公式,如下图所示。

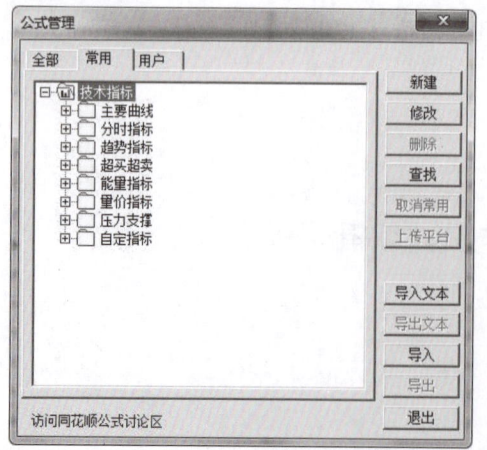

【用户】:该选项卡用于显示用户自定义的公式,如下图所示。

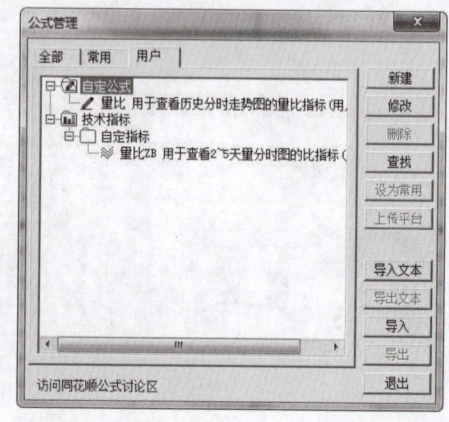

1. 添加常用公式

在同花顺软件中,用户可以根据使用习惯删除或添加常用公式,下面通过将【五彩K线】中的【W-01 早晨之星】添加到【常用】选项卡为例,来介绍设置常用公式的基本步骤。

1 在【公式管理】对话框中选择【五彩K线】➤【W-01 早晨之星】,然后单击对话框右侧的【设为常用】按钮,如下图所示。

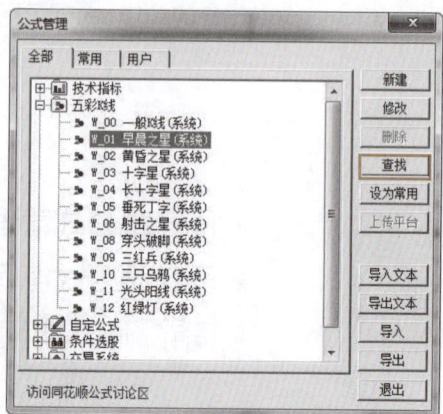

2 单击【常用】选项卡，可以看到【W-01 早晨之星】已经存在列表框中了，如下图所示。

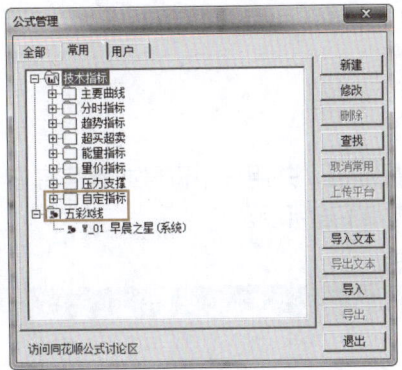

2. 导出公式

使用【公式管理】对话框中的【导入】、【导出】按钮可以将公式导入或导出系统，下面以将【条件选股】中【财务选股】中的【fx C-06 主营利润选股（系统）】导出为例，来介绍将公式导出系统的具体操作步骤。

1 选择【全部】➤【条件选股】➤【财务选股】➤【高级选股】➤【fx C-06 主营利润选股（系统）】按钮，如下图所示。

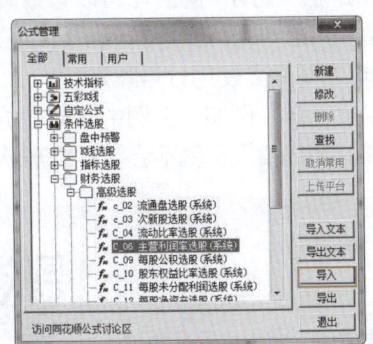

2 单击【导出】按钮，弹出【导入导出对话框模板】对话框，单击【浏览】按钮，选择导出公式的放置位置和文件名称，如下图所示。

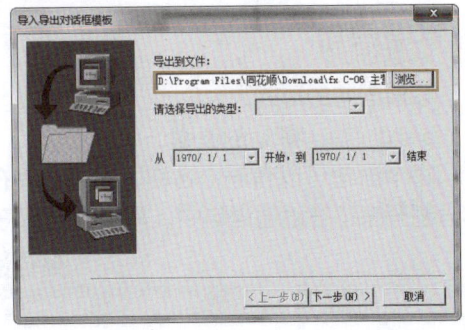

3 单击【下一步】按钮，选择需要导出的选项，如下图所示。

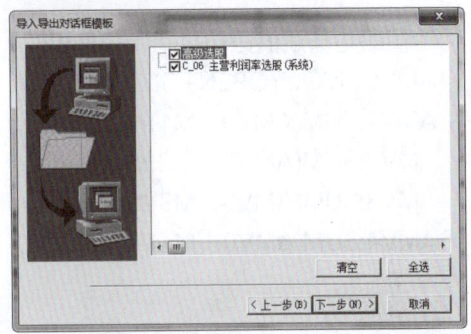

4 单击【下一步】按钮，弹出导出进度对话框，当导出完成后，单击【完成】按钮即可。

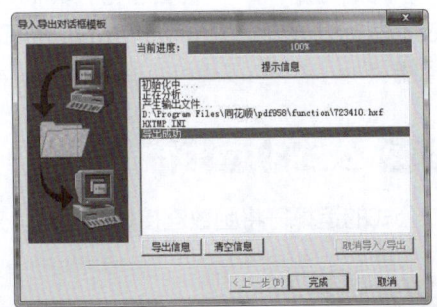

33.2 公式编写规则

同花顺软件中，所有的公式系统都是遵守统一的运算法则、统一的格式进行函数之间的计算。本节将介绍在编写公式过程中应注意哪些原则。

33.2.1 公式的构成

所有的公式体由若干语句按照一定的格式组成，每个语句表示一个计算结果。根据各个语句的功能，可以将公式分为两大类语句：赋值语句和中间表达式。

1. 赋值语句

赋值语句的形式为：

a=b：　　将 b 的值赋予 a

每个语句可以有一个名称，该名称写在语句的最前面，并用一个冒号或等号将它与语句分割开来。在赋值语句中，常用的运算符及其功能如下表所示。

赋值语句符号表

运算符	功能
=	赋值
:	赋值并输出数值或字符串
:>	赋值并输出图形

赋值语句与赋值语句之间用分号隔开，如下所示为成本价均线的技术指标公式：

AMV0:=VOL*(OPEN+CLOSE)/2
AMV1:SUM(AMV0，M1)/SUM(VOL，M1);
AMV2:SUM(AMV0，M2)/SUM(VOL，M2);
AMV3:SUM(AMV0，M3)/SUM(VOL，M3);
AMV4:SUM(AMV0，M4)/SUM(VOL，M4);

2. 中间语句

一个语句如果不需要显示，可以将它定义为中间语句。使用中间语句可以有效降低公式的书写难度，还可以将需要重复使用的语句定义成中间语句以减少计算量。每个公式最多可以分 6 个语句，中间语句数量没有限制，所有语句之间需要使用分号隔开。

中间语句用":="代替冒号，其他与一般语句完全一样。例如，上例中的成本价均线的技术指标公式中的第一句"AMV0:=VOL*(OPEN+CLOSE)/2"，就不会被系统辨认为是指标线。

33.2.2 公式的运算符

公式的运算符将函数连接成为公式，分为算术运算符和逻辑运算符两种。

1. 算术运算符

算术运算符包括"+""-""*""/"，它们分别对计算符两边的数据进行加减乘除计算，这与一般意义上的算术计算没有什么区别。

2. 逻辑运算符

逻辑运算符有 8 种，具体如下表所示。

逻辑运算符	所表达的含义	使用范例	返回值	说明
>	大于	1+1>2	0	如果条件成立计算结果就等于1，否则等于0。其中"逻辑与"表示两个条件都成立时，结果才成立。"逻辑或"表示两个条件中有一个成立，结果就成立
<	小于	1+1<2	0	
<>	不等于	1+1<>2	0	
>=	大于或等于	1+1>=2	1	
<=	小于或等于	1+1<=2	1	
=	等于	1+1=2	1	
AND	逻辑与	5>3 AND 5<6	1	
OR	逻辑或	5>3 OR 6<5	1	

33.2.3 数据引用

公式中的基本数据来源于接收的每日行情数据，这些数据是由行情函数从数据库中按照一定的方式提取。在进行数据引用的过程中，应对如下知识进行了解。

1. 数据类型

按照公式使用的数据类型，系统可以处理的数据分为变量和常量两种。所谓变量，就是一个随着时间变化而变化的数据。例如价格就是一个变量，因为每一时刻的成交价都在不停地变化。常量就是永远不变的数据，例如数值5就是一个常量。

2. 指标数据引用

在编写公式的过程中，有时候需要使用另外一个指标的值。如果重新编写这个指标显得太麻烦，此时就可以调用其他指标公式直接使用，无须重新编写。

引用其他指标公式的格式为："指标，指标线"（参数）。

对引用其他指标公式的格式进行如下说明：

指标和指标线之间用逗号隔开，一个指标不一定只有一条指标线，如果缺失，则表示引用最后一条指标线。

参数在表达式的末尾，必须用括号括起来，参数之间用逗号分开，通过参数设置可以选择设定该指标的参数，如果参数缺失，则表示使用该指标的默认参数设置。

整个表达式用引号引在其中，除参数外。例如："MACD，DEA"（25，10，5）表示计算MACD指标的DEA指标线，计算参数为25、10、5；"MACD"（25，10，5）表示该指标的最后一条指标线，计算参数是25、10、5；"MACD"表示该指标的最后一条指标线并且使用公式的默认参数。

3. 其他股票数据引用

使用以下的格式可以在当前的分析界面下引用大盘的数据或其他个股的数据实现横向上的对比。

引用大盘数据：引用大盘数据时可以使用INDEXC或NDEXV函数等。

引用个股数据 引用个股数据时使用"股票代码$数据"的格式。例如："600019$VOL"表示"600019"这个股票本周的成交量。"999998$CLOSE"同样也可以表示为A股指数本周的收盘价，此时的A股指数被视为一只个股。

33.3 函数简介

同花顺的公式编写系统为用户提供了24类约300个函数，不同类型的函数具有不同的含义。本节着重对其中常用的几类函数进行简单介绍。

33.3.1 行情函数

行情函数主要是获取基本数据，一般无参数。行情函数的名称及含义如下表所示。

函数名称	含义	应用说明
ADVANCE	上涨家数	本函数仅对大盘有用
AMOUNT	成交额	取得该周期成交额
ASKPRICE（N）	委卖价	ASKPRICE（N），其中N取1~3
ASKVOL（N）	委卖量	ASKVOL（N），其中N取1~3
BIDPRICE（N）	委买价	BIDPRICE（N），其中N取1~3
BIDVOL（N）	委买量	BIDVOL（N），其中N取1~3
BUYVOL	主动性买单	
CLOSE	收盘价	如果使用表达式"CLOSE>OPEN"，则表示当日收阳
DECLINE	下跌家数	
HIGH	最高价	
ISBUYORDER	是否为主动性买单	
LOW	最低价	
OPEN	开盘价	
SELLVOL	主动性卖单	
VOL	成交量	如果使用表达式"VOL/CAPITAL"，则得出换手率
DYNAINFO（N）	动态行情函数	DYNAINFO（N）主要用于获取动态的行情信息，输入不同的参数N，返回不同的行情信息，具体见下表所示

动态行情函数含义见下表。

N的取值	含义	N的取值	含义	N的取值	含义
3	昨收	13	振幅	26	买二量
4	今开	14	涨幅	27	买三量
5	最高	15	委比	28	买一价
6	最低	16	委差	51	内外比
7	最新	17	量比	52	多空平衡

续表

N 的取值	含义	N 的取值	含义	N 的取值	含义
8	总手	20	委买价	53	多头获利
9	现货	21	委卖价	54	空头回补
10	总额	22	内盘	55	多头止损
11	均价	23	外盘	56	空头止损
12	涨跌	25	买一量	57	笔升跌

33.3.2 大盘函数

大盘函数主要用来获取同期内大盘的相关信息。常用的大盘函数如下表所示。

函数名称	含义
INDEXA	表示同期大盘的成交额
INDEXADV	表示同期大盘的上涨家数
INDEXC	表示同期大盘的收盘价
INDEXDEC	表示同期大盘的下跌家数
INDEXH	表示同期大盘的最高价
INDEXL	表示同期大盘的最低价
INDEXO	表示同期大盘的开盘价
INDEXV	表示同期大盘的成交量

33.3.3 时间函数

常用的时间函数如下表所示。

函数名称	含义	应用说明
TRADETIME	总开盘分钟	用于求当前代码类型的开市交易时间。用法：TRADETIME，返回交易时间（单位为分钟）。例如：目前一般市场都返回242，与日期或具体的股票无关
FROMOPEN	距开盘分钟	用于求当前距开盘多长时间。用法：FROMOPEN，返回当前时刻距开盘多长时间（单位为分钟）。如当前时刻为10:00，则返回31
FROMNIGHT	距午夜秒	用于求当前时刻距午盘有多长时间。用法：FROMNIGHT，返回当前时刻距午夜有多长时间（单位为秒）。例如：当前时刻为14:00，则返回3600
FORMATTIME（N）	时间格式	用于转换时间的格式。用法 FORMATTIME(N)。目前，只支持N=1，把当前时间转换成距开盘分钟数则返回。例如：分时中的量比曲线公式：(VOL*(TRADETIME+1)*5)/(FORMATTIME(1)*FIVEDAYVOL)
COUNTTIME（N，L，K）	时间差	用于计算两个时间之间的差。用法：COUNTTIME(N, L, K)。N、L为时间，其格式为YYYYMMDD。K为1~3。当K为1时，表示返回第二个时间比第一个晚多少年。当K为2时，表示返回第二个时间比第一个晚多少月。当K为3时，表示返回第二个时间比第一个晚多少天。注意：这里返回值有正负号

33.3.4 引用函数

引用函数一般用于对一定周期内的数据进行计算统计。常用的引用函数

33 公式和函数的应用

如下表所示。

函数名称	含义	应用说明
HHV（X，N）	求最高值	用法：HHV（X，N），求N周期内X最高值，N=0则从第一个有效值开始，例如：HHV（HIGH，10）表示求10日最高价
REF（X，A）	向前引用	用于引用若干周期前的数据。用法：REF（X，A），引用A周期前的X值。例如：REF（CLOSE，1）表示上一周期的收盘价，在日线上就是昨收
LL（X，N）	求最低值	用法：LLV（X，N），求N周期内X最低值，N=0则从第一个有效值开始。例如：LLV（LOW，0）表示求历史最低价
SUM（X，N）	求和	用法：SUM（X，N），统计N周期中X的总和，N=0则从第一个有效值开始。例如：SUM（VOL，10）周期设为日线时，表示最近10个交易日的成交量之和。SUM（VOL，0）表示从传数据过来第一天起的成交量总和
BARSLAST（X）	上一次条件成立到当前的周期数	用法：BARSLAST（X），上一次X不为0到现在的天数。例如：BARSLAST（CLOSE/REF（CLOSE，1）≥1，1）表示上一个涨停板到当前的周期数
BARSSINCE（X）	第一个条件成立到当前的周期数	用法：BARSSINCE（X），第一次X不为0到现在的天数。例如：BARSSINCE（HIGH>20）表示股价超过20元时到当前的周期数
MA（X，N）	求简单移动平均	用法：MA（X，N），求X的N日移动平均值。算法：（X1+X2+X3+…+Xn）/N。例如：MA（CLOSE，5）表示求5日均价
SMA（X，N，M）	求移动平均	用法：SMA（X，N，M），求X的N日移动平均，M为权重。算法：若Y=SMA（X，N，M）则Y=[M×X+（N-M）×Y']/N，其中Y'表示上一周期Y值，N必须大于M。例如：SMA（CLOSE，10，1）表示求10日移动平均价
LLVBARS（X，N）	最低值周期数	用于求上一低点到当前的周期数。用法：LLVBARS（X，N），求N周期内X最低值到当前周期数，N=0表示从第一个有效值开始统计。例如：LLVBARS（HIGH，5）表示求得5日最低点到当前的周期数
DMA（X，A）	求动态移动平均	用法：DMA（X，A），求X的动态移动平均。算法：若Y=DMA（X，A）则Y=A×X+（1-A）×Y'，其中Y'表示上一周期Y值，A必须小于1。例如：DMA（CLOSE，VOL/CAPITAL）表示求以换手率作平滑因子的平均价
SUMBARS（X，A）	求和	用于求向前累加到指定值到现在的周期数。用法：SUMBARS（X，A）：将X向前累加直到大于或等于A，返回这个区间的周期数。例如：SUMBARS（VOL，CAPITAL）表示求完全换手到现在的周期数

续表

函数名称	含义	应用说明
COUNT（X，N）	统计满足条件的周期数	用法：COUNT（X，N），统计N周期中满足X条件的周期数，若N=0，则从第一个有效值开始。例如：COUNT（CLOSE>OPEN，10）表示统计10周期内收阳的周期数
BARSCOUNT（X）	有效周期数	用法：BARSCOUNT（X），第一个有效数据到当前的天数
BACKSET（X，N）	向前赋值	用法：BACKSET（X，N），若X非0，则将当前位置到N周期前的数值设为1。例如：BACKSET（CLOSE>OPEN，2）若收阳，则将该周期及前一周期数值设为1，否则为0
EMA（X，N）	求指数平滑移动平均	用法：EMA（X，N），求X的N日指数平滑移动平均。算法：若Y=EMA（X，N），则Y=[2*X+（N-1）*Y']/（N+1），其中Y'表示上一周期Y值。例如：EMA（CLOSE，10）表示求10日指数平滑均价
WMA（X，A）	求加权移动平均	用法：WMA（X，A），求X的加权移动平均。算法：若Y=WMA（X，A），则Y=（N*X0+（N-1）*X1+（N-2）*X2）+…+1*XN）/（N+（N-1）+（N-2）+…+1）X0表示本周期值，X1表示上一周期值……例如：WMA（CLOSE，30）表示求30日加权均价
HHVBARS（X，N）	最高值周期数	用法：HHVBARS（X，N），求N周期内X最高值到当前周期数，N=0表示从第一个有效值开始统计。例如：HHVBARS（HIGH，0）表示求得历史新高到当前的周期数

33.3.5 算术函数

算术函数主要用于对指定的数据进行求值运算，常用的算术函数如下表所示。

函数名称	含义	应用说明
SQRT（X）	开平方	用法：SQRT（X）为X的平方根。例如：SQRT（CLOSE）表示收盘价的平方根
REVERSE（X）	求相反数	用法：REVERSE（X）为返回-X。例如：REVERSE（CLOSE）表示返回-CLOSE
SIN（X）	求正弦值	用法：SIN（X）为返回X的正弦值
NOT（X）	求逻辑非	用法：NOT（X）为返回非X，即当X=0时返回1，否则，返回0。例如：NOT（5>3）表示返回0
MAX（A，B）	求最大值	用法：MAX（A，B）为返回A和B中的较大值。例如：MAX（CLOSE-OPEN，0）表示若收盘价大于开盘价，则返回它们的差值，否则返回0
BETWEEN（A，B，C）	介于两个数之间	用法：BETWEEN（A，B，C）表示A处于B和C之间时返回1，否则返回0。例如：BETWEEN（CLOSE，MA（CLOSE，10），MA（CLOSE，5））表示收盘价介于5日均线和10日均线之间

续表

函数名称	含义	应用说明
COS（X）	求余弦值	用法：COS（X）为返回X的余弦值
RANGE（A，B，C）	介于某个范围之间	用法：RANGE（A，B，C）表示A大于B同时小于C时返回1，否则返回0。例如：RANGE（CLOSE，MA（CLOSE，5），MA（CLOSE，10））表示收盘价大于5日均线并且小于10日均线
POW（X，Y）	求幂	用法：POW（X，Y）表示求X的Y次幂。例如：POW（3，2）为9
LONGCROSS（A，B，N）	两条线维持一定周期后交叉	用法：LONGCROSS（A，B，N）表示A在N周期内都小于B，本周期从下方向上穿过B时返回1，否则返回0。例如：LONGCROSS（MA（CLOSE，5），MA（CLOSE，10），5）表示5日均线维持5周期后与10日均线交金叉
ABS（X）	求绝对值	用法：ABS（X）表示返回X的绝对值。例如：ABS（-5）返回5
MIN（A，B）	求最小值	用法：MIN（A，B）表示返回A和B中的较小值。例如：MIN（CLOSE，OPEN）返回开盘价和收盘价中的较小值
MOD（A，B）	求模运算	用法：MOD（A，B）表示返回A对B求模。例如：MOD（26，10）返回6
CROSS（A，B）	两条线交叉	用法：CROSS（A，B）表示当A从下方向上穿过B时返回1，否则返回0。例如：CROSS（MA（CLOSE，5），MA（CLOSE，10））表示5日均线与10日均线交金叉
ISNULL（A）	判断是否为空	用法：ISNULL（A）表示如果A为空（即没有数据）则返回1，否则返回0

33.3.6 指标函数

常用的指标函数如下表所示。

函数名称	含义	应用说明
COST（X）	求成本分布	用法：COST（X）表示X%获利盘的价格是多少。例如：COST（20）表示有20%的持仓量在该价格以下，其余80%在该价格以上，为套牢盘。该函数仅对日线分析周期有效
SAR（N，S，M）	计算抛物线转向	用法：SAR（N，S，M），N为计算周期，S为步长，M为极值。例如：SAR（5，4，20）表示计算5日抛物转向，步长为4%，极限值为20%
SARTURN（N，S，M）	求抛物转向点	用法：SARTURN（N，S，M），N表示计算周期，S为步长，M为极限值，若发生向上转向则返回1，若发生向下转向则返回-1，否则为0；其用法与SAR函数相同
ZIG（K，N）	之字转向	用法：ZIG（K，N），当价格变化量超过N%时转向，K=0表示开盘价，K=1表示最高价，K=2表示最低价，K=3表示收盘价。例如：ZIG（1，5）表示当前最高价超过上次ZIG转向输出值的+5%或-5%，则输出当前最高价并ZIG转向
PEAK（K，N，M）	求前M个波峰值	用法：PEAK（K，N，M）表示之字转向ZIG（K，N）的前M个波峰的数值，M必须大于或等于1。例如：PEAK（1，5，1）表示5%最高价ZIG转向的上一个波峰的数值

续表

函数名称	含义	应用说明
PEAKBARS（K，N，M）	求前 M 个波峰位置	用法：PEAKBARS（K，N，M），表示之字转向 ZIG（K，N）的前 M 个波峰到当前的周期数，M 必须大于或等于 1。例如：PEAK（0，5，1）表示 5% 开盘价 ZIG 转向上一个波峰的当前的周期数
TROUGH（K，N，M）	求前 M 个 ZIG 转向波谷值	用法：TROUGH（K，N，M）表示之字转向 ZIG（K，N）的前 M 个波谷的数值，M 必须大于或等于 1。例如：TROUGH（2，10，2）表示 5% 最低价 ZIG 转向的前 2 个波谷的数值
TROUGHBARS（K，N，M）	求前 M 个波谷位置	用法：TROUGHBARS（K，N，M）表示之字转向 ZIG（K，N）的前 M 个波谷到当前的周期数，M 必须大于或等于 1。例如：TROUGHBARS（2，10，2）表示 10% 最低价 ZIG 转向的前 2 个波谷到当前的周期数
PWINNER（N，X）	求远期获利盘比例	用法：PWINNER（N，X）表示最近 N 天前的那部分成本以 X 价卖出的获利盘比例。例如：PWINNER（20，CLOSE），表示 20 天前的那部分成本以当前收市价卖出的获利盘比例。又如：返回 0.2 表示 20% 获利盘。该函数仅对日线分析周期有效
LWINNER（N，X）	求近期获利盘比例	用法：LWINNER（N，X）表示最近 N 天的那部分成本以 X 价卖出的获利盘比例。例如：LWINNER（20，CLOSE），表示最近 20 天的那部分成本以当前收市价卖出的获利盘比例。又如：返回 0.2 表示 20% 获利盘。该函数仅对日线分析周期有效
PPART（N）	远期成本分布比例	用法：PPART（N）表示 N 天前的成本占总成本的比例。例如：PPART（10），表示 10 天前的成本占总成本的比例；返回 0.2 表示 20%

33.3.7 财务函数

常用的财务函数如下表所示。

函数名称	含义	应用说明
QUARTERREP（&N，K，L）	季报	用于调用季报数据。用法：QUARTERREP（&N，K，L），N 为财务数据项，K 可以是 1（表示最近一次的季报）、2（表示上一次的季报）、3、4 等或者直接输入希望调用的年份，L 可以是 1 或 3 即第一季度或第三季度的季报。注意 L 仅在 K 选择年份的时候适用
MIDREP（&N，K，L）	中报	用于调用中报数据。用法：MIDREP（&N，K，L），N 为财务数据项，K 可以是 1（表示最近一次的中报）、2（表示上一次的中报）、3、4 等或者直接输入希望调用的年份
YEARREP（&N，K）	年报	用于调用年报数据。用法：YEARREP（&N，K），N 为财务数据项，K 可以是 1（表示最近一次的年报）、2（表示上一次的年报）、3、4 等或者直接输入希望调用的年份
REP（&N，K）	同期报表	用于调用最近一次报表或与其同类型报表的数据。用法：REP（&N，K），N 为财务数据项，K 为 1（表示最近一次公布的报表）、2（表示去年与最近一次公布报表同类型报表）、3、4 等

续表

函数名称	含义	应用说明
REPDATE（&N, M, K）	取报表日期	用于取某个财务数据项的报表日期。用法：REPDATE（&N, M, K），N＝财务数据项。M＝引用周期数，与YEARREP等的调用相同。K＝1（一季度报表）、2（中报）、3（三季度报表）、4（年报）。如REPDATE（&ZGB, 1, 4），表示取最近总股本年报的报表日期。

33.4 公式应用实战

通过【公式编辑】可以创建和修改6类公式：技术指标公式、条件选股公式、五彩K线公式、自定公式、预警公式和交易系统公式。【公式编辑】的编辑公式的具体操作步骤如下。

1 选择【工具】➤【公式管理】菜单命令，在打开【公式管理】对话框右侧单击【新建】按钮，弹出【新建】对话框，如下图所示。

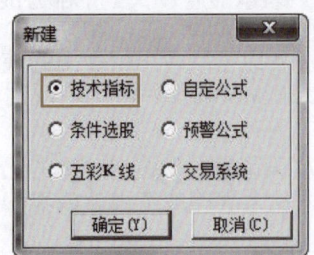

2 选择【技术指标】选项，然后单击【确定】后弹出【公式编辑—技术指标】对话框，如下图所示。

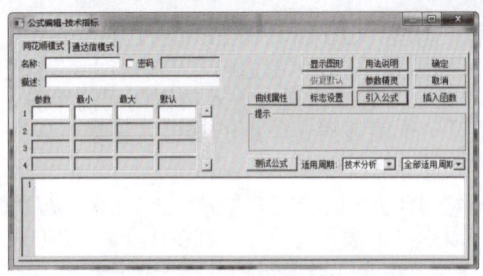

3 在【公式编辑—技术指标】对话框中输入公式名称和描述，接下来对参数进行定义并在编辑器中输入代码，如下图所示。

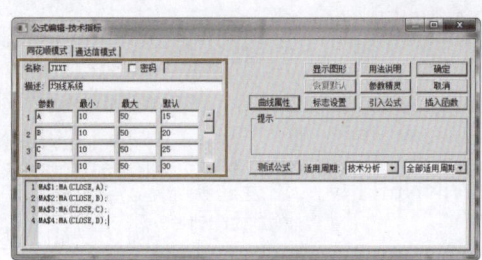

4 单击【曲线属性】按钮，弹出【普通曲线高级设置】对话框，单击【坐标类型】选项卡，选择【主图坐标】，如下图所示。

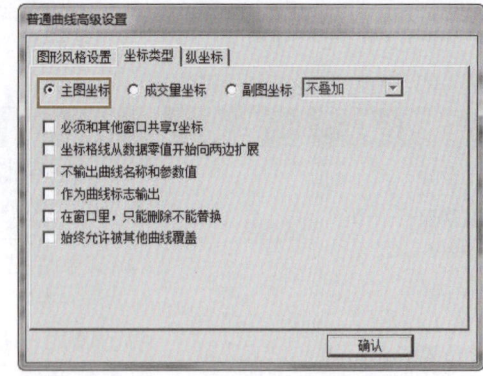

5 单击【确认】按钮，返回【公式编辑—技术指标】对话框，然后单击【确定】按钮保存编写的指标公式。返回【公式管理】对话框中，单击【用户】选项卡，并依此展开【技术指标】➤【指定指标】，即可看到刚编辑的公式已经保存到技术指标公式中了，

如下图所示。

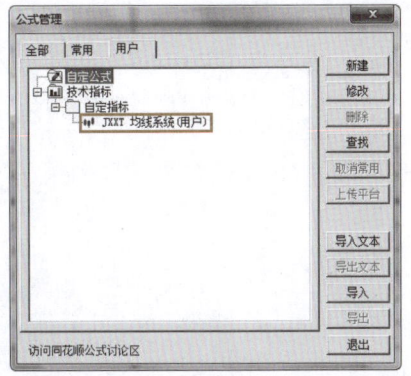

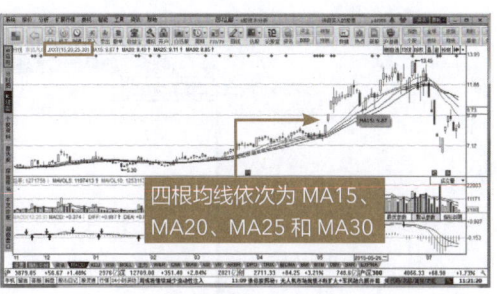

四根均线依次为 MA15、MA20、MA25 和 MA30

8　在叠加的 K 线单击鼠标右键，将弹出快捷菜单，如下图所示。

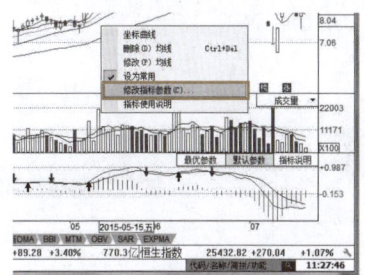

6　将同花顺软件界面切换到 K 线图中，然后单击鼠标右键，在弹出的快捷菜单中选择【常用指标】▶【JXXT】，如下图所示。

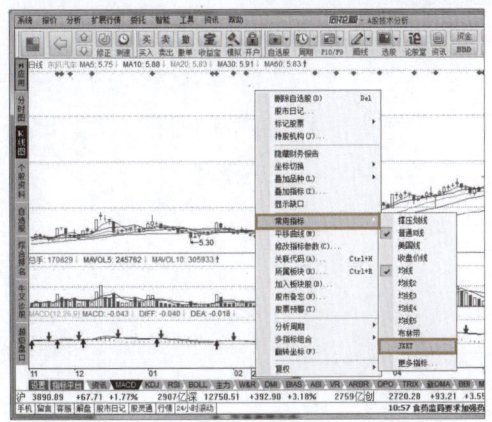

9　在弹出的快捷菜单上单击【修改指标参数】选项，将弹出【技术指标参数设置】对话框，在对话框上可以修改参数值以控制均线的显示，如下图所示。

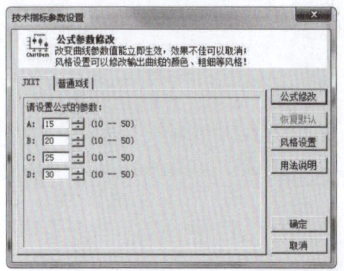

7　选择【JXXT】指标后，系统将用自编的技术指标显示均线，如下图所示。

高手秘技

技巧 1　股市日记

写股市日记是一种辅助炒股看盘的方式，很多投资者在每日的点滴记录中发现自己的股市真经，这说明细节决定成败。

1　启动同花顺软件，在界面窗口单击右键，在弹出的快捷菜单选择【股市日记】选项，弹出【股市日记】对话框，如下图所示。

33　公式和函数的应用　　565

2 选择需要添加日记的日期，然后单击【记事】按钮，在弹出的【添加记事】对话框中输入标题和内容，如下图所示。

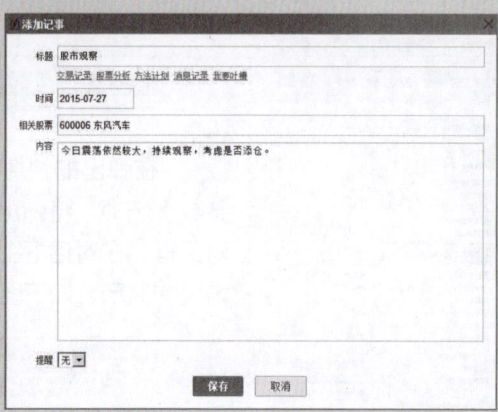

3 单击左下角的【提醒】下拉按钮，然后选择"有"，在日期选择框中单击，在弹出的日期列表上选择提醒的日期，如下图所示。

4 设置完成后，单击【保存】按钮，退出【股市日记】对话框，然后查看该股时可以看到该股前面有记事本标记，如下图所示。

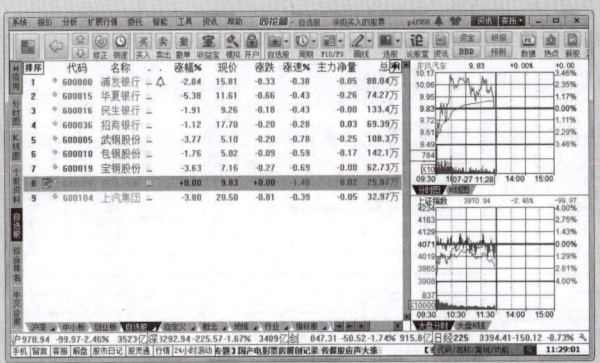

5 双击记事本图表，即可弹出【查看记事】对话框，在该对话框中，可以对所记录的内容进行编辑，如下图所示。

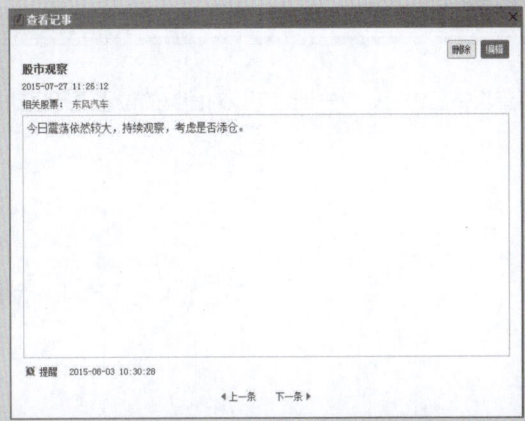

技巧 **2** 股市备忘录

股市备忘录与股市日记相似，所不同的是，股市日记除了当前日期，可以选择其他日期填写日记，以及设定提示日期，而股市备忘只能书写当前的备忘情况。具体操作步骤如下。

1 启动同花顺软件，在界面窗口单击右键，在弹出的快捷菜单中单击【股市备忘】选项，弹出【股市备忘】对话框，在该对话框中输入备忘的内容，如下图所示。

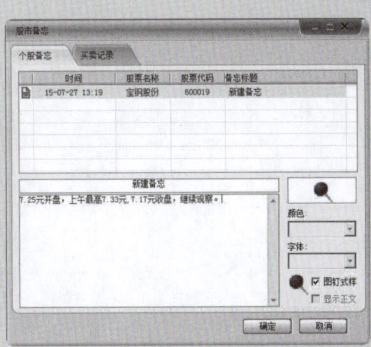

33 公式和函数的应用 | 567

2 输入完成后,单击【确定】按钮,退出【股市备忘】对话框,然后单击【分时图】选项卡,即可看到备忘图钉,如下图所示。

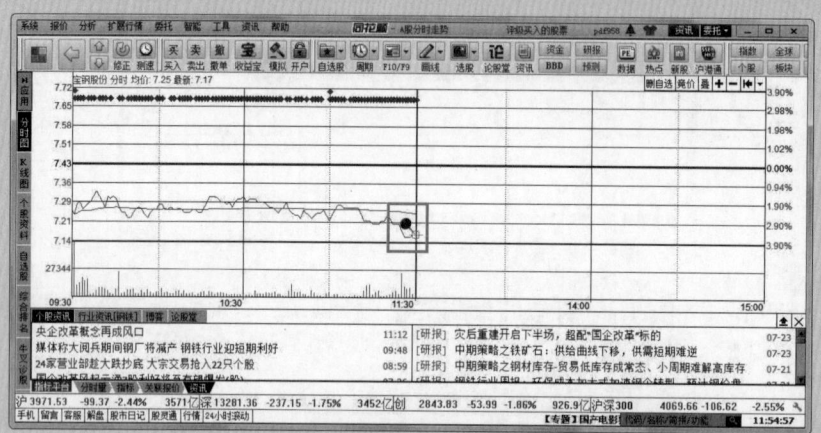

3 双击图钉可以查看备忘内容,单击图钉可以对图钉的位置进行移动。

34 电脑、手机和平板电脑协同炒股

本章引语

过去的数据并不能对未来的发展提供保证,只是建议罢了。

——本杰明·格雷厄姆

股市的涨跌瞬间变化万千,对于短线投资者来说,如果不能实时掌握股市信息,那无疑是瞎马。手机和平板电脑炒股 APP 的迅速发展,弥补了电脑炒股软件的不足,它可以让你随时随地掌握实时的股市动态。

本章要点

★ 常用炒股 APP
★ APP 的注册与登录
★ APP 上的模拟交易

34.1 常用炒股 APP 简介

股市的上涨带动的不仅是股民的暴增,伴随着移动互联网的发展,也带动了一大批炒股 APP 在风起云涌的股市里追逐。

2007 年,大智慧、同花顺等在 PC 端形成"垄断"之势,而今与炒股相关的 APP 已经有几百个,既有老一代的大智慧、同花顺,也有新一代的股票雷达、公牛炒股、投资堂等。这一节我们就来对市场上常用的看盘、交易 APP 进行介绍。

1. 同花顺

同花顺 APP 可以支持 90% 券商在线交易的炒股 APP;支持手机、PC、网站多平台云同步;支持 A 股、基金、实时港股、美股、全球股指、期货、外汇等多种金融工具的操作。

同花顺手机版的界面内容非常丰富,除了包含大盘指数、自选股、开户转户等信息之外,还有模拟炒股、基金理财、彩票等工具,行情、交易和咨询等信息可以实时推送。该 APP 支持资讯订阅,并可查看网友评论。针对初次使用软件的新手,它还提供了手把手教学视频。其界面如下图所示。

2. 大智慧

大智慧 APP 给人的第一印象就是界面简洁、传统。它支持 50 余家券商在线委托交易,采用手机专用交易接口,提供 5 档行情参考,保障投资者安全快捷的交易。

大智慧 APP 的特色功能有:自选股异动监控,个股资讯信息、重大公告新闻等实时提醒;消息预警支持盘中动态个性化推送提醒,股价、涨跌幅、换手率、信息地雷一触即发。其界面如下图所示。

3. 掌上钱龙

掌上钱龙有全智能主力、超无限应用和畅享全免费的特色功能。

全智能主力:主力资金排行、推送强势

牛股、锁定强势个股、揭示主力动向、主力资金追踪和辅助抓涨避跌等。

超无限应用：超强触感，目标一点必达，主动推送当日要点及热门信息，轻松指定自选股，个股详情一览无遗。

畅享全免费：只需要手机注册账号，即可开通实时免费主力数据。

资讯、决策、交易为一体的手机炒股软件。其界面如下图所示。

4. 益盟操盘手

益盟操盘手是上海益盟软件技术有限公司旗下的一款专业的证券软件产品。益盟操盘手手机APP凭借着炒股双核"操盘线和主力资金功能组"的完美组合，辅以资讯培训，为不同投资方式、不同投资习惯、不同风险偏好的中长线或短线证券投资者提供解决方案。不仅如此，益盟操盘手还充分考虑到了用户体验方面的页面扭转、菜单组合等小细节，让用户的使用得心应手。操盘手几乎涵盖了Windows Phone、Android和iOS等市面上常见手机平台的不同版本。

Android版本还首创黄金买卖点提示，追踪主力动向，上交所Level2用户数第一。

益盟操盘手Android版是集看盘、分析、

5. 通达信

通达信手机炒股软件是通达信官网全新推出的适用于广大投资者的移动证券软件，具有信息全面丰富、运行稳定高效、结构清晰易上手的特点，与其他行情软件相比，有简洁的界面，行情更新速度较快。

34.2 APP 注册与登录

要想使用 APP 软件炒股,首先就要下载软件,注册用户。这一节我们就以同花顺 APP 为例,来介绍炒股 APP 软件的下载、安装、注册与登录等。

34.2.1 下载与安装 APP

用户可以在手机上打开同花顺官网下载 APP,下面以安卓系统手机为例,介绍下载与安装 APP 的方法。如果用户使用的是苹果手机,则可在 APP Store 中搜索、下载并安装同花顺 APP。

1 登录同花顺官方网站,然后选择【APP 下载】按钮,如下图所示。

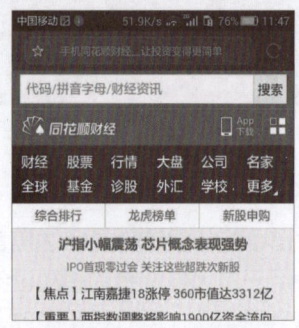

2 下载完成后,单击【安装】按钮进行安装,如下图所示。

3 安装进程比较简单,如下图所示。

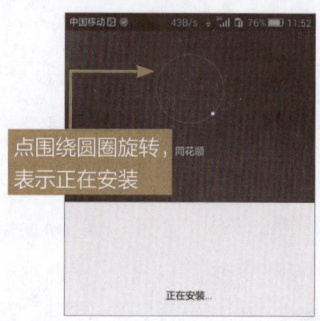

4 安装完成后,弹出安装完成界面,如下图所示。

5 安装完成后,同花顺的图标出现在桌面上,如下图所示。

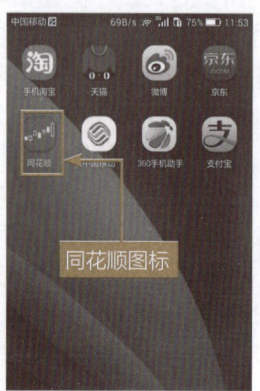

34.2.2 注册与登录

同花顺安装完成后，单击桌面图标即可进入。第一次打开软件时，会弹出同花顺的一些介绍图片，不用管它，直接往后翻页，当出现【点击进入】按钮后，单击即可进入。进入同花顺界面后，即可开始注册账号了。这一节我们就来介绍如何注册和登录。

1 在桌面上单击同花顺图标，进入同花顺界面，如下图所示。

2 单击【登录】按钮，弹出登录界面，如下图所示。

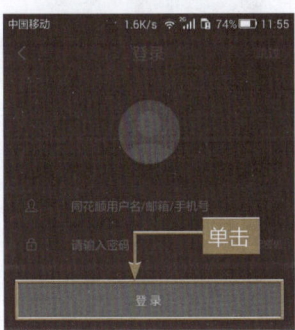

3 单击【手机快速注册】按钮，在弹出的【免费注册】界面输入手机号，如下图所示。

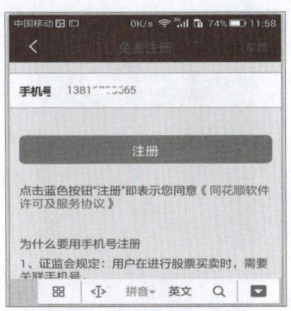

4 单击【注册】按钮，之后同花顺官方会短信提示使用本机发送密码，发送密码成功后，同花顺官方会短信提醒注册成功，如下图所示。

5 注册成功后，输入账号（手机号）和密码即可登录，登录后如下图所示。

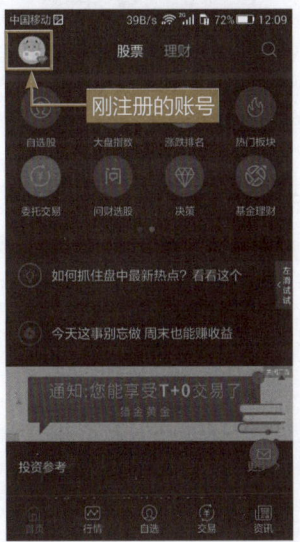

34.2.3 盘面信息和自选股

查看盘面信息和自选股信息的具体操作步骤如下。

1. 查看盘面信息

1 在首页界面单击【大盘指数】按钮，进入【市场行情】界面，如下图所示。

2 单击【上证指数】选项，即可进入查看上证指数，如下图所示。

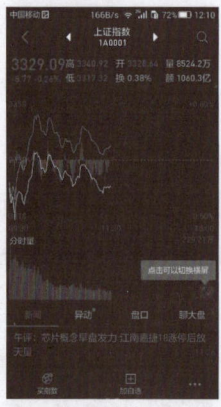

3 单击【盘口】按钮，可以查看盘口信息，如下图所示。

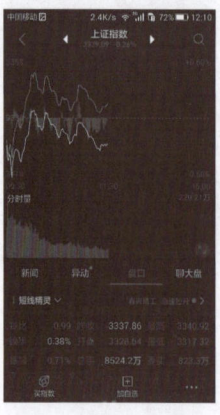

2. 自选股

1 在首页界面单击【自选股】按钮，即可进入自选股界面，在搜索框输入股票代码，并单击要加入自选股的股票，如下图所示。

2 添加完成后如下图所示。

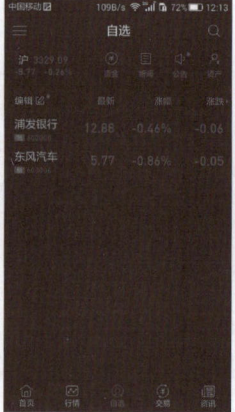

3 单击自选股中的某一只股票，即可进入该股票的分时走势图界面，如下图所示。

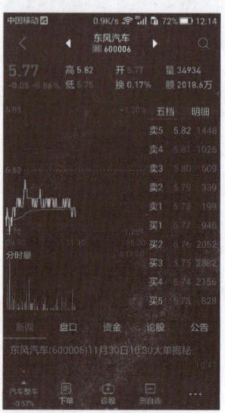

4 单击【盘口】按钮，可以查看盘口的信息，如下图所示。

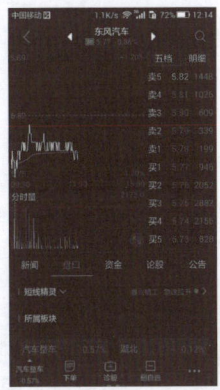

34.3 模拟交易

模拟交易操作和真实交易操作相同，对于没有经验的新手来说，最好还是从模拟交易练习开始。模拟交易的具体操作如下。

1 单击登录界面首页下面的【交易】菜单选项，在弹出的交易界面选择【模拟交易】选项，如下图所示。

2 单击【买入】按钮，在【买入】输入框中输入买入股票的代码和买入份额，如下图所示。

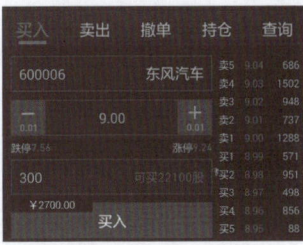

3 单击【买入】按钮，弹出【买入委托】提示单，如下图所示。

4 单击【确认买入】按钮，弹出合同号系统信息，单击【确定】按钮，即可完成买入操作，如下图所示。

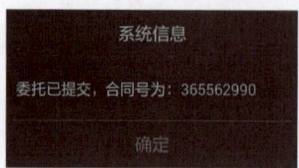

6 单击【卖出】按钮，弹出【卖出委托】提示单，如下图所示。

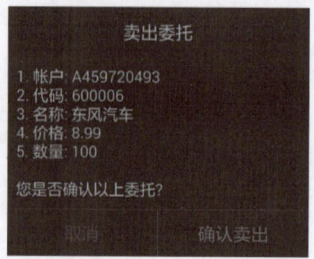

5 在模拟交易界面单击【卖出】按钮，在弹出的【卖出】输入框中输入想卖出的股票代码和份额，如下图所示。

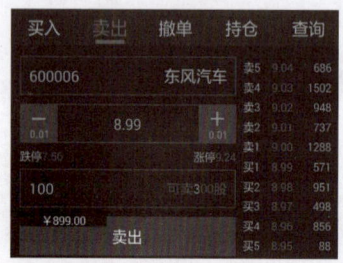

7 单击【确认卖出】按钮，在弹出的合同号系统信息上，单击【确定】按钮，即可完成卖出操作。

34.4 手机炒股的注意事项

手机炒股带来的方便和快捷是不言而喻的，但随之而来的也要注意手机炒股的安全问题和网络及流量问题。

1. 安全问题

手机炒股首先要注意的就是安全问题，安全问题主要包括以下三个方面。

（1）服务提供商的安全性问题。

一些手机炒股软件在装载时会为股民定制广告短信，有股民可能会轻信一些以哄抬股票价格为目的的虚假信息，从而遭受损失。

（2）手机使用安全问题。

股民使用手机炒股软件时，虽然每次交易前都要输入密码，在一定程度上保证交易的安全性，但手机炒股毕竟属于非现场交易，系统不能辨别交易人员的真实性。因此，股民一旦遗失手机，务必要及时更改密码。平时交易时，手机也尽量不要交给其他人使用。

（3）要防范手机病毒。

手机上网很容易感染病毒。为了手机安全，最好装一个手机杀毒软件，定时进行查毒杀毒，防患于未然。其中尤以支持蓝牙功能的手机中毒的机会最大，因此，不要经常无故开启手机的蓝牙功能。

2. 网络及流量问题

手机炒股首先是基于网络的，只有券商方面开通了网络交易功能，我们才能实现手机炒股。而要上网，就要产生流量，产生费用。

使用手机炒股软件，建议申请一个流量套餐，否则会使手机的流量花费剧增。此外，手机炒股特别需要注意的是，根据目前相关的证券法规，手机因信号故障影响到股民交易而造成的损失，证券公司是不负任何责任的，所以最好选择一个速度快且稳定的服务套餐。就目前而言，4G 套餐速度最快且相对稳定。

3. 精简自选股

最后还要注意手机软件的选用问题，平时使用手机软件自选股不宜太多。选择过多，既会增加流量，又会使刷新速度变慢。在不看手机炒股行情时，建议退出手机软件，以免造成损失。

高手秘技

技巧 1　同花顺手机炒股支持的券商有哪些

目前同花顺手机炒股支持的券商见下表。

爱建证券	财达证券	财富证券	财通证券	长城证券
长江证券	网信证券（原诚浩）	川财证券	大同证券	德邦证券
东北证券	东方证券	东海证券	东莞证券	东吴证券
东兴证券	方正证券	华福证券	国都证券	国金证券
国开证券	国联证券	国盛证券	国泰君安	华金证券
恒泰证券	华宝证券	华创证券	华林证券	华融证券
红塔证券	华鑫证券	江海证券	中航证券	金元证券
开源证券	联讯证券	民生证券	民族证券	平安证券
中泰证券（原齐鲁）	国融证券（原日信）	山西证券	上海证券	世纪证券
首创证券	太平洋证券	天风证券	天一证券	万和证券
万联证券	五矿证券	西藏东方财富证券	西南证券	长城国瑞证券
湘财证券	兴业证券	银河证券	银泰证券	英大证券
浙商证券	中金公司	中山证券	中天证券	中投证券
中银国际	中邮证券	中原证券	广州证券	联储证券
申港证券				

技巧 2　同花顺手机炒股短信预警功能

只需在同花顺软件里设置好股价上破或下破某价格，一旦股价达到所设限制，用户就会收到短信提示。以下就简单介绍此功能用法。

1 打开已安装完成的同花顺手机炒股软件，进入在线服务功能，单击【绑定手机号】选项。

2 阅读提示信息后，单击"绑定手机号"确认，系统即会为用户发送短信。当绑定成功后，用户将接收到提示信息。

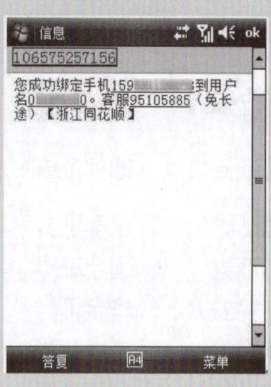

3 在需要预警的个股页面，用户单击【股价预警】选项。

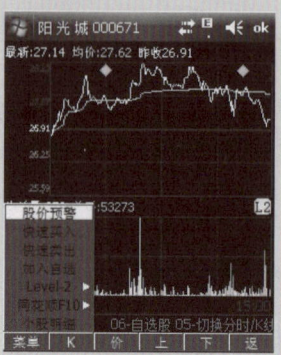

4 设置价格，最后确定，就完成了短信预警。

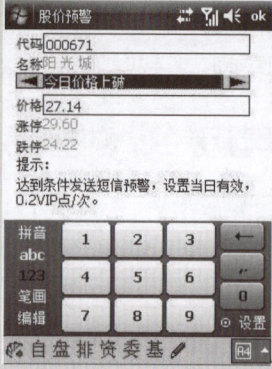

提示 ▶ 短信预警的有效时间是当天的 0:00 到 15:00（即下午收盘），如果在设置当天没有到达预警价格，将不会有短信提示，预警当天作废。如果用户账户中的 VIP 点数显示为 0 点，需要充值后，才能使用该项业务。在查询账户页面下，可以选择查看充值记录、消费记录。

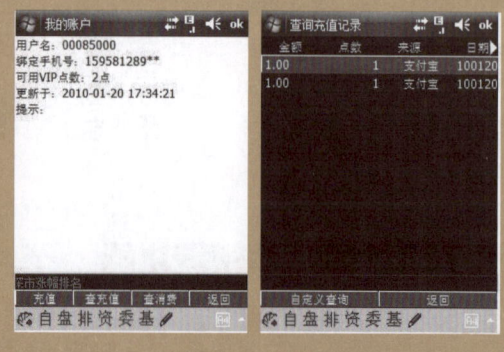

35 网上炒股安全防护

本章引语

明者远见于未萌，而智者避危于未形。

——司马相如

聪明的人可以预见未发生的事件即将发生，智慧的人可以在危难来临之前就想好了规避危险的方法。而网上炒股是有关投资人的资金安全的问题，尤其是网上存在较多的安全隐患，更应该做好电脑安全防护工作，确保网上安全交易。

本章要点

★ 网上炒股的安全防范措施
★ 使用网络账号保险箱
★ 手机炒股注意事项

35.1 网上炒股存在安全隐患

网上炒股的优势主要体现在投资者通过互联网获取各种股市信息，进行行情分析和交易，产生的股票交易单直接发到交易所的委托服务器实现交易。整个炒股过程方便快捷，为投资者节省了大量的时间和金钱。但网上炒股也存在一定的安全风险，这里介绍几种主要的网上炒股安全隐患。

1. 网络钓鱼

网络钓鱼指通过发送大量声称来自银行或其他知名机构的欺骗性邮件，引诱收信人在网站中输入用户名和密码进行登录的攻击方式。一旦投资者在这些假的网站上透露自己的账号信息，账号中的资金就可能会被不法黑客洗劫一空。

一般来说，假冒网站和真网站的界面、内容非常相似，网址也相近，令受骗者防不胜防。例如中国工商银行网站的网址中包含其缩写"icbc"，而用来进行网络钓鱼的假冒网站的地址将字母i改为l，变成了"lcbc"，受骗者如果不注意很难区别。

2. 病毒、木马

不法黑客通过植入病毒、木马，可以获取投资者计算机中的重要信息。目前有很多专门为网上炒股系统量身定做的病毒，投资者的计算机一旦感染这类病毒，账户资金很可能会被盗窃。

3. 密码破解

相比前两种盗窃方式，密码破解的技术含量比较低。有些投资者设置的密码过于简单，例如使用简单的数字组合、本人的电话号码或出生日期，不法分子只要知道这类投资者的账户号码，就可以通过专门的破解软件破解出投资者的密码。

35.2 常见的盗号手段

很多投资者对网上炒股这种新的交易方式缺乏了解，所以防范风险的意识也较弱，于是就会被"证券大盗"和"网上黑手"盗取账号和密码，而"证券大盗"和"网上黑手"在盗取投资者的账号和密码时，通常都是利用各种木马病毒。常见的盗号手段主要有以下7种。

1. 制作虚假网站

有的"证券大盗"和"网上黑手"会首先建立一个与网络银行的官方网站非常相像的假网页和域名，诱骗投资者输入账号密码等信息，或者在其制作的假网站中包含用于植入木马的恶意脚本。除此之外，"证券大盗"和"网上黑手"也会购买包含大量邮箱地址的数据库，然后向这些邮箱发送一些具有诱惑性的内容，引诱投资者访问假网页。无论采取哪种欺骗方式来盗号，一旦投资者受骗，他们的隐私数据都会被"证券大盗"和"网上黑手"得知。

2. 直接攻击服务器

"证券大盗"和"网上黑手"还会对金融网站的服务器直接发起攻击，以获取服务器中所有投资者的账号和密码。

3. 键盘记录

记录投资者的键盘输入顺序是网银木马最常用的手段。"证券大盗"和"网上黑手"所制造的"键盘记录木马"会自动监视投资者正在操作的窗口，当发现投资者正在访问某网银系统的登录页面时，就开始记录所有从键盘输入的内容。

4. 嵌入浏览器

网络银行的交易都是在网页浏览器中完成的，"证券大盗"和"网上黑手"所编写的嵌入浏览器进程中的恶意代码，不仅能够获取投资者当前访问的页面地址和页面内容，还能够在投资者账号和密码以 SSL 安全加密方式发送出去之前获取它们。"证券大盗"和"网上黑手"所编写的这种木马，通常还会改变投资者正在浏览的页面内容，如增加一段用以获取投资者账号和密码并发送出去的 JavaScript 脚本，或者让浏览器自动打开另外一个恶意的网页。

目前，对于那些只对交易对话进行验证，而没有对交易过程进行验证的 Web 系统，"证券大盗"和"网上黑手"所编写的嵌入浏览器的恶意代码甚至可以完全控制一次交易。由于交易系统只对投资者的身份进行验证，而确定投资者的身份后，便会无条件地执行任何来自投资者的指令，因此，嵌入浏览器的恶意木马可以等到投资者的验证通过后拦截投资者的转账操作，篡改数据后发送给服务器，服务器无法区分给它发出转账指令的是投资者还是木马，直接执行了转账，木马再把服务器返回的信息篡改后显示给投资者。

5. 进行屏幕录制

进行屏幕录制也是网银木马常用的一种手段。其原理是在键盘记录的基础上，额外记录了投资者单击鼠标时的光标坐标，以及当时的屏幕截图。之后，"证券大盗"和"网上黑手"根据这些数据，可以完全推测出投资者在进行交易时敲击了哪些键，单击了哪些按钮，看到了什么结果等。

6. 窃取数字证书文件

数字证书是网银交易的一项重要安全的保护措施。有些交易系统允许投资者把数字证书保存成硬盘文件，"证券大盗"和"网上黑手"便利用这个漏洞获取数字文件，并利用获取的信息达到盗取投资者账号和密码的目的。

7. 伪装窗口

伪装窗口的木马程序的攻击原理是：首先向 IE 浏览器注入一个 DLL，以监视当前网页的网址，同时记录键盘。当监视到投资者输入了卡号、密码并进行提交之后，就迅速隐藏浏览器的窗口，同时弹出"证券大盗"和"网上黑手"制作的与在线理财页面非常相似的窗口，并声称由于系统维护的需要，投资者必须重新输入密码。只有当投资者再次输入的密码与最初登录时的密码吻合时，木马程序才会把密码发送给"证券大盗"和"网上黑手"。

35.3 网上炒股的安全防范措施

随着股民数量的持续上升，大量资金涌入股市，越来越多的犯罪分子开始通过各种手段来盗取投资者在网上证券交易系统中的账号和密码。这使得投资者极为担心和懊恼，下面向投资者详细介绍保障网上炒股安全的实用方法。

35.3.1 电脑的安全防护设置

通过对本地计算机以及网络的安全设置，可以在很大程度上提高安全性能。下面就通过对 CMOS 的设置、用户登录名的设置、修改注册表的设置等介绍如何对电脑加以安全防护。

1 开启系统防火墙

打开杀毒软件的实时监控和个人防火墙。一些用户由于缺乏必要的安全防护知识，在遇到杀毒软件发现病毒攻击时往往不知所措，还有一些用户觉得杀毒软件和防火墙经常弹出提示信息比较麻烦，干脆将它们关闭，这些都给黑客的攻击带来了便利。

2. CMOS 的加密设置

打开电脑电源后，当 BIOS 开始进行开机自检时，按下【Del】键（不同的电脑型号，进入 CMOS 的热键也不同）就可以看到 CMOS Setup 主菜单，并且可以对 CMOS 参数进行设置。设置 CMOS 参数的过程，也称为"BIOS 设置"。以联想 E430 Windows 7 操作系统为例，启动计算机电源后，按【F1】键进入 CMOS 主菜单，然后选择 Security 选项，共有两个密码设置选项，一个是"Supervisor Password"选项，另一个是"User Password"选项。前者用来设置进入 CMOS 的密码，后者用来设置开机密码。

进入 CMOS 的密码设置方法如下：进入 CMOS 主菜单，通过方向键选择"Supervisor Password"，然后按【Enter】键，系统提示输入密码。每次设置密码时最多可输入 8 个字符，输入完毕按【Enter】键，系统会要求重新输入加以确定，两次输入的密码必须相同。然后在 CMOS 主菜单中选择"Save & Exit Setup"，系统会保存刚才的设置并重新启动电脑。

如果设置了进入 CMOS 的密码，那么当 BIOS 开始进行开机自检，用户按下【Del】键希望进入 CMOS 主菜单时，系统就会提示用户输入密码。如果不输入密码或输入的密码有误，用户则无法进入 CMOS 主菜单。

设置开机密码时，需要用到"User Password"选项。具体的设置过程如下：进入 CMOS 主菜单，通过方向键选择"User Password"，然后按【Enter】键，系统会提示输入密码。输入完毕按【Enter】键，系统会要求重新输入密码加以确定，若两次密码吻合，记录后便生效。

返回 CMOS 主菜单，进入"Advanced BIOS Features"，从中选择"Security Option"，其默认选项值为"Setup"，然后将"Security Option"的值修改为"System"，这样才能使设置后的开机密码生效。

最后返回 CMOS 主菜单并选择"Save & Exit Setup"（或者按【F10】键），系统会保存刚才的设置并重新启动电脑。

3. 禁止远程修改注册表

大多操作系统在默认的配置下允许用户远程调用注册表编辑器来修改注册表的数据。出于对网络安全的考虑，可以通过修改注册表来禁止用户使用此项功能。具体的操作步骤如下。

1 启动注册表编辑器。单击【开始】按钮，在搜索框内输入"regedit"，按【Enter】键即可打开注册表编辑器。

2 打开 HKEY_LOCAL_MACHINE 根键下 System 项中的 Current ControlSet\Control\Secure Pipes Servers\Winreg 子项，然后双击右边栏目中的"RemoteRegAccess"选项。

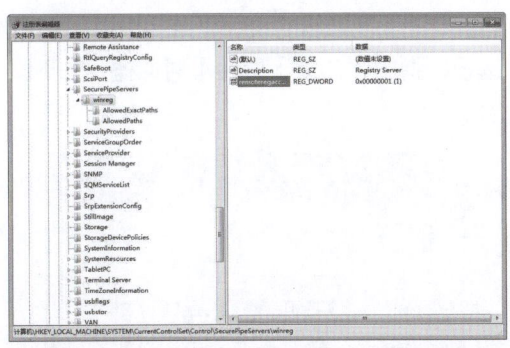

> **提示** ▶ 如果没有"RemoteRegAccess"这个选项，那就右键单击新建一个 DWORD 值，将名字改成"RemoteRegAccess"即可。

3 弹出如下图的窗口，将值项的数据设置为"0"，单击【确定】按钮，然后重启电脑即可。

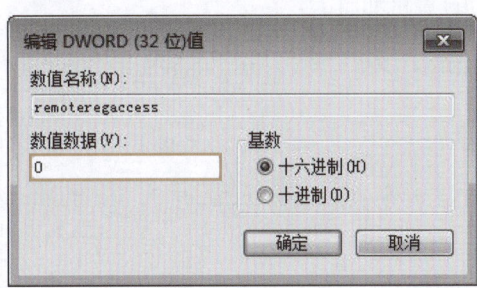

4. 隐藏用户登录名

对于使用 Windows 7 系统的投资者来说，每次启动系统都会在登录窗口中显示上一次登录的用户名。为了防止他人利用该账户非法进入系统，可以通过修改注册表来隐藏上次登录的用户名。具体的操作步骤如下。

1 启动注册表编辑器，单击【开始】按钮，在搜索框内输入"regedit"，按【Enter】键即可打开注册表编辑器。

2 打开 HKEY_LOCAL_MACHINE 根键下 SOFTWARE 项中的 Microsoft\Windows NT\Current Version\Winlogon 子项。

安全，投资者最好禁用 Guest 账户。禁用 Guest 账户的具体操作步骤如下。

1 在【计算机】上右键单击，在弹出的快捷菜单中选择【管理】选项。

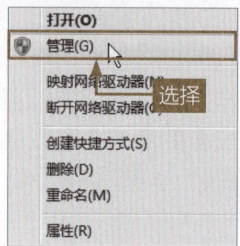

2 弹出的【计算机管理】窗口中选择【本地用户和组】中的【用户】项，如下图所示。

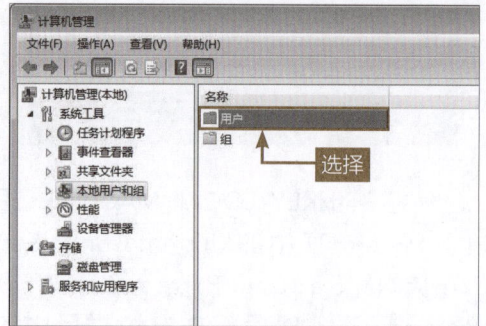

3 在右边的列表中找到 Guest 账户，并右键单击，在弹出的快捷菜单中选择【属性】选项，弹出【Guest 属性】对话框，如下图所示。

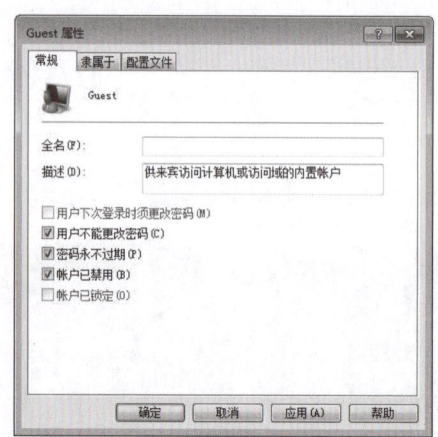

4 在弹出的【Guest 属性】对话框中勾

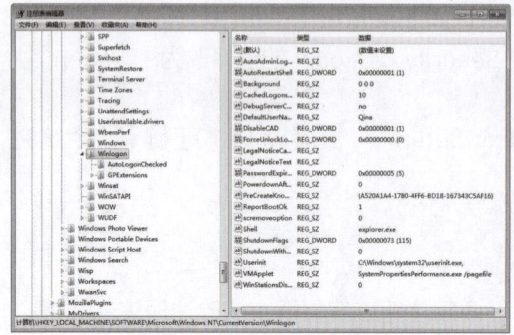

3 在 Winlogon 子项中新建一个名为 Don't Display Last User Name 的值项，值项的类型为 DWORD，如下图所示：该值项的数据为 1，表示不显示上一次登录的用户名。设置完成之后，注销当前用户或重新启动计算机即可。

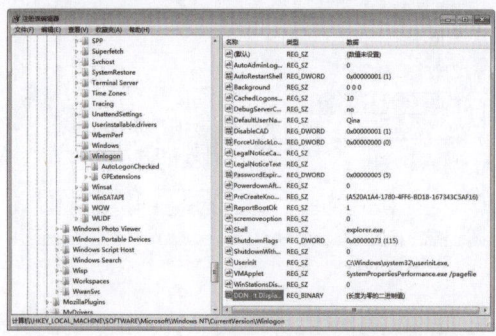

> **提 示** 如果用户需要重新显示用户登录名，那么只需将该值项的数据设置为 0 或者直接删除该值项即可。

5. 禁用 Guest 账户

在 Windows 操作系统中，系统默认包括 Administrator 和 Guest 两个账户，其中 Administrator 作为管理员拥有系统管理的所有权限，而 Guest 只有很少的一部分权限。当"证券大盗"和"网上黑手"进行远程入侵时，可以提升 Guest 账号的权限，再通过这个没有密码的 Guest 账号来访问投资者的机器。为了更好地保护本地电脑的选【账户已禁用】复选项，单击【应用】按钮，最后单击【确定】按钮。返回【计算机管理】窗口，可以看到 Guest 账户已被禁用，如下图所示。

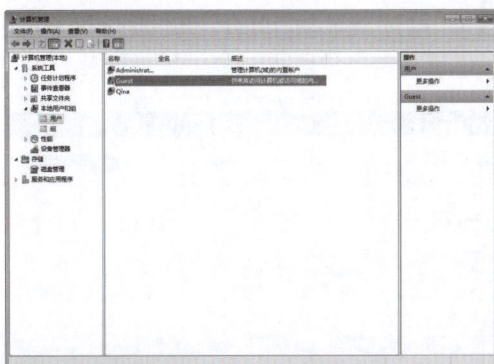

> **提示** ▶ 在【计算机管理】窗口右边找到 Guest 账户后右键单击，在弹出的快捷菜单中，投资者也可以选择【删除】选项，将 Guest 账户直接删除。

5　关闭【计算机管理】窗口，完成操作。

6. 停用一些无用的系统服务

提高系统的安全性涉及许多方面，其中重要的一步是关闭不必要的服务。虽然微软的 Windows 7 不是网络操作系统，但在默认情况下，它的很多服务是打开的。对于投资者而言，关闭一些不需要的服务是提高安全性的一个重要方面。具体操作步骤如下。

1　右键单击桌面的【计算机】图标，在弹出的快捷菜单中单击【管理】菜单命令。

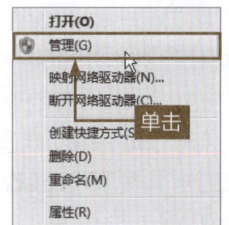

2　打开【计算机管理】对话框，单击左侧边栏中的【服务和应用程序】→【服务】选项。

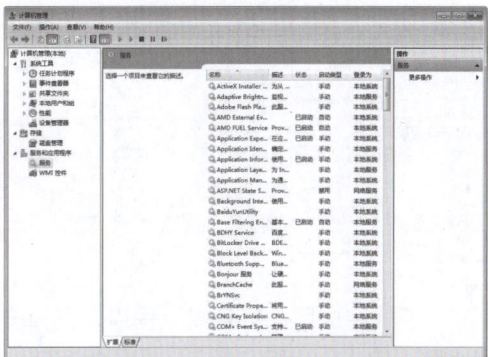

3　在【服务】窗口列表中，双击需要关闭的服务，并单击【停止】选项，最后单击【确定】按钮。

35.3.2　使用杀毒软件

除了上一节介绍的电脑安全防护设置，用户还可以使用杀毒软件定期杀毒来保护电脑不被木马控制。

1. 安装杀毒软件

安装杀毒软件并及时升级杀毒软件是查杀各类病毒的最好方法。目前流行的杀毒软件有很多，比如：360杀毒、瑞星、金山等。本书以常用的永久免费杀毒软件"360杀毒"为例进行介绍。

1 打开360杀毒官方网站，单击【免费下载】按钮，或者直接从360软件管家中搜索"360杀毒"来进行下载。

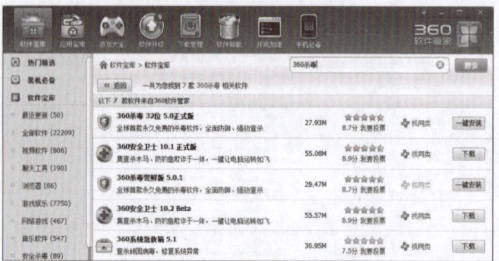

2 下载完成后，打开安装程序，选择安装位置，单击【立即安装】按钮开始安装。

3 安装完成，打开【360杀毒】程序主界面，即可开始使用。

2. 查杀电脑病毒

电脑每过一段时间就要进行一次病毒查杀，病毒会传染，投资者应该设置定时查杀电脑病毒，以防止病毒感染。

1 打开360杀毒软件，单击【快速扫描】按钮，即可进行快速扫描。

2 查杀结束后，如果未发现病毒，单击【返回】按钮，结束本次查杀。

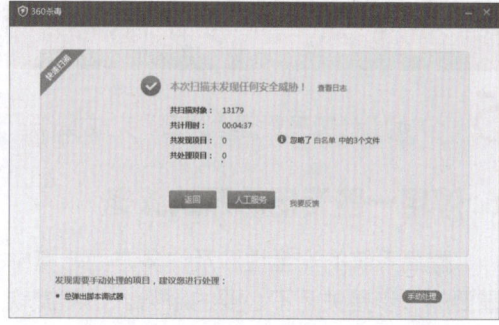

3 如果发现安全威胁，勾选威胁对象，单击【立即处理】按钮，360杀毒软件将自动处理病毒文件，处理完成后，单击【确认】按钮，完成本次病毒查杀。

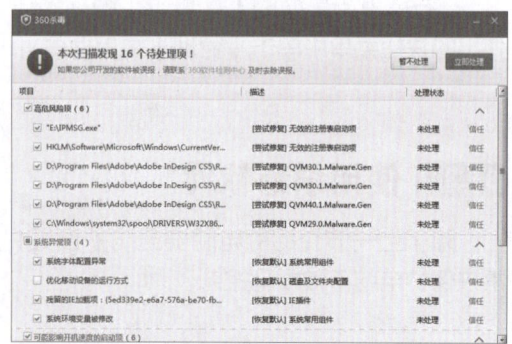

3. 修补系统漏洞

除了要开启杀毒软件的实时防护之外，系统本身的漏洞也是重大隐患之一，所以用户要及时修复系统的漏洞。下面以360安全卫士修复系统漏洞为例进行介绍，具体操作如下。

1 打开【360安全卫士】主程序窗口，单击【查杀修复】链接。

2 从打开的窗口中单击右下方【漏洞修复】按钮。

3 【360安全卫士】开始扫描，扫描结束后，如果发现需要修补的系统漏洞，勾选要修复的漏洞选项，或者单击【推荐选项】，单击【立即修复】按钮进行修复。

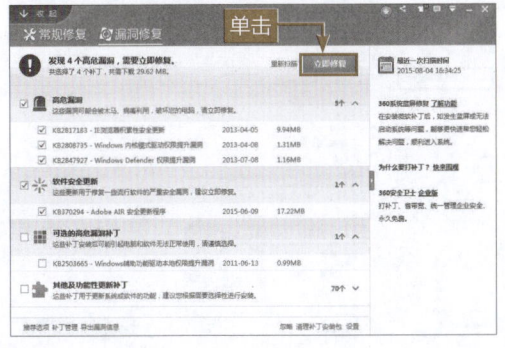

4 【360安全卫士】进入补丁下载及安装过程中，单击【后台修复】按钮，可将程序窗口缩小到任务栏里。

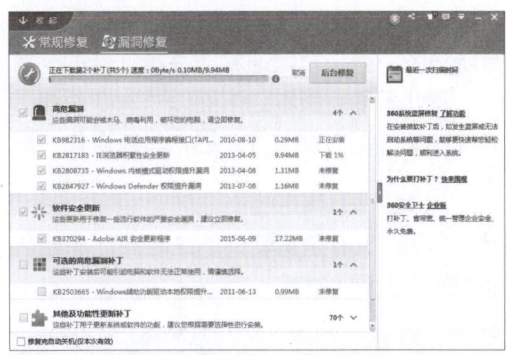

5 提示修复完成后，重启电脑，即可完成系统的修复。

6 重启电脑后，打开【360安全卫士】的漏洞修复界面，即可看到没有需要修复的高危漏洞。

4. 升级病毒库

病毒库其实就是一个数据库，里面记录

着电脑病毒的种种特征，以便及时发现病毒并查杀它们。只有拥有了病毒库，杀毒软件才能区分病毒和普通程序之间的区别。

新病毒层出不穷，几乎每天都有难以计数的新病毒产生，想要让电脑能够对新病毒有所防御，就必须保证本地杀毒软件的病毒库一直处于最新版本。下面以"360杀毒"的病毒库升级为例进行介绍，具体操作步骤如下。

1 启动360杀毒软件的主程序，单击界面中的【设置】链接。

2 在弹出的【设置】窗口中单击【升级设置】选项卡，从选项卡右面选择【自动升级病毒特征库及程序】单选钮，单击【确定】按钮。

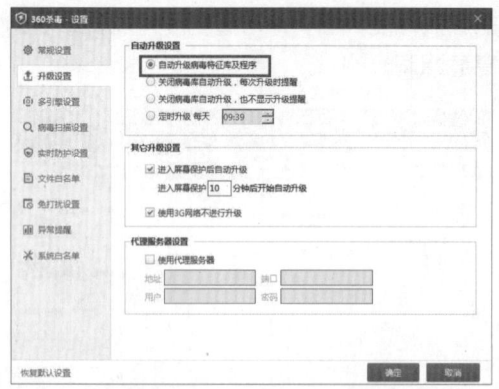

3 在主界面下方单击【检查更新】按钮，360杀毒软件即可自动升级，升级完成退出即可。

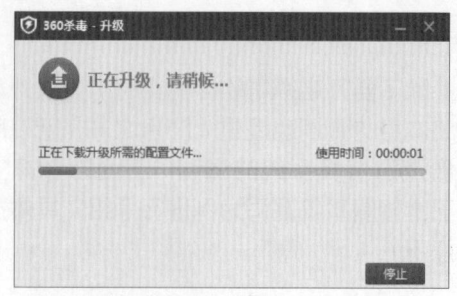

5. 设置定期杀毒

电脑通过长期的使用，可能会隐藏许多的病毒程序。为了消除隐患，应该定时给电脑杀毒，可以给杀毒软件设置一个定时查杀计划。

1 打开360杀毒软件主界面，单击360杀毒软件窗口右上角的【设置】按钮，打开【设置】窗口。

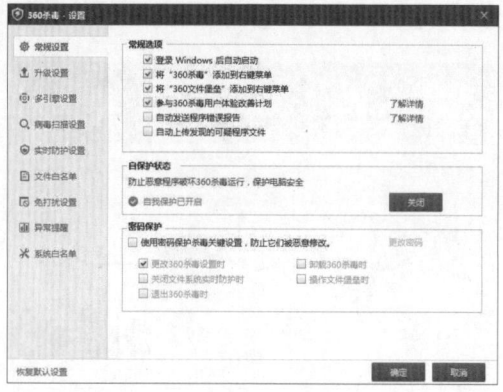

2 选择【病毒扫描设置】选项卡，从右面区域勾选【定时查毒】选项下的【启用定时查毒】复选框，同时设置好其他选项即可。

35.4 使用网络账号保险箱

尽管网上交易的好处不言而喻，但很多投资者出于安全和隐私方面的考虑，仍然对网上交易有所顾虑。投资者可以使用网络账号保险箱保护证券交易软件，以防止不法黑客侵入电脑盗取账号。

目前常见的网络账号保险箱有"瑞星账号保险柜""360 安全卫士"等，可以将网上银行、证券交易软件的快捷方式添加到保护中，能有效保障投资者的账户信息安全。

下面以 360 安全卫士为例，讲述如何使用网络账号保险箱来保护账号的安全，具体操作步骤如下。

1 打开 360 安全卫士主界面，单击主界面窗口下方的【更多】按钮。

2 打开 360 工具窗口，单击【全部工具】选项，单击【游戏保险箱】应用，用户第一次使用需要下载，单击【添加】按钮下载即可。

3 打开【360 游戏保险箱】窗口，从窗口左侧单击【保护应用】选项卡下的【添加应用】按钮。

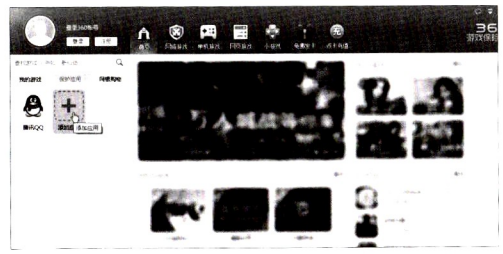

4 从打开的【添加向导】窗口中单击【添加软件】按钮，在【360 游戏保险箱】自动扫描之后单击【手动添加】按钮。

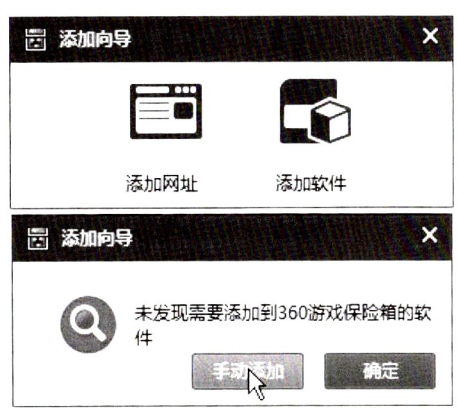

5 从打开的窗口中找到软件存放位置，选中要添加的股票软件，单击【打开】按钮。

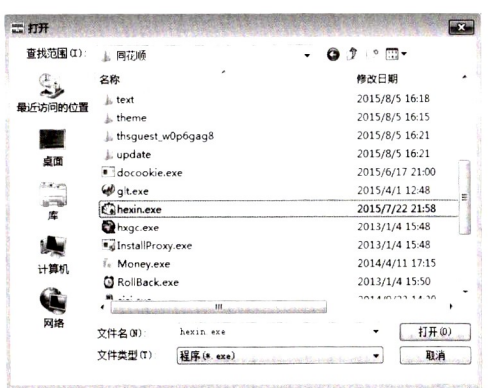

6 返回【360游戏保险箱】窗口,可看到选择的项目已添加到其中,用户可以从【360游戏保险箱】中直接打开股票软件,并同时受【360游戏保险箱】的保护。

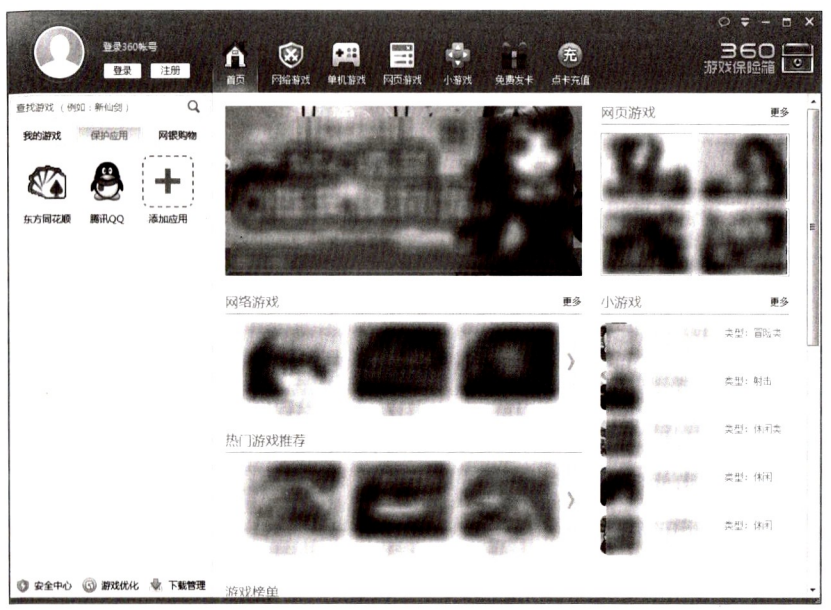

35.5 手机炒股注意事项

手机炒股与传统交易方式相比,主要优势是突破时间和空间的限制,方便、私密,只要手机在网络覆盖的范围内(只要手机可以收到信号),就能够进行查看行情、做交易,借助移动网络能真正实现随身、随时、随地进行证券投资。但手机炒股也存在一定风险,下面具体讲述使用手机炒股时需要注意的几个要点。

1. 手机账号与密码

在手机上一般都会保留客户交易后的账号,虽然手机属于私人用品,但若登录后不及时退出,手机放置不当,仍会给用户带来隐患。如果你的证券交易密码泄露,他人在得知你的资金账号的情况下,就能够轻松登录你的账户,严重威胁投资者个人资金和股票的安全。因此,对手机炒股者来说,必须高度重视手机交易密码的保管,设置的密码忌用吉祥数、出生年月、电话号码等容易破译的数字,并应定期修改和更换。

2. 谨慎操作

手机炒股风险揭示书中,证券公司要求客户在输入交易信息时必须准确无误,因此造成损失的话,证券公司概不负责。所以,在输入网上买入或卖出信息时,一定要仔细地核对股票代码、价位(元、角、分)及买入(卖出)选项后,方可单击确认。

(1)及时查询、确认买卖指令。由于网络运行的不稳定性等因素,有时手机界面显示网上委托已成功,但证券公司服务器却未接到其委托指令;有时手机显示委托未成功,但当投资者再次发出指令时，证券公司却已收到两次委托，造成了股票的重复买卖。因此，每一次委托操作完毕之后，应该立即利用手机交易的查询选项，对发出的交易指令进行查询，以确认委托是否被证券公司受理和是否已经成交。

（2）建议平时不要无故开启手机的蓝牙功能，就算开着，如看到陌生的设备通过蓝牙连接你的手机，或是向你的手机传输不可知的程序，也要坚决拒绝或者阻止。

3. 手机上网费

手机上网费包含信息费和上网流量费两部分，信息费由提供信息的内容提供商制定，上网流量费是移动、联通或者电信手机上网的数据流量费。由于各地的 GPRS 资费标准不一样，部分省市都有包月套餐，具体请拨打当地移动公司客服电话 10086、联通公司客服电话 10010 或者电信公司客服电话 10000 咨询。

高手秘技

技巧 安全模式下彻底杀毒

一些非常隐蔽的随机启动病毒、木马程序很难杀除。面对这种病毒、木马，用户可以采用"安全模式"方式进入系统，然后再利用杀毒软件进行查杀。因为在安全模式下只开启系统运行的必备程序，所以在安全模式下利用杀毒软件查杀病毒能够彻底杀除病毒。如何利用杀毒软件杀毒前面已经做了介绍，这里主要介绍一下如何进入 Windows 7 系统的安全模式，具体操作方法如下。

1 启动电脑，并按【F8】键进入【Windows 高级选项菜单】界面，然后选择【安全模式】选项，按【Enter】键进入系统的安全模式。

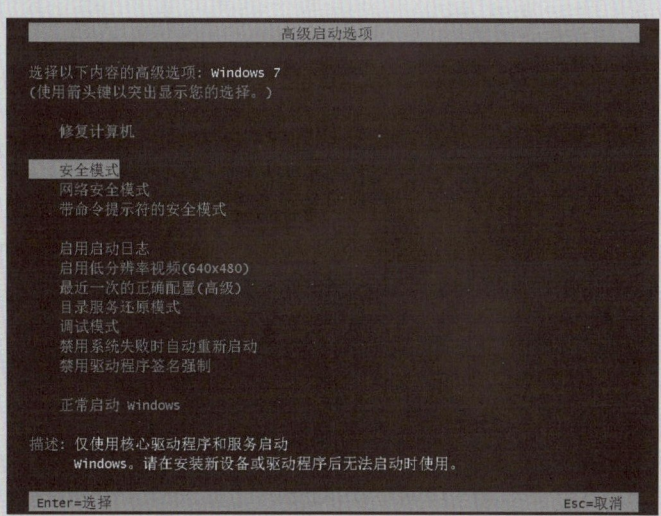

2 进入操作系统的安全模式，在该环境下，运行杀毒软件，按照需求进行杀毒，一般建议全盘杀毒。